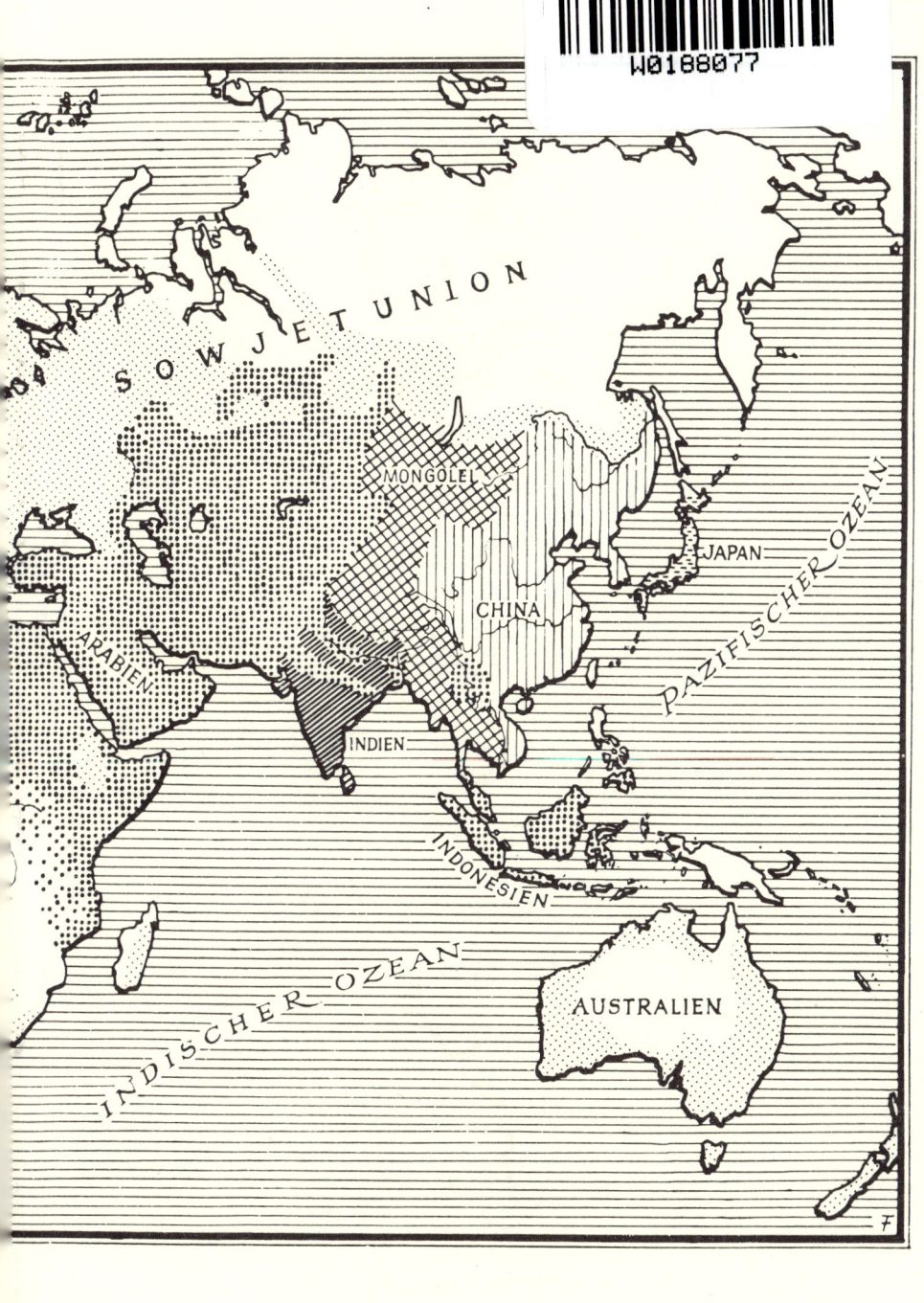

Meinem lieben Thomas
als Andenken zum
Geburtstag
4. April 1983
            Mutter

Helmuth von Glasenapp

DIE FÜNF
WELTRELIGIONEN

Brahmanismus
Buddhismus
Chinesischer Universismus
Christentum
Islam

EUGEN DIEDERICHS VERLAG

Mit fünf Karten im Text

CIP-Titelaufnahme der Deutschen Bibliothek
Glasenapp, Helmuth von:
Die fünf Weltreligionen: Brahmanismus, Buddhismus,
chinesischer Universismus, Christentum, Islam / Helmuth von
Glasenapp – 11. Aufl. – München: Diederichs, 1992
ISBN 3-424-00047-7

11. Auflage 1992
© Eugen Diederichs Verlag, München, 1963
Umschlaggestaltung: Tilman Michalski
Produktion: Tillmann Roeder, München
Gesamtherstellung: Wiener Verlag, Himberg

ISBN 3-424-00047-7

Printed in Austria

Inhalt

Die Religionen der geschichtlichen Gottesoffenbarung

Einleitung

Das Christentum

Der Islâm

Die fünf Religionen in Gegensatz und Ausgleich

Das Verhältnis der fünf Weltreligionen zueinander

Anhang

Karten

Zur Einführung

Religion ist die im Erkennen, Denken, Fühlen, Wollen und Handeln betätigte Überzeugung von der Wirksamkeit persönlicher oder unpersönlicher transzendenter Mächte. Die ethischen Hochreligionen verbinden diese Überzeugung mit dem Glauben an eine sittliche Ordnung der Welt; dieser Glaube findet in der Vorstellung von einer sittlichen Verantwortung für das Handeln, von einer gerechten Vergeltung allen Tuns und von der Möglichkeit eines Fortschrittes zur höchsten Vollkommenheit seinen Ausdruck. Derartige ethische Hochreligionen gibt es heute acht: den Brahmanismus oder Hinduismus, den Jainismus, den Buddhismus, den chinesischen Universismus, den Pârsismus, das Judentum, das Christentum und den Islâm. Von diesen haben der Hinduismus, der Buddhismus, der Universismus, das Christentum und der Islam Hunderte von Millionen Bekennern, die zusammen neun Zehntel der religiösen Menschheit ausmachen. Ihre Lehren und Lebensformen darzustellen ist die Aufgabe dieses Buches.
Die fünf großen Religionen scheiden sich in zwei Gruppen: in solche, die östlich, und solche, die westlich vom Hindukusch entstanden sind. Die östlichen lassen sich als »Religionen des ewigen Weltgesetzes« charakterisieren, weil nach ihnen die Welt ewig ist; sie hat keinen ersten Anfang und kein definitives Ende, sondern erneuert sich unaufhörlich im Wege sukzessiven, wechselnden Entstehens und Vergehens. Sie wird von einer ihr immanenten Gesetzlichkeit beherrscht, die von selbst alles Geschehen in ihr bedingt. Es ist dabei von sekundärer Bedeutung, ob ein unpersönliches Weltgesetz das höchste Prinzip alles Werdens darstellt oder ob dieses als die Manifestation einer über und in der Welt waltenden Gottheit angesehen wird. Die westlichen Religionen der »geschichtlichen Gottesoffenbarung« machen hingegen die Existenz des Kosmos und seiner Bewohner von dem Wirken eines von der Welt verschiedenen und ihr unendlich überlegenen persönlichen Gottes abhängig, der alles aus dem Nichts ins Dasein gerufen hat und alles autonom mit unbeschränkter Machtvollkommenheit, gemäß seinem unerforschlichen Ratschluß, nach einem festen Plan regiert. Für sie ist die Welt einmal zu einem bestimmten Zeitpunkt geschaffen worden und wird auch einmal ein Ende finden. In der Zeitspanne zwischen der Weltschöpfung und dem Weltende verläuft einmalig und unwiederholbar der historische Prozeß der Weltgeschichte. Die tiefgreifende Verschiedenheit der beiden Auffassungen liegt auf der Hand. Die erstere betrachtet die Welt »sub specie aeternitatis«, alle geschichtlichen Ereignisse haben für sie nur eine

vorübergehende, am Maßstab der Ewigkeit gemessen geringe und im Hinblick auf den Kosmos gesehen begrenzte und mittelbare Bedeutung. Für die zweite Anschauung ist hingegen jeder historische Vorgang innerhalb des nur wenige Jahrtausende umfassenden, auf engem Raum sich abspielenden Geschehens von entscheidender Wichtigkeit nicht nur an sich, sondern auch, weil die Tat jedes Einzelwesens bestimmend ist für das Schicksal, welches ihm in der ganzen auf das Weltende folgenden Ewigkeit bevorsteht. Es bedarf keiner Ausführungen, daß die grundsätzliche verschiedene Einstellung zum Zeitproblem sich in den verschiedensten Bereichen des Denkens und Lebens der Gläubigen und in ihrem Verhältnis zu den Bekennern anderer Religionen sowie in vielfacher anderer Hinsicht maßgeblich auswirkt, so daß der Hindukush in dieser Hinsicht als die große geistige Wasserscheide in der Religionsgeschichte der Menschheit angesehen werden kann. Freilich darf dabei nicht übersehen werden, daß hüben und drüben auch Lehren entstanden sind, welche zwischen den beiden gegensätzlichen Auffassungen eine vermittelnde Stellung einnehmen.

In der folgenden Darstellung werden die Religionen des ewigen Weltgesetzes zuerst besprochen, weil sie denen der geschichtlichen Gottesoffenbarung historisch vorangehen. Ich beginne mit dem Brahmanismus, in welchem die Lehre vom Karma zuerst in den alten Upanishaden (9. bis 8. Jahrhundert v. Chr.?) auftritt, an diesen schließt sich der im 6. Jahrhundert v. Chr. entstandene Buddhismus an. Der chinesische Universismus wird sodann behandelt, weil er in den Lehren von Buddhas Zeitgenossen Lao-tse und Konfuzius seine noch heute gültige Ausprägung gefunden hat. Den Beschluß machen die beiden Religionen der geschichtlichen Gottesoffenbarung, das Christentum und der Islâm, welche beide wesentlich jüngeren Ursprungs sind. Wenn die chinesischen Religionen nach den indischen behandelt werden, obwohl die Grundgedanken des Universismus schon lange vor Lao-tse und Konfuzius bestanden haben, so findet dies seine praktische Rechtfertigung auch darin, daß der Buddhismus heute als dritte Religion Chinas gilt und auf sein Verhältnis zu den einheimischen Lehren kurz eingegangen werden mußte.

Im Verhältnis zu den vielen Millionen Jahren, welche seit der Entstehung der Erde verflossen sind, und den langen Zeiträumen, welche seit dem ersten Auftreten des Menschen vergingen, ja sogar im Vergleich zu den sechs Jahrtausenden der näher bekannten Weltgeschichte, umfaßt die Geschichte der ethischen Hochreligionen nur eine kurze Zeitspanne von noch nicht drei Jahrtausenden. Es ist notwendig, diese Überlegungen an den Anfang zu stellen, um diese Religionen in der richtigen zeitlichen Perspektive zu sehen. Bei meinen Darstellungen der einzelnen Religionen habe ich mich darum bemüht, eine möglichst knappe, objektive, klare und allgemeinverständliche Schilderung ihres Werdens und Wesens zu geben und den metaphysischen Gedankenbau zu zeichnen, in welchem ihre Gefühls- und Willenswelt einen sichtbaren Ausdruck gewinnt. Durchweg habe ich dabei die von der Mehrzahl der Theologen der einzelnen Glaubensformen als autoritativ angesehenen dogmatischen Texte zugrunde gelegt. Meine Ausführungen über Lehre, Kultus und Brauchtum sind dabei bewußt deskriptiv gehalten, denn es ist nicht die Aufgabe historischer Forschung, geschichtlich gewordene Anschauungen und Riten eines Glaubenssystems mystisch weiter zu dichten, im Sinne psychologischer Theorien symbolisch zu deuten oder gar zu modernisieren.

Ich bin mir darüber klar, daß der von mir eingenommene Standpunkt, daß alle Religionen gleicherweise nur zeitbedingte Ausdeutungsversuche eines von uns immer nur unvollkommen und zu einem Teil erfaßbaren Metaphysischen sein können, bei strenggläubigen Vaishnavas und Shaivas, Buddhisten des Kleinen und des Großen Fahrzeugs, Konfuzianern und Taoisten, Katholiken und Protestanten, Sunniten und Shiiten keinen Beifall finden wird. Denn der überzeugte Anhänger einer bestimmten Gemeinde, mag sie nun eine Weltkirche oder eine kleine Sekte sein, ist zumeist des Glaubens, daß die religiöse Anschauung, die er für sich als die richtige erkannt hat, auch für alle anderen Menschen gleiche Geltung haben müsse. Die vergleichende Religionswissenschaft kann einen derartigen Totalitätsanspruch einer bestimmten Religion nicht anerkennen. Dazu führt schon die Erwägung, daß die Bekenner jeder Glaubensform nur eine Minderheit innerhalb der Gesamtheit aller religiösen Menschen ausmachen und daß die religiösen Konzeptionen und Erlebnisse sich, wenn auch langsam und unmerklich, in den verflossenen Jahrtausenden der Weltgeschichte andauernd verändert haben. Die jetzige Verfassung, Ausbreitung und Wirkung der Hochreligionen markiert keinen Endpunkt in der geistigen Geschichte des Menschengeschlechts, denn im unablässigen Strom des Werdens und Vergehens gibt es kein endgültiges Zurruhekommen, sondern nur einen Wandel der Formen und einen gesetzmäßigen Aufstieg und Verfall.

Die Religionen
des ewigen Weltgesetzes

Der Brahmanismus oder Hinduismus

I. Das Wesen des Hinduismus

1. Die Begriffe »Brahmanismus« und »Hinduismus«

Die einheimische Religion Vorderindiens, welcher heute ungefähr zwei Drittel der Bewohner des Gangeskontinents angehören, bezeichnet man als Brahmanismus oder Hinduismus. Beide Ausdrücke haben eine ganz verschiedene Herkunft. Das Wort »Brahmanismus« ist von dem Namen der indischen Priesterkaste, den Brahmanen (Sanskrit: brâhmana), nicht etwa, wie fälschlich vielfach angenommen wird, von dem des Gottes Brahmâ abzuleiten und bezeichnet mithin die Bewohner Indiens, welche die Brahmanen als ihre Priester anerkennen oder wenigstens Lehren folgen, welche von den Brahmanen in ihren heiligen Schriften entwickelt worden sind. Der Ausdruck hat also einen ähnlichen Ursprung wie das Wort »Lamaismus«, mit welchem diejenigen Buddhisten bezeichnet werden, welche »Lamas« als Geistliche haben.

»Hinduismus« ist hingegen von Haus aus ein geographischer Begriff. Die in Nordindien eindringenden Mohammedaner bezeichneten die Bewohner des Indusgebietes als Hindus. So wie die Griechen aus dem indischen Namen des Indusflusses (im Sanskrit: »Sindhu«, d. h. Fluß, heute noch im Namen der Provinz »Sindh« lebendig) den Namen »Indos« schufen, der gegenwärtig für die Gesamtheit der Bewohner des Gangeskontinents gebraucht wird, so bildeten die Moslems aus der persischen Form [1] des Flußnamens (Sindhu pers. Hindush) den Namen derjenigen Inder, welche nicht der Religion des Propheten angehörten. In der heutigen Zeit sind die Begriffe »Hinduismus« und »Brahmanismus« Wechselbegriffe; nach dem Vorgang von Sir Alfred Lyall läßt sich der Hinduismus definieren als »dasjenige indische, autochthone religiös-soziale System, dem die überwiegende Mehrzahl der Bevölkerung des heutigen Indien anhängt und welches die Gesamtheit aller Riten, religiösen Bräuche, Anschauungen und Mythologien umfaßt, welche durch die heiligen Bücher und die Vorschriften der Brahmanen direkt oder indirekt ihre Sanktion erhalten«.

Über den Geltungsbereich des Wortes »Brahmanismus« bestehen zwischen

---

[1] »Der Name Hindu erscheint zuerst in zwei Inschriften des Dareios Hystaspes als Bezeichnung für eine Außenprovinz des persischen Reiches und deren Bewohner« (F. O. Schrader, RGG [2] II Sp. 1904).

den Ideologen keine Differenzen: vom Brahmanismus kann man etwa seit dem Beginn des ersten Jahrtausends v. Chr. sprechen, seitdem das Priestertum in Indien seine Monopolstellung erlangt hatte. Über die zeitliche Abgrenzung des Begriffs »Hinduismus« herrschen hingegen unterschiedliche Auffassungen. Wenn man mit »Hinduismus« die bodenständige altindische Religion meint, so kann man schon die vorarischen [1] Glaubensformen im 3. Jahrtausend v. Chr. so bezeichnen, weil die Ausgrabungen in Mohenjo Daro und Harappa gezeigt haben, daß im Indusgebiet einige grundlegende Wesenszüge des heutigen Hindutums wie der Phalluskult, die Verehrung bestimmter heiliger Pflanzen und Tiere, vielleicht auch schon der Dienst einer Muttergöttin und des Gottes Shiva bestanden. Im engeren Sinne aber läßt sich der Ausdruck in seinem heutigen Begriffsumfang erst dann anwenden, wenn die alten autochthonen Vorstellungen sich mit den Ideen der Vorrangstellung der Brahmanen und mit den in den Upanishaden (8. Jahrhundert v. Chr.?) zuerst hervortretenden Anschauungen von der Seelenwanderung und Erlösung zu einem Ganzen verbunden haben. Wenn in dem folgenden Abschnitt von »Brahmanismus oder Hinduismus« gesprochen wird, so ist damit die Glaubensform gemeint, welche seit der Upanishadenzeit bis zur Gegenwart das religiöse Denken und Fühlen aller derjenigen Inder bestimmt hat, welche sich nicht dem Jainismus oder Buddhismus oder einer der nach dem Gangeslande eingeführten fremden Religionen angeschlossen haben.

2. Der Hinduismus als religiös-soziales System

Der Hinduismus ist das vielgestaltigste religiöse Gebilde, das die Gegenwart kennt. Denn in ihm steht Erhabenes und Abstoßendes, Primitives und Sublimiertes oft so unvermittelt nebeneinander wie nirgends sonst. In einem herrlichen, künstlerisch vollendeten Tempel des Südens wird Shiva mit dem ganzen Prunk eines altehrwürdigen Rituals gefeiert; ein Asket aber steht abseits und murmelt, indem er seinen Rosenkranz aus Rudrâkshabeeren durch die Finger gleiten läßt, die heilige Formel: »Shivo 'ham, Shivo 'ham« (»Ich bin Shiva«) und gibt dadurch seinem Glauben Ausdruck, daß der Herr der Welt, den die Priester verehren, in Wahrheit der Urgrund ist, in dem jedes Einzelwesen ruht. Unmittelbar neben dem Heiligtum steht ein kleiner Tempel mit dem rohen, grell bemalten Idol einer Göttin, vor das abgehärmte Frauen Puppen hinstellen, um Kindersegen zu erflehen. In Benares, dem indischen Rom, wo Shankara seinen Kommentar zu den Brahamasûtren schrieb und noch heute die weisesten und gelehrtesten Brahmanen zu finden

[1] Der Ausdruck »Arier« (von Sanskrit »ârya«, d. h. gastfrei, edel) wird in diesem Werke allein dem wissenschaftlichen Sprachgebrauche entsprechend für denjenigen Zweig der Indogermanen verwendet, von welchem die späteren Inder und Perser abstammen

sind, entfaltet sich tagaus, tagein an den großen Badetreppen ein Bild absto-
ßenden Geschäftsgebarens, wenn Priester, Fakire und Handelsleute der verschiedensten Art darin wetteifern, den frommen Pilgern ihr Geld abzuneh-
men. Seite an Seite mit kleinen Versammlungen, in denen ein Sâdhu die
Weisheit der Upanishaden oder der Gîtâ vorträgt oder die alten Legenden
von Krishna oder Râma erzählt, befindet sich ein Brunnen, in welchem eine
heilige Kobra durch Opfergaben verehrt wird oder die rohe Steinskulptur des
elefantenköpfigen, hängebäuchigen Ganesha. Am Kâlighât bei Kalkutta
werden der Kâlî blutige Ziegenopfer dargebracht, unweit derselben Stadt ist
das Kloster des Râmakrishna, des letzten großen Hinduheiligen (gest. 1886),
der in stiller Meditation sich in das über alle Vielheit erhobene all-eine
Brahma versenkte und dessen Schüler Vivekânanda der westlichen Welt
einen vergeistigten Hinduismus als die allen Erfordernissen moderner Wissenschaft gerecht werdende Religion darzustellen bemüht war. Gewiß, auch
bei anderen Religionen tritt uns Schritt auf Schritt Erhabenes und Niedriges,
geistig Hochentwickeltes und Primitives ungeschieden entgegen, weil die
Bekenner jeder Religion ihrem Bildungsgrad nach sehr verschieden sind: der
christliche Indianer am Gran Chaco oder der Bauer aus der Estremadura haben sicherlich andere Vorstellungen von Gott und den christlichen Heilsgü-
tern als ein moderner Thomist oder Kantianer, gleichwohl springen die
Gegensätze, die im Hindutum unvermittelt nebeneinander stehen, viel mehr
in die Augen, einmal natürlich, weil auf uns europäische Beobachter die tro-
pische Üppigkeit, die sich auch in den religiösen Formen offenbart, auffal-
lender und befremdender wirkt als das, was dem westlichen Geist nahesteht,
und weiterhin, weil in Indien tatsächlich die Mannigfaltigkeit der Objekte
des religiösen Denkens und die Differenzierung der Bevölkerung, vor allem
im Hinblick auf ihre kulturelle Schichtung, größer sind als bei uns. Dazu
kommt aber noch etwas anderes: der Hinduismus ist nicht eine Religion, die
von einer bestimmten Persönlichkeit gestiftet worden ist, sondern er ist
gleichsam von selbst im Verlauf der Jahrhunderte vermöge der ihm innewohnenden schöpferischen Kräfte und unter dem Einfluß der äußeren
Umgebung gewachsen; das Band, das ihn zusammenhält, ist nicht Wort und
Gedanke eines Stifters, sondern die Kontinuität einer Entwicklung, die in
ungebrochenem Strom das Altertum und die Gegenwart verbindet. Die
Hindus bezeichnen deshalb ihren Glauben gern als den »sanâtana-dharma«,
d. h. als die »Ewige Religion«. Dementsprechend lehren sie, daß zu allen Zeiten immer wieder weise Männer und göttliche Inkarnationen aufgetreten
sind, um die Wahrheit zu verkünden, wie Râma, Krishna, Vyâsa, Manu,
Vasishtha, Agastya, Shankara usw., daß keiner von ihnen aber eine neue
Lehre begründet, sondern nur die von jeher bekannte Wahrheit neu formu-
liert oder neu verkündet habe. So gleicht der Hinduismus nicht wie der
Buddhismus, das Christentum und der Islâm einem Garten, der von einem
Manne planmäßig angelegt und von seinen Nachfolgern weiter ausgebaut

und zum Teil verändert wurde, sondern einem Urwald, dessen wildes Wachstum verschiedene Persönlichkeiten zu verschiedenen Zeiten durch Bahnung von Pfaden zu meistern suchten. Wohl ist auch die chinesische Religion ein Naturgewächs und keine beabsichtigte Stiftung, sie hat aber schon in so alter Zeit durch Konfuzius und Laotse ihre maßgebliche, bis heute gültige Deutung gefunden, daß sie in dieser Hinsicht nicht mit dem Hindutum auf eine Stufe gestellt werden kann.

Mit seiner Eigenschaft als »gewordener«, nicht »gestifteter« Religion hängt es zusammen, daß der Hinduismus keine fest umrissene Dogmatik besitzt, in dem Sinne wie der Buddhismus und die beiden Religionen der geschichtlichen Gottesoffenbarung. Denn für seine Anhänger ist weder der Glaube an einen überweltlichen Gott, der den Kosmos in bestimmter Weise schuf und regiert, der in der Geschichte als Gesetzgeber auftrat und einmalig irdische Gestalt annahm, vorgeschrieben noch die Leugnung des Daseins eines persönlichen Weltenlenkers wie im Buddhismus. Vielmehr bleibt es dem einzelnen überlassen, ob er Atheist, Pan-en-theist oder Theist ist, ob er Vishnu oder Shiva als den Weltenlenker betrachtet usw. Ebensowenig sind bestimmte Theorien über die Entstehung der Welt oder ihre materiellen oder immateriellen Komponenten, über das Wesen der Seele und ihr Verhältnis zum Leibe usw. allgemein verbindlich. Auch das Tun unterliegt nicht festen, für alle gleicherweise zwingenden Vorschriften. Es gibt daher Hindus, die Fleisch essen, und solche, die Vegetarier sind, solche, die wollüstige Orgien feiern, und andere, die sich der höchsten Askese hingeben, sowie viele andere mehr. In dieser Hinsicht fehlt also dem Hinduismus die Festlegung auf bestimmte Glaubenssätze, welche als die »conditio sine qua non« für die Zugehörigkeit zu ihm angesehen werden. Die Hindus betonen dies auch; als ein charakteristisches Merkmal ihrer Religion führen sie die unbeschränkte Mannigfaltigkeit der Verehrungsobjekte und die Vielheit der für die Erreichung des Heils zugelassenen Mittel an.

Von Buddhismus, Christentum und Islâm unterscheidet sich der Hinduismus schließlich noch dadurch, daß er eine spezifisch indische Erscheinung darstellt und auch bleiben will, insofern, als er keine Mission in fremden Ländern treibt und keine nichtindischen Einzelpersonen in seine Gemeinde aufnimmt.

Die drei Momente, welche die besondere Eigenart des Hinduismus ausmachen, nämlich, daß er keinen Stifter hat, kein fest umrissenes Dogma besitzt und keine Mission treibt, haben nun aber nur eine begrenzte Geltung, sie treffen nur zu, wenn man den Hinduismus im Kontrast zu den drei Weltreligionen betrachtet; in einer umfassenderen historischen Perspektive gesehen, zeigt sich hingegen, daß der Hinduismus sich hierin nicht absolut, sondern nur graduell von anderen Glaubenslehren unterscheidet.

Daß die Hindus keinen ersten und einzigen Urheber ihrer Religion annehmen, hat drei Gründe: 1. glauben sie an die Ewigkeit der sich immer erneuernden Welt, kennen deshalb keinen ersten Weltanfang und keinen einmaligen geschichtlich bedeutsamen Weltprozeß. Sie können deshalb gar nicht einem göttlichen oder menschlichen Wesen die Bedeutung beimessen, welche Christus oder in weit geringerem Maße Mohammed oder anderen Propheten zugeschrieben wird von Religionen, welche einen einmaligen historischen Weltverlauf annehmen. 2. Die Hindus haben keine für alle verbindlichen Lehren entwickelt, sie können die Vielheit der bei ihnen bestehenden Anschauungen darum nicht auf eine Persönlichkeit zurückführen, auch nicht auf einen Buddha, der in bestimmten Weltperioden erscheint und von den anderen Buddhas zwar als Individuum verschieden ist, aber seinem Wesen und seiner Lehrverkündigung nach eine vollkommene Wiederholung seiner Vorgänger darstellt. 3. Der Hinduismus will seiner Theorie nach die »ewige Religion« sein, die zu allen Zeiten der Menschheit die ewige Wahrheit in der ihr jeweils adäquaten Gestalt übermittelt; er muß deshalb annehmen, daß immer wieder neue Lehrverkündiger auftreten. Zieht man diese Gesichtspunkte in Betracht, dann verringert sich die Kluft, die zwischen dem Hinduismus und den beiden westlichen Religionen besteht: die vielen Rishis, Heiligen, Inkarnationen, welche in den verschiedenen Zeitaltern seit Bestehen unserer gegenwärtigen Welt erschienen sind, entsprechen den Propheten, Aposteln, Kirchenlehrern und Sektenstiftern, welche von Adams Zeit bis zur Gegenwart nach- oder nebeneinander das Wort Gottes verkündet oder ausgelegt haben. Der Unterschied besteht dann nur darin, daß der Hinduismus als Gesamterscheinung nicht eine bestimmte Persönlichkeit als Offenbarer göttlicher Weisheit in den Mittelpunkt stellt und daß er mit allumfassender Duldsamkeit Vertreter verschiedenartiger Anschauungen und Kulte, wie Vishnuiten, Shivaiten, Shâktas usw., als Übermittler wertvollen religiösen Gedankengutes anerkennt. Das entspräche etwa dem, wenn das Christentum nicht nur alle Lehren der katholischen Kirche bis 1500, sondern gleicherweise auch die großen Ketzer des Mittelalters, die Reformatoren und die Stifter aller Sekten als gleichberechtigte Exponenten der christlichen Heilswahrheiten bezeichnete. Es sind also hier weniger die Tatsachen selbst, welche die Differenz zwischen dem Hinduismus und anderen Religionen ausmachen, als vielmehr die verschiedene Art und Weise, in welcher ähnliche Tatsachen betrachtet und gewertet werden.

Ähnlich verhält es sich auch mit dem zunächst seltsam anmutenden Faktum, daß der Hinduismus über keine allgemein anerkannten Dogmen über Gott, Welt, Seele usw. verfügt, welche entsprechend den christlichen die Zugehörigkeit zu ihm bedingen. Würde er nämlich überhaupt keine Glaubenssätze sein eigen nennen, zu denen sich alle Hindus mehr oder weniger bekennen, so würde er sich überhaupt nicht von anderen Religionen abgrenzen. Schon diese Überlegung macht es wahrscheinlich, daß auch der Hinduismus wie alle anderen Religionen auf einem Fundament von bestimmten definierbaren Anschauungen beruht, welche seine Anhänger als verbindlich annehmen; es ist damit aber nicht gesagt, daß diese Anschauungen in genau derselben Linie liegen müssen wie die Dogmen des Christentums oder des Islâm. Eine eingehende Untersuchung zeigt dann auch, daß ein fest umrissener Kreis sozialer, ethischer und metaphysischer Anschauungen allen Hindus gemeinsam ist, auch daß diese die feste und unverrückbare Grundlage darstellen, auf welcher sich das vielgestaltige System mit allen seinen divergierenden Lehren und Riten aufbaut.

Nach der Anschauung der Hindus ist der Kosmos im Großen wie im Kleinen ein geordnetes Ganzes. Er wird beherrscht von einem Weltgesetz (Dharma), das sich gleicherweise im natürlichen wie im sittlichen Leben manifestiert. Die Ordnung offenbart sich vor allem darin, daß die Lebewesen, welche das All erfüllen, von Geburt an nach ihren Fähigkeiten und Obliegenheiten streng voneinander geschieden sind, derart, daß ein Löwe andere Pflichten und Rechte hat als ein Rind, ein Gott andere als ein Mensch, ein Geist andere als ein Höllenbewohner usw. Auch innerhalb der Menschheit gibt es zahllose verschiedene Klassen, die nach dem, was ihnen aufgegeben oder verboten ist, gegeneinander abgegrenzt sind. An der Spitze stehen diejenigen Menschen, welche ihrer Tätigkeit und Lebensführung nach die größtmögliche Reinheit in physischer und moralischer Beziehung beobachten und somit den Göttern in dieser Hinsicht am nächsten stehen. Diese höchsten Repräsentanten des Menschengeschlechtes sind die Brahmanen, weil sie sich mit geistigen Dingen beschäftigen und durch Einhaltung zahlreicher strenger Gebote über Nahrung, Umgang usw. ihren Körper vor physischer und ritueller Unreinheit bewahren. Diesem höchsten Stand, welcher, wie es im Mahâbhârata 12,296,20 heißt, als Aufgabe hat: »Geschenke anzunehmen, für andere zu opfern und den Veda zu lehren«, steht als zweiter Stand der der Krieger (Kshatriya) nach, welcher den Schutz der gesellschaftlichen Ordnung wahrnimmt und aus welchem deshalb auch gewöhnlich die Könige hervorgehen. Er ist dem Brahmanentum nachgeordnet, weil er sich nicht wie dieses allein dem Geistigen widmet, sondern vornehmlich dem Körperlichen. Da für den Krieger die Erhaltung und Vermehrung seiner physischen Kräfte die Voraussetzung für seine Existenz ist, ist er nicht an so strenge Speisevorschriften gebunden wie der Priester, er braucht z.B. nicht den Fleischgenuß zu meiden, er darf auf die Jagd gehen usw. Erhält der Brahmane seinen Lebensunterhalt durch die Geschenke derer, die seine Dienste in Anspruch nehmen oder ein gutes Werk tun wollen, so ist der Kshatriya direkt oder indirekt darauf angewiesen, was er braucht, den anderen abzuzwingen, als Kriegsbeute oder in der Form von Steuern und Abgaben. Gegenüber dem Lehr- und Wehrstand bilden den eigentlichen Nährstand die Vaishyas. Viehzucht, Ackerbau, Handel und Gewerbe ist die nutzbringende Tätigkeit, durch welche sie ihres Leibes Nahrung und Notdurft verdienen. Den Angehörigen dieser drei obersten Kasten, die durch eine besondere Weihe gewissermaßen ihre zweite Geburt erlebt haben und deshalb »Zweimalgeborene« genannt werden, werden die zahlreichen anderen Menschen gegenübergestellt, welche dieses Sakraments nicht teilhaftig werden, das allein zum Studium des Veda berechtigt. Diese sogenannten »Shûdras«, die den vierten Stand des indischen sozialen Systems bilden, haben den Zweimalgeborenen zu dienen, indem sie die verschiedensten, untereinander wieder hinsichtlich ihrer »Reinheit« verschieden gewerteten Berufe ausüben. Personen, die mit unsauberen Gegenständen zu tun haben, wie die Wäscher, oder welche lebende Wesen töten, wie die Fischer oder Lederarbeiter, stehen tiefer als Weber, Töpfer usw., welche eine weniger anfechtbare Tätigkeit ausüben. Die niedrigsten Gruppen der indischen Gesellschaft machen alle unter der Bezeichnung »Pancamas« (Mitglieder des fünften Standes) zusammengefaßten, auch als Parias oder Asprishyas (Unberührbare) bezeichneten Personen aus, welche einen – im mittelalterlichen Sinne – als unehrlich geltenden Beruf haben, wie die Gassenkehrer, Abortreiniger, die Mitglieder der Diebeskasten usw. Da jeder dieser fünf Stände in eine große Anzahl von Unterabteilungen zerfällt, stellt das Hindutum eine Hierarchie, eine Stufenfolge von zwei- bis dreitausend Kasten dar, von denen jede eine bestimmte Funktion innerhalb der sozialen Organismen zu erfüllen hat. Die Nicht-Hindus rangieren nach indischer Anschauung unter allen Hindus, weil sie kastenmäßig überhaupt nicht eingegliedert sind. Vom Standpunkt der Orthodoxen aus sind Menschen verschiedener Kasten als Lebewesen von verschiedener Spezies anzusehen, die zwar manches miteinander gemein haben (so wie Löwen, Elefanten, Büffel usw.), die aber durch Abstammung und Erbmasse, Lebensweise, Rechte und Pflichten von Geburt an durchaus voneinander geschieden sind. Die Anerkennung des Kastenwesens als einer Institution der Weltordnung ist ein essentielles Charakteristikum des Hinduismus, das diesen nicht nur von allen nicht-indischen Religionen, sondern auch vom Buddhismus unterscheidet. Die Tatsache, daß der Zugehörigkeit zu einer endogamen Gruppe von Personen, welche ihren Ursprung auf einen menschlichen oder göttlichen Stammvater zurückführen und durch feste vererbte Vorschriften betr. Essen, Trinken, Ehe, Geselligkeit, Kleidung, Sitte und Brauch, Berufstätigkeit usw. miteinander verbunden sind, eine so hohe Bedeutung zugeschrieben wird, hat von jeher den europäischen Beobachter aufs äußerste befremdet. Das Staunen schwindet, wenn man sich von der Illusion befreit, daß eine zu einer bestimmten Zeit und in einem bestimmten Raum verbreitete Aufspaltung der Menschen in Gruppen und die damit verbundene Vorstellung, daß diese oder jene von ihnen allen andern übergeordnet sei, für alle Zeiten und alle Länder bleibende und unveränderliche Gültigkeit habe. Die Geschichte lehrt vielmehr, daß der Zusammenschluß von Individuen zu Gemeinschaften des Blutes, der Sprache, der Überlieferung, der Religion, des wirtschaftlichen Interesses, der Arbeit und dergleichen in verschiedenen Perioden der Entwicklung und bei den verschiedenen Völkern sich in sehr verschiedener Weise vollzog und daß die

Ansichten darüber, welcher dieser Gemeinschaften ein Vorrang über die andern zukomme, dauernd gewechselt haben. Wenn in Indien also Gemeinschaften, welche durch Bande des Blutes, der Überlieferung, der Arbeit und des wirtschaftlichen Interesses zusammengehalten werden, in der besonderen Form der Kasten sich ausbildeten und in der allgemeinen Anschauung eine so überragende Bedeutung erlangten, daß ihnen gegenüber religiöse, nationale, sprachliche und andere mögliche Gruppierungen als sekundär betrachtet wurden, so wäre es falsch, hier von einem Irrweg der Gemeinschaftsbildung oder einer falschen Bewertung bestimmter Faktoren im Verhältnis zu andern zu sprechen. Vielmehr besteht die Tatsache, daß das Kastenwesen in Indien sich, wenn auch in wechselnden Formen, die Jahrtausende hindurch erhalten hat und bis heute das Rückgrat des sozialen Lebens geblieben ist, dem gegenüber die Staatenbildung, die religiösen Differenzen (zwischen Vishnuiten, Shivaiten usw.) und viele andere Dinge als unwesentlich zurücktraten. Man kann daraus nur das eine lernen: daß die die Kontinuität des kulturellen Lebens wahrnehmenden Mächte nicht überall wie im christlichen Europa Kirche und Staat gewesen sind, sondern daß auch andere Organisationsformen des Gemeinschaftsgedankens als die großen Pfeiler angesehen werden können, welche der menschlichen Gesellschaft im Fluß des Werdens ihre Stabilität verliehen.

Das orthodoxe Hindutum hat das Kastenwesen so weit hypostasiert und idealisiert, daß es in ihm ein der Weltordnung immanentes Prinzip erblickt und das Fehlen desselben bei den nicht-indischen Völkern als eine durch den Abfall von den ewigen Weltgesetzen entstandene Auflösung der unverrückbaren Grundlagen wahren Menschentums ansieht. Es glaubt sogar, das Kastenwesen in der Natur verwirklicht zu sehen; so werden die Diamanten, je nachdem sie eine weiße, rötliche, gelbe oder blauschwarze Färbung haben, als Brahmanen, Kshatriyas, Vaishyas und Shûdras bezeichnet. Der Theologe Madhva lehrt, daß auch die Götter verschiedenen Kasten angehören: Brahmâ und Agni sind Brahmanen, Shiva und Indra sind Krieger, die Ashvins und die Erdgöttin gehören der Shûdra-Kaste an, während die meisten anderen Gottheiten als Vaishyas bezeichnet werden. Seinen bemerkenswertesten Ausdruck hat der Glaube, daß das Kastenwesen eine göttliche Einrichtung sei, bereits in dem berühmten Liede Rigveda 10,90, Vers 12 gefunden. Hier wird gelehrt, daß die vier Kasten aus dem Munde, den Armen, den Schenkeln und den Füßen des Purusha, des Urwesens, hervorgegangen sind. Die hierbei zugrunde liegende Idee ist anscheinend die, daß so wie beim Mikrokosmos des Menschen der Leib durch den in der Rede sich manifestierenden Geist gelenkt, durch die Arme geschützt, durch die Schenkel gestützt und durch die Füße getragen wird, so auch der soziale Organismus nur dann in angemessener Weise funktionieren kann, wenn die seine wichtigsten Glieder bildenden vier Stände reibungslos zusammenarbeiten.

So mächtig auch die Vorstellung von der metaphysischen Bedeutung des

Kastenwesens im indischen Denken verankert ist, so ist doch andererseits immer wieder von den Hindus betont worden, daß das ganze System zwar für unsere Welt und für unsere Zeit unbedingte Geltung hat, daß aber kastenfreie Welten existieren und daß es selbst auf unserer Erde andere, glücklichere Zeiten gegeben hat, zu welchen es eine Kastenordnung noch nicht gab. Daß der Kaste letzthin nur eine bedingte, nämlich auf das weltzugewandte, dem Sansâra verhaftete Dasein beschränkte Geltungssphäre zugeschrieben wird, zeigt der Umstand, daß Asketen, welche alles Weltliche von sich getan haben, als über alle Kastengebote und -gegensätze erhaben angesehen werden.

Die ungeheure Stufenleiter der lebenden Wesen, die beim Gotte Brahmâ beginnt und bei den Pflanzen endet, würde ebenso wie die in ihr als Kernstück enthaltene Kastenordnung der hinduistischen Menschheit der dem Inder vor allem teuren Vorstellung, daß unsere Weltordnung eine moralische Weltordnung ist, widerstreiten, wenn sie lediglich einem unerklärlichen Zufall, dem blinden Walten der Natur oder der Willkür eines allmächtigen Gottes ihre Existenz verdankte. Nach indischem Glauben ist das Dasein und Schicksal eines jeden Einzelwesens eine notwendige Folge der Taten, welche es in einem früheren Leben vollbrachte. »Wie einer handelt, wie einer wandelt, ein solcher wird er. Wer gut handelt, der wird Gutes, wer böse handelt, etwas Böses«, lehrt eine Upanishad, und eine andere erläutert dies dahin, daß der, welcher auf Erden einen angemessenen Wandel führte, als ein Brahmane, Krieger oder Vaishya, wer einen unwürdigen Wandel führte, hingegen als Hund oder Schwein oder als unreiner Auswürfling wiedergeboren wird. Die ungeheure Mannigfaltigkeit der Lebewesen, von den höchsten Göttern bis zu den niedrigsten Würmern, Insekten und Pflanzen, wird von den Hindus auf die ungeheure Mannigfaltigkeit der Taten zurückgeführt, welche vergolten werden müssen. Da die Werke, die ein Lebewesen während seines Daseins ausgeführt hat, und welche zur Ursache seiner neuen Existenz werden, nie ganz den Werken eines anderen Wesens entsprechen, sind zwei zu einer neuen Existenz gelangende Individuen niemals einander völlig gleich. Da aber andererseits die von zwei verschiedenen Wesen vollbrachten Werke in vielem übereinstimmen, haben die Wesen wieder mehr oder weniger miteinander etwas gemein. Die Vorzüge und Schwächen, Fähigkeiten und Mängel aller Lebewesen sind also eine Folge ihres moralischen Verhaltens in ihrem vorhergehenden Dasein und haben deshalb außer natürlichen auch noch moralische Ursachen. Da jedes Dasein die Taten eines vorhergehenden voraussetzt, kann es einen Anfang dieses Vergeltungsprozesses nicht geben, auch Weltuntergänge und Perioden der Weltenruhe halten den Lohn oder die Strafe für gute Taten oder Sünden nicht auf, da die transzendente Kraft der Werke nicht verschwindet, sondern potentiell erhalten bleibt, bis sie zur Auswirkung kommt.

Die eminent moralische Ordnung der Welt tritt nicht nur darin in die

Erscheinung, daß jeder unweigerlich die Frucht seiner Taten genießen muß, sie zeigt sich auch darin, daß eine allmähliche Vervollkommnung und schließlich Erlösung der Lebewesen möglich ist. Die herrschende Meinung behauptet zwar nicht, daß jedes Wesen am Ende seiner unzähligen Wiedergeburten einmal die Befreiung von den Banden des Sansâra erlangen muß, und die Vorstellungen über die Heilswege und die Natur der ewigen Seligkeit gehen bei den einzelnen Schulen stark auseinander, gleichwohl bilden die unendlich vielen Lebewesen in der Welt nach der relativen Nähe oder Ferne, in welcher sie sich zu einem gegebenen Moment von der Erlösung entfernt befinden, eine geistige Rangordnung, welche von der, in welcher sie auf Grund der Auswirkungen ihrer Taten stehen, verschieden, aber nicht weniger bedeutsam ist. Der Unterschied zwischen beiden Hierarchien wird deutlich, wenn man sich vergegenwärtigt, daß ein Mensch, der kurz vor der Erlösung steht, einen der obersten Plätze auf der geistigen Stufenleiter innehaben würde, während er in der »natürlichen« Rangordnung sehr niedrig klassifiziert sein kann, wenn er z. B. ein Shûdra ist und so nicht nur alle Götter, sondern auch die höheren Kasten über sich hat.

Das Nebeneinanderbestehen einer natürlichen und einer nach soteriologischen Gesichtspunkten orientierten Stufenleiter der Lebewesen findet sich mehr oder weniger bei allen Religionen, auch das mittelalterliche Christentum unterscheidet zwischen Engeln, Heiligen und anderen Mitgliedern der triumphierenden Kirche, den christlichen Ständen der Geistlichen, des Adels, des Bürgertums einerseits und den Erlösern, den von der göttlichen Gnade Ergriffenen, noch nicht Ergriffenen und Verworfenen. Beim Hindutum sind die beiden Rangordnungen aber viel mehr ins einzelne ausgebildet, weil außer den Göttern, welche etwa den Engeln und Heiligen entsprechen, noch eine große Zahl von übermenschlichen Wesen (Naturgeister, Nâgas, Yakshas, Asuras, Kinnaras, Gandharvas, Vidyâdharas, Bhûtas, Pishâcas, Pretas usw.) angenommen werden und die Stände in zahllose Unterkasten zerfallen. Dazu kommt, daß die Tiere und Pflanzen für die Inder auch in beiden Rangordnungen auftreten, während sie im Westen, da ihnen eine Seele abgesprochen wird, nicht in den Erlösungsprozeß einbezogen werden. Vor allem aber ist für die indischen Klassifikationen kennzeichnend, daß alle noch nicht vollkommen erlösten Einzelseelen sich auf jeder Stufe nur eine kürzere oder längere (unter Umständen allerdings Millionen von Jahren umfassende) Zeit aufhalten, um dann herabzusinken oder aufzusteigen. Denn selbst die Götter (mit Ausnahme des ewigen Allgottes) sind ja der Seelenwanderung unterworfen und können deshalb in Zukunft wieder niedere Plätze in der natürlichen Hierarchie einnehmen.

Die autoritative Quelle für das Wissen um die sittliche Weltordnung, die Vergeltungskausalität der Taten und die Rechte und Pflichten der Lebewesen der natürlichen wie der geistig-moralischen Hierarchie sind die heiligen Schriften. Unter diesen nehmen die vier *Veden* mit ihren Anhängen, den

Brâhmanas und Upanishaden, den ersten Rang ein. Sie gelten allen Orthodoxen als übermenschlichen Ursprungs. Merkwürdigerweise wird dies aber von den einzelnen Philosophen in ganz verschiedener Weise erklärt. Für die Theisten sind die Veden vom Weltenherrn verfaßt und verkündet, für die Pan-en-theisten sind sie vom Allgott periodisch ausgehaucht worden. Für die atheistischen Mîmânsakas sind sie eine seit aller Ewigkeit von jeher existierende geistige Substanz, für die atheistischen Sânkhyas sind sie nicht ewig, bestehen aber in jeder neu entstandenen Welt in derselben Form wie in der untergegangenen, weil eine zur Allwissenheit fortgeschrittene Seele, die auf Grund ihres Karma zu einem der höchsten Götter wurde, sich ihrer aus früherer Zeit erinnert und sie vorträgt. Den Veden, die man mit den Offenbarungsschriften anderer Religionen auf eine Stufe stellen kann, stehen die zahllosen, von menschlichen Verfassern herrührenden Werke der Überlieferung theoretisch an Wert und Gewicht nach, wenn auch manche von ihnen in der Praxis eine viel einschneidendere Bedeutung haben. In der Idee ist jedenfalls die Anerkennung des Veda als der ewigen Richtschnur allen Denkens und Handelns ein Grunddogma des Hinduismus und eine der tragenden Säulen seines ganzen religiös-sozialen Systems. Denn darauf, daß sie den Veda studieren dürfen, beruht der Vorrang der »Zweimalgeborenen« vor den unreinen Kasten, und auf die Kenntnis des Veda und die Berechtigung, ihn lehren, auszulegen und (durch Ausführung der in ihm gelehrten Riten) dem Leben nutzbar zu machen, gründet sich der Anspruch der Brahmanen, die erste, von allen zu ehrende Kaste der »Götter in der Menschenwelt« zu sein.

Auf die heiligen Schriften werden eine Fülle von Anschauungen, Einrichtungen und Gebräuchen zurückgeführt, welche allen Hindus mehr oder weniger gemeinsam sind: der Glaube an bestimmte Götter, die Notwendigkeit, bestimmte Weiheriten, Opfer und andere Zeremonien zu vollziehen, schließlich auch gewisse Vorstellungen, welche die meisten Hindus teilen (Heilighaltung der Kühe, des Ganges und bestimmter heiliger Stätten, Verwerfung der Witwenheirat u. dgl.). Da diese Dinge jedoch teilweise zu verschiedenen Zeiten, in verschiedenen Landschaften und bei verschiedenen Bevölkerungsschichten einer starken Differenzierung unterliegen, brauchen sie nicht zu den allgemeingültigen und essentiellen Dogmen des Hinduismus gerechnet zu werden. Ist es für diesen doch sehr bezeichnend, daß seine Grenzen nicht scharf gezogen werden können, so daß die brahmanischen Theoretiker selber darüber uneins sind, wie weit sie sich erstrecken. Während einige Orthodoxe sogar die »Unberührbaren« trotz ihres Glaubens an Hindugötter als außerhalb des Hindutums stehend ansehen und hinduistische Reformsekten, wie die der Sikhs, des Brâhma-Samâj usw., als ihm zugehörig betrachten, gehen andere wieder so weit, daß sie die Religion der indischen Primitiven, ja sogar Christentum und Islâm als Vorstufen des ewigen Hindutums bezeichnen und glauben, daß diese sich in einer fernen

Zukunft in geläuterten und umgestalteten Formen zu Gliedern des »sanâtana dharma« (S. 14) entwickeln werden.

Aus dem Dargelegten ergibt sich, daß der Hinduismus genauso wie alle anderen Religionen einen bestimmten festen Kreis von Anschauungen als tragende Basis hat, mit welcher er steht und fällt. Diese Dogmen sind zum großen Teil sozialer Natur und engen das Leben des einzelnen in einer Weise ein, die allen anderen Religionen fremd ist. Zum Ausgleich dafür gewährt der Hinduismus seinen Bekennern in allen Glaubensdingen eine so große Bewegungsfreiheit wie kein anderes metaphysisches System. Denn er verlangt von seinen Anhängern lediglich den Glauben an eine in der durch die nachwirkende Kraft der Verschuldung und des Verdienstes sich immer wieder regulierende sittliche Ordnung der Welt. Ob sich der Hindu die letztere als ein automatisch wirkendes ewiges Gesetz vorstellt oder annimmt, daß sich in ihr ein von der Welt verschiedener oder mit ihr in dieser oder jener Weise identischer persönlicher oder überpersönlicher Gott manifestiert, bleibt ihm ebenso überlassen wie die Entscheidung darüber, ob von den zahlreichen Gottheiten des Pantheons: Vishnu, Shiva oder ein anderer ewig und allen anderen überlegen sei oder nicht. Und ebensowenig schreibt eine Instanz dem Hindu vor, zu glauben, daß es ewige Geistmonaden von bestimmten Qualitäten gäbe, daß die materielle Welt aus dem Urgeist, aus einem von diesem verschiedenen Urstoff oder aus Atomen hervorgegangen sei, daß Werke oder Wissen oder Gottesliebe zum Heil führe, oder daß der Zustand der Erlösten in einer verklärten Sublimierung oder der völligen Aufgabe ihrer Individualität bestehe. Sucht der Hinduismus also mit seinen Kastenvorschriften den Menschen bis ins einzelne zu formen und greift er in alle Details seines persönlichen Lebens ein, so geht er auf dem Gebiete der theoretischen Metaphysik nicht über die Forderung der Anerkennung einer sittlichen Weltordnung hinaus, in der weisen Erkenntnis, daß alle Glaubensdinge persönliche Angelegenheiten des Individuums sind und jeder die Verantwortung für seine metaphysischen Überzeugungen selbst zu tragen hat. Daß eine Religion diesen weitherzigen Standpunkt einnehmen kann, hat freilich zur Voraussetzung, daß ihre Bekenner mannigfaltige und divergierende Ansichten entwickelt haben und nicht von dem Bedürfnis, diese auszugleichen und zu uniformieren, beherrscht sind und daß ihre führenden Vertreter der Überzeugung leben, daß viele Wege zum Heil nebeneinander möglich sind, weil sie alle nur individuelle Hilfsmittel darstellen für die Erreichung eines Zieles, dessen wahres Wesen über das menschliche Begreifen hinausgeht.

Wie wir sehen, ist für den orthodoxen Hindu seine Religion die »Ewige Religion« (sanâtana dharma), deren Bekenner, anfangend mit den Brahmanen und endigend mit den untersten Kasten, die obersten Stufen der Rangordnung innerhalb des Menschentums einnehmen, weil sie in geistiger wie in physischer Hinsicht allen anderen Menschen in Hinblick auf ihre rituelle

Reinheit überlegen sind, vorausgesetzt natürlich, daß sie sich an die ihrer Kaste gemäßen Vorschriften halten. Die Zugehörigkeit zum Hinduismus ist deshalb daran geknüpft, daß jemand einer Hindukaste angehört, dieses ist aber nur von Geburt möglich, denn in eine Kaste kann niemand durch Zuwahl oder Ernennung aufgenommen werden. Eine einzelne Persönlichkeit, welche glaubt, was Hindus glauben, oder Hindubräuche beobachtet, kann deshalb nie ein Hindu werden. Ein Übertritt von einer anderen Religion ist ausgeschlossen; kein Individuum kann zum Hinduismus bekehrt werden wie zum Buddhismus, Christentum oder Islâm. Der Hinduismus ist insofern eine »nationale Volksreligion« der Inder und keine Weltreligion. Trotzdem hat der Hinduismus zu allen Zeiten eine umfangreiche Missionstätigkeit betrieben. Er hat im Laufe der Jahrhunderte auf dem vorderindischen Festland vom Himâlaya bis zum Kap Comorin den verschiedensten Volksstämmen seine Lehren und Lebensordnungen übermittelt und sie sich gewonnen. Diese »Hinduisierung« der Anhänger der verschiedensten lokalen Naturkulte ging jedoch – wenigstens in der Theorie – nicht dadurch vor sich, daß einzelne Individuen »bekehrt« wurden, sondern dadurch, daß ganze Stämme als Kasten in das hinduistische soziale System aufgenommen wurden. Dies geschah auf Grund der Annahme, daß der Hinduismus die ewige Religion der Menschheit ist, welcher ursprünglich alle Bewohner der Erde angehörten, daß viele Völker aber im Laufe der Zeit sich durch Unwissenheit oder Abfall vom Hindutum entfernt haben und ihre eigenen Wege gegangen sind. Durch Reinigungs-(shuddi-)Zeremonien kann dieser frühere Status aber wiederhergestellt werden, so daß also Stämme, deren Vorfahren einst Hindus gewesen waren (oder gewesen sein sollen), wieder in ihn aufgenommen werden können. Dieselbe Praxis ist von den Brahmanen auch in Hinterindien und Indonesien in Anwendung gebracht worden, als sich dort Hindukolonisten in größerer Zahl niederließen. Derartige Shuddhi-Zeremonien sind in neuerer Zeit von Hindupriestern in Indien auch an Personen vorgenommen worden, die selbst oder deren Vorfahren zum Christentum oder Islâm übergetreten waren und die wieder zur Religion ihrer Väter zurückkehren wollten. Es ist klar, daß in diesen Fällen das Prinzip, nicht Einzelpersonen, sondern nur Kasten in das Hindutum aufzunehmen, zwar theoretisch gewahrt blieb, tatsächlich aber schon durchbrochen ist, denn sonst könnten zum wenigsten nur ganze Familien dem Hindutum wieder zugeführt werden. In der Praxis ist man noch weiter gegangen. Vereinzelt sind sogar mohammedanische oder christliche Persönlichkeiten durch »shuddhi« zu Hindus gemacht worden, deren Ahnen zweifellos nicht Hindus waren, deren »Wiedereintritt« in das Hindutum deshalb nur auf Grund einer Fiktion möglich war. So ist z. B. eine Amerikanerin, Mrs. Miller, als sie den früheren Mahârâja von Indore heiratete, dem Hinduismus zugeführt worden. Derartige Einzelfälle haben bisher aber nicht die Billigung der orthodoxen Schriftgelehrten gefunden und sind deshalb nur als umstrittene Ausnahmefälle zu betrachten. Grundsätzlich gilt jedenfalls, daß der Hinduismus zwar für seine Ideen wirbt, indem er in Indien und neuerdings auch in Amerika für einzelne seiner Systeme, wie die Lehren des Shankara oder Caitanya, literarisch und durch Vorträge Propaganda macht, eine formelle und allgemein anerkannte rechtsgültige Aufnahme aber nicht vornimmt.

Wenn der Hinduismus somit auch keine eigentliche missionierende Religion ist, so muß er andererseits doch als Religion bezeichnet werden, deren Sendung von einem gewaltigen Erfolge gekrönt worden ist. Denn seine Priester, die Brahmanen, haben es verstanden, seine Lehren und Riten über den ganzen Gangeskontinent zu verbreiten und ihnen eine Anhängerschaft zu gewinnen, die der des Islâm in der ganzen Welt nahekommt. Ja, das von ihnen geschaffene Gedankengut ist in anderer Form sogar im ganzen mittleren und östlichen Asien zu einer einflußreichen geistigen Macht geworden: der Buddhismus ist ja nach einem treffenden Ausdruck Sir Charles Eliots die »export form of Hinduism«, bei welcher die nur für »Gebrauch im Inlande« wesentlichen sozialen und anderen Vorstellungen (Kastenwesen, Vorrang der Brahmanen, Anerkennung des Veda als göttliche Offenbarung) ausgeschieden worden sind.

II. Die geschichtliche Entwicklung

Die alte Stadt Prayâga (d.h. Opferstätte), welche die Mohammedaner mit dem uns geläufigen Namen »Allâhâbâd« (Wohnsitz Allâhs) belegten, ist der heiligste Ort Indiens, weil sich hier die beiden heiligen Ströme Ganges und Yamunâ vereinigen. Das ist sinnbildhaft für den Hinduismus: er ist seinem Wesen nach selbst gleichsam der Vereinigungpunkt von zwei großen Entwicklungsströmen, die, aus verschiedenen Ursprüngen stammend, für ihren weiteren Lauf zu einer neuen Einheit verschmolzen: der eine dieser Ströme ist das Ariertum, das vor vier Jahrtausenden aus dem Norden nach Indien eindrang und es in sprachlicher und kultureller Hinsicht weitgehend umgestaltete, der andere Strom wird durch das bodenständige Element repräsentiert, das, in sich vielgestaltig, schon vor der arischen Einwanderung in Indien saß und bis heute seine Eigenart zu behaupten gewußt hat. Der schöpferischen Synthese dieser beiden Komponenten verdankt die indische Kultur ihre Entstehung; durch sie erhielt die indische Religion ihre einzig in der Welt dastehende Ausprägung.

Nach indischem Glauben fließt in Prayâga noch ein dritter, unsichtbarer Fluß, die Sarasvatî (die in Wahrheit weit entfernt in der Wüste versickert), mit Ganges und Yamunâ zusammen. Man kann, wenn man will, auch dies als ein Symbol betrachten: außer von den beiden offen zutage liegenden

Einflüssen, von denen gesprochen worden ist, erhält das Hindutum noch aus einer dritten, nicht so offenbaren Quelle einen Zustrom, nämlich aus der Ideenwelt der Völker, mit denen es an seinen Grenzen in Berührung kam oder welche für kürzere oder längere Zeit in Indien sich niederließen, wie Perser, Griechen, Hunnen, mongolische Einwanderer, mohammedanische Eroberer und europäische Kolonisatoren. Für eine Beurteilung des Ursprunges und des Werdens des Hindutums ist es notwendig, daß wir zunächst die beiden großen Konstituenten kennenlernen, denen es sein Dasein verdankt. Von den anderen Einflüssen werden hingegen vorzugsweise nur die beiden letzten, der islâmische und der europäische, näher erörtert werden, da die anderen von geringerer Bedeutung sind und sich einer näheren Feststellung entziehen.

1. Die vorarische Zeit

Die älteste Geschichte Indiens ist uns heute noch ein Buch mit sieben Siegeln. Ethnographen nehmen an, daß die ältesten Bewohner des vorderindischen Kontinents, der allerdings damals noch nicht seine heutige Gestalt hatte, Negride gewesen sind, die zu ihren Stammesgenossen in Afrika und Melanesien in räumlichem und genetischem Zusammenhang standen. Diese sollen dann durch aus Norden kommende Europide nach dem Süden und in abgelegene Gebiete abgedrängt und allmählich aufgesogen worden sein, so daß sie heute nicht mehr in reinem Zustande vorhanden sind. Unter den Europiden, die, in mehrerer Wellen vorrückend, in dem weiten Lande ihren Wohnsitz nahmen, repräsentierten den am meisten entwickelten Typus die Vorfahren der heute noch im Süden dravidische Sprachen redenden grazilen braunen Völker, die eine mutterrechtlich-pflugbauliche Kultur besaßen und vielleicht der vor-indogermanischen Bevölkerung des Mittelmeergebietes nahestanden. Von der Religion dieser Völker, die Jahrtausende vor unserer Zeitrechnung das Land innehatten, besaßen wir lange keine sichere Kenntnis. Man nahm jedoch an, daß die Elemente des heutigen Hinduismus, die nicht in den heiligen Texten der wahrscheinlich erst im 2. Jahrtausend v. Chr eingewanderten Arier erwähnt werden oder dort wenigstens keine prominente Rolle spielen, wie der Phalluskult und die Verehrung von fruchtbaren weiblichen Gottheiten, auf sie zurückzuführen seien. Noch vor fünfzig Jahren ging die herrschende Ansicht dahin, daß erst die Arier eine höhere Kultur und Religion nach Indien gebracht hätten, daß die vor-arischen Bewohner des Gangeskontinentes aber kulturarme Primitive gewesen seien. Diese Vorstellung änderte sich von Grund auf durch die großen archäologischen Entdeckungen, die seit den Jahren 1921/1922 im Indusgebiet gemacht worden sind. In Mohenjo Daro (in der Landschaft Sindh) und in Harappa (im Panjâb) wurden damals die Ruinen großer Städte freigelegt. Die dort gefundenen geräumigen Bauten, kunstvollen Werkzeuge und formschönen Plastiken verraten einen Stand der Kultur, der dem der nur in Dörfern wohnenden Arier, die noch keine ausgebildete Technik und Kunst besaßen, hoch überlegen war. Diese sogenannte Induskultur weist eine auffallende Ähnlichkeit mit der gleichzeitigen Kultur Vorderasiens auf, trägt andererseits aber wieder so individuelle Züge, daß sie nicht als bloßer Ableger derselben betrachtet werden kann, sie ist deshalb als ein selbständiges Glied der internationalen Weltkultur des 3. Jahrtausends anzusehen. Über das Volk, das sie geschaffen, ist sich die Wissenschaft noch im unklaren, um so mehr, da die aufgefundenen Inschriften noch keine allseitig befriedigende Lesung gefunden haben. Während einige Forscher die Indusleute für Indogermanen halten, die nicht dem arischen Zweige, sondern einer älteren Gruppe dieser Sprachfamilie angehörten, nehmen die meisten an, daß sie Vorfahren der Draviden waren und als solche zu den Sumerern und vor-indogermanischen Mittelmeervölkern in nähere Beziehung zu setzen sind. Jedenfalls steht fest, daß die Religion von Mohenjo Daro, Harappa und dem später entdeckten Chanhu Daro ein hochentwickelter Bilderkult war, der die Verehrung von männlichen und weiblichen Gottheiten – man hat einen in Yoga-Positur sitzenden Shiva und eine der Durgâ ähnliche Muttergöttin zu erkennen geglaubt –, von heiligen Tieren (Stier, Elefant, Schlange, Krokodil), Pflanzen (Feigenbaum), Phallussteinen und heiligen Symbolen (Hakenkreuz) zum Gegenstand hatte. Man wird sie deshalb als eine Vorstufe des heutigen Hinduismus bezeichnen können, bei welcher bereits einige wesentliche Elemente des Glaubenslebens und der Kultübung desselben deutlich hervortreten, während noch alle diejenigen Faktoren fehlen, welche die arischen Einwanderer beigesteuert haben.

2. Die vedische Periode

Die Arier, welche im 2. Jahrtausend v. Chr. über die Gebirgsstraße des Nordwestens in das Stromgebiet des Indus einwanderten und in ständigem Kampfe mit den Vorbewohnern sich den Nordwestzipfel Indiens unterwarfen, waren ein jugendfrisches Volk von Hirtenkriegern, die zwar schon etwas Ackerbau trieben, denen jedoch der Städtebau und ein höheres Kunstschaffen noch fremd war. Ihre Religion glich in vieler Hinsicht derjenigen von Naturvölkern auf einer ähnlichen Stufe der Gesittung. Daß wir viel genauer und besser über sie unterrichtet sind als über die primitiven Stämme in Afrika, verdanken wir dem Umstand, daß sie ihre heiligen Götterlieder und Opfersprüche von Generation zu Generation unverändert mündlich überliefert und schließlich (wahrscheinlich nicht vor Beginn unserer Zeitrechnung) schriftlich fixiert haben. Die heiligen Schriften, in welchen ihre religiösen Gedanken Ausdruck gefunden haben, heißen »Veda« (heiliges Wissen), man bezeichnet ihre Religion deshalb als »vedische Religion«. Die älteste Form derselben, deren Denkmal die Hymnen (ric) des Rigveda sind, bestand in der Verehrung einer Vielheit von Gottheiten, welche zum großen Teil Naturerscheinungen repräsentierten, wie Himmel, Erde, Sonne und Mond, Morgenröte, das Feuer usw. Während bei manchen von diesen der Zusammenhang mit dem Natursubstrat, das ihnen zugrunde liegt, noch sehr eng ist, sind andere im Laufe der Zeit durch zunehmende Anthropomorphisierung und Umkleidung mit Mythen verschiedenster Art zu himmlischen Persönlichkeiten eigenen Charakters geworden; so der Gott Indra, der ursprünglich wie der nordische Thor wohl ein Gewittergott war, später aber als Götterkönig und Vorbild des Kriegertums eine bedeutende Rolle spielt. Neben den Naturgöttern finden sich andere, welche die Schirmherren weltlicher Tätigkeiten und Einrichtungen sind oder als Nothelfer angerufen werden. Einen ethischen Charakter tragen die häufig zusammen auftretenden Götter Mitra und Varuna. Mitra, dem persischen Mithras verwandt, ist wahrscheinlich ursprünglich ein Sonnengott gewesen; Varuna erscheint als Himmelsgott, Mondgott, Wassergott, Eidgott, Strafgott: seine Gestalt hat im Laufe der Zeit so viele Phasen durchgemacht, daß die verschiedensten Theorien über sein ursprüngliches Wesen aufgestellt worden sind. Mitra und Varuna fungieren als Hüter des »Rita« der ewigen Weltordnung, welche sich in Natur, Sitte und Ritus offenbart. Das Rita erscheint in einzelnen Stellen des Veda als das höchste Weltprinzip, welches über allen Göttern steht, an anderen als von Mitra und Varuna gelenkt. Ein Monotheismus, d. h. der Glaube, daß ein bestimmter Gott immer der höchste sei und alle anderen beherrsche, findet sich noch nicht, jedoch eine Vorstufe zum Eingottglauben, der sogenannte »Henotheismus«, welcher in religiösem Überschwang bald diesem, bald jenem Gott die Prädikate eines allmächtigen höchsten Weltenherrn beilegt. So treten im Rigveda schon keimhaft und noch nicht konsequent durchgeführt die beiden Anschauungen auf, welche später nebeneinander die ganze weitere Entwicklung bestimmen: der Glaube, daß ein unpersönliches Weltgesetz über alle Götter gebietet, und andererseits die Vorstellung, daß ein Hochgott das Weltgesetz handhabe und durch dieses Götter und Menschen beherrsche.

Der Kultus war in der ältesten Zeit einfach und wurde von jedem arischen Hausvater vor einem heiligen Feuer vorgenommen, in welches Opfergaben geschüttet wurden. Im Laufe der Zeit wurde das Opferwesen aber immer komplizierter, so daß die Dienste besonderer Personen, die mit den sakralen Dingen Bescheid wußten, in Anspruch genommen wurden und sich so ein besonderer Priesterstand bildete. Jenseitsvorstellungen beschäftigten die Menschen der vedischen Zeit verhältnismäßig wenig; man nahm an, daß der Tote in der Nähe seiner einstigen Behausung umherschweife und deshalb von seinen Angehörigen gespeist werden müsse oder daß er in eine Unterwelt gelange oder durch magische Riten zum Himmel emporsteige, um in der Gemeinschaft der Götter zu leben.

Etwa um 1000 v. Chr. waren die Arier aus dem Panjâb weiter nach Osten und Süden in die fruchtbare Gangesebene vorgedrungen und hatten sich dort als eine Herrenschicht unter den Vorbewohnern niedergelassen. Um ihre Vorrangstellung zu wahren, bildeten sie das Kastenwesen aus, das eine scharfe Scheidung zwischen den arischen Ständen der Priester, Krieger und Vaishyas und den »Shûdras«, den Nachkommen der unterjochten früheren Bevölkerung, vorsieht. Ihre Religion wurde seitdem in steigendem Maße durch die der letzteren beeinflußt. Ein bedeutsamer Wandel vollzog sich vor allem aber dadurch, daß das immer größere Bedeutung gewinnende Ritualwesen den Brahmanen eine privilegierte Monopolstellung gab, wie sie keine Priesterkaste der Welt je besessen hat. Kraft ihres Wissens um die heiligen Lieder und Zeremonien behaupteten sie, denen, die sich ihrer Dienste gegen hohen Lohn versicherten, alles in dieser und der jenseitigen Welt verschaffen zu können. Sie begründeten dies damit, daß die Macht der heiligen Formeln und Begehungen so groß sei, daß sich sogar die Götter ihnen beugen müßten. So wie der moderne Techniker vermöge seiner Kenntnis um das Walten der Naturkräfte diese beherrscht, so daß sie für ihn arbeiten müssen, so vermeinten diese Techniker des Rituals, wenn sie die verschiedenen Handgriffe an der Maschinerie des Opfers vornahmen, damit die Götter zur Erfüllung ihrer Wünsche zwingen zu können. Bei dieser Wertung des Priestertums mußten die Brahmanen in ihrer eigenen Vorstellung wie in der des Volkes zu einer Art von »Göttern in der Menschenwelt« werden, deren Wissen um die Weltgesetze ihnen eine alle anderen Sterblichen überragende Stellung verlieh. Mit Recht nennt man daher die Form der Religion der Arier, welche sich durch Überwuchern des Kultischen über den naiven Götterglauben der älteren Zeit bildete, »Brahmanismus«. Da der Anspruch der Brahmanen, allein nur zur Durchführung aller bedeutenden Kulthandlungen berechtigt zu sein, trotz allen Wandels der Vorstellungen vom Wesen des Göttlichen und aller Veränderungen in den Formen der religiösen Riten bis heute einen der hervorstechendsten Züge der Religion Indiens bildet, kann diese, wie schon oben S. 13 angeführt wurde, als eine jüngere Form des Brahmanismus bezeichnet werden.

Die geistige Herrschaft des Priestertums fand auch in der Literatur dieser Zeit einen Niederschlag. Zu den vier heiligen Texten, zu welchen der Veda inzwischen angewachsen war, verfaßten gelehrte Brahmanen ausgedehnte Erläuterungen, welche die einzelnen Zeremonien, bei welchen die Lieder und Sprüche des Veda Verwendung finden, ausführlich beschreiben, ihre mythische Entstehung erzählen und ihren mythischen Sinn darlegen. In diesen »Brâhmana« genannten Opfertexten macht sich die Neigung zu philosophischen Spekulationen, die bis heute für das Indertum so charakteristisch ist, geltend, indem versucht wird, die einzelnen Daseinsmächte, Götter oder Potenzen, welche Welt und Leben beherrschen, zu erfassen und aufzuzählen sowie ihr Verhältnis zueinander klarzustellen. Neben diesem Pluralismus, der eine Vielheit von letzten Substanzen anerkennt, die gesetzmäßig zusammenwirken, tritt immer stärker der Hang hervor, zu einer letzten Einheit alles Existierenden vorzudringen. Bereits in einigen Veda-Hymnen war von begeisterten Dichtern die Ansicht verkündet worden, daß alle Vielheit aus einer ursprünglichen Einheit hervorgegangen sei. In den Brâhmana-Texten wird dieser Gedanke weiter fortgeführt. Das All-Eine, das den Urgrund von allem bildet und als innerster Kern alles Existierenden in allem verborgen ist, wird als das Brahma bezeichnet, als die »heilige Macht«, die dem Opfer seine wirkende Kraft verleiht. Bei den tieferen Geistern unter den Brahmanen, vor allem aber unter den gegen die geistige Bevormundung durch die Priester sich auflehnenden Herren aus der Kriegerkaste gedieh das philosophische Interesse, das in den Brâhmanas langsam an Boden gewann, in der Folgezeit zu schöner Blüte. In den den Opfertexten angehängten oder eingebetteten Upanishaden (»Geheimlehren«) fanden die Gedanken dieser Männer über das »Brahma«, das Absolute, das mit dem »Âtman«, dem »Selbst«, als innerstem Kern jedes Einzelwesens identisch ist, weil jedes Einzelwesen aus dem Allwesen hervorging, einen Ausdruck, der für das Denken aller Hindus bis heute maßgebend gewesen ist.

In den Upanishaden, deren älteste man vielleicht um 800 v. Chr. ansetzen darf, gewinnt auch ein Glaube Raum, der dem Veda bisher fremd, für die ganze spätere Entwicklung von richtungweisender Bedeutung geworden ist: der Glaube, daß der tote Mensch entsprechend seinen guten oder bösen Taten (karma) auf Erden oder anderwärts als Tier, Mensch, Gott oder in anderer Weise wiedergeboren werde. Wir wissen nicht, ob diese tiefe Lehre, von dem weisen Yâjnavalkya, der sie zuerst in der Brihadâranyaka-Upanishad 3,2,13 verkündet, selbst in Fortführung uns nicht überlieferter Gedanken vedischer Arier entwickelt worden ist oder ob sie schon dem Denken der vorarischen Bevölkerung eigentümlich war und zu den Ideen gehört, welche die Arier von diesen übernahmen. Jedenfalls hat das Aufkommen dieser Lehre für das indische Geistesleben die bedeutsamsten Folgen gehabt und dem indischen Weltbild eine Fülle von charakteristischen Zügen verliehen, die es durch alle Jahrtausende bewahrt hat. Diese sind vor allem: die Vorstellung, daß zwischen allen Lebewesen, also auch zwischen Menschen und Tieren, nur ein gradueller, kein essentieller Wesensunterschied besteht, der Glaube an die Anfangs- und Endlosigkeit des Weltprozesses und die Hoffnung auf eine Erlösung von den Banden des Sansâra (Welttreibens), die nur durch das Abstehen vom Tun und begierdelose Entsagung zu erreichen ist.

Das Zeitalter der älteren Upanishaden bezeichnet das Ende der vedischen Periode und zugleich den Anfang der klassischen. Für diese sind zwei Dinge vor allem kennzeichnend: 1. die beiden Ströme der indischen Religionsentwicklung, die beide getrennt flossen, vereinigen sich jetzt mehr und mehr zu einem mächtigen Strom, zum Hinduismus oder jüngeren Brahmanismus, und 2. in Opposition zu den Ansprüchen des Priestertums entstanden neue

Heilslehren, die sich zu selbständigen Glaubensformen auswuchsen und bis um 1000 n. Chr. mit dem Brahmanismus in heftigen Wettbewerb traten: der Jainismus und der Buddhismus.

Die indische Religionsgeschichte der nächsten 1500 Jahre verläuft also gleichsam in drei parallelen Entwicklungslinien, die nebeneinanderhergehen und untereinander durch tausend Fäden verbunden sind. In dem vorliegenden Abschnitt müssen wir uns darauf beschränken, die Geschichte des Hindutums zu skizzieren; dem Buddhismus ist ein besonderer Teil des Buches gewidmet. Auf den Jainismus braucht hingegen in diesem Zusammenhang nicht näher eingegangen zu werden, da derselbe trotz seiner Selbständigkeit in vielen Einzellehren seinem Wesen wie seiner Problematik nach eine Konvergenzbildung zum Buddhismus darstellt und ungeachtet der Bedeutung, die er zeitweise in Indien gewann, nicht zu den großen Religionen der Welt gerechnet werden kann.

3. Die klassische Periode

Um die Mitte des 1. Jahrtausends v. Chr. geht das indische »Altertum« in das indische »Mittelalter« über, bis dieses um das Jahr 1000 n. Chr. durch die indische »Neuzeit« abgelöst wird. Da der Ausdruck »Mittelalter«, auf Indien angewandt, leicht zu Mißverständnissen führen kann, weil die ersten 1000 Jahre des indischen Mittelalters mit dem europäischen Altertum zusammenfallen, während wieder die letzten 500 Jahre des europäischen Mittelalters der indischen Neuzeit zuzurechnen sind, vermeidet man besser diese lediglich für Zwecke der abendländischen Geschichte geprägten Termini und spricht statt dessen passender von der »klassischen Zeit«. Diese Bezeichnung erscheint insofern als angemessen, als die indische Kultur in dieser Periode ihre bis zur Gegenwart maßgebliche Ausgestaltung, ihre höchste Blüte und ihre größte Ausbreitung gefunden hat, zugleich aber auch das sogenannte »klassische Sanskrit« [1] das sprachliche Medium bildet, in welchem die geistigen Erzeugnisse dieser Welt überliefert sind. Dieses klassische Sanskrit selbst ist eine aus dem Sanskrit der vedischen Texte weiterentwickelte, durch Grammatiker künstlich in Regeln festgelegte und dadurch in ihrem natürlichen Wandel gehemmte Dichter- und Gelehrtensprache, welche damals schon ausschließlich kultischen und literarischen Zwecken diente; die lebendigen Umgangssprachen der Bevölkerung waren landschaftlich verschiedene »mittelindische« Dialekte, von denen einige, wie das Pâli und einige Prâkritsprachen, zwar auch im Schrifttum Verwendung gefunden haben, dem seiner sprachlichen Form wegen als »Altindisch« zu bezeichnenden Sanskrit aber an Bedeutung weit nachstehen.

[1] Das Wort »sánskrita« bedeutet »kunstvoll zurechtgemacht« und bezeichnet die heilige, kanonisierte Hochsprache, im Gegensatz zu der natürlichen, vulgären Umgangssprache (prâkrita).

31

Zu Ende der vedischen Zeit hatten sich die Arier vom Stromgebiet des Indus und Ganges aus weiter nach Süden und Osten ausgedehnt; in der klassischen Zeit umfaßt ihre Einflußsphäre nach und nach die ganze Halbinsel. Dem größten Teil Indiens vermochten die Arier ihre Sprache aufzuzwingen, so daß heute Millionen von Indern arische Sprachen gebrauchen, in deren Adern kein oder nur wenig Blut von den vedischen Ariern fließt; im Süden wurden die dravidischen Sprachen durch die arischen nicht verdrängt, erfuhren aber durch diese eine starke Beeinflussung. Eine solche kommt auch in den in Tamil, Telugu, Kanaresisch und Malayâlam abgefaßten Literaturwerken der Draviden zum Ausdruck. Der Grund hierfür liegt darin, daß schon in den letzten Jahrhunderten vor Beginn unserer Zeitrechnung sich vedische Schulen im Süden niedergelassen hatten. Noch heute sind ja vielfach südindische Brahmanen, die selbst das Tamil oder eine andere dravidische Muttersprache reden, durch eine vorzügliche Beherrschung des Sanskrit in Wort und Schrift ausgezeichnet.

Während sich so das Ariertum im indischen Raum politisch immer weiter ausbreitete und seine Sprache und den im heiligen Veda niedergelegten Anschauungen einen immer größeren Wirkungskreis gab, unterlag es selbst in immer höherem Umfange den Einflüssen seiner Umwelt. Eine Fülle von neuen Anschauungen und Bräuchen, die den Einwanderern noch fremd gewesen waren, drang in seine Geisteswelt ein und gestaltete diese weitgehend um, so daß aus dem Ererbten und Übernommenen ein Neues von selbständiger Eigenart entstand. Die Werke, in denen dieser Umwandlungsprozeß gleichsam vor unseren Augen sich vollzieht, sind die großen Epen Mahâbhârata und Râmâyana, die achtzehn Purânas und die zahlreichen Lehr- und Gesetzbücher, in welchen sich vedische Vorschriften und Vorstellungen mit solchen anderer Herkunft und manchem Neuen zu einem einheitlichen Ganzen verbinden.

Die Veränderung, die sich am Brahmanismus seit der Upanishadenzeit vollzieht, tritt am augenfälligsten in der völligen Verschiedenheit der Götterwelt in Erscheinung. Zwar werden vedische Götter, wie Indra, Agni (der Feuergott), Varuna und Mitra, noch verehrt, aber sie sind durch andere Gestalten immer mehr in den Hintergrund gerückt worden. Die prominenteste Stelle im Pantheon beanspruchen jetzt die drei Götter: Brahmâ, Vishnu und Shiva.

Brahmâ, der bei der Entstehung der Welt eine maßgebende Rolle spielt (er schafft diese jedoch nicht aus eigenem Willen aus dem Nichts, noch läßt er sie aus sich als Urgrund emanieren, weshalb die Bezeichnung »Weltschöpfer« jedenfalls nicht im christlichen Sinne von ihm gebraucht werden kann) und die heiligen Veden verkündet, ist eine Personifikation des auf S. 30 genannten Brahma (Neutrum). Er ist durch Verschmelzung mit anderen kosmogonischen Gestalten, wie dem in den Brâhmana-Texten häufig genannten Prajâpati (Herr der Geschöpfe) zum Gegenstand zahlreicher Mythen geworden. Ungeachtet seiner Herkunft und der Bedeutung, die ihm ursprünglich beigelegt wurde (nach Ausweis buddhistischer Texte betrachteten ihn manche Brahmanen als den höchsten Herrn der Welt), ist er doch auf die Dauer nicht zu einer alle anderen Götter überragenden Stellung gelangt und gilt heute den meisten Hindus nur als der Demiurg, der Weltbaumeister, der aus den schon vor ihm vorhandenen Bestandteilen die Welt ordnet und die nach einer Periode der Ruhe wieder in den Kreislauf des Werdens zurückkehrenden Seelen mit den erforderlichen Leibern versieht. So ist Brahmâ heute für die Brahmanen nur eine Art von Erzengel, der bestimmte Funktionen zu erfüllen hat, und hat dementsprechend auch nur wenige, ihm speziell gewidmete Heiligtümer.

Eine viel erfolgreichere Laufbahn war dem Vishnu beschieden, der noch im Veda einen wenig hervorragenden Platz hat. Im Wege der Identifikation mit den verschiedensten Gottheiten und Helden ist er zu einem der beiden mächtigsten Götter Indiens geworden und ist vielen Hindus überhaupt der höchste von allen. Er verkörpert das Prinzip der Welterhaltung; immer, wenn die Menschheit in Gefahr ist, durch böse Mächte dem sittlichen Verderben anheimzufallen, erscheint er in Tier- oder Menschengestalt, um sie zu retten: als Fisch, Schildkröte, Eber, Mann-Löwe, Zwerg, Parashurâma, Râma(-candra), Krishna, und in Zukunft wird er als Kalki auftreten, um das Recht wiederherzustellen.

Von diesen Avatâras (Herabkünften, d.h. Inkarnationen) Vishnus sind die als Râma und als Krishna die beliebtesten. Râma war ein Prinz und späterer König von Ayodhyâ (Audh), dem der Riese Râvana seine Gattin Sîtâ geraubt hatte und der diese dann mit Hilfe eines gewaltigen Heeres, welchem auch zahlreiche Affen angehörten (darunter der kluge Hanumân), wiedergewann. Auch Krishna war königlichen Geblütes. Da seinem Oheim, dem grausamen König Kansa von Mathurâ, prophezeit worden war, er werde durch Krishna getötet werden, ließ dieser alle neugeborenen Knaben seines Reiches umbringen, Krishna entging jedoch diesem bethlehemitischen Kindermord und wuchs unerkannt unter den Hirten in Brindâban auf, wo er schon als Knabe wunderbare Taten vollbrachte und als Jüngling der Liebling aller Hirtinnen (Gopî) war. Später tötete er Kansa, führte als Herrscher von Mathurâ siegreiche Kämpfe und zog dann nach Gujarât, wo er in Dvârakâ mit 16000 Frauen 180000 Söhne zeugte. Krishnas Heldentaten, Liebesabenteuer und Weisheitsworte bilden eines der beliebtesten Themen der indischen Dichtung.

Neben Vishnu ist Shiva (»der Gnädige«) heute der volkstümlichste Gott der Hindus. Er hat sein vedisches Urbild in der Gestalt des furchtbaren Bogenschützen Rudra, der Krankheiten sendet und vertreibt. Mit diesem arischen Gott ist aber ein vor-arischer Naturgott verschmolzen worden, der Repräsentant der Zeugungskräfte, der unter dem Symbol des Linga (Phallus) verehrt wird. So versinnbildlicht Shiva gleichzeitig die schöpferischen wie die

33

zerstörenden Kräfte des Alls. Ins Geistige gewendet, erscheint er dann aber auch als Prototyp des großen Asketen, der durch seine Kasteiung die Welt überwindet und dadurch ein neues geistiges Dasein schafft, sowie als der Heilbringer, der dem Menschen gnadenvoll die Erlösung spendet.

Gleich Vishnu wird auch Shiva von manchen Hindus als der höchste Weltenherr angesehen, so daß sich also innerhalb des Hindutums zwei Religionsparteien gegenüberstehen, von denen die eine Vishnu, die andere Shiva als den einzigen ewigen Weltregierer ansieht, während alle anderen Götter als ihm untergebene, dem Sansâra unterworfene Seelen betrachtet werden, die ihre bestimmten Aufgaben im kosmischen Geschehen zu erfüllen haben. Bei der toleranten und unsektarischen Einstellung der Mehrzahl der Hindus legen sich freilich nur wenige Inder in dieser Weise dogmatisch fest. Dem allumfassenden indischen Geiste liegt es mehr, in der Art des vedischen Henotheismus (S. 28) bald Vishnu, bald Shiva als den Allgott zu verehren. Für den Europäer ist ein derartiges Nebeneinander unvollziehbar, weil für ihn der Gottesbegriff mit bestimmten Vorstellungen von der absoluten Realität göttlicher Eigenschaften und geschichtlicher Tatsachen untrennbar verbunden ist; der Hindu hingegen sieht in den einzelnen Gestalten des Pantheons nur mehr oder weniger gleichberechtigte Verkörperungen der letzten übergegensätzlichen Wirklichkeit, er nimmt die einzelnen Formen des Göttlichen so wenig als absolut gültig und schlechthin unbedingt, daß er sich geistig je nach seiner Stimmung der einen oder der anderen Vorstellung von der Gottheit zuwenden kann.

Von anderen Göttern, die als Kinder oder Diener dieser größten gelten, erwähne ich nur den elefantenköpfigen Ganesha, der die Hindernisse beseitigt und deshalb zu Beginn von Unternehmungen der verschiedensten Art, z. B. vor dem Schulunterricht, verehrt wird und mit dessen Anrufung (»Shrî-Ganeshâya namah« – »dem erhabenen Ganesha Verehrung«) die meisten Texte beginnen. Ganesha ist ein Sohn des Shiva ebenso wie Skanda (Kumâra oder Kârttikeya), der zehnköpfige Gott des Krieges. Aus dem Veda stammen die als Hüter der Himmelsrichtungen fungierenden Himmlischen: der Gewittergott Indra (Osten), der Feuergott Agni (SO), der Wassergott Varuna (W), der Windgott Vâyu (NW), der Sonnengott Sûrya (SW), der Mondgott Candra (NO), Kubera, der Gott des Reichtums (N), und der Todesgott Yama (S). Zu diesen treten zahllose andere Wesen, die ihre besonderen Herrschaftsbereiche haben, Heilige, Seher, Helden, Dämonen und Geister der verschiedensten Art.

Auch Göttinnen sind seit alters in großer Zahl verehrt worden, doch treten sie in der vedischen Literatur noch stark zurück. In der klassischen Periode beanspruchen sie hingegen in wachsendem Maße die Aufmerksamkeit, offensichtlich ist dies als eine Folge des zunehmenden Einflusses des nichtarischen Geistes anzusehen, da der Kult von Fruchtbarkeitsgöttinnen schon in Mohenjo Daro nachweisbar und bis heute bei den Draviden Südindiens sehr verbreitet ist. Neben Lakshmî, der Göttin des Glückes, und Sarasvatî, der Patronin der Gelehrsamkeit, den Gemahlinnen von Vishnu bzw. Brahmâ, ist Durgâ (»die schwer Zugängliche«), auch Umâ, Gaurî, Pârvatî genannt, Shivas Gemahlin, die bedeutendste weibliche Gestalt des Pantheons. Sie repräsentiert die ewige Kraft der Natur, die gebärt und wieder zerstört. In diesem ihrem furchtbaren Aspekt wird sie heute namentlich in Bengalen viel verehrt und in schreckenerregender Weise mit wilden Haaren, heraushängender Zunge und einem Halsband von Leichenschädeln auf Leichnamen tanzend dargestellt. Für manche ihrer Verehrer ist sie die höchste Weltregiererin, die Urkraft (shakti), von der alle Götter abhängig sind, so daß selbst ihr Gatte Shiva ihr gegenüber an Bedeutung ganz zurücktritt. Göttinnen ähnlicher Art sind die zahlreichen »Mütter«, welche Fieber, Cholera und andere Plagen senden.

Das indische Pantheon ist von unübersehbarer Reichhaltigkeit und Vielfalt. Dadurch, daß die verschiedensten Lokalgottheiten und -heroen in ihm Aufnahme fanden und daß Tendenzen der verschiedensten Art bei seiner Ausbildung von Einfluß gewesen sind, trägt es eher den Charakter eines wild wuchernden Urwaldes als den eines geordneten, wohlgehegten heiligen Haines, wenn es auch an Versuchen nicht gefehlt hat, die unerschöpfliche Menge der Götter systematisch zu klassifizieren und dadurch auf ein gesundes Maß zurückzuführen, daß viele Gottheiten als Aspekte, Inkarnationen oder Ausstrahlungen eines Gottes erklärt werden. Dieses Einheitsstreben fand seinen abschließenden Ausdruck in der Lehre, daß Brahmâ, Vishnu und Shiva drei verschiedene Gestalten des einen Urwesens seien und dieses in seiner Tätigkeit als Schöpfer, Erhalter und Zerstörer des Universums repräsentieren. Diese Theorie von der Dreigestaltigkeit (Trimûrti) hat freilich das religiöse Denken nur wenig beeinflußt, da die meisten Theologen, wenn sie einen höchsten persönlichen Gott anerkennen, dann meistens entweder Vishnu oder Shiva für diese Stellung in Anspruch nehmen und die beiden anderen Götter als Untergebene oder als Erscheinungsformen dieses einen betrachten.

Der Kult dieser Gottheiten weicht völlig ab von demjenigen, welchen die vedischen Arier den ihrigen zuteil werden ließen. Denn nicht vor grasumstreuten Opferplätzen, sondern in großen oder kleinen Tempeln wird ihnen Verehrung erwiesen, und ihre Statuen werden durch Darbietung von Speisen, durch Besprengen und Salben wie lebendige Potentaten bedient, in Wagen umhergefahren usw. Mit der Ausbildung eines reichen Tempelrituals ging auch die Einführung zahlreicher neuer Kulthandlungen und Begehungen im öffentlichen wie im häuslichen Leben Hand in Hand, so daß das ganze Leben von seiner ersten bis zu seiner letzten Minute durch Umrahmung mit sakralen Akten eine religiöse Weihe empfing. Für den Konservativismus der Inder ist es aber bezeichnend, daß sie sich bei den wichtigsten der das Dasein begleitenden und verklärenden Zeremonien durchaus an vedische Vorbilder hielten und diese weiter ausgestalteten. Gewöhnlich werden sechzehn Sanskâras (Sakramente) unterschieden, welche bei einem männlichen Angehörigen der höheren Kasten vorgenommen werden müssen. Die ersten dieser Sanskâras werden bei der Geburt und in den Kinderjahren durchgeführt, wie die Namensgebung, der erste Ausgang, die erste Speisung mit fester Nahrung, das erste Haarscheren. Durch eine besondere Weihe, die etwa unserer Konfirmation entspricht, wird der Knabe dann bei einem brahmanischen Lehrer als Schüler eingeführt. Nachdem er bei diesem mehrere Jahre den Veda studiert hat, wird er durch das Sakrament der Heimkehr (samâvartana) dem weltlichen Leben zurückgegeben. Gewöhnlich folgt dann die Heirat mit einem von den Eltern ausgesuchten Mädchen der gleichen Kaste; bei der Hochzeit werden zahlreiche Riten ausgeführt, welche das eheliche Glück sichern und die Erzielung männlicher Nachkommenschaft gewährleisten sollen. Während der Schwangerschaft werden bestimmte Begehungen zum Schutze des keimenden Lebens vorgenommen. Die letzte Weihe wird dem Hindu zuteil, wenn seine Leiche verbrannt wird. Damit ist aber für seine Hinterbliebenen die Reihe der Zeremonien, die durch den Tod eines Verwandten notwendig geworden sind, noch nicht abgeschlossen. Sie müssen sich vielmehr bestimmten Riten unterziehen, um sich von der durch den Trauerfall auf ihnen lastenden Befleckung frei zu machen, und Totenspenden darbringen. Die Manenopfer (shrâddha), welche während des Trauerjahres für den Verstorbenen und nach Ablauf dieser Zeit, wenn der Tote in die Gemeinschaft der Ahnen aufgenommen worden ist, für ihn und seine drei Vorfahren bis zum Urgroßvater hin alljährlich veranstaltet werden, sind gleich den meisten anderen Begehungen eine lukrative Einnahmequelle für die Brahmanen, da sie für ihre Tätigkeit oder bloße Anwesenheit bei den heiligen Handlungen beschenkt und bewirtet werden.

Auch die soziale Vorrangstellung der Brahmanen festigte sich immer mehr, je mehr sich das Kastenwesen ausbreitete und zur Entstehung immer neuer Unterkasten führte. Dies ist um so bemerkenswerter, als ja im Jainismus und Buddhismus antibrahmanische Reformbewegungen entstanden waren, welche die Prärogativen des erblichen Priesteradels nicht anerkannten. Aber die geistige Überlegenheit der Brahmanen war zu allen Zeiten so groß, daß die in den alten Traditionen Aufgewachsenen sich ihnen willig beugten. Zur Erhaltung und Ausdehnung ihres Einflusses trug es zweifellos nicht wenig bei, daß sie es mit großer Geschicklichkeit verstanden, geistige Strömungen, die ursprünglich außerhalb ihrer Sphäre erwachsen waren, in diese hinüberzuführen und einzubeziehen; so scheinen zahlreiche Kulte und Sekten, die von Hause aus außerhalb des Machtbereiches des Brahmanentums gelegen hatten, im Laufe der Zeit von diesem sich angegliedert und von ihm durchdrungen worden zu sein.

Der indische Geist hat weder das Bedürfnis, alle Glaubensinhalte zu einem starren System zusammenzufassen, noch die Erinnerung an die Persönlichkeiten, welche sie schufen, festzuhalten. Gegenüber der Riesenmasse von Schriften, welche die großen Fragen der Weltanschauung und Ethik in unsystematischer, mehr oder weniger eklektischer Weise behandeln, ist die Zahl derjenigen Texte gering, welche sie in streng gegliederter und fest umrissener Form darstellen und ihren Standpunkt gegen gegnerische Meinungen streng abgrenzen. Von den Urhebern der einzelnen Lehren oder Gedanken ist uns so wenig überliefert, daß wir vielfach nicht einmal ihre Namen, jedenfalls aber nichts Genaueres über ihre Lebenszeit und ihre Lebensgeschichte wissen. Den Indern lag eben immer mehr an der Sache als an der Person, so daß sie, im Gegensatz zu den Menschen des Westens, dem Historischen und Biographischen nur geringe Aufmerksamkeit schenkten. Dies tritt uns besonders deutlich in der Geschichte der indischen Philosophie entgegen, deren Texte mit großer Sorgfalt immer weiter überliefert worden sind, während die individuellen Züge der Stifter der einzelnen Systeme und Werke uns unbekannt blieben.

In den Jahrhunderten um und nach der Zeitwende fanden die philosophischen Anschauungen ihre feste systematische Form in der Gestalt von Leitfäden (Sûtra), welche eine bestimmte Art und Weise, die Welt »anzusehen«, darlegen. Wenn wir von indischen philosophischen »Systemen« sprechen und damit das Sanskritwort »darshana«, das wörtlich »Anschauungsweise« bedeutet, wiedergeben, so ist dies ein Notbehelf. Denn ein indisches »Darshana« stellt zwar eine Zusammenfassung von Gedanken dar, wobei das Einzelne im Verhältnis zum Ganzen und zu den übrigen Teilen jeweils die ihm angemessene Stelle einnimmt, die einzelnen Darshanas sind aber keine gegeneinanderstehende und einander ausschließende Lehren, sondern können sehr wohl nebeneinanderhergehen und einander ergänzen.

Die Tradition unterscheidet sechs Darshanas, die alle als orthodox gelten, weil sie den Veda als Offenbarung anerkennen, die aber ganz verschiedene Weltdeutungen geben.

1. Die Karma-Mîmânsâ (die »Erörterung des Werkdienstes«), deren Leitfaden von Jaimini (300 bis 200 v. Chr.?) verfaßt wurde, war ursprünglich eine theologische Wissenschaft, die sich mit der Interpretation heiliger Texte beschäftigte, wurde dann aber von den Meistern Prabhâkara und Kumârila (7. bis 8. Jahrhundert nach Chr.) zu einem philosophischen System entwickelt, das die reale Existenz von einer Vielheit von Seelen und anderen Substanzen lehrt.

2. Der Vedânta (das »Ende des Veda«) ist die Disziplin, welche das Endziel der am Ende der heiligen Veda-Texte stehenden Upanishaden zu ermitteln sucht. Sein großer Lehrtext ist das »Brahmasûtra«, das dem Bâdarâyana zugeschrieben wird; da dieses Werk infolge seiner rätselhaften kurzen Lehrsprüche verschiedene Erklärungen zuläßt, sind aus ihm ganz verschiedene Anschauungen herausgelesen worden: ein theistischer Pluralismus, der die Verschiedenheit von Gott, Seelen und Materie lehrt, ein Pan-en-theismus,

der alles real aus Gott emanieren läßt, und eine Illusionstheorie, für welche nur das unpersönliche Göttliche wahres Sein besitzt, alle Vielheit aber ein bloßer Schein ist.

3. Das Sânkhya, das dem mythischen Seher Kapila zugeschrieben wird, war ursprünglich wahrscheinlich nur eine vom Vedânta angewandte Methode, welche die Weltprinzipien aufzählt (sânkhya-Zahl), die aus dem All-Einen durch Evolution hervorgehen. Im 4. bis 5. Jahrhundert nach Chr. kam dann ein modifiziertes sog. »klassisches« Sânkhya auf, welches die monistische Grundlage aufgab und eine Vielheit von ewigen erkennenden, aber inaktiven Einzelseelen annahm, die sich fälschlich mit der ewigen Materie verbunden glauben. Die Überwindung dieses Irrtums ermöglicht die Erlösung, d. h. die ewige Existenz der Seele in reiner Geistigkeit objektlosen Erkennens.

4. Der Yoga (»Anspannung, Trainierung«) wird auf Patanjali zurückgeführt. Ihm wird ein Lehrbuch zugeschrieben, das in seiner heutigen Form der ersten Hälfte des 1. Jahrhunderts nach Chr. entstammt, aber in manchen Teilen älter sein kann. Der Yoga gibt eine auf einem dem klassischen Sânkhya verwandten Standpunkt fußende praktische Meditationslehre.

5. Der Nyâya (»Logik«) des Gotama (1. Jahrhundert n. Chr.?) ist ein System der Logik und Dialektik, das seiner weltanschaulichen Grundlage nach dem Vaisheshika entspricht und mit diesem später zu einem Ganzen vereinigt wurde.

6. Das Vaisheshika des Kanâda (1. Jahrhundert v. Chr.) ist eine Naturphilosophie, welche die zwischen allem Existierenden bestehenden Verschiedenheiten (vishesda) darlegt, indem es alles Seiende nach Kategorien klassifiziert.

Es vertritt einen realistischen Pluralismus von 9 Substanzen, durch deren Zusammenwirken das Weltgeschehen vor sich geht: diese sind die aus Atomen bestehenden 4 Elemente Erde, Wasser, Feuer, Luft, die 3 einheitlichen, alldurchdringenden Entitäten Äther, Raum und Zeit, die zahllosen Einzelseelen und die zu je einer von ihnen gehörigen atomkleinen Denksubstanzen.

Das religionsgeschichtlich Interessanteste an den sechs indischen »Darshanas« ist, daß sie in der Frage, welche dem Europäer das Zentralproblem der Religion überhaupt zu sein scheint, eine durchaus verschiedene Stellung einnehmen. Über die Frage nach dem Dasein Gottes erteilen sie durchaus verschiedene Auskunft: Mîmânsâ und klassisches Sânkhya leugnen die Existenz eines ewigen Weltregierers und lassen den Kosmos von einem natürlichen und moralischen Gesetz beherrscht werden, der klassische Yoga erkennt zwar einen ewigen allwissenden Gott an, schreibt diesem aber keinerlei Einwirkung auf den Weltlauf zu. Nyâya und Vaisheshika glauben an einen gleich der Materie und der Seele ewigen und sie lenkenden persönlichen Gott, und die älteren Vedântatexte lehren einen Pan-en-theismus, für welchen Gott die Ursubstanz der Welt, zugleich aber ein der Welt überlegenes Wesen ist, das von manchen Meistern mehr unpersönlich, von anderen aber ausgesprochen persönlich aufgefaßt wird. Darüber, ob dieser Gott Vishnu, Shiva oder ein anderer ist, äußern sich die gottgläubigen Systeme gar nicht, sondern überlassen es dem einzelnen, hierüber seine eigene Entscheidung zu treffen.

Neben diesen philosophischen Schulen bildeten sich eine Reihe von Sekten aus, welche den Kult Vishnus, Shivas oder eines anderen Gottes (Brahmâ, Skanda, Ganesha) in den Mittelpunkt ihres Glaubens stellen. Diese benutzten zwar die Theorie der Darshanas für den Ausbau ihrer Dogmen, stellten daneben aber noch eine Reihe von eigenen Lehrsätzen auf, die nur von ihnen selbst, nicht von anderen als maßgebend angesehen wurden. Ein Zentralbegriff in der Theologie vieler Sekten ist die »bhakti«, die gläubige Ergebenheit gegen den Weltenherrn. Diese gilt ihnen als das vornehmste Mittel zur Gewinnung des Heils, dem gegenüber das Wissen, das die Philosophie als die Erlösung bewirkend ansieht, zurücktritt. Denn für die Sektierer ist die Gnade des höchsten Gottes die Voraussetzung für die Erreichung des Heils; der Mensch ist zu schwach, um durch eigene Anstrengung dem Sansâra entfliehen zu können, er kann Hilfe und Rettung nur von einem überweltlichen Wesen erwarten, dessen Geneigtheit er durch vertrauensvolle, rückhaltlose Hingabe gewinnt. Der Glaube an Vishnu und Shiva hat in einer nach Umfang wie Wert gleicherweise bemerkenswerten religiösen Poesie einen formvollendeten und zu Herzen gehenden Ausdruck gefunden. Dabei wetteiferten mit den Sanskrit und Prâkrit schreibenden Nordindern jetzt auch südindische Dichter, die sich der »Sprache der Götter« wie ihrer eigenen dravidischen Sprachen bedienten. Namentlich die in Tamil abgefaßten Hymnen der vishnuitischen »Âlvârs« (»in Gott Vertieften«) und shivaitischen Nâyanârs (Führer), deren älteste bis in das 7. Jahrhundert n. Chr. zurückgehen, stehen bis heute als Schöpfungen inniger Gottesmystik in höchstem Ansehen.

Einen groß angelegten Versuch, die vielen nebeneinanderhergehenden religiösen Anschauungen und Kultformen zu einer letzten großen Einheit zusammenzufassen, unternahm der Brahmane Shankara (angeblich 788–820 n. Chr.) durch seine Neuinterpretation der Vedânta-Texte. Indem er die von den späteren buddhistischen Philosophen ausgearbeitete Lehre von der zweistufigen Wahrheit für sein System nutzbar machte, vertrat er die Anschauung, daß alle Glaubensformen für die Welt der Erscheinungen ihre Berechtigung haben, die höchste Wirklichkeit aber nur unvollkommen zu erfassen vermögen. Sie sind nur bedingte Teilaspekte der universellen höchsten Wahrheit, die selbst jenseits des vielheitlichen Scheins der Mâyâ (Weltillusion) steht und nur von dem Erkennenden in der meditativen Versenkung erfahren werden kann. Shankaras zweistöckiges Lehrgebäude verbindet somit einen akosmistischen Theopantismus, für den es nur ein höchstes, unpersönliches All-Eins gibt, mit dem Glauben an einen persönlichen Weltenherrn, der nur für den Bereich der Mâyâ Gültigkeit hat. Alle Lehren und Kulte sind Vorstufen für die Gewinnung der absoluten Wahrheit, die jenseits von Wort und Gedanke steht. Die Lehre Shankaras hat bei den meisten Hindus so großen Anklang gefunden, daß sie heute unter den philosophisch Gebildeten als die einflußreichste Ausdrucksform des orthodoxen Brahmanentums angesehen wird.

Die zweite Hälfte des ersten Jahrtausends nach Chr. ist dadurch charakterisiert, daß in ihr der Glaube an die Bedeutung von sakralen Handlungen immer stärker den Geist der Hindus gefangennimmt. Diese ritualistische Bewegung, die man nach den Tantras, d. h. den Texten, in denen sie ihren Niederschlag fand, als »Tantrismus« bezeichnet, stellt ein Gegenstück zur Opfermystik der vedischen Zeit dar, insofern, als auch hier das Mittel der Verehrung den Zweck, eben die Verehrung selbst, überwuchert.

Zu gleicher Zeit erlangte der Dienst weiblicher Gottheiten immer größere Verbreitung. Die Ursache dieser bemerkenswerten Erscheinung ist, wie schon bemerkt, darin zu sehen, daß der Geist der nichtarischen Völker in immer stärkerem Maße in die religiöse Gedankenwelt des Brahmanentums Eingang fand. Ihren Höhepunkt erreichte diese Entwicklung in der Vorstellung, daß ein männlicher Gott nur durch Vermittlung seiner als Kraft (»shakti«) bezeichneten Gattin wirksam sei. Dies führte schließlich dazu, daß besondere Sekten, die sogenannten Shâktas, überhaupt in dem weiblichen Prinzip das höchste Göttliche erblickten und Durgâ als die Mutter und Herrin der Welt feierten. Manche Shâktas praktizieren ein Geheimritual, dem zufolge sie sich dem Genuß von fünf sakrai geweihten Dingen hingeben, deren Sanskrit-Bezeichnung mit dem Buchstaben M beginnt, nämlich Mada (Wein), Matsya (Fisch), Mânsa (Fleisch), Mudrâ (Getreidekörner) und Maithuna (Geschlechtsverkehr). Dadurch sollen die Elemente animalischen Lebens in eine höhere, göttliche Sphäre emporgehoben werden.

4. Die Zeit der islâmischen Vorherrschaft

Die Jahrtausendwende bedeutet einen tiefen Einschnitt in der Geschichte Indiens. Denn um jene Zeit wurde dem Brahmanentum durch das allmähliche Erlöschen des Buddhismus und den Rückgang des Jainismus die religiöse Alleinherrschaft über den Gangeskontinent zuteil – um ihm doch wieder durch den vordringenden Islâm genommen zu werden. Daß die Mohammedaner imstande waren, nicht nur den Gangeskontinent nach und nach zu erobern, sondern auch viele Hindus zu ihrem Glauben zu bekehren, ist ein deutliches Zeichen dafür, daß die Kraft des Hindutums ungeachtet seiner Siege über den Buddhaglauben und trotz der in seinem Schoße entstandenen Erneuerungsbestrebungen sich in hohem Maße erschöpft hatte und deshalb weder die Mlecchas (Barbaren) abzuwehren noch auch sie, wie dies sonst mit vielen Völkern geschehen war, zu absorbieren vermochte. Ein sichtbares äußeres Zeichen für das Erlahmen der indischen Volkskraft ist auch die Tatsache, daß die koloniale und geistige Expansion nach Hinterindien und Indonesien und die geistige Ausfuhr nach China fast ganz aufhörten: Indien wurde damit aus einem geistigen Exportland zu einem, bei welchem die Einfuhr geistiger Güter die Ausfuhr weit überwog.

Die ersten mohammedanischen Einfälle in Nordindien waren Beutezüge, durch welche zwar viele Hindutempel vernichtet und viele Hindus getötet oder versklavt wurden, aber doch nur Expeditionen, von denen keine kulturellen Einflüsse ausgingen. Erst als die moslimischen Fürsten eigene Reiche auf indischem Boden errichteten und sich zahlreiche Hindus zum Islâm bekehrt hatten, begann die Gedankenwelt der Religion des Propheten auf die der Hindus einzuwirken. Dies geschah jedoch erst seit dem 15. Jahrhundert und blieb für das Gesamthindutum ohne tiefgreifende Bedeutung; dieses hat vielmehr in der ganzen nachklassischen Periode die festen Formen, welche die vorhergehende Zeit geprägt hatte, wenig verändert; es war mehr damit beschäftigt, das überkommene Erbe auszubauen, als ihm neues Eigenes hinzuzufügen. So ist das, was seit der Jahrtausendwende auf religiösem und philosophischem Gebiet in Indien geleistet worden ist, zwar zum Teil von hoher Qualität, aber ohne die schöpferische Originalität, die die großen Geister der klassischen Blüteperiode ausgezeichnet hatte. Die besondere Signatur der ersten Jahrhunderte des zweiten Jahrtausends bildet das Auftreten einer Reihe vishnuitischer und shivaitischer Sektenstifter, welche darum bemüht waren, die vereinheitlichende Als-ob-Philosophie von Shankaras Gotteslehre zu bekämpfen und den von ihnen verehrten Weltenherrn als den einzigen wahren Gott zu erweisen.

Unter den Vaishnavas betrachtet Râmânuja (11. Jahrhundert) die Individualseelen und den Stoff als den Körper Gottes, Vallabha (15. Jahrhundert), als letzthin mit Gott identisch, doch ist bei den Seelen von den drei Attributen des Weltherrn (Denken, Sein und Wonne) die Wonne, bei der Materie Denken und Wonne verdunkelt. Madhva hingegen sieht in den Seelen und dem Stoff ewige eigenständige Substanzen, die von Gott völlig verschieden, aber seiner Herrschaft unterstellt sind. Eine andere Differenz zwischen den verschiedenen Richtungen besteht darin, daß einige Vishnu in allen seinen Formen verehren, während andere seine Inkarnation als Râma oder als Krishna in den Vordergrund stellen. Im Gegensatz zu den anderen Sekten lehnt die Vallabhas die Askese ab. Sie verehrt die Nachkommen des Stifters als göttliche Inkarnationen.

Die shivaitischen Systeme suchen die Welträtsel zu lösen, indem sie drei verschiedene Substanzen annehmen: den Pati (den Herrn, d.h. Shiva), die Pashus (die Tiere, d.h. die Einzelseelen) und den Pâsha (den Strick), die Fesseln des Nichtwissens des Karmas und der Materie. Gott soll die Seelen von diesen Banden befreien. Diese Grundgedanken finden die verschiedenartigste Ausdeutung, so daß auch hier bald pluralistische, bald monistische Vorstellungen zur Geltung kommen. Unter den Shaivas nehmen die »Lingâyats«, die stets Shivas Symbol, das Linga, in einer kleinen Büchse um den Hals tragen, eine Sonderstellung ein, weil sie einem besonderen Brauchtum folgen und viele brahmanische Vorstellungen und Sitten nicht anerkennen.

Mit dieser Scholastik verband sich aber auch andererseits eine stark emotional gefärbte Frömmigkeit, die in gefühlvollen Dichtungen, ekstatischen Tanzprozessionen und geheimnisvollen Riten nach Ausdruck rang. Theologisch gesehen ist die Geschichte des Hinduismus der letzten tausend Jahre die Geschichte der Kämpfe der Sekten untereinander und gegen die Orthodoxie, welche alle Kulte gleicherweise in ihrem allumfassenden System duldete, ihnen jedoch nach der Theorie Shankaras nur eine relative Wahrheit zugestand. Da die Hindus von Natur in Glaubensdingen duldsam sind und nur ein Bruchteil von ihnen einer bestimmten sektarischen Anschauung ausschließlich verschworen ist, haben die Streitigkeiten nie zu Ketzerverfolgungen und Religionskriegen geführt, die auch nur entfernt mit denen verglichen werden können, die für die gleiche Zeit in Europa charakteristisch sind.

Im schroffen Gegensatz zu dem Verhalten der Hindusekten zueinander steht der ausgeprägte Fanatismus der Mohammedaner, die es als ihr Recht und ihre Pflicht ansahen, die »Ungläubigen« zu verfolgen und zu bekriegen. Ihre Intoleranz löste natürlich auch bei den Hindus leidenschaftliche Reaktionen aus. Dies führte dazu, daß bei ihrem Widerstand neben den politischen auch religiöse Motive mitwirkten und so ein hinduistisches Glaubenskämpfertum aufkam, das bisher nicht vorhanden war.

Das Zusammenleben der Hindus und Mohammedaner, das in den von Moslems regierten Reichen ursprünglich zumeist sehr gespannt war, weil die Hindus von den Anhängern des Propheten vielfach durchaus als Unterworfene behandelt wurden, nahm im Laufe der Zeit in manchen Gebieten konziliante Formen an. Mohammedanische Herrscher und Minister gewannen Interesse an den heiligen Schriften ihrer hinduistischen Untertanen und ließen sich diese übertragen, und Hindumystiker waren darum bemüht, die Lehre des Propheten so zu interpretieren, daß sie als eine besondere Form ihres eigenen Glaubens erschien. Manche Reformatoren gingen noch weiter: sie suchten die beiden so stark voneinander abweichenden Religionen auf dem Boden eines bildfreien Monotheismus zu einigen. Den Versuchen, die weitblickende Fürsten, wie Kaiser Akbar (reg. 1556–1605) und sein Urenkel Mohammed Dârâshekoh, in dieser Hinsicht unternommen haben, war freilich kein Erfolg beschieden, hingegen gelang es einzelnen Weisheitslehrern, Bruderschaften zu gründen, die ihre Ideen in die Praxis umsetzten und bis heute noch bestehen. Der berühmteste von den Meistern dieser Art war der Weber Kabîr (1440 bis 1518?). Die Quintessenz seiner Lehre faßte er in dem folgenden Spruch zusammen:

Râmas Haus, das steht im Osten
Allâh im Westen Wohnung nahm.
Suche im Herzen, schaue im Herzen,
Dort ist Allâh und dort ist Râm.

Die bedeutendste Gemeinde, welche unitarische Ziele verfolgte, die der
»Shiks« (Schüler), wurde im 15. Jahrhundert von Nânak gegründet. Sie entwickelte sich aus einer Sekte zu einer besonderen Religion mit eigenen heiligen Texten und Riten. Sie fällt damit aus dem Gefüge des hier zu behandeln-
den Brahmanismus heraus, wenn auch ihre 7 Millionen Bekenner in vielem
dem Hindutum nahestehen (vgl. über sie H. v. Glasenapp: Die nichtchristlichen Religionen, S. 274–283).

Im großen gesehen haben alle diese auf einen hindu-islâmischen Zusammenschluß abzielenden Gründungen keine tiefgreifende Bedeutung gewonnen und das Wesen des Hinduismus in keiner Weise umgestaltet. Sie haben
wohl dazu beigetragen, die Tendenzen zu stärken, welche in einem persönlichen Weltenherrn und nicht (wie Buddhisten, Jainas, Mîmânsakas usw.) in
einem unpersönlichen natürlichen und ethischen Gesetz das den Kosmos regierende höchste Prinzip erblickten, sie haben aber weder dem Bilderdienst
noch dem Kastenwesen ernstlich etwas anzuhaben vermocht. Man wird deshalb dem Einfluß des Islâm, der sich auf anderen Gebieten in Indien so stark
fühlbar machte, im Bereich des Hinduismus nur eine periphere Bedeutung
zuschreiben können. Es scheint, daß Hindus, welche sich islâmischen Vorstellungen näherten, eher ganz zur Religion des Propheten übertraten, als
daß sie sich einer der Sekten anschlossen, die zwischen Islâm und Hinduismus zu vermitteln suchten. Das ist auch durchaus begreiflich, und zwar aus
sozialen Gründen. Denn die Anhänger von Sekten, welche das Kastenwesen
nicht aufrechterhalten, werden von den Hindus als rituell unrein angesehen
und können mit diesen weder speisen noch heiraten, andererseits gelten sie
den Mohammedanern als Ungläubige, mit denen sie keinen näheren Verkehr pflegen. Die Sektierer sind daher mehr oder weniger gesellschaftlich
auf sich selbst angewiesen. Unter diesen Umständen ist der Übertritt zu der
großen kastenlosen Religion des Propheten vorzuziehen. Die Konversion
wird im übrigen vielen dadurch wesentlich erleichtert, daß es zahlreiche mohammedanische Gruppen gibt, welche unbeschadet ihres Glaubens an Allâh
und seinen Gesandten zahlreiche hinduistische Vorstellungen und Bräuche
dulden.

5. Die Zeit der britischen Vorherrschaft

Obwohl Indien seit 1498 Gegenstand europäischer Kolonisationsbestrebun-
gen ist, hat die abendländische Gedankenwelt erst seit dem Ende des 18.

Jahrhunderts auf das Hindutum in größerem Umfange einzuwirken begonnen, nachdem die Britisch-Ostindische Kompanie alle weißen Konkurrenten aus dem Felde geschlagen und ihre Herrschaft im Lande fest aufgerichtet hatte. Mit der Begründung der »Gemeinde der Gottesgläubigen« (»Brâhma-Samâj) durch den hochgebildeten Râjâ Râmmohan Rây (Roy) wurde 1828 in Kalkutta das erste Zentrum für alle Bestrebungen ins Leben gerufen, welche sich die Modernisierung des Hinduismus zum Ziele setzten. In der Folgezeit entstanden die verschiedenartigsten Gesellschaften und Bewegungen, welche ähnliche Zwecke verfolgten. Ihr Einfluß beschränkte sich zunächst auf die dünne Schicht der europäisch gebildeten Intellektuellen, gewann aber dann im Laufe der Zeit an Breite und Tiefe, als Sekten entstanden, welche wie die 1875 von Dayânand Sarasvatî gestiftete Gemeinde der Arier (Ârya-Samâj) ein stark nationales Gepräge trugen. Die »Gemeinde der Gottesgläubigen« hatte die Harmonie aller Religionen verkündet und ihre Glaubenslehren als freilich vielfach durch Aberglauben und Idolverehrung entstellte Ausdrucksformen göttlicher Weisheit zu begreifen versucht. Die »Gemeinde der Arier« sah demgegenüber im Veda die für alle Völker und Zeiten gültige Offenbarung. Da der Veda die wahre Quelle aller Erkenntnis ist, soll er bereits Angaben über die modernsten Erfindungen und Entdeckungen enthalten, die also alle schon im alten Indien bekanntgewesen sein sollen. Die fortschreitende Anpassung an europäische Denk- und Lebensformen veranlaßte auch die Orthodoxen und die großen vishnuitischen und shivaitischen Sekten in steigendem Maße dazu, sich mit dem Geist des Westens auseinanderzusetzen und einen Ausgleich zwischen den ererbten Ideen und den naturwissenschaftlichen und philosophischen Anschauungen des Abendlandes anzustreben. Auf diese Weise sind der indischen Geisteswelt zahlreiche neue Züge eingefügt worden, ohne sie darum doch von Grund auf zu ändern. Viele gebildete Hindus lesen das Neue Testament und beschäftigen sich eingehend mit christlichen oder islâmischen Lehren, ohne darum die Absicht zu haben, ihre Religion mit dem Christentum oder mit dem Islâm zu vertauschen. Ein Hindu kann deshalb sehr wohl Christus für eine Inkarnation oder Mohammed für den Propheten Gottes halten, zu den Gräbern christlicher Heiliger (wie des hl. Franz Xaver in Goa) oder mohammedanischer Pîre wallfahren und Kulturbilder und Erbauungsgeschichten der verschiedenen anderen Glaubensformen benutzen und sich trotzdem als orthodoxer Hindu fühlen. Ein bündiger Beweis dafür ist Mahâtma Gândhî, der im Jahre 1921 in seiner Zeitschrift »Young India« einen Artikel über sein Glaubensbekenntnis veröffentlichte. Er schrieb darin (dem Sinne nach): Ich betrachte mich als orthodoxen Hindu, weil ich 1. an die Veden, Upanishaden, Purânas, an die göttlichen Inkarnationen und die Wiederverkörperung glaube, 2. das Kastenwesen in seinen reinen vedischen Formen anerkenne, 3. den Schutz der Kühe für eine religiöse Pflicht halte und 4. gegen den Bilderkult nichts einzuwenden habe. – Zum ersten Punkt bemerkt

Gândhî: »Ich glaube nicht, daß ausschließlich die Veden göttlichen Ursprungs sind. Ich halte vielmehr dafür, daß Bibel, Korân und Zend Avesta genau ebenso göttlich inspiriert sind wie die Veda. Andererseits verpflichtet mich mein Glaube an die heiligen Schriften der Hindus nicht dazu, jedes Wort oder jeden Vers in ihnen für inspiriert zu halten.« Und am Schluß führt er aus: »Nach allem, was ich gesagt habe, ist der Hinduismus keine exklusive Religion. In ihm ist Raum für die Verehrung aller Propheten der Welt. Er ist keine missionierende Religion im eigentlichen Sinne. Zweifellos hat er viele Völker in sich aufgenommen, aber diese Absorption hat den Charakter einer unmerklichen Evolution gehabt. Der Hinduismus ermöglicht es jedem, Gott nach seinem eigenen Glauben, nach seinem eigenen ›Dharma‹ zu verehren und gerade deshalb lebt er mit allen Religionen im Frieden.«

Nach der Ansicht Gândhîs und vieler anderer geistig hochstehender Hindus ist der Hinduismus ungeachtet der Schranken, die er durch das Kastenwesen seinen Anhängern auferlegt, die vollkommenste Religion der Erde, weil er glaubensmäßig die universellste von allen darstellt. Denn der Hinduismus habe die Fähigkeit, alles, was sich in anderen Glaubenslehren als religiös wirksam bewährt hat, sich einzuverleiben. Es unterliegt keinem Zweifel, daß die Offenheit für alles Große und Schöne in anderen Systemen einen der wesentlichsten Vorzüge des Hindutums darstellt. Wie alle Dinge, hat aber auch dieses seine Kehrseite. Der Hinduismus hat bisher nicht nur allem Hohen und Guten, sondern auch allem Niedrigen und Schrecklichen in gleicher Weise Einlaß in sein Heiligtum gewährt, er ist deshalb noch heute in so großem Umfange mit niedrigen Religionsformen belastet wie kein anderes von den großen Glaubenssystemen der Menschheit. Seine Bereitschaft, sich alles zu assimilieren, und auf der anderen Seite aber auch die geringe Neigung, etwas, was einmal vorzeiten aufgenommen wurde, wieder fahren zu lassen, haben ihn zu dem vielgestaltigsten Religionsgebilde der Erde gemacht, das sowohl die herrlichsten Blüten mystischer Gedankentiefe wie die unerfreulichsten Erscheinungen rohen Fetischkults, finsteren Aberglaubens und barbarischen Brauchtums in sich birgt. Gewiß, auch im Buddhismus, im Christentum und im Islâm gibt es viele Überbleibsel aus früheren Zeiten, viele Restbestände primitiver Anschauungen und Sekten, welche sexuelle Orgien feiern oder blutige Selbstverstümmelungen gutheißen. Aber zumeist handelt es sich hierbei um Auswüchse; die große Mehrheit der Buddhisten, Konfuzianer, Christen oder Moslems hat einen Glaubens- und Lebensstandard, der sich von derartigen Extremen fernhält. Im Hindutum aber ist die Mittelschicht, die weder bis zu den höheren Stufen philosophischer Erkenntnisse gelangt noch in den Niederungen von Tier- und Dämonendienst und animistischen und fetischistischen Kulten versinkt, nur schmal. Eine unübersehbare Flucht von Staffeln führt von den tiefstehendsten bis zu den erhabensten Anschauungen, und die heterogensten Dinge

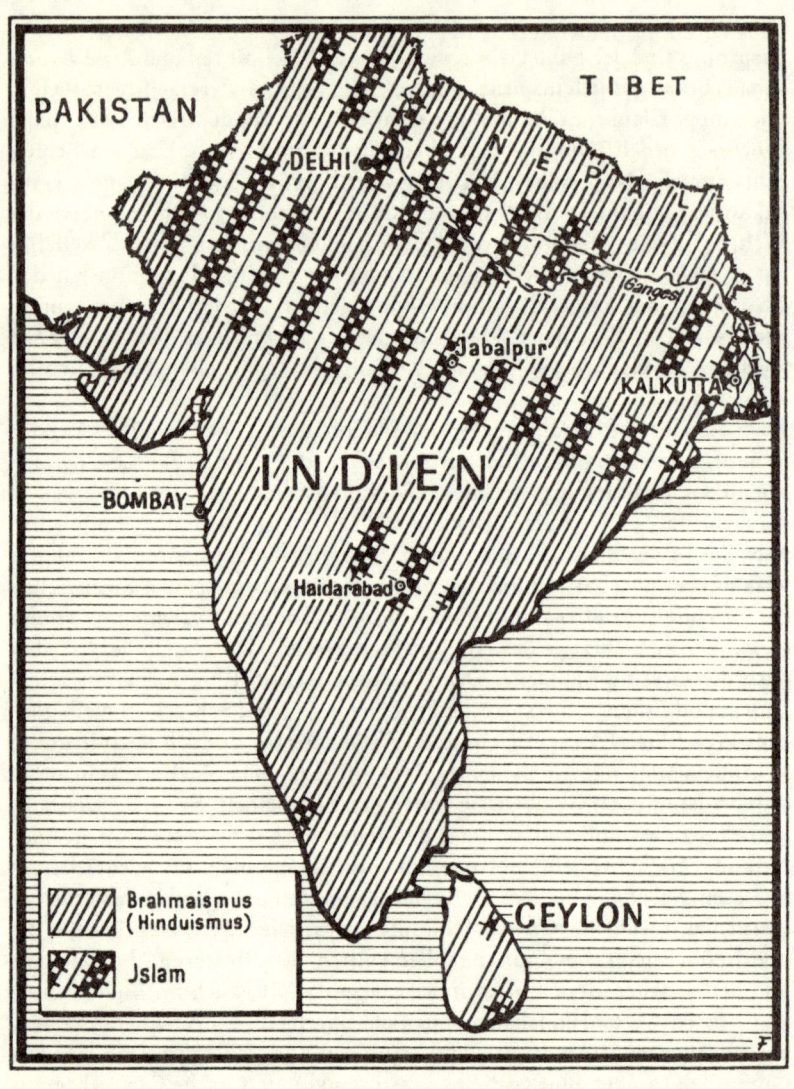

Heutige Verbreitung von Hinduismus und Islam in Indien

stehen oft unmittelbar nebeneinander. In keinem Kulturlande fühlt sich der Reisende so abgestoßen durch eine so große Zahl von Erscheinungen, die nicht anders als massives »Heidentum« (im Sinne Kants) charakterisiert werden kann, in keinem anderen findet er aber auch wieder beim gewöhnlichen Volk so viel philosophische Einsichten verbreitet wie in Indien. So ist das Hindutum bis auf den heutigen Tag in religiöser Beziehung ein eigenartiges Phänomen, das durch seine Unausgeglichenheit, Maßlosigkeit und Gegensätzlichkeit der gerechten und objektiven Beurteilung große Schwierigkeiten entgegensetzt, die nur von dem überwunden werden können, der mit vielseitigem Wissen und eindringendem Verständnis nicht allein die abschreckende Außenseite oder die hohe geistige Welt des Hindutums in den Blickpunkt seiner Betrachtung rückt, sondern beide in ihrer widerspruchsvollen Totalität zu erfassen sucht.

6. Das neue Indien

Am 15. August 1947 fand die britische Herrschaft über Indien ihr Ende; die Briten übergaben den Indern die Regierung – 190 Jahre nachdem sie ihre Macht durch die Schlacht bei Plassey begründet, 90 Jahre nachdem sie sie im großen Aufstand von 1857 gegen alle Feinde siegreich behauptet hatten. Die vorderindische Halbinsel besteht jetzt aus zwei großen Reichen, die auf sehr verschiedenen ideologischen Grundlagen ruhen. Die Republik Indien will ein weltlicher Staat sein, in welchem die Angehörigen aller Religionen gleichberechtigt miteinander leben. Sie führt deshalb die alte Flagge des Nationalkongresses, in welcher die Hindus durch die safranrote, die Moslems durch die grüne und die Christen, Juden, Parsen usw. durch die weiße Farbe versinnbildlicht werden. Pâkistân ist hingegen ein »Land der Reinheit« (wie sie die Mohammedaner auffassen): seine grüne Flagge mit dem Halbmond soll über einem Staat wehen, in welchem das islâmische Gesetz gilt. Pâkistân verdankt seine Begründung dem Mohammedanerführer Jinnah, der die These vertrat: »Hindus und Moslems sind zwei Nationen, die sich in allen wesentlichen Dingen voneinander unterscheiden.« Die tatsächlichen Verhältnisse sind freilich so, daß die Indische Union ein Hindu-Reich mit andersgläubigen Minoritäten darstellt, während Pâkistân auch von einem kleinen Prozentsatz von Hindus bewohnt wird.
Der Bekanntgabe der Teilung Indiens im August 1947 folgten Ausbrüche des religiösen Fanatismus, wie sie in diesem Ausmaße nicht oft in der Geschichte anzutreffen waren. Nichts ist kennzeichnender für die damals herrschende geistige Verwirrung als die tragische Tatsache, daß Mahâtmâ Gândhî, der immer für den religiösen Frieden eingetreten war, am 30. Januar 1948 in Delhi von einem jungen marâthischen Journalisten, einem Mitgliede der orthodoxen Hindu-Mahâsabhâ, ermordet wurde, weil dieser der Meinung war,

daß Gândhî durch seine Toleranz die Sache des Hindutums verraten habe. So zeigte sich hier, daß, ungeachtet der an sich duldsamen Einstellung der Hindus gegenüber andern Glaubensformen, bei ihnen der durch den Gegensatz gegen andersgeartete kulturelle und soziale Ordnungen geschürte Fanatismus ebenso verheerende Wirkungen zeitigen konnte wie der Haß der Moslems gegen die Vertreter anderer metaphysischer Überzeugungen. Wenn sich die Verhältnisse jetzt auch beruhigt haben, so wird das hindu-islâmische Problem doch noch für lange Zeit eine Hypothek bleiben, die beide Staaten gleicherweise belastet. Wie sich die Zukunft des Hinduismus im neuen Indien gestalten wird, läßt sich nicht voraussagen. Es ist anzunehmen, daß das Hindutum sich in vielfacher Hinsicht modernisieren und zeitgemäßen Bedürfnissen anpassen wird, weil der Fortfall der auswärtigen Kolonialmacht, die mit ihrer betonten religiösen Neutralität praktisch für eine Erhaltung des Bestehenden wirkte, den Weg für Reformkämpfe freigemacht hat, die die Hindus nun selbständig untereinander auszufechten haben.

III. Die Lehre

1. Die Quellen der Erkenntnis

Der Hinduismus hat keine allgemein verbindliche Dogmatik geschaffen, welche in Parallele zu derjenigen gestifteter Religionen gestellt werden könnte; wohl haben die einzelnen Sekten fest umrissene Glaubenslehren entwickelt, die mehr oder weniger den theologisch-philosophischen Systemen anderer Religionen entsprechen, das Hindutum als Ganzes hat aber nur eine Reihe von mehr oder weniger allgemein anerkannten Grundanschauungen ausgebildet, ein in sich ausgewogenes System der Gottes- und Welterkenntnis konnte es schon darum nicht aufstellen, weil die Meinungen in entscheidenden Punkten, wie Dasein und Wesen Gottes und der Seele, so weit auseinandergehen, daß sie den Rahmen einer Dogmatik in westlichem Verstande sprengen würden.
Dies hat seinen Grund darin, daß die von den Hindus als autoritativ angesehenen heiligen Schriften alle Phasen widerspiegeln, welche die geistige Entwicklung dieses in religiöser Hinsicht so schöpferischen Volkes durchgemacht hat. Denn die Texte, welche dem religiösen Denken und Leben seine Richtschnur geben, sind nicht das Werk eines Mannes, wie der Korân, noch stellen sie eine innerhalb eines kleinen Kreises von Gleichgesinnten aufgestellte kanonische Sammlung dar, wie das Neue Testament oder das buddhistische Pâli-Tipitaka; sie repräsentieren vielmehr eine riesige Literatur, die

zu weit auseinander liegenden Zeiten entstand und ein Nebeneinander der verschiedensten Vorstellungen enthält.

Die heiligen Schriften der Hindus sind alle im Sanskrit abgefaßt, in der Kunst- und Gelehrtensprache Altindiens, die nach Meinung der Hindus die Sprache der Götter und die Ursprache der Menschheit ist. Sie zerfallen in zwei Gruppen von Werken, in solche, die als übermenschlichen Ursprungs gelten und als »shruti«, als Offenbarung, bezeichnet werden, und in solche, die von menschlichen Verfassern herrühren und als »smriti«, d. h. auf Erinnerung beruhende »Überlieferung«, gelten.

Heilige Offenbarung ist der Veda (d. h. Wissen), eine gewaltige Sammlung von Texten, die in ihrer Entstehungszeit wahrscheinlich von 1500 vor bis 1500 nach Chr. reichen. Wenn man von den späten und apokryphen Nachzüglern des Veda, bestimmten jüngeren sektarischen Upanishaden absieht, war die Hauptmasse der vedischen Literatur um die Zeitenwende bereits abgeschlossen.

Der Veda besteht aus vier »Sanhitâs«, Sammlungen von Liedern und Sprüchen, welche beim Kultus Verwendung fanden. Diese sind:

1. der Rigveda, eine Sammlung von 1028 Hymnen, mit welchen die Götter zum Opfer herbeigerufen wurden,

2. der Sâmaveda, eine Sammlung von Gesängen, mit welchen die Zubereitung und Darbietung des Opfers begleitet wurde,

3. der Yajurveda, eine Sammlung von Sprüchen, die beim Vollzug des Opfers gemurmelt wurden,

4. der Atharvaveda, eine Sammlung von Zauberliedern.

Zu jeder dieser vier Sanhitâs gehören zwei Schichten von Schriften anderen Charakters, nämlich Brâhmanas, Opfertexte, in welchen die heiligen Handlungen beschrieben und erklärt werden, und Upanishaden, philosophische Traktate, welche vor allem von dem Wesen des allem zugrunde liegenden Weltgeistes handeln.

Von diesen Werken ist der Rigveda das älteste, einige seiner Hymnen reichen wahrscheinlich bis in das 2. Jahrtausend v. Chr. zurück. Auch der Atharvaveda enthält viel altes Material. Der Sâmaveda bringt nur wenige Verse, die nicht auch im Rigveda vorkommen, der Yajurveda stellt den Übergang zu den um 1000 v. Chr. einsetzenden Brâhmana-Texten dar, die erst entstanden sind, als die Arier aus dem Panjâb in die fruchtbare Gangesebene vorgedrungen waren. Diesen sind eingebettet bzw. angehängt die Upanishaden (Geheimlehren), deren älteste vielleicht bis ins 8. Jahrhundert v. Chr. zurückreichen, deren mittlere Schicht den Jahrhunderten um die Zeitenwende entstammen dürfte, während die zahlreichen jüngeren und jüngsten Texte dieser Art zu sehr verschiedenen Zeiten, teilweise sogar erst in der Periode islâmischer Vorherrschaft verfaßt wurden.

Bereits zur Zeit Buddhas, also um 500 v. Chr., lag der Veda in seinen bedeutendsten und wesentlichsten Teilen vor und galt bei den Brahmanen als ein durch viele Generationen weitergegebenes heiliges Ganzes von uraltem Ursprung.

Die heilige Überlieferung (Smriti) umfaßt Sûtras (Leitfäden) und Shâstras (Lehrbücher) der verschiedensten Wissenschaften, welche mit dem Kultus, der Erklärung der heiligen Texte, dem religiös-sozialen Leben zusammenhängen. Während manche von diesen bis in die vedische Zeit zurückgehen oder, wie das Gesetzbuch des Manu, neben jüngerem sehr altes Material enthalten, sind andere, wie z. B. die Grundschriften der großen philosophischen Systeme, zum Teil erst in den ersten Jahrhunderten n. Chr. entstanden.

Zu den Smriti-Werken werden aber auch zahlreiche Texte gerechnet, die nur teilweise lehrhaften, in großem Umfange aber erzählenden Inhaltes sind. Dazu gehören die beiden großen Epen. Das Mahâbhârata schildert die Kämpfe der Nachkommen des Königs Bharata. Es gilt als ein Werk des Weisen Vyâsa, ist wahrscheinlich aber zwischen dem 4. Jahrhundert vor und dem 4. Jahrhundert nach Chr. allmählich entstanden. Unter den ihm eingewobenen didaktischen Stücken ist das bedeutendste die »Bhagavad-gîtâ« (der »Gesang des Erhabenen«), ein philosophisches Lehrgedicht, in welchem der Gott Krishna dem Helden Arjuna das Wesen von Gott, Welt und Seele darlegt. Das andere Epos, das Râmâyana des Vâlmîki (seit 5. Jahrhundert v. Chr.), behandelt die Lebensschicksale des Helden Râma und seine Kämpfe mit dem Dämonenkönig Râvana, der ihm seine Gattin geraubt hatte (S. 33). Auch dieses Werk ist bis in die nachchristliche Zeit hinein durch Einschübe vielfach erweitert worden. Neben den beiden Epen sind die wichtigsten Quellen der Hindumythologie die 18 Purânas (alte Schriften), dem Vyâsa zugeschriebene, im ganzen Verlauf des ersten nachchristlichen Jahrtausends entstandene Texte des Vishnu- und Shiva-Kultes.

Während diese Werke bei fast allen Hindus in hohem Ansehen stehen, tragen die zumeist erst der zweiten Hälfte des ersten nachchristlichen Jahrtausends zuzuweisenden Âgamas (Überlieferungen), Sanhitâs (Sammlungen) und Tantras (Texte, eigentlich »Gewebe«) einen ausgesprochen sektarischen Charakter und erfreuen sich nur bei speziellen Gemeinden der Vishnuiten, Shivaiten und Shakti-Verehrer autoritativer Geltung.

An diese Sanskritwerke schließt sich eine unübersehbare Menge von poetischen, philosophischen und anderen religiösen Werken in Sanskrit und in den Volkssprachen an, von denen manche, wie das in Hindî abgefaßte Râmâyana des Tulsîdâs, die Gedichte des Marâthî-Heiligen Tukârâm oder die des tamulischen Shiva-Verehrers Mânikkavâcaka, in manchen Teilen Indiens die beliebtesten und einflußreichsten Erbauungsschriften sind. Die älteren und mittleren Upanishaden, die Bhagavadgîtâ, das Bhâgavata-Purâna sowie die genannten modernen Dichtungen können wohl als die Werke bezeichnet werden, in denen sich der Geist des Hindutums in seiner vollendetsten Form spiegelt.

2. Das Weltbild

Ein Weltsystem besteht nach der Lehre der Purânas aus einer Erdscheibe, mit dem Berge Meru in der Mitte, der von Kontinenten und Meeren umgeben ist. Unter der Erde befinden sich die Unterwelten, die von Schlangengeistern und Dämonen bewohnt werden, und die Höllen, die Straforte für die Übeltäter. Über der Erde erheben sich stockwerkartig übereinander die Oberwelten, welche Göttern und Geistern zur Wohnung dienen. Eine derartige Welt ist umgeben von einer Hülle, die aus schichtenweise übereinander gelegenen Elementen besteht. Derartige »Welteier« gibt es unendlich viele, die nebeneinander im leeren Raum ruhen. Diese Vorstellung von einer Vielheit von Welten ist von den Hindus frühzeitig auf spekulativem Wege gewonnen worden, wahrscheinlich schon in der Upanishaden-Zeit, da sie im Buddhismus schon allgemein anerkannt zu sein scheint. Sie stellt keine Vorwegnahme des Kopernikanischen Weltsystems dar, weil im Mittelpunkt jeder Welt die Erde steht, um welche Sonne, Mond und Sterne kreisen. Die Welt wird bewohnt von unendlich vielen Lebewesen: Pflanzen, Tieren, Menschen, Geistern, Dämonen, Höllenwesen und Göttern. Jedes Wesen besteht aus einer rein geistigen Seele (jîva) und aus einem oder mehreren stofflichen Leibern. Die Seele existiert seit anfangsloser Zeit und legt entsprechend den von ihr vollbrachten guten und bösen Taten (Karma) immer neue Leiber der verschiedenen Daseinsformen an. Während manche die Seele direkt mit einem groben Leibe verbunden sein lassen, glauben andere, daß sie auch im Zustande der Wanderung von dem abgestorbenen zu dem neu sich bildenden Leibe von einem unsichtbaren feinmateriellen Körper umgeben ist, welcher der Träger der feinen Organe der Wahrnehmung (Gesicht, Gehör, Geschmack, Geruch, Gefühl), der Betätigung (Reden, Greifen, Gehen, Entleeren, Zeugen) und des psychischen Lebens (manas, ahankâra, buddhi) ist. Die psychischen Funktionen des Vorstellens und Wünschens (manas), der Subjektivierung (ahankâra »Ich-macher«, d.h. Inbeziehungsetzung zu einem individuellen Ich) und des begrifflichen Denkens (buddhi) sind Vermögen, welche an subtiler Materie haftend gedacht werden. Der feine Leib trägt auch die fünf Lebenshauche und ist das Behältnis der latenten Eindrücke (Sanskâra), welche durch die Willensregungen vergangener Existenzen hervorgerufen werden und die Bildekräfte für künftige karmische Wirkungen sind.

Das Verhältnis der Seele zum Stoff wird verschieden bestimmt; während manche der Seele nur Bewußtsein zuschreiben, alles Denken, Fühlen, Wollen hingegen auf das Konto der mit ihr verbundenen feinstofflichen Organe setzen, vindizieren ihr andere auch diese Funktionen. Eine Divergenz besteht auch hinsichtlich der Art und Weise, in welcher die Verbindung zwischen Seele und Stoff aufgefaßt wird. Für die einen liegt eine reale Verbindung zwischen zwei Substanzen vor, für andere existiert die Verbindung in

Wirklichkeit gar nicht, sondern hat lediglich einen illusorischen Charakter: nur infolge seines Nichtwissens glaubt der Mensch, daß sein wahres Ich, seine erkennende Seele mit der ihr völlig inkommensurablen Materie zu einer Einheit verflochten sei.

Der Hauptunterschied zwischen den verschiedenen Richtungen besteht aber noch in etwas anderem: die Pluralisten sehen in den Einzelseelen letzte Realitäten, Substanzen, die seit Ewigkeit und in Ewigkeit existieren. Demgegenüber besitzen für die Monisten die Einzelgeister keine unabhängige und selbständige Wirklichkeit, sondern sind Teile eines Allgeistes, aus dem sie zu Anfang einer Schöpfungsperiode herausgeflossen sind und in welchen sie bei der periodischen Reabsorption des Kosmos wieder zeitweise zurückkehren. Manche nehmen an, daß dieses ständige Spiel des Hervorgehens und Zurückfließens bei den Erlösten ein definitives Ende findet, so daß diese mit dem Urgrund alles Seins für immer vereint bleiben. Die indische Methode, alle zeitlichen Verhältnisse in engerem oder weiterem Rahmen vor sich gehen zu lassen, findet ihren sichtbaren Ausdruck in der Theorie, daß die Seele auch im Zustand des Tiefschlafs in das All-Eine eingeht, um beim Erwachen wieder aus ihm zur Welt der Vielheit zurückzukehren. So ist der Mikrokosmos ein vollständiges Abbild des Makrokosmos – eine Vorstellung, die uns auch in der Lehre von den Weltperioden wieder begegnen wird.

Alle die bisher besprochenen Lehren stehen auf dem Standpunkt des naiven Realismus, indem sie das Vorhandensein einer außerhalb des Bewußtseins liegenden und unabhängig vom erkennenden Subjekt bestehenden Außenwelt behaupten. Demgegenüber betrachten die idealistischen Schulen alle Vielheit als eine Mâyâ, als einen dem all-einen Geist von dem Nichtwissen aufgebürdeten Schein. Für diese Philosophen ist nur das Brahma, der Allgeist, real und jedes Einzel-Ich voll und ganz mit diesem identisch. Für sie gibt es mithin in Wahrheit keine individuellen Geistmonaden, sondern einen universellen Âtman, der sich infolge der täuschenden Verhüllungskraft der Weltillusion in einer Fülle von scheinbaren Einzelpersönlichkeiten widerspiegelt, so wie die eine Sonne in zahllosen Flüssen und Teichen.

Die meisten Schulen akzeptieren die vom Sânkhya ausgebildete Lehre von dem Hervorgehen der Stoffe aus der Urmaterie (prakriti), mögen sie in dieser nun eine Emanation aus Gott oder ein Gott koexistentes Weltprinzip erblicken. Die Urmaterie befindet sich im Zustande der Weltenruhe, welcher auf den Untergang einer Welt folgt, zunächst in einem ganz feinen unentfalteten Zustande. Sie besteht aus drei sie konstituierenden Substanzen (Guna); die erste von diesen, »Sattva«, ist leicht, licht und Freude bewirkend, die zweite, »Rajas«, beweglich, anregend und Schmerz hervorrufend, die dritte, »Tamas«, schwer, dunkel und hemmend. Diese drei Konstituenten halten sich zur Zeit der Weltenruhe in der Urmaterie das Gleichgewicht. Wenn die Weltevolution beginnt, wird das Äquilibrium durch Gottes Eingreifen erschüttert; die Gunas beginnen gegeneinander zu wirken und sich miteinander zu vermischen. Auf diese Weise entstehen zunächst feine, dann durch immer fortschreitende Verdichtung grobe Stoffe, nämlich die materiellen Substrate der Erkenntnis- und Denktätigkeit der Seelen und die Elemente Äther, Luft, Feuer, Wasser und Erde. Aus der Kombination aller dieser besteht das Weltei. In dieses dringt Gott ein und läßt aus sich den auf Grund seines Karma zu dieser Stellung prädestinierten Gott Brahmâ hervorgehen. Brahmâ richtet dann im Auftrage Gottes als Demiurg die Welt entsprechend den ewigen Gesetzen ein, indem er sich der Beschaffenheit der früheren, untergegangenen Welt erinnert. Er verhilft dadurch den Einzelseelen, welche während der Weltenruhe geschlafen hatten, zu den Leibern von Göttern, Geistern, Menschen, Tieren, Pflanzen und Höllenwesen, welche ihnen gemäß der in früheren Existenzen vollbrachten Taten zukommen.

Das Leben des Brahmâ währt hundert Brahmâ-Jahre, das heißt 311 040 000 000 000 Menschenjahre. So wie beim Menschen Wachen und Schlafen aufeinander folgen, so wechseln auch bei Brahmâ Perioden der Aktivität und der Ruhe. Es werden deshalb Brahmâ-Tage und Brahmâ-Nächte unterschieden. Wenn ein Brahmâ-Tag zu Ende ist, so erfolgt ein partieller Weltuntergang, der jedoch nur die Erde, die Unterwelt und die niederen Götterhimmel eines Weltsystems betrifft. Ist die Nacht vorüber, so erfolgt eine Neuschöpfung. Ein Brahmâ-Tag ist ein Kalpa (Äon) und umfaßt tausend große Weltalter (mahâyuga) von je 4 320 000 Menschenjahren. Jedes dieser großen Yugas besteht aus vier Weltaltern (yugas), die als Krita, Tretâ, Dvâpara und Kali bezeichnet werden und hinsichtlich ihrer Dauer und Qualität die abnehmende Reihe 4, 3, 2, 1 darstellen. Jedes dieser Yuga hat eine Morgen- und eine Abenddämmerung, deren Dauer je ein Zehntel derjenigen des Yuga beträgt. Die Dauer der Yugas einschließlich der ihnen vorangehenden und folgenden Dämmerungen beträgt in Götter- und Menschenjahren (1 Götterjahr = 360 Menschenjahre):

Krita   4 800 Götterjahre = 1 728 000 Menschenjahre
Tretâ   3 600 Götterjahre = 1 296 000 Menschenjahre
Dvâpara   2 400 Götterjahre =   864 000 Menschenjahre
Kali   1 200 Götterjahre =   432 000 Menschenjahre
          12 000 Götterjahre = 4 320 000 Menschenjahre

Im Kritayuga herrschen Gerechtigkeit, Wahrheit und Tugend, in jedem folgenden Weltalter nehmen sie immer mehr ab, und dementsprechend verringert sich auch die Lebensdauer der Menschen und verschlechtern sich die gesamten physischen und moralischen Zustände in der Welt. Hat die Abwärtsentwicklung ihren Tiefstand erreicht, so wird es wieder besser, und ein neues Kritayuga beginnt, dem dann wieder die anderen schlechten Weltperioden auf dem Fuße folgen. Gegenwärtig befinden wir uns in der Morgendämmerung des Kaliyuga des 457. Weltalters des ersten Kalpa der zweiten Hälfte des Lebens des gegenwärtigen Brahmâ. Die Morgendämmerung dieses Kaliyuga hat am 18. Februar 3102 v. Chr. mit dem Tode des Gottmenschen Krishna begonnen, das eigentliche Kaliyuga wird erst im Jahre 32 899 nach Chr. anheben. Unsere Welt hat also noch eine lange schlechte Zeit vor sich, bis am Ende derselben Vishnu als Kalki auf einem weißen Roß erscheinen, die Bösen bestrafen und ein neues glückliches Zeitalter her(auff)ühren wird. Wenn das Leben eines Brahmâ mit seinem Wechsel von partiellen Weltentstehungen und Weltuntergängen abgelaufen ist, erfolgt eine allgemeine Zerstörung des ganzen Welteies und eine Rückbildung desselben in die undifferenzierte Urmaterie, aus der dann nach einer langen Pause völliger Ruhe wieder eine neue Welt hervorgeht. Das ganze hier skizzierte Zeitsystem, auf dessen weitere Einzelheiten (Manu-Perioden, Sintfluten usw.) hier nicht eingegangen werden kann, soll dem Menschen einerseits die Vorstellung einschärfen, wie kurz sein Leben im Vergleich zu den Riesenzeiträumen alles kosmischen Geschehens ist, sie soll ihm andererseits aber auch verdeutlichen, daß alles Dasein im Großen wie im Kleinen gleicherweise unverbrüchlichen Gesetzen unterliegt, denen sich weder das niedrigste Lebewesen noch der erhabene Brahmâ entziehen kann.

3. Das höchste Weltprinzip

In allen Dingen und Wesen ist ein ewiges Gesetz (Dharma) wirksam. Es manifestiert sich 1. als natürliche Ordnung, indem es bewirkt, daß die Himmelslichter in den ihnen zugewiesenen Bahnen bleiben, die Flüsse abwärts fließen, die Pflanzen sich aus ihrem Samen entwickeln, der Regen das befruchtende Naß spendet usw., 2. als sittliche Ordnung, indem es allen Wesen ihr richtiges Verhalten vorschreibt, die Einhaltung der Pflichten der Kasten und Lebensstadien erzwingt und den guten und bösen Taten den ihnen gemäßen Lohn gibt, und 3. als magisch-rituelle Ordnung, indem es die heiligen Handlungen, Opfer usw. gebietet, welche für den richtigen Verlauf des Lebens unerläßlich sind. Für viele Philosophen ist das Weltgesetz das letzte, nicht weiter zurückführbare Weltprinzip, das in und über allem waltet. Die Mîmânsâ, das klassische Sânkhya und andere Systeme (wie der Jainismus und Buddhismus) lassen ihm alle Götter ohne Ausnahme untertan sein; sie vertreten deshalb eine Weltansicht, welche nur vergängliche Götter, hingegen keinen ewigen Weltenherrn kennt, sie sind mithin in ihrer letzten Konsequenz atheistisch. Die Naturphilosophen des Nyâya-Vaisheshika sowie des (späteren) Yoga lehren hingegen das Dasein eines ewigen Gottes, der neben der Materie und den Seelen steht, sie also nicht geschaffen hat, sondern nur die Ordnung im Weltprozeß aufrechterhält. Dieser »îshvara« ist bei folgerichtiger Durchführung des Gedankens dann aber eigentlich nur der Vollstrecker des ewigen Gesetzes, dem er in höherem Sinne selbst unterliegt. Er ist daher dem Gesetz in Wahrheit untergeordnet, wenn er auch innerhalb desselben für die Betätigung seiner Gnade einen gewissen Spielraum hat. Eine größere Bedeutung schreibt der Vishnuit Madhva Gott zu, indem er zwar Materie und Seelen als ewig und unabhängig neben Gott existierend ansieht, Gott aber als die alleinige causa efficiens der Welt betrachtet und so einen ontologischen Pluralismus mit einem funktionellen Monismus zu verbinden sucht.

Die meisten indischen Philosophen, die an einen ewigen Gott glauben, lassen die Welt aus ihm hervorgehen, halten ihn also nicht nur für die bewirkende, sondern auch für die materielle Ursache der Welt. Die Weltordnung ist nur eine Ausdrucksform des göttlichen Willens, auf Gott geht alles zurück, er hat den »Dharma«, das Gesetz, aus sich herausgesetzt (Brih. I, 4, 14). Er kann das Gesetz, wenn er wollte, wieder zurücknehmen, das ganze Weltgeschehen ist dann nur ein Spiel Gottes mit sich selbst. Diese Annahme hat, bis zur letzten Konsequenz durchgeführt, zur Folge, daß Gott auch das Übel in der Welt zugeschrieben werden muß. Die meisten Theologen schrecken freilich davor zurück, Gott als einen jenseits von Gut und Böse stehenden souveränen Tyrannen zu charakterisieren. Sie fassen ihn deshalb ähnlich wie die christlichen Dogmatiker als ein allgütiges Wesen auf und setzen das Schlechte auf das Konto der Einzelwesen, die in ihrer Verblendung von der Tugend abweichen und deshalb allein für die daraus entstehenden Folgen verantwortlich sind. So führt die Annahme der Allmacht, Allwissenheit und Allgüte Gottes einerseits und der Wahlfreiheit der Lebewesen andererseits zu unlösbaren Schwierigkeiten, die das gläubige Gemüt dadurch zu überwinden sucht, daß es sich seiner Unfähigkeit, die letzten Wahrheiten zu ergründen, bewußt wird.

Der Allgott wird meistens als eine überweltliche Persönlichkeit vorgestellt, die wie ein Mensch aussieht, denkt, fühlt und handelt, wenn sie auch ihrer Gestalt nach (er hat viele Köpfe, Arme usw.) wie ihren Fähigkeiten nach über das menschliche Maß hinausreicht. Gott durchdringt als Innenwalter die Materie, stellt aber zugleich auch ihr wahres Sein dar. Dem indischen Panen-theismus ist also von vornherein auch eine impersonale Auffassung der Gottheit eigen. Die meisten Schulen nehmen deshalb neben und unter der persönlichen Form des Göttlichen noch eine andere, niedere unpersönliche Form der Gottheit an. Die Vorstellung, daß auf Gott die Begriffe, die wir mit einer Persönlichkeit verbinden, nicht anwendbar sind, tritt schon in zahlreichen Upanishaden-Stellen hervor. Sie gelangt zur vollständigen Ausbildung in Shankaras System des akosmistischen Theopantismus, für welches das Brahma keine Attribute besitzt, sondern das all-eine, ewige, selige, geistige Sein ist, das die einzige Grundlage alles Existierenden bildet. Shankara trägt dem in vielen Texten verkündeten Glauben an einen persönlichen gnadenspendenden Weltregierer jedoch dadurch Rechnung, daß er lehrt, daß dieses absolute Brahma sich in der Welt des vielheitlichen Scheins in attributhafter Gestalt als der »îshvara« manifestiert, der für den Frommen Gegenstand der Verehrung ist.

4. Seelenwanderung und Erlösung

Das Zentraldogma aller indischen religiösen Systeme, mögen sie theistisch, pan-en-theistisch, theopantistisch oder atheistisch sein, ist die Lehre vom Karma und von der Seelenwanderung; das Ziel jedes religiösen Menschen muß daher darauf gerichtet sein, sich durch gute Taten eine gute Wiederverkörperung zu sichern. Da aber jede, auch die glücklichste und langfristigste Existenz, wie die in einem Götterhimmel, schließlich ein Ende findet, läßt sich durch gute Werke stets nur ein zeitlich begrenztes Wohlbefinden erreichen. Der Wunsch dessen, der die Hinfälligkeit alles weltlichen Strebens erkannt hat, ist aber auf ewiges, überzeitliches Heil gerichtet. Über die Mittel zur Gewinnung desselben bestehen zwei Theorien. Die meisten vishnuitischen und shivaitischen Sekten lehren, daß der Mensch aus eigenem Vermögen nicht imstande sei, sich aus dem Labyrinth des Sansâra zu befreien. Nur die überirdische Kraft Gottes vermag die Fesseln zu lösen, die ihn an die Wandelwelt ketten. Die Hilfe Gottes kann nur durch gläubige Liebe und Ergebenheit (bhakti) zu ihm und vertrauensvolles Sichverlassen (prapatti) auf ihn gewonnen werden. Im einzelnen gehen die Ansichten der Theologen darüber auseinander, ob und in welchem Maße der Mensch an seinem Erlösungsprozeß mitwirken kann. Gleich den christlichen Vertretern des Synergismus lehren die sogenannten »Affenschulen«, daß der Mensch an der Erlösung tätig mitarbeiten muß; nur wenn er sich an Gott klammert wie ein Äffchen, das den Hals seiner Mutter umschlingt, darf er hoffen, von ihm gerettet zu werden. Die »Katzenschulen« behaupten demgegenüber den Monergismus Gottes: So wie eine junge Katze, ohne selbst etwas zu tun, von ihrer Mutter von einem gefahrvollen Ort entfernt wird, indem diese sie im Maul fortträgt, so kann der Fromme sich das Heil nicht durch Liebe und Verehrung Gottes verdienen, sondern ist ganz und gar von der Gnade Gottes abhängig.

Die eigentlich philosophischen Schulen sind demgegenüber der Ansicht, daß der Mensch sich selbst erlösen könne. Die Erkenntnis des wahren Wesens der Welt setzt ihn nicht nur in den Stand, alle Leidenschaften zu tilgen, welche neues Karma hervorrufen, sondern auch das Karma aus früheren Existenzen, das bei ihm potentiell vorhanden, aber noch nicht in Wirksamkeit getreten ist, zu vernichten, denn »so wie das Feuer das Brennholz, so macht auch das Feuer des Wissens alle Werke zu Asche« (Bhagavadgîtâ 4,37). Die Erkenntnis, welche aller Verblendung ein Ende bereitet, wird von den verschiedenen Systemen ihrem speziellen Lehrstandpunkt entsprechend verschieden definiert: vom Vedânta als Erfassen der Einheit von Gott und Seele, vom Sânkhya als Wissen um die Verschiedenheit von Seele und Materie, vom Nyâya-Vaisheshika als Kenntnis der Seinskategorien usw. Das Wissen darf kein theoretisches sein, sondern ist eine intuitive Innewerdung, die durch Studium heiliger Texte und unablässig geübte Meditation vorbereitet wird.

Während manche Schulen annehmen, daß die Erlösung erst mit dem Tode eintritt, sind andere der Überzeugung, daß es auch Lebenderlöste gibt, die schon in ihrem irdischen Dasein die völlige Losgelöstheit von den Banden der Welt an sich verwirklichen.

Der Zustand, den der Erlöste nach dem Tode erlangt, wird sehr verschieden beschrieben. Die meisten vishnuitischen und shivaitischen Sekten stellen ihn sich als ein verklärtes individuelles Fortleben in der Gegenwart Gottes in dessen überirdischer Heilswelt vor. Sânkhya, Yoga, Nyâya und Vaisheshika sehen das Heil in einer individuellen Existenz, bei welcher infolge des Aufhörens der Verbindung der Seele mit Organen kein Bewußtsein von der Welt und keine Möglichkeit zur Aktivität mehr besteht. Manche Pan-entheisten definieren die Erlösung als das Eingehen in Gott; für die Theopantisten ist die Erlösung nicht ein Werden zu Gott (da es vom Standpunkt der höchsten Wahrheit weder eine wirkliche Trennung von Gott und Seele noch ein Werden zu etwas geben kann), sondern die Herstellung der Einheit mit dem Absoluten, einer Einheit, die in Wahrheit seit jeher bestanden hat, die dem Einzelwesen aber bisher infolge seines Nichtwissens verborgen war. Entsprechend seiner Tendenz, alle divergierenden Lehren der Upanishaden seinem System als Vorstufen der letzten Wirklichkeit einzuverleiben, lehrt Shankara, daß Personen, die noch nicht die volle Erkenntnis besitzen, sich aber auf dem Wege zu dieser befinden, nach dem Tode zu der Welt des Demiurgen Brahmâ (S. 33) aufsteigen, dort von diesem Belehrung empfangen und dann, wenn dessen Leben zu Ende ist, mit ihm gemeinsam in die Erlösung eingehen.

Die Frage, ob alle Seelen einstmals erlöst werden, wird von den meisten Systemen nicht beantwortet. Einige vishnuitische Schulen lehren, daß nur ein Teil der Seelen erlösungsfähig ist; die anderen sind von Gott dazu prädestiniert, entweder dauernd im Sansâra umherzuwandern oder in die ewige Verdammnis der »blinden Finsternis« (worunter die unterste und furchtbarste Höllenregion zu verstehen ist) einzugehen. Im Anschluß an schon in der Bhagavadgîtâ 16,6 ff. ausgesprochene Gedanken hat hier der konsequente Theismus zur Annahme ewiger Höllenstrafen geführt, die der indischen Vorstellung sonst fremd sind.

Eine Welterlösung kennt der Hinduismus nicht. Da die Zahl der Lebewesen unendlich groß ist, wird das Rad des Sansâra nie aufhören, sich zu drehen, mögen auch noch so viele Seelen das Heil erreichen. Nach der allgemein herrschenden Anschauung ist die Erlösung unverlierbar. Nur eine shivai-

tische Sekte und die moderne Reformbewegung des Ârya-Samâj sind der
Ansicht, daß der Erlöste, nachdem er sich Millionen von Jahren hindurch
der Seligkeit erfreut hat, wieder in das weltliche Dasein zurückkehrt, da die
Welt nach ihrer Theorie nur eine begrenzte Zahl von Seelen aufweist und
sonst einmal ohne Bewohner sein würde.

Schlußbetrachtung

Der Hinduismus ist unter den fünf großen Religionen der Menschheit die
vielgestaltigste, weil er fast alle Ausdrucksformen des religiösen Lebens enthält, die auf Erden entstanden sind. Er vereinigt in sich, und zwar nicht allein
de facto, sondern auch de jure alle Stufen religiösen Erlebens und Handelns,
die der Mensch in seinem geistigen Entwicklungsgang durchmessen hat,
vom Kult von Fetischen, von Bergen, Flüssen, Pflanzen, Tieren, Dämonen
und Geistern über den Dienst lokaler Heroen, Heiliger und Götter, bis zum
erhabensten Eingottglauben, bis zum mystischen Pan-en-theismus und zu
der Überzeugung, daß das Universum nicht von einem Weltenherrn, sondern von ewigen moralischen Gesetzen regiert wird. Das stolze Wort im
Mahâbhârata: »Was es hier nicht gibt, das gibt es gar nicht«, gilt mit einer
gewissen Einschränkung deshalb auch von dem Glaubenssystem, welches
dieses große Epos als seine heilige Schrift verehrt.
Der Hinduismus ist aufs engste mit sozialen Vorstellungen verknüpft, er regelt das tägliche Leben seiner Anhänger bis in die intimsten Details, von dem
morgendlichen Reinigungsbad bis zu dem als sakrale Handlung betrachteten
Mittagsmahl und der Abendandacht; er schreibt durch seine Kastenordnung
jedem seiner Bekenner vor, was und mit wem er speisen darf, was er zu tun
und was er zu unterlassen hat. Der Sinn dieser das ganze menschliche Dasein
aufs äußerste einschränkenden Bestimmungen ist die Erhaltung einer moralischen und rituellen Reinheit. Jede dauernde oder vorübergehende rituelle
Unreinheit ist zu vermeiden, weil sie empfindliche Strafen im Diesseits und
Jenseits zur Folge hat, wofern sie nicht durch komplizierte und kostspielige
Bußen getilgt wird. Welche außerordentliche Bedeutung der Hindu der minuziösen Einhaltung bestimmter Vorschriften oder der Ausführung gewisser Zeremonien beimißt, läßt sich aufs deutlichste daran erkennen, daß die
meisten Spaltungen innerhalb religiöser Gemeinden, Sekten und Orden
nicht infolge von Differenzen in Punkten der Lehre oder des Dogmas, sondern infolge von Abweichungen in rituellen Dingen entstanden sind. In der
Gegenwart beginnen zwar viele der alten Anschauungen und Bräuche ins
Wanken zu geraten, und Reformbewegungen der verschiedensten Art suchen die Gegensätze zwischen den einzelnen Schichten der Bevölkerung zu
mildern, das gemeinsame Speisen von Mitgliedern verschiedener Kasten zu
propagieren und sinnlose und schädliche Gebräuche abzuschaffen; da diese

Bestrebungen aber bisher nur einen kleinen Teil der in den Städten wohnenden Bevölkerung erfaßt haben, 70 Prozent der Hindus aber Landbewohner sind, die zäh am alten festhalten, ist mit einer baldigen Veränderung dieser Verhältnisse vorläufig nicht zu rechnen.

Für den Hinduismus ist es charakteristisch, daß er sich nicht damit begnügt, allen seinen Anhängern die Einhaltung gewisser allgemeinmenschlicher ethischer oder bestimmter ritueller Pflichten vorzuschreiben, sondern daß die zahllosen Schichten und Gruppen, welche das Hindutum ausmachen, besonderen, nur ihnen eigentümlichen Ordnungen unterliegen, so daß das, was für den einen erlaubt ist, für den anderen verboten sein kann. Er lehrt mithin nicht bloß einen universalen »Dharma«, sondern einen »Varnâshrama-Dharma«, d. h. ein Gesetz, das den einzelnen Kasten und Lebensstadien (Haushalter, Asket usw.) angemessen ist. Diese Vielfältigkeit der ethisch-rituellen Gebote hat nun auch im Hinblick auf die Glaubensanschauungen ihr Gegenstück, so daß der glückliche Ausdruck von Auguste Barth: »la diversité en est l'essence même« den Hinduismus gleicherweise nach seiner praktischen wie nach seiner theoretischen Seite hin treffend kennzeichnet.

In religionsgeschichtlicher Hinsicht ist der Hinduismus vor allem deshalb lehrreich, weil er zeigt, daß dieselben weltanschaulichen, moralphilosophischen und mythologischen Vorstellungen in verschiedener Weise geordnet, gedeutet und zu einem Ganzen verbunden sein können. Alle Hindus (mit Ausnahme von modernen Reformern) glauben an zahlreiche Gottheiten, die besondere kosmische oder ethische Funktionen zu erfüllen haben, sie schreiben den größten dieser Götter aber eine durchaus verschiedene Macht und Bedeutung zu, je nachdem sie ein unpersönliches Weltgesetz oder ein unpersönliches All-Eines oder Vishnu, Shiva oder andere Gestalten des Pantheons als das höchste Weltprinzip annehmen (vgl. S. 55 f.). Dies hat seinen Grund darin, daß sich in Indien die Überwindung des primitiven Polytheismus auf zwei Wegen vollzogen hat. Die Vorstellung, daß der Macht der verschiedenen Götter Grenzen gesetzt sind, die aus der Mannigfaltigkeit der von den einzelnen Göttern zu erfüllenden Funktionen von selbst folgte, führte Griechen, Germanen und andere Völker dazu, ein über den Göttern waltendes unerforschliches blindes Schicksal anzunehmen. Auch manche Inder haben derartige Anschauungen vertreten, indem sie das »Daiva« oder den »Kâla« (Zeitgott) als die letzte entscheidende Instanz im Weltgeschehen bezeichneten. Der ausgesprochen ethischen Gesinnung der Inder entspricht es aber, daß die meisten nicht in einem blind waltenden Fatum, sondern in einer sittlichen Weltordnung (Rita, Dharma) die höchste Macht sehen, die alles Werden in Welt und Leben bedingt. Seit der Upanishadenzeit gingen die Inder jedoch noch einen Schritt weiter: sie definierten das Schicksal als das Zurreifekommen der Vergeltungskausalität der sittlich bedeutsamen Handlungen einer abgelaufenen Existenz. »Das Schicksal ist offenbar nur die

Tat des Menschen in einem früheren Leben«, heißt es im Gesetzbuch des Yâjnavalkaya (1,348). Damit ist dem Schicksal das Stigma der unberechenbaren Willkür genommen, aus einer dunklen Macht ist es ein mit unerbittlicher Notwendigkeit wirkendes Rechtsprinzip geworden; es ist abhängig vom Karma, vom Werk. Der Dichter Bhartrihari (7. Jahrhundert n. Chr.) hat dies klar ausgesprochen in einer Strophe seiner Zenturien (2.92), in der er sagt: »Wir verbeugen uns vor den Göttern; aber auch sie stehen in der Gewalt des verwünschten Schicksals. Dann müßte man also das Schicksal verehren? Nein! Denn auch dieses gibt nur den Lohn für dieses oder jenes bestimmte Werk. Wenn der Lohn von den Werken abhängt, was nützen uns Götter und Schicksal? Ehre also den Werken, über die sogar das Schicksal nichts vermag!«

Den Philosophen, für welche das Karma-Gesetz das letzte höchste weltbeherrschende Prinzip ist, stehen die Gottgläubigen gegenüber, welche in einem höchsten persönlichen Gott, Vishnu oder Shiva, den allmächtigen Weltgebieter sehen. Sie bildeten ihre Lehre heraus, indem sie den einen von ihnen verehrten Gott für den allein ewigen und unvergänglichen, niemandem untergebenen Oberherrn erklärten, den anderen Gottheiten aber nur den Rang von Engeln mit begrenzter Macht und Lebensdauer zuerkannten. Zwischen der Theorie vom unpersönlichen Karma-Gesetz als der eigentlichen Triebkraft des Universums und den Dogmen der extremen Theisten halten eine Reihe von Meinungen die Mitte, welche die Tätigkeit des Weltenherrn und das Weltgesetz miteinander in Einklang zu bringen suchen und dabei dem einen oder dem anderen von beiden den Vorrang einräumen. Das Nebeneinanderstehen von so grundsätzlich verschiedenen Anschauungen wie auch die Tatsache, daß die Vertreter derselben ihre Gegensätze nie zum Anlaß von bedeutenden Religionskriegen oder Ketzerverfolgungen genommen haben, hat seine Ursache darin, daß die meisten Inder, wie Graf Hermann Keyserling dargetan hat, nicht glauben, daß »metaphysische Wahrheiten in irgendeinem logischen System einer erschöpfenden Verkörperung fähig wären«, vielmehr »das Eigentliche nur in mehr oder weniger deutlicher und überzeugender Symbolik zum Ausdruck bringen«[1]. Gemeinsam ist den unendlich vielen Gestaltungen der überirdischen Wirklichkeit nur, daß sie eine den besonderen Bedürfnissen und der Entwicklung des Einzelnen angepaßte Möglichkeit der Erhebung über das Vergängliche bieten und daß sie in den letzten ethischen Konsequenzen konform gehen. Ein Sanskritspruch sagt: »Über heilige Stätten, über Gott und über die religiösen Pflichten herrscht unter den Gelehrten viel Streit, daß aber die Mutter etwas Heiliges ist und daß das Mitleid eine Tugend ist, darin stimmen alle Systeme überein«[2].

---

[1] »Reisetagebuch eines Philosophen«. 6. Aufl. Darmstadt 1922, I, S. 303.
[2] Subhâshitârnava 95; Böthlingk, »Indische Sprüche« 2576.

Der Buddhismus

I. Der Buddha

1. Begriff und Wesen eines Buddha

Der Buddhismus ist, wie sein Name besagt, eine Lehre, deren Begründer mit dem Ehrentitel »Buddha« bezeichnet wird. Das Wort Buddha ist im Sanskrit und in den von ihm abgeleiteten mittelindischen Sprachen die Stammform des Participiums praeteriti passivi von der Verbalwurzel »budh«, d. h. erwachen; es bedeutet also der »Erwachte« und besagt damit, daß jemand, dem dieser Name zuteil wird, aus der Nacht des Irrtums zum Lichte der Erkenntnis erwacht ist. Der Nominativ des Wortes Buddha lautet im Sanskrit »Buddhas«, in der mittelindischen Pâli-Sprache »Buddho«, und einige Forscher verwenden deshalb diese Formen; da jedoch in der abendländischen Wissenschaft indische Wörter nach dem Vorbild der einheimischen Lexikographen und Grammatiker nicht in der Nominativ-, sondern in der Stammform gebraucht werden, hat sich fast allgemein die Form Buddha eingebürgert. Als gleichbedeutend mit dem Worte »Buddha« werden in der indischen Literatur auch die Ausdrücke »Bhagavat« (der Erhabene), Tathâgata (der Vollendete, eigentlich der »So-gegangene«) und viele andere verwendet.
Das Wesen eines Buddha besteht darin, daß er aus eigener Kraft sein Wissen erlangt hat, dieses also weder durch die Offenbarung eines Gottes noch durch das Studium heiliger Schriften oder durch die Unterweisung eines Lehrers gewann. Im Mahâvagga I, 6, 7 sagt der Buddha deshalb: »Ich selbst habe die Erkenntnis erlangt, wessen Anhänger sollte ich mich nennen? Ich habe keinen Lehrer, ich bin der unvergleichliche Lehrer.« In diesen Worten wird auf das deutlichste hervorgehoben, daß nicht eine von außen kommende Belehrung irgendwelcher Art die Erweckung herbeigeführt hat, sondern daß diese das Endergebnis eines im Menschen selbst vor sich gegangenen Erkennungsprozesses ist. Damit wird aber nicht behauptet, daß ein Mensch ganz aus sich allein den Weg zum Heil finden kann. Vielmehr wird (Ang. 2,11,9) gelehrt: »Eine richtige Anschauung entsteht durch die Stimme eines anderen und das eigene Nachdenken.« Es muß also durch die Unterweisung durch einen anderen gewissermaßen der Stein ins Rollen gebracht werden, damit die Denkbewegung einsetzen kann. Den äußeren Anstoß zu dem Nachsinnen, das ihn schließlich zum Ziele führt, kann der Buddha nicht von einem

anderen Buddha zu seinen Lebzeiten empfangen haben, da ein solcher damals nicht vorhanden war; andere Meister, zu deren Füßen er gesessen, waren hingegen nicht imstande, ihm die erforderliche Erkenntnis zu vermitteln, weil sie selbst sie nicht besaßen.

Die Theorie, daß nur durch das Zusammenwirken von mindestens zwei Faktoren etwas Neues geboren werden kann, findet in Hinblick auf die erlösende Erkenntnis ihre Begründung durch die Lehre von der Wiederverkörperung: Ein Buddha hat zwar in dieser Existenz seine Erleuchtung sich selbst erarbeitet, er konnte dieses aber nur, weil er in einer seiner zahllosen früheren Daseinsformen einmal den Buddha eines früheren Zeitalters predigen gehört hat. Auf Grund dieses Eindruckes, der ihn unbewußt durch alle seine Wiederverkörperungen begleitete, wurde er schließlich Stufe für Stufe dazu geführt, sich der Wahrheit ganz zu öffnen und selbst zur Buddhaschaft heranzureifen. Ein Buddha ist mithin nicht ein Heiland, der einen anderen durch seine Gnade ohne dessen Zutun erlöst, sondern ein Wegweiser, der den Pfad zum Heil nur zeigen, aber nichts dazu tun kann, daß der Unterwiesene ihn auch geht. Deshalb heißt es im Dhammapada 276:»Ihr selbst müßt euch anstrengen, die Vollendeten verkünden nur.«

Ein Buddha ist, wie aus dem Gesagten hervorgeht, also kein Gott, auch nicht die irdische Inkarnation eines Gottes, sondern ein Mensch, der genau so wie jeder andere dem Altern und der Krankheit unterworfen ist und dessen Dasein durch den Tod ein Ende findet. Ein Buddha unterscheidet sich aber von anderen Menschen dadurch, daß er alle Verblendung und Leidenschaft überwunden hat und infolge dieser seiner geistigen und menschlichen Vollkommenheit Wunderkräfte an sich entfalten kann, die anderen versagt sind. Er vermag sich nicht nur seiner zahllosen früheren Existenzen zu erinnern, sondern er kennt auch die früheren und zukünftigen Geburten anderer Wesen, er besitzt eine vollständige Kenntnis des Baues des Kosmos und des Denkens anderer Personen, er kann sich magisch vervielfältigen, durch den Raum schweben und dergleichen mehr. Die meisten dieser magischen Fähigkeiten treten an ihm zutage, wenn er die vollkommene Erleuchtung (bodhi) erreicht hat und dadurch aus einem Anwärter auf die Buddhawürde, aus einem Bodhisattva, zu einem Buddha, einem Erwachten, einem Erleuchteten, geworden ist. Da aber die geistige Entwicklung des Wesens, das in seiner letzten Geburt zu einem Buddha werden soll, bereits so weit fortgeschritten ist, daß ihm nur noch wenig zur vollkommenen Erleuchtung fehlt, umrahmt die Legende auch schon Geburt und Kindheit eines Buddha mit Mirakeln verschiedenster Art.

In historischer Zeit ist nur ein Buddha erschienen: Gautama, der Weise aus dem Shâkya-Stamm, von dem im nächsten Abschnitt gehandelt werden wird. Nach der Ansicht der Buddhisten sind aber diesem geschichtlichen Buddha andere vorausgegangen, und andere werden ihm folgen. Die heiligen Schriften wissen sogar die Namen dieser Buddhas zu nennen und Details über ihre Biographie zu geben, doch entspricht diese in allen Hauptpunkten genau derjenigen Gautamas. Es ist denkbar, ja vielleicht wahrscheinlich, daß es vor Gautama andere Weise gegeben hat, die eine Lehre verkündeten, die der seinigen wenigstens in Einzelheiten ähnlich war. Da jedoch alles, was die Texte über die Vorläufer des Shâkya-Weisen berichten, durchaus mythischen Charakter trägt, läßt sich darüber nichts Sicheres ausmachen.

Da ein Buddha erst nach äonenlanger Arbeit an sich selbst im Verlauf zahlloser Existenzen zu seiner Stellung gelangt ist, ist es selbstverständlich, daß unter den zahllosen Wesen, welche gegenwärtig in den verschiedensten Daseinsformen die Welt bevölkern, sich auch einige befinden, die zu zukünftigen Buddhas heranreifen. Nach der älteren Ansicht, die von den Schulen des »Kleinen Fahrzeugs« vertreten wird, ist die Zahl der Buddhas aber eine beschränkte, da solche nur in bestimmten Weltperioden und niemals zu mehreren in einem kosmischen System auftreten. Die Chance, daß ein Wesen zu einem Buddha werden kann, ist deshalb minimal. Das »Große Fahrzeug« lehrt hingegen, daß die Zahl der Buddhas so groß wie die der Sandkörner am Ganges ist, und es spricht deshalb an sich allen oder wenigstens vielen Wesen die potentielle Fähigkeit zur Erlangung der Buddhaschaft zu. Nach der einen wie nach der anderen Theorie ist ein Buddha ein erhöhter, vervollkommneter Mensch, der Haß, Gier und Verblendung von sich abgetan und in höchster Leidenschaftslosigkeit und Weisheit alles Irdische überwunden hat. Daß diese Vorstellung von den Buddhas als sittlich-religiösen Übermenschen in der späteren Dogmatik zahlreiche götterähnliche Züge angenommen hat, wird später gezeigt werden; festzuhalten ist jedenfalls, daß ein Buddha, mochte man ihm auch noch so viele gottähnliche Attribute zuschreiben, doch nie im echten Buddhismus zu einem Schöpfer und Regierer dieser leidvollen Welt geworden ist, daß sich vielmehr die Aufgabe eines Buddha stets nur auf das Erleuchten und Begnaden beschränkt.

2. Das Leben des historischen Buddha

Der historische Begründer des Buddhismus ist außer unter seinem Titel unter einer Reihe von Personennamen bekannt. Von seinen Eltern erhielt er den zu seiner Zeit, wie es scheint, nicht seltenen Namen Siddhârtha (»der sein Ziel erreicht hat«), gewöhnlich aber wurde er als »Gautama« (im Pâli: Gotama) bezeichnet, weil sich seine Familie von dem vedischen Lehrer Gotama herleitete. Häufig wird von ihm auch als Shâkya-muni (»Weiser der Shâkyas«) oder als Shâkya-sinha (»Löwe der Shâkyas«) gesprochen, weil er dem Kriegergeschlecht der Shâkyas angehörte.
Das edle Haus der Shâkyas, das seinen Stammbaum auf den sagenumwobenen König Ikshvâku und über diesen hinaus auf den Sonnengott zurückführte, beherrschte einen kleinen Staat, der in den Vorhöhen des Himâlaya

an der Grenze zwischen dem gegenwärtigen indischen und nepâlesischen Gebiet in der Gegend des heutigen Gorakhpur gelegen war. In seiner Hauptstadt Kapilavastu wirkte Gautamas Vater Shuddhodana als Râjâ, wahrscheinlich nicht, wie die spätere Legende es will, als ein mächtiger und großer Monarch, sondern als der geschäftsführende »Doge« einer Adelsrepublik.

Das Geburtsjahr des Buddha wird von den Buddhisten der verschiedenen Länder sehr verschieden angegeben, nach den Feststellungen der abendländischen Forschung muß es zwischen 564 und 557, also um 560 v. Chr. gelegen haben, so daß als Lebenszeit des Buddha etwa die Jahre 560–480 v. Chr. anzunehmen sind.

Der fromme Sinn der Inder hat die Geschichte des Erhabenen mit einer großen Zahl von mythischen Einzelzügen ausgestaltet. Entsprechend der Lehre von den Wiederverkörperungen beginnt sie schon lange vor der Geburt Gautamas mit Berichten über seine früheren Existenzen. Als er dann schließlich im Tushita-Himmel seine vorletzte Reinkarnation erlebt hatte, ließ er von dort seinen Blick über die Erde schweifen, um sich einen geeigneten Ort, eine geeignete Familie und eine geeignete Mutter für seine Wiedergeburt auszusuchen. Seine Wahl fiel auf Mâyâ, die tugendhafte Gattin des Königs Shuddhodana. Gelegentlich eines Festes legte Mâyâ einst ein Keuschheitsgelübde ab und bat ihren Gatten, kein Liebesverlangen auf sie zu richten. In der folgenden Nacht träumte sie, daß ein weißer Elefant in ihre Seite eingegangen sei. Sie widmete sich fortan ganz religiösen Gedanken und Übungen und gebar nach zehnmonatiger Schwangerschaft ein Kind, das sich von allen anderen Menschenkindern dadurch unterschied, daß der Kern desselben, das durch das Karma früherer Existenzen hervorgebrachte Geistwesen (Gandharva), in den mütterlichen Schoß gelangt war, ohne daß es dazu einer Befruchtung der Mutter durch einen Vater bedurft hätte, während sonst für eine Konzeption drei Faktoren notwendig sind, ein Vater, eine Mutter und ein Gandharva (M. 38). Die Geburt ging in dem Hain des Dorfes Lumbinî vor sich, wo Mâyâ, auf einem Besuch bei ihren Eltern begriffen, unterwegs von der Niederkunft überrascht worden war. Sieben Tage nach der Geburt starb Mâyâ, nach buddhistischer Auffassung, weil das kostbare Gefäß, das einen Buddha vor seinem Weltengang beherbergt hatte, nie wieder weltlichen Zwecken dienen durfte.

Die wunderbare Geburt Buddhas ist oft zu der Christi in Parallele gestellt worden. Abgesehen davon, daß beide Religionsstifter gleich Zarathustra und vielen anderen auf wunderbare Weise zur Welt gekommen sein sollen, sind die Erzählungen selbst jedoch ebenso verschieden wie die Motive, die ihnen zugrunde liegen. Christus wird von einer Jungfrau geboren, weil er von aller Sünde frei ist und jeder Gedanke von einer sinnlichen Begierde und einem Geschlechtsverkehr der Eltern ferngehalten werden soll. Der Buddhist legt hingegen wieder den größten Wert darauf, daß die Mutter nie wieder Mutter werden kann.

Bei der Geburt geschahen noch eine Fülle von anderen Wundern, die in der Biographie Christi ihre Entsprechungen haben: der Himmel ist von einem Lichtglanz erfüllt, der weise Asita prophezeit die künftige Größe des Buddhakindes (wie der alte Simeon, Lukas 2, 25 ff.), dieses setzt schon in früher Jugend seine Lehrer durch seine außerordentlichen Kenntnisse in Erstaunen usw.

Prinz Siddhârtha wurde von einer Schwester seiner Mutter, namens Mahâprajâpatî, einer Gattin Shuddodanas, erzogen. Er wuchs in großer Pracht und Herrlichkeit auf, ein Text (A 3, 38) läßt ihn sagen: »Ich war verwöhnt, sehr verwöhnt. Ich salbte mich nur mit Benares-Sandel und kleidete mich mit Benares-Tuch. Bei Tag und Nacht wurde ein weißer Sonnenschirm über mich gehalten. Ich hatte einen Palast für den Winter, einen für den Sommer und einen für die Regenzeit. In den vier Monaten der Regenzeit verließ ich den Palast überhaupt nicht und war von weiblichen Musikanten umgeben.« Gautama wurde jung mit einem edlen Mädchen, welches in den Texten verschieden genannt wird (Yashodharâ Gopâ), verheiratet, hatte aber außerdem noch einen Harem mit den schönsten Tänzerinnen. Trotz dieses äußeren Glanzes war er nicht glücklich, das üppige Leben befriedigte ihn nicht, weil er sich darüber klar wurde, daß alle Genüsse vergänglich sind und er wie jeder Mensch dem Alter, der Krankheit und dem Tode unterworfen sei. So legte er sich die Frage vor: »Gibt es etwas, was von den Übeln: Alter, Krankheit, Tod frei ist? und wenn dies der Fall ist, was ist dieses und wie ist es zu erreichen?«

Die innere Entwicklung, welche sich an dem 29jährigen Gautama vollzogen hatte, hat sich in der Legende zu einer Folge von äußeren Erlebnissen verdichtet. Sie erzählt nämlich, Shuddhodana sei geweissagt worden, sein Sohn werde entweder ein Welteroberer oder ein Welterleuchter werden, und er habe, um die ihm unerwünschte letztere Möglichkeit auszuschalten, den Park, welcher die Paläste des Prinzen umgab, durch Wachen absperren lassen, um die Möglichkeit jedes leidvollen Eindruckes fernzuhalten. Bei vier aufeinanderfolgenden Ausfahrten sei Siddhârtha eine Gottheit als ein Greis, ein Kranker, ein Leichnam und schließlich als ein Asket erschienen und habe ihn dadurch zu dem Gedanken der Vergänglichkeit und Weltüberwindung angeregt. Die sinnige Geschichte, die übrigens ursprünglich nicht von Gautama, sondern von einem seiner mythischen Vorläufer erzählt wird, hat von Indien aus einen Siegeszug durch die ganze zivilisierte Welt angetreten, sie hat nicht nur im ganzen Fernen Osten für die Heilslehre des Vollendeten geworben, sondern hat sich auch im Abendlande in christlicher Verkleidung große Beliebtheit errungen. Die Legende von dem Königssohn Josaphat (das Wort ist unter Anlehnung an den bereits im Alten Testament vorkommenden Namen aus dem indischen »Bodhisattva« verderbt), der durch den heiligen Barlaam dem Christentum gewonnen wird, benutzt dieses buddhistische Motiv von den Wagenfahrten; dadurch ist der Buddha unbeabsichtigterweise zu einem Heiligen der Römischen Kirche geworden, von dem sogar an verschiedenen Orten Reliquien gezeigt wurden.

Als Siddhârtha von seiner vierten Ausfahrt zurückgekehrt war, so berichtet die Legende weiter, erhielt er die Nachricht, daß ihm ein Sohn Râhula geboren worden sei. Aber auch diese neue Fessel, die ihn an das Leben hätte binden sollen, vermochte ihn nicht von seinem Vorhaben abzubringen. Er entschloß sich vielmehr, schon in dieser Nacht den Gang in die Heimatlosigkeit anzutreten. Vor seinem Scheiden ging er noch in das Schlafgemach seiner Gattin, um den Neugeborenen zu sehen. Da die schlafende Prinzessin ihre Hand auf das Haupt des Sohnes gelegt hatte, wagte er nicht, das Kind in den Arm zu nehmen, weil die Mutter sonst aufgewacht wäre und seinem Weggang Schwierigkeiten in den Weg gelegt hätte. Er verließ Frau und Sohn ohne Abschied, ebenso wie die zahlreichen Tänzerinnen in seinem Harem, die ihn früher durch ihre Künste berückt hatten.

In Begleitung seines Wagenlenkers Chandaka ritt Gautama durch drei Königreiche, bis er zum Flusse Anavamâ gelangte. Hier entledigte er sich seiner fürstlichen Kleidung, schor sich sein Haar und legte die Asketengewänder an, die ihm eine Gottheit brachte. Chandaka ließ er nach Hause zurückkehren, um den Seinigen Nachricht über seinen Verbleib zu geben; das treue Leibroß Kanthaka aber vermochte die Trennung von seinem Herrn nicht zu überleben; es starb und wurde in einer Himmelswelt als eine Gottheit wiedergeboren.

Auf der Suche nach dem Weg zur Erlösung schloß sich Gautama zunächst dem Meister Ârâda Kâlâma an, als er alles von diesem gelernt, wurde er ein Schüler des Udraka (Rudraka) Râmaputra. Auf die Dauer vermochte ihn aber auch dieser nicht zu halten, denn ihre Lehren – wahrscheinlich zwei Formen des upanishadischen Yoga – schienen ihm nur Durchgangsstufen zur Wahrheit, nicht diese selbst zu sein. Er zog deshalb allein im Lande Magadha (der heutigen Provinz Bihâr) umher und ließ sich schließlich in Uruvelâ (in der Nähe des heutigen Gayâ) nieder. Dort versuchte er durch schmerzvolle Kasteiung und strenges Fasten in Verbindung mit Kontemplationsübungen die Erleuchtung zu erzwingen. Als er völlig entkräftet war, wurde ihm klar, daß er auf diesem Wege nicht zur Erkenntnis vordringen könne, er nahm daher wieder reichlichere Nahrung zu sich und versuchte, auf rein geistigem Wege zum Ziel zu kommen. Er erinnerte sich daran, daß er einst bei seinem Vater, im kühlen Schatten eines Rosenapfelbaumes sitzend, die erste Stufe der Versenkung erreicht hatte. Er folgte jetzt dieser Methode der Meditation und bildete sie weiter aus, bis es ihm gelang, die vier Stufen der Versenkung zu meistern.

Als er einst in einer Nacht im siebenten Jahr seines Asketentums unter einem Feigenbaum saß, erreichte er die Erleuchtung (bodhi) und wurde so aus einem Bodhisattva zu einem Buddha. Er erlangte der Reihe nach in drei Nachtwachen 1. die Erinnerung an seine eigenen früheren Daseinsformen,

2. die Erkenntnis der Wiederverkörperungen der anderen Wesen und 3. das Wissen um die vier edlen Wahrheiten und die Vernichtung der drei Grundübel: Sinnenlust, Werdelust und Nichtwissen. Da entstand in ihm die Erkenntnis:»In dem Erlösten ist die Erlösung. Aufgehoben ist die Wiedergeburt, vollendet der heilige Wandel, getan ist, was zu tun war, nach diesem Leben gibt es kein anderes.«

Sieben Tage lang saß der Buddha unter dem Baume der Erleuchtung, die Seligkeit der Erlösung genießend, dann verweilte er noch längere Zeit unter anderen Bäumen in der näheren Umgebung. Die Legende läßt ihn während dieser Tage von dem Teufel Mâra versucht werden. Mâra, der schon früher den Erhabenen durch Drohungen und Versprechungen dazu bewegen wollte, sein Wahrheitsstreben aufzugeben, riet ihm jetzt, sogleich in das Nirvâna einzugehen, damit der Menschheit die erlösende Lehre vorenthalten bliebe. Nach einer anderen Geschichte ähnlichen Inhaltes stellte Buddha selbst die Erwägung an, ob er die Heilswahrheit verkünden solle, da das Geschlecht seiner Zeit für sie nicht reif sei. Der Gott Brahmâ Sahampati bat ihn aber, mit Rücksicht auf die Wesen,»deren Augen nur wenig getrübt sind«, das, was er gefunden, nicht für sich zu behalten, und Buddha entschloß sich, die»Tore des Unvergänglichen für die, welche hören wollen« zu öffnen

Buddha überlegte, wem er seine Lehren zuerst darlegen solle. Seine beiden Lehrer kamen nicht mehr in Betracht, da sie inzwischen gestorben waren, er beschloß daher, fünf Asketen zu seinen ersten Schülern zu machen, welche sich ihm in Uruvelâ angeschlossen, ihn aber, als er seine strengen Kasteiungen aufgegeben, wieder verlassen hatten. Nachdem er ihren Aufenthalt mit seinem überirdischen Auge festgestellt hatte, begab er sich zum Tierpark Rishîpatana bei Benares und setzte hier das»Rad der Lehre« in Bewegung, indem er ihnen die Grundzüge seiner Lehre darlegte.

In der Predigt von Benares führte der Erhabene aus, daß nicht die Hingabe an die Sinnengenüsse, noch auch eine übertriebene Selbstpeinigung, sondern der mittlere Weg einer maßvollen Weltentsagung zum Heil führt. Dieser aber hat zur Voraussetzung die Kenntnis der vier edlen Wahrheiten über das Leiden, die Entstehung des Leidens, die Aufhebung des Leidens und den zur Aufhebung des Leidens führenden Pfad. Leidvoll ist alles, was durch den Lebenshang bedingt ist, die Ursache des Leidens ist der Durst, die Gier, die Aufhebung des Leidens geschieht durch das Sichbefreien von Durst, der praktische Weg dazu ist der edle achtfache Pfad: rechte Anschauung, rechte Gesinnung, rechtes Reden, rechtes Handeln, rechtes Leben, rechtes Streben, rechtes Überdenken, rechtes Sichversenken (Sa. 56,11,5).

Die fünf Asketen bekehrten sich daraufhin zu Buddhas Ansicht und wurden die ersten Mitglieder seines Mönchsordens.

Der erste Laie, der der Lehre gewonnen wurde, war ein reicher Kaufmannssohn Yashas. Bald folgten andere Bekehrungen. Unermüdlich zog der

Buddha von seinem 36. bis 80. Lebensjahr auf den staubigen Straßen Nord-
indiens umher, von frommen Gaben lebend und durch Gespräch und Predigt
für seine Ideen wirkend. Tief durchdrungen von der Überzeugung, daß die
Menschen entsprechend ihrer Wesensart und dem Stadium ihrer sittlichen
Reife einer unterschiedlichen Behandlung bedürfen, unterwies er die verschiedenen Hörer in verschiedener Weise. Vielen legte er nur die Lehre von
der karmischen Vergeltung dar, forderte sie auf, ein sittliches Leben zu führen, und verhieß ihnen als Lohn dafür die Wonnen der Himmelswelt oder
eine gute Wiedergeburt auf Erden. Denen, die er dafür geeignet hielt, machte
er das Elend der Begierden klar und pries ihnen die Vorzüge der Entsagung,
aber nur Auserwählte, denen er die moralische Kraft zur Einhaltung der
Mönchsregeln zutraute, nahm er in seinen Orden auf. So zerfielen Buddhas
Anhänger von jeher in zwei Gruppen: 1. in die Laien, welche im Rahmen
ihrer weltlichen Betätigung und ihres Familienlebens die fünf sittlichen
Gebote: nicht zu morden, nicht zu stehlen, nicht zu lügen, nicht die Ehe zu
brechen und nicht berauschende Getränke zu sich zu nehmen, beobachteten,
und 2. in die Mitglieder des »Sangha« (Ordens), d. h. Mönche und Nonnen,
welche diese Vorschriften in verschärfter Form durch Bewahrung völliger
Keuschheit und Armut sowie durch Einhaltung bestimmter asketischer
Regeln befolgten. Zwischen diesen beiden Kategorien gab es noch Zwischen-
stufen insofern, als Laien für eine kürzere oder längere Zeit einen Teil der
mönchischen Gelübde freiwillig übernahmen, um Sünden zu tilgen oder ihr
Karma zu verbessern. Es ist notwendig, sich zu vergegenwärtigen, daß dieser
Gradualismus zu allen Zeiten ein Grundprinzip des Buddhismus wie aller
auf der Wiederverkörperungslehre basierenden Systeme war, weil man nur
dann Buddhas Ethik in der richtigen Perspektive sieht. Der Erhabene hat nie
geglaubt, daß alle Menschen der Welt entsagen und asketisch leben könnten,
sondern er hat stets die Ansicht vertreten, daß zu einer bestimmten Zeit die
Voraussetzungen hierfür stets nur bei einer Elite von Personen gegeben
seien, er hat es hingegen für möglich gehalten, daß Menschen, die jetzt in
ihrer geistigen Entwicklung noch nicht so weit gekommen sind, in einer näheren oder ferneren Zukunft, in einer späteren Inkarnation dafür reif werden können. Alle aus der Empfehlung der Loslösung vom Irdischen gezoge-
nen Folgerungen betreffs der »Kulturfeindlichkeit« des Buddhismus sind
deshalb falsch. Buddhas eigene Stellung zur Kultur wie diejenige, welche
seine Anhänger in den letzten zweieinhalb Jahrtausenden eingenommen haben, ist vielmehr dahin zu bestimmen, daß die Kultur in allen ihren Erscheinungen ihr Recht und ihre Notwendigkeit hat, daß sie aber nicht das letzte
Ziel und die Krönung des Daseins selbst darstellt, sondern nur den Wert
einer Durchgangsstufe besitzt, über welche der Heilsucher sich zu einem höheren Sein erhebt.
Die Anhänger des Buddha rekrutierten sich aus den verschiedensten Schichten. Da er selbst der Kriegerkaste zugehörte, gewann er begreiflicherweise

in erster Linie seine Standesgenossen für seinen Glauben. Der König von Magadha, Bimbisâra, und sein Sohn Ajâtashatru sowie der Koshala-König Prasenajit waren fromme Verehrer des Buddha, die den Orden durch Gaben förderten; zu den Laienanhängern gehörten außer Edelleuten auch reiche Handelsherren, wie der Kaufmann Anâthapindika, der dem Buddha das »Jetavana«, einen Park des Prinzen Jeta bei Shrâvastî, schenkte, nachdem er ihn von seinem Besitzer für eine riesige Zahl von Goldstücken gekauft hatte. Wohltäterinnen des Ordens waren die reiche Bürgerfrau Vishâkhâ Migâramâtâ, ebenfalls in Shrâvastî, sowie die berühmte Kurtisane Ambapâlî in Vaishâlî, die später Nonne wurde und schöne geistliche Gedichte verfaßte. Auch die Mitglieder des Sangha entstammten zumeist den oberen Kreisen. Bei seinen Besuchen in seiner Heimatstadt Kapilavastu soll Gautama seinen Vater, seinen Sohn, seine Stiefmutter Mahaprajâpatî und andere Angehörige seiner Familie in den Orden aufgenommen haben. Zwei seiner Vettern, Ânanda und Devadatta, spielen in der ältesten Gemeinde eine bedeutsame Rolle. Ananda war der Jünger, der immer bei Buddha war. Der ehrgeizige Devadatta hingegen vertrat gewissermaßen die Stelle des Judas Ischariot, denn als Buddha alt geworden war und sich weigerte, ihn zu seinem Nachfolger zu ernennen, suchte er ihn ums Leben zu bringen und, als dies nicht gelang, eine Spaltung der Gemeinde hervorzurufen. Zur Strafe wurde er krank, starb und kam in die Hölle. Für den buddhistischen Glauben, daß auch der Böseste schließlich zur Vollkommenheit gelangen kann, ist es bezeichnend, daß nach der späteren Anschauung Devadatta, nachdem er sich während riesiger Zeiträume geläutert hatte, schließlich sogar noch die Stellung eines Buddha erlangen wird.

Obwohl der Buddha gegen die Anmaßung der Priesterkaste auftrat, schlossen sich ihm doch eine Reihe von Brahmanen an, so die beiden Hauptjünger Shâriputra und Maudgalyâyana. Es bestand aber keine Begrenzung für die Zugehörigkeit zum Orden, denn auch ein Fischer, ein Kuhhirt, ein Straßenkehrer, ja sogar ein ehemaliger Räuber gehörten ihm an. Wie bei vielen indischen Mönchsorden fielen auch bei dem buddhistischen mit dem Eintritt in denselben die Kastenschranken. Das besagte in keiner Weise, daß der Buddha die soziale Ordnung der damaligen Zeit negiert hat oder hatte reformieren wollen. Er wich von den Orthodoxen nur insofern ab, als er das Kastenwesen nicht als eine göttliche, sondern nur als eine menschliche Institution ansah und die Vorrangstellung der Brahmanen ablehnte. Vor allem bekämpfte er den brahmanischen Glauben, daß bestimmte sakrale Handlungen Sünden aufheben oder das Gesetz der karmischen Vergeltung ändern könnten.

Über vierzig Jahre lang durchzog der Erhabene das nordöstliche Indien, durch Zwiegespräche und Predigten seine Lehre verbreitend. Nur während der vier Monate der Regenzeit (Mitte Juni bis Mitte Oktober) erlaubt die aufgeweichte Erde in Nordindien nicht das Wanderleben, mit seinen Mönchen verweilte Buddha dann in den Parks bei den Städten, wo von frommen Laien Hütten und Hallen (Vihâra) errichtet worden waren. Dieser Brauch des »Regenhaltens« wird auch heute noch in manchen Ländern, z. B. Ceylon, von den Mönchen geübt, auch wenn die klimatischen Voraussetzungen Indiens nicht bestehen.

Als Buddha 80 Jahre alt war, befiel ihn eine Krankheit im Vihâra von Beluva, wo er die Regenzeit zugebracht hatte. Sein Zustand besserte sich jedoch wieder, so daß er nach dem Dorfe Pâvâ gehen konnte. Der Schmied Cunda bewirtete ihn hier mit einem Gericht, das die Pâli-Texte als »sûkaramaddava«, d. h. »Eberweich«, bezeichnen. Es ist eine alte Streitfrage, ob hierunter weiches Schweinefleisch oder eine Art von Trüffeln oder Champignons zu verstehen sind. Die heutigen Buddhisten nehmen das letztere an, in der ältesten Zeit trugen die buddhistischen Asketen hingegen kein Bedenken, Fleisch zu essen, vorausgesetzt, daß das Tier nicht ihretwegen ums Leben gebracht worden war. Infolge des Genusses dieser schweren Speise erkrankte der Vollendete erneut, er kam aber noch nach Kushinagara, der Hauptstadt der Mallas. Hier nahm er von seinen Mönchen Abschied und ging dann in das vollendete Nirvâna ein. Die Mallas ehrten ihn durch eine große Feier mit dem eines Weltbeherrschers würdigen Prunk; dann verbrannten sie seine Leiche. Die Knochenüberreste aber wurden als Reliquien verteilt und Stûpas über sie errichtet. Der Tod des Vollendeten war, so berichtet die Legende, von großen kosmischen Ereignissen begleitet. Ein gewaltiges Beben erschütterte die Erde, die Göttertrommeln erdröhnten, und als die Leiche verbrannt worden war, löschte ein Wasserstrahl aus der Luft das Feuer des Scheiterhaufens.

Einem vornehmen Geschlecht entsprossen, in der Tradition des Kriegeradels aufgewachsen und in der feinen Sitte seiner Zeit erzogen, war Gautama Buddha seinem Herkommen, seiner Gesinnung und seinen Lebensformen nach ein ausgesprochener Aristokrat. Die Hoheit seiner äußeren Erscheinung, der natürliche Anstand seines Auftretens und seine vorbildliche Höflichkeit im Verkehr mit Gleichgestellten und Untergebenen sicherten ihm einen beherrschenden Einfluß auf viele Menschen. Den Sorgen und Interessen anderer aufgeschlossen und an ihnen Anteil nehmend, wußte er im Umgang mit ihnen ihr Vertrauen zu gewinnen und ihnen seine Lehre in einer ihren individuellen Bedürfnissen angemessenen Form nahezubringen. Dabei verstand er es jedoch stets, Distanz zu halten.

Mit einem offenen Sinn für die Schönheiten der Natur verband er das Kunstverständnis des kultivierten Weltmannes für geschmackvolle Kleidung und Wohnung und wußte ein gut zubereitetes Mahl seinem Werte nach zu schätzen. In den Lehren der Brahmanen und der philosophischen Schulen seiner Zeit wohl bewandert, war er ein scharfsinniger Kritiker und geschickter Gegner im Redekampf. Die Weite seines Blickes zeigte sich vor allem darin, daß er erkannt hatte, daß der menschliche Geist weder zu einer

Grenze des Raumes noch zu einem Anfangspunkt der Zeit, noch zu einer letzten ursachlosen Ursache vordringen könne. Wenn man sich vergegenwärtigt, daß noch vor 200 Jahren im Abendlande ein engräumiges und kurzfristiges Weltbild herrschte, das die Welt vor 5000 Jahren geschaffen sein ließ und das baldige Ende aller Dinge erwartete, dann kann man nur die höchste Bewunderung einem Denker zollen, der schon vor 2500 Jahren ohne Kenntnis der Ergebnisse moderner astronomischer Forschung zu einer so großartigen Vorstellung vom Wesen der Welt gelangt ist. Aber auch in anderer Hinsicht muß Buddha zu denen gezählt werden, die sehr frühzeitig Gedanken ausgesprochen haben, zu welchen man erst sehr viel später im Westen kam. Er hat, darin ein Vorläufer von Hume und Mach, die Analyse des Menschen und der von ihm erlebten Welt, natürlich nicht im modernen wissenschaftlichen Sinne, sondern im Stil des Denkens seiner Zeit, bis zu den letzten Konsequenzen durchzuführen gesucht, er hat das untrennbare Verflochtensein aller Erscheinungen erkannt und deshalb an die Stelle des Prinzips von einer »Dosis Ursache, dem eine Dosis Wirkung folgt«, einen allumfassenden Konditionalismus gesetzt. Er ist auch – wie einige griechische Weise des Altertums – schon in hohem Maße über den primitiven Standpunkt herausgeschritten, auf welchem das, was ein Mensch oder eine Gruppe als Wert oder Unwert ansieht, fälschlich als allgemeingültig betrachtet wird. Damit ist er ein Bahnbrecher des Relativismus gewesen, ohne darum aber doch von seiner ethischen Linie abzuweichen. Gemessen mit den Maßstäben nicht nur seiner Zeit, sondern aller Zeiten, war Buddha einer der ganz großen Denker, welche am tiefsten in das Wesen der Wirklichkeit eingedrungen sind und die Geistesgeschichte der Menschheit am nachhaltigsten beeinflußt haben.

Die Größe und Bedeutung eines Religionsstifters beruht jedoch nicht auf seinen intellektuellen Leistungen oder metaphysischen Theorien, sie gründet sich vielmehr auf seine ethischen Grundsätze und sein sittliches Tun. Die Quintessenz der buddhistischen Moral soll schon ein früherer Buddha in die Worte gefaßt haben: »Alles Böse meiden, das Gute tun und das eigene Herz reinigen: das ist die Lehre der Buddhas.« Es läßt sich nicht denken, wie die Summe aller Ethik kürzer und erhabener umschrieben werden kann. Es kommt aber alles darauf an, ob und wieweit diese schönen Regeln in die Praxis umgesetzt werden. Nach allem, was wir wissen, läßt sich feststellen, daß selten bei einem Meister eine so vollständige Harmonie zwischen seinen Lehren und seinem Leben bestanden hat. Um sein Herz von aller Leidenschaft zu lösen, hatte der an jede Art von Luxus gewöhnte Prinz dem Wohlleben und dem Glanz seiner fürstlichen Stellung entsagt und war während des größten Teiles seines Lebens als heimatloser Asket umhergezogen, nur von Almosen lebend. Daß es ihm gelungen ist, durch strenge Sinnenzügelung alle Begierden, alle Gefühle von Zorn und Haß und alle Verblendung in sich zu ertöten, wird von den Texten übereinstimmend behauptet. (Dîgha

28, Schluß.) Und in der Tat wird man in den legendären Biographien kaum eine Stelle finden, die dieser Annahme widerspricht, während die Lebensgeschichten anderer Religionsstifter von diesen zum mindesten Züge von fanatischer Unduldsamkeit oder zornmütiger Gesinnung festgehalten haben. Von dem Buddha aber wird berichtet, daß er auch seinen Gegnern freundlich entgegentrat und seine Anhänger dazu aufforderte, auch den Asketen anderer Sekten Almosen zu spenden. (Ang. 8,12,8.) Durch seine Güte soll er jeden Feind entwaffnet und sogar den von Devadatta losgelassenen wilden Elefanten besänftigt haben, der ihn ums Leben bringen sollte. Die friedfertige Gesinnung des Erhabenen zeigen die Worte, die er zu seinen Jüngern sprach: »Auch wenn Räuber und Mörder einem mit einer Säge Glied für Glied abschnitten, wer darüber zornig würde, der handelt nicht nach meiner Lehre. Denn auch in einem solchen Fall sollt ihr euch also üben: Nicht soll unser Denken sich verändern, nicht wollen wir ein böses Wort von uns geben, sondern gütig und mitleidig bleiben, voll freundlicher Gesinnung und ohne Haß. Wir wollen diesen Menschen mit von freundlicher Gesinnung erfülltem Geiste durchdringen und von ihm ausgehend die ganze Welt.« (M. 21.)

Von der »freundlichen Gesinnung« (maitrî, im Pâli mettâ) heißt es, daß sie alle anderen Möglichkeiten, sich religiöses Verdienst zu erwerben, so übertrifft, wie das Licht des Mondes das aller Sterne. Es liegt auf der Hand, daß die buddhistische Maitrî in mancher Hinsicht der christlichen »Liebe« entspricht, welche Paulus in so tief empfundener Weise verherrlicht hat. Gegenüber R. Pischel ist aber daran festzuhalten, daß sich der christliche und der buddhistische Begriff nicht vollständig decken. Die buddhistische »maitrî« ist das von der Erkenntnis des Weltgesetzes getragene Wohlwollen eines von allen Leidenschaften befreiten Weisen, während die christliche Liebe einen ausgesprochen gefühlsmäßigen und aktiven Charakter trägt. Die geistige Ausgeglichenheit des buddhistischen Heiligen soll es diesem unmöglich machen, anderen Wesen gegenüber Gefühle des Zornes oder des Hasses zu hegen, während beim Christen beide Leidenschaften neben der Liebe sehr wohl bestehen können.

Buddhas vollkommene Freiheit von jeder Art von Leidenschaft stellt die Tradition vor allem dadurch ins Licht, daß sie auch denjenigen Trieb in ihm vollkommen erstorben sein läßt, der viele Asketen beherrscht, die alle anderen Begierden niedergekämpft haben: die Herrschsucht. Der Erhabene soll nicht nur wiederholt der an ihn herangetretenen Versuchung, ein Cakravartin, ein Weltbeherrscher zu werden, widerstanden haben, sondern er soll auch bei seinen Erwägungen über die Möglichkeit eines von ihm zu begründenden ewigen Friedensreiches zu dem Ergebnis gekommen sein, daß eine dauerhafte Herrschaft des Guten in der Welt unmöglich sei. Er sah es deshalb als seine Aufgabe an, einzelnen Personen den Weg zur Vollendung zu weisen, glaubte aber nicht an das Kommen eines Himmelreiches und eine endgültige Weltverklärung. Obwohl die buddhistische Dichtung den Shâkya-Weisen gelegentlich als einen Kaiser im Reiche der Erleuchtung bezeichnet oder im Mahâyâna als den Herrscher eines Buddhalandes darstellt, liegt die Idee eines regierenden Königs, der durch die äußeren Mittel der irdischen Herrscher, wie Gericht und Strafe, die Ordnung im Staate aufrechterhält, der Sphäre des Denkens der alten Gemeinde völlig fern, erst im langen Verlauf der Verweltlichung der Lehre sind jene Versuche hervorgetreten, die Religion politisch umzudeuten und einen Kirchenstaat ins Leben zu rufen.

Daß der Buddha seiner ganzen Geistesart nach durchaus allen jenen Bestrebungen ablehnend entgegenstehen mußte, geht in voller Klarheit schon daraus hervor, daß er als höchstes Ziel das Nirvâna verkündete, einen Zustand, in dem schon in diesem Leben »die restlose Vernichtung von Gier, Haß und Wahn verwirklicht ist« (A. 3,55) und in dem nach dem Tode alles Körperliche, alle Empfindungen, alle Vorstellungen, alle Triebkräfte und alles Bewußtsein für immer aufgehört haben.

Die unerschütterliche Ruhe, der vollkommene Seelenfrieden und die durch nichts mehr zu trübende Meeresstille des Gemüts aber prägt sich in der überirdischen Heiterkeit aus, die die Züge auf allen bildlichen Darstellungen des Buddha verklärt. Gewiß hat die Verehrung seiner Anhänger die Gestalt des historischen Gautama in ebenso starkem Maße idealisiert wie dies auch bei Christus, Mohammed oder anderen Religionsstiftern geschehen ist, wäre aber in dem Urbild nicht alles das wenigstens in gewissem Umfange vorhanden gewesen, was sie in vollendeter Form ihm zuschreibt, so wäre die Wirkung des Meisters auf seine Mitwelt ebenso rätselhaft wie sein Fortleben im Gedächtnis der Nachwelt, die in ihm stets den Typus des leidenschaftslosen, heiligen Menschen gesehen hat.

3. Die Lehre des Buddha

Da Buddha selbst keine geschriebene Zeile hinterlassen hat, sind wir für die Kenntnis seiner Lehren ausschließlich auf die Berichte anderer angewiesen. Die Zahl der Aussprüche und Predigten, die im Sanskrit, in mittelindischen Dialekten (Pâli, Prâkrit), im Chinesischen, im Tibetischen und in anderen Sprachen unter seinem Namen umlaufen, sind unübersehbar groß. Von diesen sind freilich nur wenige so alt und so gut bezeugt, daß sie ernsthaft als authentisch in Frage kommen könnten. Aber auch die ältesten Texte, welche in dem Pâli-Kanon der Theravâdin-Schule und in den bisher bekannten Bruchstücken des Sanskrit-Kanons anderer Schulen erhalten sind, sind keine stenographischen Nachschriften von Reden des Erhabenen. Und dies schon allein deshalb nicht, weil sie nicht in Mâgadhî, der Sprache der Landschaft Magadha (heute Bihâr), in welcher Buddha selbst gepredigt haben soll, abgefaßt sind. Sie sind vielmehr Übersetzungen in die alte Kunst- und Gelehrtensprache des Sanskrit oder in mittelindische Dialekte, die sich zum Sanskrit etwa ebenso verhalten wie das Italienische zum Lateinischen. Sie können deshalb also schon nicht die »ipsissima verba magistri« sein, sondern nur Übertragungen derselben. Aber selbst wenn man annimmt, daß die Sanskrit- und Pâli-Versionen genaue Wiedergaben von nicht mehr erhaltenen Mâgadhî-Texten sind, würde man in ihnen doch nur die älteste für uns erreichbare Form von Schriften besitzen, welche das wiedergeben, was etwa zur Zeit Ashokas (272–232 v. Chr.), also zwei Jahrhunderte nach Buddhas Tode, als Buddhawort galt. Unter diesen Umständen läßt sich nicht mit absoluter Sicherheit feststellen, was Buddha tatsächlich gesagt hat. Es hieße aber den Skeptizismus auf die Spitze treiben, wollte man darum glauben, daß von Buddhas Worten nach Inhalt und Form überhaupt nichts auf uns gekommen sei und daß alles, was von ihm überliefert wird, lediglich als die Arbeit seiner Mönche zu gelten habe. Zwischen den beiden Extremen des gläubigen Hinnehmens aller Buddhaworte und der skeptischen Einstellung, welche alles für zweifelhaft hält, liegt die goldene Mittelstraße, welche annimmt, daß den ältesten Bearbeitungen echte Reden und Ausführungen des Erhabenen zugrunde liegen, daß diese freilich von den späteren Generationen weiter umgestaltet worden sind. Gewiß wird es immer dem subjektiven Empfinden des Forschers anheimgestellt bleiben, wieviel er von dem ältesten Material auf den Buddha zurückführen zu können meint; als das weitaus Wahrscheinlichste ist aber anzunehmen, daß ein Grundstock echter Buddhaworte die feste Basis aller späteren Ausgestaltungen bildet. Bestimmte Lehren und Formeln von hoher Altertümlichkeit, die in der buddhistischen Literatur immer wiederkehren, wie »die vier heiligen Wahrheiten«, die Lehrsätze von dem »Entstehen in Abhängigkeit« und der »Nichtexistenz eines beharrenden Selbst«, vom »edlen achtfachen Pfad« und vom Nirvâna als dem letzten Ziel der Weltenwanderung, wird deshalb auch die schärfste Kritik nicht dem Buddha absprechen können, wofern sie sich nicht in unfruchtbaren Negativismus verlieren oder unhaltbare Phantasiekonstruktionen eigener Provenienz an die Stelle des Überlieferten setzen will.

Eine ausführliche Darstellung der Lehre des Pâli-Kanons wird weiter unten bei der Behandlung des »Kleinen Fahrzeugs« gegeben werden. An dieser Stelle kann ich mich daher damit begnügen, die Kerngedanken zusammenzufassen, welche nach meiner Auffassung die Quintessenz von Buddhas eigener Lehre bilden.

Der Ausgangspunkt von Buddhas Lehre ist die Erkenntnis, daß alle Erscheinungen in unserer Welt vergänglich sind. Buddha blieb aber bei der Beobachtung, daß alles, was entstanden ist, wieder zugrunde geht, nicht stehen, sondern suchte auch dem Grund dieser ihn tief bewegenden Tatsache auf die Spur zu kommen. Er stellte dabei fest, daß der Mensch samt der von ihm erlebten Welt nicht ein einheitliches Ganzes darstellt, sondern vielmehr aus zahllosen Einzelbestandteilen besteht, daß er eine Kombination von Körperlichem, von Empfindungen, von Wahrnehmungen und Vorstellungen, von Triebkräften und von Bewußtseinsakten ist. Alle diese Komponenten sind aber auch nicht unvergängliche letzte Realitäten, die sich zu einer vergänglichen Erscheinung zusammenfügen, um, nachdem sie ihre Verbindung gelöst haben, wieder neue Verbindungen einzugehen, sondern sie sind selbst auch wieder Elemente von ephemerer Dauer, die entstehen, nur vorübergehend bestehen und dann der Vernichtung anheimfallen. Buddha glaubt also nicht, daß es ewige materielle Atome gibt, die sich zeitweise zu Körpern, Denkorganen usw. zusammenfinden und dadurch die Fülle der Erscheinungen der Wirklichkeit zustande bringen, wie die Materialisten, und ebensowenig erkennt er unsterbliche Seelen oder Geistmonaden an, welche, wenn der Körper zerfällt, unzerstörbar fortleben, wie dies die Spiritualisten aller Zeiten tun. Ja, er leugnet auch das Dasein einer ewigen Ursubstanz, aus welcher im Wege der Emanation oder Evolution alles Geistige und Stoffliche hervorgegangen ist, entsprechend der All-Einheitslehre der Upanishaden. Er vermeidet vielmehr alle derartigen Spekulationen, die hinter den vergänglichen Erscheinungen irgend etwas Unvergängliches, sei es in einer Vielheit oder in einer letzten Einheit, aufzuzeigen suchen; für ihn löst sich das Individuum und seine Außen- und Innenwelt auf in Einzelfaktoren, die in einem beständigen Kommen und Gehen begriffen sind. Diese Einzelfaktoren sind aber nicht zufällig und unvermittelt da, sie treten nicht von ungefähr miteinander auf und verschwinden nicht grundlos, sondern sind strenger Gesetzlichkeit unterworfen. Sie sind die unendlich vielen Ausdrucksformen des Weltgesetzes (dharma), das sich in der zweckvollen Einrichtung des Kosmos ebenso manifestiert wie in der moralischen Ordnung der Welt, die sich auf die Vergeltungskausalität des Karma gründet. Diese Einzelfaktoren heißen deshalb auch »Dharma«. Sie lassen sich nur ungefähr als diejenigen Realitäten definieren, welche – nach Meinung der Buddhisten – nicht mehr aus anderen zusammengesetzt sind, sondern nicht weiter auflösbare, letzte separate Einheiten darstellen. Als derartige Dharmas gelten die Weltelemente Erde, Wasser, Feuer, Luft, die Farben, Töne usw., die Lebenskraft, die Fähigkeit, zu sehen, zu hören, die Empfindungen, die Willensregungen, die Denkoperationen, das Bewußtsein, das Nichtwissen, Haß, Gier, Achtsamkeit, Ruhm, Schönheit, Reichtum, richtige und falsche Lehren, Geschlechtlichkeit, Schlaf, Hunger, Krankheit, Werden, Altern, Sterben und viele andere. Unter dem Sammelbegriff »Dharma« werden also die verschiedensten Substanzen, Qualitäten, Vorgänge usw. verstanden, Dinge, die wir in ganz verschiedene Kategorien einordnen würden. Mit Ausnahme von Lebewesen und von konkreten Objekten der Außenwelt wird in den ältesten Texten fast alles als Dharma bezeichnet, von dem irgendeine Wirkung ausgehen kann. Der uns geläufigen Vorstellung, daß es bestimmte Substanzen gibt, welche bestimmte Eigenschaften haben und bestimmte Zustände durchlaufen usw., setzt Buddha also eine Anschauung entgegen, welche den

ganzen Welt- und Lebensprozeß als ein Zusammenwirken von koordinierten Elementen deutet, die alle gleicherweise eine »dingliche« Existenz besitzen und am besten als »Kräfte« zu charakterisieren sind. Das, was uns als eine einheitliche Persönlichkeit erscheint, ist deshalb ein Bündel von Dharmas der verschiedensten Art, die sich zu einem scheinbaren Ganzen zusammengeballt haben. Der Schein der Einheit wird dadurch hervorgerufen, daß die Dharmas so innig miteinander kooperieren und sich in ihrem Entstehen und Vergehen so schnell ablösen, daß wir uns dessen nicht bewußt werden. Denn die Dharmas der empirischen Welt sind in einer beständigen Unruhe begriffen, sie entstehen in Abhängigkeit von anderen, bestehen eine kurze Zeit und vergehen dann wieder, um anderen Platz zu machen. Ihr Insdaseintreten hat zur Vorbedingung das Vorhandensein einer Vielheit von anderen Dharmas, so wie das Entstehen einer Pflanze das Vorhandensein von Samen, Erdboden, Feuchtigkeit, Luft usw. voraussetzt. Wenn ein Dharma seine Wirkungskraft erschöpft hat und dementsprechend verschwindet, bringen die Ursachen, die es erstehen ließen, einen anderen Dharma gleicher Art hervor, der an die Stelle des ausgeschiedenen tritt. So gleicht der Mensch einem beständig dahinfließenden, sich immer erneuernden Strom von Daseinsfaktoren, die gesetzmäßig nebeneinander oder nacheinander auftreten. Dieser Strom erleidet auch mit dem Tode keine Unterbrechung, denn die natürlichen, geistigen und moralischen Kräfte, welche zusammen das Einzelwesen ausmachen, können nicht ein plötzliches, abruptes Ende finden, sie wirken vielmehr über den Zerfall des physischen Leibes hinaus und schaffen die Grundlagen für das Leben eines neuen Individuums, das der Erbe aller guten und bösen Taten des dahingeschiedenen wird. Während die meisten Brahmanen annehmen, daß eine unveränderliche Geistmonade aus dem Körper des Toten in einen Mutterleib eingeht und in diesem mit dem physischen Vehikel für ein neues Dasein versehen wird, lehrt Buddha eine Wiederverkörperung, bei welcher ein sich unaufhörlich ändernder Bewußtseinsstrom sich fortsetzt und im abgelaufenen Dasein angesammelte Kräfte sich zu einem neuen Individuum zusammenfügen. Man kann den Ausdruck »Seelenwanderung« auf die Lehre Buddhas nur dann anwenden, wenn man unter »Seele« etwas ganz anderes versteht als die Brahmanen und die meisten antiken, christlichen und islâmischen Philosophen, nämlich nicht eine einfache, unzerstörbare, ewige Geistmonade, sondern eine veränderliche Summe von geistigen Faktoren, die in einem Körper ihre physische Hülle finden. Strenggenommen sind der Verstorbene und der auf Grund von dessen nachwirkenden karmischen Kräften Wiedergeborene zwei verschiedene Wesen, sie sind dies jedoch andererseits auch wieder nicht, weil das neue Individuum ja aus dem alten mit derselben Notwendigkeit herauswächst wie »die Flamme der zweiten Nachtwache aus derjenigen der ersten«.
Das verbindende Glied zwischen dem abgelaufenen und neuentstandenen Dasein sind die Willensregungen (Sanskâra), welche die Zusammenballung

neuer Daseinsfaktoren zu einem Individuum bedingen, vor allem ist die Gier (genauer: der Lebensdurst, im Indischen »trishnâ«, weiblichen Geschlechts) »die Näherin, welche das Vergangene und das Zukünftige zusammenknüpft« (Ang. 6,61,3).

Das Leben ist leidvoll, nicht nur, weil Schmerzen der verschiedensten Art es von seinem ersten bis letzten Augenblick begleiten, sondern vor allem, weil es vergänglich ist und auch der Glücklichste der Krankheit, dem Altern und dem Sterben unterliegt. Das Leid kann nur verschwinden, wenn die Gier und die anderen Leidenschaften, welche eine Wiederverkörperung herbeiführen, vernichtet werden. Dies ist aber nur allmählich im Verlauf vieler Wiedergeburten möglich. Buddhas Lehre sieht daher ein stufenweises Vorwärtsschreiten zum Heile vor, bei welchem zunächst im weltlichen Leben die groben moralischen Übel beseitigt und dann durch geistige Askese auch die feineren Formen der Leidenschaft ausgemerzt werden. Indem das Einzelwesen (genauer: der sich in einer Aufeinanderfolge von Individuen kontinuierlich fortsetzende Strom von Dharma-Kombinationen) durch viele Existenzen hindurch sich läutert, werden die Vorbedingungen für eine Wiedergeburt jeweils bessere, so daß die Möglichkeit eines Daseins in der Hölle, in Tiergestalt, in unglücklichen menschlichen Lebensumständen immer geringer wird und die Wahrscheinlichkeit eines weiteren Fortschrittes ständig wächst. Hat ein Wesen schließlich am Ende seiner unendlich vielen, seit anfangloser Zeit einander folgenden Daseinsformen, nach vielen Rückfällen und Wiederaufstiegen die völlige Leidenschaftslosigkeit erreicht, so wird damit seiner Weltenwanderung ein Ziel gesetzt. Der Arhat (Heilige) existiert zwar noch auf Erden, solange sein Karma nicht aufgezehrt ist; mit dem Tode aber geht er, für immer von jeder Wiedergeburt erlöst, in die ewige Ruhe des Nirvâna ein. Dieses ist selbst auch ein »Dharma«, eine weltgesetzliche Realität, unterscheidet sich aber von allen anderen Dharmas dadurch, daß es nicht durch Triebkräfte (Sanskâra) hervorgerufen worden ist und deshalb auch nicht wieder vergehen kann. Es ist etwas allem Irdischen, Vergänglichen völlig Inkommensurables, im Verhältnis zu der in unablässiger Bewegung befindlichen Welt ein ruhiges Nichts – für den Weisen aber die einzige wahre selige Realität, die bestehenbleibt, wenn alle vergänglichen Dharmas geschwunden sind.

In unzähligen Inschriften wird das Glaubensbekenntnis des Buddhismus zusammengefaßt in die folgenden Worte, die schon zu Lebzeiten des Meisters als authentische Wiedergabe der Quintessenz seiner Lehre gegolten haben sollen:

»Von den Dharmas (Daseinsfaktoren), die ursächlich bedingt sind, hat der Vollendete die Ursachen dargelegt und auch wie die Aufhebung (dieser Dharmas) möglich ist. Darin besteht die Lehre des großen Asketen.«

Hat dieser vielzitierte und von allen heutigen Buddhisten anerkannte Spruch recht, wenn er in der Theorie von den Dharmas den Kern von Buddhas

Heilslehre erblickt, so läßt sich die letztere als ein philosophisches System charakterisieren. Vom Christentum und Islâm, aber auch von den Gnadenreligionen Vishnus und Shivas unterscheidet sie sich dadurch, daß sie mit einer rationalen Nüchternheit alle Prozesse des Daseins zergliedert und ihre kausalen Beziehungen zueinander aufzuzeigen sucht. Nähert sie sich in dieser Hinsicht etwas dem modernen »Positivismus«, indem sie ihre Darstellung auf das Gegebene, Tatsächliche beschränkt und von der Aufstellung ewiger Substanzen, wie Gott, Seele, Materie usw., absieht, so trägt sie andererseits doch wieder ein ganz metaphysisches Gepräge: sie spricht von karmischer Vergeltung und Erlösung und erkennt das Dasein von überirdischen (gleichwohl vergänglichen) Wesen in Himmeln und Geisterreichen, von unterirdischen in Höllen und Gespensterwelten an. Vor allem aber entspricht sie hinsichtlich ihres ethischen Gehaltes, des starken Gefühles für Heiligkeit, das sie beherrscht, sowie in ihren Ausdrucksmitteln und ihrer Organisation durchaus den Erfordernissen einer Religion, wofern man diesen Begriff nicht fälschlich auf die theistischen Glaubensformen des Westens beschränkt. Buddhas Lehre betont wie keine andere die Vergänglichkeit aller Erscheinungen in der Welt, sie wird daher nicht müde, hervorzuheben, daß alles auf der Erde wie im Himmel leidvoll ist, weil es gesetzmäßig dahinschwindet. Einer derartigen pessimistischen Betrachtung des Daseins stehen jedoch Glaubensüberzeugungen von einem nicht mehr überbietbaren Optimismus gegenüber: die Vorstellungen, daß das Leid überwunden werden kann, daß die Verkettung von Ursachen und Wirkungen, die den Sansâra in Gang hält, auch für die Vernichtung künftiger Wiedergeburtsmöglichkeiten verwendbar ist, daß das Gute stärker ist als das Böse und daß es einen Zustand ewiger seliger Ruhe gibt, wo alles rastlose Umherirren endgültig aufhört. Dieses unerschütterliche Vertrauen auf die Macht des Sittlichen und diese unzerstörbare Hoffnung auf die Verwirklichung einer Erlösung sind die unversieglichen Lebensquellen, aus denen Buddha und die, welche ihm nachfolgen, die Kraft geschöpft haben, mit sieghafter Heiterkeit in einer Welt des Leidens zu kämpfen und zu wirken.

II. Geschichte der buddhistischen Religion

1. Von Buddhas Tod bis zu Christi Geburt

Als Buddha um 480 v. Chr. in das Nirvâna einging, da hinterließ er einen ihm treu ergebenen Orden von Mönchen und Nonnen und einen weiten Kreis von Laienanhängern. Einen Nachfolger, der an seiner Statt die junge Gemeinde führen sollte, hatte er nicht ernannt. So wie er zu seinen Lebzeiten gesagt hatte (Samy 22,87): »Wer die Lehre sieht, sieht mich«, so sollte auch nach seinem Tode die von ihm verkündete Lehre und Disziplin seine Stelle vertreten (Dîgh. 16,6,1). Dieses Fehlen einer maßgebenden Autorität, welche eine authentische Interpretation des Buddhawortes geben und in allen neu auftauchenden Fragen der Dogmatik wie der Gemeindeordnung unumstößliche Entscheidungen fällen konnte, hatte zwar den Vorteil, daß jeder Mönch oder Laie selbst nach seinem Gewissen sich ein selbständiges Urteil bilden durfte, sie hatte aber andererseits zur notwendigen Folge, daß die Einheit des Sangha durch entstehende Differenzen gestört wurde. Wie zumeist in ähnlichen Fällen bildeten sich bald zwei Parteien, von denen die eine unter Berufung auf die Autorität der »ältesten Mönche« (Sthavira, in Pâli: thera) behauptete, das Wort des Buddha in unveränderter Form bewahrt zu haben, während die andere, auf den Auslegungen ihrer Meister (âcârya) fußend, einer freieren Auffassung gehuldigt zu haben scheint. Die erste Gruppe, welche sich später in elf Schulen gespalten haben soll, wird als die der »Sthaviravâdins« (Anhänger der Lehre der Alten), die andere, die später in fünf Schulen zerfiel, als die der Âcàryavâdins« oder zumeist, weil sie die Majorität umfaßte, als die der »Mahâsânghikas«, d. h. der Großgemeindler, bezeichnet. Beide Richtungen scheinen auf besonderen Konzilen ihren Kanon und ihren Lehrstandpunkt genauer festgelegt zu haben, doch sind wir hierüber bisher nur durch Angaben der Sthaviravâdins näher informiert; sie sprechen von drei Konzilen, von denen das erste um 480 v. Chr. nach Buddhas Tod, das zweite hundert Jahre später in Vaishâlî, das dritte im 18. Regierungsjahr Kaiser Ashokas in Pâtaliputra stattgefunden haben soll. In dieser Zweiteilung scheint sich schon die spätere Spaltung in das »Kleine« und das »Große Fahrzeug« vorzubereiten, denn die verschiedenen Schulen der »Lehre der Alten«, wie die Vibhajyavâdins, Sarvâstivâdins, Sautrântikas usw., hielten an den alten Vorstellungen von den Dharmas als den letzten feststellbaren Realitäten und von dem durchaus menschenartigen Dasein und dem endgültigen Verlöschen der Buddhas fest, während die Mahâsânghikas schon die Neigung hatten, über die empirische Wirklichkeit hinaus zum Transzendenten vorzudringen und auch die Buddhas als über alles Irdische erhabene Wesen anzusehen, von denen nur ein Abglanz ihres wahren Seins in unserer Wandelwelt zur Erscheinung kommt.

Während so die verschiedensten Schulen darum bemüht waren, einen Kanon heiliger Schriften in Pâli, in Prâkrit-Dialekten oder in reinem oder gemischtem Sanskrit abzufassen sowie ihre Lehren und Disziplinarvorschriften in ergänzenden oder erläuternden Texten zu präzisieren, dehnte die »gute Religion« sich über ganz Indien aus. Den großen Erfolg, der der buddhistischen Mission zuteil wurde, verdankt sie nicht zuletzt der Förderung, welche sie durch ihr günstig gesinnte Fürsten erfuhr. Ihr größter Patron war Kaiser Ashoka Priyadarshin (Pâli: Asoka Piyadasi) aus der Maurya-Dynastie, welcher 272–232 v. Chr. fast ganz Indien unter seinem Zepter vereinte. Das Blutvergießen, das er bei seinem Eroberungszug nach Kalinga (Orissa) angerichtet hatte, reute ihn in seinen späteren Jahren, er suchte deshalb durch »Eroberungen« für die Religion seine Schuld wiedergutzumachen.

Die Eroberung für die buddhistische Religion (dharma-vijaya), welche Ashoka in großem Stil betrieb, war eine rein geistige und verzichtete den buddhistischen Prinzipien entsprechend ganz auf gewaltsame Bekehrung. Das Missionsfeld umfaßte ganz Indien, einschließlich des nordwestlichen Grenzgebietes. Als eine besonders fruchtbare Pflanzstätte des Glaubens erwies sich die Insel Ceylon, welche von jener Zeit bis zur Gegenwart ein Hauptsitz des Pâli-Buddhismus geblieben ist. Ob Ashoka auch schon nach Hinterindien und China Sendboten geschickt hat, wie die späteren Legenden behaupten, ist zweifelhaft. Er selbst rühmt sich inschriftlich, die Griechenkönige von Ägypten, Syrien, Mazedonien, Epirus und Cyrene durch Gesandtschaften mit dem »dharma« vertraut gemacht zu haben, doch liegen über diese Bemühungen keinerlei Nachrichten aus den genannten Ländern vor, so daß dieselben wohl keine großen Nachwirkungen gehabt haben. Im Osten ist das Vorgehen Ashokas jedoch unzweifelhaft von nachhaltigstem Einfluß gewesen und hat das geistige Antlitz großer Gebiete maßgebend umgestaltet.

Ashoka suchte nicht nur die Kenntnis des Buddhismus zu verbreiten, sondern auch zu vertiefen; zu diesem Zwecke legte er der Mönchsgemeinde das Studium von sieben namentlich aufgeführten (im Pâli-Kanon nicht mit völliger Sicherheit nachgewiesenen) Texten ans Herz, denn »alles, was von Buddha, dem Herrn, gesprochen worden ist, das ist gut gesprochen«, wie es in der Inschrift von Bairat heißt. Wichtiger war es jedoch noch, daß Ashoka in seinen Edikten seine Untertanen, die er als seine Kinder bezeichnet, zur Führung eines sittlichen Lebens anhielt und das Wortgezänk der Sekten verbot. Er untersagte auch das Schlachten und Opfern von Tieren und die Veranstaltung von brahmanischen Festversammlungen, bei welchen grausame oder nutzlose Bräuche in Übung waren. Ashoka wird bis zum heutigen Tage in allen buddhistischen Ländern als das Muster eines frommen Herrschers gefeiert. Mit seinem Tode fand diese Glanzzeit bald ein Ende. Die Dynastien, welche die Mauryas in der Regierung Indiens ablösten, begünstigten teilweise die Brahmanen und nahmen so wieder dem Buddhismus die Vorrangstellung, welche die aus niederem Stande auf den Thron erhobenen Mauryas fraglos auch aus politischen Gründen ihm eingeräumt hatten. Trotz mancher äußeren Hemmungen vermochte sich die Lehre des Vollendeten aber im Gangeskontinent und außerhalb von diesem weiter machtvoll zu entwickeln.

2. Von der Zeitwende bis ca. 500 n. Chr.

In der ersten Hälfte des ersten nachchristlichen Jahrtausends arbeiteten die Schulen der alten Orthodoxie ihre Systeme in scholastischer Weise weiter aus und schufen die großen grundlegenden zusammenfassenden Darstellungen derselben. Der Pâli-Buddhismus der Vibhâjyavâdins oder alten Sthaviravâdins fand in den Werken Buddhaghosas (5. Jahrhundert) seine noch heute in Ceylon und Hinterindien als maßgeblich angesehene Interpretation, dem Sanskrit-Buddhismus der Sarvâstivâdins gab Vasubandhu in einer »Schatzkammer der Dogmatik«, dem noch heute in Tibet und Ostasien hochgeschätzten »Abhidharmakosha«, seine vollendete Ausgestaltung.

In demselben Zeitraum bildete sich aus älteren Voraussetzungen eine neue Form des Buddhismus heraus, die in der Folgezeit sich die ganze östliche Welt erobern sollte: das sogenannte »Große Fahrzeug« (Mahâyâna). Das Wort »yâna« ist im Sanskrit sehr vieldeutig; es bezeichnet sowohl das Gehen, Fahren auf einem Wege, wie den Weg, die Laufbahn, auf denen man sich vorwärts bewegt, aber auch das Fahrzeug, den Wagen oder das Schiff, mit dessen Hilfe ein Weg zurückgelegt wird. Mahâyâna kann deshalb in der verschiedensten Weise übersetzt werden: es ist der große Weg zum Heil, die »große Laufbahn« (Karriere), die von den Bodhisattvas eingeschlagen wird (im Gegensatz zur kleinen Laufbahn der Arhats), das »große Gehen oder die große Überfahrt« über den Strom der Wandelwelt oder endlich das »große Fahrzeug«, das vom Sansâra zum Nirvâna führt. Die letzte Wiedergabe ist die gebräuchlichste geworden. In der Ashta-sâhasrika-Prajnâ-pâramitâ (»Vollkommenheit der Erkenntnis in 8000 Silben«) heißt es[1]: »Das große Fahrzeug wird hinausfahren, indem es durch seine Gleichheit mit dem Weltraum, durch seine übermäßige Größe die Götter, Menschen und Dämonen umfassende Welt überragt. Wie im Weltraum für unermeßlich viele, unzählige Wesen Platz ist, ebenso ist in diesem Fahrzeug für unermeßlich viele, unzählige Wesen Platz.« Das Mahâyâna betrachtet sich als einen bedeutenden Fortschritt über den bisherigen alten Buddhismus hinaus. Es bezeichnet diesen verächtlich als »hîna-yâna« (kleines, eigentlich: geringes Fahrzeug), weil es nur ganz wenige Auserwählte zur Buddhaschaft, alle anderen im besten Falle nur bis zur Stellung eines der Welt entfremdeten Arhat führen könne. Er selbst hingegen behauptet, unermeßlich viele Lebewesen der Buddhawürde teilhaftig machen zu können. In Durchführung dieses universellen Zieles verkündet das Mahâyâna eine aktive Ethik, das Ideal derselben ist der Bodhisattva, d. h. ein auf dem Wege zum Buddhatum begriffenes »Weisheitswesen«, das durch unablässige Betätigung der Nächstenliebe bemüht ist, anderen Gutes zu tun und sie zur Erlösung zu führen. Jeder Mensch soll danach streben, eine Bodhisattva zu werden; da es in der

---

[1] Winternitz, Mahâyâna (Religionsgeschichtliches Lesebuch 15), S. 66.

Welt immer zahlreiche Wesen gibt, die den Rang eines Bodhisattva schon erreicht haben, kann sich der Gläubige in seinen Nöten an zahlreiche in höheren Welten thronende, Gnaden spendende Bodhisattvas um Hilfe wenden. Dem Aktivismus dieser Zeit genügte es nicht, nur den auf dem Wege zur Erleuchtung begriffenen Bodhisattvas ein handelndes Eingreifen zugunsten der Menschheit zuzuschreiben, es entwickelte sich allmählich vielmehr auch der Glaube, daß auch die Buddhas in dieser oder jener Weise von überirdischen Himmeln aus den Frommen Wohltaten erweisen können. In Durchführung dieser tröstlichen Heilsgedanken erwuchs im Mahâyâna eine reiche Mythologie; das fromme Denken schuf eine Fülle von Heilbringern, die der älteren Zeit unbekannt waren; es verehrte diese in vertrauensvoller Hingabe (bhakti) und unter Verwendung von Kultformen, die denen der Hindus entsprachen. Die in all diesem schon zutage tretende Anpassung an das Hindutum fand seine äußere Bekräftigung auch in der Umgestaltung der buddhistischen Philosophie, die sich jetzt vollzog: in den Systemen Nâgârjunas (2. Jahrhundert) und Asangas (4. Jahrhundert) ging sie von dem radikalen Pluralismus der älteren Zeit zu einem von Vedânta-Ideen beeinflußten Monismus über.

Die Mahâyânisten rechtfertigten diese umstürzenden Veränderungen der überlieferten Anschauungen mit der Behauptung, Schriften aufgefunden zu haben, welche zwar in die Zeit Buddhas zurückgingen, bisher aber verborgen gehalten worden seien. Die Vertreter des »Kleinen Fahrzeugs« bestritten natürlich die Autorität dieser angeblich alten Traditionen; bei der großen Duldsamkeit, welche dem Inder in Glaubensdingen eigen ist, scheint sich die Auseinandersetzung zwischen den Exponenten des alten und des erneuerten Buddhismus nur auf Redekämpfe und Streitschriften beschränkt zu haben, während es nur in seltenen Fällen zu Gewalttätigkeiten gekommen ist, wie sie im Abendlande bei Glaubenskämpfen unausbleiblich waren. Es ist deshalb nicht verwunderlich, wenn wir hören, daß Angehörige des »Kleinen« und des »Großen Fahrzeugs« in einem Kloster einträchtig zusammenlebten.

Die Entstehung des Mahâyâna ist nicht nur bedeutsam als der Ausdruck des Geistes einer Zeit, in welcher das Indertum von einem unhemmbaren Tatendrang beseelt war, sie war auch entscheidend für das weitere Schicksal des Buddhismus. Denn dadurch, daß dieser sich jetzt aus einer Heilslehre für Erlösung suchende Weltüberwinder zu einer aktiven Glaubensbewegung großen Stils umbildete, war er imstande, das Bedürfnis vieler Menschen nach gnädigen Nothelfern und nach massiven Kultobjekten zu befriedigen, und fand dadurch Eingang auch bei den Schichten Indiens und bei den Völkern fremder Länder, deren Sinn weniger auf eine philosophische Erkenntnis als auf gläubige Verehrung gerichtet war.

Während der Buddhismus in Indien und Ceylon sich festigte und ausbreitete, setzte er seine »Ersiegung der Himmelsgegenden« (digvijaya) nach allen Seiten fort. Im Süden faßte er in Inselindien Wurzel, besonders in Java, Sumatra und Borneo; im Osten ließ er sich in Hinterindien nieder, im Westen in Afghanistân und Ostîrân, im Norden im heutigen Sin-kiang (Ostturkestân). Von hier aus gelang es ihm auch, in ein Land einzudringen, bei dem er nicht wie dort als Vermittler der überlegenen indischen Kultur erschien, sondern in dem er sich mit einer alten, hochentwickelten Kultur und Religion auseinanderzusetzen hatte – in China. Der Legende nach soll der Kaiser Ming-ti auf Grund eines Traumes im Jahre 61 n. Chr. eine wissenschaftliche Kommission zum Studium des Buddhismus nach Zentralasien gesandt haben, die sechs Jahre später mit Büchern, Reliquien und zwei indischen Mönchen nach der damaligen Landeshauptstadt Lo-yang zurückkehrte. In der Folgezeit wirkten dann eine ganze Reihe von Indern im Reich der Mitte als Übersetzer und Missionare, doch dauerte es noch fast drei Jahrhunderte, bis die Lehre des Erleuchteten in dem fremden Lande bodenständig wurde: erst 355 n. Chr. gestattete ein kaiserliches Edikt es Chinesen, buddhistische Mönche zu werden, was ihnen bisher immer versagt gewesen war. Der Buddhismus konnte freilich bei einem seiner Wesensart von den Indern so grundverschiedenen Volke nur dadurch Wurzel fassen, daß er bei seinen Anschauungen und Bräuchen weitgehende Zugeständnisse machte. Er paßte sich nicht nur in der Form seiner Heiligtümer dem chinesischen Geschmack an, sondern fügte auch seiner Lehre universistische Theorien ein; er sanktionierte den Staatskult und die Ahnenopfer und suchte auf jede Weise den Bedürfnissen der chinesischen Mentalität Rechnung zu tragen, getreu dem mahâyânistischen Grundsatz, daß die Verkünder des Heils jeweils die Hilfsmittel zu seiner Ausbreitung benutzen sollen, welche in einem bestimmten Lande geeignet sind, die Herzen der Wahrheit zu öffnen. Von China verbreitete sich der Buddhismus auch nach den kulturell von diesem abhängigen Nachbargebieten: Tonking (um 190 n. Chr.) und Korea (372 n. Chr.).

3. Von 500 bis 1000 n. Chr.

Hatte der Buddhismus bisher trotz gelegentlicher Rückschläge eine ununterbrochene Aufwärtsentwicklung erfahren, so begannen sich tausend Jahre nach dem Nirvâna des Vollendeten in seinem Heimatlande die ersten Zeichen eines Niederganges bemerkbar zu machen. Zwar blühte seine in den Klöstern gepflegte Gelehrsamkeit, und die Lehre des »Kleinen« wie des »Großen Fahrzeugs« fand bei scharfsinnigen Philosophen und phantasievollen Dichtern beredte Interpreten, aber das Interesse weiter Kreise wandte sich immer stärker wieder den Hindukulten und den brahmanischen Systemen zu. Dazu kam, daß im Gangeslande immer mehr die Bewegungen des Tantrismus und Shaktismus die Geister in ihren Bann zogen. Auch der Buddhismus glaubte sichsen Zeittendenzen nicht verschließen zu können.

Aus dem Mahâyâna-Ritual und der seit jeher im Schwange gewesenen Praxis der Rezitation von »Dhâranîs« (magischen Formeln) entwickelte sich ein buddhistischer Tantrismus, der schließlich aus einer Untergruppe des »Großen Fahrzeugs« zu einem selbständigen Fahrzeug wurde, dem sogenannten »Vajrayâna« (sprich: Vadschra-jâna), d. h. Diamant-Fahrzeug, so geheißen, weil seine Priester ein als Vajra (Diamant, Donnerkeil) bezeichnetes Zepter trugen. Stellte die Überwucherung des Magisch-Rituellen über das Ethische und Lehrhafte an sich schon eine Loslösung von dem Geiste der alten Lehre dar, so vollzog sich im Diamant-Fahrzeug eine Verkehrung der Prinzipien der Orthodoxie, als im Gefolge des Tantrismus auch Gedankengänge des Shaktismus eindrangen und damit dem Eros einen neuen Wert verliehen, der in krassem Widerspruch zu der Beurteilung stand, welche der asketische Buddha ihm hatte zuteil werden lassen. Das allmähliche Schwinden der Grenzen gegenüber dem Hindutum, wie es in der in Indien, Nepâl, Hinterindien und Indonesien zu beobachtenden Vermischung der Kulte sichtbar wurde, tat natürlich auch ein übriges dazu, die Widerstandskraft der Buddhalehre zu erschüttern. Verweltlicht und altersschwach geworden, verlor der Buddhismus seit dem 8. Jahrhundert gegenüber den Angriffen brahmanischer Philosophen (wie Kumârila und Shankara) und den mystischen Sängern des Vishnu- und Shiva-Glaubens ständig an Terrain, so daß er gegen 1000 n. Chr. vornehmlich nur noch in Bihâr, Bengalen und Orissa über eine große Zahl von Anhängern gebot.

Im Nordwesten des indischen Kulturbereiches büßte der Buddhismus viele seiner Bekenner dadurch ein, daß der Islâm im 7. Jahrhundert Persien und Afghanistân eroberte, 711 sich Sindh unterwarf und bald auch Ostturkestân in seine Machtsphäre einbezog, wo allerdings die uigurischen Türken, die sich zum Glauben Shâkyamunis bekannt hatten, bereits früher zum Mânichäismus übergetreten waren.

Im Gegensatz zu dem Rückgang, dem der Buddhismus in Vorderindien und seinen nördlichen Kulturdomänen ausgesetzt war, steht der bedeutende Aufschwung, dessen er sich in Ceylon, Hinterindien und Inselindien zu erfreuen hatte. In Ceylon blühte nach wie vor das »Kleine Fahrzeug«, in Hinterindien nahmen die Reiche der Mon in Pegu (Unterburma), der Khmer in Kamboja und der Cams (im heutigen Südannam) zugleich mit indischen Kultureinflüssen und brahmanischen Vorstellungen und Riten auch mahâyânistische Lehren auf; die großartigen Ruinen von Angkor, der im 9. Jahrhundert erbauten Hauptstadt der Khmers, legen noch heute ein eindrucksvolles Zeugnis ab von dem Glanz, der einst die Buddhas und Bodhisattvas in diesen Gebieten umgab. Auch der um 850 n. Chr. errichtete Stûpa von Borobudur in Java ist ein gewaltiges Denkmal der geistigen Macht, die der Buddhismus in der südasiatischen Welt ausübte, als er Seite an Seite mit dem Brahmanismus die Oberschicht von Java, Sumatra, Borneo, Celebes und Bali sich untertan gemacht hatte.

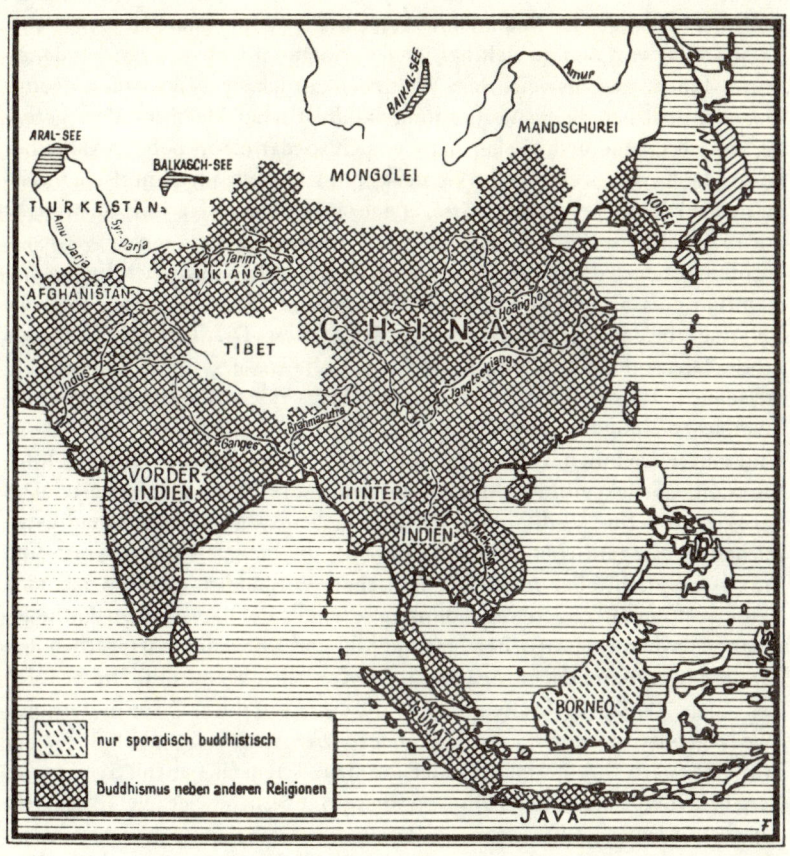

Verbreitung des Buddhismus um 650 n. Chr.

In China befestigte der Buddhismus seine Stellung und baute sie weiter aus. Zwar war er von Zeit zu Zeit heftigen Verfolgungen ausgesetzt, bei denen seine Mönche zwangsweise dem Weltleben zurückgegeben wurden (womit teilweise aber gerade die Verbreitung buddhistischer Ideen im Volk gefördert wurde), andererseits aber hatte er sich wieder oft in hohem Maße der Gunst der Kaiser zu erfreuen. Wie stark er mittlerweile im chinesischen Geistesleben Wurzel geschlagen hatte, ersieht man daraus, daß jetzt nicht mehr wie in der älteren Zeit Chinesen von den indischen Sendboten unterwiesen wurden, sondern daß chinesische Gelehrte nunmehr selbst nach Indien reisten, um dort an Ort und Stelle die heiligen Texte zu studieren, und mit Reliquien beladen in die Heimat zurückkehrten. Die Tatsache, daß eine große Zahl von Schulen und Sekten von Chinesen gegründet wurden, beweist auch, daß der Buddhismus allmählich aus einer fremden zu einer einheimischen Religion geworden war.

Unter diesen Schulen ist die auf den Inder Bodhidharma, der 520 nach Kanton kam, zurückgeführte Meditationsschule die bemerkenswerteste. Das Sanskritwort für Meditation, »Dhyâna«, heißt im Chinesischen Chan (tschan), im Japanischen Zen (sprich: sen); die hier gelehrte Theorie und Praxis entspricht aber nicht den indischen Vorbildern, sondern hat eine Reihe von neuen Zügen angenommen, die teils der taoistischen Einheitsschau, teils dem ostasiatischen Naturgefühl und Kunstsinn entsprechen. Sie hat die Malerei und Dichtung Ostasiens wesentlich beeinflußt. Die Schulen des reinen Landes verbreiteten den Kult des Amitâbha und erhoffen eine Wiedergeburt in seinem »reinen Lande«. Die 580 n. Chr. von Chih-i begründete, nach ihrem Hauptkloster auf dem Tcien-tai (japanisch: Tendai) Berg bei Ningpo benannte Schule erstrebte eine Synthese der verschiedenen Anschauungen.

Auch in Annam und in Korea machte der Buddhismus gute Fortschritte, namentlich im »Land der Morgenfrische«, dessen Herrscher zeitweise bemüht waren, die ganze Staatsverwaltung nach buddhistischen Prinzipien zu organisieren.

Eine sehr bedeutsame Erweiterung ihres Machtbereiches erfuhr die Lehre 552 n. Chr. durch die Übertragung nach Japan. Zuerst nur vom Kaiserhause gleich anderen aus China kommenden geistigen Bewegungen aus kulturellen und politischen Gründen begünstigt, wurde der Buddhaglaube auf dem jungfräulichen Boden Nippons so fest verankert, daß er zu einem integrierenden Bestandteil des japanischen Geistes geworden ist. Das hatte seinen Grund darin, daß die nationale Religion des Inselreiches, der »Shintôismus«, ein einfacher Naturkult und Ahnendienst war, den der Buddhismus sowohl in ethischer wie in metaphysischer Hinsicht vertiefte und ergänzte; die Anpassung an die Bedürfnisse der Japaner wurde vor allem dadurch gefördert, daß die buddhistischen Missionare die Shintô-Gottheiten für Erscheinungsformen von Buddhas und Bodhisattvas erklärten und in jeder Weise die religiösen Gefühle ihrer Konvertiten schonten. Dieses weitgehende Entgegenkommen hat zur Folge gehabt, daß der Buddhismus in Japan mehr und mehr eine Gestalt gewann, die ihn von dem anderer Länder wesentlich unterschied: während er in China durch die Ideen und Ausdrucksformen des Universismus und der sozialen Staatsmoral bestimmt wurde, erhielt er im Reich der aufgehenden Sonne ein nationalistisches und kriegerisches Gepräge. Das Zentrum des Buddhismus war in der ältesten Zeit Nara; hier hatten die ältesten der aus China gekommenen (heute unbedeutend gewordenen Sekten) ihr Hauptquartier. Als die Reichshauptstadt 794 nach Kyôto verlegt wurde, ließen sich in dessen Umgebung die von der Gedankenwelt des reinen Tantrismus bestimmten Shingon- und Tendai-Schulen nieder, welche das Denken und die Kunst ihrer Zeit stark beeinflußt haben. In der Form des »Diamant-Fahrzeugs« hielt die Buddhalehre auch 642 n. Chr. von Bengalen aus in Tibet ihren Einzug. Sie vermochte sich jedoch der einheimischen »Bon«-Religion gegenüber nur wenig durchzusetzen, obwohl sie ihrem Dämonenglauben weitgehendste Konzessionen machte. Erst als der sagenumwobene Padmasambhava um 750 n. Chr. in dem Berglande erschien, machte die Bekehrung Fortschritte, die zum Teil freilich im 9. Jahrhundert durch Verfolgungen wiederaufgehoben wurden. Jedenfalls aber war die Gewinnung Tibets für die Zukunft sehr folgenreich, weil sich hier die in Indien erlöschende Religion im letzten Stadium ihrer Entwicklung bis heute erhalten hat.

4. Von 1000 bis 1500 n. Chr.

In den ersten Jahrhunderten des zweiten Jahrtausends ging die Lehre Buddhas, nachdem sie über fünfzehnhundert Jahre lang den Gangeskontinent erleuchtet hatte, dort immer mehr ihrem Untergang entgegen, was schon äußerlich an dem Ausbleiben der chinesischen Pilger bemerkbar ist, die sich bisher in Votivinschriften im Bodh Gayâ und anderwärts verewigt hatten. Mit der Eroberung Bihârs durch die Mohammedaner (1193) verloren sie ihren letzten Stützpunkt. Da die Lehrer und Mönche, wenn sie nicht umgekommen oder nach Tibet geflohen waren, eine geordnete Unterweisung nicht mehr aufrechtzuerhalten vermochten, löste sich der Buddhismus allmählich in das Hindutum auf. In dem Himâlaya-Königreich Nepâl hielt sich zwar das Mahâyâna, unterlag aber auch hier der Aufsaugung durch den Hinduismus.
In Ceylon erlebte das Hînayâna vor allem in der prunkvollen Residenzstadt Polonnaruva eine neue Blüte und künstlerische Verklärung. Seit dem 12. Jahrhundert scheint es die die Insel beherrschende Form des Buddhismus geworden zu sein, nachdem die dort wohl stets weniger hervortretenden Schulen des Großen und Diamant-Fahrzeugs erloschen waren.

Auch in Hinterindien gelang es dem Hînayâna, sich auf Kosten der anderen Richtungen auszudehnen. In Burma förderte es König Anawrahtâ (Anurhuddha) von Pâgân (11. Jahrhundert) zum Teil mit weltlichen Mitteln die wenig im Sinne des Buddha gelegen hätten, ihm folgte eine Reihe von Königen, welche Pâgân mit gewaltigen Pagoden schmückten und es zu einem Zentrum buddhistischer Kultur machten. Als die Stadt 1287 durch die Chinesen zerstört wurde, fand die Lehre des Kleinen Fahrzeugs in Ava, Toungoo und Pegu neue Mittelpunkte. Im Reiche der Khmers dominierte das Mahâyâna, als aber Angkor, nachdem es wiederholt von den Siamesen eingenommen und zerstört worden war, als Hauptstadt aufgegeben wurde, nahmen die Nachfahren der Khmers, die Kambojaner, wahrscheinlich seit dem 15. Jahrhundert die Lehre des Hînayâna an. Die Siamesen, welche in dieser Periode auf ihren Wanderungen aus Südchina schließlich in ihre heutigen Wohnsitze gelangten, waren um 1300 auch vorzugsweise dem Hînayâna ergeben, während vorher wohl neben diesem der Hinduismus und das Mahâyâna bei ihnen Eingang gefunden hatte. Ähnlich scheint sich die Entwicklung auch bei den Laoten abgespielt zu haben. Das Kulturvolk der Cams sank hingegen, von den vorrückenden Annamiten fast völlig aufgerieben, in einen Zustand der Primitivität zurück, ein Teil von ihnen trat zum Islâm über.

In Java und Sumatra bestanden Mahâyâna und Vajrayâna neben dem Hinduismus, bis die Inseln seit dem 15. Jahrhundert zum Islâm bekehrt wurden. In Bali vermochte die Religion des Propheten jedoch nicht Fuß zu fassen; während sich dort der Shiva-Glaube, umrankt von polynesischen Vorstellungen, bis heute erhalten hat, lebt das Vajrayâna daselbst nur noch in einzelnen Riten fort.

In China trat ein Rückgang des Interesses am Buddhismus ein, wenn auch manche Kaiser ihn förderten. Neben den Mahâyâna-»Bonzen« wirkten hier tibetanische und mongolische »Lâmas« für die Verbreitung ihres Glaubens, seitdem die mongolische Yüan-Dynastie 1280 den Thron bestiegen hatte.

Das Vordringen der Annamiten im westlichen Hinterindien erweiterte das chinesische Kulturgebiet andauernd auf Kosten des indischen; für den Buddhismus ergab sich daraus die Folge, daß seine indischen Formen durch die chinesischen abgelöst wurden.

In Korea behauptete der Buddhismus bis 1392 seine Vorzugsstellung. Mit der in diesem Jahr erfolgten Thronbesteigung der Yi-Dynastie setzte eine starke Bewegung gegen ihn ein. Er zog sich deshalb aus den Städten in die Berge zurück, wo er ein wenig beachtetes Dasein führte, während der Konfuzianismus von Staats wegen gelehrt und dem amtlichen Kultus zugrunde gelegt wurde.

In Japan erlangte die Religion Shâkyamunis ihre höchste Blüte in der Zeit, als der in Kamakura residierende Shogun statt des in Kyôto eine Schattenexistenz führenden Kaisers die Regierungsgewalt ausübte (1192 bis 1335).

In diese Periode fällt die Begründung der Zen-(Meditations-)Schule sowie der großen Amitâbha-Schulen, welche die Anrufung dieses Buddha durch die Formel »Namu Amida Butsu« (Verehrung dem Amitâbha Buddha) für das große Mittel der Heilsgewinnung halten. Die von Hônen Shônin 1175 gestiftete Jôdo-Schule, vor allem aber die von seinem Schüler Shinran Shônin (1173–1262) ins Leben gerufene »Jôdo-Schin«-Schule (»wahre Schule des reinen Landes«), kurz »Shin-Schule« genannt, scharen noch heute zahlreiche Gläubige um sich. Shin, heute die größte buddhistische Sekte Japans, weist protestantische Züge auf, weil sie von jeher den Zölibat der Geistlichen verwarf (heute sind die Priester auch anderer Sekten verheiratet), manche Riten und Bräuche abschaffte und die Erlösung einzig durch den Glauben an Amida und sein Gnadenwunder erhofft. Spezifisch japanisch ist die von Nichiren (1222–1282) gestiftete »Schule der Gesetzesblume«, welche das »Sûtra von Lotus des guten Gesetzes« so hoch stellt, daß sie schon das Aussprechen seines Namens als heilbringend ansieht. Sie schreibt Japan eine besondere geschichtliche Sendung zu und sucht ihre Lehren durch fanatischen Kampf gegen die anderen Buddhisten durchzusetzen. Aus ihr ist neuerdings die heute einflußreiche, politisch sehr aktive Erneuerungsbewegung »Soka Gakkai« hervorgegangen.

In Tibet ergriff der Buddhismus unter der Ägide indischer und einheimischer Mönche immer mehr vom gesamten geistigen, kulturellen und staatlichen Leben Besitz. Die ältere Form der Lehre, welche von den verheirateten »Rotmützen« vertreten worden war, wurde von Tsong-kha-pa (1356–1418) und der von ihm gestifteten »Tugendsekte«, der Gelbmützen, reformiert. Nach dem Tode Tsong-kha-pas bildete sich die eigentümliche »khubilganische Erbfolge« heraus, nach welcher angenommen wird, daß der Hohepriester von Lha-sa, der sogenannte »Dalai Lama«, sich nach seinem Tode in einem Kinde neu inkarniert, das auf Grund bestimmter Wundererscheinungen, die sich bei seiner Geburt abgespielt haben sollen, festgestellt wird.

5. Von 1500 bis zur Gegenwart

In der zweiten Hälfte unseres Jahrtausends hielt sich der Buddhismus in seinem Bestande. Einen bedeutsamen Zuwachs erfuhr der Lamaismus durch die Bekehrung der Mongolen zur »Gelben Kirche« (1577), nachdem eine frühere Konversion zur »Roten Kirche« durch den Abt des Sa-kya-Klosters im 13. Jahrhundert zu keinem Dauererfolg geführt hatte. Im 17. Jahrhundert wurden auch die ostsibirischen Burjäten und die Kalmücken gewonnen. Dadurch, daß sich ein Teil der letzteren im Gebiet zwischen Don und Wolga festsetzten, kam es zum ersten Male zur Begründung buddhistischer Gemeinden auf europäischem Boden. Die Rotmützen verbreiteten seit dem 17. Jahrhundert ihre Lehren in den Himâlayaländern Ladakh, Sikkim,

Bhûtân. Auf diese Weise hat der Glaube, dessen Begründer im Himâlayagebiet geboren wurde, auch außerhalb Nepâls wieder im indischen Grenzgebiet Fuß fassen können.

Dadurch, daß China 1950 kommunistisch wurde und in Nordvietnam und Nordkorea kommunistische Republiken entstanden, hat die buddhistische Religion natürlich ebenso Einbuße erlitten wie in den von Sowjetrußland beherrschten Gebieten Nordasiens. Vor allem aber hat die Okkupation Tibets durch die Rotchinesen (seit 1951), die den Dalai Lama zur Flucht nach Indien nötigte, die Stellung der lamaischen Hierarchie und ihres kirchlichen Staatswesens völlig verändert. Befindet sich in diesen Gebieten der Buddhismus im Rückgang, so kann er auf der anderen Seite auch wieder einen Zuwachs buchen. In Indien sind Bestrebungen am Werke, die Angehörigen der »unberührbaren Kasten« dem Buddhismus zuzuführen und dadurch ihre soziale Stellung zu heben. In Java erlebt die Lehre des Erhabenen eine Wiedererweckung, seitdem die Mohammedaner ihm heute (vorläufig?) keine Schwierigkeiten in den Weg legen. In den letzten Jahrzehnten ist der Buddhismus durch chinesische und japanische Auswandererkolonien auch nach Afrika, Amerika und Ozeanien gekommen; eine organisierte Mission ist von japanischer Seite nur an der pazifischen Küste Nordamerikas, in Brasilien, Hawaii und den nach dem ersten Weltkriege von Japan verwalteten ehemaligen deutschen Südseekolonien (Marianen-, Karolinen-, Marshallinseln) betrieben worden.

Die Bekanntschaft mit der Wissenschaft, Religion und Philosophie des Abendlandes hat den Buddhismus seit dem vorigen Jahrhundert in eine neue Lage gebracht; er sah sich genötigt, sich überall mit dem Christentum auseinanderzusetzen, sich gegen die Ansichten der Freidenker zu verteidigen und zu den von der modernen Natur- und Geschichtsforschung aufgeworfenen Problemen Stellung zu nehmen. Dadurch ist in Ceylon, Hinterindien, China und Japan eine teilweise Aktivierung des buddhistischen Geisteslebens und eine Neubelebung des Interesses weiterer Kreise hervorgerufen worden, deren Auswirkungen sich noch nicht absehen lassen.

Seitdem die europäische Indologie buddhistische Texte in den Originalsprachen veröffentlichte und verstehen lernte, ist die bis zum Beginn des 19. Jahrhunderts im Westen sehr geringe und ungenaue Kenntnis des Buddhismus allmählich sehr beträchtlich erweitert und vertieft worden. Die Übersetzungen der Reden Gautama Buddhas und anderer Schriften ermöglichen es allen Gebildeten, ein getreues Bild von dem Leben und Streben des indischen Weisen zu gewinnen; in kleiner, aber wachsender Zahl wurden sie sich auch der in der Lehre enthaltenen Werte bewußt und suchten sich diese in geringerem oder größerem Umfange anzueignen. Seit Schopenhauer hat der Buddhismus einen gewissen Einfluß auf das europäische Geistesleben ausgeübt, und seine Ideen haben, allerdings in verschiedenem Umfange, die abendländische Philosophie und Theosophie fruchtbar angeregt.

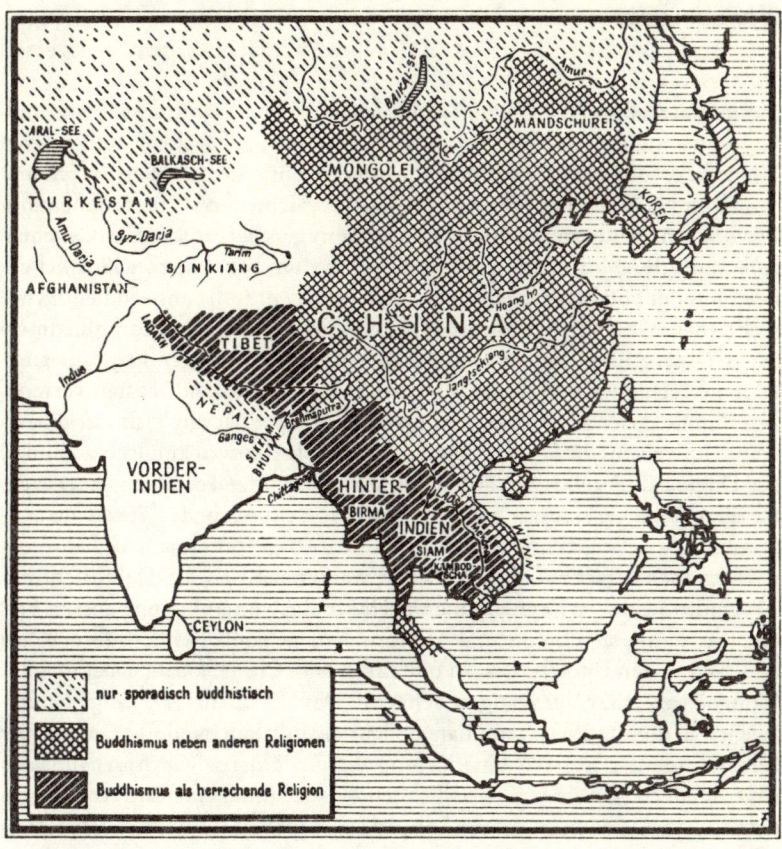

Verbreitung des Buddhismus um 1900

III. Die Lehre

1. Vorbemerkungen

Das Lehrgebäude des Gesamtbuddhismus gleicht einem großen Hause, auf dessen unverrückbaren festen Grundlagen verschiedene Generationen von Bewohnern immer neue Stockwerke aufgetragen haben. Um das Gleichnis ganz zutreffend zu machen, müßte man weiter annehmen, daß zwar die Bewohner der oberen Etagen die unteren Stockwerke als notwendig und berechtigt anerkennen, daß aber die Leute, welche sich im Erdgeschoß oder in der Bel-Etage niederließen, sich Aufstockungsbestrebungen gegenüber ablehnend verhielten und deshalb die oberen Etagen meiden. Das hier verwendete Sinnbild der buddhistischen Lehrentwicklung ist zugleich ein praktischer Hinweis für die beste Methode, wie ein Überblick über die Grundlinien der Dogmatik gegeben werden kann, nämlich in der Form, daß zuerst die als allgemein verbindlich angesehenen Vorstellungen des Hînayâna zur Darstellung gelangen und dann die späteren Ausgestaltungen der Lehre gewissermaßen schichtweise besprochen werden, so daß die Durchsicht des Abschnittes 2 dieses Kapitels eine ungefähre Zusammenfassung dessen bietet, was heute in Ceylon und Hinterindien geglaubt wird, während der Abschnitt 3 den Umkreis dessen umfaßt, was in China, Japan, Tibet und der Mongolei als maßgeblich angesehen wird. Das »Diamant-Fahrzeug« behandele ich in diesem Zusammenhange nicht ausführlich, weil es nicht auf der Generallinie der inneren Entwicklung der buddhistischen Anschauungen liegt, sondern (gleich dem christlichen Gnostizismus) eine Entfernung von dem Geiste der ursprünglichen Lehre darstellt, auch heute nur verhältnismäßig wenige Anhänger hat.

2. Das kleine Fahrzeug

a) Die heiligen Schriften

Die verschiedenen Schulen des Hînayâna besitzen je eine Sammlung von kanonischen Schriften, die im Sanskrit als Tripitaka (»Dreikorb«), im Pâli als »Tipitaka« bezeichnet wird, weil sie drei Abteilungen aufweist: den Korb der Disziplin (Vinaya-pitaka), den Korb der Lehrreden (Sûtra-[im Pâli: Sutta-]pitaka) und den Korb der Metaphysik oder Dogmatik (Abhidharma-[im Pâli: Abhidhamma-]pitaka). Die Sammlungen der einzelnen Sekten weichen nicht nur nach Anordnung und Inhalt, sondern auch hinsichtlich ihrer Sprache voneinander ab. Während die heiligen Texte im Sanskrit und in Prâkrit-Dialekten uns nur noch in Bruchstücken oder chinesischen oder tibetanischen Übersetzungen vorliegen, ist der in der Pâli-Sprache abgefaßte Kanon der Theravâdins vollständig auf uns gekommen und gilt heute noch in Ceylon und Hinterindien als authentisches Buddhawort. Ursprünglich nur mündlich überliefert, soll er im 1. Jahrhundert v. Chr. in Ceylon zuerst niedergeschrieben worden sein.

Das Vinaya-pitaka besteht aus drei Werken, die sich mit der Mönchsdisziplin befassen.

Das Sutta-pitaka enthält vier große Sammlungen (nikâya) von Lehrreden, die »Sammlung der langen Reden« (Dígha-nikâya), die der »mittellangen Reden« (Majjhima-nikâya), die der nach aufsteigender Zahlenfolge angereihten Reden (Anguttara-nikâya) und die der in Gruppen eingeteilten Reden (Samyutta-nikâya). Dazu kommt die Sammlung kurzer Stücke (Khuddaka-nikâya), von dessen 15 Texten das Dhammapada (»Worte der Religion« oder »Wahrheitspfad«), das Udâna, das Itivuttaka und der Suttanipâta ebenfalls Buddhaworte zum Teil in poetischer Form enthalten. Zu derselben Sammlung gehören auch die dichterisch sehr bemerkenswerten »Lieder der Mönche« (Thera-gâthâ) und die »Lieder der Nonnen« (Therîgâthâ) sowie die unter dem Namen »Jâtaka« bekannten Erzählungen aus den früheren Existenzen des Buddha.

Das Abhidhamma-pitaka besteht aus sieben Texten, welche sich in trockenwissenschaftlicher Form mit dogmatischen Fragen befassen. Es wird zwar von den heutigen Buddhisten auch auf Buddha zurückgeführt, ist aber offensichtlich das Werk später Scholastiker.

An den Pâli-Kanon schließt sich eine große religiöse Pâli-Literatur an, von welcher »die Fragen des Königs Milinda« (Milinda-panha) und die Kommentare Buddhaghosas (5. Jahrhundert?) in höchstem Ansehen stehen.

b) Die Welt von außen

Nach allgemein-buddhistischer Vorstellung läßt sich ein Anfang oder Ende des Weltprozesses ebensowenig denken wie eine Grenze des Weltraumes. Buddha hat es nach einigen Stellen des Kanons ausdrücklich abgelehnt, sich darüber zu äußern, ob die Welt ewig oder nicht ewig, endlich oder unendlich sei; in der Praxis bedeutet dies, daß der Buddhismus keinen ersten Weltanfang und kein letztes Ende aller Dinge, sondern nur eine anfangs- und endlose Reihe von Weltentstehungen und Weltuntergängen kennt und daß er nicht ein Weltsystem, sondern eine unendliche Zahl von Weltsystemen annimmt. Jedes dieser unendlich vielen Weltsysteme ruht auf Schichten von Wasser, Wind (d. h. bewegter Luft) und Äther (leerem Raum) und zerfällt in drei Abteilungen: die Region der Sinnenlust (Kâmâvacara), die Region der Formen (Rûpâvacara) und die Region der Nicht-Formen (Arûpâvacara). Die unterste dieser Regionen, die der Sinnenlust, besteht aus grober Materie (welche aus den Atomen der Elemente Erde, Wasser, Feuer, Luft gebildet ist) und wird von Wesen mit grobstofflichen Leibern bewohnt. Ganz unten liegen die heißen und kalten Höllen, darüber breitet sich die Erdscheibe aus mit den Kontinenten und Meeren, die sich um den Meruberg gruppieren. Auf der Erde leben Tiere, Menschen, Pretas (Gespenster) und Dämonen (Asuras); um den Meru kreisen Sonne, Mond und Sterne, auf ihm wohnen Götter verschiedener Klassen, über ihm haben andere Himmlische in luftschiffartigen fliegenden Palästen (Vimâna) ihren Aufenthalt. Diese Götter sind noch alle geschlechtlichen Begierden unterworfen, wenn sich diese auch bei ihnen nur in sublimierter Weise äußern.

»Die Region der Formen« ist der Sitz von Göttern höherer Ordnung, die noch feinstoffliche Leiber, aber keine sinnlichen Begierden mehr haben. Ihre elf Klassen werden unter die vier Stufen der Versenkung verteilt, durch welche sich der Meditierende zu ihnen erheben kann.

Die »Region der Nicht-Formen« ist der Bereich von körperlosen Göttern, die sich für Tausende von Weltaltern in die »Unendlichkeit des Raumes«, die »Unendlichkeit des Bewußtseins«, die »Nichtirgendetwasheit« oder die Sphäre der »Grenze von Unterscheiden und Nichtunterscheiden« versenkt haben und in diesen Zuständen verharren, bis sie nach Ablauf dieser riesigen Zeiträume wieder auf Erden geboren werden.

Während die beiden oberen Regionen sowie die obersten Himmel der »Region der Sinnenlust« durch das Karma ihrer Bewohner in dauernder Existenz erhalten werden, unterliegen alle unteren Teile eines Weltsystems bis zu dem Himmel des Brahmâ hin periodisch dem Entstehen und Vergehen. Dieser gesetzmäßige Verlauf spielt sich in vier Weltperioden von unberechenbarer Länge ab; bezeichnenderweise beginnen die Dogmatiker ihre Schilderungen stets mit der Darstellung des Zerfalls einer bestehenden Welt, um von vornherein der irrigen Meinung zu steuern, daß eine Welt anders entstehen könne als aus den Voraussetzungen, die durch den Untergang einer anderen geschaffen wurden. Die Periode der Zerstörung beginnt damit, daß die Bewohner der Höllen, der Erde und der unteren Götterhimmel sterben und in einem anderen Weltsystem oder in einem über die Brahmawelt hinaus liegenden Himmel wiedergeboren werden. Die leer gewordene Welt wird dann durch Feuer, Wasser oder Wind restlos vernichtet und bleibt einen unberechenbaren Kalpa hindurch verschwunden. Ist diese Ruhepause verstrichen, so entstehen durch die Macht des Karma der einer Wiedergeburt bedürftigen Wesen aus dem Nichts des leeren Raumes nach und nach die niedrigeren Himmel (anfangend mit der Brahmawelt), die Erde und die Höllen. Sie füllen sich alle mit den Wesen, die in den höheren Götterwelten den Weltuntergang überdauert hatten. In der nun einsetzenden Periode des Weltbestandes herrschen im ersten Weltalter auf Erden paradiesische Zustände, die Menschen sind geschlechtslose Lichtwesen, die nur subtiler Nahrung bedürfen und nicht zu arbeiten brauchen. Mit der Zeit aber entstehen Begierden, und dieser »Sündenfall« führt nach und nach dazu, daß sie grobe Speise zu sich nehmen, die Felder bebauen, Häuser errichten und einen König als Richter über Flurfrevel einsetzen müssen. So entstehen die Kasten und staatliche und sakrale Einrichtungen der verschiedensten Art. Der moralische Verfall setzt sich in den folgenden Jahrtausenden weiter fort, so daß die Menschen, die am Anfang dieses Weltalters unvorstellbar lange leben, nur noch 10 Jahre alt werden und schließlich in einem siebentägigen Kriege sich zum großen Teil umbringen. Einige friedliche Wesen, die während dieser chaotischen Zeiten sich in die Wälder zurückzogen, begründen in dem jetzt anhebenden zweiten Weltalter die Kultur aufs neue, so daß sich von Generation zu Generation die allgemeinen und sittlichen Zustände heben und die Menschen schließlich 80000 Jahre alt werden. Es folgen dann abwechselnd absteigende und aufsteigende Weltalter aufeinander, in denen das Lebensalter von 80000 Jahre auf 10 Jahre sinkt und dann wieder auf 80000 Jahre anwächst. Hat das 20. Weltalter einen solchen Optimalzustand erreicht, so beginnt eine neue Periode der Zerstörung, die zu der schon beschriebenen Vernichtung eines Weltsystems führt.

Der Sinn dieser Geschichtskonstruktion ist, darzutun, daß es weder einen permanenten Verfall noch auch einen unendlichen Fortschritt geben kann, sondern daß im Kosmos ein unaufhörlicher Wechsel vom Guten zu Bösem und vom Bösen zum Guten stattfindet. Mit der Wiederverkörperungslehre wird diese an Spenglers Theorie von dem Auf- und Niedergang von Kulturen gemahnende Anschauung in der Weise in Einklang gebracht, daß angenommen wird, daß ein Wesen immer in einer seinem Karma entsprechenden kulturellen Umgebung in diesem oder in einem anderen Weltsystem geboren wird.

In bestimmten absteigenden Kulturperioden treten Buddhas auf, welche der Menschheit den immer wieder verlorengegangenen Weg zur Erlösung neu verkünden. Vor Gautama Shâkyamuni sind in unserem Weltsystem Krakucchanda, Kanakamuni, Kâshyapa und andere weitere Erleuchtete erschienen, in einigen Jahrtausenden ist das Kommen des Buddha Maitreya zu erwarten, der zur Zeit als Bodhisattva in einem Götterhimmel weilt.

c) Die Welt von innen

Die von unseren Sinnesorganen wahrgenommene Welt stellt sich uns als eine Vielheit von Lebewesen und unbelebten Substanzen dar. Die philosophische Analyse aber erkennt in ihr nur eine unendliche Fülle von »Dharmas«, von »Daseinsfaktoren«, welche als nicht weiter erklärbare letzte Realitäten oder genauer: Kräfte zu charakterisieren sind. Diese Dharmas zerfallen in solche, die durch nichts anderes bedingt und deshalb unzerstörbar sind wie der leere Raum und das Nirvâna und in die unübersehbare Zahl der »sanskrita-dharmas«, welche in funktioneller Abhängigkeit von anderen entstehen und nach kurzer (nach späterer Auffassung sogar nur einen Augenblick währender) Existenz wieder vergehen. Jedes Lebewesen ist eine gesetzmäßig sich fortsetzende Reihe von derartigen Dharma-Kombinationen.

Bei konsequenter Durchführung des Grundsatzes, daß das Ich nur ein Kontinuum von Daseinsfaktoren darstellt und daß die von diesem Ich erlebte farbige, tönende, duftende, schmeckbare, tastbare, vorgestellte Welt mit dem Ich ein untrennbares Ganzes bildet, existieren für diese Lehre nur eine unendliche Fülle von separaten Lebensströmen, welche seit anfangloser Zeit weiterfließen und dies in alle Ewigkeit tun, falls sie nicht zum Versiegen kommen. Die verschiedenen Daseinsformen eines Einzelwesens sind also einander mit karmischer Notwendigkeit folgende Phasen eines sich immer durch seine eigene Kraft erneuernden Prozesses, der sich mit derselben Natürlichkeit vollzieht, wie das Weiterleben einer Flamme, welcher immer neuer Brennstoff zugeführt wird.

Im Kanon waren schon die Dharmas, welche ein scheinbares Individuum bilden, in fünf Gruppen (skandha) geteilt worden: rûpa, das Körperliche, vedanâ, Empfindungen, sanjnâ, Unterscheidung von Wahrnehmungen und Vorstellungen, sanskâra, Triebkräfte (besonders karma-erzeugende Leidenschaften) und vijnâna (reines Bewußtsein). Die Dogmatiker waren bemüht, Listen der lebens- und heilswichtigen Dharmas aufzustellen und unter diese und andere Kategorien zu rubrizieren.

Das Problem, das gesetzmäßige Entstehen eines neuen Individuums aus den von einem früheren verstorbenen Wesen geschaffenen Voraussetzungen begreiflich zu machen, mußte das buddhistische Denken mit besonderer Energie beschäftigen, weil es den Glauben an ewige Seelensubstanzen, die von einem zerfallenden Körper in einen neu sich bildenden übergehen, ablehnt, andererseits aber auch gegen die Lehre von dem Eingehen und Wiederhervorkommen eines Einzelgeistes aus einem Allgeist polemisiert. Die Lösung, welche Buddha, und zwar schon als Bodhisattva, gefunden haben soll (Samyutta 12,10), liegt in der berühmten Formel vom »Entstehen in Abhängigkeit« (Pratîtya-samutpâda) vor, die wegen ihrer Altertümlichkeit wohl zu dem ältesten Bestande der buddhistischen Dogmatik gehört und möglicherweise mit Recht Gautama zugeschrieben wird. Diese sogenannte »Formel vom Kausalnexus« hat zwölf Glieder, deren jedes einen Dharma (bzw. eine Gruppe von solchen) darstellt; sie ist so angelegt, daß die Glieder eine Kette bilden, bei welcher jedes Glied in funktioneller Abhängigkeit von den vorhergehenden ins Dasein treten soll. Der Lehrsatz wird an zahlreichen Stellen des Kanons aufgeführt, aber nicht im einzelnen erklärt, so daß es nicht sicher ist, ob die älteste Zeit ihn bereits so interpretiert hat, wie dies die späteren Dogmatiker übereinstimmend tun. Die noch heute fast allgemein verbreitete Deutung nimmt an, daß die beiden ersten Glieder die Dharmas namhaft machen, welche in einer vergangenen Existenz die Voraussetzungen für die Entstehung eines neuen Lebewesens in der gegenwärtigen bilden, die Glieder drei bis zehn schildern das sukzessive Werden eines neuen Individuums (3–5) und der an ihm entstehenden Kräfte, welche die Vorbedingungen für seine Wiedergeburt in zukünftiger Daseinsform werden (6–10); die beiden letzten Glieder geben charakteristische Momente der zukünftigen Existenz an, welche die Folgen von früherer Karma-Produktion sind.

Die Formel vom Kausalnexus lautet auf ihren knappsten Ausdruck gebracht:

Durch (1) Nichtwissen als Vorbedingung entstehen (2) Triebkräfte, durch Triebkräfte (3) ein Bewußtsein, durch ein Bewußtsein (4) eine geistig-leibliche Individualität, durch eine Individualität (5) die sechs Sinne, durch die sechs Sinne (6) Berührung, durch Berührung (7) Empfindung, durch Empfindung (8) Durst, durch Durst (9) Lebenshang, durch Lebenshang (10) karmisches Werden, durch Werden (11) Wiedergeburt, durch Wiedergeburt (12) Altern, Sterben, Kummer, Wehklagen, Leid, Gram und Verzweiflung.

Die einzelnen Glieder der Formel werden folgendermaßen erklärt:

Früheres Leben

1. Avidyâ, das Nichtwissen der Wahrheit, daß alles Irdische ohne beharrendes Selbst, d. h. ohne ewig substantielles Dasein, vergänglich und leidvoll ist.

2. Sanskâra, die karma-gestaltenden Triebkräfte, welche das Schicksal bei der neuen Wiederverkörperung bestimmen.

Gegenwärtiges Leben

3. Vijnâna, Bewußtsein. Gemeint ist der durch die karmischen Voraussetzungen bedingte geistige Keim einer sich bildenden Persönlichkeit, der bei der Empfängnis in den Schoß der Mutter eingeht.

4. Nâma-rûpa, »Name und Gestalt«, die geistigen und körperlichen Konstituenten einer Persönlichkeit, die Verbindung der fünf Skandhas, die im Mutterleibe zustande kommt.

5. Shadâyatana, »die sechs Sinne«, die Organe der Sinneswahrnehmung und des Denkens, die an dem neuen Wesen entstehen und durch welche es mit der Außenwelt in Verbindung treten kann.

6. Sparsha, die »Berührung« der Sinne und des Denkens mit der Außenwelt, die zuerst mit der Geburt eintritt.

7. Vedanâ, die »Empfindung«, welche durch den Kontakt der Sinne mit den Objekten verursacht ist.

8. Trishnâ, der »Durst«, die sinnliche Begierde, vor allem der Geschlechtstrieb, mit dessen Einsetzen nach indischer Vorstellung die Karma-Produktion im wesentlichen beginnt.

9. Upâdâna, der »Lebenshang«, d.h. der intensive Durst, wörtlich: das »Ergreifen« der Sinneswelt, vergleichbar dem Ergreifen des Brennstoffes durch die Flamme.

10. Bhava, das »Werden«, d.h. das Hervorrufen von Karma, welches die Voraussetzung für eine neue Existenz ist und das Übergehen von einer Existenz in die andere.

Zukünftiges Leben

11. Jâti, die (neue) »Geburt«.

12. Jarâ-marana, »Altern, Tod usw.«.

Die Formel vom Kausalnexus stellt ein altertümliches Stück Philosophie dar, das ganz und gar den Stempel einer archaischen Denkweise trägt, welche allem, was ist, ein dingliches Dasein vindiziert. Das Nichtwissen, der Durst, die Geburt, Altern und Tod werden hier auf eine Stufe gestellt mit den Sinnesorganen und dem Bewußtsein und entsprechend wird auch nicht zwischen materiellen und bewirkenden Ursachen unterschieden. Die von den Dogmatikern mit Nachdruck betonte Lehre, daß ein neuer Dharma nicht durch einen einzigen hervorgerufen werden kann, sondern nur durch das Zusammenwirken einer Vielheit verschiedener Dharmas, steht nach der Meinung der maßgebenden Kommentatoren nicht im Gegensatz zu dem Wortlaut der Formel. Denn diese will nur die Hauptursache eines jeden neuen Dharma aufzeigen, dabei besteht aber die stillschweigende Voraussetzung, daß neben dieser Hauptursache noch andere Dharmas als Nebenursachen mitwirken.

Der Wert der Formel von der ursächlichen Verkettung der Daseinsfaktoren besteht für den Buddhisten nicht allein darin, daß sie die Lehre von der Vergeltungskausalität der Taten und von der Wiederverkörperung rational zu unterbauen sucht, sondern vor allem auch in ihrer praktischen Bedeutung für die Heilsgewinnung. Wenn man weiß, wie das Leid, wie der Lebensdurst, wie das leiblich-geistige Individuum, wie das die Brücke zwischen zwei Existenzen bildende Bewußtsein, wie die karmischen Triebkräfte entstehen, dann kann man es verhindern, daß sich immer wieder ein neues Leben an ein abgelaufenes anschließt. In negativer, sogenannter rückläufiger Form gelesen, enthüllt die Formel dann die Möglichkeiten zur Aufhebung der Wiedergeburten. Es ergibt sich daraus, daß das Nichtwissen die Ursache der Begierden und Willensregungen ist, welche zwangsläufig eine Wiederverkörperung zur Folge haben. Die Vernichtung der Verblendung, welche die wahre Natur der Welt nicht begreifen läßt, und der Aufgang der Erkenntnis, daß alles Irdische vergänglich, wesenlos und leidvoll ist, ist deshalb der Einsatzpunkt für den Weg zur Erlösung und der große Wendepunkt in dem anfanglosen Werdeprozeß eines individuellen Lebensstromes.

d) Sittlichkeit und Andacht

Der alte Buddhismus will ein Heilsweg für den einzelnen sein; dadurch daß der einzelne sich vom Bösen fernhält, gute Werke tut und sein Herz durch Meditation läutert, kommt er schrittweise zum Nirvâna. Der größte Teil der Aussprüche Buddhas beschäftigt sich mit der Anempfehlung eines sittlichen Lebenswandels. Da es keinen Gott gibt, der Gebote erlassen hat und ihre Außerachtlassung bestraft, sind die buddhistischen Gebote reine Sittengebote, d. h. Vorschriften, welche die Möglichkeit geben sollen, in Übereinstimmung mit der moralischen Weltordnung zu leben. Wer diese befolgt, der kommt allmählich vom diesseitigen Ufer des Sansâra zum jenseitigen des Nirvâna. Die praktische Ethik ist in folgendem Ausspruch des Erhabenen zusammengefaßt: »Töten, Stehlen, geschlechtliche Ausschreitung, Lügen, Verleumden, Schimpfen, Plappern, Habgier, Übelwollen und falsche Anschauung, das ist das diesseitige Ufer, das Unterlassen von diesen zehn Dingen ist das jenseitige Ufer« (Ang. 10,170). Zu den Hauptverboten: zu töten, zu stehlen, die Ehe zu brechen, zu lügen tritt noch das Alkoholverbot dazu; diese fünf bilden die fünffache Zucht (panca-shîla). Während die Laien nur diese fünf oder zehn Gebote einzuhalten brauchen, haben die Mönche sie in verschärfter Form zu beobachten (kein Geschlechtsverkehr) und dazu noch eine Reihe von detaillierten Ordensregeln zu befolgen. Großer Wert wird der Meditation beigelegt, weil diese eine geistige Loslösung von allem Bösen herbeiführt.

Die ältere Ethik des Hînayâna ist eine individualistische Gesinnungsethik, das Wohl der Gesamtheit ist gewissermaßen eine erfreuliche Folge und ein schönes Nebenprodukt des rechten Tuns des einzelnen, es ist aber nicht das letzte Ziel, um dessentwillen das »Rad des Gesetzes in Bewegung gesetzt wurde«, denn nach den ganzen Vorstellungen von den Weltperioden und den unendlich vielen Lebewesen im anfanglosen Sansâra konnte ein Glaube an eine Weltvollendung nicht aufkommen. Das schloß aber natürlich nicht aus, daß die frommen Buddhisten bemüht waren, die Prinzipien ihrer Moral allgemein zur Durchführung zu bringen. Schöne, in der Welt einzigartige Dokumente dieses Strebens sind die Edikte des Kaisers Ashoka (S. 79) aus der Mitte des 3. Jahrhunderts n. Chr. Im zweiten von diesen heißt es: »Überall in seinem Reiche und in dem seiner Nachbarn hat der göttergeliebte König Piyadasi Heimstätten errichten lassen, Heimstätten für Menschen und Heimstätten für Tiere. Wo es keine für Menschen und Tiere zuträglichen Kräuter gibt, da hat er sie überall hinschaffen und anpflanzen lassen. An den Straßen hat er Bäume pflanzen und Brunnen graben lassen für Menschen und Tiere.« Im neunten Felsenedikt wendet er sich gegen die Überbewertung äußerer Riten und schärft statt deren tugendhafte Taten als wahre und nutzbringende Segenshandlungen (mangala) ein. »Törichte Weiber vollziehen da viele und mannigfache nichtssagende und nutzlose Heilsbräu-

che. Folgendes sind aber Heilsbräuche, die reiche Früchte tragen: Wohlwollendes Verhalten gegen Sklaven und Diener, Ehrerbietung gegen ehrwürdige Personen, Schonung der Lebewesen, Freigebigkeit gegen Brahmanen und Asketen . . . Der im frommen Leben bestehende Heilsbrauch ist nicht auf eine Zeit beschränkt. Selbst wenn er seinen Zweck in diesem Leben nicht erreicht, so bringt er endloses Verdienst im Jenseits [1].«
Ashoka gilt heute noch allen Buddhisten als das Muster eines Herrschers, weil er seine Untertanen gut regierte, die Mönche unterstützte, keine Kriege führte und vor allem selbst den Gesetzen entsprechend lebte. Denn wie in China herrscht auch in Indien der Glaube, daß die Tugend der Könige nicht nur für das Verhalten der Untertanen vorbildlich sei, sondern auch die Wohlfahrt des ganzen Landes fördere. So heißt es im Anguttara-Nikâya 4,70: »Wenn die Könige ohne Tugend sind, sind auch die Beamten ohne Tugend, sind die Beamten ohne Tugend, so sind auch die Brahmanen und Bürger ohne Tugend, sind die Brahmanen und Bürger ohne Tugend, so sind auch die Bauern ohne Tugend, sind die Bauern ohne Tugend, so verlassen Sonne, Mond und Sterne ihren richtigen Umlauf. Damit hört der regelmäßige Wechsel von Tag und Nacht, von Monaten, Jahreszeiten und Jahren auf. Dann wehen auch die Monsunwinde wider die Ordnung. Dann zürnen die Götter, und der Regengott läßt es nicht richtig regnen. Regnet es nicht richtig, so reifen die Saaten nicht ordentlich, und die Menschen sind dann kurzlebig, häßlich, schwach und kränklich.« Wenn in dieser Stelle des Kanons auch auf das Staatsleben eingegangen wird, so ist die allgemeine Tendenz der buddhistischen Schriften doch durchaus darauf gerichtet, den einzelnen zur Weltentsagung und Erlösung emporzuführen, nicht aber Vorschriften für das staatliche oder soziale Leben zu machen. Zwar hielt der Buddhismus eine höheren Zielen angemessene und zweckentsprechende Ordnung des Staates und der Gesellschaft für die notwendige Voraussetzung für die Entfaltung der Laientugenden und das Blühen der Mönchsgemeinden, gleichwohl betrachtete er es aber nicht als seine Aufgabe, für die Durchführung dieser Dinge zu sorgen, sondern überließ die Fürsorge hierfür weltlichen Faktoren, indem er sich damit begnügte, diese mit seinem Geiste zu durchdringen. Erst in späterer Zeit ist in einzelnen buddhistischen Ländern auch in gewissem Umfange eine buddhistische Rechts- und Staatslehre erwachsen.
Die Leitung des gesamten religiösen Lebens liegt im Buddhismus seit jeher in der Hand der Mönche, welche zumeist in Klöstern unter Beobachtung zahlreicher Vorschriften (Keuschheit, Genießen der durch Betteln erhaltenen Speise nur vormittags) ein der Meditation geweihtes Dasein führen. Die äußeren Formen, in denen sich das Mönchsleben abspielt, sind von großer Einfachheit; die beiden Zeremonien, durch welche der »Auszug« aus der

---

[1] Winternitz, Religionsgeschichtliches Lesebuch 11, S. 149.

Welt und dann nach einer Zeit des Noviziates der Eintritt in den Orden vollzogen wird, bestehen im wesentlichen im Hersagen von Formeln, durch welche besondere Verpflichtungen übernommen werden. Die Laien, welche durch ihre Almosenspenden und Stiftungen die wirtschaftliche Existenz der Mönche ermöglichen, erhalten von den letzteren religiöse Unterweisung, vor allem an den Upavasatha-Tagen, d. h. zur Zeit des Vollmondes und der anderen großen Mondphasen.

Der Kultus beschränkte sich in alter Zeit auf die Verehrung von Reliquien, welche in Stûpas (Grabmonumenten) oder Dâgobas (Dhâtugarbha: »Reliquienbehälter«) beigesetzt wurden, erst später kam der Brauch auf, den Buddha und seine mythischen Vorläufer in Bildwerken darzustellen und gleich den Götterbildern der Hindus durch Blumenspenden und andere Gaben zu verehren. Da die Buddhas im Nirvâna restlos erloschen sind, vermögen sie weder die Kulthandlungen der Frommen zu sehen noch zu belohnen. Der Zweck des Kultus kann der auch heute noch geltenden Theorie nach nur darin bestehen, daß die bei ihm betätigte Andacht das Herz des Gläubigen läutert und ihn auf diese Weise dem Heil entgegenführt.

Ein derartig vergeistigter Kultus wäre nie imstande gewesen, so viele zum Teil noch auf niedriger Kulturstufe stehende Menschen zu befriedigen, wäre er die einzige Form gewesen, in welcher die Laien sich religiös betätigen konnten. Neben dem Buddha haben die Inder des Mittelalters wie heute noch die Singhalesen, Burmanen und Siamesen stets eine große Zahl von Dämonen, Geistern und männlichen und weiblichen Gottheiten verehrt, in der Erwartung, von diesen weltliche Güter zu erhalten. Wenn diese »devatâs« als langlebige, aber dem Sansâra verhaftete Inhaber bestimmter Ämter den Buddhas an Wissen und Macht nachstehen, so sind sie andererseits als lebendige und aktive Wesenheiten mit überirdischen Kräften im Gegensatz zu diesen in der Lage, den ihnen geweihten Kultus durch Wohltaten zu vergelten. Es ist unter diesen Umständen begreiflich, daß der den verschiedensten derartigen Gottheiten geweihte Dienst im Volksglauben immer eine bedeutsame Rolle gespielt hat, mag er auch in der Literatur der Mönche nur wenig Erwähnung finden.

3. Das Große Fahrzeug

a) Die heiligen Schriften

Der Buddhismus des Großen Fahrzeugs (Mahâyâna) stellt eine Erweiterung der älteren Form der Lehre dar; er erkennt deshalb den Kanon des Hînayâna als autoritativ an, ergänzt diesen aber durch eine Reihe von anderen heiligen Schriften, denen ein höherer Wert beigemessen wird, weil sie eine zeitgemäßere, zwar von Buddha schon verkündete, aber bisher verborgen gehaltene und jetzt erst aufgefundene Weisheit enthalten sollen. Unter den Sûtras (Lehrtexten) des Mahâyâna sind die folgenden, in Sanskrit abgefaßten und auch in chinesischen und tibetischen Übersetzungen vorliegenden Werke die wichtigsten: Die »Vollkommenheit der Erkenntnis« (Prajnâpâramitâ), chinesisch 170 n. Chr., die »Beschreibung des reinen Landes« (Sukhâvatî-vyûha), chinesisch 147–186 n. Chr., der »Lotus des Guten Gesetzes« (Sad-harma-pundarîka), chinesisch 265–316 n. Chr., die »Offenbarung der Lehre in Ceylon« (Lankâvatâra), chinesisch 4. bis 6. Jahrhundert, der »Buddha-Schmuck« (Buddhâvatamsaka), chinesisch im 4. und 8. Jahrhundert. Die Abfassungszeiten der Texte stehen nicht fest, doch geben die angegebenen Datierungen der chinesischen Versionen einen Anhalt für die untere Grenze derselben. Zu diesen und anderen heiligen Schriften treten zahlreiche Werke, die menschlichen Verfassern: Dichtern, Kirchenlehrern und Philosophen, zugeschrieben werden. Die Zahl der in Sanskrit auf uns gekommenen Mahâyâna-Texte ist sehr gering im Verhältnis zu denjenigen, welche nur in chinesischen oder tibetischen Übertragungen erhalten sind. Dies liegt daran, daß nach dem Verschwinden des Buddhismus aus Vorderindien die Sanskrittexte dort nicht mehr abgeschrieben, sondern nur noch in Nepâl oder anderen Ländern des indischen Kulturkreises weiter überliefert wurden, während die chinesischen und tibetischen Versionen bis heute benutzt und vervielfältigt worden sind.

b) Die All-Einheits-Lehren

Die Philosophie des Hînayâna hatte die Welt der Lebewesen und der unbelebten Materie aufgelöst in eine Vielheit von vergänglichen, gesetzmäßig zusammenwirkenden Daseinsfaktoren (dharma). Das Nirvâna stellt der Wandelwelt (Sansâra) gegenüber etwas völlig anderes dar; Nirvâna und Sansâra sind Gegensätze, die sich nicht auf eine letzte Einheit zurückführen lassen. Die auf den Sûtras der »Vollkommenheit der Erkenntnis« fußende »Mittlere Lehre« des Nâgârjuna (sprich: Nâgârdschuna), der im 2. Jahrhundert n. Chr. lebte, lehrt demgegenüber einen Monismus. Alles, was vergänglich ist und in Abhängigkeit von etwas anderem entsteht oder besteht, hat nach ihm keine wahre Realität, sondern nur die eines schnell vergehenden Traumes. Wirklich ist nur das, was weder entsteht noch vergeht, und weder räumlich noch zeitlich, noch begrifflich und kausal begrenzt ist. Dies ist das »Leere« (shûnya), in dem alles Wandelhafte in anfangloser Kette bedingt gleich einem Zauberspuk auftritt und wieder verschwindet. Das »Leere« ist also ein relatives Nichts, der unergründliche Abgrund, über dem alles steht, nicht eine letzte Ursubstanz, aus welcher sich alles entwickelt hat. Das »Leere«, das das einzig unverrückbar Bleibende in der Flucht der sich ununterbrochen ablösenden Erscheinungen darstellt, ist das Nirvâna; dieses ist mithin in Wahrheit schon jedem Wesen eigen, obwohl jenes sich dessen in seiner Verblendung nicht bewußt ist. Der Weise, der sich von irrealen Beschränkungen, die der Irrtum um ihn wob, befreit, weiß sich in der Meditation schon hier im Nirvâna und wird beim Tode zu dem, was er von jeher war, zum unaussprechlichen und undefinierbaren Leeren, in dessen All-Einheit alle Unterschiede von Sein und Nichtsein aufgehoben sind. Die Buddhas und ihre Lehre sind für Nâgârjuna im höchsten Sinne natürlich ebenso unwirklich wie die Welt der Vielheit, sie haben gleichwohl einen höheren Wert als diese insofern, als sie einen praktischen Weg aufzeigen, um die Scheinwelt mit ihren eigenen Mitteln zu überwinden. Einen anderen Weg geht die »Nur-Bewußtseins-Lehre« des Asanga (4. Jahrhundert n. Chr.). Nach dieser existiert keine reale Außenwelt; alles, was wir außerhalb unseres Geistes wahrzunehmen glauben, ist in Wahrheit eine Projektion aus diesem. Analysieren wir unser Bewußtsein, so finden wir als letzte Basis jedes individuellen geistigen Lebens ein »Speicherbewußtsein« (âlaya-vijnâna) vor, das gleich einem stets sich erneuernden Reservoir die Quelle der Aktivität des Einzelwesens und das Sammelbecken seiner Erfahrungen und karmischen Dispositionen ist. Dieses »Speicherbewußtsein«, das sich seit anfangloser Zeit von Existenz zu Existenz fortsetzt, vertritt die Seele in den brahmanischen Systemen, unterscheidet sich von dieser aber dadurch, daß es nicht eine beharrende Substanz, sondern einen in unausgesetztem Wandel begriffenen Strom darstellt. Wegen dieser seiner Veränderlichkeit kann ihm ebensowenig wie den Gedanken oder den durch sie gestalteten Dingen der Außenwelt ein wahres, unvergängliches Sein zugeschrieben werden. Die letzte, alleinige Realität, welche der Vielheit der nebeneinander fließenden Persönlichkeitskontinuen oder Speicherbewußtseine zugrunde liegt, ist ein rein Geistiges: die nicht in Subjekt und Objekt zerspaltene Bewußtheit. Diese nicht mit Worten zu beschreibende, sondern nur in der Meditation intuitiv zu erfassende »Soheit« (tathatâ) ist die bleibende Unterlage alles Bedingten. Das Verhältnis dieses Absoluten zu dem Relativen läßt sich nur als »weder verschieden noch nicht-verschieden« bestimmen. Wäre nämlich alles Relative vom Absoluten völlig verschieden, so würde es überhaupt nicht dasein können, wäre es hingegen mit ihm identisch, so müßte es gleich diesem rein und unvollkommen sein.

Die beiden Mahâyâna-Schulen unterscheiden sich darin voneinander, daß die Mittlere Lehre keine positive »An-sich-Realität«, auf welcher alles Vergängliche ruht, annimmt, sondern nur ein unqualifizierbares Vakuum, in dem alles erscheint wie Blitze im leeren Weltraum, während die »Nur-Bewußtseins-Lehre« eine nicht-relative, absolute, geistige Grundlage aller Phänomene postuliert. Beide Lehren haben über die Grenzen Indiens hinaus großen Einfluß erlangt. In Tibet wird heute vor allem das System Nâgârjunas studiert, ja, es kann geradezu als die Staatsphilosophie der Dalai Lamas bezeichnet werden. Die »Nur-Bewußtseins-Lehre« ist namentlich für das Denken Chinas und Japans von hoher Bedeutung geworden.

Man hat es im Fernen Osten aber später als einen Mangel empfunden, daß diese Lehren sich über die Beziehung des Absoluten zur wandelhaften Welt der Phänomene nicht näher auslassen, und sah in ihnen deshalb nur unvollkommene Vorstufen für »Systeme des vollentwickelten Mahâyâna«, welche in der Erscheinungswelt geradezu eine Manifestation des Absoluten sehen. Dieses nun, das ens realissimum, wird in den japanischen Tendai- und Shingon-Schulen mit dem All-Buddha Vairocana identifiziert. Die sechs Komponenten der Welt, die Elemente Erde, Wasser, Feuer, Luft, Raum (Äther) und Bewußtsein, sind Erscheinungsweisen Vairocanas, alle Buddhas, Bodhisattvas, Götter, Menschen, Tiere, Pflanzen, Berge nur Einzelgestalten von ihm, seine Aktivität manifestiert sich gleicherweise im Rauschen des Wassers wie im Wehen des Windes und in der Tätigkeit von Körper, Rede und Denken. Diese von ostasiatischem Naturgefühl bestimmte Anschauung wertet die Welt der Phänomene also nicht wie die Philosophie der älteren Zeit als wesenlos, vergänglich und leidvoll, sondern als eine Ausdrucksform des All-Geistes: die Welt hat nicht nur das Ewige zur Grundlage ihres Seins, sondern ist auch in ihrem So-Sein von diesem abhängig. Der All-Buddha hat in dieser Auffassung mit dem All-Gott des Pan-en-theismus der Hindus manches gemein, während aber der ewige Weltenherr der Bhagavadgîtâ jenseits von Gut und Böse steht und die aus ihm hervorgegangenen Wesen wie Figuren einer Puppenbühne tanzen läßt, einige gnädig aus dem Sansâra befreit, andere in Höllen oder dämonische Mutterschöße eingehen läßt, ist der All-Buddha ausschließlich das personifizierte Prinzip der Erlösung. Er richtet und straft nicht, sondern bringt nur Heil und Seligkeit. Nur weil die Lebewesen blind sind durch Nichtwissen und Leidenschaft, erkennen sie nicht ihre wahre Natur, die mit dem All-Buddha eins ist, und begreifen nicht sein segenvolles Wirken in den Kräften des Kosmos und des Menschen. Nach dieser Anschauung bedarf es also nur einer geistigen Umstellung, um in der leidvollen Wandelwelt das ihr zugrunde liegende göttliche All-Eine und damit die Erlösung zu finden.

Die verschiedenen Formen, welche der Monismus des Mahâyâna durchlaufen hat, lassen sich vielleicht durch folgendes Gleichnis, wenn auch unvollkommen, verdeutlichen. Für Nâgârjuna ist nur der Abgrund, der leere Raum real, alles andere ist eine anfanglose, sich in der Verkettung von Ursachen und Wirkungen unaufhörlich fortsetzende Phantasmagorie. Für Asanga ist das Absolute, der All-Geist, ein Ozean, die Wogen des Ozeans sind auf ihm durch den Wind des Karma hervorgerufene Erscheinungen, die mithin mit ihm identisch und doch von ihm verschieden sind. Für die Systeme des sogenannten entwickelten Mahâyâna sind hingegen auch die Wogen des Ozeans reale Auswirkungen des Absoluten; daß diese dem unwissenden Seefahrer als gefährlich und leidbringend erscheinen, rührt davon her, daß er sie nicht in ihrer Unermeßlichkeit »sub specie aeternitatis« sieht, sondern sie auf sein kleines begierdeerfülltes Ich bezieht.

c) Die aktivistische Ethik

Das Kleine Fahrzeug hatte eine Ethik gelehrt, der die Selbstvervollkommnung des einzelnen als das höchste Ziel galt und die dieses Ideal in dem weltentsagenden Heiligen verwirklicht fand, in dem »Arhat«, der schon hier auf Erden von Irrtum und Begierden frei geworden ist und mit dem Tode völlig erlischt. Nur wenige Lebewesen sind, der alten Lehre zufolge, dazu ausersehen, später die Stellung eines Buddha zu erlangen und als solcher nicht nur für ihr eigenes Heil, sondern für das der anderen tätig zu sein. Dem Denken des Mahâyâna erschien es als eine unberechtigte Geringschätzung der Kräfte des Menschen, zu glauben, daß alle mit wenigen Ausnahmen im besten Falle nur ihre eigene Erlösung herbeiführen könnten, ohne für das Heil ihrer Mitmenschen etwas tun zu können. Sie nahmen daher an, daß wenn nicht alle, so doch viele Wesen dazu prädestiniert seien, schließlich Buddhas zu werden und andere zur Erleuchtung zu führen. Die Voraussetzung hierfür ist, daß derjenige, der den Entschluß gefaßt hat, nach der Buddhaschaft zu streben, ein feierliches Bodhisattva-Gelübde ablegt, allen Wesen zu helfen und fortan in allen seinen Wiederverkörperungen zum Wohl anderer Wesen tätig zu sein. Den Unterschied zwischen sich selbst und einem anderen überwindet er durch die Erkenntnis, daß es kein Selbst gibt, sondern nur eine vorübergehende Zusammenballung von Dharmas, und daß das fremde Selbst dieselben Leiden und Freuden empfindet wie das eigene, so daß die Differenz zwischen beiden nur eine vergängliche und relative ist. Alle Geschöpfe gehören zusammen wie die Glieder eines Körpers. In der meditativen Versenkung wie im praktischen Leben vollzieht der Weisheitsjünger die »Umwandlung des Nächsten in das eigene Selbst«. Er behandelt den Fremden wie die ihm Nahestehenden, indem er auf ihn den Begriff des Vaters, der Mutter, des Sohnes oder der Tochter überträgt. Seine universelle Liebe zu allen Wesen macht auch vor dem Feind nicht halt, er kennt keinen Groll gegen ihn, weil er sich selbst als den karmischen Urheber seines Unglücks weiß. »Ich habe früher einmal den Wesen ebenfalls solche Qual zugefügt, daher gebührt mir dieses Übel. Die Waffe des Feindes und mein eigener Körper sind die zwei Ursachen meines Schmerzes. Von ihm wurde die Waffe, von mir der Körper ergriffen. Gegen wen soll ich mich nun erzürnen? Ich habe mir diese gegen Stöße empfindliche Beule in Gestalt einer Körperform angeschafft. Wenn ich an dieser Schmerz empfinde, über wen soll ich von Gier Verblendeter mich erzürnen? . . . Wenn ich des Feindes wegen Geduld übe, so werden viele meiner Sünden getilgt, sie aber gehen meinetwegen in Höllen von lang dauernden Qualen. Ich bin es also, der ihnen Böses tat, und sie sind es, die mir Gutes tun . . . Auch gegen diejenigen, welche Buddhabilder, Stûpas und die gute Religion zerstören, ziemt mir nicht Haß, denn die Buddhas usw. leiden ja keinen Schmerz [1].«

[1] Shântideva's Bodhicaryâvatâra 6, 42 ff. (nach Winternitz, Religionsgeschichtl. Lesebuch 15, S. 55)

Wenn der menschliche Anwärter auf die Buddhaschaft durch Betätigung aller Tugenden sich zu immer höheren Stufen der Vollendung erhoben hat, wird er nach seinem irdischen Tode in höheren Welten wiedergeboren und übt von dort seine segensreiche Macht zugunsten aller Lebewesen aus. Als Retter und Heilbringer hilft er denen, die sich bittend an ihn wenden; um die Qualen der Verdammten zu lindern, stürzt er sich in die Gluten des Höllenfeuers, und in mannigfachen Gestalten tritt er auf, um andere durch seine Predigt in der ihnen gemäßen Weise zur Erlösung zu führen. Die Aktivität mancher Bodhisattvas ist so groß, daß sie dauernd in dieser Stellung bleiben wollen und auf das Nirvâna eines Buddha verzichten. Seinen Gipfelpunkt erreicht der Glaube, daß die unausgesetzte Betätigung zum Wohle anderer das höchste alles Strebens sein und bleiben müsse, in der Neufassung des Nirvânabegriffes: das Nirvâna, in das der Heilige des Hînayâna mit dem Tode eingeht, das dem »Verlöschen einer Lampe gleicht« und in seliger Ruhe besteht, ist nur eine niedere Stufe des höchsten Heilszustandes, der erreicht werden kann. Dieser besteht nicht in einem statischen, sondern in einem dynamischen (apratishthita) Nirvâna, einem von Leid, Leidenschaft, Karma und Begrenzung freien Dasein, in welchem ein Buddha unablässig allen Welten und Wesen Wohltaten spendet, »wie eine Regenwolke, die ihr Wasser gleichmäßig ausgießt, über Hohe und Niedere, Gute und Schlechte«.

d) Die Bodhisattvas und Buddhas

Der fromme Mahâyânist hofft selbst dereinst ein Bodhisattva und ein Buddha zu werden; solange er selbst noch nicht zu höheren Stufen der Erkenntnis und der Tugend emporgestiegen ist, verehrt er die, welche es in ihrer geistigen Laufbahn weiter gebracht haben als er selbst, und erwartet von den in höheren Welten thronenden Bodhisattvas und Buddhas Unterstützung und Förderung seiner Bemühungen. Das Kleine Fahrzeug hatte sich damit begnügt, einzelne Legenden aus der früheren Existenz Gautama Buddhas zu erzählen, als dieser noch als Bodhisattva in tierischer, menschlicher oder göttlicher Gestalt im Sansâra umhergeirrt war. Ein Bodhisattva, der gegenwärtig lebt und Gnaden spenden kann, ist ihm nur Maitreya, der Buddha der Zukunft, doch spielt er nicht entfernt die Rolle, welche den Bodhisattvas von den Schulen des Großen Fahrzeugs zugeschrieben wird. Denn diese Bodhisattvas, vor allem Manjushrî (»von lieblicher Schönheit«) und Avalokiteshvara (»der Herr, der [gnädig] herabblickt«, oder »Herr des Geschauten«, d. h. der Welt, oft auch Lokeshvara genannt) helfen aus Feuers- und Wassersnot, retten Gefangene, schützen die Reisenden, heilen die Kranken und beseitigen jedes Leiden, wenn man sie gebührend verehrt. Auch die Stellung und Bedeutung der Buddhas hat sich im Mahâyâna von Grund auf verändert. Nach den Lehren des »Kleinen Fahrzeugs« treten nur selten Buddhas auf Erden auf und niemals mehrere gleichzeitig in einem Weltsystem. Ein Buddha kann zwar, solange er als Mensch auf Erden umherwandelt, Wundertaten vollbringen, er ist aber nur ein »Wegweiser«, ein Anreger zum heiligen Wandel, kein Erlöser, und nach seinem Tode übt er keine direkten Wirkungen auf die Frommen mehr aus. Nach dem Mahâyâna erscheinen zu allen Zeiten Buddhas in der Welt, sie sind »unendlich an Zahl, wie die Sandkörner im Ganges«. Sie vermögen auch, nachdem ihr irdischer Scheinleib (nirmâna-kâya) zerfallen ist, mit ihrem »Leib des Genusses« (sambhoga-kâya) in einer überirdischen Welt den Frommen zu begnaden, während sie gleichzeitig mit ihrem »Leib der höchsten Wirklichkeit« (oder des Weltgesetzes, dharmakâya) über alle Vielheit erhaben mit dem Absoluten eins sind.

Aus der ungeheuren Fülle von Buddhas, welche in Mahâyâna-Texten genannt werden, ragen zwei hervor, weil ihnen im Glauben ihrer Verehrer eine besondere Stellung zukommt: Amitâbha und Vairocana. Amitâbha (»unermeßlichen Glanz besitzend«) soll, als er vor Äonen als Mönch Dharmâkara den damaligen Buddha Lokeshvararâja verehrte, das Gelübde abgelegt haben, selbst ein Buddha zu werden, jedoch nur unter der Bedingung, daß er (durch die Kraft seiner guten Werke) ein Buddhaland entstehen lassen könnte, in welchem es kein Leid gibt und alle, die in ihm wiedergeboren werden würden, zum Nirvâna heranreifen könnten. Nachdem Dharmâkara viele Weltzeitalter hindurch als Bodhisattva den Wesen Gutes getan, erlangte er die Erleuchtung. Unter dem Namen Amitâbha oder Amitâyus (»ein unermeßlich langes Leben habend«) weilt er in dem reinen Lande »Sukhâvatî«, einem im Westen des Kosmos liegenden gedachten Paradies, in welches alle diejenigen nach ihrem Tode gelangen, welche im Vertrauen auf Amitâbhas rettende Hilfe zu ihm im Gebet ihre Zuflucht genommen haben. In diesem glücklichen Lande, wo es keine Begierden und Schmerzen gibt, wo der Begriff des Eigentums fehlt und alle Bewohner auf Lotosblumen sitzend oder in Lotuskelchen wohnend sich ausschließlich mit religiösen Dingen beschäftigen, werden alle, die dort ihre letzte Wiederverkörperung erleben, durch die Predigt Amitâbhas zum Heil geführt. Der Aufenthalt im »Paradies des Westens« stellt also nach der ursprünglichen Vorstellung einen Zustand dar, der nicht auf dem dornigen Weg der Askese und der Erkenntnis, sondern auf dem leichten Pfade des vertrauensvollen Glaubens an Amitâbha erreichbar ist und in dem die Lebewesen, weil dort alle Versuchungen und Hemmnisse fehlen, ohne Mühe zum Nirvâna heraufgeläutert werden. Später fanden manche an dem Gedanken eines seligen Wunderlandes so großen Gefallen, daß der Aufenthalt in diesem aus einem Mittel zum Zweck zum Selbstzweck wurde, ja daß manche Sukhâvatî als das wahre Nirvâna bezeichneten. Auch die Gestalt des Amitâbha wurde von den Anhängern dieses Glaubens zu immer größeren Höhen erhoben: aus einem Buddha neben anderen wurde er zum höchsten Buddha, zum Prinzip des Lichtes und des

Lebens überhaupt; hatte man ihm ursprünglich nur ein unermeßlich langes Leben zugeschrieben, bis er nach dessen Ablauf in das Nirvâna eingeht, so glaubte man später, daß seine heilvolle Aktivität nie ein Ende finden werde. Ein anderer Buddha, der für viele seiner speziellen Verehrer zur Stellung eines höchsten Wesens aufgerückt ist, ist »Vairocana« (der »sonnenartige«), der, wie wir schon S. 104 sahen, einigen Sekten Ostasiens als die höchste Realität gilt, die sich in der Vielheit der Erscheinungen offenbart.

Nach der ursprünglichen, noch heute von allen Hînayânisten und von vielen Bekennern des Großen Fahrzeugs festgehaltenen Anschauung ist ein Buddha ein Wesen, das sich anfänglich von allen anderen nicht unterschied, das sich aber allmählich von allem Irrtum befreite, durch seine Erleuchtung eine über alle natürlichen Schranken herausragende Weisheit erlangte und deswegen hoch über allen Göttern und Menschen steht. Das Mahâyâna hatte die alte Vorstellung von einer Vielheit von Buddhas dahin erweitert, daß es eine unübersehbare Zahl von ihnen annimmt, es hatte aber andererseits die Theorie aufgestellt, daß alle Buddhas in ihrem höchsten Aspekt eins sind. Die Tendenz einiger Schulen, den von ihnen mit Vorliebe verehrten Buddha mit dem Absoluten oder dem Dharmakâya unmittelbar zu identifizieren, führte zu einer Annäherung an pan-en-theistische Ideen. Zu vollem Durchbruch gelangten diese, als die Auffassung eines bestimmten Buddha als des kosmischen ens realissimum den Gedanken, daß er erst allmählich und schrittweise zur vollen Erleuchtung gekommen sei, völlig zurückdrängte und die – an sich durchaus buddhistische – Vorstellung aufkam, daß es einen »von Anfang (âdi) an«, also seit Ewigkeit erleuchteten »Urbuddha« (âdibuddha) gebe, der vier oder fünf andere Buddhas durch seine Meditation (Dhyâna) geschaffen habe, die sogenannten »Dhyâni-buddhas«, die als Schutzpatrone der Elemente, Farben, Jahreszeiten usw. fungieren. Die Meditationsbuddhas rufen wieder Meditations-(Dhyâni-)Bodhisattvas ins Dasein, welche zum Wohl der Wesen tätig sind. Alle die bisher genannten Buddhas und Bodhisattvas sind ideale Wesen, die in überirdischen Regionen weilen. Die menschlichen Buddhas (Mânushi-buddhas), die auf Erden erscheinen, sind nur Reflexe oder Ausstrahlungen der übersinnlichen Dhyâni-buddhas. Die Meditationsbuddhas, Meditationsbodhisattvas und menschlichen Buddhas werden in verschiedenen Systemen zueinander in Beziehung gesetzt; so soll nach den in Nepâl verbreiteten der Dhyânibuddha Amitâbha den Dhyâni-bodhisattva Avalokiteshvara als seinen geistigen Sohn, den menschlichen Buddha Shâkyamuni als seine irdische Abspiegelung haben. Wie man sieht, ist im indischen Spätbuddhismus und in den meisten Schulen Chinas, Japans und Tibets die Gestalt des historischen Buddha Gautama oder Shâkyamuni ganz in den Hintergrund getreten gegenüber einer Fülle von Buddhas, welche Schöpfungen des mythischen Denkens sind. Die mit diesen Buddhas verbundenen Vorstellungen entfernen sich immer mehr von denen der älteren Lehre, welche das »Kleine Fahrzeug« in Ceylon und Hinterindien noch heute bewahrt hat, und nähern sich denen von überirdischen Gottheiten. Wenn wir von stark hinduisierten Zwittersystemen absehen, ist aber auch noch in diesen späten Ausdrucksformen buddhistischen Denkens die buddhistische Grundidee lebendig, nach welcher der Weltprozeß und das Schicksal der Einzelwesen nicht von einem ewigen Weltenherrn nach seinem Willen providentiell geleitet wird, sondern dem ehernen Gesetz karmischer Vergeltung unterliegt. Die vielen Bodhisattvas und Buddhas wie der eine höchste All- oder Urbuddha sind Personifikationen der erlösenden Gnade, welche aus den Banden des Sansâra befreit, nicht die Urheber oder Regenten einer leiderfüllten ruhelosen Welt. Gerade die starke Übereinstimmung, welche der Amitâbha-Glaube mit der christlichen Gnadenreligion, der Vairocana-Kult mit dem hinduistischen Pan-en-theismus in mancher Beziehung aufweist, erfordert es, ausdrücklich darauf aufmerksam zu machen, daß ein Gottesglaube in europäischem Sinne, nämlich ein Glaube an einen Schöpfer und Regierer der Welt, hier nicht vorliegt. Der Buddhismus ist vielmehr auch hier seiner von jeher eingenommenen Position treu geblieben, welche das Problem des ersten Weltanfangs als unlösbar beiseite läßt und das Weltgeschehen sowie das Schicksal des einzelnen allein aus der Vergeltungskausalität der Taten erklärt und deshalb der Notwendigkeit einer Theodizee überhoben bleibt.

e) Der Kultus

Die Verehrung einer unübersehbaren Menge von Buddhas und Bodhisattvas, welche dem Menschen nicht nur auf seinem Weg zur Vollendung die Hindernisse hinwegräumen helfen, sondern auch in irdischen Nöten zur Seite stehen, verlangte auch eine reichere Ausgestaltung des Kultus. Der einfache Dienst vor den Statuen der im Nirvâna endgültig erloschenen Welterleuchter machte daher mehr und mehr einem komplizierten Ritual Platz, das darauf hinzielte, die Gnade von Heilbringern zu gewinnen, die »das Netz der Leiden zerreißen, dem Kranken Ärzte, dem Unglücklichen Vater und Mutter« sind. Die alte Vorstellung, daß die vorgenommenen sakralen Handlungen nicht dadurch Lohn bringen, daß überirdische Wesen an ihnen Freude haben und sich in dieser und jener Weise erkenntlich zeigen, sondern daß diese Akte von sich selbst aus wirksam sind, bestimmte Kräfte erzeugen und dem Gläubigen transzendentes Verdienst zufließen lassen, bleibt daneben in ungeschwächter Macht bestehen. Ja, mitunter haben sogar Anrufungen von überirdischen Wesen später die Bedeutung von magischwirkenden Formeln erhalten, die durch ihr Aussprechen Verdienst erzeugen. So ist die bekannte, in Tibet weitverbreitete sechssilbige Zauberformel »Om mani padme hûm« ursprünglich vielleicht ein Gebet an die Manipadmâ, eine dem Avalokiteshvara nahestehende Göttin, gewesen, später aber ist der zwischen den beiden segenspendenden Lauten »om« und »hûm« stehende Vokativ des Namens Manipadmâ (»einen Lotus aus Edelsteinen habend«) als ein Lokativ (padme = im Lotus) mit davorstehendem Nominativ (mani statt manih, »der Edelstein«) gedeutet und als »der Edelstein ist im Lotus« verstanden worden. Man gab jetzt für diese heiligen Worte die verschiedensten mystischen Erklärungen, z. B. »der Buddha ist in der Welt erschienen« und dergleichen. Jedenfalls wurde angenommen, daß der Gebrauch der Formel den Schatz der guten Werke vermehrt. Im Kâranda-vyûha 67,69 ff. sagt ein Bodhisattva: »Ich kann jedes einzelne Sandkorn in den vier Ozeanen zählen, nicht aber vermag ich die Summe des Verdienstes zu zählen, das man durch einmaliges Hersagen der großen sechssilbigen Zauberformel erwirbt.«

Der Kultus der Buddhas, Bodhisattvas und der höheren Wesen ihres Gefolges besteht wie der der Hindugötter außer in dem Hersagen von heiligen Worten und Sprüchen in dem rituellen Umschreiten ihrer Bilder und Stûpas, in dem Darbringen von Wasser, Früchten, Wohlgerüchen, Lichtern, in der Veranstaltung von feierlichen Hochämtern und Messen, bei welchen die Priester unter Verwendung symbolischer Geräte usw. bestimmte Zeremonien vollziehen und dergleichen mehr. Der Kultus des Mahâyâna wuchs auch dadurch beständig an Umfang und Bedeutung, daß er auch den Dienst der Hindugötter in sich aufnahm. Während Götter wie Brahmâ, Vishnu, Shiva, Lakshmî usw. zwar auch von den Anhängern des »Kleinen Fahrzeugs« verehrt werden, ihr Dienst aber keinen integrierenden Bestandteil des eigentlichen buddhistischen Kultus ausmacht und deshalb vielfach außerhalb der Buddhatempel und mitunter nicht nur von buddhistischen Mönchen, sondern (wie in Siam) von Brahmanen betrieben wird, hat das Große Fahrzeug in Ostasien und Tibet die verschiedensten Hindugottheiten seinem Pantheon einverleibt. Als tief unter den Buddhas und Bodhisattvas rangierende und diesen ehrfurchtsvoll begegnende Personifikationen der den Sansâra in Gang haltenden natürlichen und sittlichen Mächte sind sie Gegenstand einer Verehrung niederer Art, im Gegensatz zu den Buddhas, die auch von den Göttern angebetet werden, weil sie die Welt überwunden haben.

Auch die Weiheriten, welche die Brahmanen bei der Geburt eines Kindes oder bei anderen einschneidenden Ereignissen des Menschenlebens, bei einer Königsweihe oder anderen festlichen Gelegenheiten vorzunehmen pflegten, sowie vor allem magische Handlungen der verschiedensten Art, die mit dem Hersagen bestimmter Formeln (mantra), mit heiligen Gesten (mudrâ) und anderen Akten verbunden sind, wurden in den buddhistischen Kultus aufgenommen, so daß dieser mehr und mehr ein Gegenstück zum brahmanischen bildete. Den Zeremonien beim Eintritt in ein Kloster wurde eine neue hinzugefügt, durch welche der ordinierte Mönch zum zukünftigen Bodhisattva geweiht wurde. Im gleichen Maße, in welchem der Prunk des Rituals und der äußere Glanz des Kultus zunahmen, wuchs auch die Macht der Geistlichkeit. In Ostasien wie in Tibet bildete sich eine hierarchische Gliederung derselben aus; die allgemeine Verweltlichung des Klerus führte in verschiedenen Ländern dazu, daß die Kirchenfürsten in den Besitz großer Latifundien kamen und in politische Kämpfe eingriffen; in Tibet und Japan kam es sogar zur Aufgabe des Zölibates und Errichtung von erblichen Priesterdynastien.

Wenn das Mahâyâna in mancher Hinsicht, zumal in späterer Zeit, einer starken Veräußerlichung anheimfiel, so hat es doch stets an dem Grundsatz festgehalten, daß die Verehrung der Buddhas der sich in aktiver Hilfe betätigenden Liebe zu allen Wesen nachsteht. So sagt das Candrapradîpa-Sûtra: »So mannigfache unermeßliche Verehrung in Milliarden und Billiarden von Ländern auch stets den Buddhas dargebracht wird – so kommt doch diese Unmasse (von Verehrung) nicht gleich dem Gefühl der Wesensliebe [1].«

Von Hause aus hatte der Buddhismus eine Lehre für Weise sein wollen und auf die Qualität, nicht auf die Quantität seiner Anhänger Wert gelegt. Indem er mehr und mehr zu einer Glaubensbewegung wurde, suchte er die großen Massen für sich zu gewinnen. Dies war nur dadurch möglich, daß er ihrem Geschmack und ihren Bedürfnissen Konzessionen machte. Die Fähigkeit, Personen verschiedener Wesenart die Lehre in einer ihrem Bildungsgrade und ihren geistigen Neigungen entsprechenden Weise darzulegen, wird vom Mahâyâna als »upâya«, d. h. Geschicklichkeit in der Anwendung der Mittel der Heilspropaganda, sehr hoch gestellt und unter die »Vollkommenheiten« (Kardinaltugenden) eines Bodhisattva gerechnet. In Anwendung des Grundsatzes, daß man auf die Interessen der einzelnen eingehen und sich ihren Wünschen anpassen müsse, wofern sie dadurch zum Heil geführt werden könnten, haben die Sendboten des Buddhismus überall die einheimischen Volkskulte nicht als Irrglauben bekämpft, sondern als eine Art von vorbereitenden Stufen zur Heilswahrheit geduldet – in Indien die Kulte der Primitiven wie der Brahmanen, in Ceylon und Hinterindien den Geisterglauben, in Ostasien Konfuzianismus, Taoismus, Shintoismus, in Tibet den Dämonendienst. Diese Methode der Adaptation an die Bedürfnisse verschiedener Zeiten und verschiedener Menschengruppen führte schließlich dazu, daß der Buddhismus sich schon auf dem vorderindischen Kontinent so weit umgestaltete, daß er trotz Beibehaltung seiner metaphysischen Grundsätze in vielem das gerade Gegenteil von dem lehrte, was er ursprünglich verkündet hatte. Buddha hatte (Samyutta 42,6) gesagt, der Glaube der Brahmanen, ihre Riten könnten bewirken, daß ein Mensch nach dem Tode in den Himmel komme, sei ebenso irrig, wie wenn jemand annähme, er könne einen in das Wasser herabstürzenden Felsen durch Worte zum Emporsteigen veranlassen. Im späten Mahâyâna gewann der Glaube an die Macht von Zauberformeln (dhâranî), der nie ganz geschwunden war, zunehmend an Bedeutung,

---

[1] Shikshâsamuccaya, S. 318 (Winternitz, Mahâyâna, S. 20).

namentlich nachdem man eine philosophische Begründung für ihn darin gefunden hatte, daß das Aussprechen eines Mantra ein Gegenstück, eine Ergänzung, ja schließlich ein Äquivalent zu einer Meditation sei. Im Laufe der Zeit überwucherte das Mittel bald den Zweck: die Rezitation einer Formel wurde für so wirkungsvoll gehalten, daß sich ein besonderer Zweig der Theologie ausbildete, welcher sich mit der Zusammensetzung der Mantras beschäftigte und die »Mantra-Methode« (naya) als ein der »Methode der Vollkommenheiten« (pâramitânaya) gleichwertiger Weg zur Gewinnung der Erlösung angesehen wurde. Schließlich bildete sich der Mantrismus nach dem Muster der tantrischen Lehren und Praktiken der Hindus zu einem besonderen »Fahrzeug« aus, das dem »Kleinen« und »Großen« als ein neues »drittes« zur Seite gestellt wurde. Dieses sogenannte »Mantra«- oder »Vajrayâna« (Diamant-Fahrzeug) hat eine magische Geheimwissenschaft geschaffen, die sich später noch mehr vom ursprünglichen Buddhismus dadurch entfernte, daß sie den Kult weiblicher Gottheiten und shaktistische Gedankengänge in sich aufnahm. Das Vajrayâna hat zwar seit der zweiten Hälfte des ersten Jahrtausends in der ganzen buddhistischen Welt Anhänger gefunden, stieß aber namentlich in seiner erotisierten Form auf heftigen Widerstand bei den traditionstreuen Bekennern des Kleinen wie des Großen Fahrzeugs. Es ist daher heute, von den reinen Formen der japanischen Shingon- und Tendai-Schule abgesehen, nur noch in gewissem Umfange in Nepâl und im Bereich des Lâmaismus lebendig. Da es von der überwältigenden Mehrheit der Buddhisten als eine Verfälschung der wahren Buddhalehre abgelehnt wird, braucht es bei dieser Gesamtbetrachtung der Dogmatik nicht eingehend berücksichtigt zu werden, um so mehr, da der interessierte Leser auf die eingehende Darstellung in meinem Buche »Buddhistische Mysterien« verwiesen werden kann.

Ist das Mahâyâna auch in seinem Werkdienst vielfach veräußerlicht und hat es im shaktistischen Vajrayâna viele dem Buddhismus fremde Bestandteile einer Sexualreligion in sich aufgenommen, so ist es doch in seinem Grundstock heute noch in China, Japan, Tibet sowie ehedem in den drei Indien eine ethische Hochreligion von hohem Range, die sich sowohl ihrer philosophischen Basis wie ihrer moralischen Qualität nach mit der christlichen messen kann. Das ethische Ideal kennzeichnen die Worte eines Bodhisattva: »Als ein Bodhisattva bewahre ich meinen Geist fest und unerschütterlich, freundlich und standhaft, voll Achtung und Ehrfurcht (vor den Meistern), voll Scham und Furcht (vor dem Bösen), ruhig und nur darauf bedacht, anderen zu dienen, in allen untadeligen Dingen das Selbst stets den Wesen unterordnend gleich einem Zaubergebilde (das nur dem Willen des Zauberers folgt), frei von Stolz[1].«

---

[1] Shikshâsamuccaya, S. 127 (Winternitz, Mahâyâna, S. 44).

Schlußbetrachtung

Der Buddhismus läßt sich bestimmen als eine 500 v. Chr. entstandene Sonderform der indischen Religion, bei welcher zahlreiche dem Indertum ausschließlich eigentümliche Elemente spezifisch religiös-sozialen Charakters (Anerkennung des Kastensystems, des Vorrangs der Brahmanen, des Veda und des Opferwesens) als religiös bedeutungslos ausgeschieden und die unabdingbaren Bestandteile der altindischen Weltanschauung (Lehre vom karmischen Weltgesetz, von der Wiederverkörperung und Erlösung) sowie eine Reihe von kosmologischen und mythologischen Vorstellungen beibehalten worden sind. Während im Brahmanismus die verschiedensten vedischen Ansichten über das höchste Weltprinzip bestehengeblieben sind, hat im alten Buddhismus unter Verwerfung des Theismus und Pan-en-theismus ausschließlich die Lehre von dem unpersönlichen Weltgesetz Anerkennung gefunden. Von allen indischen und nichtindischen Glaubensformen unterscheidet sich die Heilslehre des Shâkya-Weisen dadurch, daß sie keinerlei ewige, beharrende, durch sich selbst existierende Substanzen (Âtman, Brahma, Seelen, Urmaterie, Atome usw.) hinter den Erscheinungen annimmt, sondern alle Phänomene als in funktioneller Abhängigkeit voneinander gesetzmäßig entstehende vergängliche »Daseinsfaktoren« betrachtet. Konsequenterweise besteht das höchste Heil in der Aufhebung aller Möglichkeiten zu einem neuen, durch zwangsläufiges Zusammenwirken von Dharmas bedingten individuellen Dasein, in einem Nirvâna, das als absoluter Gegensatz zu jeder denkbaren Existenz begrifflich nur negativ charakterisiert werden kann.

Der Buddhismus ist von allen Religionen diejenige, welche am stärksten die Unbeständigkeit und Sinnlosigkeit des Lebens betont: »Alles ist vergänglich, alles ist ohne selbständiges Wesen und deshalb ›leidvoll‹.« Es liegt darum nahe, anzunehmen, daß diese Überzeugung den Buddhisten eine beständige verhaltene Traurigkeit aufprägt. Das ist jedoch in keiner Weise der Fall. Im Gegensatz zu den melancholisch dreinschauenden Hindus und den ernsten Puritanern läßt sich vielmehr bei den Buddhisten in Ceylon, Hinterindien, Ostasien und Tibet nach den übereinstimmenden Erfahrungen aller Reisenden – auch meine Beobachtungen bestätigen dies – zumeist eine ausgesprochen heitere Gemütsstimmung feststellen. Das liegt in der religiösen Erziehung begründet, welche der Buddhismus seinen Bekennern zuteil werden läßt. Denn er kultiviert in keiner Weise einen müden Weltschmerz, sondern macht es seinen Anhängern zur Pflicht, die Unvollkommenheit alles Irdischen und das Zugrundegehen aller Dinge als unvermeidlich hinzunehmen und den Blick darüber hinaus auf das über allen Wandel erhabene Nirvâna zu richten. Unter den Disziplinarvorschriften des Mönchsordens findet sich deshalb auch eine, welche jeden Bhikshu mit Ausstoßung aus dem Sangha bedroht, der durch die eindrucksvolle Schilderung der Erbärmlichkeit des

Lebens andere dazu veranlaßt, den Tod zu suchen. Nach dem Vorbild des Buddha, dessen Statuen voll sieghafter Freude ihn überall umgeben, soll der gläubige Jünger unentwegt danach streben, alle niederdrückenden Gemütsaffekte und alle Leidenschaften zu überwinden und eine unerschütterliche Geistesklarheit und erhabene Seelenruhe zu gewinnen. Deshalb verwirft der Buddha auch die qualvolle Selbstpeinigung, die von vielen Hindus so hoch gewertet wird, und sucht durch seine Heilsmethodik eine ruhige, klare und kühle geistige Haltung zu erzielen.

Nach Anguttara-nikâya 4,77 hat der Buddha vier Dinge als für den Geist des normalen Menschen unfaßbar bezeichnet: das Wesen (d. h. den Machtbereich) eines Buddha, das Wesen der Versenkungen, das Funktionieren der karmischen Vergeltung und die Erklärung der Welt. Wer diese vier Dinge spekulativ zu ergründen sucht, der läuft Gefahr – so heißt es –, ein Opfer von Wahnideen und geistiger Störung zu werden. An vielen Stellen des Kanons werden die Brahmanen getadelt, welche eine positive oder negative Antwort auf die Frage geben: »Ist die Welt ewig oder nicht ewig, ist sie endlich oder unendlich, sind der Leib und das Lebensprinzip miteinander identisch oder voneinander verschieden, existiert ein Vollendeter nach dem Tode in irgendeiner Weise oder nicht?« Die Mönche werden davor gewarnt, sich mit derartigen Problemen zu beschäftigen, weil diese für die Heilsgewinnung keinen Wert haben. In diesem Verzicht auf Spekulationen über Dinge, die in der Dogmatik anderer indischer wie nichtindischer Religionen eine große Rolle spielen, zeigt sich eine philosophische Besonnenheit, wie sie uns sonst nur bei den chinesischen Weisen entgegentritt. Ist ja letzthin auch die ganze Lehre von den Dharmas eine behelfsmäßige Theorie, die nicht die letzten Gründe von Welt und Leben zu erklären sucht, sondern dem praktischen Ziel der Erlösung von der Unrast alles individuellen Daseins dienen soll. Es wäre falsch, wollte man den Buddhismus wegen derartiger Ansprüche seines Meisters als eine von allen »Glaubensreligionen« toto genere verschiedene »Wirklichkeitslehre« charakterisieren, denn die zahlreichen Reden des Buddha, in welchen er von den Wiederverkörperungen seiner Zeitgenossen spricht, zeigen allein schon, daß er nur in gewissem Umfange den metaphysischen Lehren seiner Epoche skeptisch und agnostisch gegenüberstand. Derartige Stellen aus dem Kanon beweisen lediglich, daß die Anschauungen der religiösen Denker über das, was erkennbar und wissenswert ist, stark auseinandergehen und daß die einzelnen Religionen die Grenzen zwischen dem Erforschlichen und Unerforschlichen in sehr verschiedener Weise ziehen. Daß Buddha, zumal wenn man ihn den westlichen Religionsstiftern gegenüberstellt, einen durchaus anderen Typus repräsentiert als sie, unterliegt keinem Zweifel.

»Weder das kurze Gleichnis oder die ironische Abfertigung oder gar die pathetische Bußpredigt des galiläischen Propheten noch die auf Visionen ruhenden Ansprachen des arabischen Heerführers finden irgendwelche Paral-

lelen in jenen rein auf den Intellekt, die ruhige, sachliche, mit keiner inneren
Erregung beteiligte Erwägung wirkenden, souveränen, stets systematisch-
dialektisch den Gegenstand erschöpfenden Vorträgen und Gesprächen, welche die eigentliche Form des Wirkens des Buddha gewesen zu sein scheinen [1].«

Die Geschichte des Buddhismus zeigt, daß eine Heilslehre, welche auf eine
farbenprächtige mythologische Einkleidung und auf einen prunkvollen Kultus bewußt verzichtet, stets nur eine aristokratische Weisheitslehre für wenige sein kann. Den religiösen Bedürfnissen der großen Masse kann sie nur
in begrenztem Umfange Genüge tun. Der Buddhismus mußte daher diesen
entweder dadurch entgegenkommen, daß er den bisherigen Kultus der Religionen, welche vor ihm da waren, bestehen ließ, oder daß er selbst bei sich
die Andachtsformen und sakralen Zeremonien einführte, welche an die
Stelle derjenigen des bisherigen Götter- und Heiligendienstes treten konnten. Er hat beides getan. Er hat in Indien zu allen Zeiten die Verehrung der
alten Götter und Geister neben sich geduldet, wie er dies auch heute noch
in Ceylon, Hinterindien und in allen anderen Ländern seines Verbreitungs-
gebietes tut. Er hat darüber hinaus aber noch im Mahâyâna und Vajrayâna
neue Gestaltungen geschaffen, welche das, was ursprünglich außerhalb seiner geistigen Interessensphäre lag, in diese einbezogen. Dadurch hat die
Heilslehre des Erhabenen im Verlaufe der Jahrhunderte, während welcher
sie bei den verschiedensten Völkern Boden faßte, bei diesen ein stark diffe-
renziertes Aussehen angenommen, wenngleich sie in ihrem innersten Kern
immer noch mehr oder weniger den Charakter einer Philosophie für Denker
bewahrt hat.

Aus dieser seiner schon in der Anlage präformierten Stellung zu anderen
Glaubensformen erklärt sich die bemerkenswerte Tatsache, daß der Buddhismus im Gegensatz zu den anderen Weltreligionen nie von denen, die
sich zu ihm zählen, verlangt hat, daß sie ihm ausschließlich angehören und
ihre frühere Verbindung mit anderen Religionen aufgeben. Er betrachtet alle
anderen Glaubenslehren als wertvolle, wenn auch unvollkommene Vorstufen der von Buddha verkündeten höchsten Wahrheit. Ein Lama hat dies in
folgender Weise ausgedrückt: »Als Shâkyamuni nach Jambudvîpa (dem in-
disch-asiatischen Kontinent) herabstieg, verkündigte er seine Lehre nicht
bloß in Indien, sondern selbst in den fernsten Ländern, fand aber, daß nicht
alle Völker fähig waren, den lamaischen Glauben zu fassen. Um sie indes
nicht im Nebel der Unwissenheit herumirren zu lassen, tat er, was ihm am
ratsamsten schien, indem er den fremden Völkern solche Gesetze gab, die
der Denkungsart eines jeden angemessen waren. Der Segen Shâkyamunis
wurde so über alle Völker ausgeströmt. Wenn die Lamaisten den ganzen
Umfang dieses Segens erhielten, so gingen döch auch die anderen Religions-

---

[1] Max Weber, »Religionssoziologie«. Tübingen 1921, II, S. 245.

parteien nicht ganz leer aus. Wer nach seinem Gesetze handelt, geht nicht verloren, sondern hat künftige Glückseligkeit zu erhoffen [1].«

Es ist dies die volkstümliche Ausdeutung einer Anschauung, die schon in den älteren Mahâyâna-Schriften wiederholt ausgesprochen wird. Denn im »Lotus des guten Gesetzes« (Kap. 24) heißt es vom Bodhisattva Avalokiteshvara, daß er manchen Lebewesen das Heil in der Gestalt des Brahmâ, Indra, Shiva oder eines persönlichen Weltenherrn verkündet, und im »Vimalakîrti-nirdesha« wird gesagt:

> Die klugen Bodhisattvas nehmen
> Gestalten an von jeder Form
> Und predigen in allen Zungen
> Des ewigen Gesetzes Norm.

> Zur Sonne werden sie, zum Monde,
> Zu Erde, Wasser, Feuer, Luft,
> Zu Indra, Brahmâ und zum Gotte,
> Der Wesen in das Dasein ruft.

> Denn welche Andachtsart auch immer
> Jedwedem Wesen hier gefällt:
> Durch jene weisen sie den Weg ihm
> Zur Überwindung dieser Welt.

---

[1] Bergmann, »Nomadische Streifereien« I, S. 261 bei C. F. Köppen, »Die Religion des Buddha«. Berlin 1857, S. 462.

Der chinesische Universismus

I. Die Grundgedanken der chinesischen Weltanschauung

1. Die Harmonie von Himmel, Erde und Mensch

»Universismus« nennt J. J. M. de Groot das uralte metaphysische System, das allem chinesischen Denken zugrunde liegt. Nach diesem bilden Himmel, Erde und Mensch die drei Komponenten des einheitlichen Alls, sie stehen in innigen Wechselbeziehungen zueinander und werden von einem allumfassenden Gesetz regiert. Alle Erscheinungen im Makrokosmos haben im physischen, geistigen und sittlichen Leben des Menschen ihre Entsprechung, andererseits aber ist auch das, was die Ordnung in der menschlichen Gesellschaft aufrechterhält, die Richtschnur für das Weltgebäude. So heißt es im Buch der Sitte: »Die Kraft der Sitte ist es, durch die Himmel und Erde zusammenwirken, durch die die vier Jahreszeiten in Harmonie kommen, durch die Sonne und Mond scheinen, durch die die Sterne ihre Bahnen ziehen, durch die die Ströme fließen, durch die alle Dinge gedeihen, durch die Gut und Böse geschieden wird, durch die Freude und Zorn den rechten Ausdruck finden, durch die die Unteren gehorchen, durch die die Oberen erleuchtet sind, durch die alle Dinge trotz ihrer Veränderungen nicht in Verwirrung kommen[1].«
In einem der ältesten Stücke des »Shu-ching« I, 4 heißt es: »Es ist ein innerster Zusammenhang zwischen dem Himmel oben und dem Volke unten, und wer das im tiefsten Grund erkennt, der ist der wahre Weise[2].« Diese Worte enthalten in knappster Form die Quintessenz und das Programm einer Weltanschauung, welche die beiden Dinge, die nach Kant »das Gemüt mit immer neuer und zunehmender Bewunderung und Ehrfurcht erfüllen«, nämlich den »bestirnten Himmel über mir« und das »moralische Gesetz in mir«, in einer letzten Einheit schaut. Denn was im Himmel ist, das hat auch auf Erden im Menschen seine Entsprechung. Ein alter Text, das »Buch der

---

[1] Li-Gi, Das Buch der Sitte (Wilhelm), S. 173. [2] E. V. Zenker, Der Taoismus der Frühzeit. Akad. d. Wiss., Wien, Phil.-hist. Kl. Sitz.-ber., 222. Bd. 2. Wien-Leipzig 1943, S. 22.

geheimen Ergänzungen« (Yin Fu Ching), sagt darüber in bildhafter Weise[1]:

> Der Himmel hat fünf Gewalttäter,
> Wer sie erblickt, wird blühen.
> Die fünf Gewalttäter sind im Ich,
> Wer sie wirken läßt im Himmel,
> Bekommt das Weltall in die Hand,
> Und die Natur wird aus dem Ich geboren.
> Himmel und Erde sind Räuber[2] an der Natur,
> Die Natur ist Räuber am Menschen,
> Der Mensch ist Räuber an der Natur.
> Sind die drei Räuber im rechten Verhältnis,
> So sind die drei Mächte[3] in Frieden.

Dann heißt es:

> Ist die Zeit entsprechend, so kommt der Leib in Ordnung,
> Bewege das Triebwerk entsprechend,
> So kommen die Wandlungen zur Ruhe.

Die durchgängige Übereinstimmung und Harmonie, die zwischen dem Makrokosmos und dem Mikrokosmos besteht, hat seinen Grund darin, daß die großen Erscheinungen des Weltalls, die Elemente, atmosphärische Einflüsse, Planeten, Himmelsrichtungen, Jahreszeiten usw., mit den verschiedensten irdischen Erscheinungen und vor allem mit denen des Menschenlebens korrespondieren. Es heißt darüber im Buch der Sitte:»Der Mensch vereint in sich die Geisteskräfte von Himmel und Erde, in ihm gleichen sich die Prinzipien des Lichten und Schattigen aus, in ihm treffen sich die Geister und Götter, in ihm finden sich die feinsten Kräfte der fünf Wandelzustände (Elemente). Darum ist der Mensch das Herz von Himmel und Erde und der Keim der fünf Wandelzustände. Wenn man Himmel und Erde zur Grundlage nimmt, so kann man alle Dinge erreichen. Wenn man das Licht zu Mitteln nimmt, so kann man die Gefühle des Menschen ergründen . . . Wenn man die Geister und Götter zu Gehilfen nimmt, so steht jede Arbeit unter sicherem Schutz. Wenn man die fünf Wandelzustände zum Stoff nimmt, läßt sich jede Arbeit wiederholen[4].« Unter dem Lichten und dem Schatten oder Dunklen werden die beiden kosmischen Urpotenzen, Yang, die positive, und Yin, die negative Kraft, verstanden, von denen weiter unten ausführlicher gesprochen werden wird. Die fünf Wandelzustände sind die sogenannten Elemente »Holz, Feuer, Metall, Wasser, Erde«, die nicht als materielle

---

[1] Übersetzt von R. Wilhelm in »Liä-Dsi, Das Buch vom quellenden Urgrund«, Einl. S. XVIII ff. Die fünf Gewalttäter sind die fünf atmosphärischen Erscheinungen (Regen, Klarheit, Hitze, Kälte, Wind) bzw. die fünf Sinne. Sie heißen »Gewalttäter«, weil sie sich gegeneinander durchsetzen. [2] Weil jedes von den andern lebt. [3] Himmel, Erde, Mensch. [4] R. Wilhelm, Das Buch der Sitte, S. 38.

Substanzen, sondern als Kräfte vorgestellt werden. »Holz ist das organisch von innen sich Gestaltende, Feuer ist das Emporsteigende, Metall das von außen mechanisch Gestaltete, Wasser das nach unten Sinkende, die Erde ist der gemeinsame Mutterboden[1].«
Die nachstehende Tabelle gibt eine Übersicht über die wichtigsten Entsprechungen.

Elemente:	1. Erde	2. Wasser	3. Feuer	4. Holz	5. Metall
Sinne:	Gefühl	Gehör	Gesicht	Geruch	Geschmack
Farbe:	Gelb	Schwarz	Rot	Grün	Weiß
Geschmack:	süß	salzig	bitter	sauer	scharf
Geruch:	duftend	faul	verbrannt	stinkend	ranzig
Tageszeit:	o	Nacht	Mittag	Morgen	Abend
Jahreszeit:	o	Winter	Sommer	Frühling	Herbst
Himmelsrichtung:	Mitte	Norden	Süden	Osten	Westen
Atmosphärische Erscheinungen:	Wind	Kälte	Hitze	Regen	Klarheit
Feldfrüchte:	Hirse	Sorghum	Bohnen	Weizen	Hanf
Geschöpfe:	nackt	gepanzert	gefiedert	schuppig	haarig
Tiere:	Ochse	Schwein	Huhn	Schaf	Hund
Organe:	Herz	Nieren	Lunge	Milz	Leber
Planeten:	Saturn	Merkur	Mars	Jupiter	Venus
Tugend:	Treue	Weisheit	Sitte	Liebe	Gerechtigkeit
Impulse:	Verlangen	Furcht	Freude	Ärger	Sorge
Regierungsarten:	Sorgfalt	Ruhe	Erleuchtung	Gehenlassen	Energie

Die Chinesen haben unendlich viel Scharfsinn darauf verwendet, noch die verschiedensten anderen Dinge als einander entsprechend aufzuweisen, indem sie irgendwelche tatsächlichen oder angeblichen Übereinstimmungen zwischen ihren Gestalten, Eigenschaften oder Wirkungen feststellten und auf Grund dieser oft recht willkürlichen Analogien ihre Zusammengehörigkeit behaupteten. Sie sind auch den Beziehungen der fünf Elemente, auf welche sich alles Irdische zurückführen läßt, nachgegangen und haben deren gegenseitiges Verhältnis zu erfassen versucht. Dabei bestimmt die eine Theorie die Aufeinanderfolge der Elemente nach dem Prinzip ihrer gegenseitigen Zerstörung: Die Erde saugt das Wasser auf, das Wasser löscht das Feuer, das Feuer schmilzt das Metall, das Metall schneidet das Holz, das Holz pflügt die Erde. Eine andere Theorie läßt die Elemente sich gegenseitig erzeugen: Holz erzeugt Feuer, Feuer erzeugt Erde (als Asche), Erde erzeugt Metall, Metall erzeugt (wenn es schmilzt) Wasser, Wasser erzeugt Holz. Denn der ganze Kosmos ist ein gewaltiger Mechanismus, der in beständigem Wandel begriffen ist, und die fünf Elemente sind darum keine ewigen letzten Substanzen, sondern verdanken ihr Dasein gleich allem anderen den beiden Urgewalten Yang und Yin, welche die Ursachen des unaufhörlichen Wechsels aller Dinge sind.
Yang ist das männliche, aktive, zeugende, schöpferische, lichte Prinzip, Yin

[1] R. Wilhelm, Das Buch der Sitte, S. 374.

das weibliche, passive, empfangende, hingebende, verhüllende. Beide sind Gegenstücke, die sich ergänzen, nicht Gegensätze, die sich bekämpfen. Denn im gesetzmäßigen Turnus lösen beide einander ab und bringen durch ihr Zusammenwirken alle Erscheinungen im Kosmos hervor. Der periodische Wechsel der Jahreszeiten erklärt sich z. B. aus den sich verschiebenden Machtverhältnissen beider Prinzipien. Im Sommer steht die Kraft des Yang auf ihrem Höhepunkt, im Herbst tritt es allmählich gegenüber dem Yin zurück, bis dieses im Winter höchste Entfaltung erreicht, um im Frühling wieder seine Macht an das Yang abzugeben. Diese beiden Urgewalten, die ihre Macht in dem ständigen Wechselspiel von Positivem und Negativem, von Kraft und Stoff, von Himmel und Erde, von Bewegung und Ruhe, von Härte und Weichheit, von Wärme und Kälte, von Gut und Böse usw. manifestieren, sind ihrerseits wiederum die beiden Seiten des All-Einen, im ständigen Wandel begriffenen Seienden. Das Ineinandergreifen und Koexistieren von Yang und Yin im All-Einen wird durch ein Zeichen symbolisiert, in welchem die weiße Hälfte des Kreises, die selbst wieder einen schwarzen Punkt in sich birgt, das Yang, die schwarze Kreishälfte mit dem weißen Punkt das Yin darstellt.

Diese »T'aichi«, d. h. »Uranfang«, genannte Figur repräsentiert den Zustand des Universums, in welchem die positive und die negative Urkraft sich schon getrennt haben. Diesem Zustand geht ein anderer (Wu-chi, d. h. Nichts-Anfang) vorher, in welchem alle Unterschiede noch ungeschieden nebeneinander vorhanden sind. Er wird durch einen einfachen Kreis versinnbildlicht. Dieser Zustand des Alls ist nicht der eines absoluten Nichtseins, sondern der eines potentiellen, noch nicht in die Erscheinung getretenen Seins, er bildet den notwendigen Ruhepunkt zwischen zwei Perioden des Weltbestandes, von dem nach einer Berechnung aus später Zeit eine jede $360^2 = 129600$ Jahre dauern soll.

2. Das höchste Weltprinzip

Nach chinesischer Auffassung ist das Weltall ein riesiger lebendiger Organismus, der in fortwährendem Wandel begriffen ist und dessen Einzelglieder sich gegenseitig beständig beeinflussen. Da erhebt sich die Frage nach der letzten Ursache alles kosmischen Geschehens, jene Frage, die Chuang-tse (XIV, 1) in die Worte kleidete: »Des Himmels Kreislauf, der Erde Beharren, die Art, wie Sonne und Mond einander in ihren Bahnen folgen: wer ist's, der sie beherrscht? Wer ist's, der sie zusammenbindet? Wer ist's, der weilt ohne Mühe und alles das in Gang erhält?« Seitdem die chinesische Weisheit in Europa bekanntgeworden ist, haben viele Forscher diese Frage in abendländischer Weise zu beantworten versucht. Die einen meinten, die Chinesen seien reine Naturalisten und ließen den Kosmos nur durch »natürliche Kräfte, welche sich auf keinen Gottesdienst gründen«, regiert werden. Andere betrachteten sie als Deisten, die zwar annähmen, daß Gott die Welt und ihre Ordnung geschaffen habe, jedoch bestritten, daß er nach der Schöpfung noch in irgendeiner Weise in das Weltgeschehen eingreife. Manche wieder vermeinten in China den Glauben an einen ewigen persönlichen Weltenherrn festzustellen, und schließlich fehlte es auch nicht an Stimmen, welche die Chinesen als Pantheisten charakterisierten. Alle derartigen Versuche, die Vorstellungen der Chinesen von der Triebkraft des Universums auf einen bestimmten Begriff der europäischen Geistesgeschichte festzulegen, leiden zunächst einmal an dem Gebrechen, daß sie ohne weiteres annehmen, die philosophischen Kategorien der abendländischen Gotteslehre seien auch für die von der unseren so wesensverschiedene geistige Welt des Fernen Ostens maßgeblich, obwohl es doch von vornherein einleuchtet, daß dort andere Anschauungen vertreten worden sein könnten, die sich mit den unserigen gar nicht oder nur zum Teil decken. Des weiteren aber ist zu bedenken, daß die Chinesen in den mindestens drei Jahrtausenden, die wir ihre metaphysischen Lehren verfolgen können, eine nicht minder große Mannigfaltigkeit von Theorien hervorgebracht haben als wir im Westen und daß zu verschiedenen Zeiten und bei verschiedenen Denkern stark voneinander abweichende Ansichten vertreten worden sind. Die Frage läßt sich also gar nicht einhellig und abschließend beantworten, sondern bedarf einer eingehenden und spezialisierten Behandlung.

Im wesentlichen sind es drei Begriffe, mit welchen die Chinesen die Frage nach dem, was die Welt erhält und regiert, beantwortet haben: die Begriffe »Shang-ti«, »T'ien« und »Tao«. Ihnen müssen wir uns daher zunächst zuwenden, wenn wir über diese Frage Aufschluß erhalten wollen.

Mit dem Worte »Shang-ti«, d. h. oberster Herrscher, wird ein Hochgott bezeichnet, der nach der gewöhnlichen Anschauung am festen Punkt des Himmels, dem Polarstern, in seinem Purpurpalast residiert und unter dessen Augen das ganze Schauspiel des Weltgeschehens vor sich geht. Shang-ti wird bereits im Shih-ching als der höchste Herr erwähnt, dem auch Könige dienen müssen und der denen, die ein tugendhaftes Leben führen und sich vom Bösen fernhalten, Segen, hingegen den Übeltätern Unheil zuteil werden läßt. Merkwürdigerweise wird an den wenigen Stellen des Shih-ching, in denen von Shang-ti die Rede ist, dies nur allgemein festgestellt, hingegen nicht eine von Shang-ti ausgeübte Tätigkeit geschildert, was doch sonst ein Lieblingsthema aller religiösen Texte ist, welche das Dasein eines höchsten Weltregierers lehren. In der gesamten alten klassischen Literatur tritt er nur einmal in einem Gespräch mit König Wen redend auf (Shih-ching III, 1, VII). Als ein menschenähnliches Wesen erscheint Shang-ti ferner in der Ode

Shih-ching III, 2, I, wo die Legende von der Geburt des Hou-chi, des Ahnherrn der Chou-Dynastie, berichtet wird. Es wird dort erzählt, daß dessen
Mutter in die Fußspur des Shangti getreten und dadurch schwanger geworden sei. Verglichen mit den Vorstellungen, die andere Völker von dem höchsten Gott ausgebildet haben, erscheint die der Chinesen außerordentlich blaß
und unbestimmt, da von Shang-ti weder besondere Mythen erzählt noch
wunderbare Taten berichtet werden. Auch in anderen Texten des Altertums
ist nur davon die Rede, daß er Königen Aufträge erteilte und daß ihm Opfer
dargebracht werden. So läßt sich das Wesen des Shang-ti dahin charakterisieren, daß er zwar der Urheber von allem ist, was geschieht, daß er aber
selbst dabei untätig bleibt und so dem chinesischen Ideal eines guten Herrschers entspricht, von dem zwar alles abhängt, der aber selbst nicht durch
ständige persönliche Eingriffe den Ablauf der Regierungsgeschäfte bestimmt. Shang-ti wird zwar personal gedacht, weil das Denken dieser
Periode alles, was ist, als ein lebendiges, mit Persönlichkeit versehenes
Wesen vorstellen konnte, aber er ist im wesentlichen doch nur eine Personifikation der Ordnung, welche sich in der Natur, in der Sittlichkeit und im
Ritus manifestiert und durch welche die Welt aus einer Fülle von zusam-
menhanglosen Einzelerscheinungen zu einem geordneten Ganzen wird. Der
Glaube an Shang-ti ist Monotheismus in dem Sinne wie der Glaube vieler
Völker an ein höchstes Wesen, dem zahlreiche Gottheiten niederen Ranges
unterstehen, er unterscheidet sich jedoch von dem Glauben an Vishnu,
Shiva, Ahuramazda, Jahve, Allâh oder den christlichen Gott dadurch, daß
dem Gott eine so abstrakte Daseinsform zugeschrieben wird, daß ein stark
emotional gefärbtes, aus intensiver Beschäftigung mit seinem Wesen und
seinem Tun entspringendes inniges persönliches Verhältnis des Menschen
zu ihm nicht aufkommen kann.

Statt des Shang-ti erscheint in vielen Texten der Himmel »T'ien« als höchstes Weltprinzip. Konfuzius z. B. verwendet stets diese Bezeichnung, wenn
er auch den Namen Shang-ti in der alten Literatur stehen ließ. Die in den
kanonischen Schriften enthaltenen Angaben vom Wesen des Himmels lassen sich etwa folgendermaßen zusammenfassen: Der Himmel ist der
Urgrund aller Dinge, zusammen mit der als seine Gattin gedachten, ihm aber
nachgeordneten Erde bringt er alles hervor: »Himmel und Erde sind Vater
und Mutter der zehntausend Wesen.« Er beherrscht die Welt und die Menschen; denen, die Gutes tun, sendet er hundertfältiges Glück herab, denen,
die Böses tun, hundertfältiges Unglück; sein Zorn äußert sich darin, daß er
das Land mit Dürre, Mißernte, Wirren usw. schlägt. Da er im Grunde seines
Wesens aber barmherzig und ohne Haß ist, darf man auf seine Gnade hoffen.
Er verleiht die verschiedensten geistigen und anderen Gaben, vor allem die
Herrschaft über das Reich, nimmt diese aber wieder, wenn sich der Besitzer
nicht würdig zeigt.

Das, was in den kanonischen Schriften vom Himmel gesagt wird, entspricht also ungefähr dem, was von Shang-ti gilt. Ein Unterschied besteht jedoch darin, daß die menschenähnlichen Züge bei T'ien noch geringer sind, denn von ihm wird ausdrücklich gesagt, daß er nicht redet, daß er lautlos und ohne Spur wirkt. Hingegen wird beim Himmel besonders hervorgehoben, daß er schafft. Dabei aber wird an ein gesetzmäßiges allmähliches Hervorgehenlassen, nicht an eine »creatio ex nihilo« und ein Sechstagewerk gedacht.

Der ältesten Weltbetrachtung ist eine Verschiedenheit vom Lebendigen und Unbelebten, von Personen und Sachen noch nicht aufgegangen. T'ien wäre deshalb von unserem Blickpunkt aus gesehen bald als ein Gott, bald als eine unpersönliche Schicksalsmacht, bald als eine Naturerscheinung zu charakterisieren. In der späteren Zeit tritt bei den einzelnen Denkern die eine oder andere Bestimmung mehr in den Vordergrund. Bei Mê-ti (5. Jahrhundert) ist der Himmel ein ausgesprochen menschenähnliches Wesen, ein gütiger Vater, der das Menschengeschlecht liebt und zum Guten erzieht. Konfuzius spricht hingegen vom Himmel mehr als wie von etwas Unpersönlichem, wenn natürlich auch personalistische Ausdrücke nicht fehlen. Der Konfuzianer Tung Chung-shu (2. Jahrhundert v. Chr.) deutet den Himmel als Naturerscheinung pantheistisch als einen Gott mit irdischen Leidenschaften: »Im Frühling äußert dieser seine Fröhlichkeit durch gelinde Wärme, im Sommer seine ausgelassene Freude durch Hitze, im Herbst seinen Zorn durch Klarheit und im Winter seine Trauer durch Kälte. Für Fröhlichkeit wird auch Liebe eingesetzt und für Zorn Ernst. Mit dem warmen Frühlingsfluidum liebt der Himmel und erzeugt die Vegetation, mit dem heißen Sommerfluidum offenbart er seine Lust und hegt und entwickelt die Pflanzen. Mit dem klaren Herbstfluidum zeigt er seinen Ernst und bringt alles zur Reife, und mit dem kalten Winterfluidum trauert er und verbirgt seine Erzeugnisse [1].«

Der Eklektiker Wang Ch'ung (27–97 n. Chr.) bekämpft hingegen diese Auffassung, daß der Himmel eine Persönlichkeit sei, seine Bewegungen erfolgen nicht bewußt und planmäßig, sondern ungewollt, nach festen Gesetzen. Er ist kein Herrscher, der die Menschen regiert, und besitzt keine menschlichen Eigenschaften, weil ihm alle Organe fehlen. Auch der Konfuzianer Chu Hsi (1130–1200) sieht den Himmel nicht als einen persönlichen Gott an, sondern als eine nach festen Gesetzen wirksame Kraft. Er gibt deshalb den Stellen der heiligen Texte, welche von einem Himmelsgott sprechen, eine allegorische Deutung.

Aus dem Gesagten geht hervor, daß über das Wesen des Himmels sehr verschiedene Ansichten bestehen, einige von diesen nähern sich in mancher Beziehung dem europäischen Theismus, während andere mit ihm nur wenig gemein haben. Abgesehen davon, daß vom Himmel kein unmittelbares aktives wundertätiges Eingreifen in Form von Mythen erzählt wird, unterschei-

[1] A. Forke, in »Licht des Ostens«, S. 367.

det er sich in der Auffassung vieler Chinesen namentlich darin von dem Weltenherrn der Christen, Mohammedaner und vieler Hindus, daß ihm nicht Ewigkeit und Unveränderlichkeit zugeschrieben wird, sondern daß er selbst für viele Philosophen nur eine aus der großen Einheit hervorgegangene und später wieder in diese eingehende Manifestation eines höheren Absoluten darstellt.

Das Wort »Tao« (sprich: Dau) bedeutet ursprünglich »Weg«, besonders den Weg der Gestirne am Himmel. So heißt der Äquator der »rote Weg«, die Ekliptik der »gelbe Weg«. Tao bezeichnet aber auch den »sinnvollen« Weg, der zum Ziel führt, die Ordnung, das Gesetz, das in allem wirkt. Da für das alte Denken alles, was ist, dinglich vorgestellt wird, ist Tao etwas Substantielles, wenn auch Unsichtbares; bei manchem Philosophen wird es geradezu zu dem subtilen Urstoff, aus dem alles geworden ist. Diese stoffliche Auffassung des Tao tritt in späterer Zeit darin hervor, daß es von den Magiern als Lebenskraft und Zaubermacht aufgefaßt wird, daß es denen, die es kennen und sich seiner zu bedienen wissen, die Verlängerung des Lebens und die Verwandlung von Metallen ermöglicht. Da das archaische Denken noch nicht zwischen Personen und Sachen scheidet, kann es nicht befremden, wenn vom Tao mitunter wie von einem persönlichen Wesen, von einem Gott oder von einer weiblichen Gottheit gesprochen wird. Die Anschauungen über das Wesen des Tao und über seine metaphysische Bedeutung sind bei den verschiedenen Philosophen verschieden. Bei Konfuzius ist das Tao das Gesetz, durch welches der Himmel die Natur und das Menschenleben in Ordnung hält, bei den Taoisten ist das Tao das immanente, vernünftige, aber überpersönliche Naturgesetz, zugleich das Ursein, aus dessen polarer Trennung erst Himmel und Erde hervorgehen. Chuang-tse spricht es deutlich aus, daß das Tao dem Himmel voranzustellen ist, wenn er sagt (6,1): »Die Menschen sehen im Himmel ihren Vater und lieben ihn persönlich; wieviel mehr müssen wir das lieben, was höher ist als der Himmel.« Das höchste ist für Chuang-tse aber das Tao, das er einerseits als Nichtsein, Wesenlosigkeit, Leere, Stille definiert, andererseits aber auch wieder als den großen Ahn und Meister bezeichnet, der Himmel und Erde trägt, alle Gestalten formt und schnitzt, alles in Gerechtigkeit ordnet und durch sein Wohlwollen begnadet. Wie bei manchen indischen Mystikern erscheint das Weltprinzip hier als etwas Unfaßbares, in dem personale und impersonale Züge durcheinander gehen. Manche Taoisten lassen das Tao erst aus dem Nichts oder dem Chaos entstehen – es wäre dann nicht das ens realissimum, sondern nur eine gewordene Erscheinungsform desselben; manche brauchen die Ausdrücke Himmel und Tao gelegentlich als gleichbedeutend, oder sprechen vom Himmel, als ob er eine selbständige Existenz neben dem Tao hätte. Wie nicht anders zu erwarten ist, gibt es in China ebenso wie anderwärts eine große Fülle von verschiedenen Auffassungen über das höchste Weltprinzip. Man muß sich dies stets vor Augen halten, um nicht, wie dies so oft geschieht, in den Fehler zu verfallen, die religiösen und philosophischen Systeme des Ostens für weniger differenziert zu halten als die des Westens. Wenn aber auch über das Wesen des Absoluten bei den Denkern des Reiches der Mitte abweichende Meinungen bestehen, so sind ihnen doch die oben skizzierten universistischen Anschauungen mehr oder weniger gemeinsam. Die Vorstellungen von der kosmischen Gesetzlichkeit und von den Entsprechungen zwischen Makrokosmos und Mikrokosmos sind so stark im Bewußtsein des ganzen Volkes verankert, daß man in ihnen die gemeinsame Basis aller chinesischen religiösen Systeme sehen muß.

3. Die praktische Verwirklichung der universellen Harmonie

Wenn der Einklang mit dem Kosmos ein glückliches Dasein verbürgt, dann muß der Mensch vor allem bestrebt sein, die gegenwärtige und zukünftige Tendenz des Weltverlaufs kennenzulernen, damit er sich diesem.harmonisch einfügen kann. Um diese Tendenz in jedem Moment zu erforschen, bedienen sich die Chinesen einer Reihe von magischen Methoden, die dem Adepten einen Einblick in die geheimnisvollen Zusammenhänge alles Seins eröffnen sollen.

Das berühmteste Werk, das seit alters diesem Zwecke dient, ist das Buch der Wandlungen (Yi-ching, I-king), dessen Erfindung auf den mythischen Kaiser Fu-shi (2950 v. Chr.) und dessen heutige Anordnung auf König Wen und seinen Sohn (um 1000 v. Chr.) zurückgehen soll.

Die wesentlichen Grundgedanken des Werkes sind:

Alles Dasein geht dadurch vor sich, daß die beiden Grundkräfte Yang und Yin in gesetzmäßigem Wandel ineinander übergehen. Diese Wandelzustände werden durch $8 \times 8 = 64$ Zeichen dargestellt, die aus ganzen oder starken (–) und aus gebrochenen oder schwachen (- -) Linien bestehen. Diese Zeichen sind Sinnbilder für die Richtungen des Geschehens, Urtypen des Weltgesetzes, die überzeitlich sind, aber in der Welt der Erscheinungen sich manifestieren. Durch intuitive Erfassung dieser Bilder vermag der Weise die Keime alles Geschehens zu verstehen, er kann dadurch sowohl die Vergangenheit begreifen wie die Zukunft voraussehen. Da alle Wandlungen allmählich vor sich gehen, kann er, wenn er ihre Anfänge kennt, ihr künftiges Sichweiterentwickeln in vernünftige Bahnen lenken.

Die vornehmste Wissenschaft, welche aus einer Kenntnis kosmischer Vorgänge heraus auf die Gestaltung irdischer Verhältnisse Schlüsse zu ziehen sucht, ist in China wie in Ägypten, Vorderasien, Europa und Indien die Astrologie sowie die eng mit ihr verbundene Lehre von guten und schlechten Zeiten (Chronomantie). Auch aus der Symbolik der Zahlen und Farben, aus den verschiedensten Witterungsphänomenen und sonstigen als Vorzeichen künftiger Dinge gedeuteten Erscheinungen wahrsagte man die kommenden Ereignisse. Speziell chinesisch sind die Verwendung des (als Abbild des Uni-

versums angesehenen) Rückenpanzers der Schildkröte und der Schafgar-
benstengel für Orakelzwecke. Eine große Rolle spielt ferner die Geomantie,
die Lehre von den Einflüssen von Wind und Wasser (Feng-shui), welche die
Wohnsitze der Lebenden wie der Toten nach bestimmten Gesichtspunkten
anlegt oder korrigiert, um das Gleichmaß zwischen der Erdoberfläche und
den makrokosmischen Erfordernissen zu gewährleisten.

Der Mensch darf sich aber nicht damit begnügen, durch Beobachtung und
Deutung des alljährlichen Kreislaufs der Natur und der ungewöhnlichen
Erscheinungen am Himmel und auf Erden die erforderlichen Regeln für
seine Lebensführung und sein Tun und Treiben zu gewinnen; er muß vielmehr auch bestrebt sein, durch seine ethische Gesinnung das erhabene Beispiel des Himmels nachzuahmen. Was für das Individuum gilt, gilt aber auch
für die Gemeinschaft. Denn die Ordnung (tao) in der Natur, im Reich, in
der Gesellschaft und im Leben des einzelnen sind aufs innigste miteinander
verflochten; das eine bedingt das andere, und eine Störung in dem einen Teil
des Universums hat auch Disharmonien in den anderen zur Folge.

So wie die Inder des Altertums Indien für das Hauptland der Erde hielten,
demgegenüber alle anderen Gebiete als von Barbaren (Mleccha) bewohnte
Grenzländer in ihrer Bedeutung völlig zurücktreten, oder so wie das christliche Mittelalter in Europa und den Mittelmeerländern die Szene alles bedeutsamen geschichtlichen Lebens sah, so betrachteten auch die Chinesen bis zu
Beginn des 19. Jahrhunderts China als Zentrum alles irdischen Geschehens,
als den eigentlichen Weltstaat, auf den es allein ankomme. Der Herrscher
des Reiches der Mitte galt ihnen daher als der alleinige und rechtmäßige
Vertreter des Himmels auf Erden. Nach dem erhabenen Vorbild des Himmels hatte er das Weltreich zu regieren; dem Himmel war er für die Auf-
rechterhaltung der Ordnung verantwortlich. Als Männer der Praxis, die
nicht uferlos über die Dinge spekulierten, sondern stets die Auswirkungen
im Leben im Auge behielten, haben die chinesischen Weisen daraus die Konsequenz gezogen, der entscheidende Faktor für das Wohlergehen der ganzen
Welt sei, daß sie von einem Kaiser regiert wird, der selbst den vom Himmel
gewiesenen Bahnen folgt und seine Untertanen den gleichen Weg führt. Sie
haben deswegen bis in alle Einzelheiten darüber nachgedacht, was ein Herrscher zu tun und zu lassen habe, um den ihm vom Himmel erteilten Auftrag
in angemessener Weise zu erfüllen. Im Gegensatz zu den heiligen Schriften
anderer Religionen werden deshalb die Probleme des Staatslebens in der
autoritativen Literatur Chinas in ausgedehntem Maße behandelt. Nirgends
wohl sonst auf Erden ist die gesamte Theorie der Staatsführung auf so moralische Grundsätze aufgebaut und die Tugend als das unerläßliche Erfordernis
des idealen Herrschers so hoch gepriesen worden. Nach den Vorschriften des
Shu-ching soll der wahre Fürst zugleich milde und ernst, nachgiebig und
fest, aufrichtig und höflich, streng und doch gerecht sein und so, indem er
Maß und Mitte zwischen allen einseitigen Übertreibungen nach der einen

oder anderen Seite hält, in der Harmonie seiner Wesensart die Harmonie der Weltordnung widerspiegeln. Die großen Kaiser des Altertums sollen alle diese Vorzüge besessen und deshalb nicht nur das »schwarzhaarige Volk« Chinas in Frieden, Ruhe und Eintracht erhalten, sondern auch die Barbaren zu sittlichen Menschen erzogen und dadurch der chinesischen Kultur gewonnen haben.

4. Die Welt

Das Weltall besteht aus Himmel und Erde. Der erstere ist ein männliches Yang-Wesen, die letztere ein weibliches Yin-Wesen, er ist der Vater, sie die Mutter der »zehntausend Dinge«. Durch ihr Zusammenwirken bringen sie die Jahreszeiten und die organische Welt hervor, die sich später durch ihren Samen weiter fortpflanzt. Der Himmel ist Geist (luftartig), die Erde Körper. Der Himmel ist in unaufhörlicher Bewegung, die Erde in beständiger Ruhe, der Himmel eine Kugel (nach andern eine kreisrunde Platte oder eine Hemisphäre), die Erde ein Viereck; der Himmel ist blau, die Erde gelb (d. h. hat die Farbe des lehmigen Lößbodens Nordchinas).
Von einem anderen Gesichtspunkt aus wird gelehrt, daß die Welt drei Abteilungen umfaßt: den Himmel, die Geisterwelt und die Menschenwelt.
Nach einer vielleicht ursprünglich aus Babylon übermittelten Anschauung zerfällt der Raum in fünf Regionen, eine mittlere und vier andere, die sich nach allen Himmelsrichtungen um diese gruppieren. Jede dieser Regionen untersteht einem Planeten (s. S. 119).

5. Götter und Dämonen

Die Welt ist erfüllt von zahlreichen Göttern und Dämonen, von guten und bösen Geistern der verschiedensten Art. Die guten Wesenheiten (Shen oder Shin) sind dem Yang, die bösen (Kuei, Kwei) dem Yin entsprossen.
Die Götter der Staatsreligion sind in erster Linie kosmische Potenzen, die innerhalb des Alls besondere Funktionen zu erfüllen haben, andere sind die Schirmherren bestimmter irdischer Dinge, wie der Wege, des Hauses, des Herdes, der Türen, und wieder andere schließlich vergötterte Menschen. Sie sind nach der Art einer Beamtenhierarchie in Klassen eingeteilt; diesem ihrem Charakter entspricht es, daß manche von ihnen nicht von jedermann durch Opfer verehrt werden dürfen, sondern daß ihr sakraler Dienst das Vorrecht der Inhaber bestimmter Rangstufen ist. Der Kaiser opferte alljährlich am Tage der Wintersonnenwende seinem Ahnherrn, dem Himmelsgott, dem Shang-ti im größten und erhabensten Heiligtum des Reiches, der runden, unbedeckten, marmornen Altarterrasse des Himmelstempels im Süden von Peking. Seine Verehrung galt gleichzeitig seinen dem Himmel zugesellten menschlichen Ahnen sowie der Sonne, dem Monde und den fünf Plane-

ten, den Sternen, den Wolken, dem Regen, dem Wind und dem Donner. Die Götter und Ahnen werden durch Schrifttafeln symbolisiert. Das Gegenstück zu dieser feierlichen Zeremonie war die ebenfalls vom Kaiser vorzunehmende Verehrung der Mutter Erde auf ihrer quadratischen Altarterrasse am Tage der Sommersonnenwende, wenn das Yin-Element sich wieder zu seiner Macht im Rahmen des Jahres erhebt. Bei ihrem Heiligtum im Norden der Hauptstadt befinden sich auch die Tafeln der fünf heiligen Berge, der vier Meere und der vier Ströme, denen der Monarch opferte.

Der Kaiser hatte auch allein das Recht, die Götter des Bodens und des Getreides durch Kulthandlungen zu verehren, die Kaiserin opferte der Göttin der Seidenraupenzucht. Während manche Kulte an den Sitz des »Himmelssohnes« gebunden waren, wurden andere Staatsopfer auch von hohen Beamten in den Provinzen vorgenommen, so die für Shen-nung, den Beschützer des Ackerbaus. Zu den staatlich betreuten Göttern gehören ferner T'ai-sui-hsing, »der Stern des großen Jahres«, d. h. der Planet Jupiter, dessen Kreislauf sich in zwölf Jahren vollzieht und der als Zeitgott betrachtet wird; Wen-ch'ang, der Gott der Literatur; Ch'eng-huang-shen, die Götter der Stadtmauern, und viele andere.

Eine besondere Stellung innerhalb des Pantheons nimmt der Kriegsgott Kuan-ti ein. Dieser war ursprünglich ein Heerführer, der im 2. Jahrhundert n. Chr. lebte und zu Ende des 16. Jahrhunderts von einem Kaiser zum Gott erklärt wurde, denn der chinesische Kaiser nahm als Pontifex maximus das Recht für sich in Anspruch, Personen zu göttlicher Würde zu erheben. Wie wir sehen werden, nimmt auch Konfuzius einen prominenten Platz innerhalb des Staatskultes ein.

Zu diesen großen Gottheiten treten zahlreiche andere, darunter viele lokaler Herkunft, denen das ganze Volk opfert. Die Götterwelt des Chinesen ist also an sich schon außerordentlich reich, sie wird aber noch dadurch stark vergrößert, daß zu diesen Gestalten des von den Konfuzianern bestimmten Staatskultes noch zahlreiche andere hinzutreten, welche dem Pantheon der Taoisten und Buddhisten entstammen oder bestimmten landschaftlichen oder individuellen Wünschen, Sitten und Bräuchen ihr Dasein verdanken.

Der Glaube der großen Massen wird vor allem durch die Vorstellung bestimmt, daß es unzählige gute und böse Geister gibt, welche überall umherschwärmen und Segen oder Schaden stiften können. In erster Linie sind es natürlich die bösen Geister, welche die Phantasie beschäftigen. In mannigfaltiger Gestalt, namentlich auch als Werwölfe, Füchse, Tiger und Schlangen, treiben sie mit den armen Menschen ihr Spiel. Um sie zu verscheuchen oder in Schranken zu halten, sind die verschiedenartigsten Methoden erdacht worden. Durch Amulette, Geistermauern, lärmende Prozessionen und die seltsamsten Arten der Beschwörung sucht man sich ihrer zu erwehren. Neben Berg-, Wald-, Wasser- und Erdgeistern sind es hauptsächlich die Gespenster von Verstorbenen, namentlich von Ertrunkenen und Erhängten, vor allem von Selbstmördern, vor denen man sich fürchtet, weil sie das Leben, die Gesundheit und das Glück der Menschen jederzeit bedrohen. Das führt uns zur Erörterung der Frage, in welcher Weise die Chinesen ein Leben nach dem Tode für möglich halten.

6. Die Geister der Verstorbenen und ihr Dienst

Seit alters bildet der Ahnenkult eines der wichtigsten Elemente der chinesischen Religion. Die Pietät gegen die Vorfahren ist von jeher einer der markantesten Züge des chinesischen Volkscharakters gewesen; der Glaube, daß man ihnen auch nach ihrem Tode Verehrung schulde, stellt also gewissermaßen eine Ausdehnung dieser kindlichen Ehrfurcht über die irdische Lebenszeit hinaus dar. Der Brauch, Verstorbene durch Opfergaben zu erfreuen, setzt natürlich die Vorstellung voraus, daß sie, nachdem sie den irdischen Leib verlassen haben, in einer dem menschlichen Dasein ähnlichen, wenn auch subtileren Form weiterexistieren. Man nahm wohl gewöhnlich an, daß sie in der Nähe ihres Hauses oder Grabes weilten und an dem Schicksal ihrer Familie weiterhin teilnähmen, dieses auch in gewissem Umfange als Schutzgeister beeinflussen könnten. Der Glaube, daß die Abgeschiedenen in einem Himmel oder einer Hölle für ihre Taten belohnt oder bestraft werden, war den Chinesen anfangs fremd, sie kannten anscheinend weder einen dauernden Aufenthaltsort der Toten noch eine jenseitige Vergeltung. Nur von den Geistern verstorbener Herrscher oder anderer hervorragender Persönlichkeiten wurde angenommen, daß sie zu den Göttern emporstiegen und diesen bei der Regierung der Welt behilflich wären.

Der Ahnendienst beginnt unmittelbar nach dem Eintritt des Todes mit einer Zeremonie, durch welche man den Verstorbenen zurückzurufen sucht. Bei der später veranstalteten Totenfeier wurde in alter Zeit der Verstorbene durch einen Enkel vertreten, der als sogenannter »Shih« (Leiche, was Rükkert durch »Totenknabe« wiedergibt), mit dem Ehrengewand des Dahingeschiedenen bekleidet, Gegenstand der Aufmerksamkeiten der Hinterbliebenen ist, namentlich bei dem zu Ehren des Toten veranstalteten Festmahl. Später trat an die Stelle eines lebenden Repräsentanten des Gestorbenen eine Gedächtnistafel. Derartige Tafeln werden in jedem chinesischen Hause aufbewahrt und mit Opfergaben bedacht. Die Vorstellung, daß die Ahnen noch zur Familie gehören, wenn sie auch dem Auge entrückt sind, wird dadurch ausgedrückt, daß ihnen wichtige Familienereignisse, wie Eheschließungen usw., mitgeteilt werden. Durch die sorgfältige Erfüllung aller mit dem Ahnenkult zusammenhängender Obliegenheiten, vor allem durch die dargebrachten Spenden, glaubt man den Geistern der Toten Kräfte zuzuführen, die sie in den Stand setzen, den Hinterbliebenen Segnungen zuteil werden zu lassen. Gewöhnlich erstreckt sich der Ahnenkult nur auf die Vorfahren der letzten Generationen; nach Ablauf einer bestimmten Zahl von Geschlechterfolgen werden die ältesten Gedächtnistafeln entfernt, um für die neu hinzukommenden Platz zu machen. Nur der Urahne und besonders verdienstvolle Väter der späteren Zeit erfreuen sich einer dauernden Verehrung.

Der Ahnendienst wird von der späteren Philosophie in folgender Weise begründet. Der Mensch entsteht durch das Zusammenwirken von Himmel und Erde, der Himmel verleiht ihm den Geist, d. h. das subtile Yang-Fluidum, die Erde den Leib, das grobe Yin-Fluidum. Dabei wird angenommen, daß das, was wir Seele nennen, nicht ausschließlich etwas Geistiges ist, sondern aus einem immateriellen himmlischen (shen) und einem materiellen, dämonischen, erdgebundenen Teil (kuei) besteht. Beim Tode trennen sich beide Komponenten und kehren zu ihrem Ursprung zurück. So wie der Körper nicht sofort verschwindet, sondern einem allmählichen Auflösungsprozeß unterliegt, so überdauert auch das Geistige zunächst den Tod, eventuell viele Jahre hindurch, bis es schließlich auch vergeht. Die Seele kann dabei als individuelles Wesen noch eine längere Zeit nach der Trennung vom Leibe fortexistieren, dies wird dann besonders lange der Fall sein, wenn ihre besondere Geisteskraft ihr ein langfristiges Dasein gewährleistet.

Diese Anschauung ist jedoch nicht allgemein. Viele Philosophen haben sich dem Problem der Unsterblichkeit gegenüber skeptisch verhalten oder leugneten überhaupt die Möglichkeit einer solchen. Das hinderte sie aber nicht daran, die treue Ausführung der vorgeschriebenen Riten als eine Pflicht zu fordern. Zur Ausführung der Opfer genügt vielen Konfuzianern die »Alsob«-Vorstellung, daß die Dahingeschiedenen da sind, um die erforderlichen Gefühle der Pietät usw. zu erwecken. Andere haben hingegen das Fortleben nach dem Tode bejaht und logisch zu erweisen gesucht, wie Mê-ti und seine Schule. Die Taoisten haben, teilweise vom Buddhismus beeinflußt, konkrete Jenseitsvorstellungen ausgebildet.

7. Der Kultus

»Unter allen Mitteln, die nötig sind, um die Menschen zu regieren, ist die Einrichtung der Riten (li) das unentbehrlichste«, heißt es im »Li-chi« 22,1. Der chinesische Staat hat deshalb den Kultus als seine ureigenste Angelegenheit betrachtet und ihn in seine Verwaltung übernommen. Es gab daher bei der Reichsreligion keinen eigentlichen Priesterstand; die sakralen Funktionen wurden vielmehr von Beamten vorgenommen, welche dem Minister der Riten unterstanden. Dem Umstand, daß diese Literaten die religiösen Bedürfnisse der breiten Massen nicht befriedigen konnten, ist es vor allem zuzuschreiben, daß der Taoismus und der Buddhismus mit ihrem Priestertum in großen Kreisen bedeutenden Einfluß gewannen.

Fünf Arten von Riten werden unterschieden: die Riten glücklicher Vorbe-
deutung (Opfer und Gaben an die Geister), die Begräbnisriten, die militäri-
schen Riten, die Riten der Gastfreundschaft (Besuche und Gesandtschaften)
und die freudigen Riten (Hochzeit, Feste usw.). Von diesen sind die Opfer
die wichtigsten, denn das Bedürfnis, sie darzubringen, gilt als tief in der
menschlichen Natur verwurzelt, sagt doch der anfangs zitierte Text: »Das
Opfer ist nicht etwas von außen her Gekommenes, sondern ist von innen
heraus hervorgegangen und aus dem Herzen geboren . . ., daher ist nur der
Weise imstande, den Sinn des Opfers zu erschöpfen.« Die am häufigsten
veranstalteten Opfer sind den Vorfahren gewidmet, ja, es läßt sich geradezu
sagen, daß der Ahnenkult die den Chinesen aller Stände und Schichten gemeinsame Art des Kultus ist. Den Verstorbenen werden Speisen, Tee und
andere Getränke, Blumen, Kleider sowie aus Papier hergestellte Münzen,
Gebrauchsgegenstände, Tiere und Menschen (Diener, Frauen) dargebracht;
die Papiersymbole werden verbrannt, weil angenommen wird, daß die
geistige Essenz des Originals des Dargestellten im Jenseits dem Abgeschiedenen zur Verfügung steht. Bei den Götteropfern werden Tiere, namentlich
Hühner, Hunde, Schweine, Rinder, Pferde gespendet. Während die Opfer
für die Himmlischen verbrannt werden, werden solche für die Erde vergra-
ben. Manche heiligen Zeremonien sind von Gesang und Musik begleitet,
auch Tänze und Pantomimen finden im Kult Verwendung. Als Beispiel dafür, wie das ganze Sakralwesen von universalistischen Vorstellungen durch-
woben ist, sei hier ein Abschnitt aus dem »Buch der Sitte« (Li-chi) wiedergegeben, der den ersten Frühlingsmonat behandelt. Es heißt dort [1]: »In diesem
Monat begeht man die Feier des Frühlingsanfangs. Drei Tage vor Frühlings-
beginn setzt der Großastrolog den Sohn des Himmels mit folgenden Worten
davon in Kenntnis: ›An dem und dem Tage ist Frühlingsanfang.‹ Seine
eigentliche Wirksamkeit liegt im Holze (in der Vegetation). Alsdann fastet
der Sohn des Himmels. Am Tage des Frühlingsanfangs begibt sich der Sohn
des Himmels in eigner Person an der Spitze der drei höchsten Würdenträger
des Reichs, der neun Minister, der Lehnsfürsten und der Großwürdenträger
zur Einholung des Frühlings nach der östlichen Vorstadt. Heimgekehrt, verteilt er Belohnungen an die drei höchsten Würdenträger, an die Minister,
Lehnsfürsten und Großwürdenträger in dem vierten Hof des Palastes.
In diesem Monat betet der Sohn des Himmels am ersten glücklichen Tage
zu Shang-ti um eine gute Ernte. Sobald dann ein zweiter glücklicher Tag gewählt ist, legt der Sohn des Himmels persönlich eine Pflugschar auf seinen
dreisitzigen Wagen zwischen die Wagenlenker und den mit einem Panzer
versehenen Offizier. An der Spitze der drei höchsten Würdenträger, der
neun Minister, der Lehnsfürsten und der Großwürdenträger pflügt er selber
den dem Shang-ti geweihten Acker. Der Sohn des Himmels zieht drei Fur-

---

[1] Erich Schmitt, »Die Chinesen« (Religionsgeschichtliches Lesebuch) Heft 6, S. 49.

chen, die drei höchsten Würdenträger ziehen je fünf, die Minister und Lehnsfürsten je neun Furchen. Heimgekehrt, ergreift der Sohn des Himmels in seinem Hauptgemach einen Becher und spricht zu den drei höchsten Würdenträgern, zu den neun Ministern, Lehnsfürsten und Großwürdenträgern, die er alle um sich versammelt hat: ›Ich opfere euch diesen Wein als Dank für eure Mühewaltung.‹

Dann werden die Regeln für die Opfer durchgesehen, und Befehl wird gegeben, den Geistern der Berge, Wälder, Ströme und Seen Opfer darzubringen; es ist verboten, weibliche Opfertiere zu nehmen.

Man vergräbt in der Erde die Gebeine und das verfaulte Fleisch (von Tieren), aus einem Gefühl des Mitleids heraus.

In diesem Monat darf man keinen Krieg unternehmen. Wenn man einen Krieg unternimmt, so folgt unfehlbar die Strafe des Himmels. Solange die Waffen nicht erhoben sind, darf von uns aus nicht der Anfang dazu gemacht werden.

Es ist verboten, die vom Himmel eingesetzte Ordnung zu verändern, es ist verboten, den natürlichen Lauf der Arbeiten auf der Erde zu unterbrechen und die Regeln für das Verhalten und die Arbeiten der Menschen zu verwirren.

Wenn der Kaiser im ersten Frühlingsmonat die für den Sommer gültigen Vorschriften befolgte, so würde der Regen nicht zur rechten Zeit eintreten, so würden Kräuter und Bäume vor der Zeit welken, und die Staaten würden in ständiger Furcht sein. Wenn er die für den Herbst gültigen Vorschriften befolgte, so würde das Volk von großen Seuchen heimgesucht werden, rasende Stürme und gewaltige Regenfälle würden allgemein erfolgen, und Dornen und Disteln, Lolch und Beifuß würden gleichzeitig wuchern. Würde er die für den Winter gültigen Vorschriften befolgen, so würden Verheerungen durch Überschwemmungen stattfinden, so würden Schnee und Reif großen Schaden anrichten, und die erste Aussaat würde nicht angehen.«

In ähnlicher Weise werden auch die übrigen Monate des Jahres und ihre Riten besprochen, wobei überall die universistische Grundidee klar zur Geltung gebracht wird.

Mit seiner Lehre von dem ewigen Weltgesetz (Tao), von dem Zusammenspiel der beiden Urgewalten Yin und Yang, von den fünf Elementen (Wandelzuständen) und dem Zusammenklang von Himmel, Erde, Mensch, mit seiner Naturverehrung, seinem Ahnenkult und seinem Zeremonienwesen, mit seiner das Leben des Individuums, der Familie und des Staates umspannenden Ethik, die letzten Endes die Auswirkung des Tao in den menschlichen Verhältnissen darstellt, ist der Universismus seit über drei Jahrtausenden die richtunggebende Weltanschauung des chinesischen Kaisertums gewesen und bestimmt auch heute noch nach dessen Zusammenbruch (1912) das Denken und Leben der Millionen des »Reiches der Mitte«. Da das »Tao« den

Zentralbegriff des ganzen Systems darstellt, kann man den Universismus auch als alten, gemeinchinesischen Taoismus bezeichnen. Diese Auffassung von der Bestimmung von Welt und Mensch, deren Anfänge sich im Dunkel der mythischen Vorgeschichte des Chinesentums verlieren, hat in historischer Zeit vor allem zwei geschichtlich bedeutsame Ausprägungen gefunden: als »Konfuzianismus« und als »Taoismus« im engeren Sinne. Der Unterschied zwischen beiden besteht darin, daß bei ihnen dieselben Grundgedanken in verschiedener Weise ausgewertet erscheinen. Die Lehre des Lao-tse und seiner ersten Nachfolger stellt an sich die reinste und tiefste Gestaltung des alten Taoismus dar, sie ist aber dadurch, daß sie quietistische Ideale pflegte, daß sie uferlose naturphilosophische Spekulationen und magische Bräuche ausbildete und schließlich sogar zu einer eigenen Kirche wurde, zu einer besonderen Glaubensform geworden, der nur ein Teil der Chinesen anhängt. Der Konfuzianismus ist ursprünglich aus einer Reaktion gegen die Überwucherung des alten Taoismus mit mystischen, magischen und quietistischen Gedanken und Bräuchen hervorgewachsen. Konfuzius wollte die Lehre der Altvorderen in ihrer Reinheit – wie er sie auffaßte – wiederherstellen, reformierte sie dadurch aber, weil er alles aus ihr ausschaltete, was seinem nüchternen Humanitätsideal widersprach. Er betonte gegenüber Lao-tse den Wert des aktiven Handelns und verkündete eine für die Familie wie den Staat gleicherweise praktisch verwertbare Sittenlehre. Dadurch wurde er zum Exponenten des Normal-Chinesentums, und seine Lehre entwickelte sich, durch politische Kräfte gefördert, allmählich zu einer Staatsreligion, die in der einflußreichen Schicht der Literaten ihre eifernden und unduldsamen Verfechter fand. So ist der Konfuzianismus in immer steigendem Maße zu der für alle verbindlichen orthodoxen Staatsphilosophie geworden, die wie keine andere das chinesische Wesen sichtbar verkörpert. Wir stellen deshalb Konfuzius und seine Lehre an den Anfang unserer Darstellung und lassen den Taoismus und die anderen Strömungen innerhalb der chinesischen Religionsgeschichte erst später folgen. Vorerst aber dürfte es nützlich sein, uns in großen Zügen die Geschichte Chinas zu vergegenwärtigen.

II. Geschichtliche Übersicht

Die chinesischen Historiker lassen die Geschichte Chinas mit einem mythischen Kaiser Fu-hsi beginnen, der im 3. Jahrtausend v. Chr. gelebt und die Anfänge der Kultur geschaffen haben soll. Im »Buch der Wandlungen« heißt es von ihm:
»Als in der Urzeit Pao-Hi (Fo-hi, Fu-hsi) die Welt beherrschte, da blickte

er empor und betrachtete die Bilder am Himmel, blickte nieder und betrachtete die Vorgänge auf Erden. Er schaute die Zeichnungen der Tiere und Vögel und ihre Anpassung an die verschiedenen Orte. Unmittelbar ging er von sich selbst, mittelbar ging er von den Dingen aus. So erfand er die acht Hexagramme (des Buches der Wandlungen), um mit den Urkräften der lichten Götter in Verbindung zu kommen und aller Wesen Verhältnisse zu ordnen [1].«

Fu-hsi soll die Netze für Jagd und Fischfang, die Züchtung der Haustiere, von seinen Nachfolgern soll Shen-nun den Pflug, Huang-ti den Wagen, das Schiff, den Mörser, den Hausbau, Yao die Zeitrechnung, Shun die Einrichtung der Reichsverwaltung eingeführt haben. Auf die ersten Kaiser, die vom Vorgänger ihr Amt erhielten, folgten dann 22 Erbdynastien, beginnend mit der Hsia-Dynastie (2205–1766 v. Chr.). Die Geschichte dieser Herrscherhäuser verläuft in ziemlich gleichmäßiger Weise. Auf eine Reihe tatkräftiger Monarchen folgten Schwächlinge, die sich wenig um das Wohl des Landes kümmerten und die deshalb dann verdientermaßen von einem energischen Gegner vom Thron gestoßen wurden. Die ältere Geschichte trägt einen stark mythischen Charakter. Das Bedürfnis, große Männer an die Spitze der Überlieferung zu stellen, hat die sagenhaften Herrscher des Altertums, Fuhsi, Yao, Shun usw., wenn nicht geschaffen, so doch jedenfalls stark idealisiert und an den Stellen des historischen Geschehens eingesetzt, wo sie auf Grund universistischer, astrologischer oder chronologischer Spekulationen sinngemäß am Platze waren. Die historische Wirklichkeit wird bunter gewesen sein, als sie die lebhaften Schilderungen der Annalisten darstellen.

Die Vorfahren der heutigen Chinesen scheinen in den ältesten für uns erreichbaren Perioden zu beiden Seiten des Knies des Gelben Flusses (Hoangho) gesessen zu haben, doch gehen die Ansichten darüber auseinander, woher sie gekommen sind. Zu Beginn der historischen Zeit waren sie im Verlauf ihrer Entwicklung zu Ackerbauern geworden, sie lebten nach einer alten Clan-Verfassung, von der sich noch Reste bis heute erhalten haben. Die älteste Form der chinesischen Religion scheint in der Verehrung chthonischer Gottheiten, in der Begehung von Vegetationsriten, im Ahnenkult und in magischen Bräuchen bestanden zu haben. Vor allem haben astrale Vorstellungen das Denken beherrscht. Die vier Jahreszeiten und die vier Himmelsrichtungen spielen in diesen Spekulationen ebenfalls eine große Rolle. Den vier Quadranten des Himmels werden bestimmte Bilder und Farben zugeordnet: dem Osten der grüne Drache, dem Süden der rote Vogel, dem Westen der weiße Tiger, dem Norden die schwarze Schildkröte, später wird der Mitte die gelbe Farbe gegeben. Die Grundidee des späteren Universismus tritt bereits deutlich darin hervor, daß Jahres- und Tagesablauf, Natur- und Menschenleben miteinander in Parallele gestellt werden. Die

---

[1] R. Wilhelm, »Geschichte der chinesischen Kultur«, S. 48.

Ordnung des Kults lag dem Herrscher ob, der auch, wie in späterer Zeit, die wichtigsten Opfer darzubringen hatte. Verehrt wurden Gestirngottheiten, heilige Berge und Flüsse sowie Lokalgottheiten der verschiedensten Art. Der noch von Konfuzius so hochgepriesenen Musik wie dem rhythmischen Tanz scheinen im Sakralwesen besondere magische Wirkungen beigemessen worden zu sein.

Während sich die Religion der prähistorisch-legendären Periode im wesentlichen nur aus den Angaben in der späteren Literatur erschließen läßt, gewinnt von der Hsia-Dynastie ab unsere Kenntnis durch archäologische Funde eine substantiellere Basis. Namentlich vermitteln die auf uns gekommenen Orakelknochen einen wertvollen Einblick in das Werden der universistischen Gedankenwelt.

Während der 3., der Chou-(Tschou-)Dynastie (um 1100 v. Chr.) erhielt das Staatswesen eine feste Ordnung: um den Kaiser gruppierten sich Lehnsfürsten, die innerhalb ihrer Gebiete eine gewisse Selbständigkeit besaßen. Die religiöse Entwicklung führte zu einer allmählichen Zurückdrängung und Ausmerzung roher Bräuche, die mit dem Kult chthonischer Mächte verknüpft waren, sowie zu einer ethischen Vertiefung der ganzen Glaubenswelt. Bezeichnend für die letztere ist die Auffassung des Himmels als der höchsten Gottheit, die die ganze Welt überblickt, die Guten belohnt und die Bösen bestraft. Sein irdischer Repräsentant ist der Herrscher, der als »Himmelssohn« ihm die Opfer darbringt. Indem der Dienst der königlichen Ahnen mit dem Himmelskult eine enge Verbindung einging – die Vorfahren des Herrschers wurden als in der Umgebung des Himmelsgottes weilend gedacht –, empfing das Staatswesen eine religiöse Weihe; gleichzeitig erhielt es eine moralische Grundlage dadurch, daß die sich aus dem Zusammenhang der Familie ergebenden Pflichten auf das Staatsoberhaupt ausgedehnt wurden: dem Fürsten schuldet der Untertan Liebe und Treue wie dem Vater; dieser selbst aber hat ihn zu schützen und für ihn zu sorgen. In großen Opfern, die die Harmonie zwischen dem Kosmos und dem Weltreich, zwischen den himmlischen Mächten und dem Leben der Menschen aufrechterhalten sollen, findet die beherrschende Idee der weltumspannenden Gemeinschaft aller einen sakralen Ausdruck. Charakteristisch ist die genau festgesetzte Abstufung des Opferwesens, nach welcher die Lehnsfürsten das Recht und die Pflicht zur Verehrung bestimmter Gottheiten und Ahnen hatten und jedem einzelnen bis zum gemeinen Manne genau vorgeschrieben war, wem er opfern durfte und wem nicht.

In jener Zeit wurde die klassische Literatur geschaffen, die für die spätere Zeit maßgebend wurde. Die Sonnenfinsternis von 775 v. Chr. markiert den Beginn der authentischen chinesischen Geschichte.

Das Feudalsystem führte im Laufe der Zeit zu einer Schwächung der Zentralgewalt; die Folge davon waren zahllose Kämpfe und Wirren, so daß die letzten Jahrhunderte der formellen Regierung der Chou als die »Zeit der streitenden Reiche« (491–221 v. Chr.) bezeichnet werden. In dieser Periode der Not und des politischen und wirtschaftlichen Niedergangs sollen die beiden großen Männer aufgetreten sein, welche bis heute die einflußreichsten Exponenten chinesischer Geistigkeit geblieben sind, der sagenhafte Lao-tse und Konfuzius. Neben ihnen und ihren Schülern entfalteten noch eine Reihe von anderen Philosophen eine fruchtbare Wirksamkeit: Mê-ti (470–380), der Verkünder der universalen Menschenliebe, und die Schule der »Gesetzeslehrer« (Fa-chia), welche den Gedanken des souveränen Rechts in abstrakter und objektiver Formulierung sowie die Gleichheit aller vor dem Gesetz und die Omnipotenz des Staates verfochten.

Nach über zwei Jahrhunderten von Kämpfen zwischen den einzelnen Staaten trat die Dynastie der Ch'in (Tsin) an die Stelle der Chou. Der kraftvollste Herrscher von diesen, Cheng (Tscheng), nahm 221 v. Chr. den Titel »Shi-huang-ti« (erster erhabener Göttlicher, Herr und Kaiser) an. Er sicherte das Reich nach außen durch die Erbauung der »Großen Mauer« und regierte im Innern streng und absolutistisch. Nach seinem Willen sollte China ein zentralisierter Einheitsstaat sein; um die Erinnerungen an die früheren Zeiten auszutilgen, befahl er 213 v. Chr., alle im Privatbesitz befindlichen Bücher, die sich auf diese bezogen, darunter auch die Schriften des Konfuzius, zu verbrennen. Da sein Sohn, der diese Politik fortsetzen wollte, nicht das geistige Format seines Vaters besaß, verlor er bereits nach wenigen Jahren den Thron, so daß diese Dynastie ein überraschend schnelles Ende fand.

Die 206 v. Chr. bis 221 n. Chr. regierende Han-Dynastie sammelte die noch vorhandenen versteckt gehaltenen heiligen Bücher und protegierte den Konfuzianismus. Unter Kaiser Wu-ti soll im Jahre 67 n. Chr. der Buddhismus (der aber vorher schon in China bekanntgewesen sein muß) eingeführt worden sein.

Auf die Blüte der Han-Zeit folgten Jahrhunderte des Verfalls, während welcher China sich in eine Reihe von Teilstaaten auflöste. Die Dynastie der T'ang (618–907 n. Chr.) führte das Land wieder zu großem kulturellem Glanz. Unter ihr waren die Beziehungen zum indischen Buddhismus besonders rege: chinesische Pilger besuchten das Gangesland, und indische Gelehrte wurden an den Kaiserhof gezogen. Von Zentralasien her wurde China mit dem Pârsismus und Mânichäismus, 713 durch eine Gesandtschaft mit dem Islâm bekannt. Der 781 errichtete Denkstein von Hsinanfu berichtet, daß 635 eine Nestorianer-Mission unter Alopen nach dem Reich der Mitte kam: die Nestorianer sind dann bis zum 14. Jh. nachweisbar.

Nach einer kurzen Periode des Niedergangs, während welcher fünf Dynastien kurzfristig die Herrschaft ausübten, brachte die zweite Sung-Dynastie (960–1260, eine ältere Dynastie gleichen Namens hatte 420 bis 479 n. Chr. regiert) wieder eine Blütezeit für Kunst und Wissenschaft, während welcher der Konfuzianismus durch Chu Hsi erneuert wurde.

Im Auftrage Papst Nikolaus' IV. suchte seit 1212 der Franziskaner Johann von Montecassino die Chinesen zum katholischen Glauben zu bekehren; nach anfänglichen Erfolgen kam diese Unternehmung im 14. Jahrhundert zum Stillstand.

Seit Beginn des 13. Jahrhunderts drangen die Mongolen Dschingis-Khans erobernd in China ein. 1260–1368 herrschte ihre Dynastie »Yüan«, von welcher Kublai durch die Schilderungen, die der Venetianer Marco Polo in seinem Reisebuch entworfen hat, frühzeitig dem Westen bekanntgeworden ist. Seit jener Zeit hat der Lamaismus am Hofe Einfluß gewonnen. Nach einem Jahrhundert gelang es wieder einem Herrscherhaus chinesischer Herkunft, die Fremden zu vertreiben. Die Ming, welche 1368 bis 1644 die Macht innehatten, suchten die Traditionen der Vergangenheit zu neuem Leben zu erwecken. Unter ihnen wirkte Wang Yang-ming (1472–1529), der letzte große Philosoph, den China hervorgebracht hat. Seit 1579 bemühten sich Jesuitenpatres, das Christentum zu verbreiten. Als Astronomen gewannen sie Einfluß am Kaiserhof, doch wurden sie durch die Streitigkeiten mit den später gekommenen Franziskanern und Dominikanern bald um den Erfolg gebracht.

Die letzte Dynastie des Reiches war wieder eine ausländische. Die im Norden eingefallenen Mandschus begründeten ein Herrscherhaus (1644 bis 1912), unter welchem China in wechselndem Maße unter den wirtschaftlichen, politischen und geistigen Einfluß der westlichen Kolonialmächte gerät. Die 1911 ausgebrochene Revolution entthronte den letzten Kaiser und suchte das seitdem durch innere Wirren schwer geprüfte Reich durch Anpassung an die Erfordernisse der modernen Zeit zu reformieren.

Die Versuche Chiang-kai-sheks, China eine stabile Regierung zu geben, schlugen fehl; nach einem Bürgerkrieg eroberten die Kommunisten unter Führung von Mao-Tse-tung 1941–1950 ganz Festlandchina, worauf Chiang-kai-shek sich nach Taiwan (Formosa) zurückzog und dort eine »nationalchinesische« Regierung errichtete. Während letztere, ebenso wie die meisten Auslandschinesen, die alten Traditionen weiterzuführen suchen, ist der Kommunismus bestrebt, dem Lande ein ganz neues Gesicht zu geben. Trotz theoretischer Religionsfreiheit bemüht sich der Marxismus, die alten Religionen zu beseitigen, ist er doch nicht nur eine politische und soziale, sondern auch eine Glaubensbewegung, der seine Ideologie zur Geltung zu bringen sucht. Durch Entthronung des Konfuzius, Abschaffung des Ahnendienstes, der Familienautorität, der Ehrfurcht vor den Alten und durch eine totalitäre Kontrolle des Lebens will er ein neues China schaffen, in welchem der Mensch ein Werkzeug in Partei und Staat wird. Ob es ihm gelingen wird, das Land der Mitte in vollem Umfange in dem gewünschten Sinne zu verwandeln, kann erst die Zukunft lehren. Im vorliegende Buche wird nur von dem Universismus gehandelt werden, wie er sich seit Jahrtausenden herausgebildet hat und wie ich ihn zur Zeit, als ich in China war (1930), erlebt habe.

III. Der Konfuzianismus

1. Leben und Persönlichkeit des Konfuzius

Der Name Konfuzius ist die latinisierte Wiedergabe des chinesischen »K'ung-fu-tse«, d. h. Meister K'ung. K'ung ist ein Familienname, »fu-tse« oder bloß »tse« bedeutet »Lehrer, Weiser«. Die Chinesen brauchen meistens die kürzere Form »K'ung-tse«. Da die katholischen Missionare, deren lateinischen Schriften über die chinesische Weisheit Europa seine ersten Kenntnisse über Konfuzius verdankt, den lateinischen Namen eingeführt hatten und dieser bis heute allgemein üblich geblieben ist, wird er im folgenden beibehalten. Der persönliche Name (Milchname), den Konfuzius nach seiner Geburt erhielt, war »Ch'iu« (»Hügel«), sein Männername »Chung-ni«, d. h. »mittlerer Ni« im Gegensatz zu seinem älteren Halbbruder Po-ni (der älteste Ni); der Name Ni soll schon früher in der Familie üblich gewesen sein. Die Legende bringt die Namen Ch'iu und Chung-ni mit dem Hügel Ni-ch'iu in Verbindung, der in der Nachbarschaft von Tsou, dem Geburtsort des Weisen bei der heutigen Stadt Yen-chou in der Provinz Shantung, lag. Und zwar wird erzählt, daß des Konfuzius Vater, der aus einer vornehmen, aber verarmten Familie stammende Heerführer Shuliang Ho, obwohl schon hochbetagt, im Alter noch eine Ehe mit einem jungen Mädchen, Ching-tsai, eingegangen sei, um einen Sohn zu bekommen, der die Ahnenopfer darbringen könnte, da er aus erster Ehe nur Töchter und von einer Nebenfrau nur einen zum Opferdienst nicht geeigneten Sohn mit verkrüppelten Füßen besaß. Die Mutter habe nun auf einem Hügel (ch'iu), der wegen seiner eine Mulde umfassenden Ränder als »Ni« bezeichnet wurde, zu dem Berggeist gebetet und sei dann schwanger geworden. Aus Dankbarkeit seien dem so sehnlichst erwarteten Knaben Namen gegeben worden, die die Erinnerung an den Hügel festhalten. Es ist dies offenbar ein post factum erfundener Mythus, welcher einerseits den Namen erklären soll und andererseits das auch aus der Geschichte des Lao-tse, des Isaak und des Shankara bekannte Motiv verwertet, daß ein berühmter Mann als Sohn eines Greises in wunderbarer Weise zur Welt kommt. Als Geburtsjahr wird das Jahr 551 v. Chr. angegeben, er war also ein Zeitgenosse von Buddha und Pythagoras.

Über die Jugend des Konfuzius ist wenig Sicheres bekannt. Als er drei Jahre alt war, verlor er seinen Vater, seine Mutter vermittelte ihm aber trotz ihrer Armut eine gute Erziehung durch treffliche Lehrer. Sein früh erwachtes Interesse an den Traditionen der Vergangenheit soll er schon als Kind dadurch bekundet haben, daß er im Spiel die Opfergefäße in der richtigen Ordnung aufstellte und kultische Handlungen nachahmte. Bereits als Siebzehnjähriger erteilte er Privatunterricht, und mit neunzehn Jahren heiratete er. Aus seiner Ehe hatte er einen Sohn, der als Fünfzigjähriger vor ihm starb.

Nachdem er einige Jahre hindurch untergeordnete Stellungen im Dienste einer reichen Familie innegehabt hatte, wurde er später, da er einen großen Ruf als Kenner der alten Gebräuche erworben hatte, von einem Minister seines Heimatstaates Lu mit der Ausbildung seiner Söhne beauftragt. In Begleitung eines seiner Zöglinge besuchte er 517 v. Chr. die Reichshauptstadt Lo-yang der Chou-Dynastie. Hier soll er den dort als Archivar wirkenden Lao-tse gesprochen, vor allem aber die dort in reichem Maße vorhandenen Altertümer studiert haben.

Als er nach seiner Heimat Lu zurückgekehrt war, brachen dort Unruhen aus; er ging deshalb nach einem Nachbarstaat. Der dortige Fürst nahm ihn zwar freundlich auf und zog ihn in seinen Dienst, doch kam es bald zu Meinungsverschiedenheiten mit den anderen Beamten, so daß Konfuzius, ohne eine dauernde Stellung erhalten zu haben, sich wieder in seine Heimat begab und hier seine Lehrtätigkeit weiterführte. Wegen der unerquicklichen politischen Verhältnisse in Lu vermied er es jedoch, ein Amt anzunehmen, und beschränkte sich darauf, die Werke der Vergangenheit zu studieren und zu sichten sowie Schüler heranzubilden. Als der neue Fürst von Lu ihn 501 v. Chr. zum Verwaltungschef eines Bezirks ernannte, nahm er dieses Amt an. Seine Tätigkeit war so erfolgreich, daß er schließlich Justizminister wurde. Die durch ihn festgegründete Ordnung im Staate soll zu einer so großen Erstarkung desselben geführt haben, daß ein Nachbarfürst befürchtete, daß ein Vergleich mit seiner Staatsführung zuungunsten der letzteren ausfallen und daß der Staat Lu ihm gefährlich werden könnte. Er sandte deshalb Viergespanne und Tänzerinnen an den Fürsten von Lu und erreichte dadurch, daß der Protektor K'ungs sich frohen Vergnügungen hingab und das Interesse an der Staatsführung verlor. Unter diesen Umständen nahm der Minister 496 seinen Abschied und zog dreizehn Jahre ruhelos in Begleitung von Schülern von einem Ort zum anderen. Seine Hoffnungen, seine theoretischen Kenntnisse wieder in den Dienst der praktischen Staatslenkung stellen zu können, erfüllten sich nicht. Im Jahre 483 kehrte er schließlich in die Heimat zurück, ehrenvoll aufgenommen, aber ohne Einfluß auf die Regierung. Nachdem er sich noch wenige Jahre literarisch beschäftigt hatte, starb er 479 v. Chr. Sein Grab in Ch'ü-fou in der Provinz Shantung, heute noch von einem seiner Nachkommen, dem Herzog K'ung betreut, ist das Ziel vieler Wallfahrer.

Über Charakter und Wesensart des Konfuzius sind wir durch eine aus den Kreisen seiner Schüler stammende Sammlung seiner Aussprüche unterrichtet, die unter dem Titel »Lun-yü« zu den vier klassischen Büchern gerechnet wird und wahrscheinlich erst zur Zeit der Han-Dynastie ihre Schlußredaktion erhalten hat, der offenbar aber weit älteres Material zugrunde liegt. Wenn bei der Abfassung dieses Werkes auch die liebevolle Verehrung der Schüler den Pinsel geführt hat, so ist das Bild, das es von dem Weisen entwirft, doch so lebensvoll, nüchtern und realistisch, daß keine

Veranlassung vorliegt, seine Ähnlichkeit und historische Treue in Zweifel zu ziehen.

Im Lun-yü (in der Übersetzung von R. Wilhelm) lesen wir: »Wenn der Meister unbeschäftigt war, so war er heiter und leutselig« (7,4), »er war frei von vier Dingen: er hatte keine Privatmeinungen, keine Voreingenommenheit, keinen Starrsinn, keine Selbstsucht« (9,4). »Er war mild und doch würdevoll, Ehrfurcht gebietend und doch nicht heftig, ehrerbietig und doch selbstbewußt« (7,37).

Sein besonderes Interesse gehörte den alten Liedern, der Geschichte und den Riten (7,17), er sprach nie über Zauberkünste und Dämonen (7,20) und nur selten (zu Fortgeschrittenen) über den Lohn der Taten, über die Weltordnung und über die vollkommene Sittlichkeit (9,1). Von alter Musik wurde er so tief ergriffen, daß er ihretwegen einmal drei Monate lang den Genuß von Fleisch vergaß (7,13).

Als echter Weiser war Konfuzius mit wenigem zufrieden, weil er innere Seelenruhe über äußere Glücksgüter stellte. Er sagte deshalb: »Solange ich groben Reis als Nahrung, Wasser als Getränk und meinen gebogenen Arm als Kopfkissen habe, kann ich bei all dem noch fröhlich sein. Reichtümer und Ehren, auf unredliche Weise erworben, sind mir gleich fliehenden Wolken« (7,15).

Er aß nicht viel, und stets nur etwas, was der Zeit entsprach und in angemessener Weise zubereitet war. Wenn das Fleisch auch viel war, ließ er es nicht den Geschmack des Reises verdecken. Er hatte stets Ingwer beim Essen. Beim Weintrinken legte er sich keine Beschränkung auf, wurde aber nie trunken. Beim Speisen diskutierte er nicht, und im Bett redete er nicht (10,8). Er hielt viel auf seine Kleidung (10,6) und auf peinliche Ordnung in seiner Wohnung (10,9). Er fing Fische mit der Angel, aber nie mit dem Netz, er schoß Vögel, aber nie, wenn sie im Nest saßen (7,26).

Zu Hause war er von anspruchsloser Einfachheit, als könnte er nicht reden. Im Tempel und bei Hofe dagegen sprach er fließend, aber mit Überlegung (10,1). Im Verkehr mit Fürsten und Beamten, bei einer Audienz, bei dem Empfang fremder Gesandtschaften und bei diplomatischen Missionen trug er stets ein dem Zweck entsprechendes würdevolles Benehmen zur Schau (10,2–5). Er war vorsichtig beim Fasten, im Krieg und bei einer Krankheit (7,12), hielt es mit dem Grundsatz: »Wer nicht das Amt dazu hat, der kümmere sich nicht um die Regierung« (8,14), und war der Ansicht, daß es besser sei, ein aufständisches Land zu verlassen, getreu dem Prinzip, »wenn auf Erden Ordnung herrscht, dann sichtbar werden, wenn Unordnung herrscht, dann verborgen sein« (8,13).

»Ich bin nicht geboren mit der Kenntnis (der Wahrheit), ich liebe das Altertum und bin ernst im Streben (nach ihr)«, sagt Konfuzius (7,19) und umreißt mit diesen Worten aufs knappste und deutlichste, was er als eine Lebensaufgabe ansah. Nicht auf Grund einer ihm von Natur eigenen genialen Veranlagung suchte er intuitiv das Wesen der Welt zu erfassen, sondern vielmehr durch eifriges Studium der großen Tradition der Vergangenheit glaubte er zur Erkenntnis zu gelangen. Er leugnete nicht, daß es Leute gäbe, die auf Grund ihrer Begabung das Richtige erkennen oder tun können, für sich selbst nahm er diese höchste Stufe der Wahrheit aber nicht in Anspruch; sein Weg war vielmehr: »Vieles hören, das Gute davon auswählen und ihm folgen, vieles sehen und sich merken« (7,27). Er war sich durchaus dessen bewußt, daß er nicht ein Schöpfer von etwas Neuem, sondern ein treuer Überlieferer des vorhandenen Guten sei. »Beschreiben und nicht machen, treu sein und das Altertum lieben« (7,1) war deshalb die Devise seines Lebens. Er bekennt darum auch: »Ich habe oft den ganzen Tag nicht gegessen und die ganze Nacht nicht geschlafen, um nachzudenken. Es nützt nichts, besser ist es zu lernen« (15,30).

Mit großer Bescheidenheit behauptet er nicht von sich, das höchste Wissen und die höchste Sittlichkeit sein eigen zu nennen, wohl aber glaubte er von sich sagen zu können, daß er durch unausgesetzten Fleiß eine hohe literarische Ausbildung erlangt habe, ohne Unterlaß nach dem Sittlichen strebe und unermüdlich andere zu fördern bemüht sei (7,32 ff.). Seine harte Jugend habe ihm Gelegenheit gegeben, seine Talente zu entwickeln (9,6), ein besonderes (geheimes) Wissen nenne er nicht sein eigen (9,7).

Gleichwohl betrachtete er sich als vom Himmel dazu ausersehen, die von den heiligen Kaisern des Altertums begründete Kultur und Sittlichkeit zu erneuern, und glaubte deshalb, daß die Gegner, die ihm nachstellten, ihm nichts anhaben könnten (9,5; 7,22). Seine Anhänger sagten deshalb von ihm, daß der Himmel ihn als seine Glocke gebrauche (3,24). Den Gang seiner Entwicklung zu dieser Höhe beschreibt er als Greis folgendermaßen: »Ich war fünfzehn und mein Wille stand aufs Lernen, mit dreißig stand ich fest, mit vierzig hatte ich keinen Zweifel mehr, mit fünfzig war mir das Gesetz des Himmels kund, mit sechzig war mein Ohr aufgetan, mit siebzig konnte ich meines Herzens Wünschen folgen, ohne das Maß zu übertreten« (2,4).

Auf der Höhe seines Lebens glaubte er es so weit gebracht zu haben, daß er innerhalb von einem Jahr ein verrottetes Staatswesen einigermaßen und innerhalb von drei Jahren wieder vollkommen in Ordnung bringen könne (13,10) – vielleicht der einzige Anspruch von ihm, in welchem eine so hohe Selbsteinschätzung hervortritt, wie sie bei Buddha, Jesus und Mohammed in so viel stärkerem Maße uns auf Schritt und Tritt begegnet.

Der chinesischen Nachwelt gilt Konfuzius als einer der größten Weisen, die je auf Erden erschienen sind; er wurde geradezu zum Ideal und Vorbild des Chinesentums, und seine moralischen Lehren wie auch seine rituellen Vorschriften, ja sogar seine Lebensweise und die Art seines Auftretens wurden als mustergültig angesehen. Da fragt es sich natürlich, ob der historische Konfuzius in allem oder wenigstens im wesentlichen dem Idealbild entsprochen hat, das seine begeisterten Anhänger von ihm im Verlauf der Jahrhun-

derte geschaffen haben. Manches deutet darauf hin, daß Konfuzius ungeachtet seiner äußeren Leidenschaftslosigkeit und der gemessenen Haltung,
die er stets bewahrte, von einem starken Ehrgeiz und einem ungestillten
Machtstreben erfüllt war, denn ohne beides wäre er kaum sein Leben lang
darum bemüht gewesen, eine leitende Stellung als Staatsmann zu erhalten,
und hätte die Nichterfüllung dieses seines Lebenswunsches mit so tiefer
Resignation quittiert.

Es mag an dieser Auffassung schon etwas Wahres sein, denn einen Staatsmann ohne Geltungsbedürfnis oder Machtwillen hat es nie gegeben.
Immerhin aber kann kein Zweifel daran bestehen, daß Konfuzius ethische
Qualitäten besessen hat, die sich selten bei einem Politiker so ausgeprägt finden, und es gereicht dem chinesischen Volke zu ewigem Ruhm, daß es in
einem Staatsdenker sein Ideal verkörpert fand, der im Gegensatz zu Gewalt-
herrschern und Welteroberern in der friedlichen Harmonie die Grundlage
eines dauerhaften Staatswesens gesehen hat.

Konfuzius scheint zu seinen Lebzeiten nur einen kleinen Kreis von Anhän-
gern besessen zu haben; die Tradition erzählt von 72 Schülern, doch ist es
nicht ausgeschlossen, daß astral-mythologische Erwägungen für die
Annahme gerade dieser Zahl maßgebend gewesen sind. Vielleicht wäre die
Schule des Konfuzius nie zu so großer Bedeutung innerhalb des chinesischen
Geisteslebens gelangt und sein Name nicht zum größten in der Geschichte
des Reiches der Mitte geworden, wenn nicht durch die Reaktion nach dem
Sturze des Bücherverbrenners Shi-huang-ti gerade Konfuzius als der große
repräsentative Staatslehrer der konservativen Kreise betrachtet worden und
seine Sammlung der überlieferten Schriften erhalten geblieben wäre.

Die erste kaiserliche Ehrung von entscheidender Bedeutung wurde dem toten Weisen im Jahre 174 v. Chr. zuteil. Damals besuchte der erste Kaiser
der Han-Dynastie sein Grab und brachte ein Opfer dar. Fünfzig Jahre später
wurde ihm in seiner Heimat ein Tempel errichtet (120 v. Chr.). Ein Edikt
von 555 n. Chr. verfügte, daß in jeder Präfekturstadt ein Konfuzius-Tempel
stehen müsse, und bald gab es keinen Ort von Bedeutung, der nicht mindestens ein Heiligtum des Weisen aufgewiesen hätte. Als Sinnbild und Exponent des ethisch-politischen Systems, das die festeste Stütze von Thron und
Altar bildete, stieg Konfuzius von Generation zu Generation zu immer höheren Ehren auf. Durch ein Edikt vom 30. Dezember 1906 wurde der Weise
von der Mandschu-Dynastie den Gottheiten von Himmel und Erde gleich-
gestellt. Er hat dadurch noch wenige Jahre vor dem Sturz des Kaisertums
die höchste Anerkennung gefunden, die eine Regierung je einem Manne zuteil werden ließ, der vor Jahrtausenden die theoretischen Grundlagen ihrer
Macht niedergeschrieben hatte.

Konfuzius war ein Gelehrter, der die Überlieferungen des Altertums der Nachwelt in reiner und unverfälschter Form übermitteln wollte, und ein Moralphilosoph, der die ewigen Normen für das Leben des einzelnen wie für die Regierung von Staaten lehrte. Dementsprechend umfassen die autoritativen Schriften der konfuzianischen Schule sowohl Texte, welche aus älterer Zeit stammen und nur von Konfuzius und seinen Schülern gesammelt, geordnet oder herausgegeben worden sind, wie solche, die Konfuzius oder seine Anhänger zu Verfassern haben. Die allgemein als maßgeblich betrachteten Bücher zerfallen in zwei Gruppen: in die kanonischen Texte, die von Konfuzius selbst bearbeitet sein sollen, und in die klassischen Texte, die von unmittelbaren oder mittelbaren Schülern des Konfuzius aufgezeichnet wurden.

Die fünf kanonischen Bücher (wu-ching) sind:

1. Yi-ching (I-king, I-ging), das »Buch der Wandlungen«: Dies ist ein angeblich auf den mythischen Kaiser Fu-hsi um 2950 v. Chr. zurückgehendes, von anderen erweitertes und von vielen Gelehrten kommentiertes mystisches Werk, welches von den übersinnlichen Potenzen und ihren Beziehungen zueinander handelt und namentlich auch für Orakelzwecke Verwendung findet (vgl. S. 125 f.).

2. Shih-ching (Shi-king, Shi-ging), das Liederbuch, eine von Konfuzius aus einem größeren Material hergestellte Sammlung von 305 Liedern der älteren Zeit.

3. Shu-ching (Shu-king, Shu-ging), das »Buch der Urkunden«. Dieses enthält Satzungen, Erlasse, Aussprüche und andere Dokumente aus der Zeit des Kaisers Yao (2350 v. Chr.) bis zu der des Herzogs Mu von Ch'in.

4. Ch'un-ch'iu, »Frühling und Herbst«, eine von Konfuzius verfaßte Geschichte seines Heimatstaates Lu, in welcher an den Ereignissen moralische Kritik geübt wird.

5. Li-chi (Li-ki), das »Buch der Riten«. Es behandelt religiöse und soziale Bräuche der verschiedensten Art. Es stellt eine erst in der Zeit der Han-Dynastie redigierte Kompilation dar, die zum Teil auf Aufzeichnungen aus der Schule des Konfuzius zurückgeht.

Die moderne Sinologie nimmt an, daß das Buch der Wandlungen in seiner ältesten Schicht bis ins 7. Jahrhundert v. Chr. zurückgeht, daß es aber erst im 2. Jahrhundert v. Chr. seine heutige Form erhalten hat. Das Liederbuch wird in das 8.–6. Jahrhundert v. Chr. gesetzt, das Buch der Urkunden soll nur zum Teil in das 11.–6. Jahrhundert v. Chr. zurückgehen, während viele Abschnitte unter Verwendung alter Bruchstücke erst im 4. Jahrhundert n. Chr. im alten Stil verfaßt worden sein sollen.

Die vier klassischen Bücher (szu-shu) sind:

1. »Lun-yü«, eine Sammlung von Gesprächen des Konfuzius mit seinen Schülern (S. 140).
2. »Ta-hsüeh«, die Große Lehre, eine kurze, angeblich zum Teil von Konfuzius verfaßte moralische Abhandlung.
3. »Chung-yung«, »der Weg der Mitte«. Das Werk behandelt, teils auf Aussprüchen des Konfuzius fußend, teils von seinem Enkel verfaßt, den Zustand des inneren Gleichmuts, den der Weise überall bewahren soll.
4. Die Aufzeichnungen über Mêng-tse (Mong-Dsi, latein. Menzius), den Philosophen (372–289 v. Chr.), welcher die Lehren des Konfuzius weitergebildet hat.

An diese kanonischen und klassischen Werke schließt sich eine Reihe anderer sowie eine reiche Kommentarliteratur an.

Konfuzius hat seine Anschauungen nicht zu einem übersichtlich gegliederten, in sich geschlossenen System geordnet, sondern diese sind uns von seinen Schülern in Form von Gesprächen und Anekdoten überliefert worden. Trotzdem kann man seine Lehre ein moralphilosophisches System nennen und dessen einzelne Sätze so gruppieren, daß sie ein logisch-zusammenhängendes Ganzes bilden, das auf einen einheitlichen Ausgangspunkt zurückgeht und hinzielt.

Der konfuzianischen Ethik liegt der Gedanke zugrunde, daß der Mensch von Natur aus gut ist und daß alles Böse an ihm durch mangelnde Einsicht entstanden ist. Es ist dies eine Theorie, die später durch Menzius (6, 1) eine eingehende Begründung gefunden hat, wenn er lehrt, »unter den Menschen gibt es keinen, der nicht gut wäre, ebenso wie es kein Wasser gibt, das nicht abwärts fließt«, die aber schon lange vor Konfuzius bestand, weil sie im Universismus ihre Wurzel hat: Das All ist harmonisch, also muß es auch der Mensch sein, sofern nicht an ihm störende Einflüsse zur Geltung kommen. Die Erziehung des Menschen kann daher nur darin bestehen, daß man ihm die richtige Erkenntnis vermittelt; hat er sie sich angeeignet, d. h. sie nicht bloß äußerlich, sondern wirklich mit seinem ganzen Wesen erfaßt, so folgt mit Notwendigkeit daraus, daß er die auf irrigen Vorstellungen beruhenden Fehler vermeidet und sich der Tugend befleißigt.

Das beste Mittel zur Gewinnung der Erkenntnis bildet das Studium der Vergangenheit. Die großen heiligen Menschen der Geschichte sind die sittlichen Vorbilder, denen man nacheifern, die historischen Ereignisse die Exempel, aus denen man lernen soll. Die Familienordnung der Vorzeit war patriarchalisch, folglich ist die Kindesliebe die Basis aller höheren Tugenden. »Pietät und Gehorsam sind die Wurzeln des Menschentums« (L. 1,2)[1]. Die Ehrerbietung gegen die Eltern ist die erste Pflicht: »solange die Eltern leben, diene man ihnen, wie es sich ziemt; sind sie tot, begrabe man sie, wie es sich ziemt, und opfere ihnen, wie es sich ziemt« (L. 2,5).

---

[1] L = Lun-yü in Wilhelms Wiedergabe.

Die elementare Sittlichkeit, die im begrenzten Kreise der Familie geübt wird, erweitert sich, vergrößert und auf das Ganze bezogen, zur allgemeinen Humanität, denn der Heilige sieht die ganze Erde als eine Familie an[1]. Die fünf Vorbedingungen für diese sind:»Würde, Weitherzigkeit, Wahrhaftigkeit, Eifer und Güte. Zeigt man Würde, so wird man nicht verachtet, Weitherzigkeit, so gewinnt man die Menge, Wahrhaftigkeit, so vertrauen einem die Menschen, Eifer, so hat man Erfolg, Güte, so ist man fähig, die Menschen zu verwenden« (L. 17,6).

Das rechte Verhalten der Menschen zueinander regelt sich nach den Beziehungen, in denen sie zueinander stehen. Fünf derartige Beziehungen sind vor allem zu pflegen: die Familienbeziehungen Vater – Sohn, Gatte – Gattin, älterer Bruder – jüngerer Bruder, die soziale Beziehung Herr – Diener und die persönliche Beziehung Freund – Freund. Die Pflichten, die sich aus diesen Beziehungen ergeben, werden im einzelnen dargelegt. Eine große Bedeutung legt Konfuzius dabei der Beobachtung der »Riten« (li) bei, unter welchem Wort sowohl eine geistige Haltung, bestehend in Achtung, Ehrerbietung, Selbstbeherrschung, Vermeidung von unkultiviertem Benehmen, wie auch die Beobachtung von bestimmten, von der Sitte geprägten Höflichkeitsformen, Zeremonien und Bräuchen verstanden wird. Denn »Ehrerbietung ohne Anstand wird Kriecherei, Vorsicht ohne Anstand wird Furchtsamkeit, Tapferkeit ohne Anstand wird Unbotmäßigkeit, Aufrichtigkeit ohne Anstand wird Grobheit« (L. 8,2).

Als praktische Richtschnur des Handelns empfiehlt Konfuzius wie Buddha und Jesus die sogenannte »Goldene Regel«: »Was du nicht willst, das man dir tu, das füg auch keinem andern zu« (L. 15,23). Das richtige Handeln beruht also auf der Anerkennung einer durchgehenden Gegenseitigkeit; unvoreingenommen strebe der Edle nach dem Rechten (L. 4,10). Die Gerechtigkeit hat nach unten eine Grenze, nach oben nicht, denn wenn sie mit der Pietät in Widerspruch gerät, so hat sie zu schweigen (wenn der Vater ein Schaf gestohlen hat, so soll der Sohn ihn nicht anzeigen, L. 13,18), hingegen wird die Maxime des Lao-tse, daß man auch zu den Nichtguten gut sein soll, abgelehnt. »Durch Güte vergelte man Güte, Unrecht durch Gerechtigkeit« (L. 14,36). Konfuzius hatte dabei aber wohl weniger das persönliche Verhältnis von Mensch zu Mensch als das Staatsinteresse im Auge. R. Wilhelm zieht hierzu Li-chi 29,11 ff. heran, wo es heißt: »Der Meister sprach: Durch Güte Güte vergelten, so haben die Untertanen ein Ziel gegenseitiger Anfeuerung; durch Übel Übles vergelten, so haben die Untertanen eine Schranke, durch die sie in ihrer Pflicht gehalten werden.« Der Meister sprach:»Durch Güte Übles vergelten, so erweitert man die persönliche Sittlichkeit.«

Alle sittlichen Ideale finden ihre zusammenfassende Verwirklichung bei

---

[1] Li-chi, Abschnitt Li-yün, nach Wilhelm, »Kung-tse«, S. 107.

dem »Edlen«, bei dem »vornehmen Charakter« (Chün-tse, wörtlich »Fürstensohn«). Dieses Muster des vollständigen Weisen, der die vollkommene Selbstbeherrschung mit dem richtigen Verhalten gegen die Mitmenschen verbindet (L. 4,15), wird folgendermaßen beschrieben: In seinem Benehmen ist er höflich, im Dienste der Obrigkeit ehrerbietig, in der Fürsorge für das Volk gütig, in der Art, wie er das Volk verwendet, gerecht (L. 5,15). Er kennt nur die Gerechtigkeit, der gemeine Mensch kennt nur seinen Vorteil (L. 4,16). Er ist nur besorgt um das Tao, er ist nicht besorgt um etwaige Armut (L. 15,31). Er wünscht langsam zu sein in seinen Worten, aber rührig in seinen Taten (L. 4,24). Er ist unerschütterlich, aber nicht eigensinnig (L. 15,36). Er stellt Anforderungen an sich selbst, der Gemeine stellt Anforderungen an andere (L. 15,20). Er hütet sich in der Jugend vor der Wollust, in der Blüte seiner Kraft vor der Streitsucht, im Alter vor der Habgier (L. 16,7). Er hat Ehrfurcht vor den Befehlen des Himmels, vor den großen Männern und vor den Worten der Weisen der Vergangenheit (L. 16,8). Er haßt diejenigen, welche die schlechten Eigenschaften anderer verbreiten, welche ihre Vorgesetzten verleumden, welche Tapferkeit ohne Anstand zeigen und welche entschlossen, aber beschränkt sind (L. 17,24). Er ist kein Gerät, kein Werkzeug, sondern Selbstzweck. Er ist friedfertig, aber er macht sich nicht gemein (d. h. bewahrt reservierte Zurückhaltung) (L. 13,23).

Die konfuzianische Ethik begnügt sich nicht damit, einzelne zu vornehmen Charakteren zu erziehen, sie will vielmehr die Gesamtheit des Volkes auf eine hohe sittliche Stufe erheben. Sie geht dabei von dem Gesichtspunkt aus, daß das Verhalten der Fürsten und Beamten für die Massen maßgebend ist. »Der Herrscher gleicht dem Winde, der Geringe dem Grase. Wenn der Wind über das Gras dahinfährt, muß es sich beugen« (L. 12,19). »Wer durch sein tugendhaftes Wesen herrscht, gleicht dem Polarstern. Der verweilt an seinem Ort, und alle Sterne umkreisen ihn« (L. 2,1). »Wenn man durch Erlasse leitet und durch Strafen ordnet, so weicht das Volk aus und hat kein Gewissen. Wenn man durch Kraft des (tugendhaften) Wesens leitet und durch Sitte ordnet, so hat das Volk Gewissen und erreicht das Gute« (L. 2,3). »Erhöhe die Rechtschaffenen und setze beiseite die Schlechten, dann wird das Volk sich unterwerfen. Wenn du aber die Schlechten erhöhst und die Rechtschaffenen beseitigst, so wird das Volk sich nicht unterwerfen« (L. 2,19). »Ernährung, Wehrkraft und das Vertrauen des Volkes sind die Grundlagen des Staates; von diesen dreien kann im Notfall auf die Wehrkraft verzichtet werden, von den übrigbleibenden beiden anderen Faktoren kann nötigenfalls noch die Ernährung preisgegeben werden, niemals aber das Vertrauen, denn ohne Vertrauen kann keine Regierung Bestand haben« (L. 12,7).

Konfuzius erteilt seine ethischen Lehren, ohne sich auf einen Gott zu berufen, der die moralischen Gebote erlassen hat. Er unterscheidet sich damit

wesentlich von den christlichen Moraltheologen, welche alle sittlichen Ordnungen auf die Befehle eines himmlischen Gesetzgebers gründen. Seitdem
die Werke des chinesischen Weisen in Europa bekannt wurden, haben diese
eine sehr verschiedene Beurteilung erfahren. Chr. Wolff pries Konfuzius in
der berühmten Rede (1712), deretwegen er des Atheismus verdächtigt und
seiner Professur in Halle entsetzt wurde. »Die alten Sineser, die, da sie nichts
von dem Urheber aller Dinge wußten, auch einen natürlichen Gottesdienst,
noch viel weniger einige Spuren der göttlichen Offenbarung hatten, konnten
keine anderen als die natürlichen Kräfte, welche sich auf keinen Gottesdienst
gründeten, zur Beförderung der Ausübung der Tugend gebrauchen. Aber sie
haben sich derselben mit großem Nutzen bedient [1].«
Demgegenüber haben andere es gerade den chinesischen Weisen zum Vorwurf gemacht, daß sie eine Ethik ohne metaphysische Grundlage lehren.
Noch andere wieder haben dagegen Konfuzius als Vertreter eines Monotheismus in Anspruch nehmen wollen.
Daß Konfuzius kein Gegner der Religion und kein Freigeist oder Skeptiker
war, versteht sich nach seiner ganzen Lebensanschauung von selbst. Ein
konservativer Aristokrat, der ein treuer Interpret der Traditionen der Vergangenheit sein will, konnte die Realität der Götter und Geister ebensowenig
in Zweifel ziehen wie die Wirksamkeit von Opfern und sakralen Riten. Er
soll auch gesagt haben: »Ein Mensch ohne Glauben: ich weiß nicht, was mit
einem solchen zu machen ist. Ein großer Wagen ohne Joch, ein kleiner
Wagen ohne Kummet, wie kann man den voranbringen?« (L. 2,22). Andererseits fehlt seinen Aussprüchen ganz und gar das begeisterte und begei-
sternde Eintreten für bestimmte Glaubensvorstellungen, wie wir dies bei den
Propheten des Alten Testaments, bei Zarathustra, Christus und Mohammed
beobachten können, es fehlt ihnen jede fanatische Bekämpfung der Unglau-
bigen, sagt er doch geradezu: »Irrlehren anzugreifen, das schadet nur« (L.
2,16 nach Wilhelms Erläuterung). Am meisten befremdet es den westlichen
Leser, daß Konfuzius, obwohl er die übernommenen Ansichten über die
Notwendigkeit des Ahnendienstes voll aufrechterhielt, sich doch über das
Wesen der Ahnen und Götter nie eingehender verbreitet hat. Der ihm zugeschriebene Ausspruch, in dem er sich am ausführlichsten mit ihnen beschäftigt, steht Li-chi I,1,8 und lautet:
»Wie herrlich sind doch die Geisteskräfte der Götter und Ahnen! Man schaut
nach ihnen und sieht sie nicht, man horcht nach ihnen und hört sie nicht.
Und doch gestalten sie die Dinge, und keines kann ihrer entbehren. Sie bewirken, daß die Menschen auf Erden fasten und sich reinigen und Feierge-
wänder anlegen, um ihnen Opfer darzubringen. Wie Rauschen großer Wasser (ist ihr Wesen), als wären sie zu Häupten, als wären sie zur Rechten und
Linken. In den Liedern steht: Der Götter Nahen läßt sich nicht ermessen,

---

[1] Chr. Wolff, Ges. kl. phil. Schriften. 6. Bd. (1740) S. 112 ff.

wie dürfte man sie mißachten! So weit geht die Offenbarung des Geheimnisvollen, die Unverhüllbarkeit des Wahren.«

Aus diesen Worten spricht Ehrfurcht vor den Toten, doch werden keine konkreten Angaben darüber gemacht, wie ein Leben nach dem Tode zu denken sei. Konfuzius sagte: »Anderen Geistern als den eigenen (Ahnen) zu dienen ist Schmeichelei« (L. 2, 24) und opferte den Geistern, als ob sie gegenwärtig wären (L. 3, 12). Als ihn aber jemand nach dem Wesen des Todes fragte, sagte er nur: »Wenn man noch nicht das Leben kennt, wie sollte man da den Tod kennen« (L. 11, 11). In dieser ausweichenden Antwort lehnt er jede metaphysische Spekulation über transzendente Dinge ab. So wichtig ihm die praktische Durchführung des Ahnenkultes als Akt pietätvoller Gesinnung ist, so unwesentlich ist ihm eine Erörterung der Frage, ob und wie die Geister der Verstorbenen existieren und welcher Art die Beziehungen der Lebenden zu den Toten zu denken seien. Ebenso bekennt er, daß er zu Göttern und Erdgeistern betet (L. 7, 34), läßt sich aber nicht auf eine nähere Darlegung ihres Verhältnisses zu den Menschen ein, ja, er betrachtet es geradezu als weise, sich von ihnen fernzuhalten (L. 6, 20). Als ihn jemand nach der Bedeutung des großen Opfers (für den Ahn der Dynastie) fragte, erwiderte er: »Ich weiß es nicht. Wer davon die Bedeutung wüßte, der wäre imstande, die Welt zu regieren – so leicht, wie hierher zu sehen.« Dabei deutete er auf seine flache Hand (L. 3, 11). Er ist also davon überzeugt, daß die Darbringung des Opfers segensreiche Wirkungen hat, betont aber, daß er selbst keine so tiefe Einsicht in die Ordnung der Welt besitze, um das Ineinandergreifen kosmischer und irdischer Kräfte erklären zu können.

Bezeichnend für Konfuzius ist, daß er den Ausdruck »Shang-ti« (höchster Herr) für das Prinzip der Weltregierung nicht gebraucht, sondern dieses gewöhnlich »T'ien« – Himmel – nennt. Man darf dieses Wort nicht, wie dies manche Übersetzer tun, einfach mit Gott wiedergeben, weil dann leicht christliche Vorstellungen mit dem Ausdruck verbunden werden, die ihm fremd sind. Der Himmel hat für den Chinesen durchaus nicht den persönlichen Charakter, der dem christlichen Gott eigen ist, da er weder mit ihm spricht, wie der Jahve des Alten Testaments, noch auf seine Gebete hin Wunder vollbringt, vielmehr trägt er ungeachtet gelegentlicher Ausdrücke von anthropomorpher Färbung (L. 6, 26; 3, 24) durchaus etwas Unpersönliches an sich, so daß sich das Wort »Himmel« vielfach als Schicksal, Vorsehung, Fügung, Weltordnung wiedergeben läßt. »Der Himmel redet nicht, und doch gehen die vier Zeiten ihren Gang, und alle Dinge werden erzeugt« (L. 17, 19). So ist auch das Sendungsbewußtsein des Konfuzius (L. 7, 22; 9, 5; 14, 37 ff.), seine Enttäuschung darüber, daß ihm der Himmel seinen Lieblingsschüler entriß (L. 11, 8), sein Glaube, daß Reichtum und Ansehen vom Himmel kommen (L. 12, 5), nicht der Ausdruck des Gefühls der Abhängigkeit von einem nach freier Willkür verfügenden Weltenherrn, sondern entspricht der Überzeugung, daß in Natur und Sitte ein unabänderliches Weltgesetz waltet, das den ganzen Geschichtsverlauf in einer der kosmischen Harmonie entsprechenden Weise regelt. Die Moral hat also auch bei Konfuzius eine metaphysische Grundlage, sie ist aber nicht von einem persönlichen Gott eingesetzt und verkündet worden, sondern ist der Weltordnung immanent.

3. Die Schule des Konfuzius

Die Lehren des Konfuzius wurden in seiner Schule in mannigfacher Weise weitergebildet. Als der größte Interpret der Lehren des Meisters gilt Mêng-tse (Mong-Dsi), latinisiert Menzius. Im Jahre 372 v. Chr. als Sproß einer alten Adelsfamilie geboren, wurde er nach dem frühen Tode seines Vaters von seiner Mutter, einer der bedeutendsten Frauen Chinas, erzogen und nahm frühzeitig eine erfolgreiche Lehrtätigkeit auf. In reiferen Jahren wurde er von verschiedenen Fürsten als Beamter und Ratgeber verwendet, doch war ihm ein dauernder Erfolg im politischen Leben versagt. Er zog deshalb später wieder als wandernder Lehrer umher, bis er 289 v. Chr. starb. Unter seinem Namen sind eine Reihe von Büchern überliefert, von denen einige wahrscheinlich auf ihn zurückgehen, während andere seinem Schülerkreis entstammen mögen. Mêng-tse betrachtete es als seine Lebensaufgabe, die Lehren des von ihm hochverehrten Meisters K'ung zu verbreiten und darzulegen. Dadurch, daß er diese dialektisch gegen Gegner verteidigte und durch Gleichnisse und Anekdoten erläuterte, hat er sich um ihre Anerkennung so große Verdienste erworben, daß er geradezu als der »zweite Weise« der Schule angesprochen wurde. Europäische Beurteiler haben sein Verhältnis zu Konfuzius nicht sehr treffend zu dem des Paulus zu Jesus in Parallele gestellt, Chinesen vergleichen ihn mit dem hellen durchsichtigen Bergkristall, Konfuzius mit dem milden, unauffälligen Glanz des Nephrits. Mêng-tse ist vor allem dadurch bekanntgeworden, daß er die Theorie, daß der Mensch von Natur gut sei, gegen alle Angriffe zu verteidigen suchte. Menschenliebe (Humanität) und Gerechtigkeit (Pflichtbewußtsein) sind dem Menschen von Natur angeboren, wer sie in sich entwickelt und sich von ihnen leiten läßt, der ist fähig, alles zu erreichen. Der Fehler, den die Fürsten machen, besteht darin, daß sie glauben, durch Gewaltmaßregeln ihr Volk im Zaume zu halten. Das hat zur Folge, daß ihre Herrschaft nicht von Bestand ist. »Gäbe es aber einen solchen, der kein Vergnügen daran fände, Menschen zu töten, so würde das Volk des ganzen Reiches die Hälse reckend zu ihm emporblicken. Und wenn er wirklich also wäre, so würde das Volk sich zu ihm wenden, wie das Wasser nach der Tiefe zu fließt in Strömen . . . Wer Güte übt, ist imstande, alles Land innerhalb der vier Meere zu beschirmen, wer dies nicht tut, vermag nicht einmal Weib und Kind zu schützen« (Übers. E. Schmitt).
Mêng-tses Theorie von der natürlichen Güte der Menschennatur wurde von

Hsün-tse im 3. Jahrhundert v. Chr. bestritten. Dieser lehrte im Gegenteil, daß der Mensch seiner Anlage nach schlecht sei, aber durch Erziehung gut gemacht werden könne. Diesem Zweck dienen die Riten (li), welche durch Gewöhnung Rechtlichkeit und Humanität herbeiführen. Im späteren Konfuzianismus hat sich aber Mêng-tses optimistische Auffassung durchgesetzt. Mit der Han-Zeit begann die Entwicklung des Konfuzianismus zur Staatsreligion. Generationen von Gelehrten bildeten ihn zu einem das ganze private und staatliche Leben umfassenden Gedankensystem aus, das als orthodoxe Ausdeutung der unantastbaren klassischen Tradition galt und deshalb zur alleinigen Richtschnur der vom Staate gebilligten und geförderten Anschauungen und Bräuche wurde. Jede Dynastie erblickte fortan in der Lehre K'ung-tses von dem göttlichen Mandat des »Himmelssohns« die unverrückbare Grundlage ihrer Machtstellung und sah deshalb in den konfuzianischen Gelehrten die stärksten Stützen des Thrones. Diese wieder fühlten sich wegen dieser ihrer Vorrangstellung als die allein berufenen Wortführer echten Chinesentums und bekämpften in unduldsamer Weise alle anderen Richtungen, welche ihre Monopolstellung gefährden konnten. In einer Reihe uns erhaltener, von Konfuzianern verfaßter Denkschriften und von ihnen veranlaßter kaiserlicher Edikte gingen sie gegen Taoismus und Buddhismus vor und setzten zeitweise auch die Verfolgung dieser »unklassischen«, heterodoxen und ketzerischen Irrlehren durch. Daß sie gleichwohl nicht die religiöse Alleinherrschaft in China erlangten, sondern daß die anderen Richtungen bis heute erhalten geblieben sind, hat seinen Grund darin, daß der Konfuzianismus im wesentlichen eine Lehre der intellektuellen Oberschicht war, an deren großen Riten das Volk nur als Zuschauer Anteil hatte. Ihre metaphysischen und im eigentlichen Sinne religiösen Bedürfnisse konnten nicht nur die breiten Massen, sondern auch die tiefer veranlagten Naturen nur außerhalb der Staatsreligion befriedigen.

Die Erkenntnis, daß die religiös-philosophische Basis des reinen Konfuzianismus zu schmal für eine allumfassende Deutung der Welt sei, veranlaßte in der Sung-Zeit eine Reihe von konfuzianischen Philosophen, Systeme aufzustellen, welchen sie taoistische und buddhistische Ideen einverleibten. Der bedeutsamste dieser Neuerer, Chou-tse (Tschou-tse, sprich Dschou-tse), der 1017–1073 lebte, bildete die Lehre des Yi-ching von den beiden Urgewalten in monistischem Sinne fort, indem er ein Urprinzip annahm, aus welchem Yang und Yin entstehen. Dieses bezeichnet er als Nichts, weil es transzendent und nicht erkennbar ist. Die später zur Herrschaft gelangte Form des Neukonfuzianismus rührt jedoch von dem als Ausleger der heiligen Texte hochberühmten Chu Hsi (Tschou-hi) her, der 1130–1200 lebte und zu einer Art von Thomas von Aquino des chinesischen Kirchenstaats geworden ist. Seine Lehre umreißt A. Forke in folgender Weise [1]:

[1] A. Forke, Die mittlere und neuere Zeit der chinesischen Philosophie, im Sammelwerk »Licht des Ostens«, S. 388.

»Chu Hsis Philosophie ist dualistisch und mit der des Descartes verglichen worden. Danach besteht die Welt aus Li, einem geistigen Prinzip, der Vernunft, und Ch'i, dem materiellen Prinzip, der luftförmigen Substanz. Dem ersteren von beiden gebührt der Vorrang, es gilt auch als die Quelle der fünf Tugenden. Li ist unsichtbar, unbegrenzt und Quelle der Einheit, Ch'i ist sichtbar, begrenzt und Ursache der Vielheit. Es gibt kein absolutes Nichts. Auch in der großen Leere hat die Materie immer existiert, aber im Zustande völliger Ruhe; erst durch Li kam sie in Bewegung. Li und Ch'i sind seit Ewigkeit vereint und bildeten zuerst die große Einheit T'ai-i. Nach einer Weltperiode kehrt die Welt zum Chaos zurück, und der Weltprozeß beginnt von neuem. T'ai-chi (Uranfang) ist nur ein anderer Name für Li und wird auch Wu-chi (Anfang des Nichts) genannt, was aber kein absolutes Nichts bedeutet, sondern ein nur noch nicht in Erscheinung getretenes, noch nicht wahrnehmbares Sein.

Indem die Materie, von der Vernunft bewegt, sich in Bewegung setzt, entstehen die beiden Erscheinungsformen Yin und Yang, die von Chu Hsi als ruhende und bewegte Materie aufgefaßt werden, und aus ihren verschiedenen Mischungen entstehen die fünf Elemente.

Der Himmel ist für Chu Hsi kein Gott (Ti). Sofern die Vernunft herrscht, setzt er Ti der Vernunft gleich. Es ist keine Persönlichkeit, sondern nur eine nach ganz festen Regeln wirkende Kraft. Alle Aussprüche des Shu-ching, die auf eine Person hinzuweisen scheinen, werden umgedeutet.

Die Menschennatur besteht ebenfalls aus Li und Ch'i. Das immaterielle Prinzip ist stets gut, wie Menzius lehrt, das materielle verschiedenartig, bald gut, bald böse. Dadurch kommt das Böse in die Welt, das durch die Vernunft geregelt werden muß. Glänzenderes Ch'i gibt Einsicht, dichteres Tugend, trüberes Einfalt, loseres Laster.

Shen (Geist) ist die Tätigkeit des Yang, ein Ausdehnen, Sich-Ausbreiten, Kuei (Dämon) die Tätigkeit des Yin, ein Sich-Zusammenziehen, Zurückkehren, also nur zwei entgegengesetzte Äußerungsformen desselben Wesens, sein Wachsen und sein Verfall. Jedes Wesen hat einen Geist und einen Dämon in sich und kann ohne sie gar nicht bestehen. Auch in den Naturerscheinungen, wie Regen, Wind, Donner, Sonnenschein, sind solche Geister tätig. Es gibt gute Geister des Lichts und böse der Finsternis, auch solche, zu denen man betet. Es gibt himmlische Geister: Sonne, Mond und Sterne, irdische: Berge, Flüsse, Bäume und Geister der Verstorbenen. Das ist die alte Naturreligion in neuer Begründung.

Der Mensch besteht aus Materie und Vernunft. Der feinere Teil der Materie heißt Lebenskraft, der gröbere Körper. Das, womit der Mensch denkt und erkennt, ist seine Intelligenz, die höhere Seele; das, womit er sieht und hört, ist seine Empfindung, die niedere Seele. Beim Tode verläßt die höhere Seele den Körper und kehrt zum Himmel zurück, woher sie stammt. Sie ist ein warmer Hauch; daher erkaltet der Körper. Die niedere Seele kehrt mit dem

Körper zu ihrem Ursprung, der Erde, zurück. Eine Zeitlang bleibt die höhere Seele noch zusammengeballt und ist für Opfer empfänglich, aber dann verfliegt sie. Den Tod muß der Weise mit Ruhe hinnehmen, da er nichts daran ändern kann.«

Diese Philosophie des Chu Hsi und seiner Schule ist unter dem Namen Hsing-li (Menschennatur und Vernunft) bekannt und fand so viele Anhänger, daß im Jahre 1415 der dritte Kaiser der Ming-Dynastie ein großes Sammelwerk aus den Hauptschriften dieser Schule – 128 Gelehrte sind darin vertreten – herausgeben ließ. Diese große Sammlung wurde im 18. Jahrhundert von einer kaiserlichen Kommission durchgesehen und zu einem Werke verkürzt, das als amtliches Handbuch dieser Philosophie gelten kann.

Im Verlauf seiner zweieinhalb Jahrtausende umfassenden Geschichte hat der Konfuzianismus außer den hier genannten noch zahlreiche andere große Denker hervorgebracht, die bestrebt waren, die Lehren des Meisters zu systematisieren oder durch Verbindung mit Gedanken anderer Herkunft in diesem oder jenem Sinne zu erweitern oder umzubilden. Unter den Gegnern des Neukonfuzianismus des Chu Hsi ist vor allem Wang Yang-ming (1472–1529) zu nennen, der, auf älteren Vorgängern fußend und offenbar stark von der »Nur-Bewußtseinslehre« der Buddhisten beeinflußt, einen erkenntnistheoretischen Idealismus vertrat, für welchen nichts außerhalb des menschlichen Geistes existiert und die durch das Studium der eigenen Natur gewonnene Intuition allein wahres Wissen möglich macht.

Da Konfuzius die heiligen Überlieferungen der Chinesen gesammelt und herausgegeben hat und seine Aussprüche als klassische Formulierungen der ethischen Vorstellungen des Volkes und als ideologische Grundlage des ganzen Staates angesehen wurden, wurde es in Europa üblich, die offizielle staatliche Religion des chinesischen Kaiserreiches als Konfuzianismus zu bezeichnen. Dies erschien um so mehr gerechtfertigt, als dem Konfuzius innerhalb dieses Religionssystems eine Stellung eingeräumt wird, die fast derjenigen des Stifters in anderen Religionen entspricht. Konfuzius hatte in jeder Stadt einen Tempel, und zweimal im Jahre, bei der Tagundnachtgleiche, wurden ihm Opfer dargebracht. Die Tatsache, daß den konfuzianischen Literaten eine gewisse priesterähnliche Stellung zukam, trug ebenfalls dazu bei, dem Konfuzianismus den Charakter eines Religionssystems zu verleihen: denn bei manchen Kulthandlungen fungierten Staatsbeamte oder Literaten als Zeremonienmeister.

Durch die Einführung der republikanischen Staatsform hat der Staatskult, der in der Vorstellung vom Kaiser als dem Mandatar des Himmels gipfelte, seine Existenzberechtigung verloren, wenn auch verschiedentlich Versuche gemacht worden sind, ihn teilweise aufrechtzuerhalten: Yüan Shi-kai vollzog am 23. Dezember 1914 das große Himmelsopfer. Ist die bevorrechtigte

Stellung, die der Konfuzianismus im Staatsleben einnahm, ihm jetzt auch verlorengegangen, so stellt er doch auch heute noch eine geistige Macht im Geistesleben des Reiches der Mitte dar. Eine 1910 gegründete konfuzianische Kirche suchte ihn sogar zu einer Religion nach christlichem Muster zu entwickeln, in der sie Konfuzius als den größten Meister der Menschheit, die heiligen Schriften als eine Art Bibel verehrt. Wenn man von derartigen Bestrebungen einzelner Kreise absieht, wird man den Konfuzianismus nicht als eine selbständige Religion, sondern nur als eine Interpretation der chinesischen universistischen Volks- und Nationalreligion auffassen dürfen. Insofern als er das Denken, Fühlen, Wollen und Handeln des Menschen mit dem Transzendenten verknüpft, indem er das So-Sein der Welt durch dieses bestimmt sein läßt, das Gefühl des Heiligen im Gegensatz zum Profanen wachruft, die Ethik auf ein sittliches Weltgesetz gründet und sakrale Riten vorschreibt, ist er keine bloße Moralphilosophie, sondern ein religiöses System; der Umstand jedoch, daß Konfuzius auf die großen Fragen nach dem Woher und Wohin des individuellen Daseins keine Antwort gibt, hat immer wieder dazu geführt, daß Denker, die nicht im Agnostizismus verharren wollten, sich an seiner Lehre nicht genügen ließen, sondern die Nötigung empfanden, dieselbe durch solche anderer Weiser zu ergänzen.

Als anerkannte Verkörperung des nüchtern-praktischen Lebensideals des chinesischen Volkes hat Konfuzius nicht nur im Reich der Mitte selbst, sondern auch außerhalb von dessen Grenzen seine Tempel und seine Anhänger. Überall, wo chinesische Auswanderer festen Fuß fassen, wird er verehrt und gelesen: in der Mandschurei wie in Hinter- und Insel-Indien, in Afrika wie in den Chinesenvierteln von New York und San Franzisko, in Hawaii wie in Tahiti. Ja, sein Kult blieb nicht auf die Chinesen selbst beschränkt, sondern hat zugleich mit der Ausbreitung der chinesischen Kultur auch in Ländern Wurzeln geschlagen, deren Bewohner eine andere Sprache reden. In Vietnam waren ihm die führenden Schichten zugetan, und in Korea erfreute er sich unter der Yi-Dynastie (1392–1910) der staatlichen Begünstigung.

Der Konfuzianismus hat vor allem in Japan, wo er »Ju-do« oder »Ju-kyo« genannt wird, namentlich unter den Tokugawa-Shogunen (1600 bis 1868) einen bedeutenden Einfluß auf das sittliche, soziale und staatliche Leben ausgeübt. Er tritt dort in drei Schulen auf, die hier kurz gekennzeichnet werden müssen:

1. Teishu, vertritt die Lehre des Chu Hsi (japanisch: Shu-Shi). Ihre Begründer waren Fujiwara no Seigwa (1565–1619) und sein Schüler Hayashi Razan (1583–1657).

2. Yômei, die Schule des Wang Yang-ming (japanisch: Ô-yô-mei). Ihr Hauptvertreter in Japan war Nakae Tôju (1608–1648). Dieser lehrte einen idealistischen Monismus, für welchen Ri (Weltseele) und Ki (Weltstoff) die beiden Erscheinungsformen des göttlichen Urgrundes sind, welche sich, eng aneinandergeknüpft, in der Vielheit der Welt manifestieren. Den Subjekti-

vismus Wang Yang-mings modifizierte Oshio Chusai (1794–1837), indem er lehrte, daß der Makrokosmos und der Mikrokosmos einander völlig entsprechen, man auch von dem ersteren, von der Natur ausgehen könne, um die Gesetze zu ermitteln, welche das menschliche Sein bestimmen. 3. Kogaku. Diese Schule suchte durch Zurückgehen auf die chinesischen Texte den »Ur-Konfuzianismus« gegenüber den späteren Auslegungen wiederherzustellen. Ihre Hauptvertreter waren: Yamaga-Sokô (1622–1685) und Ito Jinsai (1627–1705).

Auch heute noch hat der Konfuzianismus unter den japanischen Staatsmännern viele Anhänger (der Taoismus hat demgegenüber in Japan keine bedeutsame Rolle gespielt).

So ist die Lehre des Konfuzius, obwohl urchinesisch, nicht auf ihre Heimat beschränkt geblieben, sondern hat in ganz Ostasien Verbreitung gefunden, wo immer chinesischer Geist zur Herrschaft kam. Es läßt sich deshalb wohl behaupten, daß wenige Männer auf das geistige Leben der Menschheit so tiefgehende Wirkungen ausgeübt haben wie Meister K'ung. Daß die chinesische Kultur in ungebrochener Kontinuität vom grauen Altertum bis zur Gegenwart sich erhalten hat und alle äußeren Niederbrüche und inneren Wirren siegreich zu überstehen vermochte, ist nicht zuletzt das Verdienst des Mannes, dessen Idealbild noch mehr als sein geschichtliches Wirken immer wieder die Kräfte zu entbinden vermochte, welche eine sittliche und staatliche Erneuerung Chinas heraufführten.

IV. Der Taoismus

1. Lao-tse und das Tao-te-ching

Lao-tse »der alte (lao-Greis) Meister (tse)« ist eine der geheimnisvollsten und umstrittensten Gestalten der chinesischen Geisteswelt. Der Tradition gilt er als ein älterer Zeitgenosse des Konfuzius, der 604–517 v. Chr. lebte und sein großer Gegenspieler war. Moderne Forscher bezweifeln die Richtigkeit dieser Angaben; die einen halten ihn für eine rein sagenhafte Gestalt, die erfunden wurde, um seinem aus den Werken taoistischer Philosophen kompilierten »Tao-te-ching« Ansehen zu verleihen, andere glauben, daß der im 4. Jahrhundert v. Chr. lebende Einsiedler-Philosoph Li Erh den Beinamen Lao-tse gehabt hatte. Das »Tao-te-ching« führt diesen Namen erst seit dem 3. oder 2. Jahrhundert v. Chr., ist in seiner Existenz aber bereits für das 3. Jahrhundert v. Chr. durch Zitate bezeugt; es dürfte jedoch kaum wesentlich älter sein, da seine Polemik bereits den ausgebildeten Konfuzianismus und Legalismus voraussetzt (Herbert Franke). Nach der Überlieferung stammte Lao-tse aus einem Dorf im Yangtse-Gebiet; eine Legende behauptet, daß seine Mutter schon 81 Jahre alt war, als sie durch einen Sonnenstrahl geschwängert wurde, nach weiteren 81 Jahren soll ihr Kind dann aus ihrer Hüfte hervorgekommen sein. Lao-tse soll zeitweilig Reichsarchivar in der damaligen Hauptstadt Lo-yang gewesen sein. Am Ende seines Lebens wollte er, auf einem schwarzen Ochsen reitend, China verlassen, der Kommandant des Grenzpasses soll ihn aber aufgefordert haben, vorher noch seine Gedanken über Welt und Leben in einem Buche niederzuschreiben. Er soll diesem Wunsch durch Abfassung des Tao-te-ching nachgekommen sein und dann den »Barbaren des Westens« die Lehre vom Tao verkündet haben. Der Buddhismus sei ein Ableger von dieser. Alle diese hübschen Geschichten, welche bekannte Sagenmotive benutzen, zeigen, wie intensiv sich die Legende mit dem alten Weisen beschäftigt hat. Gleichgültig, ob er und zu welcher Zeit er gelebt hat und ob das Tao-te-ching ein von ihm verfaßtes einheitliches Werk oder eine aus vielen Quellen zusammengetragene Schrift darstellt – sicher ist, daß es zu den originellsten Werken der chinesischen Literatur gehört und wegen seiner kulturkritischen Haltung und seiner mystischen Tendenzen zu dem am meisten in europäische Sprachen übersetzten chinesischen Buch geworden ist.

Der Name »Tao-te-ching« bedeutet »Das Buch (ching) vom Weltgesetz (tao) und seinem Wirken«. Es enthält 81 zum Teil gereimte kurze Abschnitte, die ohne feste Gliederung in aphoristischer Form in einer teilweise dunklen, aber durch hochpoetische Bilder belebten und sehr ausdrucksvollen Sprache eine quietistische Weisheit verkünden. Diese änigmatische Kürze seiner Sprüche läßt es begreifen, daß schon die chinesischen Kommentatoren über die Bedeutung seiner Worte miteinander stritten und daß die europäischen Übersetzer (Viktor von Strauß, Richard Wilhelm, Erich Schmitt, Erwin Rousselle, Arthur Waley, J. J. L. Duyvendak und andere) in ihren Deutungen stark voneinander abweichen.

Im Zentrum des Denkens des Lao-tse (oder wer der Urheber des uns heute in zwei Rezensionen vorliegenden Textes sein mag) steht das bereits auf S. 124 erwähnte Tao. Dieses ist der ewige Urquell allen Seins, eine substantielle Kraft, die allem zugrunde liegt; es ist zugleich das Gesetz, das in der Welt wirksam ist, ohne zu reden oder zu handeln, und die Richtschnur für das richtige Tun. Es ist also das all-eine Ewige, das höchste Prinzip der natürlichen und sittlichen Welt. An manchen Stellen wird es als unfaßbar, undefinierbar, namenlos bezeichnet (14, 21, 25, 32, 41); es erscheint als unpersönliches Absolutum, welches nicht durch Prädikate irdischer Wesen verdeutlicht werden kann. Anderwärts hingegen wird es »aller Wesen Ahnherr« (4) und als Vater und Herr der Lehre (70), als die Mutter der zehntausend Wesen (1), als die Mutter der Welt (25, 52) bezeichnet. Wenn einige Übersetzer deshalb das Wort »Tao« durchgängig mit »Gott« oder »die Muttergöttin, die Führerin« oder dergleichen übersetzt haben, so scheint dies dem Sinn, den Lao-tse mit dem Begriff Tao verband, nicht gerecht zu werden, denn eine anthropomorph vorgestellte persönliche Gottheit, zu der der Fromme beten kann, ist sein Tao gewiß nicht. Daß er des öfteren in anthropomorphen Begriffen von ihm redet, hat seinen Grund darin, daß in der alten Zeit zwischen dem Personalen und dem Impersonalen nicht klar geschieden wurde und Lao-tse die Redeweise der Altvordern wenigstens bildlich weiter verwendet. Es hieße die abendländischen Vorstellungen von persönlichen Gottheiten in das Tao-te-ching hineintragen, wollte man bei der Übersetzung Worte verwenden, mit denen wir den Sinn von etwas ausgesprochen Persönlichem verbinden. Seinen Höhepunkt hat die Tendenz, westliche Gedanken aus Lao-tse herauszulesen, darin gefunden, daß Rémusat und nach ihm Strauß in den drei Geheimnamen des Tao: Yi, Hsi, Wei, durch welche es (nach den Kommentatoren) als unerkennbar, unvernehmbar und unfaßbar charakterisiert werden soll, den alttestamentarischen Gottesnamen Jehovah zu finden meinten.

Das Tao ist der Urgrund der Welt, weil aus ihm alles entstanden ist. Die kosmologischen Spekulationen Lao-tses setzen vor den Anfang der Weltentstehung einen Zustand des Nichtseins (40). Aus diesem unverkennbaren Transzendenten geht das Sein hervor, d. h. der Zustand der All-Einheit, in welchem alle Unterschiede noch ungetrennt sind. Diese Einheit erzeugt die Zweiheit von Yang und Yin; aus dem Dualismus der Urkräfte entsteht der Lebensatem, der die Harmonie der beiden Kräfte bewirkt. Die Dreiheit erzeugt die zehntausend Wesen (42). So ist das Tao der Ursprung aller Wesen, seine Kraft ernährt sie, sein Wesen gestaltet sie, und sein Wirken vollendet sie (51). Indem das all-eine Tao zu einer Vielheit wird, treten in der Welt Gegensätze zutage, die vorher nicht vorhanden waren. Gut und böse, schwer und leicht, lang und kurz, hoch und tief, vorher und nachher bedingen einander (2). Als Konsequenz hieraus ergibt sich die Lehre, daß die menschlichen Tugenden erst möglich werden, wenn ihr kontradiktorischer Gegensatz auftritt: »Gerät das große Tao in Verfall, so gibt es Menschenliebe und Gerechtigkeit. Treten Klugheit und Wissen auf, so gibt es die große Heuchelei. Wenn unter den sechs Blutsverwandten keine Harmonie besteht, so gibt es Kindespflicht und Liebe. Wenn das Staatswesen in Unordnung gerät, so gibt es treue Untertanen« (18).

In seinen ethischen Vorschriften zieht Lao-tse die praktischen Folgerungen aus dieser Grundidee von der durch das Aufkommen von relativen Gegensätzen eingetretenen Loslösung von der ursprünglichen natürlichen Einheit. Dadurch, daß der Mensch, anstatt instinktsicher auf der Bahn des Weltgesetzes zu wandeln und sich diesem in seinem Tun anzupassen, selbstische Ziele verfolgt, entfernt er sich von der ewigen Ordnung und gerät ins Unglück. »Die Farben machen seine Augen blind, die Töne seine Ohren taub, die Würzen seinen Gaumen schal, Rennkampf und Jagd sein Begehren wild, seltene Güter seinen Wandel irr« (12). »Keine größere Schuld gibt es als Billigung der Begierden, kein größeres Übel, als sich nicht bescheiden zu wissen, kein schlimmeres Unheil als die Sucht nach Gewinn« (46). Deshalb muß der, welcher nach dem wahren Heil strebt, allen Lüsten entsagen und ganz im Tao aufgehen, wie ein Kind (20,28,52,55). Abseits von der Menge, in stiller Ruhe unerschütterlich, im Bewußtsein seiner eigenen Stärke ohne Streitsucht (68) gleicht er dem Wasser, das allen Wesen nützt, obwohl es gering geachtet in der Tiefe wohnt (8). Nach dem Vorbilde des Tao ist das Handeln der Weisen ein »Nichthandeln« (wu-wei, 63); er wirkt durch sein bloßes Dasein auf seine Umwelt, ohne krampfhaft kurzfristigen vergänglichen Zielen nachzujagen. Das Wesen des »wu-wei« wird dahin erläutert, daß das Allerweichste auf Erden (wie das Wasser) das Allerhärteste auf die Dauer überwältigt, das Widerstandslose (der Raumäther) selbst in die festen Körper eindringt (43).

Das Lebensideal des Lao-tse ist deshalb ein ganz anderes als das des Konfuzius. Sieht der letztere in einer dem Diesseits zugewandten Tätigkeit, die den von den großen Herrschern der Vergangenheit dargelegten Formen und Riten entspricht, die Aufgabe des Menschen, so ist für Lao-tse das beschauliche Sich-Versenken in das Ewige, die ruhige Begierdelosigkeit (3), die Zurückhaltung gegenüber den weltlichen Dingen das hohe Ziel, dem der Weise zustreben soll. Friedfertig und versöhnlich, ist er nicht nur zu den Guten, sondern auch zu den Bösen gut, nicht nur den Treuen, sondern auch den Treulosen treu (49), er vergilt auch Feindschaft durch Güte (63). Lao-tse wäre kein Chinese gewesen, wenn er gleich den indischen Heiligen nur die Vervollkommnung des einzelnen für möglich gehalten hätte. Entsprechend der sozialen Einstellung, die für die Denker seines Volkes so charakteristisch ist, sieht er in den von ihm verkündeten Moralprinzipien das gegebene Mittel zur sittlichen Erneuerung der Familie, der engeren Heimat, des Landes und der Welt (54). Gleich Konfuzius ist auch für ihn das Altertum das allgemeingültige Vorbild für alle staatliche und gesellschaftliche Ordnung. Die Menschen der Vorzeit waren aber deshalb den heutigen überlegen, weil sie das Tao hochhielten und in Harmonie mit dem Urgrunde allen Seins lebten (62). In der Wiederherstellung des ihm in romantischer Verklärung erscheinenden naturnahen Zustandes der Altvorderen sieht er das Heil für die Zukunft der Menschheit (65,68). Alle politischen und sozialen Übel der Gegenwart haben für ihn ihre Wurzel darin, daß die Menschen sich von der Unschuld kindlicher Einfalt und natürlicher Gesittung entfernten.

Durch Aufklärung (65) und künstlich geschaffene Vorschriften erstreben sie eine Ordnung, die allein eine selbstverständliche Auswirkung des Tao zu schaffen vermöchte. »Je mehr es Dinge in der Welt gibt, die man nicht tun darf, desto mehr verarmt das Volk. Je mehr die Leute scharfe Geräte haben, desto mehr kommt Haus und Staat ins Verderben. Je mehr die Leute Kunst und Schlauheit pflegen, desto mehr erheben sich böse Zeichen. Je mehr Gesetze und Befehle prangen, desto mehr gibt es Diebe und Räuber« (57). »Daß die Leute hungern, ist, weil ihre Oberen zuviel Steuern fressen, daß die Leute schwer zu leiten sind, ist, weil ihre Oberen zuviel machen« (75).

Als Ideal eines Staates gilt ihm ein kleines Reich, dessen wenige Bewohner friedlich, auskömmlich und zufrieden nach den Sitten der Väter leben, ohne das Bedürfnis zu haben, mit den benachbarten Leuten und Völkern in Verkehr zu treten (80) oder Kriege zu führen (30,31,69). Der gute Fürst wirkt in Liebe zum Volk allein durch sein Vorbild (10), er regiert nicht durch gewalttätiges Handeln (29). »Herrscht ein ganz Großer, so weiß das Volk kaum, daß er da ist, Mindere werden geliebt und gelobt, noch Mindere werden gefürchtet, noch Mindere werden mißachtet. Vertraut man nicht genug, so findet man kein Vertrauen« (17). So ist eine Besserung der sich in Selbstsucht und Vielgeschäftigkeit verzehrenden ruhelosen Welt nur dann zu erhoffen, wenn sie zurückfindet zum unverdorbenen Naturzustande und sich allein vom Tao leiten läßt, denn »das Tao des Himmels ist Fördern und nicht Schaden, das Tao des Heiligen ist Wirken und nicht Streiten« (81).

2. Die Schule des Lao-tse

Die von Lao-tse in den knappen, dunklen Sätzen des »Tao-te-ching« verkündeten Lehren sind von einer Reihe von Philosophen weiter ausgebildet worden. Als das älteste und bedeutsamste taoistische Werk eines Nachfolgers des Meisters gilt »Das wahre Buch vom quellenden Urgrund« des Lieh-tse (Liä-dsi, latinisiert: Licius). Dieser lebte wahrscheinlich im 4. Jahrhundert v. Chr., doch wissen wir über ihn nichts Näheres; der Überlieferung zufolge war er verheiratet, beschäftigte sich mit dem Unterricht von Schülern, lehnte aber jede beamtete Stellung ab. Die Schrift, die ihm zugeschrieben wird, ist in der Form, in welcher sie uns vorliegt, sicher nicht von ihm verfaßt, sondern von seinen Schülern aufgezeichnet und durch spätere Hinzufügungen bereichert worden. Manche Forscher nehmen an, daß sie ihre heutige Form erst im 3. bis 6. Jahrhundert n. Chr. erhielt und aus älteren Texten zusammengestellt wurde.

Lieh-tse ist bemüht, die Lehre vom Tao in den verschiedensten Richtungen metaphysisch weiter auszubauen. Am Anfang des Werkes gibt er eine Kosmogonie. Danach besitzt das Tao Aseität, es ist ein Zeugendes, das nicht erzeugt wurde, ein sich dauernd Wandelndes, das in sich selbst unwandelbar ist. Im unendlichen Raum wallt es hin und her, ohne daß es zu einer Grenze käme. Die Schöpfung beginnt damit, daß in der Ur-Einheit Stoff, Kraft und Form potentiell entstehen, ohne doch schon je für sich zu sein. Aus dieser nur mehr äußerlichen Einheit, in der alles chaotisch durcheinanderwogt, sondern sich die Kräfte Yin und Yang, und aus diesen entstehen die fünf Elemente. Die jetzt vorhandenen »Sieben« wandeln sich in »Neun«, d. h., sie bringen als weitere Faktoren Himmel und Erde hervor. Diese Neun werden wieder zur Einheit, insofern, als sie zusammen den einheitlichen Kosmos bilden.

Die Welt befindet sich in unaufhörlicher Wandlung, bei welcher immer neue

Formen werden und vergehen. In phantasievoller Vorwegnahme der Deszendenztheorie lehrt Lieh-tse, daß der Mensch aus der Metamorphose verschiedener Tierarten entstehe (I, 4).

Tritt Lieh-tse hier als Dogmatiker auf, so zeigt er sich andererseits wieder als Agnostiker. Er bekennt, daß sich die Unendlichkeit von Raum und Zeit nicht vorstellen (V, 1) und daß sich über den Wert von Tod und Leben kein gegründetes Urteil fällen läßt. »Wer hier stirbt: wer weiß, ob er nicht dort geboren wird? Wie kann ich wissen, ob einer, der mit Mühe und Not sein Leben sucht, nicht am Ende betrogen ist? Wie kann ich wissen, ob heute mein Tod nicht etwas Besseres ist als früher mein Leben?« (I, 6). »Das Leben versteht den Tod nicht und der Tod versteht das Leben nicht. Die Zukunft versteht die Vergangenheit nicht, und die Vergangenheit versteht die Zukunft nicht. Warum sollte ich mir Gedanken machen, ob Himmel und Erde untergehen oder nicht untergehen?« (I, 11). In das wahre Verständnis von Notwendigkeit und Freiheit kann selbst der Heilige nicht eindringen (V, 5).

Bemerkenswert ist die tiefe Einsicht in die Rolle, welche subjektive Faktoren bei unserer Beurteilung der Wirklichkeit spielen. Ein Mann, der die Ruhestätte seiner Ahnen besuchen will, seufzt tief, als er bei ihnen zu weilen glaubt, obwohl er sich an einem ganz anderen Orte befindet (III, 10). Fühlt ein Mensch anders als die Welt, so hält man ihn für verrückt, fühlt alle Welt aber so wie ein Verrückter, dann gilt der Normale als verrückt. »Was traurig ist und freudig, Ton, Farbe, Geruch, Geschmack, Recht und Unrecht: wer kann das unbedingt feststellen?« (III, 9; vgl. V, 7).

Der Begriff der Relativität wird auch auf Wachsein und Traum ausgedehnt. Was man im Wachen tut, hält man im Traum für nichtig, was man im Traum sieht, im Wachen für unwirklich. Und ebenso ist es mit dem, was man im Zustande der geistigen Entrücktheit oder der Verrücktheit wahrnimmt. Aller Wechsel an Einzelgestaltungen, mag er schnell oder langsam vor sich gehen, alles, was entsteht und vergeht, ist deshalb nur ein Schein im Vergleich zu dem Ewigen (III, 2).

Aus dieser erkenntniskritischen Einsicht wird nun im Sinne jeder magischen Weltauffassung die praktische Folgerung gezogen, daß derjenige, der die Erkenntnis des Wahren besitzt, die Erfahrungswelt meistert. Von einem Weisen wird deshalb erzählt: »Er konnte die vier Jahreszeiten vertauschen, im Winter Donner und im Sommer Eis machen« (III, 2). »Die Adepten gehen durch Gegenstände ohne Hindernis hindurch, sie treten auf Feuer und werden nicht heiß, sie wandeln über die Welt dahin und zittern nicht« (III, 4).

Lieh-tse selbst berichtet, dem Text (II, 3) zufolge, von sich, daß er durch neunjährige Übung in der Versenkung in das Absolute so weit gekommen sei, daß für ihn der Unterschied von Ich und Nicht-Ich zu Ende war. »Danach hörten auch die Unterschiede der fünf Sinne auf, alle wurden sie einander gleich. Da verdichteten sich die Gedanken, der Leib ward frei, Fleisch und

Bein lösten sich auf, ich hatte keine Empfindung mehr davon, worauf der Leib sich stützte, wohin der Fuß trat: Ich folgte dem Wind nach Osten und Westen wie ein Baumblatt oder trockene Spreu, und wirklich weiß ich nicht, ob der Wind mich trieb oder ich den Wind« (II, 3). Dieser Zustand äußerster Konzentration des Geistes wird mit dem eines Betrunkenen verglichen, der nicht merkt, wenn er im Wagen fährt oder von ihm herabfällt, und der sich auch nicht verletzt. »Wenn nun dieser Mann im Wein eine solche völlige Abgeschlossenheit erreicht, wie erst muß es sein, wenn man im Geiste Abgeschlossenheit erlangt! Der Berufene ist geboren im Geist, darum können ihm die Außendinge nicht schaden« (II, 4).

In dieser Neigung zum Wunderbaren zeigt sich Lieh-tse als Wegbereiter des späteren Taoismus, der von seinen Heiligen mit besonderer Vorliebe Mirakel berichtet und auch von allerlei Märchenländern erzählt, wo es weder Leiden noch Leidenschaften gibt, wie dies auch Lieh-tse bereits tut (II, 1, 2; III, 1, 5; V, 2, 6).

Als bedeutendster Nachfolger Lao-tses gilt Chuang-tse (Dschuang-Dsi), der zur Zeit des Konfuzianers Menzius im 4. bis 3. Jahrhundert v. Chr. im heutigen Shantunggebiet als verheirateter Lehrer in bescheidenen Verhältnissen gelebt haben soll. Es ist freilich umstritten, wieweit das ihm zugeschriebene, später unter dem Titel »Das Wahre Buch vom Südlichen Blütenland« bekannte Werk auf ihn zurückgeht oder ob es erst von seinen Anhängern verfaßt wurde, die unter seinem Namen schrieben. Der Inhalt ist sehr mannigfaltig. In ihm wird bald in witziger und scharfsinniger Weise Kritik an Staat und Gesellschaft geübt und gegen Konfuzius und andere Philosophen polemisiert, andererseits wird eine quietistische Lebensführung und eine mystische All-Einheitsschau empfohlen. Vor allem betont das Werk die Relativität aller Dinge. So heißt es (I, 8):

»Wenn die Menschen an einem feuchten Orte schlafen, so bekommen sie Hüftweh und die ganze Seite stirbt ab, geht es einem Aale ebenso? Wenn sie auf einem Baume weilen, so zittern sie vor Furcht und sind ängstlich besorgt; geht es aber einem Affen ebenso? Wer von diesen drei Geschöpfen nun weiß, welches der richtige Wohnort ist? (I, 8). So kann ein Mensch, der im Traum ein Schmetterling gewesen zu sein glaubte, nicht wissen, ob er in Wahrheit ein Mensch oder ein Schmetterling ist, da ja auch sein Menschendasein der Traum eines Schmetterlings sein kann« (I, 12).

In dem berühmten Gespräch zwischen dem Flußgott und dem Meergott (XVII, 1) legt er dar, daß man nur durch Erkennen der eigenen Grenzen zur geistigen Volkommenheit kommen kann. »Von all den vielen Menschen, die die neun Erdteile bewohnen, ist der Einzelmensch nur einer. Wenn man ihn also vergleicht mit den Myriaden von Wesen, ist er da nicht wie die Spitze eines Härchens am Leibe eines Pferdes?«

An anderer Stelle (XXV, 10) erörtert er die Frage, ob die Welt von einem Gott erschaffen sei oder nicht, und sagt dazu: »Daß die Hähne krähen und die

Hunde bellen, das ist den menschlichen Weisen zugänglich. Aber auch der größte Weise vermag nicht zu erklären, warum die Dinge sich so entwickelt haben, wie sie sind, und vermag nicht zu erkennen, wie sie sich in Zukunft weiter entwickeln werden ... Jene beiden Lehren kommen nicht über die Welt der Dinge hinaus und sind darum in letzter Linie beide verfehlt. Der Sinn (Tao) ist Grenzbegriff der dinglichen Welt. Reden und Schweigen reicht nicht aus, ihn zu erfassen. Jenseits vom Reden, jenseits vom Schweigen (liegt sein Erleben), denn alles Denken hat Grenzen.«

Wiederholt behandelt das Buch vom südlichen Blütenland auch das Problem des Todes. So sagt dort (VI, 3) ein Weiser:

»Wenn er (der Schöpfer) mich nun auflöst und meinen linken Arm verwandelt in einen Hahn, so werde ich zur Nacht die Stunden rufen; wenn er mich auflöst und verwandelt meinen rechten Arm in eine Armbrust, so werde ich Eulen zum Braten herunterschießen. . . . Wer es versteht, mit der ihm angemessenen Zeit zufrieden zu sein und sich zu fügen in den Lauf der Dinge, dem vermag Freude und Leid nichts anzuhaben.«

Als Chuang-tse selbst im Sterben lag, sprach er (XXVII, 20): »Himmel und Erde sind mein Sarg, Sonne und Mond leuchten mir als Totenlampe, die Sterne sind meine Perlen und Edelsteine, und die ganze Schöpfung gibt mir das Trauergeleit. So habe ich ein prächtiges Begräbnis.« Die Jünger sprachen: »Wir fürchten, die Krähen und Weihen möchten den Meister fressen.« Da sagte er: »Unbeerdigt diene ich Krähen und Weihen zur Nahrung, beerdigt den Würmern und Ameisen. Den einen es nehmen, um es den anderen zu geben: warum so parteiisch sein?«

Eine Reihe von anderen Philosophen haben dann die Naturphilosophie sowohl wie die Ethik und Staatslehre des Taoismus in der verschiedensten Weise weitergebildet. Die Mystik erreicht ihren Höhepunkt im Kuan-yin-tse, einem Werke, das nach einem angeblichen Zeitgenossen des Lao-tse seinen Namen führt, wahrscheinlich aber erst im 10. oder 11. Jahrhundert abgefaßt wurde. Hier wird ein reiner Idealismus gelehrt: die Welt ist nur eine Vorstellung, Leben und Tod sind nur Erscheinungen. Auch das Ich hat kein reales Sondersein, in Wahrheit existiert nur das eine allgegenwärtige Tao. Wer das Wesen desselben begriffen hat, ist über alle Begrenzung durch Raum und Zeit erhaben, er vermag in den Naturlauf einzudringen, beherrscht die Geister, bändigt die Tiere und ist fähig zu aller Art von Weissagungen und Wundern.

3. Der populäre Taoismus

Das Zauberwesen, das in dem kleinen Werkchen Lao-tses zwar keine Rolle spielt, in den Schriften seiner Schule aber zum Teil stark hervortritt, übte auf die große Menge eine so bedeutende Anziehungskraft aus, daß neben dem philosophisch-ethischen Taoismus noch ein populär-religiöser aufkam.

Dieser verehrte zwar auch Lao-tse und andere Denker als seine Meister, pflegte aber vornehmlich die magisch-mystische Seite der alten Überlieferung und verband diese mit den verschiedensten Formen volkstümlichen Glaubens und Aberglaubens. Im Kampfe und im Ausgleich mit dem Buddhismus eignete er sich manche von dessen Vorstellungen, Riten und Einrichtungen an und schuf so ein eigenartiges synkretistisches System, das bis zur Gegenwart einen nicht unbedeutenden Einfluß auf das chinesische Geistesleben ausgeübt hat.

Der Glaube, daß der Wissende der Natur gebieten kann, vergröberte sich im Laufe der Zeit zu der Anschauung, daß man ein Elixier des ewigen Lebens herstellen könne, welches den, der es genießt, schon bei Lebzeiten dem Verfall des Lebens entrückt und ihm ein über Tod und Wiedergeburt erhabenes ruhiges Dasein spendet. Manche chinesischen Kaiser waren so vernarrt in den Gedanken, durch Schlucken einer sogenannten »Goldpille« unsterblich zu werden, daß sie mit diesen Medizinen ihre Gesundheit zugrunde richteten und so den Tod, dem sie hatten entgehen wollen, frühzeitig heraufbeschworen. Seltsamerweise war schon der große Shi-huang-ti, dessen Bücherverbrennung so viel von der alten chinesischen Literatur zum Opfer fiel, vom taoistischen Zauberwesen so begeistert, daß er nicht nur dieses in jeder Weise förderte, sondern eine Expedition von Jünglingen und Jungfrauen ins Ostmeer entsandte, um die Inseln der Seligen zu entdecken.

Eine eigenartige Entwicklung hat in einem Teil des Taoismus dazu geführt, daß in ihm eine Art Kirche mit einem »Himmelsmeister« (T'ien-shi) an der Spitze entstand. Als der Begründer dieser Dynastie von Hierarchen gilt Chang Tao ling (1. Jahrhundert n. Chr.); von seinen Nachkommen wurde immer einer durch magische Methoden als Nachfolger bestimmt. Dieser verheiratete sogenannte »taoistische Papst« galt als Vertreter des höchsten taoistischen Gottes, des »Edelsteinkaisers«. Er beschäftigte sich mit Magie und stellte Diplome für Geisterbanner aus. Er überreichte auch dem kaiserlichen Kultministerium Vorschläge für die posthume Erhebung verdienter Personen zu göttlichen Würden. Seit 1016 n. Chr. hatte er seinen Sitz auf dem »Drachen- und Tigerberg« (Lung-hu-shan) in Kiangsi. Dies fand ein Ende, als die Rote Armee 1930 die Provinz besetzte.

Der »Himmelsmeister« wurde immer nur von einem Teil der Taoisten als geistiger Oberherr anerkannt, von den verheirateten Weltpriestern, welche als Exorzisten, Magier, Geomanten und Wahrsager fungieren. Daneben gibt es auch taoistische Klöster, in welchen Mönche der Beschauung leben, und taoistische Anachoreten, die einsam für sich zur Vollkommenheit streben.

Im Laufe seiner Geschichte ist der Taoismus zu einer besonderen Religion geworden mit eigenem Pantheon, eigenen heiligen Schriften, eigenen Dogmen und Riten, bei deren Ausbildung der Buddhismus vielfach als Vorbild gedient hat.

An der Spitze der taoistischen Götterwelt steht die Trinität der drei Reinen:

1. der Himmelsgott Yü-huang-shang-ti, »erhabener Edelsteinkaiser« genannt; 2. der »Uranfang« (T'ai-chi), das personifizierte Tao, welches als der Urmensch P'anku die Welt aus seinem Riesenkörper hervorbrachte (wie Ymir oder der Purusha des Rigveda), und 3. der vergöttlichte Lao-tse. Von den unübersehbar vielen Insassen des Pantheon, von welchen phantastische Mythen erzählt werden, sind neben Naturgottheiten namentlich die zahlreichen Genien und Schutzgötter bemerkenswert, die zum Teil deifizierte Helden und Weise sind.

Nach buddhistischem Muster hat der Taoismus einen ausgeprägten Jenseitsglauben entwickelt. Lao-tse und andere Heilige wohnen in den im Westen im Gebirge K'un-lun gelegenen Paradies, andere zu Genien gewordene Asketen im Osten auf der Insel der Seligen. Die Bösen gelangen in die im Inneren der Erde befindlichen Höllen. Letztere zerfallen in zehn Regionen, von denen eine jede einem besonderen Höllenkönig untersteht. In Aneignung indischer Vorstellungen wird angenommen, daß Wesen von hier zur Oberwelt zurückkehren können, um als Tiere oder Menschen ihr Dasein fortzusetzen.

Der in den Tempeln ausgeübte Kultus ist sehr pomphaft, er besteht in Darbringung von Speisen an die Götter und Genien, feierlichen »Messen« für die Toten und Lebenden, Theateraufführungen und Prozessionen. In den taoistischen Klöstern leben Asketen (tao-shih), welche sich in »schöpferischer Untätigkeit« (wu-wei) der Meditation über das Tao widmen. Die fünf Gelübde, die sie zu beobachten haben, entsprechen den buddhistischen, doch wird auf das Zölibat nicht so großer Wert gelegt wie bei den Anhängern Buddhas. Die Mönche tragen blaue oder graue Gewänder und das Haar in altchinesischer Weise zusammengeknotet. Die Zahl der Klöster ist heute gering. Das bekannteste von diesen ist das »Kloster der weißen Wolken« (Po-yün-kuan) bei Peking. Der Abt, der mich bei meinem Besuche im Jahre 1930 dort begrüßte, hatte unvorstellbar lange Fingernägel, wodurch er erwies, daß er sich nicht mit Arbeit beschäftigte. Hier soll sich das einzige vollständige Exemplar des taoistischen Kanons (Tao-ts'ang) befinden, eine im 16. Jahrhundert hergestellte Sammlung von Schriften der verschiedensten Art, die bisher noch wenig wissenschaftlich erforscht sind.

V. Die anderen Meister und Lehren

Konfuzius und Lao-tse sind die repräsentativsten Denker, welche China hervorgebracht hat, und ihre Schulen haben den chinesischen Geist am stärksten angezogen und beeinflußt. Es hat aber neben dem Konfuzianismus und Taoismus zu allen Zeiten auch noch andere Richtungen gegeben, welche die Welt zu deuten und Normen für das sittliche und staatliche Leben aufzustellen bemüht waren. Ein Philosoph, der zeitweise dem Konfuzius an Ansehen

gleichzukommen schien, war Mê-Ti (Mo-di), latinisiert Micius, welcher
480–400 v. Chr. lebte. Mê-Ti lehrte: Der Himmel ist ein allwissendes, all-
mächtiges, allgegenwärtiges persönliches Wesen, das liebt und haßt. Er ist
die Ursache der sittlichen Ordnung der Welt; die Geister und Dämonen, die
an der Weltregierung mitwirken, sind ihm ebenso untertan wie die Menschen. Er liebt die Menschen und will, daß sie sich auch untereinander lieben.
Diese Menschenliebe ist universal zu üben, sie darf sich deshalb nicht bloß
auf die Familienangehörigen oder Landsleute beschränken. Als Konsequenz
aus dieser Anschauung ergibt sich, daß es das Ziel aller praktischen Ethik
sein muß, alle Menschen oder wenigstens eine größtmögliche Zahl von ihnen glücklich zu machen. Dies ist nur dann möglich, wenn Kriege und andere
derartige Unternehmen abgeschafft werden und wenn aller überflüssiger
Luxus, wozu auch die Schaffung von Kunstwerken, Musizieren und das
Ausführen prunkvoller Riten zu rechnen sind, unterbleibt, damit auch der
Ärmste nicht der erforderlichen Lebensmittel entbehrt.
Zweifellos nähert sich Mê-Ti mit seinen Vorstellungen vom Himmel dem
europäischen Theismus. Als einen Theisten im Sinne der westlichen Religionen kann man ihn gleichwohl nicht bezeichnen. Denn er lehrt nicht, daß
der Himmel die Welt aus dem Nichts geschaffen hat und über alles Irdische
erhaben außerhalb der Welt steht, sondern er sieht in ihm nur ein alles
durchwaltendes göttliches Wesen, das den Kosmos regiert. Wenn auch seinem Glauben an den gütigen Himmel nicht die gefühlsmäßige Wärme fehlt,
so vermeidet er es doch ganz, dem höchsten Gott alle die individuellen Züge
zu verleihen, die für Hindus, Christen und Mohammedaner die Voraussetzung für eine konkrete religiöse Beziehung sind. Auch die von ihm empfoh-
lene universelle Menschenliebe ist kein rein humanitäres Ideal; sie hat eine
etwas andere Färbung als bei den meisten großen Religionen, insofern als
sie mit Nützlichkeitserwägungen begründet wird.
Die theistisch-sozialistische Lehre Mê-Tis wurde von seinen Schülern, den
sogenannten »Mehisten« weitergebildet; sie bestand nur bis zur Zeit der
Han-Dynastie und scheint dann ganz und gar dem siegreichen Konfuzianismus gewichen zu sein, da dieser mit seiner Theorie von den Beziehungen,
in welchen die Menschen zueinander stehen, und mit seiner Hochschätzung
der Kultur dem chinesischen Lebensideal weit mehr entsprach als ein kom-
munistisches System, welches die Menschheit in eine Unzahl von gleicharti-
gen und gleichberechtigten Einzelwesen auflöst.
Mit Mê-Ti zusammen wird von den Konfuzianern meistens auch ein anderer
Philosoph widerlegt, der auch um 450 v. u. Zr. gelebt zu haben scheint, der
Egoist Yang Chu. Den Gegensatz zwischen beiden erläutert Mêng-tse
(VII, A, 26) sehr drastisch, indem er sagte, Mê-Ti würde sich den ganzen Leib
von Kopf bis zu den Füßen kahl scheuern, wenn er dadurch der Welt nützen
könnte, Yang Chu würde sich hingegen nicht einmal ein einziges Härchen
ausziehen, wenn er dadurch der Welt nützen würde. Yang Chu lehrt näm-

lich, daß jeder Mensch sich selbst der Nächste sei und deshalb bestrebt sein soll, ein seinen eigenen Neigungen angemessenes Leben zu führen. Niemand hat die Verpflichtung, über sein eigenes Wohl hinaus für einen anderen etwas zu tun, er darf deshalb aber auch nicht in brutaler Rücksichtslosigkeit in die Sphäre eines anderen eingreifen und diesen durch Aneignung von dessen Eigentum schädigen. Diese Auffassung von dem richtigen Verhalten entspricht einerseits einer pessimistischen Beurteilung des Wertes des Daseins und der moralischen Qualität des Menschen, andererseits der Einsicht, daß Macht, Reichtum, Ruhm usw. Chimären sind, zu deren Erlangung unter einer altruistischen Fassade die größten Verbrechen begangen werden. Der wahre Weise wird daher ohne die Illusionen eines Sittengesetzes und einer Pflicht gegen Staat und Gesellschaft dem kurzen und leidvollen Dasein so viel Genuß abzugewinnen suchen als möglich ist, ohne sich um ein Jenseits zu sorgen. Denn das einzige, was wir vom Tode wissen, ist, daß er Gute und Böse gleicherweise trifft und daß von allen Menschen nur Knochen übrigbleiben, die niemand mehr unterscheiden kann. Yang Chus Schule war nur von kurzer Dauer, begreiflicherweise, denn seine Philosophie war nur für einzelne Individualisten, nicht für größere Kreise von Bedeutung.

»Yang lehrt nur den Egoismus, darum führt er zur Auflösung des Staates. Mê lehrt die unterschiedlose allgemeine Liebe, darum führt er zur Auflösung der Familie. Ohne Staat und Familie kehrt man in den Zustand der Tiere zurück . . .« Dies ist das Verdikt Mêng-tses (III, B, 9), der es sich deshalb besonders angelegen sein ließ, Yang und Mê zum Verstummen zu bringen, um die Lehre Meister K'ungs zu verbreiten.

Eine Reihe von Dialektikern, Sophisten, Rechts- und Staatsphilosophen, Naturmystikern und Eklektikern haben Lehrgebäude errichtet, welche in dieser oder jener Weise universistische Gedanken zur Geltung bringen wollten, ihre Systeme haben aber dem Konfuzianismus und Taoismus als den beiden maßgebenden Ausdrucksformen chinesischer Weisheit gegenüber keine dauernde Bedeutung zu gewinnen vermocht. Eine fremde Lehre hingegen hat neben denen des K'ung-tse und Lao-tse bis heute eine so einflußreiche Stellung im Geistesleben des Volkes der Mitte erlangt, daß man sie mit dem dritten Fuß eines Dreifußes verglichen hat und daß die Chinesen von den »drei Lehren, die zu einer Familie gehören« oder die »einen gemeinsamen Leib« haben, sprechen: der Buddhismus.

Die Stellung des Buddhismus innerhalb des chinesischen Geisteslebens ist sehr verschieden beurteilt worden. Während manche ihn für so umfassend halten, daß sie unbedenklich jeden Chinesen als Buddhisten bezeichnen, stellen ihn andere neben Christentum und Islâm und schreiben ihm nur einen peripheren Einfluß auf das chinesische Denken zu, mag dieser auch größer und tiefgehender gewesen sein als der der beiden anderen Religionen. Die Wahrheit liegt in der Mitte. Weder hat der Buddhismus je alle Chinesen um sich geschart, noch ist er ein »fünftes Rad am Wagen« gewesen. Vielmehr ist er, sosehr sein Einfluß auch in den verschiedenen Perioden gewechselt hat, eine organische Verbindung mit dem Universismus eingegangen in einer Weise, wie es Christentum und Islâm weder jemals gekonnt haben noch können werden. Er ist tatsächlich für viele Chinesen für eine lange Zeitperiode zu einem wesentlichen Bestandteil ihrer religiösen Weltanschauung geworden, und sowenig wie die buddhistischen Pagoden aus der chinesischen Landschaft, die buddhistische Malerei und Plastik aus der chinesischen Kunst, die buddhistischen Totenriten aus dem Brauchtum weitester Kreise und die buddhistischen Legenden aus der Volksliteratur fortgedacht werden können, so wenig sind die Einflüsse zu ignorieren, welche die buddhistische Erkenntnistheorie, Psychologie, Ethik und Frömmigkeit auf die Philosophie des Konfuzianismus und Taoismus ausgeübt haben. Der Fehler, der gewöhnlich bei der Beurteilung der Stellung des Buddhismus in China gemacht wird, besteht darin, daß ohne weiteres angenommen wird, daß die ablehnende Haltung, welche viele neuere chinesische Denker gegenüber der Lehre Shâkyamunis einnehmen, auch in früherer Zeit geherrscht habe, während doch wie überall, so auch im Reich der Mitte ein ständiger Wandel anzutreffen ist und Perioden der Aufgeschlossenheit für das Fremde mit solchen der Ablehnung alles nicht auf dem Heimatboden Gewachsenen miteinander wechseln.

Daß der Buddhismus sich in China neben dem Konfuzianismus und Taoismus festsetzen und behaupten konnte, verdankte er einer Reihe von Umständen. Zunächst kam er offensichtlich zu einer Zeit, in welcher bei den Gebildeten und dem Kaiserhofe für die indische Kultur Interesse vorhanden war und eine Neigung zur Aufnahme fremder Kulturelemente bestand; wäre er zu einem anderen Zeitpunkt oder unter anderen Aspekten im Reich der Mitte erschienen, so hätte er vielleicht keinen so durchschlagenden Erfolg gehabt. Eine wesentliche Ursache seiner Einbürgerung war vor allem aber seine außerordentliche Toleranz und Anpassungsfähigkeit. Die Lehre Shâkyamunis, zumal in ihrer Mahâyânaform, ist ja keine Glaubensbewegung, deren fanatisierte Sendboten andere Religionen als verwerflichen Irrtum bekämpften, sondern eine Heilslehre, die alle anderen als Vorstufen zur Wahrheit gelten läßt, gewissermaßen ein Kuppelbau, der als oberstes Stockwerk auf jede Art von vorhandenen Fundamenten aufgesetzt werden kann. Der Buddhismus verlangte daher von den Chinesen nicht, daß sie ihren ererbten Anschauungen abschworen, sondern gestattete ihnen, dieselben beizubehalten. Er forderte von ihnen nur, daß sie blutige Opfer und andere Bräuche aufgaben, die direkt im Gegensatz zu seinen ethischen Prinzipien standen, und auch in dieser Hinsicht zeigte er sich oft sehr, ja, man kann sagen, mitunter allzu weitherzig. Er war sogar bereit, weitgehende Konzessionen zu machen und fremde Riten und Vorstellungen in sich aufzunehmen wie den Ahnenkult, die Verehrung der Staatsgötter, die Anerkennung des Kaisers als des Mandatars des Himmels und dergleichen. Ein sehr bedeutsames Moment, das sich für die Ausbreitung des Buddhismus günstig ausgewirkt hat, bildet auch der eigenartige Wesenszug des chinesischen Geistes, der verschiedene Anschauungen nebeneinander als zu Recht bestehend ansieht, ohne den Zwang in sich zu verspüren, sie zu einem in sich abgeschlossenen Ganzen zusammenzufassen. Dieselbe Einstellung gegenüber verschiedenen Lehren, die es vielen Chinesen möglich macht, bald die Schriften des Konfuzius, bald die des Lao-tse zu studieren, um nach ihnen ihr Denken und Handeln einzurichten und damit gleichzeitig auch noch die mannigfaltigsten Vorstellungen und Bräuche des Volksglaubens zu verbinden, läßt sie einzelne buddhistische Lehren annehmen oder buddhistische Riten ausführen, ohne daß sie sich darum von den anderen Systemen oder Kulten abwenden.

Der Buddhismus würde nicht zu einer »dritten Religion« des Reiches der Mitte geworden sein, wenn er nicht die einheimischen Glaubensformen in wertvoller Weise ergänzt hätte. Das eindrucksvolle Ritual und die reiche Mythologie des Mahâyâna vermittelten den nüchternen Chinesen seelische Erlebnisse, die ihnen bisher in dieser Form fremd gewesen waren, der stark emotionale Glaube an den »Buddha des unermeßlichen Glanzes« (Amitâbha, chinesisch: O-mi-to-fo) befriedigte Bedürfnisse des Gemüts, die bisher nicht zu ihrem Rechte gekommen waren. Für das philosophische und ethische Denken war jedoch etwas anderes von zentraler Bedeutung: Erst durch die Wiederverkörperungstheorie des Buddhismus fand der den Konfuzianern wie Taoisten gleicherweise am Herzen liegende Glaube an eine sittliche Weltordnung seine abschließende Vollendung. Beide hatten wohl das Schicksal des Staates mit dem sittlichen Verhalten ihrer Herrscher in Verbindung gebracht, von einer Vergeltung der guten und bösen Taten des Individuums nach dem Tode wissen die meisten Philosophen nichts. Den Standpunkt des orthodoxen Konfuzianismus haben wir S. 129 f. kennengelernt. Selbst die Taoisten, die das ewige Weltgesetz zum besonderen Gegenstand ihrer Spekulationen gemacht haben, wußten für die Tatsache, daß das Ergehen eines Menschen vielfach in so schreiendem Kontrast steht zu seinen moralischen Qualitäten, keine andere Erklärung als den Hinweis auf die Unergründlichkeit des Schicksals. In Lieh-tses »Buch vom quellenden Urgrund« (VI) werden eine Reihe von historischen Belegen und allegorischen Erzählungen als Beweis für einen Determinismus angeführt. Wenn alle Menschen nach dem Tode wieder in das eingehen, woraus sie entstanden sind, das Geistige in den Himmel (d. h. die reine, feine Substanz), das Leibliche in die Erde (die trübe, grobe Substanz), dann ist jeder ein »Heimkehrer« zu dem, was er früher war (I, 4); im Sterben geht das Wesen zur Ruhe und kehrt zu seinem Anfang zurück (I, 4). Der Tod ist der Normalzustand, die Rückkehr in den Urgrund allen Seins, in das Tao und deshalb kein Übel. Das Wort »Wahrlich groß ist der Tod; die Edlen bringt er zur Ruhe, die Gemeinen zur Unterwerfung« zeigt in seiner seltenen Schönheit, daß für die Philosophen der Gedanke einer Vergeltung ganz außerhalb ihres Gesichtskreises liegt (I,7).

Auch in Chuang-tses »Buch vom südlichen Blütenland« wird (6,8) das ergründliche Schicksal für die Armut eines Menschen verantwortlich gemacht; schuld daran sind weder die Eltern noch Himmel und Erde. Berühmt ist das Gespräch Chuang-tses mit dem Totenschädel (18,4), der den Tod als die höchste Seligkeit preist. »Im Tode gibt es weder Fürsten noch Knechte und nicht den Wechsel der Jahreszeiten. Wir lassen uns treiben, und unser Lenz und Herbst sind die Bewegungen von Himmel und Erde. Selbst das Glück eines Königs auf dem Throne kommt dem unseren nicht gleich.«

Aufs stärkste hat der Eklektiker Wang Ch'ung (27–97 n. Chr.) die alte Anschauung, nach welcher der Tod das definitive Ende des Individuums ist, durch naturwissenschaftliche Gründe gegen den damals aufkommenden Unsterblichkeitsglauben zu stützen gesucht. Das Schicksal wird von ihm als ein himmlisches Fluidum vorgestellt, das der Mensch bei der Geburt empfängt: »Ist es reichlich, so ist der Körper stark und langlebig. Glück und Unglück hängen von der größeren und geringeren Feinheit des von den Sternen herabströmenden Fluidums ab. Dazu greifen noch äußere Umstände und Zufälle ein. Also setzt sich das Menschenschicksal aus Lebenskraft, Sternenfluidum und Zufall zusammen. Tugend und Laster haben darauf keinen Einfluß; Glück ist nicht eine Belohnung, Unglück keine Strafe, was durch zahlreiche Beispiele bewiesen wird [1].«

Wegen seiner stark entwickelten Skepsis und der Kritik, die er an manchen chinesischen Anschauungen und Bräuchen übt, wird man Wang Ch'ung nicht als typischen Vertreter der chinesischen Religiosität universistischen Gepräges ansehen dürfen, immerhin sind seine Bemerkungen im Zusammenhang mit den aus konfuzianischen und taoistischen Schriften angeführten doch sehr charakteristisch. Denn sie zeigen, daß die Chinesen über den vom sittlichen Bewußtsein geforderten Ausgleich zwischen Wohlverhalten und Wohlbefinden zwar häufig nachgedacht haben, aber keine befriedigende Lösung für die frappante Diskrepanz beider in der empirischen Wirklichkeit haben finden können. Hier mußte nun die buddhistische Lehre von Karma und Wiederverkörperung vielen wie eine Erleuchtung kommen, da sie die Möglichkeit gibt, an eine durchgängige Übereinstimmung zwischen dem moralischen Handeln und dem persönlichen Schicksal zu glauben, ohne mit der alltäglichen Erfahrung in Konflikt zu kommen. Es ist unter diesen Umständen begreiflich, daß der Buddhismus gerade in den Kreisen, welche über das gegenwärtige Leben hinaus den Blick auf die Ewigkeit richten, für diese seine Anschauung viele Anhänger gefunden hat.

---

[1] A. Forke, »Licht des Ostens«, S. 287.

VI. Sekten und Geheimbünde

Konfuzianismus, Taoismus und Buddhismus sind seit zwei Jahrtausenden die drei Formen, in denen das religiöse Denken Chinas seine Gestalt gefunden hat. In vielen Punkten voneinander wesenhaft verschieden, haben sie im Verlauf der Geschichte oft miteinander gerungen und haben versucht, sich gegenseitig aus der Gunst der Mächtigen und der Massen zu verdrängen. Es ist bisher aber niemals der einen Glaubenslehre gelungen, die Alleinherrschaft zu gewinnen und sich an die Stelle der beiden anderen zu setzen. In der Vorstellung vieler Gebildeter wie auch der Mehrheit des Volkes sind sie keine Gegensätze, die sich ausschließen, sondern gleichberechtigte Heilsmethoden, deren man sich nebeneinander bedienen kann. Diese Einstellung ermöglichte es, aus dem einen Gedankensystem dieses oder jenes auszuwählen und es einem anderen einzuverleiben oder überhaupt die drei Lehren synkretistisch zu verbinden. Eine derartige Vermischung führte dann zur Entstehung neuer Systeme, die kleinere oder größere Gemeinden um sich scharten. Sekten dieser Art sind in China zu allen Zeiten aufgekommen, doch weiß man bisher nur wenig über sie, weil sie ihre Tätigkeit meist im geheimen ausübten. Denn diese Sekten wurden von der Regierung nicht gern gesehen und waren vielfach Unterdrückungen ausgesetzt, nicht nur, weil sie von dem Herkömmlichen und Allgemeinüblichen abwichen, sondern vor allem, weil die herrschenden Machthaber in ihnen eine Gefahr für den Bestand ihrer Herrschaft erblickten. Bei der engen Verknüpfung, in welcher in China seit alters das Religiöse und Ethische mit dem Sozialen und Politischen steht, verfolgten viele dieser Sekten nicht nur religiöse, sondern auch politische Bestrebungen und waren deshalb den Regierenden verdächtig. Sie mußten sich daher in der Öffentlichkeit große Zurückhaltung auferlegen und konnten ihre Schriften nur unter der Hand verbreiten, so daß die europäischen Sinologen nur selten authentisches Material über sie sammeln konnten. Es ist aus diesen Gründen unmöglich, einen vollständigen Bericht über die einflußreichen chinesischen synkretistischen Sekten zu geben, und ich muß mich deshalb darauf beschränken, nur diejenigen hier namhaft zu machen, welche bisher wissenschaftlich untersucht worden sind.

Eine der ältesten Geheimgesellschaften Chinas ist die des »weißen Lotus« (Pai-lien); sie soll schon von Hui-yuan im 5. Jahrhundert n. Chr. gestiftet worden sein, bekanntgeworden ist sie dadurch, daß sie den Fall der Ming-Dynastie mit veranlaßt haben soll. Die von Lo-huai (1561 bis 1647) begründete Hsien-t'ien-Sekte, deren Anhänger, wie ihr Name besagt, »dem Himmel vorangehen wollen« (d. h. seine Gebote ausführen, ohne von ihm angetrieben zu sein) und das taoistische »Wu-wei« (S. 157) pflegen, weshalb sie auch Wu-wei-Sekte genannt wird, ist durch ihre Verwerfung des äußeren Kultus bemerkenswert. Die auf denselben Begründer zurückgeführte »Gesellschaft der Drachenblume« (Lung-hua) hat demgegenüber ein reiches

Ritual ausgebildet, das J. J. M. de Groot ausführlich beschrieben hat. Dem gleichen Gelehrten verdanken wir auch kürzere Angaben über eine Reihe anderer Gemeinden, welche gleich diesen buddhistische, taoistische und konfuzianische Elemente in verschiedenprozentiger Mischung verbinden. Ich nenne nur die romantischen Namen von einigen von diesen. Da gibt es Gesellschaften des »Roten Ozeans«, des »Goldenen Lebenselixiers«, der »Weißen Wolke«, des »Roten Ziegels«, des »Reinen Wassers«, des »Eisernen Schiffes«, der »Tigerschwanz-Peitsche«, der »Dreieinigkeit«, des »Himmels und der Erde«, des »Urchaos«, der »Schweigenden Leere«, der »Acht Diagramme« und zahllose andere. Auch die von anderen Autoren geschilderten Geheimgesellschaften, wie die der »Fäuste der Rechtlichkeit und Eintracht« (sogenannte »Boxer«), des »Schwerts des Gehorsams«, verwenden meist universalistische und buddhistische Lehren und Riten.

Natürlich hat es auch zu allen Zeiten religiöse Sekten gegeben, die sich von allem Politischen fernhielten und mehr oder weniger nur religiöse und ethische Ziele verfolgten. Die »Tsai-li«-Sekte, die, wie ihr Name besagt, innerhalb der Vernunftordnung bleiben will, verehrt die Kuan-yin und enthält sich mit ihrer Hilfe des Alkohols, Tabaks und Opiums. Andere Gesellschaften suchen fünf Religionen (Christentum, Islâm, Buddhismus, Taoismus, Konfuzianismus) oder deren sieben (dieselben unter Hinzufügung des Judentums und Aufteilung des Christentums in Katholizismus und Protestantismus) in sich zu vereinen. Die »Akademie des Weltgesetzes« (Tao Yüan), welche fünf Religionen in letzter Synthese zu verbinden sucht, bemüht sich, durch Meditation oder mit Hilfe einer Planchette Geister und Götter zu Manifestationen zu bewegen. Daneben gibt es auch Vereine, welche den mannigfaltigsten Aberglauben kultivieren, sei es, daß sie von einem Fuchsgeist Heilung und Förderung erhoffen oder daß sie die bevorstehende Weltkatastrophe oder das Kommen des neuen Buddha Maitreya erwarten.

Schlußbetrachtung: Indische und chinesische Religiosität

Die Inder und Chinesen sind ihrer Denkweise und Wesensart nach voneinander stark verschieden. Dem in weltabgewandter Beschaulichkeit überschwenglichen Jenseitshoffnungen hingegebenen oder in ekstatischer Inbrunst sich in mythologische Phantasien einspinnenden frommen Inder steht der typische Sohn des Reiches der Mitte, der Konfuzianer, als ein praktischer und nüchterner Tatsachenmensch gegenüber, der nie den festen Boden unter den Füßen verliert und in optimistischer Lebensbejahung allein im Diesseits die Erfüllung seiner Wünsche erwartet. Trotzdem besteht zwischen der indischen und der chinesischen Weltanschauung eine enge Verwandtschaft, wenn man sie derjenigen der westlichen Religionen gegenüberstellt. Denn Hindus und Buddhisten, Konfuzianer und Taoisten nehmen gleicherweise ein natürliches und moralisches Weltgesetz an, das den anfangs- und endlosen kosmischen Prozeß lenkt, während Parsismus, Judentum, Christentum und Islâm an einen persönlichen Gott glauben, der die Welt aus dem Nichts erschuf und sie durch seine providentielle Leitung einem letzten Endziel entgegenführt. Zu dieser den Indern und Chinesen gemeinsamen übergeschichtlichen Grundansicht treten nun aber noch eine Reihe von anderen, die nicht allen Indern und Chinesen, aber doch vielen ihrer Denker eigentümlich sind. Denn auch in China hat es neben den realistischen Konfuzianern und Mehisten Männer gegeben, welche in der Versenkung in etwas Weltentnommenes, Überirdisches ihre höchste Aufgabe fanden. Diese mystische Seite des chinesischen Charakters wird seit alters vor allem von Lao-tse und seinen Nachfolgern repräsentiert; die von ihnen entwickelten Lehren sind in mancher Hinsicht den indischen so ähnlich, daß kein Zweifel daran bestehen kann, daß die Taoisten der späteren Zeit ebenso wie die von ihnen abhängigen Neukonfuzianer von der idealistischen Philosophie des Mahâyâna beeinflußt worden sind. Eine andere Frage ist, ob auch Lao-tse und seine ersten Nachfolger bereits indisches Gedankengut in sich aufgenommen haben: zu ihrer Zeit war ja der Buddhismus noch nicht in China verbreitet und hatte auch noch nicht eine idealistische Alleinheitslehre ausgebildet. Man könnte deshalb die quietistische Mystik Lao-tses, Lieh-tses und Chuang-tses aus der brahmanischen Theosophie herleiten, wie sie in den Upanishaden und ähnlichen vedischen oder nachvedischen Texten gelehrt wird. Da aber weder indische noch chinesische Quellen etwas von einem engeren geistigen Kontakt zwischen China und Indien wissen, läßt sich nichts Positives dafür anführen. Bedenkt man weiterhin, daß die chinesischen Vorstellungen vom Weltgesetz, vom Urgrund des Seins, von der Natur und vom Nichthandeln sich zwar mit den indischen berühren, mit ihnen aber keineswegs identisch sind, so wird man es für wahrscheinlich halten, daß die chinesischen Denker selbständig Gedanken erzeugt und ausgebildet haben, die den indischen parallel gehen, ohne ihnen darum doch ganz zu entsprechen.

Alfred Forke hat in einem Aufsatz die wesentlichen Übereinstimmungen zwischen chinesischen und indischen Philosophen quellenmäßig aufgeführt (ZDMG 98 [1944] S. 195 ff.). Die folgende kurze Übersicht fußt teilweise auf seinen Angaben; diese bedürfen freilich der Ergänzung und Berichtigung, weil Forke alle Formen des chinesischen Monismus und Idealismus dem Vedânta der älteren Upanishaden und der Gîtâ gegenüberstellt, obwohl doch die idealistischen Lehren der späteren chinesischen Denker eine Entwicklungsstufe darstellen, die derjenigen der Mahâyâna-Meister und der späteren Vedântis der Schule Shankaras eher entspricht als dem »parinâma-vâda« (Evolutionstheorie) der älteren Zeit. Auch in anderen Fällen hat sich Forke vielfach damit begnügt, ähnlich lautende Zitate aus indischen und chinesischen Schriften nebeneinanderzustellen, ohne im einzelnen auf die Divergenzen einzugehen, welche zwischen der indischen und chinesischen Auffassung bestehen, da ja vielfach mit denselben Worten voneinander mehr oder weniger abweichende Inhalte bezeichnet werden können.

Der Begriff »Tao« deckt sich teilweise, wie wir gesehen haben (Forke erörtert dies nicht), mit dem indischen »Dharma«, denn beide bezeichnen das Weltgesetz, das sich in Natur und Sitte offenbart. Dabei hat der indische »Dharma« insofern jedoch eine andere Färbung, weil er die Vorstellung von der karmischen Vergeltung in sich schließt, die den Chinesen, wenigstens von Haus aus, fremd ist. Das »Tao« gleicht in anderem Betracht aber auch wieder dem »Brahma«, der heiligen Macht, dem Absoluten, dem Allgeist. Da sowohl das Brahma wie das Tao von verschiedenen Denkern, ja selbst von dem gleichen Denker zu verschiedenen Zeiten in sehr mannigfaltiger und zum Teil abweichender Weise charakterisiert worden sind, ergeben sich eine Fülle von fast wörtlich übereinstimmenden Definitionen beider Begriffe. Das Brahma ist ebenso wie das Tao die Negation des phänomenalen Seins und wird deshalb als Nichts bezeichnet, es ist andererseits der Ugrund alles Existierenden und deshalb doch nicht ein Nichts, sondern ein transzendentes Sein. Es ist über Raum und Zeit erhaben, ohne Anfang und Ende, unfaßbar, durch keine Eigenschaften zu bestimmen, aber andererseits verwirklicht sich in ihm die »coincidentia oppositorum«. An vielen Stellen wird es als Geist oder Weltseele bezeichnet. Obwohl seine Unerkennbarkeit häufig betont wird, fehlt es doch nicht an Stellen, in denen es personifiziert und als Herrscher und Lenker bezeichnet wird. Diese Übereinstimmungen sind nicht verwunderlich, denn da Tao und Brahma über jedes menschliche Vorstellungsvermögen hinausgehen, müssen sich Inder und Chinesen notwendigerweise ähnlicher Formeln bedienen, um das Unsagbare zu verdeutlichen.

Bei all diesen Übereinstimmungen darf aber nicht übersehen werden, daß das Brahma nicht mit dem Weltgesetz (Dharma) identisch ist, sondern daß das Brahma als der Sitz oder der Hüter des Dharma bezeichnet wird und daß der Dharma als eine Schöpfung des Brahma gilt. Auch im Buddhismus, in welchem der Begriff Dharma manchmal an die Stelle des Brahma zu treten scheint, wird das transzendente Sein des Buddha, der »Dharmakâya«, gewöhnlich nicht, wie der Name vermuten ließe, mit dem in der Erscheinungswelt sich manifestierenden Gesetz gleichgesetzt, sondern als etwas durchaus Weltüberlegenes, Transzendentes verstanden. Das hängt mit der abweichenden Bewertung der Erscheinungswelt zusammen: für den Inder ist das karmische Weltgesetz, das die Einzelwesen immer wieder zu Neuverkörperungen führt, nicht das Objekt einer religiösen Andacht, wie es das Tao wohl sein kann, das die Welt in ihrer Schönheit aus sich heraus geschaffen hat. Wenn das Brahma oder das Tao der unvergängliche Urgrund von allem ist, dann liegt es nahe, allem Vergänglichen eine Realität zweiten Ranges, eine unselbständige, abgeleitete Wirklichkeit zuzuschreiben. Schon in der Shvetâshvatara-Upanishad wird deshalb die Welt mit einem von Gott gewirkten

Zauber verglichen; der Mensch wird aber durch sein Nichtwissen daran ge-
hindert, dieses Blendwerk zu durchschauen. Auch der Buddhismus bezeichnet die Welt der vergänglichen, entstehenden und vergehenden Dharmas als
einen Trug, eine Luftspiegelung oder einen Traum. Damit wird noch nicht
die objektive Realität der Außenwelt bestritten, sondern nur festgestellt, daß
ihr im Vergleich zu dem Âtman oder dem Nirvâna bzw. dem Leeren nur eine
kurzfristige und bedingte Wirklichkeit zukommt. Dies ist auch der Standpunkt Shankaras, wenn nach ihm das Dasein der vielheitlichen Welt von
einem subjektiven Faktor, nämlich von dem Nichtwissen dessen, der sie
wahrnimmt, abhängig ist. Die buddhistische »Nur-Bewußtseins-Lehre« vertritt demgegenüber die Auffassung, daß die Außenwelt nicht die gleiche
Unrealität oder genauer relative Realität wie die Innenwelt hat, sondern eine
reine Einbildung, eine Wahnvorstellung des empirischen Ichs ist. Diesem
subjektiven individualistischen Idealismus steht schließlich noch der objektive Idealrealismus der kashmirischen Shivaiten gegenüber, für welche jeder
Einzelgeist mit Gott, mit Shiva identisch ist und die vielheitliche Welt der
Phänomene als ein Traum Shivas erklärt wird.

In China tritt bei Lieh-tse und Chuang-tse zuerst die Erkenntnis der Relativität irdischer Wertungen auf, und im Zusammenhang damit wird die Frage
aufgeworfen, ob nicht vielleicht das menschliche Leben nur ein Traum sei.
Chuang-tse geht sogar so weit, zu sagen: »Der Himmel und die Erde sind
zugleich mit mir entstanden, und alle Dinge mit mir zusammen sind eins[1].«
Hier verbindet sich der erkenntnistheoretische Idealismus, der die Welt für
etwas vom Geist Erdachtes hält, mit dem metaphysischen Monismus, für
welchen nur das Tao wahres Sein besitzt und alle Dinge nur Erscheinungen
desselben sind. Der Idealismus der Taoisten und Konfuzianer der Sung-Zeit
knüpft wohl an diese gelegentlichen Äußerungen der großen taoistischen
Meister der Vergangenheit an, ist in höherem Maße aber der buddhistischen
»Nur-Bewußtseinslehre« verpflichtet. So schreibt Lu Hsiang-shan
(1140–1192): »Das Universum ist mein Herz (d. h. Geist), und mein Herz
ist das Universum[2].« Die höchste Entwicklung erreichte der chinesische
Idealismus bei Wang Yang-ming (1472–1528). Er sagte: »Wenn der Himmel, die Erde, Geister, Götter und Dinge sich von meiner Intelligenz trenn-
ten, dann würde es weder Himmel noch Erde noch Geister noch Götter noch
Dinge geben.« Zu einem Freunde, der ihm Blumen zeigte, bemerkte er:
»Während du diese Blumen nicht siehst, gehen sie mit deinem Herzen zur
Ruhe. Sobald du aber kommst und sie anschaust, werden die Farben dieser
Blumen plötzlich deutlich. Daraus ersiehst du, daß deine Blumen nichts sind,
das sich außerhalb deines Herzens befände[3].«

---

[1] Chuang-tse I, 20 bei Forke, »Gedankenwelt«, S. 58.
[2] Forke, »Gedankenwelt«, S. 60. [3] Ebenda S. 62.

Es ist für die indische und chinesische Religion sehr charakteristisch, daß in ihnen eine derartige erkenntnistheoretische Lehre frühzeitig eine nicht unbedeutende Rolle gespielt hat, während doch bei den westlichen Völkern derartige Theorien erst sehr viel später aufgetreten sind und nie eine eigentlich religiöse Bedeutung erlangten, mochte auch der Bischof Berkeley (1684–1753) seine epochemachende Lehre für die beste Waffe gegen Atheisten und Skeptiker und die sicherste Begründung für die Existenz Gottes erklärt haben.

Nach indischer Anschauung gibt es zwei Verhaltensweisen in der Welt: das tatkräftige Handeln (pravritti) und das beschauliche Sich-Zurückhalten vom Tun (nivritti). Die erste von diesen wird von der großen Mehrzahl aller Menschen befolgt, sie ist die gegebene für alle die, welche in dem gegenwärtigen Dasein ihre Befriedigung finden und durch Heirat und Kindererzeugung die Linie ihres Geschlechts fortsetzen wollen. Sie führt nach dem Tode zur Wiederverkörperung und gewährleistet so dem Lebensdurstigen, daß er das von ihm so heißgeliebte Leben in anderer Gestalt weiterführen kann. Die quietistische Abwendung vom Werk soll demgegenüber zum Erlöschen des Lebenswillens und dadurch zur Vernichtung der Möglichkeiten des Wiedergeborenwerdens und zur Erlösung führen. Diese »Nivritti« ist aber stets nur von einer Minorität praktisch durchgeführt worden, von entsagenden Asketen, die der irdischen Existenz müde geworden sind.

Diese beiden gegensätzlichen Richtungen menschlichen Strebens finden wir auch in China: der großen Zahl derer, die in der Welt ihre Aufgabe sehen und sich in ihr einrichten, steht die kleine Schar derer gegenüber, die als buddhistische Einsiedler oder Mönche dem Meer des Sansâra zu entrinnen suchen.

Die Bhagavadgîtâ lehrt nun aber noch einen anderen Weg zum Heil, der nicht das Aufgeben des Kontaktes mit der Welt und die Askese zur Voraussetzung hat; es ist die von jedem egoistischen Interesse freie Erfüllung der Pflichten, die lediglich dem Wohl der Welt dienen will, bei der aber jeder Wunsch nach einer diesseitigen oder jenseitigen Belohnung ausgeschaltet ist. Es ist dies also eine geistige Loslösung von der Welt, die von der Erwägung ausgeht, daß ein völliges Nichthandeln überhaupt unmöglich ist (3,5) und daß es nicht auf das Tun an sich, sondern allein auf die Gesinnung ankommt, in welcher die Taten vollbracht werden. Diese »interesselose Aktivität« kann in gewissem Umfange mit dem »Wu-wei« der Taoisten verglichen werden, das freilich schon seit dem 4. Jahrhundert v. Chr. verschieden aufgefaßt worden ist. Huai-nan-tse (gest. 122 v. Chr.) faßt den Begriff des »Nichthandelns« sehr weit, wenn er sagt: »Was ich als Wu-wei bezeichne, besteht darin, daß man nicht egoistische Ziele in die allgemeinen Interessen einfügen und nicht durch Wünsche und Begierden die guten Methoden fälschen darf.« Das läuft auf pflichtgemäßes Handeln hinaus, weshalb er ausdrücklich auch den Ackerbau und das Studium als unter »Wu-wei« fallend ansieht. Er würde aber wohl nicht so weit gegangen sein wie Krishna, der auch den Kampf billigt. Nach der strengen allgemeinen Auffassung deckt sich das »Wu-wei« mit dem in der Gîtâ empfohlenen interesselosen Handeln nur insofern, als es frei von Begierde, Furcht und Zorn und von der Erkenntnis getragen sein soll. Denn das »Wu-wei« ist die Entfaltung jener geräuschlosen, von keiner Leidenschaft getriebenen, unbewußt-spontanen Aktivität, wie sie der Natur eigen ist, die ohne Hasten, ohne Kampf in völliger Ruhe ihre Bestimmung erfüllt. Von einer planvollen Tätigkeit zum Wohl der Welt, wie sie das Gîtâ lehrt (3, 20 und 25), ist dabei nicht die Rede, vielmehr ist eher ein stilles Sich-Einfügen in den Weltlauf gemeint. Das »Wu-wei« ist eben etwas Spezifisch-Chinesisches, das im Indischen kein genau entsprechendes Gegenstück hat. Eine Übereinstimmung liegt jedoch darin, daß der Taoist sich beim Nichthandeln in Harmonie mit dem Weltgeist weiß, wie dies auch die Gîtâ von dem voraussetzt, der interesselos handelt.

Der Verwirklichung der Gemütsruhe und der Gewinnung höherer Erkenntnisse dient bei Indern wie Chinesen gleicherweise die Meditation. Daß diese in den östlichen Religionen eine so viel größere Rolle spielt als in den westlichen hat seinen Grund zunächst in der Mentalität der asiatischen Völker, welche sich in beschaulicher Ruhe in sich selbst zurückzuziehen vermögen. Das ist eine Fähigkeit, welche vielen Europäern abgeht, da sie die Anlagen dazu haben verkümmern lassen. Es ist aber andererseits auch durch die Natur der Religionen des ewigen Weltgesetzes bedingt, da diese mehr an einem unpersönlichen Göttlichen als an einer persönlichen Gottheit interessiert sind und deshalb die Versenkung in den ewigen Weltengrund oder in ein transzendentes Überweltliches bei ihnen vielfach die Stellung einnimmt, die im Christentum und Islâm dem Gebet zukommt. Die Vertiefung in das Überweltliche, in welcher das Verhältnis zum Transzendenten »schon in diesem Leibe« erlebt wird, wird nun durch bestimmte körperliche und geistige Observanzen, Übungen und Praktiken gefördert. Die von Indern und Chinesen empfohlenen Methoden stimmen im wesentlichen überein: die Zurückziehung von den Sinneseindrücken, die Regulierung des Atmens, das Erlöschen des Bewußtseins der eigenen Persönlichkeit führen zu einem zeitweiligen Zustande der Weltentrücktheit, in welchem das Denken zum Spiegel des Allgeistes wird und höchstes Glück empfunden werden soll. Dem Meditierenden werden Wunderkräfte zuteil, über welche die Yogîs und die Taoisten ähnliche Angaben machen. Während jedoch bei den Taoisten der durch Konzentrationsübungen zur Vollkommenheit gelangte Mensch als ein heiliger Geist in alle Ewigkeit fortbestehen soll, den Weltraum durchfliegend oder in einem Paradiese weilend, betrachten die meisten indischen Philosophen einen solchen Zustand nur als ein Durchgangsstadium zu einer Seinsweise, bei welcher alles Individuelle fortfällt, so daß der einzelne ohne Willen und Empfindung in reiner Geistigkeit verharrt oder sich in das All-Eine auflöst.

Überblicken wir die angeführten Konvergenzen zwischen indischen und chinesischen religiösen Lehren, so läßt sich nicht leugnen, daß ungeachtet aller durch die verschiedene Wesensart beider Völker gegebener Unterschiede die Religionen Süd- und Ostasiens gegenüber denen Europas und des Vorderen Orients eine Reihe von gemeinsamen Zügen aufweisen, die sie zu einer Sondergruppe zusammenschließen. Die enge Zusammengehörigkeit tritt nicht zuletzt auch darin in Erscheinung, daß in beiden Teilen des asiatischen Kontinents zeitweilig der Buddhismus das geistige Band gewesen ist, das sie auch äußerlich zu einem Ganzen verbunden hat.

Eine gleichgerichtete geistige Struktur zeigt sich bei den Glaubensformen des östlichen und südlichen Asiens ferner in folgendem: Sie stehen alle noch in enger organischer Verbindung zu den Naturreligionen, indem sie Götter der Sonne, des Mondes, der Elemente usw. annehmen, während die Hochreligionen des Westens diese Verbindung mehr oder weniger aufgegeben haben. Sie reichen weithin noch in Entwicklungsstufen herab, welche Christentum und Islâm, wenigstens soweit ihre offiziellen Vertreter in Betracht kommen, als längst überwundenes »Heidentum« ablehnen. Andererseits tragen die heiligen Schriften des Hinduismus, Buddhismus, Konfuzianismus und Taoismus in weitem Maße einen ausgeprägt philosophischen Charakter, im Gegensatz zu Bibel und Korân. Wenn auch das Christentum und der Islâm großartige metaphysische Systeme hervorgebracht haben, so haben diese doch nur in bestimmtem Umfange autoritative Geltung erlangt und wurden jedenfalls nicht den Werken der göttlichen Offenbarung oder den Schriften der Stifter gleichgewertet. Vielmehr ist es in den westlichen Religionen dauernd zu Auseinandersetzungen zwischen Glauben und Wissen gekommen. Die Religionen des Ostens reichen deshalb auch in ihren offiziellen Ausdrucksformen in intellektuelle Sphären herauf, die diejenigen des Westens als außerhalb ihres Bereiches liegend ansehen oder geradezu als im Widerstreit zum wahren Glauben stehend bekämpfen. Christentum und Islâm richten so eine Scheidewand auf zwischen dem, was wahr und was falsch ist, während die Lehren des Ostens mehr oder weniger in allen Glaubens- und Kultformen bedingte Ausdrucksweisen der transzendenten Wahrheit sehen. Dem Gegensatz von Licht und Finsternis, welchen die meisten westlichen Systeme lehren, steht im Osten die Vorstellung von einer Stufenfolge von metaphysischen Meinungen gegenüber, die in ihrer Gesamtheit ein harmonisches Ganzes bilden.

Die Religionen
der geschichtlichen
Gottesoffenbarung

Einleitung

Die gemeinsamen Grundlagen der westlichen Religionen

1. Die allgemeinen Wesenszüge

Die drei bisher behandelten großen Religionen stimmen darin überein, daß sie ihre Ethik auf eine der Welt immanente sittliche Ordnung gründen. Es ist dabei von geringem Belang, ob sie ein persönliches oder unpersönliches göttliches Wesen als Träger oder ausführendes Organ des moralischen Gesetzes annehmen oder nicht, stets ist bei ihnen der dem Kosmos innewohnende »Dharma« oder das »Tao« die eigentlich entscheidende Richtschnur für das sittliche Handeln wie für das auf diesem beruhende Schicksal. Die Vorstellungen von einem Gott erscheinen demgegenüber als ein mehr oder weniger bedeutsamer schmückender Überbau, der freilich in einigen Fällen so große Dimensionen annehmen kann, daß ihm gegenüber der Kern des ganzen Lehrgebäudes, die Idee des Weltgesetzes, nicht mehr deutlich im Vordergrunde sichtbar erscheint. Eine völlig andere Struktur tritt uns an den beiden anderen der fünf großen Religionen entgegen, am Christentum und am Islâm. Denn diese beiden Glaubensformen sind absolut theozentrisch. Die Annahme des Daseins eines persönlichen Weltregierers ist den Christen und Mohammedanern nicht freigestellt, sondern sie ist die unerläßliche Vorbedingung für die Zugehörigkeit zu diesen Bekenntnissen. Die Gottesidee beherrscht in diesen Religionen alles andere in so hohem Maße, daß ihre Anhänger eine sittliche Weltordnung nur als eine von Gott getroffene Einrichtung auffassen und werten können, als etwas, das von Gott kraft seiner Allmacht jederzeit durchbrochen oder rückgängig gemacht werden kann oder wenigstens könnte.

Gott wird in den westlichen Religionen vor allem als eine wollende Persönlichkeit aufgefaßt. Während viele östliche Religionen in ihrer Gottesidee den Nachdruck auf Gottes unveränderliches Sein legen, betonen die westlichen vor allem seinen gerechten Willen, er wird daher nicht als ein leidenschaftsloser Geist vorgestellt, sondern es wird ihm auch ein heiliger Zorn zugeschrieben: er straft die, welche seinem Willen zuwiderhandeln. Zu Gott kommt nur, wer seinen Willen dem göttlichen Willen anpaßt.

Aus dieser theozentrischen Grundidee folgt mit logischer Konsequenz eine andere. Weil Gott allein Aseität, d. h. das vollkommene In- und Durchsich-selbst-Sein besitzt, weil ihm allein uneingeschränkte Selbständigkeit eigen ist und von ihm allein alles ausgeht, besteht zwischen ihm und allem anderen eine absolute Verschiedenheit. Er ist im wahrsten Sinne des Wortes der »Schöpfer« aller Dinge. Unter Schöpfung wird aber ausdrücklich verstanden die Hervorbringung eines Dinges aus nichts. Im Gegensatz zu den Indern und Chinesen, aber auch im Gegensatz zu den antiken Philosophen lehren Christentum und Islâm (jedenfalls in ihrer strengen dogmatischen Form), weder daß Gott wie ein Baumeister oder Bildhauer aus einem vorhandenen Material das All gestaltet hat, noch daß er das eine Sein ist, das sich zur Welt verwandelte oder alles aus sich ausströmen ließ. Vielmehr hat Gott als das absolute Wesen die Welt durch sein bloßes Willensgebot ins Dasein gerufen. Sie ist so sehr in ihrem Sein von ihm abhängig, daß es eines ständigen Aktes seiner bedarf, um ihre Existenz zu erhalten; ohne Gott würde sie zunichte werden. Eine tiefe und unüberbrückbare Kluft trennt den Schöpfer von allem Geschaffenen, er allein ist ewig und unvergänglich, während alles Kreatürliche seinen Anfang in der Zeit hat und ein Ende nehmen muß – es sei denn, daß Gott es anders beschließt. Die Welt ist demnach zu einem bestimmten Zeitpunkt aus dem Nichts ins Dasein getreten und wird wieder einmal zugrunde gehen; die Menschenseele ist nicht von Natur unsterblich, sondern von Gott geschaffen worden; sie verdankt ihr künftiges Weiterleben nach dem Tode einzig und allein dem Willen des Weltenherrn. Die Zeit zwischen der Schöpfung und dem Ende der Welt umfaßt die »Weltgeschichte«. Diese ist ein einmaliges, unwiederholbares Geschehen. Sie ist von entscheidender Bedeutung, erstens an sich, weil es nur *eine* Welt und nur *einen* einmaligen historischen Ablauf in ihr gibt; darüber hinaus aber auch aus einem anderen schwerwiegenden Grunde. Das sittliche Handeln des Menschen während seiner irdischen Existenz innerhalb des geschichtlichen Prozesses ist nach christlicher und islâmischer Anschauung bedeutsam für das Schicksal, das dem Menschen während der ganzen Ewigkeit, welche dem Weltende folgt, bevorsteht. Sein Tun während der kurzen Zeitspanne vergänglichen Erdenlebens bestimmt den unveränderlichen Dauerzustand der ewigen Seligkeit oder der ewigen Verdammnis, der auf das Jüngste Gericht folgt. Die Jahrtausende, welche zwischen der Entstehung und dem Untergang der Welt liegen, haben deshalb eine ganz andere Bedeutung als in den Religionen, welche eine bald aufwärts, bald abwärts führende Wiederverkörperung und einen anfangs- und endlosen Kreislauf von Werden und Vergehen annehmen. Andererseits erhält auch die dem persönlichen Gott gegenüberstehende Menschenseele einen Wert als einzigartige Persönlichkeit, welcher der im Sansâra zwischen zahllosen Existenzformen umhergetriebenen Geistesmonade nicht zukommt.

Der Moment, zu welchem die Welt aus dem Nichts ins Dasein getreten ist, ist verschieden berechnet worden. Der jüdische Rabbi Hillel II. (4. Jahrh. n. Chr.) nahm als Schöpfungstag den 7. Oktober 3761 vor unserer Zeitrechnung an. Die christlichen Berechnungen gehen weit auseinander. Die um 602 n. Chr. aufgestellte byzantinische Weltära beginnt am 1. September 5509 v. Chr.; Julius Sextus Africanus (gest. um 240 n. Chr.) verlegte die Schöpfung in das Jahr 5502 v. Chr.; nach Pandorus soll die Erschaffung Adams am 29. August 5493 v. Chr. vor sich gegangen sein. Da zumeist angenommen wurde, daß die Welt 6000 Jahre bestehen werde (jeder der sechs Schöpfungstage entspricht einem Jahrtausend), konnten diese Berechnungen nur so lange aufrechterhalten werden, als man noch das Weltende als bald bevorstehend ansah. In späterer Zeit war man daher genötigt, dieser Theorie zuliebe, die Schöpfung beträchtlich später zu datieren. Luther kam in seinem Werk »Supputatio annorum mundi« (Wittenberg 1541) zu dem Ergebnis, daß die Welt im Jahre 3960 v. Chr. geschaffen worden sei. Er glaubte, daß von den 6000 Jahren des Weltbestandes im Jahre 1540 gerade 5500 vergangen seien. Obwohl also noch fünf Jahrhunderte ausständen, nahm er doch an, daß »der liebe Jüngste Tag« nahe bevorstehe, weil Gott die noch übrige Zeit wegen der Sündhaftigkeit der Menschen verkürzen werde (RE 21 S. 923). Seit der Reformationszeit sind noch zahlreiche andere Berechnungen aufgestellt worden. Sosehr diese auch voneinander abweichen, so stimmen sie doch alle darin überein, daß sie der Welt ein im Verhältnis zur Ewigkeit erstaunlich kurzes Dasein zusprechen, weil die Angaben der Bibel über die Lebensdauer der Patriarchen und die zwischen ihnen und Christus liegenden Generationen (1. Mose 5–11, Matth. 1, 22, Luk. 3, 23 ff.) nur einen verhältnismäßig geringen Spielraum lassen.

Das Weltbild der westlichen Religionen ist – verglichen mit dem der östlichen – aber nicht nur sehr kurzfristig, sondern auch engräumig. Es ist, wie alle alten Weltbilder, geozentrisch (vgl. Josua 10,13), nimmt jedoch im Gegensatz zu der von den Hindus und Buddhisten entwickelten Lehre von der Existenz einer Vielheit von Welten das Dasein nur einer Erde an. Sie ist allein der Boden, auf dem alles vor sich geht, was überhaupt bedeutsam ist; Subjekt und Objekt der Geschichte ist dabei aber nur die Menschheit, während die Tiere, welche die indischen Religionen in das Heilsgeschehen einbeziehen, unberücksichtigt bleiben. Von der Menschheit ist aber auch wiederum nur ein Teil an dem in religiöser Hinsicht wesentlichen Geschehen beteiligt. Denn nur die Völker des europäisch-vorderasiatischen Kulturkreises haben eine eigentliche Geschichte, alle anderen werden als »geschichtslos« angesehen, weil sie außerhalb der geschichtsphilosophischen Konstruktion der jüdischen, christlichen und islamischen Theologie liegen. Dies hat seinen natürlichen Grund darin, daß die den Denkern der alten Zeit »bekannte Welt« nur einen kleinen Teil des Erdballes umspannte. Die Möglichkeit, daß es Völker geben könne, die an der Heilsgeschichte, wie sie die westlichen Religionen lehren, nicht teilhaben, wurde a priori als ausgeschlossen angesehen. So lehnte der heilige Augustinus die Vorstellung als absurd ab, daß die Erde statt einer Scheibe (wie er glaubte) eine Kugel sei und daß es von uns durch Meere getrennte Antipoden geben könne, weil dann die Heilige Schrift gelogen haben müßte (De civitate Dei XVI, 9).

Die Vorstellungen von der Welt und ihrer Geschichte, die während anderthalb Jahrtausenden das Abendland beherrschten, haben erst in den letzten vierhundert Jahren durch das Werk des Kopernikus (1543) und die geographischen Entdeckungen eine Korrektur erfahren, ohne freilich bisher in der christlichen und islâmischen Theologie zu einer vollen Auswirkung gekommen zu sein. Die westlichen Religionen sehen in dem irdischen Geschehen nicht wie die Inder die bloße gesetzmäßige Auswirkung moralischer Faktoren, die an sich nie zu einem definitiven Endziel führen kann, sondern eine Entwicklung, die das Reich Gottes auf Erden vorbereiten soll. Damit hängt ein anderes Moment zusammen, das für die abendländische Auffassung vom Sinn der Geschichte bedeutsam ist. Die religiöse Geschichtsphilosophie des Westens ist von stark kollektivistischen Gedankengängen bestimmt, indem sie das Einzelwesen als Glied der Menschheit, eines Volkes, einer Kirche wertet und diesen Gruppen als solchen eine besondere metaphysische Bedeutung oder Aufgabe zuweist. Im Gegensatz zu den indischen Religionen, für welche lediglich das Individuum Subjekt und Objekt des Heilsgeschehens und der Erlösung ist, kennt das Christentum auch eine Kollektivversündigung und eine Kollektiverlösung. Denn nach seiner Lehre hat der einzelne teil an der Idee der Menschheit, die in Adam Gestalt angenommen hat; weil Adam sündigte, ist er auch sündig; dadurch, daß Christus durch seinen Opfertod die Menschheit entsühnte, ist auch er entsühnt, wenn er an Christus glaubt. Im (alten) Buddhismus hingegen ist der einzelne entsprechend seinem Karma bald Mensch, bald Tier, bald Himmelswesen, er kann nur selbst Schuld auf sich laden und nur sich selbst erlösen.

Der alte Buddhismus und das alte Christentum stellen die reinsten Ausprägungen der hier gegenübergestellten Typen der Religionen des Ostens und Westens dar. Zwischen beiden Musterbildern gibt es aber eine Reihe von Übergängen. So hat das Mahâyâna z. B. in der Lehre Nichirens eine Geschichtsphilosophie entwickelt, welche den Japanern eine besondere Sendung zuschreibt, und andererseits nehmen die vom Neuplatonismus beeinflußten christlichen Mystiker, wie Dionysius Areopagita und Eriugena, den Gedanken eines Kreislaufes auf, der alles von Gott ausgehen und wieder in ihn zurückkehren läßt.

2. Die geschichtlichen Voraussetzungen

a) Das Judentum

Die Heimat der Religionen der geschichtlichen Gottesoffenbarung ist der Vordere Orient. Moses und Zarathustra haben ihre Grundlagen gelegt, und das von îrânischen Ideen durchsetzte nachexilische Judentum ist der Boden, aus dem die Gedankenwelt des Christentums wie des Islâm in hohem Maße erwachsen ist. Dies tritt äußerlich schon darin hervor, daß jüdische Legenden, Traditionen und Bräuche in den heiligen Büchern beider Religionen immer wieder Erwähnung finden und die ganze Geschichtsbetrachtung bestimmen. Das Judentum lehrt den Glauben an einen einzigen, überweltlichen Gott. Die frühere Vorstellung, nach welcher der Monotheismus nur bei den Juden zu finden, ja von ihnen allein geschaffen worden sei, besteht zwar heute nicht mehr zu Recht, seitdem festgestellt worden ist, daß auch bei den Indern, Chinesen, Griechen, ja sogar bei den Naturvölkern die Idee von einem ewigen Weltenherrn selbständig auftritt. Aber die besondere Form des Monotheismus, die auf S. 178 charakterisiert wurde, scheint das spezielle Eigentum des jüdischen Volkes zu sein. Dies erklärt die Tatsache, daß die heidnischen Gegner die Christen als »Atheisten« bekämpften, weil sie die Natur entgötterten. Denn die Griechen hatten in den Gestirnen und anderen Naturobjekten Götter oder die Herrschaftsbereiche der Götter gesehen, über denen ein ewiger Weltenherr als höchster Lenker oder hinter und in denen ein ewiger Allgott als letzter Urgrund angenommen wurde. Ein Gott, der von der von ihm aus dem Nichts ins Dasein gerufenen Natur absolut verschieden ist und sie ohne Vermittlung von Naturgöttern direkt beherrscht, stellte für sie hingegen etwas Neues dar, das im Gegensatz zu allem bisher Dagewesenen stand.

Der hebräische Monotheismus hat einen langen Werdeprozeß durchgemacht, bis er die universelle und vergeistigte Form erhielt, die ihm im Christentum eignet. Diese Geschichte kann aus der Bibel freilich nur indirekt erschlossen werden, weil diese in der heute vorliegenden Form von Priestern redigiert worden ist, welche ihren theologischen Standpunkt überall zur Geltung zu bringen suchten und deshalb die ganze Entwicklung in dem Sinne darstellten, der Eingottgedanke sei die Urreligion der Menschheit gewesen und Israel sei nur gelegentlich unter dem Einfluß der polytheistischen Nachbarvölker von diesem abgewichen. Bei nüchterner Betrachtung der Dinge kann aber kein Zweifel daran bestehen, daß die Hebräer ursprünglich ebenso wie andere semitische Völker Dämonen, Baum-, Stein- und Quellengeister, Schlangen und Rinder, Himmelsgötter und Göttinnen verehrt haben, haben doch noch die Propheten unablässig gegen diese alteingewurzelten Kultformen kämpfen müssen. Die Juden in Elefantine (Ägypten) verehrten im 5. Jahrhundert v. Chr. noch männliche und weibliche Gottheiten, namentlich die »Himmelskönigin«, wie dies auch die mit Jeremias nach Ägypten ausgewanderten Juden getan hatten (Jeremias 7,18; 44,16f.). Wenn also noch zu dieser Zeit selbst bei Jahveanbetern so starke polytheistische Neigungen vorhanden waren, sind solche auch für die weiter zurückliegenden Zeiten anzunehmen.

Für die Völker des Vorderen Orient war in alter Zeit der Gott von besonderer Bedeutung, der eine Gemeinschaft, einen Bund von Stämmen, eine

Amphiktyonie, zu einem Ganzen zusammenfaßte. Als einen solchen göttlichen Schirmherrn verehrten die Ammoniter und die Moabiter den Kamos, die Hebräer den Jahve. Im 11. Kapitel des Buches der Richter, Vers 24, legte der Richter Jephtah dem Ammoniterkönig die Beziehung zwischen einem Gott und seinem Volk dar, indem er sagte: »Euer Gott ist Kamos, von ihm habt ihr euer Land erhalten, unser Gott ist Jahve, von ihm haben wir unser Land.« Eine Bestätigung findet diese Anschauung über das Herrschaftsgebiet der Stammesgötter in der um 900 v. Chr. verfaßten Siegesinschrift des Moabiterkönigs Mesa. Mesa sagt dort, daß er mit Hilfe von Kamos das Volk Israel besiegt, ihm die Stadt Nebah entrissen, alle deren 7000 Einwohner dem Kamos zu Ehren umgebracht, die dem Jahve geweihten Altargefäße entführt und vor Kamos' Angesicht niedergelegt habe. Aus zahlreichen Stellen des Alten Testaments ergibt sich mit Sicherheit, daß die anderen Götter als Herren anderer Länder angesehen wurden. 1. Sam. 26,19 klagt David darüber, daß er außerhalb seines Landes andere Götter verehren müsse. Der Prophet Jonas will sich durch die Flucht nach Tarsis dem Machtbereich Jahves entziehen (Jon. 1,3). Der syrische Feldhauptmann Naeman nahm zwei Maultierlasten palästinensischer Erde mit sich, um Jahve in seiner Heimat verehren zu können (2. Kön. 5,17). 5. Mose 10,17 wird Jahve »Gott der Götter« genannt. Dan. 11,36 wird von fremden Göttern als tatsächlich existierend gesprochen. Nach 5. Mose 4,19 und 29,25 hat Jahve anderen Völkern die Verehrung anderer Götter wie der Gestirne usw. zugeteilt. – Auch Jes. Sirach 17,14 nimmt an, daß Jahve andere Götter mit der Herrschaft über andere Völker betraut hat. Es herrschte demnach die Anschauung, daß jedes Volk einen besonderen Gott hat, der von ihm vorzugsweise zu verehren ist, weil seine Gnade ihm nützt, sein Zorn ihm schadet. Wenn also die Israeliten den Jahve als ihren Gott anbeteten, taten sie dies ursprünglich nicht in dem Glauben, daß er der einzige Gott überhaupt sei, sondern vielmehr nur in dem Bewußtsein, daß er ihr Gott sei, der mit ihnen einen Pakt geschlossen hatte und von dem sie hofften, daß er sich als der mächtigste erweisen werde. Von einem Monotheismus kann deshalb auf dieser Stufe der Entwicklung noch nicht gesprochen werden. Das die Welt und die ganze Menschheit beherrschende Prinzip ist nicht der Gott Jahve oder Kamos oder ein anderer; diese haben vielmehr alle nur eine partielle Macht und stehen nebeneinander. Wenn man sich damals überhaupt schon darüber Gedanken gemacht hätte, was die Ordnung im Kosmos und auf Erden aufrechterhält und zwischen den rivalisierenden Gottheiten der einzelnen Stämme den letzten Ausgleich schafft, dann hätte dieses nur ein unpersönliches Weltgesetz sein können.

Aber diese Frage ist anscheinend in dieser Zeit noch nicht akut gewesen. Andererseits ist es merkwürdig, daß die verschiedenen Völker von ihrem Stammesgott Weltschöpfungsmythen erzählen, ohne daraus die uns selbstverständlich erscheinenden Konsequenzen zu ziehen.

Der Name Jahve wird im 2. Buch Mose 3,14 dahin erklärt, daß Gott Mose geboten habe, ihn den Israeliten als der »Ich bin, der ich bin« zu bezeichnen. Es ist nicht wahrscheinlich, daß in so alter Zeit der Name »Jahve« die Aseität Gottes ausdrücken sollte, doch ist die Etymologie des Wortes bisher ein vielumstrittenes, ungelöstes Problem. Nach den biblischen Schilderungen wurde Jahve ursprünglich als ein Naturgott vorgestellt, der sich im Rauch, im Gewitter, im Erdbeben und in vulkanischen Erscheinungen manifestierte (Richter 5,5; 1. Kön. 19,8); seine Gestalt ist dann später mit verschiedenen einheimischen Gottheiten verschmolzen worden. Von Hause aus war er wahrscheinlich der Gott des Sinai (Horeb); noch in später Zeit ist von diesem Berge als dem Wohnsitz Jahves die Rede.

Daß Moses als der eigentliche Stifter der spezifisch israelitischen Religion anzusehen ist, lehrt einhellig die ganze Überlieferung. Wenn Moses auch schon um 1250 v. Chr. gelebt zu haben scheint, während die ältesten über ihn auf uns gekommenen Nachrichten erst um ein halbes Jahrtausend jünger sind, so haben wir doch keinen Grund, ihn in das Reich des Mythos zu verweisen. Moses hat nun aber, darüber sind sich wohl alle einig, nicht etwas völlig Neues geschaffen, sondern er hat an Bestehendes angeknüpft. So sagenhaft auch die älteste Geschichte des Volkes Israel ist, so liegt doch kein vernünftiger Grund dafür vor, daran zu zweifeln, daß die Vorfahren des Volkes unter Führung Abrahams von Haran in Mesopotamien nach Palästina kamen und nach längerem Aufenthalt daselbst nach Ägypten einwanderten, wo sie sich in dem fruchtbaren Weideland am östlichen Nildelta niederließen. Als sie dort von den Ägyptern bedrückt wurden, zogen sie aus dem ungastlich gewordenen Lande fort, um neue Wohnsitze zu suchen. Der Führer dieser Auswanderer aber war Moses, ein Mann aus dem Stamme Levi, der seine Landsleute geistig weit überragte, weil er die höhere Kultur Ägyptens in sich aufgenommen hatte. Da um 1350 v. Chr. der ägyptische König Amenhotep IV. durch eine Reform der ägyptischen Religion den monotheistischen Kult des Aton, der Sonnenscheibe, durchzuführen versucht hatte, ist die Vermutung geäußert worden, daß Moses durch den ägyptischen Eingottglauben Anregungen empfangen hat. Die Möglichkeit ist an sich nicht von der Hand zu weisen, doch dürfen diese Einflüsse nicht überschätzt werden, da Jahve selbst einen ganz anderen Charakter trug als der Sonnengott des Nilvolkes.

Die historische Bedeutung von Moses liegt darin, daß er seinem Volk einen Gott gab, dem es ausschließlich dienen sollte. Dadurch hat er bewirkt, daß sich für die ganze Zukunft der ganze religiöse Trieb der Israeliten auf Jahve konzentrierte. Dies hat zweifellos den Vorteil gehabt, daß viele abstoßende Züge der damaligen semitischen Religion, wie Kindesopfer, Tempelprostitution usw., bei Israel keine Legitimation fanden, es hat andererseits aber auch die Ausbildung einer reichen Mythologie und einer religiösen Kunst verhindert oder wenigstens stark gehemmt und einen einseitigen Fanatismus großgezogen, der zu der Toleranz der Heiden in einem wenig erfreulichen Gegensatz steht. Moses hat aber nicht nur einen Volksgott, sondern auch ein Volk geschaffen; durch den Bund Israels mit Jahve hat er die von Natur aus auseinanderstrebenden Nomaden zu einer festen Einheit verschmolzen; die Gebote Jahves sowie seine Orakel und sein Kult wurden das einigende Band, das eine kleine Gruppe von Stämmen so fest aneinanderschloß, daß sie bis heute sich als bewußte Einheit erhalten hat, während andere Völker im Verlauf der Geschichte wie Spreu sich auflösten.

In dem Maße, in welchem der Kult des Bundesgottes Jahve von König David gefördert wurde und durch die politischen Erfolge begünstigt immer stärker in den Vordergrund trat, mußte sich auch die Meinung festigen, daß Jahve mächtiger als die Götter der anderen Völker sei und daß ihm deshalb eine höhere kosmische Bedeutung zukomme als diesen.

Zu einem eigentlichen Monotheismus haben erst die Propheten den Jahveglauben entwickelt. Schon Amos betrachtet Jahve als den Herrn der Natur, den Gebieter aller Völker; als ein gerechter Richter wird er das Volk bestrafen, bei dem das Recht gebeugt wird und die Religion sich in äußerlichem Opferdienst erschöpft. Die folgenden Propheten bilden den ethischen Monotheismus weiter aus und kündigen ihrem Volke mit sittlichem Ernst das göttliche Strafgericht an, wenn es Jahve und seinen Geboten untreu wird und sich falschen, von Menschen erdichteten Göttern zuwendet. Die neue Gottesverehrung fand in zwei bemerkenswerten Veränderungen einen bezeichnenden Ausdruck. Während Jahve ursprünglich gleich den anderen Göttern durch mancherlei Symbole verehrt worden war, wird es jetzt als unpassend empfunden, Bilder von ihm herzustellen, und während Jahve in alten Zeiten an allen Orten seine Heiligtümer hatte, wird jetzt einzig der Tempel in Jerusalem als seine legitime Kultstätte angesehen.

Bei den Propheten der Zeit des Babylonischen Exils trat eine weitere Vertiefung des Gottesbegriffes ein. Deuterojesaja schildert in erhabenen Bildern die Größe Jahves, der über der Erde thront und das Meer und den Himmel ausmißt. Dieser Gott, dem die ganze Menschheit zugehört, hat Israel auserwählt, damit es als sein Knecht seine Erkenntnis unter den Heiden verbreite.

Wenn auch Jahve nach der Vorstellung der Propheten der einzig wahre Gott ist, so ist er darum doch nicht das einzige überirdische Wesen. Wie ein König seine Boten hat, so hat er seine Engel. Die Vorstellung, daß Gott durch seine Engel seine Wunder ausführen läßt oder daß diese ihn geradezu vertreten, indem sie statt seiner an einem bestimmten Orte erscheinen, ist an sich alt. In der unter persischem Einfluß entstandenen nachexilischen Literatur spielt das Engelwesen eine sehr bedeutsame Rolle.

Zu den Engeln gehört auch der Satan. Entsprechend der auch aus babylonischen Texten bekannten Vorstellung scheint er ursprünglich nur die Funktion gehabt zu haben, die verborgenen Sünden der Menschen zu ermitteln oder Gott anzuzeigen sowie die Menschen auf ihre moralischen Qualitäten hin zu prüfen. Unter den Einwirkungen der Lehre des persischen Dualismus hat das nachexilische Judentum die Vorstellungen vom Satan so ausgebildet, daß er schließlich im Neuen Testament als Fürst dieser Welt und als der Urheber alles Bösen erscheint. Durch seine zahlreichen Engel, d. h. Unterteufel, wirkt der Satan überall Unheil, vor allem machen die bösen Geister die Menschen krank und besessen; an vielen Stellen der Evangelien wird davon berichtet, daß Christus die Dämonen austrieb.

Daß der Teufel eine so große Bedeutung für das monotheistische System erlangte, hängt zum Teil damit zusammen, daß die Gottesidee sich in zunehmendem Maße mit moralischen Vorstellungen verbunden hatte. Der alte Jahve war ein Tyrann gewesen, der zwar für die Menschen ethische Gebote erließ, selbst aber über diesen stand und mit souveräner Willkür seine Herrschaft ausübte. Nach Deuterojesaja Kap. 45, Vers 7 sagt er: »Ich bin Jahve und keiner sonst, der das Licht bildet und Finsternis schafft, der Heil wirkt und Unheil schafft – ich, Jahve, bin es, der alles bewirkt.« Je mehr man in Gott dann aber ein gutes Wesen sah, dem alles Böse fernlag, desto schwieriger wurde es, das Dasein des Übels in der Welt mit Jahves Allmacht in Einklang zu bringen. Da bot sich als ein Ausweg die Annahme eines bösen Wesens, auf welches die Schuld an allem abgewälzt werden konnte, was der Güte Gottes nicht harmonierte. Als charakteristisches Beispiel für den Wandel der Auffassung läßt sich die Parallelstelle 2. Sam. 24,1 = 1. Chron 21,1 anführen. In beiden Texten wird von einer von David angeordneten Volkszählung gesprochen; während der ältere Text diese unpopuläre Maßnahme dem Zorn Gottes zuschreibt, ist es nach der jüngeren erst um 300 v. Chr. hergestellten Redaktion der Satan, welcher David den Gedanken eingab. Während der Teufel zunächst nur als ein Gott dienstbarer Geist erscheint, tritt er im Buche des Weisheit 2,24 als widergöttliche Macht und Urheber alles Bösen auf, welche Stellung er auch im Neuen Testament einnimmt.

Die Idee des einen persönlichen Weltenherrn, der über das Universum gebietet, erhält nun ihre besondere Ausprägung dadurch, daß dem Allmächtigen ein bestimmter Heilsplan zugeschrieben wird, den er in der Geschichte der Menschheit verwirklicht. Die eine Wurzel dieser historischen Konstruktion ist der Sendungsglaube des jüdischen Volkes. Das ganze Alte Testament dient der Idee, daß das Volk Israel auf Grund des mit Gott geschlossenen Bundes von ihm für große Dinge ausersehen sei und daß es den Mittelpunkt alles Weltgeschehens bilde. Dieser Glaube blieb in allen Stürmen der Zeit unerschüttert, obwohl die Tatsachen aufs klarste gegen ihn sprachen. Denn das auserwählte Volk hat auch, als sein Reich seine größte Ausdehnung besaß, im Vergleich zu den Großmächten, die es umgaben, stets nur eine wenig bedeutsame Rolle gespielt, und der Glanz des Reiches Davids, der nach 2. Sam. 7,13 ewig währen sollte, schwand schnell dahin, als nach dem Tode seines Sohnes Salomo das Reich geteilt wurde. Das Volk geriet bald unter die Botmäßigkeit fremder Herrscher und büßte schließlich, von der kurzen Unterbrechung der Makkabäerzeit abgesehen, seine Selbständigkeit vollständig ein. Das Fehlschlagen aller Hoffnungen ließ aber die Juden an ihrer göttlichen Mission nicht irre werden. Die Niederlagen, die sie erlitten, und die Unterdrückung, die sie zu erleiden hatten, wurden als gerechte Strafen für den Abfall von Jahve erklärt, und je mehr die Wirklichkeit alle Träume von einer zukünftigen Herrschaft über die Nachbarvölker Lügen strafte, desto mehr setzte sich der Glaube fest, daß in einer nahen Zukunft eine Wende eintreten und die göttlichen Verheißungen doch noch in Erfüllung gehen würden. Psalmendichter sagten das Kommen eines Königs voraus, der die Feinde mit seinem eisernen Zepter wie Töpfe zerschmettern werde (Ps. 2,9), und Propheten verkündeten die künftige Weltherrschaft. Da die politischen Tatsachen keinerlei reale Aussichten hierfür eröffneten, wandte sich der Glaube immer mehr dem Transzendenten zu. Er fand neue Nahrung in eschatologischen Vorstellungen, welche von den Persern übernommen waren.

Die Mazdayasnier, die Anhänger des îrânischen Propheten Zarathustra (Zoroaster), faßten das Weltgeschehen als einen 12 000 Jahre umfassenden Kampf zwischen dem guten Gott Ahuramazda (Ormazd) und dem bösen Gott Angramainyu (Ahriman) auf, der mit dem schließlichen Siege des guten Prinzips über das böse enden würde. Die persische Vorstellung von einem Weltdrama, das mit der Schöpfung beginnt und mit der Vernichtung alles Bösen seinen Abschluß findet, weist eine Reihe von Zügen auf, die vom Judentum übernommen wurden und aus diesem in das Christentum und in den Islâm übergegangen sind: 1. die Anschauung, daß die Geschichte nicht nur einen Anfang in der Zeit habe, sondern auch ein definitives Ende haben wird, 2. den Glauben, daß vor dem Weltuntergang ein Heiland auftreten wird, der dazu bestimmt ist, diesen herbeizuführen, 3. die Überzeugung, daß die Toten auferstehen werden, um entsprechend ihrer guten oder bösen Taten gerichtet zu werden, und 4. die Hoffnung, daß nach Überwindung alles Bösen die Guten ewig leben werden.

Die Juden haben diese Vorstellungen sich zu eigen gemacht, in angemessener Weise umgebildet und ihrem Geschichtsschema eingefügt; diese kosmische Eschatologie ist also die zweite Wurzel, aus welcher die Geschichtskonstruktion der westlichen Religionen erwachsen ist. Unter den Schriften des Alten Testaments ist das Buch Daniel (um 165 v. Chr.) das große Dokument, in welchem die neuen Gedanken mit den alten eine schöpferische Synthese eingegangen sind; in dieser verbindet sich die Erwartung des Gottesreiches, welches alle Völker unter Israels Führung umfassen wird, mit der Vorstellung von einem bevorstehenden Weltende und von einer Auferstehung der Toten.

In der älteren Zeit hatte man gehofft, daß ein weltlicher Herrscher aus

Davids Stamm das Volk groß und frei machen werde. Unter dem Eindruck der bisherigen Enttäuschungen glaubte man jetzt, daß der Messias nicht als ein König mit irdischen Machtmitteln ein Reich aufrichten werde, sondern als ein Sendbote Gottes werde er in den Wolken des Himmels herbeikommen und eine unvergängliche Herrschaft über alle Völker ausüben (Daniel 7, 13 ff.).

Der Segenszeit, die dann über die Welt hereinbricht, werden nicht nur die dann lebenden Menschen teilhaftig werden, sondern auch die Frommen, die schon lange gestorben sind. Denn sie, oder alle Menschen überhaupt, werden vom Tode zu neuem Leben erweckt werden. Die Lehre von der Auferstehung der Toten, die im Buch Daniel sowie in den derselben Zeit angehörigen eingeschobenen Stellen Jesaja 25, 8 und 26, 19 sowie im 7. Kap. des 2. Makkabäerbuches (9, 14, 29, 36) angedeutet erscheint, stellt offensichtlich eine tiefgreifende Neuerung innerhalb des Glaubens des Alten Testamentes dar. Denn in der älteren Zeit besaßen die Hebräer keine konkreten Unsterblichkeitsvorstellungen, sie nahmen vielmehr an, daß die Verstorbenen als kraftlose Schatten (Rephaim, d. h. die Schlaffen) in der Unterwelt (Scheol) vegetierten. Nur einzelnen hervorragenden heiligen Männern, wie Moses, Elias, Henoch, billigte man eine Ausnahmestellung zu und ließ sie auch nach dem Tode bewußt und wollend weiterleben. Da allen Menschen nach ihrem Dahinscheiden dasselbe traurige Los bevorsteht, konnte natürlich den Guten kein jenseitiger Lohn, den Bösen keine Höllenstrafe in Aussicht gestellt werden; alle Verheißungen einer Vergeltung mußten sich deshalb darauf beschränken, die Nachkommen unverdienter- oder unverschuldeterweise die Folgen des Verhaltens ihrer Vorfahren tragen zu lassen. Wenn jetzt in der nachexilischen Zeit unvermittelt der Gedanke auftritt, daß vor dem bevorstehenden Weltende die Toten wieder lebendig werden, und diese Vorstellung sich bald mit der eines allgemeinen Gerichts verbindet, dann liegt die Annahme nicht fern, daß auch hier persischer Einfluß sich auswirkt. Denn nach der Lehre der Zarathustrier jener Zeit wird am Schluß des großen Weltdramas der Heiland Saoshyant die Toten auferwecken und die Guten von den Bösen scheiden. Die îrânische Lehre, daß die Erde die Gebeine, das Wasser das Blut, die Pflanzen die Haare, das Feuer die Lebenskraft denen zurückgeben werden, von denen sie sie bei ihrem Hinscheiden genommen hatten, scheint in die Zeit zurückzugehen, in welcher noch die Vorfahren der späteren Îrânier und der arischen Inder ein Volk bildeten; schon im Rigveda finden wir den Glauben, daß die einzelnen Bestandteile der Toten in die Gottheiten der Erde, des Feuers usw. eingehen. Die verschiedenen Teile vereinigen sich dann aber durch die magischen Prozeduren des Opferpriesters wieder mit dem im Rauch des Scheiterhaufens zum Himmel emporgestiegenen Dahingeschiedenen. In Indien ist dieser Glaube später geschwunden und hat der Seelenwanderungstheorie Platz gemacht, in Persien hingegen hat er sich mit geschichtsmythologischen Gedanken verbunden und ist dadurch zu einem wesentlichen Element nicht nur der persischen Lehre, sondern auch der beiden vorderasiatischen Weltreligionen geworden.

b) Antike und Hellenismus

Die beiden Religionen der geschichtlichen Gottesoffenbarung stehen jedoch nicht nur dadurch einander so nahe, daß sie beide das Judentum zum Vater haben, sie sind auch durch die Antike miteinander verwandt. Das erklärt sich ohne weiteres daraus, daß beide sich im Gebiet der hellenistischen Kultur ausbreiteten. Der Einfluß des griechischen Geistes tritt vor allem in der Philosophie und Wissenschaft zutage: namentlich sind es die Lehren Platos und der Neuplatoniker sowie die des Aristoteles, welche auf die Ausbildung der christlichen und mohammedanischen Scholastik und Mystik stark eingewirkt haben.

Der Grad der Verwandtschaft mit der Antike ist freilich bei beiden Religionen sehr verschieden. Das Christentum hat die Antike zur Mutter, während sie für den Islâm nur eine nahe Verwandte ist. Aus diesem Faktum erklären sich zum Teil die Unterschiede, die zwischen beiden Religionen obwalten. Denn außer in der Verschiedenheit der Geistesart ihrer Begründer, ihres Heimatbodens, des Volkes und der Zeit, denen sie entstammen, liegt das Entscheidende, was Christentum und Islâm trennt, darin, daß ersteres in stärkstem Maße von den vom griechischen Geist durchdrungenen Religionen der römischen Kaiserzeit abhängig ist und letzterer nicht. In jener Zeit, in welcher das Christentum entstand und seine dogmatische Form gewann, war die ganze westliche Welt von einem starken religiösen Bedürfnis erfüllt. Die ererbten Glaubensformen befriedigten aber weite Kreise nicht mehr, so daß diese nach anderen Möglichkeiten der Erbauung suchten. Der durch die Pax Romana und die Zugehörigkeit zu einem Weltreich sowie durch die allgemeinen kulturellen Verhältnisse erleichterte geistige Austausch zwischen den verschiedenen Teilen des Imperiums hatte zur Folge gehabt, daß sich die verschiedensten Kulte über das ganze Reich verbreiteten und daß eine weitgehende Vermischung derselben eintrat. Der Isis-Osiris-Horus-Dienst Ägyptens, der Kult des Attis in Phrygien, der des Adonis in Syrien, der persische Mithrasglaube, die hellenistischen Mysterien der Demeter und des Dionysos sowie die religiösen Gemeinschaften der Orphiker, Neupythagoreer usw. hatten bestimmte Anschauungen ausgebildet, die dem ganzen geistigen Leben eine bei aller Mannigfaltigkeit im einzelnen doch gleichartige Richtung verliehen. Es sind die Ideen der Versündigung und Erlösung, der geistigen Wiedergeburt und des ewigen seligen Lebens, welche alle Anhänger dieser Religionen gleicherweise beherrschten, Vorstellungen, die teils denjenigen des Christentums konform gingen, teils diese anregten oder umbildeten.

Der wesentlichste Unterschied zwischen dem Judentum und Islâm auf der einen Seite, dem Christentum auf der anderen besteht darin, daß die ersten beiden einen einfachen Monotheismus lehren, während das letztere in Christus eine Inkarnation Gottes sieht. Die Vorstellung, daß die Gottheit vom Himmel herabsteigen und auf Erden in Menschengestalt geboren werden könne, war den meisten alten Völkern ganz geläufig, während sie aus der jüdischen Überlieferung nicht abgeleitet werden kann. Wir begegnen dort nur der Anschauung, daß der König ein Stellvertreter Gottes sei – es ist dies ein aus dem altorientalischen Königsritual stammender Gedanke, der auch im 2. Psalm, Vers 7, zum Ausdruck kommt. Die für das Christentum grundlegende Idee des sterbenden und wiederauferstehenden Gottheilandes stammt offensichtlich aus nichtjüdischem Bereich; sie fand ursprünglich in dem Glauben an Götter ihren Ausdruck, welche, wie Attis und Osiris, Personifikationen der dahinschwindenden und wiedererstehenden Natur darstellen. Die den Juden wie Mohammedanern gleicherweise unverständliche Trinitätslehre hat in zahlreichen Religionen ihr Gegenstück, am naheliegendsten wäre dabei an die syrische Dreiheit von Gott (Baal), Göttin (Baalath) und Kind zu denken, oder an Osiris, Isis, Horus; die Göttin ist dabei dann zum Heiligen Geist geworden, welcher von manchen Christen der älteren Zeit als weiblich angesehen und entsprechend Mark. 1, 10 f. und Matth. 3, 16 und Luk. 3, 22 (unter der Gestalt der Taube) als Mutter Jesu betrachtet wurde. Vorstellungen von göttlichen Dreiheiten finden sich aber auch bei zahlreichen anderen Völkern, wenn in diesen auch nicht Vater und Sohn zu den Gliedern einer Dreiheit gerechnet werden. Ägypten bietet des weiteren eine Parallele für den Madonnenkult in der Verehrung der Isis und des göttlichen Kindes. Daß zahlreiche christliche Heilige Umwandlungen heidnischer Gottheiten darstellen, ist allgemein bekannt.

Auch der christliche Kultus hat viel aus dem der Antike übernommen, in erster Linie die Verwendung von Bildern, welche von den Juden verabscheut wurde und sich erst nach großen Kämpfen in der Kirche durchsetzte.

Auf die Antike geht auch die Askese im Christentum zurück. Dem Judentum lagen asketische Tendenzen an sich fern, genauso wie dem Islâm. Im Griechentum hat es hingegen seit alters starke Stimmungen des Pessimismus, der Weltabkehr, der Geringwertung des Geschlechtsverkehrs mit Frauen (an dessen Stelle die Homosexualität hochgeschätzt wurde, wie bei Plato) gegeben. Es ist ganz falsch, zu glauben, das Hellenentum sei ausschließlich lebensfreudig und weltbejahend gewesen. Von den Orphikern über Pythagoras, Empedokles, Plato bis zu den Stoikern und Neuplatonikern hat es vielmehr starke Strömungen gegeben, welche das irdische Leben als den vorübergehenden Aufenthalt in einem Gefängnis empfanden und nach einem ewigen, überirdischen Dasein verlangten. Diese Ideen sind in das junge Christentum eingedrungen und haben in ihm ein Asketentum geschaffen, das der Urgemeinde noch fremd war. Bei der Entstehung des

Mönchtums scheint der ägyptische Serapiskult eine Rolle gespielt zu haben, die Tonsur soll ursprünglich ein ägyptischer Brauch gewesen sein. Da die Begründer des Mönchtums, Antonius und Pachomius, Ägypter waren, gewinnt diese Annahme an Wahrscheinlichkeit.

Das Verhältnis der jüdischen und antiken Komponente innerhalb des Christentums hat im Laufe der Zeit stark gewechselt. Die neue Religion entstand in Palästina, ihr Begründer und seine ersten Anhänger waren Juden und kannten nichts anderes als die jüdische Geisteswelt. Aber schon bald nach Christi Tode begann die junge Kirche in steigendem Maße Heidenmission zu treiben, sich der griechischen Sprache zu bedienen und antike Gedanken in sich aufzunehmen und zu verarbeiten. Dieser Prozeß setzt sich dann während der ganzen Folgezeit fort, so daß die Kirche zur Zeit ihrer höchsten Blüte in ihren Lehren und Riten stärker von antiken als von jüdischen Ideen bestimmt erschien. Die Reformation hat, indem sie viele antike Elemente als »heidnisch« auszuscheiden suchte, wieder die jüdischen Bestandteile mehr in den Vordergrund gerückt. Dies tritt besonders bei den englischen Puritanern in die Erscheinung, die für das Alte Testament eine besondere Vorliebe bekundeten, es zeigt sich aber auch in modernen Strömungen des deutschen Protestantismus, welche, indem sie Christus weder als Gottessohn noch als Mittler betrachten und die eschatologischen Perspektiven ablehnen, bei einem reinen Theismus anlangen, der sich von dem des vorexilischen Judentums nur durch seine modernen Formen und seinen höheren ethischen Gehalt unterscheidet.

Das nachexilische Judentum und der Hellenismus sind die beiden Quellarme, aus denen das Christentum erwachsen ist. Dieses hat aber im Verlauf seiner Geschichte noch zahlreiche Einflüsse von anderer Seite erfahren, vor allem von den Volksreligionen der Länder, in denen es heimisch wurde.

Der Islâm ist von der Antike in anderer Weise abhängig als das Christentum. Da er zahlreiche hellenisierte Länder eroberte, übernahm er mit deren Kultur auch deren Wirtschaft und deren Philosophie, er ließ diese einfach »weiterleben«, wenn er sie auch mit dem Korân und seinen Idealen in Einklang zu bringen suchte. Alles, was er sich assimilierte, war freilich bereits in höherem oder geringerem Maße christianisiert. Ein Unterschied zwischen dem mohammedanischen Verhältnis zur Antike und dem christlichen zu ihr besteht jedoch darin, daß es im Bereich des Islâm weder eine Renaissance noch einen Humanismus gegeben hat (C. H. Becker).

c) Die Einflüsse von außen

Von den Einflüssen der Religionen, die außerhalb des Römischen Reiches beheimatet sind, steht der der îrânischen Glaubensformen an erster Stelle. Erwähnt wurde bereits der zoroastrische Einfluß auf das Judentum und die antike Welt (Mithraskult), die beide für die Ausbildung christlicher Anschauungen von Bedeutung gewesen sind. Der Islâm hat, abgesehen von den eschatologischen Anschauungen und der Engellehre der Perser, von diesen wahrscheinlich auch den Fatalismus übernommen, der vielleicht auf die Zervaniten zurückgeht. Nach Ignaz Goldziher ist Mohammed durch die Pârsen auch dazu veranlaßt worden, den Charakter des Sabbat als Ruhetag zu verneinen. Auch die Vorstellung von dem geflügelten Pferd Borak sowie einzelne Anschauungen, wie die von der Unreinheit der Toten usw., soll der Islâm von den Persern entlehnt haben. Im späteren Islâm scheinen manche mânichäische Anschauungen und Bräuche Eingang gefunden zu haben.

Eine oft diskutierte Frage ist es, ob auch die außerhalb des abendländisch-vorderasiatischen Bereiches herrschenden großen Religionen zu seiner Ausgestaltung beigetragen haben. Praktisch käme hierfür nur die indische in Frage, da die chinesischen bei der weiten Entfernung ihrer Ursprungslande und den Schwierigkeiten, die sie dem Verständnis des Westens bieten, wenn überhaupt, so nur in geringem Umfange im Westen bekannt gewesen sein dürften. Die Möglichkeit indischer Einflüsse ist ohne weiteres zuzugeben, da zwischen dem Römischen Reich und dem Gangeslande in den ersten Jahrhunderten unserer Zeitrechnung Handelsbeziehungen bestanden und auch ein Austausch geistiger Güter nach antiken Nachrichten in gewissem Umfange stattgefunden hat. Es fragt sich nur, in welchem Maße sich indische Einflüsse ausgewirkt haben. Daß manche Legenden auf indische Vorbilder zurückgehen, dürfte kaum einem Zweifel unterliegen. Noch ungeklärt ist die Frage, ob indische Riten, speziell solche des Mahâyâna-Buddhismus, in gewissem Umfange den katholischen als Vorbild gedient haben.

Die enge räumliche Verbindung mit Indien und die in den folgenden Jahrhunderten sich vollziehende Eroberung des Gangeslandes erklärt die Tatsache, daß in der islâmischen Mystik indische Gedanken Eingang gefunden haben, wenn auch der Sûfismus in erster Linie vom Neuplatonismus abhängig sein dürfte, der selbst freilich von der indischen Philosophie beeinflußt zu sein scheint. Der Islâm wurde dann wieder der Vermittler indischen Gedankengutes für den Westen, wie er auch den indischen Rosenkranz nach dem Abendland gebracht hat.

d) Islâmisch-christlicher Ideenaustausch

Das enge Zusammenleben zwischen Christen und Mohammedanern in den von den Moslems eroberten bisher christlichen Gebieten hatte die selbstverständliche Folge, daß die Anhänger des Propheten zahlreiche Anschauungen von den Christen übernahmen. C. H. Becker ist diesem Problem nachgegangen (Islâmstudien I S. 386 ff.) und hat im einzelnen gezeigt, wieviel die

Mohammedaner von den Unterworfenen sich angeeignet haben. In erster Linie gehört dazu die pessimistische Einstellung zur Welt, die sich im Islâm mehr und mehr entwickelte und in asketischen Tendenzen, in der Pflege des Gedankens der Vergänglichkeit sowie in der Entstehung eines Mönchtums zum Ausdruck kam. Denn trotz der Bußpredigten Mohammeds hatte der Islâm ursprünglich etwas Weltzugewandtes, lautet doch ein vielzitiertes Wort der Tradition, daß der Heilige Krieg im Islâm die Stelle der Askese einnehme. Auch in der Intoleranz sind die Christen die Lehrmeister der Moslems gewesen. Der Korân (9, 29) hatte den »Götzenanbetern« nur die Wahl zwischen Tod und Annahme seiner Lehre gelassen, den »Schriftbesitzern« (Juden und Christen) aber nur den Kampf bis zu dem Zeitpunkt angesagt, zu dem sie sich zur Zahlung von Tribut bereit erklärten. Dementsprechend konnten die Christen in den islâmischen Ländern ihren religiösen Gebräuchen ungehindert nachgehen und sogar hohe Staatsstellungen bekleiden. »Noch im 11. Jahrhundert konnten sich in Bagdad kirchliche Leichenzüge mit allen Emblemen christlichen Gottesdienstes durch die Straßen bewegen, und Störungen werden von den Chronisten als Ausnahmen gebucht. In Ägypten waren sogar die christlichen Feste zum Teil Freudentage auch für die islâmische Bevölkerung. Man versuche einmal, sich das Umgekehrte in einem christlichen Reiche des frühen Mittelalters vorzustellen!« (C. H. Bekker, a. a. O.) Erst die Unduldsamkeit der Christen gegen Andersdenkende hat durch die Kreuzzüge, die Türkenkriege und die gewaltige Expansion Europas in der ganzen Welt bei den Moslems einen fanatischen Christenhaß geschürt, der sich in Zwangsbekehrungen auf dem Balkan, in Armeniermassakern und dergleichen auswirkte.

Verglichen mit den starken Einflüssen, welche das Christentum auf den Islâm ausgeübt hat, sind die Anregungen, die das erstere von diesem empfing, gering. Man hat sogar vielfach eine Abhängigkeit christlicher Schriftsteller vom Islâm angenommen, wo die Übereinstimmungen sich lediglich daraus erklären, daß die Mohammedaner auf älteren christlichen Traditionen fußen. So hat der spanische Akademiker Miguel Asin Palacios in seinem Buche »La Escatologia Muselmana en la Divina Comedia« (Madrid 1919) den Nachweis unternommen, daß Dante aus der eschatologischen Literatur der Araber geschöpft habe. Eingehende Untersuchungen haben jedoch gezeigt, daß der italienische Dichter nicht von den Arabern abhängig ist, sondern gleich diesen von älteren christlichen Überlieferungen (S. Merkle, Dante-Jahrbuch 11 [1929], S. 1–43).

Das Christentum

I. Jesus, der Christus

1. Christus als Messias, Gottessohn und Weltheiland

Das Christentum unterscheidet sich von allen anderen großen Religionen dadurch, daß es seinen Stifter in viel höherem Maße als diese in den Mittelpunkt seiner gesamten Lehre stellt, indem es ihm eine für das ganze kosmische Geschehen entscheidende Bedeutung beimißt. Jesus der Christus (griechisch: Christos, der Gesalbte, eine Wiedergabe des hebräischen »Messias«) ist für die Kirche nicht der Urheber oder Wiederentdecker metaphysischer und ethischer Lehren, wie Buddha und Konfuzius, nicht der Gesandte eines sich ihm offenbarenden Gottes, wie Mohammed, nicht eine der vielen Inkarnationen des Weltenherrn, in welcher dieser der Menschheit göttliche Weisheit verkündet, wie Krishna, sondern er ist Gott selbst, der den großen Wendepunkt im Weltprozeß herbeigeführt hat und den baldigen Abschluß des Weltgeschehens und die endgültige Weltverklärung verwirklichen wird. Diese zentrale Stellung der Person des Stifters im Rahmen des ganzen Lehrsystems ist im Verlaufe der ganzen Entwicklung der christlichen Religion in immer bedeutsamerem Maße hervorgetreten, ihre Präzisierung und Neufassung ist das Leitmotiv für die Ausbildung des kirchlichen Dogmas und der Anlaß für zahllose theologische Kämpfe gewesen. Sie würde diese beherrschende Bedeutung innerhalb des christlichen Glaubenssystems nie erlangt haben, hätte sie nicht schon in der Lehre Christi selbst vorgebildet gelegen: denn es kann nach allem, was wir von Jesus wissen, kaum zweifelhaft sein, daß er sich selbst für den Messias gehalten hat, der von den heiligen Schriften (Dan. 7,13 ff.) als der Endiger der Leiden des jüdischen Volkes verheißen worden war und zu seiner Zeit von vielen sehnlichst erwartet wurde. Wann und wie dieses messianische Bewußtsein bei Jesus zum Durchbruch gekommen ist, wissen wir nicht. Es hat aber viel für sich, anzunehmen, daß Jesus gleich anderen Männern, die für sich eine besondere Stellung im Weltplan in Anspruch nehmen, erst allmählich in diese Rolle hineingewachsen ist. Nachdem er ursprünglich gleich Johannes dem Täufer nur das baldige Kommen des Gottesreiches verkündet hatte, scheint er später, vielleicht nicht unbeeinflußt von der Meinung seiner begeisterten Anhänger (Matth. 16,13–17), zu der Überzeugung gekommen zu sein, daß er selbst der erwartete Heilbringer und Richter sei, welcher in Kürze das Weltende heraufführen werde (Matth. 16,28; 24,34; Mark. 9,1; Luk. 9,27). Da Jesus Gott den Vater im Himmel und die Menschen seine Kinder nannte, ist es nicht verwunderlich, daß er sich als Sohn Gottes bezeichnete. Selbst wenn man annimmt, daß er das Wort »Sohn« in Hinblick auf sich selbst gebrauchte, um sein besonders nahes Verhältnis zu Gott und seine Ausnahmestellung unter den Menschen zu charakterisieren, folgt daraus aber noch nicht, daß er seine Gottessohnschaft im Sinne der späteren Dogmatik verstanden hat.

Jesu Messianität fand nach Angabe der Evangelien in wachsendem Maße bei den Volksmassen Anerkennung, da seine Wundertaten und Krankenheilungen starken Eindruck machten, doch war dieser Glaube weder fest gegründet noch von bleibendem Bestand; der Wankelmut der Menge tritt ja gerade in den letzten Lebenstagen Christi hervor. Tiefer verwurzelt war die Überzeugung, daß Jesus der verheißene »Menschensohn« sei, bei den Jüngern. Sie haben sich öfter zu ihr bekannt; trotzdem scheint dieser Glaube auch bei ihnen starken Schwankungen ausgesetzt gewesen zu sein, da sie den Herrn gerade in den schwersten Stunden im Stich ließen (Matth. 26,56,70).

Dies änderte sich mit einem Schlage nach dem Tode Jesu. Wohl nie ist in der Geschichte das paradoxe Phänomen, daß eine Persönlichkeit ihre nachhaltigste Wirkung erst zu einer Zeit ausüben konnte, als sie nicht mehr unter den Lebenden weilte, mit solcher Eindringlichkeit zutage getreten wie gerade hier. Die erschütternde Tragödie des ungerecht verurteilten Propheten, der seine Lehre mit dem Tode besiegelte, war an sich schon dazu angetan, seinen Ideen opferbereite Anhänger zu gewinnen; zu einer geschichtlichen Macht wurde Christus aber vor allem dadurch, daß seine Jünger von ihm mit Bestimmtheit behaupteten, er sei aus dem Grabe auferstanden, verschiedenen Personen zu verschiedenen Malen erschienen und schließlich vor ihren Augen gen Himmel gefahren.

Die Berichte über dieses für die ganze spätere Entwicklung der christlichen Religion entscheidende Ereignis differieren stark bei den einzelnen Evangelisten, der älteste Bericht findet sich im 1. Korintherbrief des Paulus, wo es im 15. Kapitel, Vers 4–8 heißt, daß Christus am dritten Tage nach seinem Tode auferstanden sei »und daß er gesehen worden ist von Kephas, darnach von den zwölfen. Darnach ist er gesehen worden von mehr denn 500 Brüdern auf einmal, deren noch viele leben, etliche aber sind entschlafen. Darnach ist er gesehen worden von Jakobus, darnach von allen Aposteln. Am letzten nach allen ist er auch von mir als einer unzeitigen Geburt gesehen worden«. Daß das Erlebnis in Damaskus, bei welchem Paulus Christus in Gestalt eines Lichtes zu schauen und eine himmlische Stimme zu hören glaubte, eine Vision war, ist nach den in Einzelheiten voneinander abweichenden Schilderungen in der Apostelgeschichte (9,3–9; 22,6–11; 26,12–18) als sicher anzunehmen, es ist deshalb wahrscheinlich, daß es sich auch bei den anderen Erscheinungen des Auferstandenen um Gesichte gehandelt hat, denen eine absolute Realität in der Außenwelt zugeschrieben wurde. Die alten Christen sahen diese subjektiven Schauungen freilich als objektive Begebenheiten an, an deren Tatsächlichkeit sie nicht zweifelten. Charakteristisch für ihre Auffassung ist es, daß Christus ihnen nicht als ein körperloser Geist oder als ein mit einem immateriellen, verklärten Leibe angetanes überirdisches Wesen erschienen sein soll, sondern als der leibhaftig Gekreuzigte, an dessen Körper die Wundmale der Hinrichtung (Joh. 20,25 ff.) sichtbar waren und der sich anfühlen ließ und sogar irdische Speise (gebratenes Fleisch und Honigseim, nach Luk. 24,42) zu sich nahm. Besonderen Wert legen die Evangelisten auch auf die Feststellung, daß das Grab, in dem Christus beigesetzt worden war, leer war, so daß es sich also nicht um ein Gespenst ohne Fleisch und Blut, sondern nur um den vom Tode zu neuem Leben erweckten Jesus gehandelt haben könnte.

Mag nun das Mysterium der Auferstehung Christi rational erklärt werden können oder nicht, fest steht jedenfalls, daß es die Geistesgeschichte der Menschheit aufs tiefste beeinflußt hat. Denn es ist zur Grundlage und zum Eckpfeiler eines Glaubens geworden, der sich die ganze Erdhälfte eroberte, und es hat Millionen als Gewähr dafür gegolten, daß sie auch dereinst von Gott aus dem Staube auferweckt werden würden, denn, sagt der Apostel, »Ist Christus nicht auferstanden, so ist euer Glaube eitel« (1. Kor. 15,17).

Die Annahme, daß Gott seinen Sohn am Kreuz qualvoll sterben ließ, um ihn dann nach drei Tagen von den Toten aufzuerwecken und später zum Himmel fahren zu lassen, wich so völlig von den gewöhnlichen Vorstellungen von der Art und Weise göttlichen Handelns ab, daß sie einer metaphysischen Erklärung bedurfte. Die für die ganze Zukunft maßgebende Lösung des Problems, warum Gottes Wille so unbegreifliche Wege ging, gab der wenige Jahre nach dem Tode Jesu bekehrte junge Pharisäer Paulus durch eine Theorie, welche an die Geschichte vom Sündenfall anknüpft. Dadurch, daß Adam, der Stammvater der Menschheit, gegen Gott ungehorsam war, ist die ganze Menschheit sündig geworden; denn die Sünde hat sich von ihm auf alle seine Nachkommen als Erbsünde fortgepflanzt. Die Strafe für die Sündhaftigkeit Adams war es gewesen, daß er das ewige Leben im Paradiese aufgeben mußte und dem Tode unterworfen wurde; so müssen auch alle Menschen sterben, weil »der Tod der Sünde Sold« ist (Röm. 6,23). Aus eigener Kraft vermögen die Menschen nicht sich von der Sünde zu lösen und den Tod zu überwinden, weil weder die Juden dem ihnen gegebenen Gesetz noch auch die Heiden den Vorschriften des Herzens (Röm. 2,15) zu folgen vermögen, sondern vielmehr aus diesen nur eine Erkenntnis der Sünde gewinnen können. Eine Entsündigung ist deshalb nur von der Gnade Gottes zu erwarten. Gott offenbarte seine Barmherzigkeit dadurch, daß er seinen Sohn Mensch werden und als ein stellvertretendes Sühneopfer für die gesamte Menschheit leidvoll sterben ließ. Durch den Opfertod Christi sind alle Menschen von der Gewalt der Sünde frei geworden; diese stellvertretende Erlösung wird jedoch nur dann zu einer tatsächlichen, wenn der Mensch durch den Glauben an Christus die göttliche Gnade annimmt und dadurch an sich selbst zur Wirklichkeit werden läßt. Dadurch tritt am Menschen eine völlige Sinnesänderung ein, so daß er allen sündigen Werken entsagt und wie in Christus neugeboren des ewigen Lebens teilhaftig wird. Die eigenartige, auf alten jüdischen Vorstellungen (3. Mos. 16, 20 ff.) basierende Lehre des Paulus beruht auf der Anschauung, daß das Individuum nicht (wie nach indischer Anschauung) die Folgen eigener Verfehlungen zu tragen hat und als Einzelwesen unmittelbar durch die Gnade Gottes erlöst wird, sondern daß eine Versündigung und Erlösung nur kollektiv an der ganzen Menschheit statthaben kann. Deshalb leidet der Einzelne unter der von ihm nicht gewollten Sünde, die der Urvater des Menschengeschlechts auf sich lud, und er gewinnt das Heil nicht aus eigenem Vermögen, sondern nur durch das stellvertretende Opfer eines anderen, der als Repräsentant der Menschheit gilt. Da die Menschheit als ein Kollektivum dem allmächtigen Gott gegenübersteht, konnte Gott nur den komplizierten Weg, selbst Mensch zu werden, wählen, um sie von einer Last zu befreien, die ihr in allen ihren Gliedern als unheilvolle Erbschaft anhaftet.

Für Paulus war Jesus der Sohn Gottes, der die Menschheit erlöst; er faßte diese Sohnschaft aber noch dahin auf, daß Jesus in natürlicher Weise aus dem Stamme Davids geboren worden sei. Denn am Anfang des Römerbriefes (1, 3 ff.) spricht er von Gottes Sohn, »der geboren ist von dem Samen Davids nach dem Fleisch und kräftig erwiesen ein Sohn Gottes nach dem Geist«. Auch die Evangelien scheinen ursprünglich dieser Meinung gewesen zu sein, da sie in ihren Stammbäumen (Matth. 1, 1 ff.; Luk. 3, 23 ff.) die Herkunft Jesu von David nicht über Maria, sondern über Joseph ableiten. Auch der Umstand, daß die Evangelisten Brüder und Schwestern Jesu namhaft machen (Matth. 13, 55; Mark. 3, 31 und 6, 3), spricht dafür, daß man ursprünglich noch nichts davon wußte, daß die Mutter des Herrn zeitlebens eine Jungfrau geblieben sei. (Nachkommen von Jesu Bruder Judas lebten noch zur Zeit Domitians, wie Eusebius in seiner Kirchengeschichte III, 20 erzählt.) Die Lehre, daß Jesus auf übernatürlichem Wege und von einer Jungfrau geboren worden sei, fand im Verlauf der Entwicklung allgemeine Anerkennung, weil folgerichtigerweise angenommen werden mußte, daß Christus selbst von der (durch die irdische Zeugung weitervererbten) Erbsünde frei gewesen sein müsse, wenn er die Menschheit von ihr erlösen konnte. In konsequenter Weiterführung dieser Vorstellung war das Aufkommen der Lehre unausbleiblich, daß auch Maria von der Erbsünde unberührt gewesen sei und dauernd Jungfrau geblieben sei.

Christus ist aber nicht nur Gottes Sohn, sondern Gott selbst. Er ist, sagt Paulus (Kol. 1, 15) »das Ebenbild des unsichtbaren Gottes, der Erstgeborene von allen Kreaturen. Denn durch ihn ist alles geschaffen, was im Himmel und auf Erden ist, das Sichtbare und das Unsichtbare, es seien Throne oder Herrschaften, oder Fürstentümer oder Obrigkeiten, es ist alles durch ihn und zu ihm geschaffen worden. Und er ist vor allem und es besteht alles in ihm«. Der Gedanke der Einheit Jesu mit Gott hat dann später im Johannesevangelium seine besondere Ausprägung erhalten, vor allem in der Lehre vom Logos, welche diesen Begriff der antiken Philosophie für die christliche Theologie nutzbar zu machen suchte, und sodann in dem berühmten Ausspruch: »Ich und der Vater sind eins« (Joh. 10, 30). In dogmatischer Form fand der Gedanke der Einheit von Gott und Heiland seinen bedeutsamsten Ausdruck in der Lehre von der Dreieinigkeit Gott-Vater, Gott-Sohn und Gott-Heiliger Geist.

Die Frage, wie das Verhältnis des Sohnes zum Vater im einzelnen zu denken sei, ist in sehr verschiedener Weise gelöst worden. Zwischen der Theorie, daß Christus ein mit göttlicher Kraft begabter Mensch oder aber eine direkte Erscheinungsform Gottes sei, waren viele vermittelnde Stufen möglich, welche die unerwünschten Konsequenzen beider extremen Ansichten vermeiden sollten, da ja im ersten Falle die Göttlichkeit Christi in Frage gestellt wurde, im anderen Falle aber sich die unausweichliche Folgerung ergab, daß Gott selber ans Kreuz geschlagen worden sei. Die heftigsten Kämpfe entfachte das Problem um 318 n. Chr., als der Presbyter Arius in Alexandrien die Meinung verkündete, der Sohn sei dem Vater durchaus wesensungleich und von ihm vor der Welt als die erste aller Kreaturen geschaffen worden. Ihm trat der Diakon Athanasius mit der Theorie entgegen, der Sohn sei mit dem Vater wesensgleich (consubstantialis, homousios) und von Ewigkeit her von ihm gezeugt. Die mit Erbitterung geführten Streitigkeiten, an denen ein großer Teil der christlichen Bevölkerung starkes Interesse bezeugte, führten nach wechselvollem Hin und Her schließlich zum Siege des Athanasianismus. Die Synode von Konstantinopel verkündete 381, daß Vater, Sohn und Heiliger Geist nur eine Substanz seien, aber drei Hypostasen oder Personen darstellten.

Um 429 stellte der Bischof Nestorius von Konstantinopel die These auf, der göttliche Sohn habe in Christus nur gewohnt wie in einem Tempel; es seien deshalb zwei Personen in Christo anzunehmen, und Maria könne nur als die Gebärerin des Menschen Christus, nicht aber als die Gottesgebärerin bezeichnet werden. Das Konzil zu Ephesus verdammte diese Lehre und stellte fest, daß in Christus nur die eine, die göttliche Person sei.

Der Archimandrit Eutyches in Konstantinopel ging in seinem Kampfe gegen Nestorius so weit, daß er in Christus nicht nur eine Person, sondern auch nur eine Natur anerkennen wollte. Auf dem Konzil in Chalcedon 451 wurden diese sogenannten »Monophysiten« abgewiesen und die Meinung als allein richtig erklärt, daß in Christus eine göttliche und eine menschliche Natur rein und unversehrt, »ohne gegenseitige Vermischung, Verwandlung, Trennung oder Absonderung« nebeneinander anzuerkennen seien, so daß Christus also gleichzeitig wahrer Gott und wahrer Mensch sei.

Das Interesse für die Person des Erlösers und das Bedürfnis, der Lebensgeschichte des Heilandes immer neue Züge einzufügen, um seine Göttlichkeit
und universale Heilsmacht ins rechte Licht zu stellen, ist bis in unsere Zeit
in den verschiedensten christlichen Kirchen rege gewesen. Noch im Jahre
1854 wurde von der römischen Kirche (Pius IX.) durch eine Bulle verkündet,
daß auch die Mutter des Herrn, Maria, unbefleckt empfangen worden und
vermöge besonderer göttlicher Gnade vom Mutterleib an von jedem Makel
der Erbsünde frei gewesen sei, und noch zu Beginn unseres Jahrhunderts
stellten die Mormonen die Lehre auf, daß Christus nach seiner Himmelfahrt
in Amerika das Evangelium gepredigt habe, um so auch die Neue Welt in
die christliche Heilsgeschichte einzugliedern.

Zu allen Zeiten hat die christliche Mystik gelehrt, daß Christus im Gläubigen
geistig geboren werden muß, wenn das Heil erlangt werden soll. Der
Fromme muß Christus in sich aufnehmen, seine Leiden in der Meditation
nacherleben oder an ihnen teilhaben, so daß er mit Paulus (Gal. 2, 20) sagen
kann: »Ich lebe, aber doch nun nicht ich, sondern Christus lebt in mir.«
Die Einheit mit Christus kann der Gläubige in sinnfälliger Weise geistig realisieren, wenn er im Abendmahl das Brot und den Wein als den Leib Christi
zu sich nimmt. In der katholischen Lehre, daß der Segen des Priesters die
Hostie in den Leib Christi verwandelt, findet dieser Gedanke seine klarste
Ausprägung, und die ungeheure Bedeutung, welche der Eucharistie als einer
unblutigen Wiederholung des Opfertodes Christi beigemessen wurde, zeigt
deutlicher als alles andere die einzigartige Stellung, die Christus in Lehre
und Ritus der christlichen Religion annimmt. Wohl feiern auch die anderen
großen Religionen Feste zu Ehren ihrer Stifter, wohl umgeben auch sie Reliquien von ihnen mit Verehrung, wohl ist auch ihnen der Brauch eines heiligen Mahles nicht fremd, aber nirgends findet sich bei ihnen etwas, das dem
christlichen Glauben an die Transsubstantiation und die Realpräsenz des
Erlösers in der heiligen Speise in Parallele gestellt werden könnte – begreiflicherweise, denn kein anderes Glaubenssystem sieht in seinem Begründer
Kern und Stern seiner Heilslehre, nach dem sich alles andere orientiert.

2. Der geschichtliche Jesus

Im ganzen Verlauf der Geschichte des Christentums von den messianischen
Erwartungen der Urgemeinde bis zur Hochblüte der christlichen Scholastik
und Mystik, von der Reformation bis zum Sektentum Rußlands und Amerikas hat das Bild eines idealen Christus Geist und Herz der Gläubigen erfüllt
und bezwungen, eines Christus, der nicht von dieser Welt ist, sondern in
Ewigkeit vom Vater gezeugt war und, nachdem er während einer verschwin-
dend kurzen Zeitspanne Wunder wirkend auf Erden gewandelt, zum Himmel aufgefahren ist, um am Ende der Tage in den Wolken wiederzukommen
und die Menschheit zu richten. Bei dieser weitgehenden und umfassenden

metaphysischen Umrahmung und Deutung, die das Erdenwallen Jesu gefunden hat, erschien es manchem Gelehrten fraglich, ob es überhaupt einen geschichtlichen Jesus gegeben hat oder ob auch das, was von seinem irdischen Dasein berichtet wird, in das Reich des religiösen Mythos zu verweisen sei. Allein dieser Skeptizismus wird von der Mehrzahl aller Forscher mit Recht als zu weit gehend abgelehnt. Denn es unterliegt keinem Zweifel, daß die Annahme, die christliche Religion habe keinen Urheber gehabt und die Gestalt ihres Stifters sei aus den verschiedensten mythischen Vorstellungen zusammengeflossen, eine viel größere Glaubensbereitschaft erfordert als die Meinung, daß eine historische Persönlichkeit der Begründer der weltumspannenden Bewegung gewesen und von der frommen Legende mit zahllosen sagenhaften Zügen ausgestattet worden sei. Die Quellen über das Leben Jesu enthalten zudem so viele konkrete Einzelheiten, die bei unbefangener Betrachtung den Eindruck geschichtlicher Tatsächlichkeit machen, daß eine Nötigung, ihre Historizität zu bestreiten und sie in die Sphäre der religiösen Dichtung zu verweisen, in keiner Weise besteht. Schließlich sprechen auch außerchristliche Zeugnisse, bei denen der Verdacht späterer Abfassung und Interpolation nicht vorliegt, wie die Nachrichten des Sueton und des Tacitus, für eine historische Existenz Jesu.

Die Quellen, aus denen wir unsere Kenntnisse des Lebens Jesu schöpfen können, zerfallen in zwei Gruppen von Texten: in die neutestamentlichen und in solche, die nicht in die Sammlung der Schriften des Neuen Testamentes Aufnahme gefunden haben. Von diesen können die letzteren hier außer Betracht bleiben, da die apokryphen Evangelien und andere Werke ähnlicher Art einen durchaus legendären Charakter tragen und von den christlichen Kirchen selbst als nicht autoritativ angesehen werden. Von den Schriften des Neuen Testamentes enthalten die meisten nur wenige Angaben über das Leben des historischen Jesus; speziell biographischen Inhalts sind nur die vier Evangelien; von diesen sind die drei ersten, die von dem Apostel Matthäus und den Apostelschülern Markus und Lukas verfaßt sein sollen, da sie vielfache Übereinstimmung aufweisen, wahrscheinlich griechische Ausgestaltungen älterer, nicht auf uns gekommener, vermutlich in aramäischer Sprache abgefaßter Werke; das dem Apostel Johannes zugeschriebene Evangelium stellt hingegen das Leben des Heilandes in poetischer Verklärung im Lichte bestimmter metaphysischer Prinzipien und ohne enge Bindung an historische Treue dar, so daß es für den Versuch, die Biographie des historischen Jesus zu rekonstruieren, nur sekundär in Betracht kommt. Da auch die drei anderen Evangelien, die sogenannten »Synoptiker«, nicht von vorurteilslosen Forschern, die sich einer möglichsten Objektivität befleißigten, sondern von begeisterten Verkündern einer neuen Heilslehre verfaßt sind, können ihre Angaben natürlich keinen höheren Anspruch auf Wirklichkeitsgehalt erheben als die Biographen Buddhas oder Mohammeds; gleich diesen vermitteln sie aber doch die Kenntnis einer Anzahl von Tatsachen, die fraglos als geschichtliche betrachtet werden dürfen[1], mag auch überall in ihnen der Mythos den verklärenden Hintergrund bilden. Das Verhältnis des idealen Christus zum historischen Jesus läßt sich nach einem indischen Gleichnis etwa so auffassen wie das Verhältnis zwischen dem Silberstück, das der Wanderer in der Dämmerung vorzufinden glaubt, und der Perlmutterschale, die objektiv da ist und die Veranlassung dafür bildet, daß er das Silberstück zu sehen vermeinte. Losgelöst von allen sagenhaften Zügen ergibt sich als historischer Kern der Biographien der Synoptiker im Lichte der kritischen Leben-Jesu-Forschung meines Erachtens etwa folgendes: Jesus (der Name ist eine Abkürzung des Namens Josua, eigentlich Jehoshua »Gottes Hilfe«) war der älteste Sohn des Joseph und der Maria; er hatte noch vier Brüder, Jakobus, Joses, Judas und Simon, und mehrere Schwestern (Mark. 6, 3). Seine Eltern lebten in dem Städtchen Nazareth in Galiläa. Dort hat Jesus den größten Teil seines Lebens zugebracht, wahrscheinlich ist er auch dort geboren worden, obwohl Matthäus und Lukas ihn aus Bethlehem stammen lassen, damit die Prophezeiung (Mich. 5, 1), der Messias werde in Bethlehem zur Welt kommen, erfüllt werde. Über die Kindheit und Jugend Jesu wissen zwar die kanonischen und noch mehr die apokryphen Evangelien viele sinnige Legenden zu berichten, doch ist es sehr zweifelhaft, ob den schönen, uns aus unserer Kinderzeit so vertrauten Geschichten von der Geburt unter den Hirten, von den Heiligen Drei Königen, welche das Kind anbeten, von dem bethlehemitischen Kindermord und von der Flucht nach Ägypten irgendein historischer Kern zugrunde liegt. Jesus scheint in Nazareth ursprünglich das Handwerk Josephs ausgeübt zu haben (Mark. 6, 3). Dieser war ein »tekton«, wie die griechischen Texte sagen, welches Wort gewöhnlich mit »Zimmermann« übersetzt wird. Tatsächlich scheint unter »tekton« überhaupt ein Bauhandwerker verstanden werden zu müssen, diese Auffassung paßt gut dazu, daß Jesus in seinen Gleichnissen von dem Stein, den die Bauleute verworfen haben, der aber zum Eckstein geworden ist usw., spricht. Frühzeitig scheint er sich mit religiösen Fragen beschäftigt und eine gründliche Kenntnis der Schriften des Alten Bundes erlangt zu haben; mag die Erzählung von dem zwölfjährigen Jesus im Tempel (Luk. 2, 42 ff.) vielleicht auch nicht der Wirklichkeit genau entsprechen, so enthält sie doch eine innere Wahrheit in poetischer Form. Da viele Juden der damaligen Zeit von dem Gedanken erfüllt waren, daß die Welt bald untergehen werde, ist anzunehmen, daß auch Jesus diesen Ideen seine tiefe Anteilnahme zuwandte. Als daher am Jordan der Prophet Johannes auftrat, der das baldige Kommen des Himmelreiches verkündigte, da zog auch Jesus gleich so vielen

---

[1] Schon Schopenhauer, »Über die Religion, Parerga II«, hat darauf hingewiesen, daß den Evangelisten unbedingt Dokumente aus der Zeit und Umgebung Jesu zugrunde liegen müssen, weil unmöglich spätere Schriftsteller die Verheißung des noch bei Lebzeiten einiger eintretenden Weltendes (Matth. 10, 23; 16, 28; Mark. 9, 1; Luk. 9, 27) Jesus in den Mund gelegt haben könnten, denn welches Interesse hätten sie daran gehabt, Jesus etwas prophezeien zu lassen, das sich zu ihrer Zeit schon als unzutreffend erwiesen hatte.

seiner Stammesgenossen zu diesem und empfing von ihm die Taufe als Symbol der geistigen Läuterung und Wiedergeburt. Wie lange Jesus bei Johannes dem Täufer geweilt hat, wissen wir nicht; nach Matth. 4,12 und Mark. 1,14 war die Gefangensetzung des Propheten durch den Vierfürsten Herodes, der die Frau seines Stiefbruders Philippus geheiratet hatte und deshalb von Johannes getadelt worden war, für Jesus die Veranlassung, nach Galiläa zurückzukehren und selbst seinerseits die frohe Botschaft von dem bevorstehenden Gottesreich zu verbreiten.

Jesus war nach Luk. 3,23 ungefähr dreißig Jahre alt, als er seine öffentliche Tätigkeit aufnahm; diese scheint nur ein Jahr oder wenig länger (die höchste Schätzung rechnet mit drei Jahren) gedauert zu haben, also eine erstaunlich kurze Zeitspanne für die tiefgreifenden Wirkungen, die sie hervorgerufen hat. Während dieser Zeit zog Jesus, begleitet von Jüngern und Anhängern, in Galiläa und den angrenzenden Gebieten umher. In Städten und Dörfern, auf Bergen und an den Ufern des Toten Meeres predigte er, heilte Kranke und trieb Dämonen aus. Für seine Unterkunft und Verpflegung sorgten seine Verehrer. Wie Buddha war er bei seinen Anhängern oft zu Gaste und trug keine Bedenken, sich an einem liebevoll zubereiteten Mahle zu erfreuen, was ihm gleich dem Shâkya-Weisen von Zeloten zum Vorwurf gemacht wurde (Matth. 11,19). Während jedoch Buddha jeden Genuß berauschender Getränke ablehnte, erfreute sich Jesus an dem Saft der Reben und verhieß seinen Jüngern sogar, daß sie im Himmelreich mit ihm vom Gewächs des Weinstockes trinken würden (Matth. 26,29).

Die Erfolge, die Jesus bei seiner Lehrtätigkeit erzielte, waren natürlich den Pharisäern und Schriftgelehrten ein Dorn im Auge, hielten sich doch diese für die allein berechtigten geistigen und religiösen Führer des Volkes und fürchteten, daß sie bei einer weiteren Zunahme seiner Anhängerschaft ihren Einfluß auf die Volksmassen verlieren würden. Als Jesus daher zur Feier des Osterfestes nach Jerusalem gekommen war, benutzten sie die Gelegenheit, um ihn gefangenzunehmen, ihm wegen Gotteslästerung (Mark. 14,64) den Prozeß zu machen und ihn mit Genehmigung des römischen Prokurators Pontius Pilatus (der zwischen 26 und 36 amtierte) an das Kreuz schlagen zu lassen. Während er unter furchtbaren Schmerzen dem Tode entgegenging, »ward eine Finsternis über das ganze Land« (Matth. 2745; Mark. 15,33; Luk. 23,44 f.). Aus dieser Finsternis hat man den Todestag Jesu zu errechnen versucht. In Betracht kommt der 7. April des Jahres 30 oder der 3. April des Jahres 33. Da der 7. April den Römern als ein »dies nefastus« galt, an dem keine Gerichtsverhandlungen stattfinden durften, kann Pilatus an diesem Tage Jesus nicht verhört haben; der tatsächliche Todestag Jesu müßte demnach Freitag, der 3. April 33 gewesen sein. Das Geburtsjahr Jesu ist von dem Mönch Dionysius Exiguus im 6. Jahrhundert aus den Angaben bei Lukas errechnet und zum Anfangsjahr der christlichen Zeitrechnung gemacht worden. Nach ihm soll es dem Jahre 754 nach der Begründung der Stadt Rom (nach Varro) entsprechen. Andere Gelehrte der alten Kirche hatten Christi Geburt anders angesetzt, nach Julius Sextus Africanus wurde er im Jahre 2 vor, nach Anianus im Jahre 9 nach der Zeitwende geboren. Die heutigen Vermutungen schwanken zwischen den letzten Jahren vor und den ersten nach Beginn unserer Zeitrechnung.

3. Die Lehre Jesu

Für die Beurteilung der in den synoptischen Evangelien überlieferten Lehre Christi ist es notwendig, sich zunächst zu vergegenwärtigen, daß Jesus einer armen jüdischen Handwerkerfamilie entstammte, daß er fernab von den großen kulturellen Weltzentren seiner Zeit in einem bescheidenen Landstädtchen eines abgelegenen Gebietes des Römischen Reiches aufwuchs, daß er nur mit den Schriften und der Überlieferung Israels vertraut war und daß sein ganzes Denken sich einseitig mit religiösen Fragen beschäftigte. Es ist daher begreiflich, daß wir unter seinen Aussprüchen keinen finden, der auf ein Interesse an der Kunst und Kultur, am Staatsleben oder an der Weltpolitik schließen ließe und daß die Glaubensvorstellungen der Nichtjuden völlig außerhalb seines Gesichtskreises lagen.

Im Gegensatz zu Buddha und Konfuzius war er ein Mann des Volkes; seine Predigt galt nicht den Vornehmen und Gebildeten, sondern »den Mühseligen und Beladenen« (Matth. 11,28). Den Enterbten des Schicksals stellte er eine Entschädigung für ihre Leiden im Jenseits in Aussicht, während er andererseits feststellte: »Es ist leichter, daß ein Kamel durch ein Nadelöhr gehe, denn daß ein Reicher ins Reich Gottes komme« (Matth. 19,24). Er sagt deshalb: »Wehe euch, ihr Reichen, denn ihr habt euern Trost dahin! Wehe euch, die ihr voll seid, denn euch wird hungern! Wehe euch, die ihr lachet, denn ihr werdet weinen und heulen!« (Luk. 6,24 ff.). Die Geschichte vom reichen Manne und dem armen Lazarus illustriert in eindrucksvoller Weise den Ausgleich, den ein Reicher und ein Armer im Jenseits zu erwarten haben (Luk. 16,19 ff.); dabei ist befremdenderweise nicht davon die Rede, daß der Reiche auf Erden Böses und der Arme Gutes getan hat, sondern nur, daß der erstere Gutes, Lazarus Böses empfangen hat; allerdings ergibt sich aus den Eingangs- und Schlußworten, daß der Reiche seine Güter nur für sich selbst verwandte.

Auch denen, »die da geistig arm sind«, wird das Himmelreich verheißen (Matth. 5,3), im Gegensatz zu den Intellektuellen, wie den Pharisäern und Schriftgelehrten, die in ihrer künstlichen Gesetzesauslegung »Mücken seien und Kamele verschlucken« (Matth. 23,24) und vor unwesentlichen Nebensächlichkeiten das Wichtigste am Gesetz nicht sehen, nämlich das Gericht, die Barmherzigkeit und den Glauben (Matth. 23,23 ff.). Der Glaube, nicht irgendeine durch eigenes Nachdenken gewonnene Erkenntnis, ist aber für das religiöse Verhältnis und die Zukunft des Menschen entscheidend. Den

Weisen und Klugen ist die Wahrheit verborgen, den Unmündigen aber ist sie offenbart (Matth. 11,25). Alle Dinge aber sind möglich dem, der da glaubt (Mark. 9,23). Dabei wird aber für das rechte Verstehen der Lehre ein besonderes Charisma vorausgesetzt, denn im Anschluß an Jesaja 6,9 f. sagt Jesus, daß er durch Gleichnisse rede, damit ihn nicht alle verstehen können und sich bekehrten (Mark. 4,11; Matth. 13,13; vgl. Joh. 12,39).

Die Gesamtheit seiner religiösen und ethischen Lehren faßte Jesus (nach Luk. 10,27; vgl. Matth. 22,37 ff. und Mark. 12,29 ff.) in zwei Worte des Alten Testaments zusammen: »Du sollst lieben Gott, deinen Herrn, von ganzem Herzen, von ganzer Seele, von allen Kräften und von ganzem Gemüte (5. Mos. 6,5) und deinen Nächsten als dich selbst« (3. Mos. 19,18). Gott ist für Jesus der »Vater im Himmel«, der die Vögel unter dem Himmel nährt und die Lilien auf dem Felde kleidet (Matth. 6,26), der für die Menschen als für seine Kinder sorgt und sich der Sünder annimmt. Zwar hatte schon der Psalmist gesagt, daß Gott »barmherzig und von großer Güte« sei. Und an einigen Stellen des Alten Testaments wird Gott als Vater bezeichnet [1]; aber im Vordergrunde der jüdischen Gottesvorstellung hatte doch immer die Idee des strengen Weltregierers gestanden. Jesus hingegen betonte die Güte Gottes, denn »niemand ist gut, denn der einige Gott« (Matth. 19,17). Dies schließt freilich nicht aus, daß Gott auch ein strenges Strafgericht über die verhängt, welche seine Gebote mißachten, und daß er die Sünder zu ewigen Strafen verurteilt.

Die Anschauungen Jesu über die Engel, den Teufel und die Dämonen, das bevorstehende Kommen des Gottesreiches und die Auferstehung der Toten unterscheiden sich wenig von denen, welche das stark von îrânischen Ideen beeinflußte Judentum seiner Zeit entwickelt hatte; sie erhalten jedoch ihre individuelle Note dadurch, daß Jesus sich selber für den erwarteten Messias hielt und seinen Jüngern verhieß, daß sie an seiner Herrlichkeit Anteil haben würden, »so daß ihr essen und trinken sollt an meinem Tische in meinem Reich und sitzen auf Stühlen und richten die zwölf Geschlechter Israels« (Luk. 22,30).

Von modernen Erklärern des Neuen Testamentes, welche die Vorstellungen von dem kommenden Weltende und der Auferstehung des Fleisches ablehnen, weil sie mit den modernen naturwissenschaftlichen Anschauungen nicht harmonieren, ist vielfach der Versuch gemacht worden, die eschatologischen Stücke in den Evangelien als angebliche Zutaten der späteren Kirche auszumerzen. Wenn man sich aber vergegenwärtigt, welche bedeutsame Rolle die Erwartung des messianischen Reiches zur Zeit Christi und in den vielen Jahrhunderten, die ihr folgten, gespielt hat, dann wäre es ein historisches Wunder, wenn man annehmen wollte, daß Jesus von diesem Glauben frei gewesen sei und als singuläre Erscheinung den kontinuierlichen Strom

[1] 5. Mos. 14,1; 32,6; Psalm 68,6; 89,27; 103,13; Jes. 63,16; 64,7; Jer. 3,19; 31,9; Mal. 1,6; Sirach 23,1 u. 4; 51,14; 3. Makkab. 5,7; 6,8 ff.; 7,6; Weisheit 2,18.

eschatologischen Glaubens, der sich vom Buche Daniel bis in das Christentum unserer Tage fortsetzt, unterbrochen hätte. Stellen wie Matth. 16,27f.; 24,27–44; Mark. 10,35–45; Luk. 17,22–37; 21,25–36; 22,29f. sind Beweise, die sich nicht aus der Welt schaffen lassen. Wenn Jesus in anderen Aussprüchen sagt: »Das Reich Gottes kommt nicht mit äußerlichen Gebärden. Man wird auch nicht sagen: Siehe hier! oder: da ist es! Denn sehet, das Reich Gottes ist unter euch« (Luk. 17,20), oder wenn er das Himmelreich mit einem Senfkorn oder einem Sauerteig vergleicht (Luk. 13,18–21), so steht diese Auffassung des Reiches Gottes als eines innerlichen Vorganges ebensowenig im Gegensatz zum Glauben an das Hereinbrechen des Endreiches im Wege einer Weltkatastrophe wie die Paulinische Vorstellung von dem Christus in uns zu dem Glauben dieses Apostels an die historischen Tatsachen des Todes Jesu. Schon allein das Faktum, daß die ganze Christenheit mindestens anderthalb Jahrtausende hindurch keinen Widerspruch zwischen diesen beiden Auffassungen gesehen hat, sollte die Bibelkritiker zur Vorsicht mahnen.

Im Mittelpunkt der religiösen Problematik Jesu steht die Frage, wie der sündige Mensch Vergebung erlangen könne. Denn daß der Mensch von Natur sündig ist, steht ihm von vornherein fest. »Was aus dem Menschen ausgeht, das verunreinigt den Menschen, denn von inwendig, aus dem Herzen der Menschen, gehen hervor die bösen Gedanken, Unzucht, Diebstahl, Mord, Ehebruch, Habsucht, Bosheit, Trug, Schwelgerei, böser Blick, Lästerung, Hochmut, Leichtsinn. Alles dieses Böse geht von innen aus und verunreinigt den Menschen« (Mark. 7,20ff.). Gegen diese Verderbnis erhebt er seinen Ruf: »Tut Buße, das Himmelreich ist nahe herbeigekommen« (Matth. 4,17). Um die Sünder von ihrem bösen Pfade abzubringen, hat Gott Zeichen und Wunder gezeigt; denen, welche durch diese nicht bekehrt werden, wird es beim Jüngsten Gericht schlecht ergehen (Matth. 11,20–24). Auf dem Hintergrunde des Gedankens der ewigen Vergeltung predigt Jesus nun aber die Gnade Gottes, welche eine Vergebung der Sünden bewirkt. Beides gehört eng zusammen; die Größe und Macht Gottes zeigt sich gleicherweise in seiner Heiligkeit, in der unübersteigbaren Grenze, die ihn von der Welt und den Sterblichen trennt, und in seiner Barmherzigkeit, in der Güte, mit welcher er diese Kluft überbrückt, die ihn von allem Bösen und Vergänglichen scheidet. Gott rechnet den Sündern mit seiner verzeihenden Güte nicht nur ihr Vergehen nicht an, sondern er kommt ihnen sogar entgegen, er bevorzugt den Verlorenen vor dem, der auf Grund seiner guten Werke einen Anspruch auf das Himmelreich zu haben glaubt. »Die Zöllner und Huren mögen wohl eher ins Himmelreich kommen denn ihr«, heißt es deshalb bei Matth. 21,31 von denen, die von korrekter Erfüllung des Gesetzes das Heil erwarten. In den Gleichnissen von den beiden Söhnen (Matth. 21,28–31), von dem verlorenen Schaf, dem verlorenen Groschen und dem verlorenen Sohn (alle Luk. 15) wird dieser paradoxe Standpunkt, daß der Sünder Gott näher stehen kann als der Gerechte, im einzelnen dargetan. Es ist klar, daß diese Anschauung gleicherweise bei Juden wie bei Heiden äußerstes Befremden erregen mußte. Schon Celsus hat darum gegen das Christentum den Vorwurf erhoben, daß es nicht wie andere Religionen die Anständigen, Guten und Gebildeten um sich versammle, sondern die Lumpen, als ob »Gott ein Räuberhauptmann wäre, der Verbrecher um sich sammelte« [1].

Als das praktische Mittel, um zu Gott in ein nahes Verhältnis zu kommen, empfiehlt Jesus das Gebet, das aber tiefinnerlich aus dem Herzen kommen und sich von aller äußeren Schaustellung frei halten soll (Matth. 6, 5 ff.). Das Vorbild des rechten Gebetes ist das »Vaterunser« (Matth. 6, 9–13; Luk. 11, 2–4). Es ist dies keine originale Schöpfung Jesu, vielmehr haben alle einzelnen Bitten ihre Parallelen in der jüdischen Überlieferung. Wie aus der Geschichte von dem bittenden Freund (Luk. 11, 5 ff.) und von der ihr Recht bei einem Richter fordernden Witwe (Luk. 18, 1 f.) hervorgeht, nimmt Jesus an, daß Gott die Gebete derer, die ihn unablässig anflehen, »um ihres unverschämten Geilens« willen erfüllt. Jesus brachte selbst mehrfach die Nacht im Gebet zu (Luk. 6, 12), das Johannesevangelium läßt ihn im 17. Kap. das berühmte »hohepriesterliche Gebet« für sich, seine Jünger und seine Gemeinde sprechen, und Matth. 26, 39 ff.; Mark. 14, 32; Luk. 22, 40 ff. wird berichtet, daß er vor seiner Gefangennahme lange mit Gott Zwiesprache gehalten.

Die originale Leistung Jesu besteht nicht darin, daß er (wie dies z. B. später Paulus getan hat) ein neues theologisches System schuf, sondern darin, daß er den überkommenen Wahrheiten in wundervollen Gleichnissen (wie z. B. Luk. 10, 30 ff.; 15, 11 ff.; 18, 10 ff.) und kernigen Sentenzen einen prägnanten Ausdruck verlieh. Der Wert dieser Parabeln und Aussprüche tritt am deutlichsten daran zutage, daß sie heute noch auf jeden unbefangenen religiösen Leser einen tiefen Eindruck ausüben und gerade auch unter Nichtchristen – ich nenne nur Mahâtmâ Gândhî – ihre Bewunderer gefunden haben.

Dazu kommt aber noch etwas anderes, sehr Wesentliches. Jesus verkündet zwar Lehren, die vor ihm bestanden haben, er verlieh ihnen aber ihren besonderen Charakter dadurch, daß er sie von vielem, das für die Zeitgenossen mit ihnen eng verbunden war, losgelöst und dadurch geläutert hat. Die Gotteslehre und Ethik des Judentums war mit zahllosen Zeremonialvorschriften verknüpft. Jesus ließ diese bewußt außer acht, weil er ihnen keinen wahren Wert beimaß. Im Gegensatz zu den Orthodoxen hielt er die minuziösen Sabbatvorschriften nicht ein. Den Pharisäern erklärte er kurz und treffend: »Der Sabbat ist um des Menschen willen gemacht und nicht der Mensch um des Sabbats willen. So ist des Menschen Sohn ein Herr auch des Sabbats« (Mark. 2, 27 ff.). Auch dem Fasten legte er keine große Bedeutung bei (Mark. 2, 18), denen, die es übten, aber riet er an, es unauffällig zu betreiben und nicht

---

[1] K. Holl, »Gesammelte Aufsätze zur Kirchengeschichte« II, S. 11 (Tübingen 1927).

vor den Leuten sich mit ihm großzutun (Matth. 6, 16). Es kommt nicht darauf an, die Speisegesetze einzuhalten und sich vor dem Essen die Hände zu waschen (Matth. 15, 20), auch verunreinigt es den Menschen nicht, wenn er die Mahlzeiten in Gesellschaft von Zöllnern und Sündern einnimmt (Matth. 9, 11), sondern ausschlaggebend ist allein die Reinheit des Herzens (Matth. 15, 18).

Kurz, gegenüber allem äußerlichen Gesetzesdienst, der nur auf menschlicher Satzung beruht (Matth. 15, 9), läßt er nur die reine Gesinnung gelten. »Was hülfe es dem Menschen, so er die ganze Welt gewönne und nähme doch Schaden an seiner Seele« (Matth. 16, 26).

Jesus war weder ein weltabgewandter indischer Heiliger noch ein abgeklärter chinesischer Weiser, sondern ein israelitischer Prophet von höchster Leidenschaftlichkeit, der deshalb in hohem Maße den Impulsen des Augenblickes zugänglich war. Die Evangelien bringen dies deutlich zum Ausdruck, indem sie ihn als einen Seher schildern, der sein bevorstehendes Martyrium voraussah, aber sich auch dessen bewußt war, daß dieses nur ein Durchgangsstadium für seine künftige Größe sei, weil ihm vom Vater alle Dinge übergeben seien (Matth. 11, 27). Andererseits aber wieder lassen sie Jesus vor Nachstellungen fliehen (Matth. 12, 15; 14, 13), in Gethsemane zittern und zagen (Mark. 14, 33) und beten, daß der Kelch des Leidens an ihm vorübergehen möge, und kurz vor seinem Tode entringen sich ihm die erschütternden Worte: »Mein Gott, mein Gott, warum hast du mich verlassen?« (Matth. 27, 46 Anfangsworte des 22. Psalms).

Die gleiche Zwiespältigkeit tritt uns auch in seiner Lehre entgegen, die bald vom Geiste der äußersten Milde und Versöhnlichkeit gegen Feinde erfüllt ist, bald wieder den Gegnern ein hartes Strafgericht in Aussicht stellt:

»Selig sind die Sanftmütigen, denn sie werden das Erdreich besitzen. Selig sind die Friedfertigen, denn sie werden Kinder Gottes heißen« (Matth. 5, 5 und 9), lehrt Jesus in der Bergpredigt, und in vollem Einklang damit verheißt er (Matth. 11, 28 ff.) den Seelenfrieden denen, die sein Joch auf sich nehmen, »denn ich bin sanftmütig und von Herzen demütig«. Auch Joh. 14, 27 faßt Christus als den großen Friedensbringer auf, wenn er ihn sprechen läßt: »Meinen Frieden gebe ich euch. Nicht gebe ich euch, wie die Welt gibt. Euer Herz erschrecke nicht und fürchte sich nicht.«

Ganz auf diesen Ton sind auch die Verhaltensmaßregeln gestimmt, die er seinen Anhängern für ihr Leben gibt: »Wer mit seinem Bruder zürnt, der ist des Gerichts schuldig, wer zu ihm sagt ›Racha‹, der ist des Rates schuldig, wer aber sagt ›Du Narr!‹, der ist des höllischen Feuers schuldig« (allerdings schilt er die Pharisäer Matth. 23, 17 und 19 selbst »Narren«). »Sei willfährig deinem Widersacher bald, solange du noch bei ihm auf dem Wege bist.« »Ich sage euch, daß ihr nicht widerstreben sollt dem Übel; sondern so dir jemand einen Streich gibt auf deinen rechten Backen, dem biete den anderen auch dar. Und so jemand mit dir rechten will und deinen Rock nehmen, dem laß

auch deinen Mantel.« »Ihr habt gehört, daß gesagt ist: ›Du sollst deinen
Nächsten lieben und deinen Feind hassen.‹ Ich aber sage euch: ›Liebet eure
Feinde, segnet, die euch fluchen, tut wohl denen, die euch hassen, bittet für
die, so euch beleidigen und verfolgen . . . denn so ihr liebet, die euch lieben,
was werdet ihr für Lohn haben? Tun nicht dasselbe auch die Zöllner? . . .
Darum sollt ihr vollkommen sein, gleichwie euer Vater im Himmel voll-
kommen ist‹« (Matth. 5,22–48). »Wer mir folgen will, der verleugne sich
selbst und nehme sein Kreuz auf sich täglich und folge mir nach« (Luk. 9,23).
»Richtet nicht, auf daß ihr nicht gerichtet werdet. Denn mit welcherlei
Gericht ihr richtet, werdet ihr gerichtet werden, und mit welcherlei Maß ihr
messet, werdet ihr gemessen werden« (Matth. 7,1 ff.). Auf die Frage des
Petrus: »Wie oft muß ich meinem Bruder, der an mir sündigt, vergeben?
Ist's genug siebenmal?« antwortet Jesus: »Ich sage dir, nicht siebenmal, sondern siebenzig mal siebenmal« (Matth. 18,22). In scharfem Kontrast zu diesen ganz auf Mitleid und Frieden ausgerichteten Aussprüchen stehen andere, die einer Stimmung des Kampfes und der Unversöhnlichkeit Ausdruck
geben. »Ihr sollt nicht wähnen, daß ich gekommen sei, Frieden zu senden
auf die Erde. Ich bin nicht gekommen, Frieden zu senden, sondern das
Schwert. Denn ich bin gekommen, den Menschen zu erregen wider seinen
Vater und die Tochter wider ihre Mutter und die Schwiegertochter wider
ihre Schwiegermutter. Und des Menschen Feinde werden seine eigenen
Hausgenossen sein. Wer Vater oder Mutter oder Sohn oder Tochter mehr
liebt denn mich, der ist meiner nicht wert« (Matth. 10,34 ff.). »Wer nicht
für mich ist, der ist wider mich« (Matth. 12,30 und anders Mark. 9,40). Von
den Pharisäern heißt es (Matth. 15,13): »Alle Pflanzen, die mein himmlischer Vater nicht pflanzte, die werden ausgerodet.« »Gleichwie man das
Unkraut ausjätet und im Feuer verbrennt, so wird's auch am Ende dieser
Welt gehen: des Menschen Sohn wird seine Engel aussenden und sie werden
sammeln aus seinem Reich alle Ärgernisse und die da Unrecht tun und werden sie in den Feuerofen werfen, da wird sein Heulen und Zähneklappen«
(Matth. 13,40 ff.; vgl. 25,41). Zu den Jüngern sagte er: »Welche euch nicht
aufnehmen und hören, da geht von dannen . . . Ich sage euch wahrlich: Es
wird Sodom und Gomorra am Jüngsten Gericht erträglicher gehen denn solcher Stadt« (Mark. 6,11). »Wer da glaubt und sich taufen läßt, der wird selig
werden, wer aber nicht glaubt, der wird verdammet werden« (Mark. 16,16).
Dementsprechend werden Luk. 10,13 die Städte verflucht, deren Bewohner
sich nicht bekehren wollen.
Es ist für das Christentum aller Zeiten charakteristisch geblieben, daß sich
bei ihm mit einer friedlichen und mitleidigen Gesinnung und werktätiger
Nächstenliebe eine fanatische Kampfstimmung gegen Andersgläubige verbindet, denen allein deshalb, weil sie Christi Lehre nicht annehmen wollen,
ewige Höllenstrafen in Aussicht gestellt werden. So finden sich bereits im
Evangelium die beiden Wege vorgezeichnet, welche im christlichen Denken

der Folgezeit nebeneinander zur Geltung kommen: der friedliche Weg derer, die ihr Selbst verleugnen, ihren Nächsten wie sich selbst lieben und als friedliche Anachoreten oder barmherzige Kranken- und Armenpfleger zum Wohle aller Menschen wirken, und der kämpferische Weg der Inquisitoren, Ketzerrichter und Kreuzritter, welche jedem, der nicht ihre eigenen dogmatischen Ansichten teilt, Vernichtung in dieser und Verdammnis in der anderen Welt wünschen.

Die Stellung Jesu zur Welt ist von jeher viel umstritten worden. Die einen (wie Schopenhauer) haben ihn zu einem Asketen gemacht, die anderen wieder suchen ihn als einen Bejaher des Lebens darzustellen. Es unterliegt keinem Zweifel, daß das Evangelium starke weltflüchtige Züge aufweist. So heißt es: »Wer ein Weib ansieht, ihrer zu begehren, der hat schon die Ehe gebrochen in seinem Herzen.« »Ärgert dich dein rechtes Auge, so reiße es aus ... Es ist besser, daß eines deiner Glieder verdirbt und nicht der ganze Leib in die Hölle geworfen werde« (Matth. 5,28–30; 18,8 ff.). Auf die Frage der Jünger, ob es besser sei, nicht zu heiraten, sagt Jesus: »Es sind etliche verschnitten, die sich selbst verschnitten haben, um des Himmelreiches willen« (Matth. 19,12). Zu einem Jüngling sagte er: »Willst du vollkommen sein, so gehe hin, verkaufe was du hast und gib's den Armen, so wirst du einen Schatz im Himmel haben« (Matth. 19,21). »Wer verläßt Häuser oder Brüder oder Schwestern oder Vater oder Mutter oder Weib oder Kinder oder Äcker um meines Namens willen, der wird's hundertfältig nehmen und das ewige Leben ererben« (Matth. 19,29). »Sorget nicht für euer Leben, was ihr essen oder trinken werdet, auch nicht für euern Leib, was ihr anziehen werdet ... Sehet die Vögel unter dem Himmel an, sie säen nicht, sie ernten nicht« (Math. 6,25). »Ihr sollt nicht Gold und Silber noch Erz in eurem Gürtel haben, auch keine Tasche zur Wegfahrt, auch nicht zwei Röcke, keine Schuhe und auch keinen Stecken« (Matth. 10,9 ff.).

Die bekannte Stelle: »Johannes ist gekommen, aß nicht und trank nicht, so sagen sie: er hat den Teufel. Der Menschensohn ist gekommen, ißt und trinkt, so sagen sie: Siehe, wie ist der Mensch ein Fresser und Weinsäufer, der Zöllner und der Sünder Geselle« (Matth. 11,18 ff.; vgl. Luk. 5,33 f.), darf nicht als Beweis für die positive Stellung Jesu zu der Welt angeführt werden, denn auch dem Buddha, der doch zweifellos ein Asket war, ist ähnliches vorgeworfen worden. Aus demselben Grunde läßt sich auch gegen eine asketische Einstellung Christi nicht geltend machen, daß er bei Maria und Martha zu Gaste war, daß er sich von vielen Verehrern einladen ließ (vgl. auch die Anweisung an die Jünger Luk. 10,7 ff.) oder daß er nicht von allen seinen Anhängern verlangte, daß sie das weltliche Leben aufgeben sollten.

Trotzdem besteht ein großer Unterschied zwischen Buddha und Christus. Buddha lehrte die Weltentsagung zwecks Vernichtung aller Leidenschaften; er gründete einen Mönchsorden, der dieses Ideal in die Wirklichkeit umsetzen sollte, er machte zwischen Mönchen und Laien eine scharfe Scheidung.

Jesus tat nichts von alledem. Er hat weder die Unerschütterlichkeit des Gemüts erstrebt noch anderen empfohlen, er hat keinen Orden mit ins einzelne gehenden Vorschriften für die Abtötung der Begierde gestiftet, er hat selbst von seinem engsten Jüngerkreis nicht einmal verlangt, daß sie ihre Frauen entlassen, denn Petrus war verheiratet, und seine Frau begleitete ihn auf seinen Missionsreisen (1. Kor. 9,5), ebenso auch Jesu Bruder und andere Apostel. Vor allem war das Motiv, das seine Gemeinde zur Geringachtung der Welt veranlaßte, ein ganz anderes als das, welches die Buddhisten leitete. Die letzteren wollten von allem Dasein loskommen, die Christen hingegen nur dieses sündhafte Dasein von sich werfen, um dafür ein verklärtes, überirdisches, ewiges Leben zu gewinnen. Nicht das definitive Ende aller Existenz, sondern das Kommen eines Gottesreiches ist das Wunschbild, das ihnen vorschwebte. Die Erwartung des Weltunterganges und der Schaffung einer neuen Erde ist die Erklärung für das Verhalten der Christen gegenüber der sündhaften, untergangsreifen Welt, nicht eine prinzipielle Verneinung des Willens zum Leben und die Einsicht, daß alles Dasein leidvoll ist.

II. Geschichte der christlichen Religion

1. Die Ausbreitung im Römischen Reiche

Jesus betrachtete es ursprünglich nur als seine Aufgabe, »die verlorenen Schafe aus dem Hause Israel« auf den rechten Weg zu führen (Matth. 15,24), er befahl deshalb auch seinen Jüngern: »Gehet nicht auf der Heiden Straße« (Matth. 10,5). Da sich jedoch gerade die Juden seiner Predigt gegenüber vielfach ablehnend verhielten, während die Heiden ihr zugänglich waren, scheint sich Jesus mit der Zeit den Heiden immer mehr zugewendet zu haben, doch bleibt es zweifelhaft, ob ihm schon so universalistische Ziele vorschwebten, wie sie der wohl erst später abgefaßte Taufbefehl (Matth. 28,19) angibt.
Die älteste Gemeinde, die nach dem Kreuzestode Christi sein Werk fortzusetzen bemüht war, bestand jedenfalls im wesentlichen aus Leuten, welche dem Judentum von Geburt angehörten und seine Ordnungen als Voraussetzung für das Teilhaben an dem bevorstehenden Gottesreich ansahen. So wäre die junge Gemeinde aller Voraussicht nach eine eschatologische jüdische Sekte geblieben, wenn nicht ein Mann ihren Glauben zu einer selbständigen, vom Judentum scharf unterschiedenen Weltreligion gemacht hätte: Paulus.
Paulus, wie er bei den Griechen, Saulus, wie er bei seinen Stammesgenossen hieß, war ein junger Jude aus Tarsus, der als eifriger Anhänger des Phari-

säertums sich die Bekämpfung der Christen zur besonderen Aufgabe gemacht hatte. Infolge einer plötzlichen, durch eine in Damaskus geschaute Vision des Auferstandenen bewirkten Sinnesänderung zu einem begeisterten Vorkämpfer der Christenlehre geworden, bildete er diese in der oben S. 195 f. dargelegten Weise weiter aus und verbreitete sie durch Predigten auf drei großen Missionsreisen im Vorderen Orient und in Griechenland; er schrieb zahlreiche an die von ihm betreuten Gemeinden gerichtete Sendschreiben in griechischer Sprache. Von seiner dritten Reise nach Jerusalem zurückgekehrt, wurde er dort auf Betreiben der Juden verhaftet, wurde zunächst von dem römischen Prokurator Felix in Cäsarea zwei Jahre lang gefangengehalten und dann von dessen Nachfolger Festus nach Rom geschickt, um sich dort als Inhaber des römischen Bürgerrechts zu verantworten. Dort ist er nach längerer Gefangenschaft, wahrscheinlich im Zusammenhang mit den Christenverfolgungen des Kaisers Nero (64 n. Chr.), hingerichtet worden.

Paulus vertrat den Standpunkt, daß das mosaische Gesetz den Menschen nicht gerecht zu machen vermöge, daß vielmehr allein der Glaube an Christus und seinen Opfertod zur Befreiung von der Sünde führe. Hatte bisher die Erwartung des zukünftigen Gottesreiches im Mittelpunkt des Denkens der jungen Gemeinde gestanden, so wird durch Paulus die Lehre von der bereits geschehenen Erlösung und dem schon gegenwärtigen Heil zu ihrem Fundament. Damit wird die Person Christi in einer Weise in das Zentrum des ganzen Weltgeschehens gestellt, die auf die Dauer jeden Zusammenhang mit dem Judentum lösen mußte. Paulus hat dies auch klar erkannt, er sah im Christentum nicht die Fortsetzung des Bestehenden, sondern etwas von Grund auf Neues und zog daraus auch sofort die praktische Konsequenz, indem er verkündete: »Das Christentum hebt die bisherige Gesetzesreligion auf.« Er, der ehemalige Pharisäer, legte deshalb auf die Einhaltung der jüdischen Ritualvorschriften keinen Wert mehr (über die Beschneidung vgl. Röm. 2, 25). Die Gemeinde in Jerusalem, an deren Spitze Jakobus, der Bruder Jesu, stand, hielt sich hingegen streng an das Zeremonialgesetz und vermied es deshalb sogar, mit Heidenchristen zusammen an einem Tisch zu essen. Sogar Petrus tat dies, der in Antiochien zuerst mit Heidenchristen zusammen gespeist hatte, dies dann aber aus Furcht vor den Juden wieder aufgeben zu müssen glaubte.

Im ganzen Römischen Reiche scheinen die in vielen größeren Städten bestehenden jüdischen Gemeinden das erste Objekt der Missionsbestrebungen gewesen zu sein, begreiflicherweise, da die Juden von Hause aus vielen Gedankengängen der christlichen Theologie näherstanden als die Griechen. Dabei ist auch zu beachten, daß die Juden in der Diaspora nur zum Teil dem jüdischen Volke angehörten, in großem Umfange aber Phönizier gewesen sein dürften, welche sich der mosaischen Religion angeschlossen hatten. Die Zukunft des Christentums lag aber ganz und gar bei den Heiden. Man muß sich wundern, wie schnell es sich ausbreitete, da in der Mitte des zweiten Jahrhunderts bereits in den entlegensten Provinzen des Römischen Reiches christliche Gemeinden bestanden. Wie in Palästina gehörte die Mehrzahl seiner Bekenner den untersten Volksschichten an, denn den philosophisch Gebildeten mußten die Vorstellungen von einem gekreuzigten Gott, der das Ende der Welt und eine allgemeine Auferstehung des Fleisches herbeiführen wird, als phantastischer Aberglaube erscheinen. Da die Christen sich nicht damit begnügten, still ihren Glauben zu pflegen, sondern für diesen eifrig Propaganda machten und sich nicht nur von dem Dienst der Staatsgötter und dem Kaiserkult zurückhielten, sondern auch das ganze Staatswesen als verderbt ablehnten und sich deshalb weigerten, ihm als Soldaten oder Beamte zu dienen, kam es dauernd zu Konflikten zwischen der Regierung und den christlichen Gemeinden. Da außerdem der Gottesdienst der Christen, zu dem nur Eingeweihte Zutritt hatten, bald zum Gegenstand der törichtesten Verdächtigungen gemacht wurde – bei den Abendmahlsfeiern sollten sie kleine Kinder schlachten und Blut trinken –, wandte sich wiederholt die Volkswut gegen die angeblichen Feinde des Menschengeschlechts. Das führte dann zu zahlreichen Exzessen. Alle diese Gründe wirkten zusammen, um die römischen Kaiser von der Notwendigkeit eines Einschreitens gegen die Christen zu überzeugen. Es kam deshalb nach Zeiten relativer Ruhe immer wieder zu großen systematischen Verfolgungen, bei denen zahlreiche Bekenner des neuen Glaubens umkamen. Das Blut der Märtyrer erwies sich aber (wie so oft auch anderwärts) geradezu als ein Lebenselixier für den von ihnen bekannten Glauben. Trotz aller äußeren Bekämpfung nahm dieser beständig an Festigkeit und Anhängerzahl zu. So kam es schließlich 311 zu einem Toleranzedikt, welches den Christen das Recht freier Religionsausübung gab, und Kaiser Konstantin gewährte den Christen nicht nur volle staatliche Anerkennung, sondern ließ sich sogar kurz vor seinem 337 erfolgten Tode taufen. Trotz einzelner Versuche, das Heidentum zu erhalten und neu zu beleben, wie sie namentlich von Kaiser Julian Apostata (361–363) unternommen worden waren, war der Sieg der Christen jetzt entschieden. Mit derselben Unduldsamkeit, unter der sie selbst gelitten hatten, bekämpften sie fortan den heidnischen Kultus. Kaiser Theodosius verbot 392 die Veranstaltung von heidnischen Opfern in den Städten, doch erhielt sich der alte Glaube noch lange auf dem Lande. Die schönste Blüte der spätantiken Religion, die neuplatonische Philosophie, überdauerte sogar noch den Untergang des weströmischen Reiches (476), erst im Jahre 529 schloß Kaiser Justinian die altberühmte Schule von Athen und machte dadurch dem vorchristlichen Glaubensleben ein gewaltsames Ende.

Obwohl das Christentum bereits zwei Jahrzehnte nach dem Tode seines Begründers in der Hauptstadt des Römischen Weltreiches Anhänger gefunden und sich mit großer Schnelligkeit bis in die entferntesten Provinzen verbreitet hatte, hat es also doch vier Jahrhunderte gebraucht, bis es die absolute Herrschaft erlangte – eine Zeitspanne, die in ihrer Länge ungefähr derjenigen vom Tode des Sokrates bis zur Zeitenwende oder von Luthers Thesenanschlag bis zur Gegenwart entspricht. Im Gegensatz zu dem durch langwierige Kämpfe errungenen Sieg über die griechisch-römische Geisteswelt steht der überraschend schnelle Erfolg, den das Christentum bei den Germanen hatte. Daß diese sich so schnell zu ihm bekehrten, läßt sich nur daraus begreifen, daß die Germanen den neuen, an sich ihrem Glauben so entgegengesetzten Ideen, die im Gefolge der lateinischen Kultur zu ihnen kamen, nichts starkes Eigenes entgegenzusetzen hatten, da ihre eigene Religion von ihnen selbst nicht, wie es die geistige Situation erfordert hätte, weiterentwickelt werden konnte, ja teilweise wohl auch schon in Verfall geraten war. Eine Parallele hierzu bietet die schnelle Christianisierung Polynesiens im vorigen Jahrhundert, die auch nicht möglich gewesen wäre, wenn in Hawaii, Tonga, Neuseeland usw. die einheimischen Glaubensformen noch eine starke innere Kraft besessen hätten.

Die Verbreitung des Christentums in der antiken Welt hatte zur Folge, daß es sich mehr und mehr den Glaubensbedürfnissen und Denkformen der Bekehrten anpaßte, vor allem dem Griechentum sich öffnete.

Dieses Einströmen griechischen Geistes erfolgte in drei Etappen: zuerst wurde die griechische Philosophie für die Ethik und Ausgestaltung der christlichen Ideenwelt verwendet. Etwa um 220 n. Chr. begannen die griechischen Mysterien auf die Kirche einzuwirken, und ein Jahrhundert später entwickelte sich in ihr nach antikem Muster ein ausgedehnter Heiligen- und Bilderkult.

Die Aufnahme der griechischen Philosophie geschah zunächst in der Weise, daß die Kunstsprache und Darstellungsweise der griechischen Philosophen für die Auseinandersetzung und Verteidigung christlicher Lehrsätze nutzbar gemacht wurde. Vor allem aber trat sie in der Aufnahme von Gedanken in Erscheinung, die der apostolischen Urgemeinde noch ganz fern gelegen hatten. Durch die Einverleibung von Ideen der Stoiker, Pythagoreer, Platoniker und Peripatetiker oder vorderasiatischer Religionen entstand eine reiche Mannigfaltigkeit von verschiedenen Systemen, welche zwar alle Christus einen Platz innerhalb ihrer Heilsordnung einräumten, im einzelnen aber untereinander die größten Gegensätze aufwiesen. Manche Schulen, welche eine höhere Erkenntnis (Gnosis) zu besitzen behaupteten, lehrten, daß der »Pneumatiker«, d. h. der ganz vom Geist erfüllte Mensch, über alle weltlichen Gesetze erhaben sei und sich deshalb ungestraft den größten Ausschweifungen hingeben könne; andere hingegen wieder verlangten die strengste Askese und Enthaltsamkeit von ihren Anhängern, weil nur so der unheilvolle Einfluß der Materie auf den Geist ausgeschaltet werden könne. Während die meisten in dieser oder jener Weise, der überkommenen Anschauung entsprechend, die Einheit des Weltschöpfers und Welterlösers behaupteten, trennten andere beide aufs schärfste voneinander und sahen in dem Weltschöpfer des Alten Testamentes ein untergeordnetes, ja böses Wesen, dem der Heiland des Neuen Bundes als Gott der Liebe gegenübersteht. Inmitten dieser einander widersprechenden Tendenzen der Zeit erwies sich auf die Dauer eine gemäßigt konservative Richtung als für die Zukunft allein bedeutungsvoll; bei vorsichtiger Adoptierung antiken Geistesgutes suchte diese die Kontinuität des christlichen Lehrbegriffes zu wahren. Unter voller Anerkennung der Werte des Asketentums, wie es sich seit dem heiligen Antonius im christlichen Mönchtum entwickelt hatte, verlor sie sich nicht in einer chiliastischen Weltflucht, welche alle Grundlagen der Gesellschaft aufheben mußte (wie dies die von Montanus, dem angeblichen »Parakleten« ausgehende Bewegung des 2. Jahrhunderts tat), und ebensowenig ließ sie die Spekulation die im Neuen Testament festgelegten Zentralideen so überwuchern, daß sie zu einer völligen Umwandlung oder Aushöhlung der überlieferten Dogmatik geführt hätte. So bildete sich, von großen Theologen, wie Justin, Clemens, Origenes, Irenaeus, Tertullian, Cyprian, Gregor von Nyssa usw., in ihren Schriften in mannigfacher Weise zum Ausdruck gebracht, eine christliche Lehre heraus, die gegen das Heidentum und die Häretiker deutlich abgegrenzt eine einheitliche und für alle Gläubige mustergültige sein sollte.

Die eigentliche Krönung der theologischen Bemühungen der ersten fünf Jahrhunderte war dann aber das Werk Augustins (354–430). Dieser große Afrikaner ist durch seine Schriften, vor allem durch sein Werk »De civitate Dei« (Vom Gottesstaat), nicht nur der bedeutendste altchristliche Philosoph geworden, dessen Einfluß sich durch die Jahrhunderte bis zu Luther und den Jansenisten hin erstreckt, er ist zugleich der große Exponent des katholischen Machtanspruches. Durch seine Lehre von Sünde und Gnade und von der Prädestination ein Erneuerer und Fortsetzer des Paulinismus, ist er durch seine Darstellung des Weltprozesses als eines einmaligen in Phasen vor sich gegangenen Vorganges der Vater der abendländischen Geschichtsmetaphysik geworden. Indem er den Gottesstaat, der sich auf Erden ausbreiten soll, in der römischen Kirche seine irdische Erscheinung finden läßt, schuf er die theoretische Grundlage für das mittelalterliche Ideal der Kirche, die, von einem Stellvertreter Christi geleitet, der weltlichen Macht übergeordnet ist.

Damit ist schon der wesentliche Punkt gezeichnet, der das Christentum der ganzen späteren Zeit von dem der Urgemeinde unterscheidet.

Christus hatte gesagt: »Mein Reich ist nicht von dieser Welt. Wäre mein Reich von dieser Welt, so hätten meine Diener gekämpft, daß ich den Juden nicht wäre ausgeliefert worden« (Joh. 18,36). Er hatte den Gegensatz zu den weltlichen Mächten aufs klarste herausgestellt (Mark. 10,42–45 und Luk. 22,25 ff.), ja, er hatte die Anwendung von Gewalt gegen die, welche nicht auf ihn hören wollten, ausdrücklich abgelehnt (Luk. 9,53–56). Denn da der

Weltuntergang und das Kommen des Gottesreiches unmittelbar bevorstanden (Matth. 16,28; 24,34 und Mark. 13,30), wenn auch Tag und Stunde nicht genau angegeben waren (Mark. 13,32), so lohnte es sich gar nicht, in weltliche Verhältnisse einzugreifen; es mußte sich alles dem göttlichen Weltplan entsprechend von allein entwickeln. Die erwartete Katastrophe, deren Eintritt die Christenheit von Tag zu Tag entgegensah, blieb nun aber aus. Wenn die Gläubigen auch nie die Hoffnung verloren, daß sie doch noch einmal kommen werde, so ließ die Hochspannung, unter der sie gestanden hatten, doch begreiflicherweise allmählich nach. Man begann sich in der Welt, die man zuerst als untergangsreif nicht beachtet hatte, zunächst vorläufig, dann immer dauerhafter einzurichten. Hatte man bisher das Sichtbarwerden des Gottesreiches an das Ende aller Geschichte verlegt, so lebte man jetzt der Überzeugung, daß die »civitas Dei« bereits hier auf Erden sichtbar werde. In der Kirche, die der Auferstandene gestiftet, findet sie schon im Diesseits eine Verwirklichung in einem neuen Imperium auf geistiger Grundlage, das mächtiger als alle Staaten der Welt gleicherweise die Seelen wie die Leiber beherrschen sollte.

Dieses Werden der Gemeinde zu einer eigentlichen Kirche ist allmählich vor sich gegangen.

Jede Gemeinschaft von Menschen ist genötigt, sich die Organe zu schaffen, welche ihren Zwecken dienen. So waren schon in der Zeit der Apostel »Älteste« (Presbyter) oder »Aufseher« (Episkopoi, Bischöfe) mit dem Amt betraut worden, die Gemeinde zu leiten. Später kam eine hierarchische Stufung auf, welche die Bischöfe als allein autorisierte Nachfolger der Apostel den Presbytern und Diakonen überordnete, die Bischöfe selbst wieder den Bischöfen der Provinzialhauptstädte unterstellte und gewissen von diesen, den sogenannten »Patriarchen« von Konstantinopel, Antiochia, Alexandria und Rom, den Vorrang vor allen anderen einräumte. Frühzeitig beanspruchte der Bischof von Rom als angeblicher Nachfolger des heiligen Petrus, der in Rom den Märtyrertod gestorben sein soll, die Obergewalt über die ganze Christenheit, die er freilich erst im Verlauf der folgenden Jahrhunderte und niemals vollständig erreichen sollte. Die zunehmende Macht der Kirche trug viel dazu bei, den äußeren Glanz ihrer Würdenträger zu erhöhen, sie führte aber auch dazu, daß die Kirchenfürsten in Kämpfe verwickelt wurden, die mit ihrem Hirtenamt nichts zu tun hatten, sondern weltlichen Ursachen ihre Entstehung verdankten. Dadurch, daß die römischen Kaiser die christliche Religion anerkannt hatten, geriet diese in eine Abhängigkeit von ihnen, die sich namentlich bei den Synoden und Konzilen in oft durch dunkle Einflüsse hinter den Kulissen zustande gekommenen Beschlüssen auswirkte.

So hatte in dem halben Jahrtausend, das seit der Geburt des Heilands verstrichen war, die Lehre, die er im Kampf gegen den Ritualismus und die Werkgerechtigkeit der privilegierten Hüter der Religion ins Leben gerufen hatte, selbst wieder zu den äußeren Formen zurückgefunden, gegen die sich sein

Begründer gewandt hatte, und hatte ein Priestertum entstehen lassen, das an Bedeutung das jüdische wie das heidnische weit übertraf.

2. Vom Untergang Westroms bis zur Kirchenspaltung

In der zweiten Hälfte des ersten Jahrtausends setzte das Christentum seinen Siegeszug bei den germanischen Völkern fort. Nach den Ost- und Westgoten, Vandalen und Sueven bekehrten sich auch die Franken zu ihm, nachdem König Chlodwig 496 durch seinen Sieg am Oberrhein sich Gallien untertan gemacht hatte. 597 begann die römische Mission unter den Angelsachsen zu arbeiten und etwa zu gleicher Zeit auch unter den Langobarden. Nachdem der größte Teil Mitteleuropas christianisiert worden war, ging die Kirche im 9. Jahrhundert zur Bekehrung der Völker des Nordens über. Um die Jahrtausendwende wurden Tschechen, Polen und Ungarn von den Sendboten Roms erreicht, während die südslawischen Völker seit 863 und die Russen seit 987 von Byzanz aus bekehrt wurden.

Dehnte das Christentum so seine Machtbereiche in Europa aus, so erlitt es dafür schwere Einbuße in Asien und Afrika. Durch das Vordringen der Araber in Vorderasien und Nordafrika wurden um die Mitte des 7. Jahrhunderts Palästina, Syrien und Ägypten, zu Ende des 7. Jahrhunderts ganz Nordafrika vom byzantinischen Reiche losgerissen und in wachsendem Maße islâmisiert. Dasselbe geschah 711 mit dem größten Teile Spaniens, das erst nach sieben Jahrhunderten (1492) wieder vollständig für das Christentum zurückgewonnen wurde.

In den Anfang dieser Periode fällt die Blütezeit der römischen Reichskirche im Osten. Von dem Sturme der Völkerwanderung weniger getroffen als der Westen, konnte der Staat von Byzanz die Tradition des römischen Kaisertums fortführen, soweit sich dieses griechischen Formen angepaßt hatte. Die Kirche verwuchs aufs engste mit dem Reiche. Die Stellung Konstantinopels als »Neues Rom«, als Hauptstadt und Kaiserresidenz führte dazu, daß seinem Bischof um 500 vom Kaiser der Titel eines »ökumenischen Patriarchen« verliehen wurde und er den Anspruch erhob, dem Bischof in Rom im Range gleichzustehen. Ein weiteres sichtbares Symbol des Glanzes der Ostkirche, zugleich aber auch ihrer Zusammengehörigkeit mit dem Staate war die Hagia Sophia, der herrlichste Dom der damaligen Christenheit, den Justinian als Inhaber der höchsten Gewalt im Staate und in der Kirche 532 bis 537 in Byzanz erbauen ließ.

Während die Ostkirche infolge des Cäsaropapismus der Herrscher am Goldenen Horn eine starke Geschlossenheit besaß, wurde die Einheit des Westens dadurch gefährdet, daß bei den germanischen Staaten, welche auf dem Boden des Römerreiches entstanden waren, das arianische Bekenntnis herrschte. Das ist durchaus begreiflich, denn es lag damals zunächst entschieden näher, zu glauben, daß der Sohn als erste aller Kreaturen vom Vater geschaffen und ihm somit untergeordnet sei, als anzunehmen, daß er von Ewigkeit her vom Vater gezeugt und ihm wesensgleich sei. Es war daher von großer kirchenpolitischer Bedeutung, daß sich Chlodwig der athanasianischen Lehre angeschlossen hatte, und es mußte ein Hauptziel Roms sein, die anderen Germanen zur Annahme der Formel der Wesensidentität zu bewegen. Dies gelang auch bei den verschiedenen Stämmen im Verlauf des 6. Jahrhunderts; es fand seine Krönung dadurch, daß der Westgotenkönig Rekkared 589 Katholik wurde. Die fortschreitende Einigung im Glauben mit dem Ziele einer Universalkirche fand in einer anderen Entwicklung ihre Ergänzung auf politischem Gebiet. Das war das beständige Anwachsen der Macht des Bischofs von Rom, des Papstes (papa), wie er zuerst 502 amtlich bezeichnet erscheint. Durch großen Landbesitz in Italien (Patrimonium Petri), der sich durch Schenkungen ständig erweiterte, und die Ausübung von landesherrlichen Rechten hatten die Nachfolger Petri sich die Stellung von Herrschern zu sichern gewußt; dies ermöglichte es ihnen, den weltlichen Fürsten als gleichberechtigt, ja als übergeordnet gegenüberzutreten. Die Erneuerung des Römischen Reiches durch die Kaiserkrönung Karls des Großen, welche Papst Leo III. im Jahre 800 vornahm, verlieh der Kirche eine starke Stütze, ohne freilich schon eine Vormachtstellung der geistlichen über die weltliche Macht zu begründen.

Das Mönchtum, das von Ägypten aus sich über die ganze christliche Welt verbreitet hatte, erhielt 529 dank Benedikt von Nursia im Kloster Monte Cassino eine Pflanzstätte, die vorbildlich wurde, so daß im ganzen Abendland die Benediktinerregel mehr oder weniger maßgebende Geltung erlangte.

Der Kultus fand eine immer reichere Ausgestaltung: namentlich durch die Verwendung von Heiligenbildern, über deren Berechtigung in der byzantinischen Kirche heftige Kämpfe tobten (726–843).

Auf geistigem Gebiet hat die Zeit wenig hervorgebracht. Mit Papst Gregor dem Großen (gest. 604) schließt die Reihe der lateinischen, mit Johannes von Damaskus (gest. 754) die Reihe der griechischen Kirchenväter. Was an religiöser und philosophischer Literatur produziert wurde, trägt zumeist nur kompilatorischen und übermittelnden Charakter, das gilt sowohl von den Männern der karolingischen Renaissance, wie Alkuin und Hrabanus Maurus, wie von dem Byzantiner Photios (820–897).

Dreier religiöser Geister aber ist hier zu gedenken, die, eng miteinander verbunden, der eine am Anfang, die anderen am Ende der Epoche lebend, das Denken tiefgehend beeinflußt haben: Dionysius Areopagita, Scotus Eriugena und Symeon, der neue Theologe.

Dionysius, so erzählt die Apostelgeschichte 17,34, war ein athenischer Ratsmann, der vom Apostel Paulus zugleich mit seinem Weibe Damaris bekehrt wurde und nach späterer Überlieferung der erste Bischof von Athen gewesen sein soll. Des Namens dieses heiligen Mannes bediente sich der Verfasser von fünf griechischen Schriften theologischen Inhalts, welche zuerst 533 n. Chr. erwähnt und durch die Kommentare des Maximus Confessor (580–622) weit berühmt wurden. In diesen Traktaten, die den heidnischen Neuplatonismus des Proklos (410–485) in christlichem Sinne um- und weiterbildeten, kommt eine Mystik zum Ausdruck, welche zu Gott als dem über alle Begriffe und Unterschiede hinausliegenden, über allem stehenden unerkennbaren Urgrund vorzudringen sucht. Von den Werken des Areopagiten, die er zum Teil übersetzte, stark beeinflußt, hat der irische Mönch Johannes Scotus Eriugena, den Karl der Kahle 840 an die Hofschule nach Paris berief, in seinem Werk »De divisione naturae« ein großartiges pantheistisches System entwickelt, das den Weltprozeß als einen von Gott ausgehenden und in Gott zurückkehrenden Kreislauf auffaßt. Die Lehren des Eriugena wurden 1050 und 1225 von den Päpsten als häretisch verdammt, haben aber gleichwohl auf die mittelalterliche Mystik einen großen Einfluß ausgeübt.

Um die Jahrtausendwende brachte der Osten auch den Mann hervor, dessen Religiösität nach dem Urteil Karl Holls (RE 32, S. 219) das höchste vom persönlichen Christentum darstellt, was auf dem Boden der griechischen Kirche erreicht worden ist – Symeon, den »neuen Theologen«. Mit seiner Lehre, daß das eigene Erleben der Gottesgemeinschaft, nicht äußerer Werkdienst zur Seligkeit führt, hat dieser fromme Mönch wesentlich dazu beigetragen, daß das stark im Ritualismus verstrickte Byzantinertum sich auf die geistigen Triebkräfte des religiösen Denkens besann. Mit seinen hinreißenden Hymnen, in denen er sein Ringen um das Heil und die Seligkeit der erfahrenen Begnadung schildert, ist er für die Verinnerlichung des Mönchtums vorbildlich gewesen.

Die Beziehungen zwischen der byzantinischen Kirche des Ostens und der römischen des Westens waren vielfach großen Spannungen ausgesetzt. 484 bis 519 war es schon zu einer zunächst nur vorübergehenden Spaltung gekommen, und im 9. Jahrhundert hatten sich die Differenzen wieder aufs schärfste zugespitzt; im Jahre 1054 kam es zum endgültigen Bruch der lateinischen und griechischen Kirche und damit zu einer Trennung, die ungeachtet aller wiederholt unternommenen Unionsversuche bisher nicht wieder behoben werden konnte.

3. Die Blütezeit

Als die Blütezeit bezeichnen wir bei einem Baum den Abschnitt in der Geschichte seines Lebens, wenn er sich voll entwickelt hat und die schönsten Früchte hervorbringt. Ein solcher Zustand ist beim Christentum (wenigstens in seinem überwiegenden Teil) zwischen dem 11. und 14. Jahrhundert eingetreten. Denn in dieser Zeit herrschte die christliche Idee nicht nur souverän über das ganze Abendland, sondern sie hat auch ihre größten Leistungen auf den mannigfaltigsten Gebieten geschaffen. In allen Bezirken des sozialen, künstlerischen und denkerischen Daseins macht sich die untrennbare Verknüpfung mit den Inhalten der christlichen Gefühls- und Vorstellungswelt geltend. Die ständige Gliederung der Gesellschaft hat ihr Vorbild in der kirchlichen Hierarchie, diese wieder in der Stufenleiter der Engelchöre (S. 236). Die Pflichten, die das Menschenleben regeln, sind von Gott dem Einzelnen entsprechend seiner Stellung in der kosmischen Ordnung zugewiesen. Das Staatswesen hat sich ebenfalls den Gesetzen der christlichen Ethik unterzuordnen und wird durch sie bis ins einzelne bestimmt, so daß sogar die Kriegführung (man denke an die Kreuzzüge) durch sie ideologisch aufs stärkste beeinflußt worden ist.

Ihre künstlerische Verklärung findet die Glaubenswelt in den großen Domen, die in niemals wieder erreichter Erhabenheit die Frömmigkeit ihrer Schöpfer widerspiegeln, und in Dichtungen, wie Dantes »Göttliche Komödie«, die in einzigartiger Weise die Anschauungen des Mittelalters zu einem Gesamtbilde vereinigt.

Wenn es richtig ist, daß die geistigen Grundtendenzen einer Zeit in nichts anderem so deutlich ihren Reflex finden als in ihrer Philosophie, dann trifft dies im vollsten Maße auf diese Zeit zu. Denn die großen Denker des Westens, ein Anselm von Canterbury, ein Abälard, Bonaventura, Albert von Bollstädt und Thomas von Aquino, waren alle zutiefst davon überzeugt, daß die Philosophie nur eine Magd der christlichen Theologie sein könne und dürfe und die Aufgabe habe, die Wahrheiten der christlichen Religion zu erweisen oder zu verteidigen. Das ganz auf das Göttliche gerichtete Denken der Zeit fand seinen gefühlvollsten Ausdruck aber in dem Gegenpole der Scholastik, in der Mystik. Die Vertreter derselben standen vielfach zur anerkannten Kirchenlehre im Gegensatz, weil sie sich pantheistischen Auffassungen anschlossen oder ihnen nahekamen, wie Amalrich von Bena, während andere, wie Bernhard von Clairvaux, die Viktorianer, Meister Eckehart, Tauler, Seuse, in der Kirche wurzelten. Vielleicht die liebenswerteste Erscheinung des mittelalterlichen Christentums war der heilige Franz von Assisi (1182–1226), der in seinem heiligen Leben voll Armut und Güte das von Christus aufgestellte Ideal der Selbstentäußerung und des Dienstes an den Armen in die Tat umzusetzen suchte.

Unter Gregor VII. und Innozenz III. erreichte das Papsttum seine höchste politische Machtstellung und verwirklichte wenigstens im Abendlande seinen Anspruch, oberster Schiedsrichter in weltlichen Dingen zu sein. Seit Beginn des 14. Jahrhunderts geriet es in Verfall, zuerst, indem es in Avignon eine »babylonische« Gefangenschaft durchmachte, dann, indem es in Rom immer mehr verweltlichte, bis es schließlich in Alexander VI. (1491–1502) zur tiefsten Stufe sittlicher Verderbnis herabsank.

Die wachsende Überzeugung, daß die Kirche einer Reform an Haupt und Gliedern bedürfe, führte zu Reformversuchen, die zwar, wie die von Hus und Savonarola, blutig unterdrückt wurden, aber doch deutliche Anzeichen dafür waren, daß eine neue Zeit im Anbruch sei. Der Sieg des Nominalismus sowie das Auftreten der Humanisten in Italien und Deutschland führten dann einen Niedergang der Scholastik herbei, so daß sie im Kampf mit den neuen Ideen ihre beherrschende Stellung mehr und mehr einbüßte.

In der griechischen Kirche war inzwischen eine starke Verknöcherung eingetreten; durch die Angriffe der Lateiner auf der einen, der Türken auf der anderen Seite geriet sie immer mehr in Schwierigkeiten, bis sie schließlich durch die Eroberung Konstantinopels durch Sultan Mohammed II. (1453) den Charakter einer Staatskirche einbüßte.

Von immer größerer Bedeutung innerhalb der griechisch-orthodoxen Kirche wurde jetzt das Russische Reich. Nachdem sich bereits der normannische Adel Kiews teilweise der christlichen Kirche angeschlossen hatte, führte der Großfürst Wladimir von Kiew um 988 die Christianisierung durch. Einer Überlieferung zufolge sollen Gesandte der mohammedanischen Wolga-Bulgaren, der jüdischen Chazaren und des Papstes sowie ein griechischer Philosoph für ihren Glauben geworben haben. Wladimir entschied sich dann aber, nachdem er selbst eine Gesandtschaft an die Bulgaren, Abendländer und Griechen gesandt hatte, für das griechische Christentum. Als er selbst getauft worden war, ließ er in Kiew die Götterbilder in den Fluß werfen und die Untertanen zwangsweise zur Taufe in den Dnjepr treiben. Das religiöse Zentrum seines Reiches waren die Höhlenklöster bei Kiew, die Bischöfe waren in der ersten Zeit Griechen, wie überhaupt alle höhere Geistesbildung aus Byzanz kam. Langsam, aber unaufhaltsam faßte das Christentum auch bei den breiten Volksmassen Wurzel. Daran änderte auch die Mongolenherrschaft nichts, da das Reich Dschingis-Khans dem Grundsatz der religiösen Toleranz huldigte. Der vom Patriarchen von Konstantinopel ernannte Metropolit hatte ursprünglich seinen Sitz in Kiew, seit 1309 in Wladimir, seit 1328 in Moskau. 1414 wurde ein zweiter Metropolitensitz in Kiew gegründet.

4. Von der Reformation bis zur Gegenwart

Die Jahre kurz nach 1500 sind für die Geschichte des Christentums von besonders hervorstechender schicksalhafter Bedeutung, weil sich in ihnen die große Glaubensspaltung vorbereitet, die das während der letzten Jahrhunderte religiös fast einheitliche mittlere und nördliche Europa in zwei deutlich getrennte Lager schied. Wenn eine heftige Opposition gegen ein herrschendes religiöses oder soziales System vorhanden ist, dann pflegt sich diese nicht in einer einzigen Bewegung zu äußern, sondern sie kommt zumeist in einer Vielheit von diesen zur Erscheinung. So wie im 6. Jahrhundert v. Chr. gleichzeitig Goshâla, Mahâvîra und Buddha mit ihren antibrahmanischen

Heilslehren hervortraten, so fanden die christlichen Reformationsbestrebungen, nachdem ihnen schon Wiclif, Hus und andere den Weg bereitet hatten, in Martin Luther, Huldreich Zwingli und Johannes Calvin drei verschiedene, wiewohl im Geiste verwandte Ausprägungen. Der Ausgangspunkt der Position der Reformatoren war der Gegensatz gegen die Kirche, nicht bloß gegen die zahlreichen Unvollkommenheiten, die ihr wie allen menschlichen Institutionen eigen waren, sondern gegen ihren Anspruch, die berufene Mittlerin zwischen Gott und Mensch zu sein. Die Seele des einzelnen, so lehrten sie dagegen, steht Gott unmittelbar gegenüber, sie ist durch keine »sichtbare« Kirche als von Christus eingesetzte Heilsanstalt und ihre Organe gebunden. Von dem drückenden Gefühl der Sündhaftigkeit kann der einzelne nicht durch die Absolution eines Priesters oder durch äußere Werke (Ablaß usw.) befreit werden, sondern nur durch Gott selbst, dem er sich in freier Selbstverantwortung zuwendet. Verwirklicht die Reformation in dieser Hinsicht den Grundsatz der Gewissensfreiheit und einen Individualismus, dessen Ideal die vor ihrem Gott verantwortliche bewußte Persönlichkeit ist, so hält sie auf der anderen Seite an der unbedingten Autorität der Heiligen Schrift fest, ja, sie gibt der Bibel noch eine größere Bedeutung, als sie früher besaß, weil sie für das einzige, allgemein zugängliche Hilfsmittel zum Erkennen der geoffenbarten Wahrheit ist. Indem die Reformation alle Vorstellungen und Einrichtungen als unberechtigte Neuerungen ablehnte, welche nicht in der Bibel erwähnt werden, wollte sie Glauben und Kultus der ältesten Christenheit in ihrer ursprünglichen Reinheit wiederherstellen. Wie bei allen derartigen »Repristinations«-Bewegungen gelang ihr dieses Ziel nur in begrenztem Maße; sie konnte wohl religiöse Anschauungen (wie den Glauben an Heilige), auch sakrale Handlungen (Messe, Ohrenbeichte), als dem Neuen Testament fremd, beseitigen, ebenso kirchliche Institutionen (Klosterwesen, Anerkennung des Papstes), sie war aber selbst in der ganzen vorausgegangenen Lehrentwicklung so stark verwurzelt, daß sie ohne Bedenken Dogmen und Riten als von Christus eingesetzt annahm, welche erst einer späteren Zeit ihre Existenz verdanken. Vor allem aber mußte notwendigerweise auch dort, wo sie sich wörtlich genau an das Evangelium oder die Episteln anschließen konnte, bei formeller Gleichheit die unüberbrückbare Verschiedenheit der Auffassungen der nach Denkart und Lebensgefühl so weit voneinander geschiedenen Zeiten hervortreten.

Gewissensfreiheit und Schriftgemäßheit sind Gegensätze, die sich immer nur provisorisch und individuell überbrücken lassen. Bei den einzelnen Vertretern des Protestantismus der verschiedenen Zeiten finden wir diese beiden Prinzipien deshalb ganz verschieden angewendet, und die ganze weitere Geschichte des Protestantismus läßt sich letzthin als eine dauernde Einschränkung des Glaubens an die Autorität der Bibel zugunsten des selbständigen Denkens charakterisieren und damit als ein Prozeß der zunehmenden Loslösung von der christlichen Überlieferung.

Die Reformation hätte nicht so großen und schnellen Erfolg gehabt, wenn in ihr neben dem Willen zur Freiheit, der periodisch den im Menschen ebenso periodisch auftretenden Willen zur Ordnung zurückdrängt, dem Kampf gegen kirchliche Mißstände und den Auswirkungen der Renaissance und des Humanismus nicht noch eine ganze Reihe von anderen Faktoren mitgespielt hätten. Zunächst einmal kommt in der Reformation, wenn man ihre weitere geschichtliche Entwicklung ins Auge faßt, der Kampf des rationalen Geistes der nördlichen Völker gegen die sinnenfrohe Weltoffenheit der südlichen, speziell der romanischen Nationen, zum Ausdruck: während die katholische Kirche sich mit ihren Riten und farbenprächtigen Bildern an die Phantasie des Gläubigen wendet, beschränkt sich der Protestantismus darauf, durch Predigt und Orgel zu ihm zu sprechen. Der rationalistischen Grundhaltung des Protestantismus entspricht es auch, wenn er zugunsten bestimmter abstrakter einheitlicher Schemen alles verwarf, was sich in diese nicht einordnen ließ: vor allem das Mönchtum und den Heiligenkult, wodurch gegenüber der Mannigfaltigkeit an Ausdrucksformen des religiösen Lebens, die der Katholizismus seinen Anhängern bot, eine außerordentliche Vereinfachung und Verarmung eintrat.

Die Ausbildung des Protestantismus ist weiterhin durch eine Reihe von äußeren Verhältnissen begünstigt worden, so durch die Erfindung der Buchdruckerkunst, welche es nun erst möglich machte, daß die Bibel in aller Hände kam, durch die aufsteigende Macht der Fürsten, welche von der Möglichkeit der Einziehung von Kirchengütern gern Gebrauch machten, und durch vieles andere.

Luther begann seine Reformation 1517 in Wittenberg, Zwingli 1524 in Zürich, Calvin 1536 in Genf. Ihre Bestrebungen fanden einen so lebhaften Widerhall, daß sich die neue Lehre in verschiedenen Schattierungen schnell über den größten Teil Europas verbreitete. Ungeachtet der Aussicht, durch Begründung eigener Landeskirchen ihre landesherrlichen Rechte zu vergrößern und persönliche Vorteile zu gewinnen (wie Heinrich VIII. in England), blieben aber viele Fürsten dem alten Glauben treu und stellten sich als Vorkämpfer desselben der immer gewaltiger vordringenden Flut entgegen. Im Kampfe erstarkte der Katholizismus: der 1540 von Ignaz von Loyola gegründete Jesuitenorden belebte die Kräfte der Kirche in hervorragendem Maße, und das Konzil von Trient, das 1545–1563 tagte, gab der Kirchenlehre eine umfassende neue Ausprägung. Der katholischen Gegenreformation gelang es, den Protestantismus aus Bayern und den österreichischen Erblanden zurückzudrängen und durchzusetzen, daß er in den romanischen Ländern (auch Frankreich, wo er zeitweise großen Einfluß besaß) keine dauernde Wurzel fassen konnte. Obwohl der Protestantismus durch innere Lehrstreitigkeiten geschwächt war, vermochte er sich doch in den meisten germanischen Gebieten zu behaupten. Der Kampf der Konfessionen führte in Deutschland 1618 zum Dreißigjährigen Kriege, der, nachdem unendlich viel

Blut vergossen war und unschätzbare Werte verloren waren, keine Entscheidung und keine Aufhebung des Zwiespaltes brachte. In der Folgezeit milderten sich die Gegensätze, vor allem seit die internationale Aufklärung gegen die starren dogmatischen Vorstellungen vorging und naturwissenschaftliche und philosophische Untersuchungen den Glauben an übernatürliche Eingriffe Gottes erschüttert hatten. Die Versuche der Französischen Revolution, das Christentum abzuschaffen, hatten aber keinen dauernden Erfolg, vielmehr trat zu Beginn des 19. Jahrhunderts eine allgemeine Reaktion gegen den Rationalismus ein. Im Katholizismus kam diese zum Ausdruck in einer reichen romantischen Literatur, in der 1814 erfolgten Wiederherstellung des 1773 aufgelösten Jesuitenordens, in der zunehmenden Konzentrierung aller kichlichen Kräfte und schließlich in der Verkündigung der Unfehlbarkeit des Papstes auf dem Vatikanischen Konzil (1870). Im Protestantismus waren von den verschiedensten Seiten immer wieder unternommene Versuche, den alten Supranaturalismus unter anderen Namen und Formen zu erneuern, vielfach nur von vorübergehendem Erfolg, weil der wachsende Gegensatz zu der modernen Geschichts- und Naturforschung sich nicht wie im Katholizismus durch Machtsprüche kirchlicher Autoritäten beschwören ließ. Die »liberale« Theologie war bestrebt, einen Ausgleich zwischen der christlichen Lehre und dem modernen Denken herbeizuführen, indem sie die dogmatischen Begriffe der Dreieinigkeit, Jungfrauengeburt, Auferstehung usw. ausschaltete oder umdeutete. Im Gegensatz zu ihr sucht die seit dem ersten Weltkrieg in Deutschland zur Herrschaft gelangte »dialektische« Theologie die Anliegen kritischer Forschung und die Anerkennung einer göttlichen Offenbarung dadurch zu vereinigen, daß sie den Widerspruch zwischen der Welt und der paradoxen Wirklichkeit des in Gericht und Gnade souveränen Gottes nicht im philosophischen Dialog, sondern im gehorsamen Glauben zu überwinden trachtet.
Der Prozeß, der sich seit der Reformation am abendländischen Geistesleben in fortschreitendem Maße vollzog, läßt sich mit Max Weber als »Entzauberung der Welt« und als »Säkularisierung« charakterisieren. Das Schwinden des Glaubens an die magische Wirksamkeit kirchlich-sakramentaler Akte nahm den religiösen Zeremonien der Taufe, des Abendmahls usw. jeden »objektiven« Wert als Ausgleichsmittel menschlicher Unvollkommenheit und hob damit die Bedeutung der Kirche als eines Instituts zur göttlichen Heilsvermittlung auf, so daß das Individuum in seiner Stellung zu Gott ganz und gar auf sich selbst angewiesen wurde. Die Säkularisierung aber ging in mehreren Etappen vor sich. Das alte Christentum betrachtete das irdische Dasein als eine Vorbereitung für das Jenseits, die Arbeit galt ihm als eine durch den Sündenfall über die Menschheit verhängte Strafe (1. Mose 3,19 und 23). Das Mittelalter sah deshalb in der mönchischen Askese das ideale Verhalten gegenüber der zum Untergang verdammten, vom Satan beherrschten Welt. Mit der Reformation kam die Vorstellung auf, daß die

Tätigkeit in einem weltlichen Beruf als ein Liebesdienst am Nächsten und als eine Pflicht der Dankbarkeit gegen den Schöpfer anzusehen sei, wodurch sie einen eigenen sittlichen Wert erhielt. Der »außerweltlichen« Askese der Mönche wurde die »innerweltliche« Askese selbstbeherrschter frommer Pflichterfüllung als Präventiv gegen alle sinnlichen Anfechtungen gegenübergestellt. Die Puritaner stellten den Grundsatz: »To make the best of both worlds« auf; wenn einer hier auf Erden treu arbeitet, dann segnet ihn Gott mit irdischen Gütern, nach dem Tode aber steht ihm die ewige Seligkeit in Aussicht. Im Laufe der weiteren Entwicklung verschob sich aber bei vielen das Schwergewicht der Betrachtung immer mehr zugunsten des Diesseitigen. Und die Hoffnung auf ein ewiges Leben, welche so viele Jahrhunderte hindurch christlichen Denkern Leitstern und Richtschnur gewesen war, verlor im Bewußtsein der Zeit immer mehr die Macht über die Seelen. Die Loslösung des Protestantismus von spezifisch christlichen Ideen läßt sich an der Entwicklung der Philosophie verfolgen. Im 17. Jahrhundert hatte es noch eine protestantische Scholastik gegeben, welche, auf Aristoteles fußend, die Dogmen zu beweisen suchte. Sie wurde dann durch die Leibniz-Wolffsche Schule abgelöst. Diese war in vielen ihrer Vertreter noch rein christlich orientiert: Leibniz selbst arbeitete an einem Plan zur Wiedervereinigung der katholischen und protestantischen Kirchen. In der zweiten Hälfte des 18. Jahrhunderts begegnen wir bei den führenden Philosophen in England und Deutschland hingegen nur wenigen Gedankengängen, die noch als spezifisch christlich angesehen werden können. Kant z. B., der doch vielfach als Philosoph des Protestantismus bezeichnet wird, lehrte zwar das Dasein Gottes und die Unsterblichkeit der Seele als Postulate der »praktischen Vernunft«, er leugnete jedoch die Möglichkeit einer Offenbarung, die Auferstehung des Fleisches, das Ende aller Dinge. Auch schrieb er der Person Christi weder einen überirdischen Ursprung noch eine andere Weisheitslehrer überragende Bedeutung für das Heil der Menschheit zu und suchte die christlichen Dogmen als mystische Einkleidungen von moralischen Ideen zu deuten. Fichte, Schelling und Hegel gaben den Begriffen der Dogmatik durch ihre Spekulationen einen neuen, von dem Überlieferten gänzlich abweichenden Inhalt. Schopenhauer sah das »Christliche« in seinem System einzig und allein in der asketischen Heilsordnung, den Theismus lehnte er ebenso ab wie alle anderen christlichen Glaubenssätze. Eduard von Hartmann behauptete in einer Schrift, die seinerzeit viel Aufsehen erregte, »die Selbstzersetzung des Christentums« und suchte die Grundlinien einer »Religion des Geistes« zu zeichnen, welche eine Synthese aus indischen und abendländischen Ideen darstellen sollte. Daß Nietzsche und die verschiedenen materialistischen Philosophen ebenso wie die meisten Sozialisten nationaler wie internationaler Prägung in mehr oder weniger scharfer Weise das Christentum bekämpften, bedarf keiner Erwähnung, da sie, zumeist vom Protestantismus ausgegangen, sich längst von ihm getrennt hatten. Aber selbst bei den Denkern, welche in der Kirche verblieben und sogar sich in ihr betätigten, spielt die eigentlich christliche Vorstellung selbst eine geringe Rolle, ihre religiösen Anschauungen beschränken sich vielmehr auf einen mehr oder weniger philosophisch vergeistigten Theismus, also auf eine Lehre, die auch dem Islâm und dem Hinduismus eigen ist.

Die griechische Kirche war durch die Eroberung Konstantinopels durch die Türken 1453 schwer getroffen worden. Da die Christen aber in den islâmischen Staaten in gewissem Umfange den Schutz der Regierung genossen, konnten sie ihre Tätigkeit in beschränktem Umfange weiter ausüben. Als Hüterin der alten Traditionen hat sie sowohl in Konstantinopel wie in den verschiedenen Balkanstaaten den Glauben der Väter hochgehalten und weiter übermittelt; sie war daher auch einer der wesentlichsten Faktoren, von welchen die geistigen Kräfte für die Befreiung vom türkischen Joch und für den Aufbau der nationalen Balkanstaaten ausgingen.

Die tatsächliche Führung der griechischen Kirche ging mit dem Untergang des Byzantinischen Reiches auf die russischen Zaren über, zumal nachdem Rußland sich von der Herrschaft der »Goldenen Horde« freigemacht und der Staat von Moskau die Teilfürstentümer zu einer starken Monarchie zusammengefaßt hatte. Die Kaiser fühlten sich fortan als Beschützer des orthodoxen Glaubens.

1589 schuf das erstarkende Russische Reich sich sein eigenes, von dem von Konstantinopel unabhängiges Patriarchat. Die Machtkämpfe zwischen dem Zaren und dem Patriarchen führten 1667 dazu, daß der Zar Alexei den Patriarchen Nikon absetzte, der Kirchenreformen (Berichtigung der kirchlichen Bücher, Verbesserung des Rituals) betrieben hatte, was zu Absplitterungen (Raskolniken) führte. 1721 machte Peter der Große die Kirche dem Staate völlig untertan, indem er das Patriarchat aufhob und die kirchliche Verwaltung einem in Petersburg tagenden Heiligen Synod unter der Leitung eines staatlichen Oberprokurators übertrug. Die enge Verbindung zwischen Kirche und Staat wurde durch die Revolution von 1917 aufgehoben und ein (nur kurze Zeit bestehendes) Patriarchat in Moskau wiedererrichtet. Die von den Bolschewisten durchgeführte Trennung von Kirche und Staat, die Reformbewegung der »lebendigen Kirche« und sektarische Bestrebungen führten zu einer Lockerung des kirchlichen Gefüges.

Im zweiten Weltkrieg ließ die Sowjetregierung 1943 die Wahl eines Patriarchen von Moskau (Sergius) zu. Nach dessen Tode fand 1945 in Moskau ein Kirchenkonzil statt, welches den Metropoliten Alexei von Leningrad zum Patriarchen und Vorsitzenden des ihm beigeordneten Heiligen Synods wählte. Im Einvernehmen mit dem Staat wurde eine Neuordnung der Kirchengemeinden und der religiösen Angelegenheiten vorgenommen.

Durch die Entdeckung des Seeweges nach Ostindien (1498), Amerikas (1491) und Australiens (1770) sowie durch die Erschließung Afrikas hat die Lehre Christi sich über die ganze Erde ausgebreitet. Ursprünglich war das Christentum die Religion der Mittelmeerländer gewesen, die Mission unter den Germanen und Slawen und der Verlust der vom Islâm eroberten Gebiete hatte es zur Religion des europäischen Kontinentes gemacht, jetzt wurde es zu einer Religion, die in allen fünf Weltteilen heimisch ward. Diese Ausdehnung des christlichen Machtbereiches über das Gesamtgebiet unseres Planeten ging auf zweierlei Weise vor sich: einerseits dadurch, daß Christen in überseeische Gebiete auswanderten und ihre Religion gewissermaßen mit sich nahmen, und andererseits durch Bekehrung der Eingeborenen der fremden Länder.

Die europäische Auswanderung richtete sich vorzugsweise nach Amerika, Südafrika, Australien und Neuseeland. In alle diese ausgedehnten Länder wurden die verschiedenen Kirchen und Sekten übertragen, welchen die Kolonisten in ihrer Heimat angehört hatten. Die räumlich weiteste Verbreitung fand hierbei der römische Katholizismus, der nicht nur ganz Lateinamerika beherrscht, sondern auch in den Vereinigten Staaten die zahlenmäßig stärkste in sich geschlossene kirchliche Gemeinschaft darstellt, zudem in den französischen Kanadiern strenggläubige Anhänger besitzt. Der Protestantismus in seinen mannigfachen Spielarten ist hingegen vornehmlich in Nordamerika, Südafrika, Australien und Neuseeland zu Hause. Er hat namentlich in den Vereinigten Staaten sich nicht damit begnügt, die aus der Alten Welt herübergebrachten Formen zu pflegen und zu erhalten, sondern eine Fülle von neuen Lehrsystemen und sektarischen Gemeinschaften geschaffen, deren religionsgeschichtliche Bedeutung bei uns vielfach noch nicht richtig eingeschätzt worden ist.

Versuche, die Bevölkerung der Länder, in welchen die Weißen Handelsniederlassungen errichteten oder die sie unmittelbar oder mittelbar ihrer Herrschaft unterwarfen, zu bekehren, haben einen sehr verschiedenen Erfolg gehabt. Überall dort, wo das Christentum keiner von den anderen großen Religionen gegenüberstand, hat es in kurzer Zeit gesiegt: die Indianer Nord- und Südamerikas, die nicht zum Islâm übergetretenen Neger Afrikas und Amerikas, die Südseeinsulaner, die australischen Aboriginer, die Maoris, die Filipinos sind, sobald sie mit der Mission in Berührung kamen, meist leicht gewonnen worden, weil ihr eigener Glaube gegenüber dem höher entwickelten christlichen nicht aufzukommen vermochte. Sehr wesentlich war es natürlich auch, daß das Christentum mit den Errungenschaften der europäischen Zivilisation verbunden auftrat und daß seine Propaganda sich vielfach recht irdischer Lock- und Machtmittel bediente. Die Leistungen der Mission haben eine stark entgegengesetzte Beurteilung gefunden. Die einen werten sie ausschließlich positiv: die Missionare hätten den Eingeborenen zu einem höheren geistigen Leben verholfen, sie von ihrer Geisterfurcht, vom Kannibalismus und vielen anderen grausamen Bräuchen befreit, sie hätten ihnen ärztliche Hilfe geleistet und seien zudem ihre einzige Stütze gegen die Ausnutzung durch die weißen Kolonialbeamten und weißen Händler. Demgegenüber machen andere geltend, daß die Sendboten des Christentums vielfach nur die Schrittmacher für die Eroberung oder wenigstens für die wirtschaftliche Durchdringung gewesen sind und daß sich als unbeabsichtigte Folge der Missionierung das allmähliche Aussterben der bekehrten Völker eingestellt hat, z. B. dadurch, daß die christlichen Missionare das Nacktgehen als unsittlich verboten, die Eingeborenen aber infolge der ungewohnten Kleidung sich Krankheiten zuzogen usw. Wie in vielen derartigen Fällen ist es grundfalsch, hier allgemeine Urteile auszusprechen, vielmehr sind die Leistungen der Mission in den verschiedenen Zeiten und Ländern je für sich gesondert zu bewerten. Daß die bekehrten Naturvölker vielfach die neuen Lehren nur äußerlich in sich aufgenommen haben und durch dieselben keine wesentliche innere Bereicherung erfuhren, versteht sich von selbst. Andererseits läßt sich nicht leugnen, daß manche Indianer durch das Christentum aufs tiefste ergriffen worden sind. Außer in Indien habe ich nirgends so völlig in religiöse Betrachtung versunkene Menschen gesehen wie die Indios im Heiligtum der Madonna von Guadelupe (Mexiko) oder bei der großen Karfreitagsprozession in Guatemala-City.

In absolutem Kontrast zu den großen Erfolgen der Christianisierung in Afrika, in Amerika und in Australien steht ihr fast völliges Versagen gegenüber den Bekennern der vier anderen großen Religionen. Daß Mohammedaner aus freien Stücken Christen werden, ist eine Seltenheit; die Bekehrung der Muslime in Spanien, Sizilien und Ungarn und auf dem Balkan spricht nicht gegen diese Feststellung, denn sie ist teils unter Anwendung staatlicher Machtmittel, teils wohl auch unter dem ganzen Zwange der Umwelt erfolgt. Selbst zum Islâm bekehrte Neger sollten für das Christentum gewonnen werden können. Der liebenswürdige protestantische Geistliche in Peking, der es sich zur besonderen Aufgabe gemacht hatte, die dort wohnenden Mohammedaner (meist Zentralasiaten) zu bekehren, erzählte mir, daß er mit seinem Bekehrungswerk so gut wie keine Erfolge erzielen konnte. Die Hindus, welche den christlichen Glauben annehmen, gehören fast ausschließlich den untersten Kasten an, welche von den höheren Ideen ihrer Religion wenig wissen und sich nicht viel von den indischen Primitiven unterscheiden; ihr Übertritt entspringt zudem vielfach der Hoffnung, auf diese Weise den Härten des Kastenwesens zu entgehen und ihre soziale Stellung zu verbessern. Daß gebildete Hindus sich bekehren, kommt kaum vor. Der Grund hierfür ist einmal darin zu suchen, daß sie dadurch ihre Kastenzugehörigkeit und damit ihre wirtschaftliche Existenz einbüßen würden; es kommt vielfach aber hinzu, daß sie im Christentum nur eine partielle Ausdrucksform der Wahrheit zu sehen vermögen, seinen Anspruch auf absolute Geltung aber ablehnen. So kommt es, daß von Râmmohan Roy bis Gândhî gerade die religiös aufs tiefste interessierten Hindus sich eifrig mit christlichen Ideen und Schriften beschäftigen, aber nicht daran denken, den ererbten, durch weitgehende Duldsamkeit ausgezeichneten Hinduglauben mit dem christlichen zu vertauschen. Bei den Buddhisten Hinterindiens und Ostasiens und bei den Anhängern des chinesischen Universums liegen die Dinge ähnlich, auch hier ist die Zahl der Konvertiten trotz der aufgewandten Mühe gering, die Bekehrten gehören mit wenigen Ausnahmen nur den niederen und ungebildeten Schichten an.

Unter diesen Umständen besteht keinerlei Wahrscheinlichkeit, daß Bekenner der anderen vier großen Religionen in entscheidender Zahl zum Christentum übergehen; nach allen bisherigen Erfahrungen ist aber ebensowenig anzunehmen, daß Christen – von einzelnen individuellen Ausnahmen abgesehen – sich zu einer der anderen Religionen bekehren werden, es scheint vielmehr, daß heutzutage die Grenzen zwischen den großen Glaubensformen infolge ihrer Verknüpfung mit nationalen, kulturellen und sozialen Vorstellungen so starr geworden sind, daß ein Hinüberwechseln über sie nur noch in beschränktem Umfange stattfindet.

III. Die Lehre

1. Die Glaubensquellen

a) Die Heilige Schrift

Da der Mensch außerstande ist, die ewigen Heilswahrheiten durch das Licht der Vernunft allein zu erkennen und so seine überirdische Bestimmung zu erreichen, hat Gott ihm eine übernatürliche Offenbarung zuteil werden lassen, welche ihm all das für sein Heil notwendige Wissen übermittelt. Die Offenbarung zerfällt in zwei Stadien: in die vorchristliche und in die christliche Offenbarung. Die vorchristliche umfaßt 1. die Uroffenbarung, welche Gott den ersten Menschen zuteil werden ließ, 2. die patriarchalische Offenbarung, welche den Erzvätern Abraham, Isaak und Jakob gegeben wurde, 3. die mosaische Offenbarung, welche von Moses dem auserwählten Volke übermittelt wurde. Dieser vorchristlichen steht, sie vollendend und teilweise umgestaltend, die christliche Offenbarung gegenüber. Der Inhalt der göttlichen Offenbarung ist niedergelegt in einer Reihe von heiligen Schriften, die in ihrer Gesamtheit als Bibel (griechisch: biblia = Bücher) bezeichnet werden. Es besteht zwischen den einzelnen christlichen Kirchen und Sekten fast völlige Übereinstimmung darüber, welche Schriften zur Bibel gehören, hingegen weichen sie darüber untereinander ab, 1. wieweit die Bibel unmittelbar oder mittelbar als »Gottes Wort« zu gelten hat und 2. ob sie die einzige Glaubensquelle darstellt oder neben ihr noch andere Schriften oder sonstige Überlieferungen als sie ergänzende Autoritäten anzusehen sind.

Nach der von der Mehrzahl der christlichen Theologen, namentlich von den römisch-katholischen vertretenen Anschauung enthält die Heilige Schrift nicht nur das Wort Gottes, sondern sie ist das Wort Gottes. Gott ist der Urheber (autor) des Alten und des Neuen Testaments, denn er hat sie den menschlichen Verfassern eingegeben, er hat sie dazu inspiriert, so zu schreiben, wie sie schrieben, um so unmittelbar durch ihre Schrift auf die Menschheit einzuwirken. Scharf umreißt das Vatikanische Konzil den Standpunkt Roms, indem es feststellt: »Die Kirche hält sie (die kanonischen Bücher) für heilig und kanonisch nicht deshalb, weil sie, ausschließlich durch menschliche Tätigkeit verfaßt, nachher durch ihre Autorität wären gutgeheißen worden, noch lediglich darum, weil sie die Offenbarung frei von Irrtum enthalten, sondern deshalb, weil sie unter Eingebung des Heiligen Geistes geschrieben, Gott zum Urheber haben und als solche selbst der Kirche sind übergeben worden.«

Auch die protestantische Orthodoxie vertrat die Inspiration; die biblischen Schriftsteller sind Sekretäre (amanuenses, tabelliones, notarii) des ihnen diktierenden Heiligen Geistes. Unter dem Eindruck namentlich der Ergebnisse der biblischen Philologie wurde die Theorie einer »Verbalinspiration« aufgegeben und behauptet, daß nicht die Wörter der Bibel, sondern nur der Inhalt oder nur die religiös wertvollen Bestandteile inspiriert seien. Schließlich begnügte man sich mit der Hypothese einer Personalinspiration. Die Schriften gelten nicht unmittelbar als inspiriert, sondern ihren Urhebern wird eine habituelle besondere Erleuchtung zuerkannt.

Die Bibel umfaßt die folgenden Schriften des Alten und des Neuen Bundes (griechisch: diatheke, lateinisch: testamentum):

Altes Testament (in der Einteilung der hebräischen Bibel)[1].

1. Das Gesetz (die Thora), nämlich die fünf Bücher Mose, auch der Pentateuch (das Fünfrollenbuch) genannt und einzeln lateinisch: Genesis, Exodus, Leviticus, Numeri, Deuteronomium betitelt.

2a. Die Bücher der frühen Propheten: das Buch Josua, das Buch der Richter, vier Bücher der Könige (die ersten beiden auch Bücher Samuelis genannt).

2b. Die Bücher der späteren Propheten: die drei großen Propheten: Jesaja (Isaias), Jeremia, Hesekiel (Ezechiel); die zwölf kleinen Propheten: Hosea, Joel, Amos, Obadja (Abdias), Jona, Micha, Nahum, Habakuk, Zephanja (Sophonias), Haggai (Aggäus), Sacharja (Zacharias), Maleachi (Malachias).

3. Die »Schriften«, nämlich: die Psalmen, die Sprüche, das Buch Hiob, das Hohelied, das Buch Ruth, die Klagelieder, der Prediger, das Buch Esther, das Buch Daniel, das Buch Esra, das Buch Nehemia, die beiden Bücher der Chronik.

Als »Apokryphen«, d. h. »verborgene Bücher«, werden Schriften bezeichnet, die von manchen Protestanten als nicht autoritativ ausgeschaltet, von anderen, wie Luther, als »der Heiligen Schrift nicht gleich gehalten und doch

[1] In der Luther-Bibel stehen die beiden Bücher der Chronik, Esra, Nehemia und Esther hinter den beiden (letzten) Büchern der Könige, die Klagelieder Jeremias hinter dem Propheten Jeremias, das Buch Daniel hinter Hesekiel. Als Lehrbücher figurieren Hiob, Psalter, Sprüche, Prediger und Hoheslied zwischen den Geschichtsbüchern und den Propheten.

nützlich und gut zu lesen« beurteilt werden, während die römische Kirche sie vollständig, die griechische teilweise in den Kanon aufgenommen hat. Sie heißen: das Buch Judith, die Weisheit Salomos, das Buch Tobias, das Buch Jesus Sirach, das Buch Baruch, die zwei Bücher der Makkabäer, Stücke zu Esther, Geschichte von der Susanna und Daniel, vom Bel zu Babel, vom Drachen zu Babel, das Gebet Asarjas, der Gesang der drei Männer im Feuerofen, das Gebet Manasses.

Den Kanon der Schriften des Neuen Testamentes bilden:
a) die vier Evangelien des Matthäus, Markus, Lukas und Johannes und die Apostelgeschichte des Lukas;
b) die 21 Briefe der Apostel, nämlich 13 des Paulus: an die Römer, Korinther (2), Galater, Epheser, Philipper, Kolosser, Thessalonicher (2), an Timotheus (2), an Titus, an Philemon, – 2 des Petrus, 3 des Johannes, je einer an die Hebräer, des Jakobus und des Judas;
c) die Offenbarung (Apokalypse) des Johannes.

Der fromme Glaube nahm an, daß die einzelnen Schriften von den Männern verfaßt seien, deren Namen sie tragen. Also der Pentateuch von Moses, das Buch Josua von Josua, das ganze Werk des Jesaja von diesem, das Evangelium und die Briefe des Johannes von diesem Lieblingsjünger Jesu usw. Man suchte danach die einzelnen Schriften zeitlich zu ordnen. Die moderne Bibelkritik hat im einzelnen nachgewiesen, daß viele Texte nicht die Erzeugnisse der Männer sein können, unter deren Namen sie gehen, daß manche Bücher kein einheitliches Ganzes darstellen, sondern aus verschiedenen Quellenschriften zusammengestellt worden sind, und daß manche Werke, die als besonders alt gelten, in der uns vorliegenden Form einer relativ späteren Zeit entstammen. Es würde zu weit führen, auf diese Dinge, über die sich der Leser am besten aus der einschlägigen Fachliteratur orientiert, näher einzugehen. Ich begnüge mich daher hier damit, die wesentlichen Daten nach dem heutigen Stande der Forschung in einer Zeittafel kurz zusammenzufassen.

So sind die fünf Bücher Mose »lange nach Mose verfaßt, aus mehreren sehr wohl verfolgbaren Quellenschriften zusammengestellt, nämlich 1. den älteren, etwa dem 9. und 8. Jahrhundert angehörenden Schriften der Jahvisten und Elohisten [1] (später vom Jehovisten zusammengearbeitet), 2. dem 5. Buch Mose, das um die Mitte der 7. Jahrhunderts entstanden ist (Deuteronomium), und 3. der namentlich in den mittleren Büchern des Pentateuch sehr reichlich fließenden Priesterquelle (Priesterkodex), welche erst dem 6. bis 5. Jahrhundert v. Chr. angehört und von Esra und Nehemia 444 v. Chr. veröffentlicht wurde.«

[1] Der französische Arzt Jean Astruc (1684–1766) hatte zuerst festgestellt, daß im 1. Buch Mose Gott in einigen Kapiteln nur Elohim (das Wort ist ein Plural »Götter«), in anderen nur Jahve (Luther: der Herr) genannt wird, und daraus geschlossen, daß hier verschiedene Quellen vorliegen.

ZEITTAFEL:

Um 1250:	Moses.
Um 1200:	Eroberung Kanaans. *Alte Lieder und Erzählungen, wie Richter 5 und 9,7ff.*
Um 1000:	David wird König. *Davids Lieder, wie z.B. 2. Sam. 1,17ff.; 3,33ff.; 12,1ff.*
960:	Bau des Tempels durch Salomo. *Salomos Tempelweihspruch, 1. Kön. 8,12ff.*
932:	Teilung des Reiches in Juda und Israel.
Um 950–850:	*Jahvistische Quelle.*
Um 750:	*Elohistische Quelle.*
760–700:	*Amos, Hosea, Jesaja, Micha.*
630–568:	*Jeremia, Nahum, Habakuk, Zephanja.*
621:	*Einführung des Deuteronomiums durch König Josia.*
586:	Zerstörung Jerusalems durch die Babylonier. Die Propheten des Babylonischen Exils: *Hesekiel, Deuterojesaja.*
538:	Rückkehr aus dem Exil.
520–515:	Tempelbau.
520–445:	*Haggai, Sacharia, Obadja, Maleachi.*
458–444:	*Einführung des Priesterkodex.*
400–340:	*Ruth, Joel.*
300–180:	*Die Bücher Esra und Nehemia und die Chronik (300), Hiob (250), Prediger, Jesus Sirach (180).*
166:	Aufstand der Makkabäer.
164–130:	*Daniel, Hoheslied, Esther (130), Judith (100).*
120–100:	*Das erste Makkabäerbuch.*
63:	Palästina unter römischer Herrschaft. Christi Geburt.
Um 30:	Jesu Auftreten.
Zwischen 32 (34) und 65:	Wirksamkeit des *Paulus.*
Zwischen 60 und 100:	*Evangelien und andere Schriften des Neuen Testaments.*

b) Die Überlieferung

Während die Protestanten die Heilige Schrift als die einzige objektive Glaubensquelle ansahen, neben welcher nur noch eine subjektive Glaubensquelle, wie das Gewissen, die Vernunft, die Erleuchtung durch Gott usw., als maßgebender Faktor für die Anerkennung oder Ausbildung von Lehren in Betracht kommt, stellt die katholische Kirche neben die Heilige Schrift die Überlieferung als gleichwertige Glaubensquelle. Nach ihr gibt es eine sich kontinuierlich fortsetzende Tradition göttlicher geoffenbarter Lehren und Anordnungen von bindender Autorität. Diese ist niedergelegt in Konzilbeschlüssen, liturgischen Büchern, den Schriften von Kirchenvätern, Kirchenlehrern und Kirchenschriftstellern und ergänzt die Ausführungen der Bibel. Weil die Bibel nämlich nicht eine vollständige und systematische Darstellung aller heiligen Lehren gibt (Joh. 21,25), bleiben viele Einzelpunkte des Dogmas und des Ritus (z. B. Zulässigkeit der Kindertaufe, Zahl der Sakramente) im Dunkel und können nur durch Heranziehung der Lehre und Praxis der alten Kirche geklärt werden. Obwohl dieses Prinzip von den Protestanten an sich nicht anerkannt wird, wird es doch von ihnen seit jeher in weitem Umfange praktisch in Anwendung gebracht, da sie selbst viele Dinge, die an sich in der Bibel noch nicht enthalten sind, als zu Recht bestehend anerkennen und auch z. B. das Glaubensbekenntnis, das auf dem Konzil zu Nicäa beschlossen wurde, als bindend ansehen.

Nach katholischer Auffassung kann jedoch weder die Heilige Schrift noch auch die Überlieferung die alleinige Richtschnur des christlichen Glaubens sein, es bedarf vielmehr eines Faktors, durch welchen das Verständnis der Glaubensquellen geregelt und bestimmt wird. Dieses Prinzip, die sogenannte »Glaubensregel«, ist die Lehrautorität der katholischen Kirche, welche über alle Fragen entscheidet und der sich alle Gläubigen zu fügen haben. Denn als eine fortdauernd unter der Leitung des Heiligen Geistes stehende Offenbarungsanstalt ist die Kirche bleibend im Besitz der unverfälschten Überlieferung und pflanzt diese kontinuierlich fort.

Die griechische Kirche erhebt ebenfalls den Anspruch, die die Bibel ergänzende Überlieferung in authentischer Weise in voller Reinheit bis zum heutigen Tage bewahrt zu haben. Zusammen mit den Beschlüssen der ersten sieben ökumenischen Synoden ist sie ihr Norm und Quelle ihres Glaubens.

Das Bekenntnis der christlichen Kirchen ist in sogenannten »Symbolen« dargestellt. (Das Wort bedeutet eigentlich Merkzeichen, Parole, Sinnbild.) »Ökumenische« (d. h. den ganzen Erdkreis umfassende) Symbole sind das Apostolische, das Nicaeno-Constantinopolitanum (von 325 bzw. 381) und das Athanasianische, das jedoch nicht von dem Kirchenlehrer, nach welchem es heißt, abgefaßt ist, sondern dem 5. Jahrhundert entstammt.

Alle drei großen christlichen Kirchen haben außerdem ihre besonderen sogenannten »Partikularsymbole«. Die bedeutendste Glaubenslehre der Griechen rührt von Johannes von Damaskus (gest. 754) her; die Lehren der römischen Kirche sind in dem auf den Beschlüssen des Konzils von Trient fußenden »Catechismus Romanus« (zuerst 1566) zusammengefaßt; das Grundbekenntnis der evangelischen Kirche ist die »Augsburger Konfession« (zuerst 1531). Die Lutheraner haben in den beiden Katechismen Luthers und in den »Concordien-Formeln« (ab 1574), die Reformierten in verschiedenen »Confessionen« (Tetrapolitana, 1530, Helvetica, 1536 und 1566, und anderen) sowie im Heidelberger Katechismus (1562) ihre maßgebenden Bekenntnisschriften.

Einer Darstellung der Lehre stehen beim Christentum insofern größere Schwierigkeiten entgegen als bei den anderen Religionen, weil der Abendländer die letzteren aus größerer Entfernung betrachtet und deshalb ihre Hauptzüge stark profiliert wahrnimmt, während er mit dem Christentum einer bestimmten Richtung seit seiner Jugend in positiver oder negativer Weise so stark verknüpft ist, daß er Gefahr läuft, Unwesentliches in den Vordergrund zu rücken oder Wesentliches zurückzustellen. Im Rahmen dieses Buches konnte natürlich ebensowenig ein modernes, rationalisiertes System dargelegt werden wie eine Rekonstruktion der Lehre der Urgemeinde, vielmehr war allen Ausführungen ein Lehrgebäude zugrunde zu legen, das inhaltlich etwa demjenigen Shankaras und Râmânûjas, Buddhaghosas und Vasubandhus entspricht. Als solches konnte nur das römisch-katholische in Frage kommen, für welches auch die Werke des heiligen Thomas von Aquino autoritativ sind. Dieses Vorgehen empfahl sich um so mehr, als der römische Katholizismus die am meisten verbreitete Form des Christentums ist und seine Dogmatik eine so feste Form angenommen hat, daß sie für alle seine Anhänger verbindlich ist. Die Grundlage der folgenden Darstellungen bilden die weitverbreiteten, kirchlich approbierten Werke: W. Wilmers, »Handbuch der katholischen Religion«, 5. Aufl., Regensburg (1919); F. Hettinger, »Apologie des Christentums« (Freiburg 1880); E. Krebs, »Dogma und Leben« (Paderborn 1930). Die abweichenden Anschauungen anderer christlicher Kirchen, vor allem der protestantischen, sind bei den einzelnen Lehrstücken mit größerer oder geringerer Ausführlichkeit behandelt worden. Es ist zu hoffen, daß es auf diese Weise gelungen ist, ein getreues Bild der christlichen Lehre zu geben, das zwar nicht absolut vollständig sein kann, aber doch dem Bedürfnis nach einer objektiven Gesamtübersicht einigermaßen entspricht.

2. Gott und Welt

a) Gott

Das einzige, seit Ewigkeit und in Ewigkeit unveränderlich allein durch sich selbst existierende, absolut vollkommene Wesen, von dem das All und alles, was in ihm ist, abhängt, ist Gott. Gott ist ein persönliches Geistwesen (Joh. 4,24), unermeßlich, allgegenwärtig, allwissend, allweise, allmächtig, der Schöpfer der Welt und der Urheber ihrer Ordnung, ihr Gesetzgeber und Richter. Gott ist gerecht, indem er nach Verdienst belohnt und bestraft. Er ist aber auch gütig und barmherzig. Heißt es doch im Jakobusbrief 1,17: »Alle gute Gabe und alle vollkommene Gabe kommt von oben herab, vom Vater des Lichts, bei welchem ist keine Veränderung noch Wechsel des Lichts und der Finsternis.« Da Gott ewig und unendlich selig ist, kann die Barmherzigkeit bei ihm nicht wie bei den Menschen von Mitleid begleitet sein. Mitleid kommt Gott vielmehr nur in seiner Menschwerdung als Christus zu (Hebr. 2,17).

Von der Gottesidee anderer Religionen unterscheidet sich die des Christentums vor allem dadurch, daß nach ihr in Gott drei Personen sind: Vater, Sohn und Heiliger Geist (zuerst Matth. 28,19). Unter einer Person wird dabei eine Wesenheit verstanden, welche für sich gesondert existiert und Herr ihrer Handlungen ist. Die Lehre von der Dreifaltigkeit besagt daher, daß zwar Vater, Sohn und Heiliger Geist eine und dieselbe göttliche Natur oder Substanz haben, daß sie aber in anderer Hinsicht »voneinander unterschieden sind und für sich bestehend und mit Selbstbestimmung tätig auftreten«. Der Sohn ist vom Vater verschieden, weil er von ihm nicht in der Zeit, sondern von Ewigkeit her erzeugt ist, der Heilige Geist wieder ist vom Vater und vom Sohne verschieden, weil er sowohl vom Vater wie vom Sohne ausströmt, und zwar so, daß beide obwohl verschiedene Personen ihn durch eine und dieselbe Tätigkeit hervorbringen, »denn alles, was der Vater besitzt, besitzt auch der Sohn«. Der Heilige Geist, das übernatürliche Prinzip alles höheren göttlichen Lebens in den Gläubigen, die Gottesmacht, die den Glauben erweckt, von Sünde reinigt und mit sittlichen Kräften erfüllt, wird ausdrücklich als eine Person gedacht und im Anschluß an Matth. 3,16, Luk. 3,22 unter dem Bild einer Taube mit Heiligenschein dargestellt.

b) Die Schöpfung

Nach katholischer Lehre ist die Welt von Gott aus nichts geschaffen worden, d. h., Gott hat sie weder aus sich hervorgehen lassen (wie die indischen Panen-theisten annehmen), noch hat er sie aus einem neben ihm vorhandenen, unerschaffenen Stoffe gebildet (wie Madhva und andere Hinduphilosophen lehren). Die Theorie findet sich zwar in der Bibel nicht überall mit voller Deutlichkeit ausgesprochen, doch können einige Stellen in ihr für sie in Anspruch genommen werden, so 2. Makkab. 7,28 und Joh. 1,1–3, vor allem Hebr. 11,3. »Denn durch den Glauben erkennen wir, daß die Welt durch Gottes Wort fertig ist, daß alles, was man sieht, aus nichts geworden ist.« (So nach Luther; C. Weizsäcker übersetzt: Durch Glauben erkennen wir, daß die Welten hergestellt wurden durch Gottes Wort, so daß nicht aus Sichtbarem das, was gesehen wird, hervorging.)

Die Vorstellung, daß der Kosmos ohne jede mitwirkende äußere Ursache allein durch einen Willensakt Gottes ins Dasein gerufen wurde, unterscheidet das Christentum nicht nur von allen östlichen Systemen, sondern auch von denen der griechischen Philosophie. Durch die christliche Lehre wird Gott gegenüber der Welt und den Geschöpfen in nicht mehr überbietbarer Steigerung zu höchster Autorität erhoben und zwischen ihm und allem Kreatürlichen eine unüberbrückbare Kluft aufgerichtet; Gott ist von seinen Geschöpfen nicht graduell, sondern essentiell verschieden. Weil Gott so hoch über allen Geschöpfen steht und sie völlig von ihm abhängen, ist sein Wille das allein Entscheidende, seinen Geboten hat das Universum zu gehorchen, zu seiner Ehre, zu seinem Ruhme geschieht alles. Die demütige Unterwerfung unter Gott ist deshalb der schönste Schmuck des Christen, und das Gefühl der Ohnmacht gegenüber ihm ist in erster Linie das Thema vieler christlicher Dichter.

Die Welt ist in der Zeit geschaffen worden, d. h., vor Erschaffung der Welt existierte Gott ohne diese (Joh. 17,5). Den Moment der Weltschöpfung, und damit den Anfang der Zeit, die durch eine regelmäßige Aufeinanderfolge von Veränderungen bedingt ist, haben viele christliche Theologen zu berechnen versucht, die Ergebnisse dieser Bemühungen schwanken (oben S. 179).

Jedenfalls aber ist für die christliche Lehre im Gegensatz zu der der Inder und Chinesen die Vorstellung von einem absoluten Weltanfang und einem einmaligen Ablauf des Weltprozesses bezeichnend. Nur vereinzelt haben Mystiker diese kurzfristige Anschauung in eine solche von einer periodischen Welterneuerung umzudeuten versucht.

Da Gott absolut frei ist, kann er die Welt weder aus einer inneren noch aus einer äußeren Notwendigkeit, sondern nur aus freier Wahl geschaffen haben, »aus Liebe zu seiner unendlichen Vollkommenheit, die er in den erschaffenen Wesen kundgeben will« (Wilmers, S. 262). Seine eigene Ehre ist also der letzte Zweck der göttlichen Tätigkeit. »Alles hat Gott seinetwegen gemacht, auch den Gottlosen zum bösen Tage (des Gerichts)« (Sprüche Salomos 16,4). Denn auch die Bestrafung der Verdammten dient der Verherrlichung Gottes, indem sie seine Allmacht und Vollkommenheit offenbart.

Gott hat nicht nur die Welt geschaffen, sondern erhält sie auch. Im Gegensatz zu den Deisten, welche annehmen, daß Gott seinem Werk so gegenüberstehe wie ein Künstler dem von ihm geschaffenen Kunstwerk, lehren die christlichen Theisten, daß es einer fortdauernden Aktivität Gottes bedarf, um ihre Existenz zu erhalten. Alles Erschaffene trägt den Grund seines Daseins nicht in sich selbst, sondern ist ganz und gar von Gott abhängig.

Gott regiert die Welt, indem er sie mit Güte, Weisheit und Macht zu den vorgestellten Zielen hinlenkt. Der Versuch, darzutun, daß die Existenz von moralischen und physischen Übeln und die ungerechte Verteilung von Glück und Unglück unter die Schlechten und Guten nicht mit der Vorstellung von einer göttlichen Vorsehung im Widerstreit steht, ist das Hauptanliegen der christlichen Theodizee gewesen. Diese operiert mit Vorliebe mit dem Gedanken, daß auch das größte Unglück und die schlimmste Sünde die Ursache von etwas Gutem und Heilvollem werden kann: die Sünde von Adam und Eva war letzthin die Ursache der Menschwerdung Gottes; das Missale Romanum am Karsamstag drückt dies in den Worten aus: O felix culpa, quae talem ac tantum meruit habere redemptorem. »O glückliche Schuld, welche es verdiente, einen solchen und so großen Erlöser zu haben.«

Wenn Gott auch im Alten Testamente vielfach in menschlicher Gestalt auftritt und in der Apokalypse 1,13 und 19,11 menschenähnlich beschrieben wird, wird doch an anderen Stellen der Bibel gesagt, daß er groß und unsichtbar ist (Hiob 36,26 und 1. Tim. 6,16), daß ihn nur der Sohn (Joh. 1,18) kennt und ihn nur die Engel von Angesicht sehen (Matth. 18,10). Joh. 4,24 wird er als Geist bezeichnet und muß deshalb unsichtbar sein. Dessenungeachtet hat ihn die christliche Kunst häufig dargestellt, in den Katakomben als einen Jüngling vom Typus des Apollo oder Merkur, oft als einen langbärtigen Mann oder Greis, der die Kaiserkrone oder die päpstliche Tiara auf dem Haupte und die Weltkugel oder das Buch des Schicksals in der Hand trägt. Als Sinnbilder Gottes erscheinen: der Name Jehova in hebräischer Schrift in einem Dreieck, das von einem Sonnennimbus umgeben ist, ein Auge im Dreieck, eine aus den Wolken hervorragende Hand (Jes. 59,1; 66,2; Dan. 5,23) usw.

Die Welt zerfällt in drei Bereiche: die Geisterwelt, die Körperwelt und die Menschenwelt. Die erstere ist rein geistig, die zweite rein stofflich, die dritte nimmt eine Mittelstellung zwischen den beiden ein, da die Menschen aus Geistigem und Stofflichem zusammengesetzt sind.

c) Die Geisterwelt

Gott schuf mit Verstand und Willen begabte persönliche geistige Wesenheiten, die unkörperlich und deshalb gewöhnlich unsichtbar sind, aber einen sichtbaren Leib zu bestimmten Zwecken annehmen können. Diese Wesenheiten, die als dienende Geister den Willen Gottes vollstrecken, werden Engel (vom griech. Angelos »Bote«) genannt. Sie besaßen von dem Moment an, an welchem Gott sie (vor der materiellen Welt) schuf, eine natürliche Seligkeit, die namentlich in der vollkommenen Erkenntnis Gottes bestand. Um sie jedoch einer übernatürlichen Seligkeit teilhaftig werden zu lassen, unterwarf Gott sie einer Prüfung und belohnte die tauglich befundenen mit seiner heiligmachenden Gnade, auf Grund deren ihnen die übernatürliche, in der klaren Anschauung Gottes bestehende Seligkeit (Matth. 18,10) zuteil wurde.

Die Engel zerfallen nach Eph. 1,21 und 3,10; Kol. 1,16 in neun Chöre. Die unterste Gruppe (Hierarchie) von diesen sind die Engel, Erzengel und Tugenden (virtutes); sie führen unmittelbar die Befehle Gottes bei den

Geschöpfen aus. Die zweite Gruppe umfaßt die Herrschaften (dominationes), Fürstentümer (principatus) und Gewalten (potestates), die vorzüglich an der Schöpfung beteiligt sind, die höchste Hierarchie sind die Throne, Seraphim und Cherubim, die ihren Namen davon haben, daß sie an Gottes Thron stehen, in Liebe zu ihm erglühen und sein Antlitz schauen.

Nach den mittelalterlichen Scholastikern sind die Engel, da ihnen die Materie als principium individuationis fehlt, nicht als Individuen, sondern je als eine Spezies für sich zu betrachten. Mit ihrer Immaterialität hängt auch ihre Geschlechtslosigkeit zusammen, von der bereits bei Matth. 22,30 gesprochen wird.

Die Engel werden von Gott ausgesandt, »zum Dienste um derer willen, die ererben sollen die Seligkeit« (Hebr. 1,14). Sie betätigen sich zum Wohle der Menschen, indem sie deren Gebete vor Gottes Thron tragen (Offenbarung 8,3,4; Tobias 12,12), diesen Menschen behilflich sind, das Heil zu erlangen, wie dem Hauptmann Cornelius (Apostelgesch. 10), und sie auf allen ihren Wegen behüten (91. Psalm 11 ff.). Nach Matth. 18,10 haben die Kinder ihre Schutzengel im Himmel; in entsprechender Weise soll auch jeder Mensch seinen Schutzengel haben, ja, sogar die einzelnen Völker haben nach Dan. 10 ihre überirdischen Protektoren.

Die Erzengel sind:

Michael (»Wer ist Gott?«); er repräsentiert die Allmacht und Gerechtigkeit Gottes, hält deshalb das Schwert und die Waage des Jüngsten Gerichtes. Er galt als Schutzpatron der Juden (Dan. 10,13,21 und 12,1), später der Deutschen (deutscher Michel).

Raphael (»Der Herr mein Arzt«), der Schutzengel der Unschuld (daher Begleiter des Tobias und mit Reisestab und Kürbisflasche dargestellt).

Gabriel, der Engel der Verkündigung, der das erste Ave-Maria sprach (Luk. 1,26), meist in priesterlichem Gewande mit Lilie dargestellt.

Mitunter wird diesen dreien noch als vierter Uriel hinzugefügt, der Christi Grab bewacht hatte.

Ein Teil der Engel bestand die erwähnte Prüfung nicht, in Stolz verblendet, fielen sie von Gott ab und wurden deshalb von ihm »mit Ketten zur Finsternis der Hölle verstoßen und übergeben, daß sie zum Gericht behalten werden« (2. Petrus 2,4; vgl. Judas 6).

Wenn sie auch im ewigen Feuer Qual leiden (Matth. 25,41), so können sie diesen ihren Aufenthalt doch zeitweise verlassen, um die Menschen in Versuchung zu führen, sie zur Sünde zu verleiten und ihnen Böses zuzufügen; namentlich machen die bösen Mächte die Menschen besessen und behaften sie mit Krankheiten der verschiedensten Art. Die Evangelien berichten an zahllosen Stellen davon, daß Christus die Teufel austrieb (z.B. Matth. 12,28; Mark. 5,9ff.). An drei Parallelstellen (Matth. 8,28; Mark. 5,1–17; Luk. 8,26–37) wird erzählt, daß Jesus die Teufel auf ihre Bitte in Säue fahren ließ, die sich dann in den See stürzten und im Wasser ertranken.

Die bösen Geister bilden eine Art Hierarchie, gleich den Engeln. An ihrer Spitze steht derjenige unter ihnen, der die anderen zum Abfall verleitete. Dieser wird als Satan, Beelzebub (Matth. 10,25), Belial (2. Kor. 6,15) oder schlechthin als Teufel (diabolus) bezeichnet. Er »geht in der Welt umher wie ein brüllender Löwe und sucht, welchen er verschlinge« (1. Petrus 5,8). Im Mittelalter stellte man sich die höllische Hierarchie als ein Zerrbild der himmlischen vor. Im tiefsten Höllengrunde haust Luzifer, der Geist des Hochmuts. Ihm sind als Unterführer nachgeordnet: Asmodäus, der Dämon der Fleischeslust, Mammon, der Herr des Geizes, und Beelzebub, der Patron der Abgötterei und Magie.

Die noch heute vom Katholizismus vertretene Lehre vom Teufel gehört auch zum eisernen Bestande der protestantischen Orthodoxie. So lehrte David Hollaz (gest. 1713), der Fall der Engel habe nach Vollendung des göttlichen Sechstagewerkes, aber vor dem Sündenfall der ersten Menschen, mithin »in der zweiten Woche der Welt«, stattgefunden. Die Macht der Teufel sei zwar größer als die der Menschen, aber durch die Macht Gottes gebunden, derart, daß sie, ohne daß Gott es zuläßt, nichts zu tun vermögen. Der Wille der Teufel sei nicht mehr frei, sondern sie hätten lediglich die Fähigkeit, zwischen den verschiedenen Akten des Bösen zu wählen.

Es ist bekannt, welche Verheerungen der Glaube an den Teufel durch die Hexenprozesse sowohl in katholischen wie in protestantischen Gebieten angerichtet hat, hat doch sogar noch 1782 in Glarus ein Hexenprozeß stattgefunden. Gegen diesen finsteren Aberglauben traten zuerst der Jesuit Spee 1681, der holländische Prediger Bekker 1691 und der Aufklärer Thomasius 1701 auf. Wenn die Auswüchse des Teufelsglaubens auch im 19. Jahrhundert aufgehört haben, so bildet der Glaube selbst doch ein selbstverständliches Element der Dogmatik der meisten Christen. Der Rationalismus erklärte sich hingegen gegen die Annahme eines Teufels, und ebenso haben seit Schleiermacher viele freier denkende protestantische Theologen den Glauben an einen Satan abgelehnt. Sie machten dabei geltend, daß ein persönlicher Teufel, der absolut böse sei, nicht existieren könne, weil eine Person ein kreatürliches, von Gott geschaffenes Wesen ist und deshalb auch nicht absolut böse sein könne. Nimmt man aber an, daß es ein absolut böses Wesen gibt, so muß dieses eben ewig sein wie der absolut gute Gott, man verließe dann aber die Basis des Monotheismus und gelange zum Dualismus.

d) Die Körperwelt

Die Schöpfung der materiellen Welt ging nach dem 1. Kapitel der Genesis in sechs Tagen vor sich, während Gott am siebenten Tage dann von seinem Werke ausruhte und dadurch das Vorbild für den Sabbat des Menschen gab. Am 1. Tage entstand das Licht, am 2. Tage die Ausdehnung inmitten des

Wassers und die Abscheidung des Himmels, am 3. die Erde und die Pflanzen, am 4. die Himmelslichter, am 5. die Tiere des Wassers und der Luft, am 6. die Tiere des Landes und die Menschen. Die Reihenfolge ist nach heutigen Begriffen merkwürdig, da nicht einzusehen ist, wie das Licht vor den Himmelskörpern oder die Pflanzen vor der Sonne existieren können. Der Schöpfungsbericht in Genesis 2,4 ff. weicht in zahlreichen Punkten von dem ersteren ab, namentlich darin, daß in dem zweiten Mittelursachen hervorgehoben werden (die Pflanzen entstehen aus feuchtem Nebel, die Frau aus einer Rippe des Mannes) und daß die Reihenfolge eine andere ist. Auch die Angaben in Psalm 104 und Hiob 38 zeigen Unterschiede. Die Dogmatiker haben alle diese Differenzen aber auszugleichen versucht.

Das Wesentliche der biblischen Schöpfungsgeschichte besteht in den Feststellungen, 1. daß die Welt von Gott ohne Zuhilfenahme eines Demiurgen und nicht aus einem neben ihm vorhandenen Urstoff und daß sie 2. zum Wohle des Menschen geschaffen worden ist. Daß die Erde und die Himmelskörper, die Tiere und die Pflanzen keinen Selbstzweck haben, sondern nur für die Zwecke des Menschen da sind, wird in 1. Mose 1,17 ff.; 26 ff. und 9,1–3 ausdrücklich betont. In dieser Hinsicht ist die christliche Lehre in viel höherem Maße anthropozentrisch als die der Inder; der Mensch nimmt nach ihr eine Sonderstellung gegenüber der Natur ein, er ist die Krone der Schöpfung, und seinetwegen geht das ganze Weltgeschehen vor sich.

Die christlichen Vorstellungen vom Weltgebäude sind natürlich die des alten geozentrischen Systems; in Dantes Göttlicher Komödie haben sie ihren vollendeten Ausdruck gefunden.

e) Die Menschenwelt

Gott schuf den Menschen als sein Ebenbild (1. Mos. 1,26). Die Ähnlichkeit des Menschen mit Gott wird vor allem darin gesehen, daß der Mensch im Gegensatz zu den Tieren mit einer unsterblichen, geistigen, vernünftigen Seele und mit Willensfreiheit begabt ist. Diese Lehre finden die Theologen darin angedeutet, daß Gott nach 1. Mos. 2,7 den Menschen aus Erdenstaub bildete und ihm den Odem des Lebens einhauchte, während bei der Schöpfung der Tiere nicht von deren Begabung mit einem besonderen Lebensprinzip die Rede ist.

Nach den Dogmatikern besteht der Mensch aus zwei durchaus verschiedenen Bestandteilen, aus dem materiellen Körper, der sich in natürlicher Weise im Leib der Mutter gebildet hat, und zweitens aus der unsterblichen Seele, die eine einfache, geistige, immaterielle Substanz ist. Allen Theologen steht fest, daß jede Seele von Gott geschaffen ist, also einen Anfang hat, daß sie aber kraft der Allmacht Gottes kein Ende hat, sondern von Gott ewig im Dasein erhalten wird. Während die sogenannten »Traduzianisten« wie

Terullian und andere Theologen annehmen, daß die Seele eines Kindes zugleich mit dem Körper von den Eltern übermittelt werde, so daß schließlich alle Seelen von der Seele des ersten Menschen herstammen, glauben die sogenannten »Kreatianisten«, daß jede Seele von Gott besonders aus dem Nichts erschaffen und mit dem von den Eltern hervorgebrachten Leibe vereinigt wird.

Gott schuf zuerst Adam, den ersten Mann, dann erst später das erste Weib Eva (Leben) aus einer Rippe Adams, womit nach Paulus 1. Kor. 11,9 der Grundsatz ausgesprochen wird, daß der Mann nicht des Weibes, das Weib aber des Mannes wegen da ist. Die ersten Menschen waren von Gott mit natürlichen und übernatürlichen Gaben und Vorzügen ausgestattet worden. Sie besaßen die Unsterblichkeit des Leibes (Weisheit 2,23 ff.) und führten im Paradies ein glückseliges Leben, sie hatten auch eine so vollkommene Herrschaft des Willens über die Sinnlichkeit, daß bei ihnen keine fleischlichen Begierden gegen den Geist kämpften und sie deshalb ihrer Nacktheit sich nicht schämten (1. Mos. 2,25). Adam sollte nach göttlichem Ratschluß der leibliche und geistige Stammvater des Menschengeschlechtes werden. Die Frage, wie Adam, ohne der Begierde unterworfen zu sein, hätte Kinder zeugen können, beantwortet der heilige Augustinus [1] dahin, daß er lehrte, Adam hätte, auch ohne in Brunst zu geraten, sein Glied zur Erektion bringen können, genau so wie manche Menschen willkürlich ihre Stirn zu runzeln oder ihre Ohren zu bewegen vermögen. Bevor Adam jedoch zum Stammvater des Menschengeschlechtes wurde, unterwarf ihn Gott einer Prüfung. Er verlangte von ihm die gehorsame Beachtung des Gebotes, von der Frucht des Baumes der Erkenntnis nicht zu essen. Von der Schlange (d. h. nach späterer Erklärung dem Teufel) verführt, verstieß Adam auf Veranlassung Evas gegen dieses Gebot und machte sich dadurch einer so schweren Sünde schuldig, daß Gott ihm und allen späteren Menschen seine früheren Vorzüge entzog. Seitdem sind die Menschen nicht mehr auch mit dem Leibe unsterblich, sondern dem Tode unterworfen, denn dieser ist der Sünde Sold (Röm. 6,23), sie leben nicht mehr sorglos in einem Paradiese, sondern müssen in der Welt hart arbeiten.

In ihren Ansichten über den geistig-moralischen Zustand, in welchen die Menschheit durch den Sündenfall versetzt worden ist, weichen die katholischen und protestantischen Dogmatiker voneinander ab.

Nach römischer Lehre hat sich die menschliche Natur an sich durch den Sündenfall nicht verändert; die ihr von je eigenen Kräfte der Erkenntnis und des Willens sowie die Fähigkeit, sich selbständig für das Gute zu entscheiden, sind ihr geblieben (liberum arbitrium), jedoch in abgeschwächtem Maße. Die übernatürlichen Gnadengeschenke, welche Gott Adam gemacht hatte, die Heiligkeit und Gerechtigkeit, welche in dem Einklang von Wünschen, Sollen

---

[1] Augustin, »De civitate Dei« XIV, 24.

und Tun besteht, ferner die Freiheit von Tod und der Genuß des Paradieses sind dem Menschen hingegen verlorengegangen, und als Folge dieses Schwindens haben sie die beständige Richtung auf das Gute hin und die Bändigung der Fleischeslust eingebüßt.

Die protestantische Theorie unterscheidet nicht zwischen natürlichen und übernatürlichen Gnadengaben, sondern nimmt an, daß der Mensch durch die Sünde total verdorben ist. So wie die ursprüngliche Gerechtigkeit (justitia originalis) das Wesen des noch nicht gefallenen Menschen ausmachte, so ist die durch die Sünde bewirkte Verderbtheit dem gefallenen Menschen essentiell eigen. Infolge des habituellen Hanges zur Sünde ist der Mensch von sich aus völlig außerstande, Gott recht zu erkennen und zu lieben und das Gute zu wollen und zu tun. Alles Gute wird in ihm vielmehr nur durch göttliche Gnade gewirkt.

Adams Sünde vererbte sich auf alle seine Nachkommen, so daß »durch die Sünde des einen die Verdammnis über alle Menschen gekommen ist und durch eines Menschen Ungehorsam viele Sünder geworden sind« (Röm. 5,18ff.).

Entsprechend dem göttlichen Befehl, sich zu vermehren und sich die ganze Erde zu unterwerfen (1. Mos. 1,28), wuchs die Zahl der Menschen von Generation zu Generation, und sie breiteten sich über die ganze Erde aus. Das Alte Testament berichtet ausführlich von der wachsenden Verderbnis der Menschheit, die Gott veranlaßte, sie durch die Sintflut einem großen Strafgericht zu unterziehen (1. Mos. 6); aber auch die Nachkommen der Geretteten bewahrten nicht die Wahrheiten der Uroffenbarung, welche Gott den ersten Menschen hatte zuteil werden lassen, und verfielen in Abgötterei, indem sie statt des einen wahren Gottes mannigfache Götzen und Dämonen verehrten. Dieser Zustand steigerte sich noch, als im Gefolge des Turmbaues von Babel (1. Mos. 11) eine allgemeine Sprachverwirrung eingetreten war. Gott ließ nun alle Völker ihre eigenen Wege wandeln (Apostelgesch. 14,16) und war nur darauf bedacht, einen bestimmten Stamm zum Träger seiner Offenbarung zu machen. Gottes Wahl fiel auf Abraham, er veranlaßte ihn, aus seiner Heimat Chaldäa nach Kanaan zu ziehen, und er machte ihn zum Stammvater eines Volkes, das dazu ausersehen sein sollte, die Lehre von dem einen Gott treu zu bewahren und der Welt später den Messias zu schenken, der allen Völkern Segen bringen sollte (1. Mos. 12,3). Abrahams Nachkommen Isaak und Jakob und dessen Söhne, der Gesetzgeber Moses und schließlich die Propheten, die von Zeit zu Zeit unter den Hebräern auftraten, gaben die heilige Offenbarung weiter, stellten sie immer klarer ins Licht und bereiteten das Erscheinen Christi vor, in welchem Gott selbst Mensch wurde, um das Gesetz des Moses durch ein neues zu ersetzen, die Offenbarung zu vervollständigen und abzuschließen, vor allem aber, um die Menschheit von der Erbsünde zu erlösen.

Die Menschheit war außerstande, sich von ihrem Fall von selbst zu erheben

und in den Zustand, der diesem voranging, zurückzuversetzen, denn Adam hatte durch seine Sünde Gott eine so schwere Beleidigung zugefügt, daß alle Menschen zusammen außerstande wären, diese wiedergutzumachen.
Indem Gott als Christus Mensch wurde, konnte er die durch Adams Sündenfall gestörte Heilsordnung wiederherstellen und die Menschheit auf den Weg des Heils zurückführen. Dadurch, daß Christus am Kreuz starb, brachte er sich als Lösegeld für alle seinem Vater dar (Matth. 20,28; Mark. 10,45; 1. Kor. 6,20; 1. Tim. 2,6) und ermöglichte es dadurch, daß das Verhältnis zwischen Gott und den Menschen, das vor dem Sündenfalle geherrscht hatte, wieder Platz greifen konnte. Indem Christus »sich selbst hingegeben für uns als Gabe und Opfer, Gott zu einem süßen Geruch« (Eph. 5,2), hat er der beleidigten Gerechtigkeit Gottes Genugtuung geschaffen, die Menschheit von der Sünde und ihrer Strafe, der ewigen Verdammnis, erlöst und ihr die Gnade Gottes wieder erworben.
Die Menschwerdung Gottes stellt deshalb eine Zeitenwende von tiefster Bedeutung dar, und es ist nur verständlich, daß das Christentum die Geburt des Weltheilandes zum Ausgangspunkt einer Zeitrechnung machte. Denn mit ihr setzt eine neue Phase des Weltprozesses ein, die dazu bestimmt ist, alle Völker schließlich zur ewigen Seligkeit zu führen.

3. Der Weg zum Heil

Die durch Christi Opfertod geschaffene neue Lage wirkt sich beim Menschen nur dann aus, wenn er sie kennt und von ihr Gebrauch macht. Deshalb ist der Glaube eine Voraussetzung für die Gewinnung der Seligkeit.
Die römische und griechische Kirche verstehen unter Glauben die feste Überzeugung von der Richtigkeit der auf göttlicher Offenbarung beruhenden christlichen Lehre. Da diese christliche Heilswahrheit ausschließlich durch die Kirche verkündet wird, ist die Rechtgläubigkeit die Vorbedingung für die Erlösung. Diese erfordert die unbedingte Annahme aller von der Kirche formulierten Lehren. Es ist dazu nicht nötig, daß der Gläubige alle Lehren im einzelnen kennt, sondern nur, daß er von vornherein und insgesamt alles für wahr hält, was die Kirche lehrt.
Natürlich genügt das Überzeugtsein von der Wahrheit der Kirchenlehre nicht für die Verwirklichung eines christlichen Lebenswandels. Der Fromme hat deshalb seine gläubige Gesinnung durch Vollbringung guter Werke zu bewähren, welche in der Erfüllung aller sittlichen Pflichten wie in der Ausführung verdienstvoller Handlungen (Almosengeben, Gebete, Fasten, Wallfahrten usw.) bestehen.
Der Protestantismus gibt dem Begriff »Glauben« einen weiteren Inhalt. Glaube ist nicht nur das bloße Fürwahrhalten bestimmter Lehren, sondern das durch Gottes Heilswort geweckte Vertrauen zu seiner sündenvergeben-

den Gnade. Dieser Glaube ist nicht ein Werk oder Verdienst des Menschen, sondern eine Wirkung des Heiligen Geistes.

Aus dieser verschiedenen Grundauffassung folgt eine verschiedene Anschauung von dem Verhältnis von Gottesgnade und Menschenkraft. Nach katholischer Theorie ist zwar die Gnade Gottes eine Voraussetzung des Heils, der Mensch muß aber nach Maßgabe seiner schwachen Kräfte am Heilsprozeß mitwirken. Die zuvorkommende Gnade (gratia praeveniens) ruft nicht im Menschen etwas hervor, was früher nicht in ihm vorhanden war, sondern sie regt nur im Menschen die an sich schon schlummernde Fähigkeit an, fördert und steigert sie.

Nach den Reformatoren kann der Mensch von Natur aus nichts Gutes tun, er ist ganz auf die göttliche Gnade angewiesen. Gott ist deshalb beim Heilsprozeß allein aktiv, der Mensch passiv (Phil. 2,13; Joh. 15,5). Im einzelnen wird das Verhältnis von Gottes Gnade und menschlichem Streben aber sehr verschieden aufgefaßt. Nach Calvin ist Gott so unumschränkter Herr, daß nach ihm sogar der Fall des Menschen von Gott vorherbestimmt (prädestiniert) worden ist; den Vertretern dieser Ansicht, den sogenannten »Supralapsariern«, stehen die »Infralapsarier« gegenüber, welche, wie Arminius usw., den Sündenfall durch den freien Willen des Menschen erfolgt sein lassen und annehmen, daß die Gnade Gottes nicht unwiderstehlich wirke und unverlierbar sei, sondern daß der Mensch an seiner Bekehrung mitwirken müsse. Luther und Melanchthon haben, nachdem sie ursprünglich den Menschen keinerlei Selbständigkeit beigelegt hatten, später den schroffen Prädestinianismus gemildert, indem sie die Vorherbestimmung der Verdammnis verwarfen und annahmen, daß die Menschen an ihrer Unseligkeit selbst schuld sind, wenn sie die von Gott angebotene Gnade nicht annehmen.

4. Die Kirche und die Sakramente

Nach seiner Auferstehung erschien Christus seinen Jüngern und sprach: »Gleichwie mich der Vater gesandt hat, so sende ich euch . . . Nehmet hin den Heiligen Geist. Welchen ihr die Sünden erlasset, denen sind sie erlassen, und welchen ihr sie behaltet, denen sind sie behalten« (Joh. 20,21–23). Auf diese und andere Worte des Neuen Testamentes (Joh. 14,12; Matth. 18,18) gründet sich die Ansicht, daß Christus die von ihm gestiftete Gemeinde dazu bevollmächtigt hat, den Menschen an seiner Statt dazu zu verhelfen, daß sie ihrer Sünden ledig würden und die ewige Seligkeit erlangten. Daß der Glaube an Christus die einzige Möglichkeit darstellt, um das Heil zu erreichen, wird an zahlreichen Stellen der Bibel ausgesprochen. So sagt Christus nach Joh. 14,6: »Niemand kommt zum Vater denn durch mich.« »Es sei denn, daß jemand geboren werde aus Wasser und Geist (d. h. die christliche Taufe), so kann er nicht in das Reich Gottes kommen« (Joh. 3,5). »Wer da

glaubt und getauft wird, der wird selig werden, wer aber nicht glaubt, der wird verdammt werden« (Mark. 16,16); vgl. Apostelgesch. 4,12. Diesem Glauben, daß die christliche Gemeinde etwas von allen anderen Gemeinden durchaus Verschiedenes und allein im Besitz der Wahrheit sei, entsprach die strenge Vorschrift schon der älteren Zeit über die Absonderung ihrer Mitglieder von Irr- und Ungläubigen. »Wer nicht in der Lehre Christi bleibt, der hat keinen Gott . . . So jemand zu euch kommt und bringt diese Lehre nicht, den nehmet nicht ins Haus und grüßt ihn auch nicht. Denn wer ihn grüßt, der macht sich teilhaftig seiner bösen Werke« (2. Joh. 9 ff.).
Von jeher ist im Christentum die Ansicht grundlegend gewesen, daß die Gläubigen ein Leib und ein Geist (Eph. 4,4) sein sollen, daß Christus der eine Hirte für die eine Herde sei und sein werde (Joh. 10,16). Die geschichtliche Entwicklung hat aber frühzeitig dazu geführt, daß sich die eine Gemeinde in zahlreiche in Einzelpunkten voneinander differierende und teilweise einander bekämpfende zerteilte. Eine jede von diesen nahm für sich in Anspruch, Christi Lehre in der allein richtigen Form bewahrt zu haben und deshalb mit Ausschluß aller übrigen die Gemeinde oder »Kirche« zu sein, welche von Christus mit allen Vollmachten ausgerüstet worden sei. Dieser Anspruch wird heute vor allem von der römisch-katholischen Kirche erhoben, die sich als die einzige wahre, von Christus gestiftete, von den Aposteln begründete und bis ans Ende der Welt bestehende (Matth. 28,20), vom Heiligen Geist durchwaltete (Joh. 14,17), alleinseligmachende Heilsanstalt ansieht. Gegenüber dieser Auslegung des Begriffes der christlichen Kirche machen die Protestanten geltend, daß unter »Kirche« nicht eine sichtbare Organisation, eine äußerlich erkennbare, geschichtlich gewordene Körperschaft zu verstehen sei, sondern die Gesamtheit der an Christus wahrhaft Glaubenden. Diese unsichtbare Kirche, die in zahlreichen sichtbaren Einzelkirchen Gestalt angenommen hat, sei die wahre Kirche, welche Christus ins Dasein gerufen und welcher er bestimmte Vorrechte verliehen hat.
Der verschiedenen Auffassung über das Wesen der Kirche entspricht die verschiedene Auffassung über das Priestertum. Wenn es nur eine »unsichtbare« Kirche gibt, stehen alle ihre Glieder einander gleich und können das Priestertum ausüben. Wenn es dennoch Geistliche gibt, welche das Wort Gottes predigen und die Sakramente austeilen, so geschieht dies nur der Ordnung wegen, denn die Geistlichen haben den Laien gegenüber nichts voraus.
Nach katholischer Anschauung aber gibt es innerhalb der Kirche zwei Stände, den der Laien und den der Priester. Der Priester steht über den Laien, weil ihm durch die Priesterweihe ein unzerstörbarer Charakter aufgeprägt worden ist. Er darf nicht heiraten, weil dies der Heiligkeit schaden würde, indem es ihn in weltliche Dinge herabzieht. Er hat die Macht, 1. Brot und Wein in den Leib und das Blut Christi zu verwandeln, 2. das heilige Meßopfer darzubringen, 3. über die in der Ohrenbeichte ihm zu bekennenden Sün-

den zu richten bzw. von ihnen loszusprechen. Die Aufgabe der Kirche ist es, allen Menschen die Wahrheiten der christlichen Religion kundzutun, die sittlichen Vorschriften darzulegen, für die Fortdauer der Gottesverehrung und der für diese erforderlichen heiligen Handlungen zu sorgen und dadurch möglichst vielen Menschen den Weg zur ewigen Seligkeit zu eröffnen.

Der Mensch schuldet Gott Verehrung, weil er von ihm als dem unendlichen Wesen in allem abhängig ist und seine Hoheit und Majestät durch Gehorsam und Liebe sowie durch äußere Handlungen anerkennen muß. Unmittelbar geschieht die Gottesverehrung durch das Bekenntnis des Glaubens, durch Gebete sowie durch das Aufsichnehmen von Gelübden, das heißt freiwillig Gott gemachten Versprechen, etwas ihm Wohlgefälliges zu tun. Des weiteren durch das Einhalten der Fest- und Feiertage, Fasten zu den vorgeschriebenen Terminen, Beichten (mindestens einmal im Jahr), Empfang der österlichen Kommunion und schließlich durch die Teilnahme an regelmäßigen oder außerordentlichen Gottesdiensten, Prozessionen, Wallfahrten usw.

Gott ist allein einer unendlichen Verehrung würdig. Er verdient deshalb allein eine Anbetung, »adoratio«, »latria«, wie der theologische Fachausdruck heißt. Während die älteste Kirche (gegen den Kult von Menschen und Engeln scheinen Apostelgesch. 10,25 ff.; Kol. 2,18; Offenbarung 19,10; 22,8 zu sprechen) und der Protestantismus Gott zum alleinigen Gegenstand ihrer Verehrung machen, verehren die meisten Christen auch die Engel (s. S. 237) und Heiligen, d. h. verstorbene Personen, denen außerordentliche Gaben eigen waren und von denen angenommen wird, daß sie infolge ihrer nahen Verbindung mit Gott bei diesem als Fürsprecher auftreten können. Diese Verehrung wird als eine mittelbare Verehrung Gottes aufgefaßt und als »veneratio« oder »cultus duliae« bezeichnet. Höher als alle Engel und Heiligen steht die Jungfrau Maria als die Gottesmutter, die ohne den Makel der Erbsünde empfangen wurde und im Himmel durch Würde und Herrlichkeit vor allen Engeln, Heiligen, Seligen ausgezeichnet, die größte Macht der Fürbitte besitzt. Ihr wird deshalb eine »hohe Verehrung« (cultus hyperduliae) erwiesen. Dieser Marienkult begann im 5. bis 6. Jahrhundert im Osten, wurde in der Mitte des 8. Jahrhunderts auch im Westen heimisch und gewann im 12. Jahrhundert eine beherrschende Stellung im mittelalterlichen Abendlande, bis er im Protestantismus wieder ausgeschaltet wurde.

Im Zusammenhang mit der aufkommenden Verehrung der Märtyrer und Heiligen entstand ein Kult ihrer Reliquien, der damit begründet wurde, daß sie Wunder wirkten. Dieser Brauch wurde zwar von vielen verworfen, setzte sich aber allgemein durch und kam erst im Protestantismus wieder in Abnahme.

Die Engel und Heiligen, Christus, ja sogar Gottvater und der Heilige Geist sind häufig bildlich dargestellt worden. Die Berechtigung, den Bildern einen Kultus zu erweisen, ist in alter wie neuer Zeit bestritten worden. Die römische Kirche hat ihren Standpunkt in dieser Frage eindeutig auf dem Konzil zu Trient festgelegt, wenn sie bestimmte, »den Bildern Christi, der Gottesmutter und anderer Heiliger sei die gebührende Verehrung zu erweisen, nicht als glaube man, es wohne in ihnen eine göttliche Kraft, weshalb sie zu verehren seien, oder als ob von ihnen etwas zu erbitten sei, oder als ob man auf die Bilder sein Vertrauen setzen solle, wie ehedem die Heiden taten, die auf die Götzenbilder ihr Vertrauen setzten, sondern weil die Ehre, die ihnen erwiesen wird, auf die Vorbilder, die durch sie dargestellt werden, bezogen wird, so daß wir durch die Bilder, die wir küssen, vor denen wir das Haupt entblößen oder niederknien, Christum anbeten und die Heiligen, die durch sie dargestellt werden, verehren« (Wilmers S. 569).

Das wichtigste Vorrecht, welches die verschiedenen christlichen Kirchen in Anspruch nehmen, ist die Austeilung der Sakramente, d. h. Gnadenmittel, welche unter sichtbaren Zeichen unsichtbare Gnade verleihen. Die Anschauungen über das Wesen der Sakramente und über ihre Zahl hat innerhalb der christlichen Kirchen vielfach gewechselt.

Nach katholischer Auffassung bewirken die Sakramente die Gnade »ex opere operato«, d. h. infolge der vollzogenen Handlung, vermöge einer ihnen innewohnenden Kraft. Der Ritus ist von sich selbst aus wirksam; es kommt weder auf die Stimmung des Empfängers noch auf die Qualität des Spenders an. Zwar müssen beim Empfänger wie beim Spender gewisse Eigenschaften und Bedingungen erfüllt sein, damit die Sakramente in gültiger und würdiger Weise entgegengenommen oder ausgeteilt werden, so vor allem die Absicht, das Sakrament zu empfangen oder zu spenden; die Sakramente wirken aber durch Christi Kraft, weshalb selbst ein Ungläubiger und tugendloser Priester sie spenden kann. Diese Vorstellung entspricht ganz der indischen, nach welcher ein Brahmane mit Erfolg religiöse Riten vornehmen kann, auch wenn er unwürdig und lasterhaft ist, denn, sagt Manu: »er ist eine große Gottheit, so wie das Feuer, gleichgültig, ob dieses auf dem Altar steht oder sich anderwärts befindet.«

Während nach dieser Auffassung die Sakramente also von sich aus eine Wirkung entfalten, sofern nicht ihrem Genuß willentlich widerstrebt wird, bringen sie nach protestantischem Glauben nur Segen, wenn sie mit bußfertigem und gläubigem Herzen empfangen werden. Nach Luther ist zwar die Gnade objektiv in den Sakramenten gegeben; der Glaube des Empfängers ist aber die Voraussetzung dafür, daß er sich die Gnade aneignen kann. Die Reformierten hingegen bestreiten, daß die Gnadenwirkung in den äußeren Zeichen enthalten sei, ausschlaggebend für die Wirkung eines Sakramentes ist allein der Glaube, so daß also beim Fehlen desselben nur etwas rein Äußerliches, ohne göttlichen Inhalt empfangen wird.

Die römische und die griechische Kirche zählen sieben Sakramente, Luther hatte ursprünglich drei (Taufe, Abendmahl, Buße) anerkannt, heute lassen Lutheraner und Reformierte nur zwei gelten (Taufe, Abendmahl).

Die Sakramente werden durch die sieben Farben des Regenbogens symbolisiert:

1	Taufe	Weiß	(Reinheit)
2	Firmung	Gelb	(Farbe des Öls)
3	Abendmahl	Grün	(Hoffnung und Verjüngung)
4	Buße	Rot	(Blut)
5	Letzte Ölung	Schwarz	(Trauer)
6	Priesterweihe	Violett	(Priesterfarbe)
7	Ehe	Blau	(Treue)

1. Die Taufe besteht im Eintauchen oder Besprengen mit Wasser. Während sie in den ältesten Zeiten durch vollständiges Untertauchen in einen Fluß vorgenommen wurde (Johannes taufte so im Jordan, Mark. 1,5), welche Praxis auch heute noch von einigen Sekten geübt wird, geschieht sie gegenwärtig zumeist durch dreimaliges Benetzen mit Wasser, wobei die Worte gesprochen werden: »Ich taufe dich im Namen des Vaters und des Sohnes und des Heiligen Geistes.«

Durch die Vollziehung der Taufe werden eine Reihe von Wirkungen hervorgebracht. Die Taufe tilgt nach katholischer Anschauung die Erbsünde, nach protestantischer Meinung nur die zur Verdammnis führende Schuld der Erbsünde, hingegen nicht die sündliche Lust (concupiscentia), welche vielmehr den Menschen verbleibt. Nach allgemein christlicher Ansicht wird der Getaufte zu einem neuen Leben wiedergeboren, und indem er Christus »angezogen« hat (Gal. 3,27), wird er zu einem Glied der Gemeinde, die gleichsam den Leib Christi darstellt.

In der ältesten Zeit, als viele Neubekehrte die Taufe empfingen, bestand die Mehrzahl der Täuflinge aus Erwachsenen, heute wird die Taufe zumeist nur an Kindern vollzogen (an deren Stelle Taufpaten antworten); da nach der Feststellung des Konzils von Florenz die Seelen derjenigen, welche in der Erbsünde aus dem Leben scheiden, alsbald zur Hölle herabfahren, um Strafen zu erleiden, ist die Kindertaufe eine religiöse Notwendigkeit.

Die Taufe an unmündigen Kindern wurde von zahlreichen Sekten alter und neuer Zeit (Wiedertäufer, Baptisten) verworfen, weil man nicht verlangen dürfe, daß Personen ohne eigene Verantwortung sich durch einen Ritus gebunden fühlten. Die übernatürliche Wirkung der Taufe wird von vielen Protestanten geleugnet, diese betrachten sie vielmehr nur als ein äußeres Zeichen der Zugehörigkeit zur christlichen Religion, das nicht die Seligkeit magisch zu spenden vermöge; die Heilsgewißheit sei vielmehr nur durch geistige Erweckung und Sinnesänderung unabhängig von allen Riten zu erzielen.

2. Die Firmung, d. h. »Festigung« (confirmatio) im Glauben, ist eine Zeremonie, durch welche die herangewachsenen Gläubigen in ihrem Bekenntnis gekräftigt, gegen Anfechtungen gestärkt und einer Mehrung der Gnade teilhaftig werden sollen. Nach katholischer Lehre soll die Firmung von Christus

als ein Sakrament eingesetzt worden sein, doch läßt sich die Bibelstelle, auf welche man sich beruft (Apostelgesch. 8,14–17), schwer auf eine derartige Jugendweihe beziehen, da in ihr nur von dem Empfang des Heiligen Geistes durch Handauflegung die Rede ist. Hingegen ist ein derartiger Ritus nach Angabe mehrerer Schriftsteller bereits in den ersten Jahrhunderten gebräuchlich gewesen.

In der katholischen Kirche wird die Firmung gewöhnlich nur vom Bischof (nur in Ausnahmefällen und kraft besonderer Vollmacht von einem Priester) an Getaufte erteilt, der Ritus besteht in einer von entsprechenden Gebeten und Worten begleiteten Handauflegung und Salbung mit geweihtem, aus Olivenöl und Balsam gemischtem Chrisam.

Auch die griechische Kirche schließt die Firmung in die Zahl der Sakramente ein, doch darf sie bei ihr jeder Priester vollziehen, der Bischof allein hat hingegen das Recht, das verwendete Salböl (Myrhon) zu konsekrieren.

Die Protestanten kennen einen ähnlichen Ritus, die sogenannte »Konfirmation«. Diese wird jedoch nicht zu den Sakramenten gerechnet und ohne Anwendung von Salböl vorgenommen.

3. Das wichtigste Sakrament der christlichen Kirche ist das heilige Abendmahl, von den Katholiken auch »Eucharistie« (gute Gabe) oder kurz das Altarsakrament genannt. Es wurde von Christus am Vorabend seines Leidens im Kreise seiner Jünger eingesetzt, indem er das Brot brach, es den Jüngern übergab und sagte: »Nehmet und esset, das ist mein Leib«, und hierauf einen mit Wein gefüllten Kelch segnete und sprach: »Trinket alle daraus, das ist mein Blut des Bundes, welches vergossen wird für viele zur Vergebung der Sünden« (Matth. 26,26–28). Die Bedeutung des Abendmahles ist stark umstritten. Nach Zwingli und vielen anderen Protestanten stellt es nur ein Sinnbild für die Anwesenheit Christi dar. Nach Calvin wird Christus bei ihm nur als gegenwärtig gedacht und ist einzig seiner Wirkung nach zugegen. Calvin lehrt mithin »keine Identität des geistigen und leiblichen Genusses, sondern eine Simultaneität, d. h. gleichzeitig mit dem sinnlichen Genusse findet die Wirkung des Heiligen Geistes statt, durch welche der Leib Christi der gläubigen Seele nahegebracht wird«. Luther hingegen behauptete die objektive Gegenwart des Leibes Christi in Brot und Wein, so daß jeder, der das Abendmahl empfängt, gleichgültig, ob er dessen würdig oder unwürdig ist, Leib und Blut Christi in sich aufnimmt.

Luther steht in dieser Hinsicht der Theorie der katholischen Kirche nahe, welche auf die Identifikation von Brot und Wein mit dem Leib und Blut Christi hinausläuft und, seit langem vorbereitet, auf dem vierten Laterankonzil (1215) die endgültige Sanktion erhalten hatte. Nach dieser Anschauung ist Christus in Brot und Wein »wahrhaft, wirklich und wesentlich« (vere, realiter et substantialiter) gegenwärtig. Als Beweis für die Richtigkeit dieser Anschauung werden außer den wörtlich verstandenen Einsetzungsworten Joh. 6,48–58; 1. Kor. 10,16ff.; 11,20–29, auch Aussprüche der alten

Väter der Kirche angeführt. Und zwar werden Brot und Wein von dem Priester durch die »Kraft der Worte« (vi verborum), die er spricht, in den Leib und das Blut Christi verwandelt. Diese Verwandlung ist eine einzigartige, weil alle integrierenden und konstituierenden Teile des Brotes und Weines bestehen bleiben, sie wird deshalb mit dem besonderen Ausdruck »Transsubstantiation« bezeichnet. Christus ist in jedem Teile jeder Gestalt (des Brotes und des Weines) vollständig gegenwärtig, »so daß der, welchem ein Teil der Hostie gereicht wird, doch den ganzen Christus empfängt«. Die ganze Substanz (also nicht nur ein Viertel oder ein Drittel) des Brotes und Weines wird in den Leib und das Blut Christi umgewandelt, während die äußeren Gestalten von Brot und Wein bleiben.

Christus ist unter den fortdauernden Gestalten auch fortdauernd gegenwärtig. Deshalb ist es möglich, den Leib Christi mit auf Reisen zu nehmen, ihn Kranken zu bringen usw. Die Realpräsenz Christi hat jedoch nur in den »Gestalten« statt, werden Brot oder Wein durch Feuer oder sonstwie zerstört, so dauert die Gegenwart Christi nicht mehr fort, vielmehr »kehrt durch Gottes Allmacht die zuvor aufgehobene natürliche Ordnung zurück, und es tritt an die Stelle des Leibes Christi jene Substanz, in welche Brot und Wein z. B. durch Feuer würden verwandelt worden sein«.

Durch die Eucharistie wird die heiligmachende Gnade vermehrt, es werden mannigfache Gnaden verliehen und die läßlichen Sünden getilgt. Sie schützt gegen Todsünden und ist ein Unterpfand ewiger Seligkeit. Sie wird würdig empfangen in einem Zustand der Gnade und der Nüchternheit, d. h. gänzlicher Enthaltung von Speise und Trank nach Mitternacht.

Während die alte Kirche ebenso wie die Griechen und Protestanten das Abendmahl in beiderlei Gestalt nehmen, ist es bei den römischen Katholiken üblich, daß nur der Priester Wein trinkt, während die Laien nur Brot erhalten. Dies wird damit begründet, daß dadurch die Verschüttung des heiligen Trankes verhütet wird.

Die katholische Kirche schreibt im Gegensatz zu den Protestanten der Eucharistie nicht nur den Charakter eines Sakramentes, sondern auch den eines Opfers zu. Unter einem Opfer wird dabei »eine sichtbare Gabe« verstanden, »welche Gott in gesetzmäßiger Weise dargebracht wird, um durch gänzliche oder teilweise Zerstörung derselben ihn als den höchsten Herrn zu ehren und anzubeten« (Wilmers, S. 440). Da die Bekenner des Alten Bundes eine Anzahl von Opfern darzubringen pflegten, welche der Ausdruck der von ihnen geübten Anbetung Gottes waren, konnten auch die Anhänger des Neuen Bundes ihnen in dieser Hinsicht nicht nachstehen. An die Stelle des Tieropfers des Alten Testamentes trat bei ihnen das heilige Meßopfer als eine unblutige Erneuerung und Fortsetzung des blutigen Kreuzopfers.

Das Meßopfer wird Gott als Lob-, Sühn-, Dank- und Bittopfer dargebracht; es wird durch einen Priester als Stellvertreter Christi vollzogen. Seine

Früchte kommen einerseits der Kirche im allgemeinen, den Lebendigen und den im Reinigungsorte befindlichen Seelen, andererseits dem Priester und den anderen am Meßopfer beteiligten, sowie den an ihm teilnehmenden Gläubigen zugute. (Vgl. 2. Mose 24, 1–8, wo Moses das Blut des Opfertieres teils auf den Altar, teils auf das Volk sprengte.)

Im Mittelpunkt der Messe, die in lateinischer Sprache gelesen wird, steht die Wandlung, bei welcher Christus durch das Wort des Priesters auf dem Altar gegenwärtig ist. Sie ist von einer Reihe von Zeremonien umkleidet. Ihr geht das Offertorium voraus, durch welches Brot und Wein für den heiligen Zweck geweiht wird, ihr folgt die Kommunion, der Genuß des Opfers.

Die griechische Kirche lehrt auch die Transsubstantiation und betrachtet das Sakrament als ein Opfer. Das Abendmahl wird bei ihr in beiderlei Gestalt gegeben, doch wird gesäuertes (nicht wie in Rom ungesäuertes) Brot verwendet.

4. Christus hat nicht nur zu verschiedenen Gelegenheiten verschiedenen Personen, die zu ihm ihre Zuflucht genommen hatten, die Sünden vergeben (Matth. 9, 2; Mark. 2, 5; Luk. 5, 20 f.), sondern auch seinen Aposteln diese Vollmacht verliehen (Matth. 16, 19; 18, 18; Joh. 20, 23). Als Rechtsnachfolger der Apostel nehmen die katholischen Priester als Haushalter (oder Ausspender) der Geheimnisse Gottes (1. Kor. 4, 1) die Macht der Sündenvergebung in Anspruch. Diese wird ausgeübt in der Beichte, bei welcher der Vergebung Heischende, von Reue und dem Vorsatz, nicht wieder zu sündigen, getrieben, ein aufrichtiges, deutliches und vollständiges Bekenntnis seiner schweren Sünden ablegt, um die vom Beichtvater ihm zugeteilte Strafe auf sich zu nehmen. Durch das Bußsakrament können alle nach der Taufe begangenen Sünden nachgelassen werden, ebenso wie die durch sie verdienten ewigen Strafen.

Eine außerhalb des Bußsakramentes erteilte Nachlassung der zeitlichen Strafen, welche nach der Vergebung der Sünde im Diesseits oder Fegefeuer abzubüßen sind, wird Ablaß genannt. Ein solcher kann bei besonderen Gelegenheiten von der Kirche bzw. dem Papste ausgeteilt werden, auf Grund einer Zuwendung aus dem Schatz der guten Werke Christi oder der Heiligen, welcher, von diesen selbst nicht in Anspruch genommen, der Kirche für die Allgemeinheit zur Verfügung steht.

Durch den Ablaß werden also keine Sünden, sondern nur Strafen nachgelassen; er setzt vielmehr Sündenvergebung als notwendige Vorbedingung voraus. Nur solche Gläubige, die bereits im Stande der Gnade sind, können einen Ablaß (Strafennachlaß) gewinnen.

Man unterscheidet vollkommene und unvollkommene Ablässe. Der Ablaß ist vollkommen, wenn alle zeitlichen Sündenstrafen nachgelassen werden (z. B. Jubiläumsablaß, Sterbeablaß). Einen vollkommenen Ablaß gewinnt, wer frei ist von allen schweren und läßlichen Sünden und die vorgeschriebenen guten Werke genau verrichtet.

Für die Gewinnung eines unvollkommenen Ablasses ist wohl der Gnadenstand, nicht aber das Freisein von allen läßlichen Sünden erforderlich. Fast alle Ablässe können den Armen Seelen fürbittweise zugewendet werden. Die Lehre vom Ablaß ist der äußere Anlaß für die Reformation Luthers gewesen. Die Protestanten bekämpfen die Vorstellung, daß ein Priester die ihm gebeichteten Sünden vergeben und daß der Papst über den Schatz der überschüssigen Verdienste Christi und der Heiligen verfügen könne, und verlegen die Buße gänzlich in das Innere des Menschen.

5. Die Letzte Ölung ist eine vom Priester mit geweihtem Olivenöl vorgenommene Salbung eines an schwerer Krankheit darniederliegenden Todeskandidaten. Durch dieselbe sollen dessen läßliche Sünden sowie die Folgen derselben getilgt, der Kranke im Todeskampfe gestärkt und gegebenenfalls wieder der Genesung entgegengeführt werden. Die göttliche Einsetzung dieses Sakramentes wird aus dem Jakobusbrief 5, 14 ff. erschlossen, wo es heißt: »Ist jemand krank, der rufe zu sich die Ältesten der Gemeinde und lasse sie über sich beten und salben mit Öl in dem Namen des Herrn. Und das Gebet des Glaubens wird dem Kranken helfen, und der Herr wird ihn aufrichten; und so er hat Sünden getan, werden sie ihm vergeben sein.« Auch Mark. 6, 13 ist davon die Rede, daß Sieche mit Öl gesalbt werden. Während die römische Kirche die Letzte Ölung vornehmlich Sterbenden nach Vollzug von Beichte und Abendmahl nur einmal in der Krankheit erteilt, sieht die griechische Kirche in der sogenannten »Gebetsölung« ein mystisches Heilmittel, das wiederholt in Anwendung gebracht werden kann. Der Protestantismus hat dieses Sakrament ganz abgeschafft.

6. Die Priesterweihe gilt den Katholiken im Gegensatz zu den Protestanten als ein besonderes Sakrament, weil nach ihnen Christus, der gleichzeitig Prophet, König (Offbg. 19, 16; Matth. 28, 18; Joh. 18, 37) und Priester (Hebr. 5, 1; 9, 11) war, den Aposteln das Priestertum übertragen hat. Dieses Priestertum, dessen Aufgabe es ist, das Opfer (der Messe) zu verrichten und dadurch die Gläubigen zu heiligen sowie durch Anwendung des Bußsakramentes mit Gott zu versöhnen, sollte fortgepflanzt werden durch das Sakrament der Priesterweihe (sacramentum ordinis). Das äußere Zeichen derselben ist die Handauflegung (2. Tim. 1, 6) und die Darreichung der kirchlichen Geräte unter entsprechenden Worten. Durch das Sakrament wird ein »unauslöschlicher« (indelebilis) Charakter erworben, der durch Abfall oder auch Ausschließung nicht verlorengeht, so daß ein ungläubiger oder abgesetzter Priester konsekrieren kann, während er hingegen die Absolution nur vornehmen darf, wenn ihm die hierfür erforderliche Jurisdiktion nicht entzogen worden ist.

7. Schließlich wird auch die Ehe vom Katholizismus als ein von Christus eingesetztes Sakrament betrachtet. Gott hat dem Adam in Eva eine Gefährtin gegeben und dadurch die Ehe begründet. Um die schnelle Vermehrung des

auserwählten Volkes zu fördern, gestattete er später die Polygamie. Christus hat dann aber den ursprünglichen Zustand wiederhergestellt, indem er die Ehe mit einer Frau für allein rechtmäßig und unlöslich erklärte (Matth. 5,31; 19,3 ff.; Mark. 10,2 ff.; Luk. 16,18; vgl. 1. Kor. 7,10 ff.). Daß Christus die Ehe nach der Analogie seiner Verbindung mit der Kirche (Eph. 5,24) als ein Sakrament aufgefaßt hat, wird aus Eph. 5,32 erschlossen, wo sie als ein großes Geheimnis von Christo und der Kirche bezeichnet wird. Nach römisch-katholischer Auffassung ist die Ehe unlöslich, nur der Tod kann sie scheiden. Die griechische Kirche scheidet (nach Matth. 5,32) wegen Ehebruch. Obwohl der Protestantismus die Ehe kirchlich einsegnet, gilt sie ihm doch nicht als ein Sakrament. Luther bezeichnet sie als »ein äußerlich, leiblich Ding wie andere weltliche Hantierung«, welches der weltlichen Gesetzgebung untersteht.

5. Vergeltung und Vollendung

Als gerechter Richter belohnt Gott alles Gute und bestraft alles Böse. Die Vergeltung tritt in manchen Fällen bereits in diesem irdischen Leben ein, doch lehrt die Erfahrung, daß Gott vielfach den Tugendhaften im Unglück leben läßt, während er dem Lasterhaften die verdiente Züchtigung vorenthält – offenbar weil Gottes Wege nicht die des Menschen sind und Gott nicht wie diese mit kurzfristigen Zeitabschnitten rechnet. Die endgültige Vergeltung findet für alle Taten nicht im Diesseits, sondern im Jenseits statt. Nach dem Tode wird die Seele, wenn sie sich vom Leibe getrennt hat, gerichtet und empfängt den Lohn für ihre Werke. Die Gerechten gehen in das ewige Leben ein (Matth. 25,46). Ihre Seligkeit besteht in der unmittelbaren Anschauung Gottes (Matth. 5,8), in unwandelbarer Liebe zu ihm. Die Art und Weise, in welcher die Seligen in der Gesellschaft der Engel und Heiligen im Himmel existieren, ist von vielen Dichtern geschildert worden. In der Heiligen Schrift finden sich nur vereinzelte Angaben. So heißt es, daß die Seligen eine »unverwelkliche Krone« tragen (2. Tim. 4,8; 1. Petr. 5,4), auf einem Thron sitzen (Offenbarung 3,21), von ihren Mühen ausruhen (Offenbarung 14,13), am Hochzeitsmahl des Lammes teilnehmen (Offenbarung 19,7–9 und 17 ff.). Die Seligen sind, obwohl durch einen unendlichen Abstand von Gott geschieden, ihm doch ähnlich (1. Joh. 3,2), der göttlichen Natur teilhaftig (2. Petr. 1,4) und herrschen mit ihm von Ewigkeit zu Ewigkeit (Matth. 19,28). Unter den Seligen waltet eine Rangordnung, da ihnen entsprechend ihren Verdiensten ein größerer oder geringerer Grad der Seligkeit zuteil wird. Denn es heißt: »im Hause des Vaters sind viele Wohnungen« (Joh. 14,2) und »ein Stern übertrifft den andern an Klarheit« (1. Kor. 15,41). Die Seligen sind aber nicht in der Lage, im Jenseits noch Verdienste hinzu zu erwerben und dadurch zu höheren Stufen aufzusteigen, da nach der herrschenden christlichen Vorstellung nur die Erde das Feld des

Wirkens und der Prüfung ist. Denn später wird alle Veränderung, aller Wandel aufhören, und es wird hinfort keine Zeit mehr sein (Offenbarung 10,6).

Manche nehmen einen »Limbus« (Streifen, Rand, vgl. Limes) an, eine Art Vorhimmel, der zwischen Himmel und Hölle liegt. Dieser Vorhimmel wird als »Abrahams Schoß« bezeichnet. Da Abraham aber mit den anderen Gerechten, welche hier die Auferstehung erwarten sollten, von Christus in der Zeit zwischen seiner Grablegung und Auferstehung (Eph. 4,9) erlöst worden ist, kommt dieser »Wartesaal« heute in Fortfall. Hingegen ist nach der konzilianten Meinung einiger ein Limbus notwendig für die Seelen der ungetauften Kinder, die an sich unschuldig sind, aber nicht in den Himmel kommen können.

Die Seelen, die nicht ganz rein sind, sondern bei ihrem Tode mit läßlichen Sünden behaftet waren oder noch Sündenstrafen abzubüßen haben, gelangen in das Fegfeuer (Purgatorium), um in diesem durch Leiden geläutert zu werden, bis sie für den Himmel reif geworden sind. Das Los der im Ort der Reinigung weilenden Seelen können ihre auf Erden weilenden Verwandten usw. durch Gebete, Almosen, Meßopfer usw. lindern. Das Dasein des Fegfeuers wird von den Protestanten und anderen geleugnet, weil das Neue Testament es nicht erwähnt, doch glauben die Katholiken, daß in Stellen wie 2. Makk. 12,42 ff. sowie Matth. 5,25 f.; 12,32; 1. Kor. 3,13 ff.; Phil. 2,10; 1. Petr. 3,19 auf das Purgatorium hingewiesen wird.

Die im Zustande der Todsünde Gestorbenen sowie die, welche des wahren Glaubens ermangelten, gelangen nach dem Tode in die Hölle. Hier wird ihnen entsprechend der Schwere ihrer Sünden eine dreifache Strafe zuteil: 1. die Strafe des Verlustes (der im Anblick Gottes bestehenden Seligkeit), 2. die Strafe der Empfindung des höllischen Feuers (Matth. 25,41 und Offenbarung 20,15), des Zusammenseins mit den Teufeln und Verdammten und 3. die Strafe des Gewissens, d. h., sie leiden unter dem »Wurm, der nicht stirbt« (Mark. 9,44), der unaufhörlichen Selbstanklage. Die Höllenstrafen sind ewig (Matth. 3,12; 18,8; 25,41. 46; Mark. 3,29; 9,43–48; Luk. 3,17; 2. Thess. 1,9; Jud. 6; Offenbarung 14,11; 20,10). Katholische Theologen finden die Ewigkeit der Höllenstrafen der Vernunft angemessen. »Die schwere Sünde besitzt eine unendliche Bosheit und verdient eine unendliche Strafe. Einer solchen aber ist ein endliches Wesen nicht fähig. Was von der Strafe an Intensität oder Größe abgeht, das wird durch die Dauer einigermaßen ersetzt . . . Nicht nur seine Gerechtigkeit, sondern auch seine Barmherzigkeit und Weisheit gab Gott kund, indem er der schweren Sünde eine ewige Strafe bestimmte. Tausende, die jetzt der ewigen Freude teilhaft werden, würden ihr Ziel verfehlt haben, wenn Gott für die schwere Sünde nur eine zeitliche Strafe bestimmt hätte und nun nach dieser Vernichtung eintreten ließe; denn eben die Furcht vor einer ewigen Strafe hielt sie auf dem rechten Wege und führte sie so zur ewigen Freude« (Wilmers, S. 507).

Ein anderer Theologe tut dar, daß die Ewigkeit der Höllenstrafe nicht der göttlichen Weisheit widerspricht: »denn Gott muß bei all seinem Wirken in erster Linie stets seine eigene Verherrlichung im Auge haben, und dieser primäre Schöpfungszweck wird auch in dem Verdammten erreicht. Gott muß ferner nicht bloß zur Besserung strafen, sondern vor allem, um das durch die Sünde ihm zugefügte Unrecht wieder auszugleichen, und wenn in den Verdammten das Streben nach Glückseligkeit niemals mehr befriedigt wird, so ist das einzig auf deren freie Schuld zurückzuführen«[1].

Die Lehre von der Ewigkeit der Höllenstrafen wirkt besonders anstößig, wenn angenommen wird, daß jeder Mensch, der nicht an Christus glaubt, ihnen anheimfällt, selbst wenn er nur deshalb diesen Glauben nicht annehmen konnte, weil er vor Christus lebte oder noch zu seiner Zeit nichts von ihm gehört hatte. Manche Theologen haben deshalb angenommen, daß diejenigen, die ohne ihre Schuld nicht zur Teilnahme am Reiche Gottes berufen waren, wenigstens nachträglich nach ihrem Tode die Möglichkeit haben, in der Unterwelt sich zu bekehren und in die Gemeinschaft der Begnadigten einzutreten. Stellen wie Matth. 12, 32; 1. Petr. 3, 19 ff; 4, 6 und Offenbarung 22, 2 werden hierfür angeführt.

In den Himmel, ins Fegfeuer und in die Hölle gelangt nach dem Tode des Menschen nur seine Seele, während sein Leib zu Staub wird. Am Ende der Zeiten wird aber die Seele wieder mit ihrem früheren Leibe vereinigt werden, wenn Gott kraft seiner Allmacht das Fleisch auferstehen läßt. So wie Christus von den Toten auferweckt worden ist, wird es auch bei allen anderen Menschen geschehen. Dadurch soll nicht nur die Vollständigkeit des Sieges Christi über die Todesmächte dokumentiert werden, sondern es soll auch dargetan werden, daß der ganze Mensch, nicht nur die Seele, Lohn und Strafe empfängt. Die Seligkeit im Himmel und die Pein in der Hölle werden nämlich noch intensiver empfunden, wenn die Seele mit einem Leibe versehen ist. Daß es der göttlichen Allmacht keine Schwierigkeiten bereiten kann, das, was vor Jahrhunderten einem Menschen als Bestandteil angehörte, trotz aller eingetretenen Umwandlungen wieder einzufügen, wird allgemein anerkannt; die Theologen haben auch die Frage erörtert, wem das Fleisch im Falle von Kompetenzkonflikten zuzurechnen sei. So lehrt Augustin, daß, falls ein Mensch einen anderen verspeist hat, das Fleisch des Gefressenen diesem, nicht etwa dem Menschenfresser von Gott bei der Auferstehung zugeteilt wird[2].

Die Leiblichkeit der Auferstandenen ist in jeder Hinsicht vollendet, d. h. ohne ihn entstellende Krankheiten und Wunden; er befindet sich im Zustande der vollkommenen Entwicklung, wie es dem blühenden Mannes-

---

[1] L. Atzberger, »Grundzüge der katholischen Dogmatik« (München 1907), S. 384.
[2] Augustinus, »De civitate Dei« XXII, 20.

alter entspricht, in welchem Christus auferstand, so daß also die Körper von Kindern bis zu diesem weiter-, die von Greisen entsprechend zurückgebildet werden. Er ist unsterblich und unverweslich (1. Kor. 15,42), bei den Gerechten leidensunfähig, von hellstrahlender Klarheit umflossen, alles durchdringend und dem Gesetz der Schwere nicht unterworfen (weshalb die Seligen in der Luft schweben können), bei den Bösen hingegen von vermehrter Leidensfähigkeit, lichtlos und eine Bürde für die Seele.

Über den Zeitpunkt der Auferstehung sind die Anschauungen verschieden. Manche Theologen nehmen an, daß sie zu drei verschiedenen Zeiten vor sich geht: 1. Einige alttestamentarische Heilige (Abraham, David) oder Zeitgenossen Christi (St. Joseph, Johannes der Täufer) wurden bereits kurz nach Jesu Tode auferweckt (Matth. 27,52f.). 2. Die Gerechten werden bei der Wiederkunft Christi wieder lebendig und genießen unter seiner Herrschaft zusammen mit den zu jener Zeit noch lebenden Menschen den Frieden und die Freuden des Tausendjährigen Reiches (Offenbarung 20,4f.). 3. Eine allgemeine Auferstehung der Toten, auch der Gottlosen erfolgt erst am Jüngsten Tage. Nach der Meinung der »Chiliasten« oder »Millenarier« (Anhänger der Lehre vom Tausendjährigen Reich) geht das Ende des Weltendramas nämlich in zwei Akten vor sich. Nach einer Zeit der Drangsal und der Herrschaft des Antichrists wird Christus kommen, den Satan fesseln und tausend Jahre lang mit den Gläubigen herrschen. Danach wird der Satan noch einmal für kurze Zeit frei und dann endgültig überwunden werden. Dann erfolgt die allgemeine Auferstehung, das Endgericht, die ewige Verdammnis der Bösen und die ewige Seligkeit der Frommen in dem auf die Erde herabgestiegenen himmlischen Jerusalem. Diese auf den Vorstellungen der jüdischen Apokalyptik und 1. Kor. 15,22–28 Offenbarung 20,1ff. fußende Lehre von einem Zwischenreich, in welchem Christus mit den Frommen zusammen lebt und alle edlen menschlichen Bestrebungen und die mannigfachsten geistigen und sinnlichen Genüsse ihre Verwirklichung finden, ist in den ersten Jahrhunderten n. Chr. von vielen Dogmatikern vertreten worden. Sie wurde von der römischen Kirche bekämpft, seitdem Augustin gelehrt hatte, daß das Tausendjährige Reich als die Verwirklichung des Gottesreiches durch die Kirche zu deuten sei. Auch die Reformation hat sie verworfen (Augsburger Konfession, Artikel 17). Sie wird jedoch von einer Reihe von Theologen sowie von zahlreichen Sekten (Adventisten, Ernste Bibelforscher, Mormonen usw.) anerkannt. Nach der Lehre der katholischen und der meisten anderen Kirchen verläuft die Endzeit der Welt ohne Einschaltung eines Zwischenreiches in folgender Weise:

Das Weltende naht erst, wenn das Evangelium allen Völkern der Erde durch Predigt bekannt geworden ist (Matth. 24,14), es kündigt sich an durch einen großen Abfall vom Glauben, das Auftreten von Lügenpropheten, Kriege, Seuchen, Naturkatastrophen und eine allgemeine Verwilderung der Sitten. Dann wird der Antichrist auftreten (1. Joh. 2,18 und 22; 2. Joh. 7), der durch seine Zeichen und Wunder viele verführen (Matth. 24,34; Joh. 5,43; 2. Thess. 2,4f) und die Heidenvölker Gog und Magog gegen die Heiligen und ihre Stadt heranführen wird (Offenbarung 20,8). Seine Herrschaft wird dreieinhalb Jahre dauern (Daniel 7,25; 12,7 und 11; Offenbarung 12,6 und 14; 13,5), worauf sie durch Gottes unmittelbares Eingreifen ein Ende findet (2. Thess. 2,8; Offenbarung 20,9; Hesek. 39,6; Dan. 11,44f.). Zu jener Zeit wird die Welt von den sieben apokalyptischen Plagen (Offenbarung 16,1f.) in Schrecken gesetzt, aber von den nicht gestorbenen, sondern von Gott der Zeitlichkeit entrückten Heiligen Elias (2. Kön. 2,11) und Henoch (Hebr. 11,5) getröstet werden (Offenbarung 11,3). Dann werden die über die Welt zerstreuten zehn Stämme der Juden nach Jerusalem zurückgeführt und zum Christentum bekehrt werden. Zwischen dem Sturz des Antichrists und dem Beginn des Weltendes liegen (nach Dan. 12,11f.) 45 Tage. Die darauffolgenden Ereignisse schildern die Evangelien mit folgenden Worten: »Bald aber nach der Trübsal derselben Zeit werden Sonne und Mond den Schein verlieren, und die Sterne werden vom Himmel fallen, und die Kräfte der Himmel werden sich bewegen. Und alsdann wird erscheinen das Zeichen des Menschensohnes am Himmel. Und alsdann werden heulen alle Geschlechter auf Erden und werden sehen kommen des Menschen Sohn in den Wolken des Himmels mit großer Kraft und Herrlichkeit. Und er wird senden seine Engel mit hellen Posaunen, und sie werden sammeln seine Auserwählten von den vier Winden, von einem Ende des Himmels zu dem andern« (Matth. 24,29–31), »dann wird der Menschensohn sitzen auf dem Stuhl seiner Herrlichkeit und werden vor ihm versammelt werden alle Völker. Und er wird sie voneinander scheiden, gleich als ein Hirte die Schafe von den Böcken scheidet, und wird die Schafe zu seiner Rechten stellen und die Böcke zu seiner Linken. Da wird dann der König sagen zu denen zu seiner Rechten: ›Kommet her zu mir, ihr Gesegneten meines Vaters, ererbt das Reich, das euch bereitet ist von Anbeginn der Welt‹ . . . Dann wird er auch sagen zu denen zur Linken: ›Gehet hin von mir, ihr Verfluchten, in das ewige Feuer, das bereitet ist dem Teufel und seinen Engeln‹ . . . Und sie werden in die ewige Pein gehen, aber die Gerechten in das ewige Leben« (Matth. 25,31–34; 41,46).

Nach dem Jüngsten Gericht wird dann eine vollständige Umwandlung der gegenwärtigen materiellen Welt stattfinden. Wenn am Tage des Herrn die Himmel vom Feuer zergehen und die Elemente vor Hitze zerschmelzen werden, dann wird ein neuer Himmel und eine neue Erde erstehen, in welcher nach göttlicher Verheißung Gerechtigkeit wohnt (2. Petr. 3,12ff.; Offenbarung 21,1).

Wenn die Erde durch ein von Gott entfachtes Feuer (Psalm 97,3f.; 2. Thess. 1,8; 2. Petr. 3,7) von aller physischen und moralischen Unreinheit geläutert ist, wird sich das »neue Jerusalem« aus dem Himmel auf die Erde herabsenken (Offenbarung 21,2), und Himmel und Erde werden eins sein. Von der

Herrlichkeit des »neuen Jerusalem«, seinen edelsteinprangenden Mauern und Toren und ihren aus purem Golde gebildeten Gassen und kristallklaren Strömen lebendigen Wassers entwirft die Apokalypse in ihren beiden letzten Kapiteln eine begeisterte Schilderung. Sie hebt besonders hervor, daß es in der Wunderstadt keine Nacht gibt und daß sie der Sonne und des Mondes nicht bedarf, weil sie die Herrlichkeit Gottes dauernd erleuchtet. Nach Thomas von Aquino werden die Himmelskörper in ewiger Ruhe beharren, die Menschen werden weder essen noch trinken noch sich fortpflanzen, ihre Organe haben keinerlei vegetative Funktionen mehr, sondern dienen nur noch der Schönheit des Leibes und der Verherrlichung des Schöpfers. Da Pflanzen und Tiere nur für die Erhaltung des menschlichen Lebens geschaffen wurden, sind sie jetzt entbehrlich: die neue Erde werde deshalb ohne Flora und Fauna sein. Andere nehmen hingegen an, die verklärte Erde werde ganz zum Paradiese werden und deshalb auch eine reiche Pflanzen- und Tierwelt aufweisen. Sie berufen sich dabei auf die Schilderung des Propheten Jesaja (11,6 und 65,17f.), der von dem Friedensreich des Messias sagt: »Die Wölfe werden bei den Lämmern wohnen und die Pardel bei den Böcken liegen . . . Und ein Säugling wird seine Lust haben am Loch der Otter, und ein Entwöhnter wird seine Hand strecken in die Höhle des Basilisken. Man wird nirgend Schaden tun noch Verderben auf meinem ganzen heiligen Berge, denn das ganze Land ist voll Erkenntnis des Herrn, wie Wasser das Meer bedeckt [1].«

Die christliche Welthistorie

Nach Martin Luthers »supputatio annorum mundi«,
deutsche Übersetzung von Johannes Aurifaber unter dem Titel
»Chronica des Ehrnwirdigen Herrn. D. Mart. Luth. Deudsch. Witeberg,
Widerumb gedruckt durch Hans Lufft 1551«.

In der Vorrede schreibt Luther: »Diese Jarrechnung hatt ich mir alleine zu meinem gebrauch verzeichnet. Nicht das es solt ein Chronica oder Historien sein, sondern nur wie ein Taffel, die ich möcht vor dem gesicht haben, und darinne leichtlich besehen, zeit und jare der Historien, so in Heiliger schrifft beschrieben werden.«

Ein Spruch der Schüler Elia des propheten

Sechs tausent jar wird die Welt stehen

Zwey tausent	Ledig
Zwey tausent	Das Gesetz
Zwey tausent	Christus

[1] H. Bautz, »Der Himmel« (Mainz 1881), S. 179; »Weltgericht und Weltende« (Mainz 1886), S. 273 ff.

Dis sind sechs tage einer wochen fur Gott. Der Siebende tag ist der ewige Sabbath.

Psalm 90 und 2. Petri 3

Tausent jar sind fur dem HERRN wie ein tag.

Jar von anfang der Welt		Jar vor Christi geburt
	Weltschöpfung	3960
1	Sündenfall (Gen. 3)	
130	Seth geboren (Gen. 5,3)	3831
235	Enos geboren (Gen. 5,6)	3726
325	Kenan geboren (Gen. 5,9)	3636
395	Mahalael geboren (Gen. 5,12)	3566
460	Jared geboren (Gen. 5,15)	3501
622	Henoch geboren (Gen. 5,18)	3339
687	Methusala geboren (Gen. 5,21)	3274
874	Lamech geboren (Gen. 5,25)	3087
930	Adam stirbt (Gen. 5,24)	3031
987	Henoch von Gott entrückt (Gen. 5,24)	2974
1056	Noah geboren (Gen. 5,28)	2905
1556	Japhet geboren	2405
1558	Sem geboren } (Gen. 5,32)	2403
1560	Ham geboren	2401
1666	Sintflut	2305
1660	Arphachsad geboren (Gen. 11,10)	2301
1693	Salah geboren (Gen. 11,12)	2268
1723	Eber geboren (Gen. 11,14)	2238
1756	Turmbau zu Babel	2205
1757	Peleg geboren (Gen. 11,16)	2204
1787	Regu geboren (Gen. 11,18)	2174
1819	Serug geboren (Gen. 11,20)	2142
1849	Nahor geboren (Gen. 11,22)	2112
1878	Tharah geboren (Gen. 11,24)	2083
1948	Abraham geboren (Gen. 11,26)	2013
2048	Isaak geboren (Gen. 21,5)	1913
2108	Jakob geboren (Gen. 25,26)	1853
2196	Juda geboren	1765
2224	Perez geboren (Gen. 38,29)	1737
2234	Hezron geboren	1727
2238	Der Zug nach Ägypten	1723
2373	Moses geboren	1588
2453	Auszug aus Ägypten	1508
2890	David wird König	1071
3960	Christi Geburt	—

Luther gibt in seinem Werke weiterhin zahlreiche Daten aus der Geschichte des Volkes Israel, der Römer und Byzantiner und des Heiligen Römischen Reiches Deutscher Nation. Aus der Geschichtstabelle Luthers sind hier nur die für die Errechnung des Alters der Welt bedeutsamen Daten der Menschen der ersten Generationen wiedergegeben worden, deren jahrhundertelange Lebensdauer aus den beigefügten Bibelstellen ersichtlich ist. Für die im Stammbaum Jesu (Matth. 1, 2–17 und Luk. 3, 23–38) zwischen Hezron und David auftretenden Personen gibt Luther keine genauen Geburtsdaten, bemerkt aber, daß sie sehr lange gelebt haben. Von der Geburt des Boas bis zur Geburt Davids rechnet er 350 Jahre. Den Ahnen Jesu von David an wird eine der heutigen entsprechende Lebensdauer zugeschrieben.

Das erste Jahrtausend begann mit Adam und endete 2961 v. Chr. mit seinem »siebenden Nefen«, dem Henoch. »Ist die edelste Zeit gewesen unter solchen trefflichen Vetern.«

Das zweite Jahrtausend endet 1961 v. Chr. »Semiramis regiret dis jar in Alt-Babel.« Um diese Zeit stirbt Noah.

Das dritte Jahrtausend beginnt kurz vor der Berufung Abrahams 1938 v. Chr.; es endet bald nach der Zeit Davids und Salomos.

Das vierte Jahrtausend beginnt 961 v. Chr. und endet mit Christi Geburt.

Das fünfte Jahrtausend sah im Jahre 3990 nach der Weltschöpfung Christi Tod und Auferstehung. »Fast drei jar nach der Auferstehung wird in der Apostel concilio mit einem öffentlichen beschlus das gesetz auffgehoben und die freiheit vom gesetz öffentlich verkündiget.«

Das sechste Jahrtausend (ab 4961 nach der Schöpfung) beginnt tausend Jahre nach Christi Geburt »nach ausgang dieser tausent jar wird der Teufel gar los und der Römische Bischoff wird der Antichrist, auch durch gewalt des schwerts«. Zum Jahre 5500 nach der Schöpfung bemerkt Luther: »Dieses gegenwertige 1540. jar Christi ist das 940. jar Mahomet und das 960. jar des Bapsts. Es ist zu hoffen, das der Welt ende nahe sey, denn das sechste tausent der jar der Welt wird nicht erfüllet werden. Gleich wie die drey tage des todes Christi nicht erfüllet wurden. Sondern er ist des morgens aufferstanden, welches das mittel ist des dritten tages. Gleichwie er auch fast umb das mittel des ersten tages gefangen ist worden. Also sind wir jetzund umb das mittel des sechsten tausendes der jar der Welt.«

Der lateinische Text erschien zuerst in Wittenberg 1541, in zweiter Auflage 1545. Er ist abgedruckt (mit einer Einleitung von F. Cohrs) in »D. Martin Luthers Werken«, 53. Band (Weimar 1920), S. 1–184. Dier hier wiedergegebene Übersetzung erschien erstmalig in Wittenberg 1550 und erlebte 1551, 1553, 1559 neue Auflagen. – Über die biblische Zeitrechnung vergleiche den Artikel von Kittel in der »Realenzyklopädie für protestantische Theologie und Kirche«, 3. Aufl., XXI. Bd., S. 639–650 und die dort angeführte Literatur.

Nach G. B. Winer: »Comparative Darstellung des Lehrbegriffs der

Das von H. v. Glasenapp verwendete Material berücksichtigt noch nicht die Beschlüsse des 2. Vatikanischen Konzils. Zur Information hierüber verweisen wir auf: »Vatikanum II«, zusammengest. v. Konrad Kraemer, 5 Aufl. 1968, Fromms Taschenbuch Nr. 44. [Anm. d. Verlages].

RÖMISCHE KIRCHE	GRIECHISCH-ORTHODOXE KIRCHE

Das Christentum ist eine der Menschheit durch Christus zuteil

aus (1) Bibel und (2) Tradition,

welche unter besonderer Einwirkung des Heiligen Geistes (1) aufgezeichnet, (2) fortgepflanzt worden ist.

Die Auslegung der Bibel steht der fortdauernd vom Heiligen Geist geleiteten Kirche zu,

in letzter Instanz dem unfehlbaren
Papste.

Gott ist dreieinig, d. h. das göttliche Wesen besteht aus drei der

Der Heilige Geist geht aus vom Vater und vom Sohne.	Der Heilige Geist geht aus nur vom Vater allein.

Außer dem dreieinigen Gott gibt es

Doch ist es heilsam, die Jungfrau
Maria, die ohne Erbsünde empfangen ist,

sowie die Heiligen als Fürsprecher bei Gott anzurufen und ihre Bilder und Reliquien zu verehren.

Der Mensch wird mit einer Verderbtheit geboren, die ihm

Adam, der erste Mensch nämlich, wie

(Außer den natürlichen Geisteskräften) habituelle Heiligkeit und Unsterblichkeit (als Gnadengeschenke Gottes).	Unsterblichkeit, vollkommene Weisheit und einen von der Vernunft beherrschten Willen.

der großen christlichen Bekenntnisse
christlichen Kirchenparteien«, 4. Auflage, Leipzig 1882 (S. 262 ff.)

| LUTHERANER | CALVINISTEN |

---

gewordene göttliche Offenbarung, deren Erkenntnis geschöpft wird

aus der Bibel allein,

welche unter dem besonderen Einflusse des Heiligen Geistes aufgezeichnet
worden ist.

Es gibt in der Kirche kein Auslegungstribunal für die Bibel, der göttliche
Inhalt derselben schließt sich jedem Christen auf.

Natur und der Würde nach einander völlig gleichen Personen.

Der Heilige Geist geht aus vom Vater und vom Sohne.

keinen Gegenstand göttlicher Anbetung.

Aller Heiligen-, Bilder- und Reliquiendienst ist, da schriftwidrig, ohne
Ausnahme zu verwerfen.

nicht vom Ursprunge des Menschengeschlechts an eigen war.

er aus der Hand Gottes kam, besaß

eine anerschaffene, zu seiner Natur gehörige ursprüngliche »Gerechtigkeit« (iustitia originalis) und Unsterblichkeit.

jene göttliche Gnadengeschenke, und ihr Wille zum Guten wurde geschwächt.

Durch die erste Sünde verloren Unsterblichkeit, und ihr Wille bekam zum Bösen Neigung.

In diesem Zustand ist der natürliche Mensch, auch bevor er

Die Erbsünde besteht in der »carentia iustitiae originalis«, dagegen ist die böse Lust nicht an sich Sünde, sondern führt nur zur Sünde.

und begeht, seiner bösen Lust
obschon er zum gottgefälligen Guten nicht ohne alle Willenskraft ist, auch im natürlichen Zustande nicht bloß Böses tut,

Jesus Christus, der Mensch gewordene Sohn Gottes, bestehend aus Gottes ewigem Ratschluß der Menschheit die Versöhnung mit Gott Gott für die Sünden

Die Vorbedingung, unter welcher der Mensch der Versöhnung die der
vom Heiligen Geiste angeregt und unterstützt vollbringt,

Dieser gött- wird allen Menschen ohne Unterschied

kann aber von ihnen zurückgewiesen

Um der Seligkeit teilhaftig werden zu können,
d. h. es wird ihm habituelle Gerechtigkeit eingeflößt und durch die guten Werke, die er vermöge derselben verrichtet, verdient er sich Mehrung der Gnade und ewige Seligkeit.

Adam und seine Nachkommen
die iustitia originalis, und es trat eine gänzliche Verderbnis ihrer Natur
(in geistlichen Dingen) ein.

aktuelle Sünde begeht, vor Gott ein Sünder (Erbsünde).
Die böse Lust ist positiv die Erbsünde.

folgend, vielfältig Sünde,
wie er denn zum gottgefälligen Guten schlechthin unfähig ist und nichts
als Sünde zu tun vermag.

**zwei Naturen, welche unzertrennlich verbunden sind, hat nach
und die ewige Seligkeit erworben, indem er durch seinen Tod
der Welt genug tat.**

**und Seligkeit teilhaftig wird, ist die geistliche Wiedergeburt,
Mensch**
in Ermangelung aller eigenen Kraft zum Guten nur nach Einwirkung des
Heiligen Geistes beginnen und vollenden kann.

**liche Beistand
angetragen,**   wird nur den Menschen angetra-
                               gen, die Gott nach ewigem unbe-
                               dingtem Ratschluß zur Seligkeit
                                        erwählt hat,
werden,   und es kann ihm von den Erwähl-
                               ten nicht widerstanden werden.

wird der Mensch von Gott für gerecht erklärt,
und zwar aus der Gnade um Christi willen. Das Verdienst Christi aber wird
ergriffen im Glauben. Die guten Werke sind nur, aber auch notwendig
Früchte des Glaubens.

Der so Gerechtfertigte kann mehr tun, als die Gebote Gottes fordern, und durch Beobachtung der evangelischen Ratschläge sich einen höheren Grad sittlicher Vollkommenheit und himmlischer Seligkeit erwerben.

kann jedoch auch durch Todsünde wieder des Standes der

während die leichteren Sünden, die Ihrer Natur nach keine Verdammung wirken, durch eigene Satisfaktion abgebüßt werden können.

Todsünden heben nicht notwendig den Glauben auf.

Die Wiedergeburt des Menschen wird vermittelt durch das Wort

in jedem Empfangenden ex opere operato

wenn der administrierende Geistliche sie »cum intentione« verrichtet,

Solcher Sakramente gibt es 7: Taufe, Firmung, Abendmahl, Buße, Ehe, Priesterweihe

und Letzte Ölung   und (Kranken-)Ölung.

Wer, ohne volle Genugtuung geleistet zu haben, stirbt,

gelangt in das Fegefeuer und hat dort, bevor er in den Himmel eingehen kann, eine Läuterungspein zu bestehen. Der von der Kirche gespendete Ablaß sowie Seelenmessen und andere fromme Werke kürzen die Pein des Verstorbenen im Fegefeuer.

gelangt in einen Mittelzustand abgeschiedener Seelen, wo sie (Gewissens-)Pein leiden für ihre Sünden; aus diesem Zustand befreien Almosen, Totenmessen usw., sofern Gott hierdurch bewogen wird, die Pein der Abgeschiedenen aus Gnaden zu endigen.

Der so Gerechtfertigte kann aber nie mehr tun, als die Gebote Gottes
fordern,

Gnade verlustig gehen,	geht aber selbst bei schweren Sünden nie der Gnade ganz wieder verlustig.
während die leichteren unvorsätzlichen Sünden, die an sich die Verdammung wirken würden, ihm von Gottes Gnade um Christi Verdienst willen verziehen werden. Todsünden bestehen nie mit dem Glauben.	

Gottes und durch die Sakramente, die ihre Kraft äußern nur in den Gläubigen (bzw. Erwählten),

ohne daß eine Intention des Geistlichen notwendig wäre.

Solcher Sakramente gibt es nur zwei: Taufe und Abendmahl.

Das Fegefeuer und was damit zusammenhängt ist menschliche Erdichtung.

RÖMISCHE KIRCHE	GRIECHISCH-ORTHODOXE KIRCHE

Die Kirche

ist die unter Christus und dessen irdischem Stellvertreter, dem Papste, vereinigte Gesellschaft aller Christusbekenner, der frommen sowohl als der unfrommen.	ist die unter ihrem Haupte Christus vereinigte Gemeinschaft derer, welche alle von den Aposteln überlieferten und von den allgemeinen Synoden genehmigten Glaubensartikel annehmen und bekennen.

Außer dieser (sichtbaren) Kirche ist kein Heil.

Die Kirche steht unter fortwährendem Einflusse des Heiligen Geistes, daher sie in Angelegenheiten des Glaubens nicht irren kann.

Zum Dienste der Kirche bedarf es

welche einen von den übrigen Christen wesentlich verschiedenen Stand bilden. Dieser Stand hat mehrere Abstufungen geistlicher Ämter und Würden (Bischöfe, Priester usw.), welche in ihren Befugnissen verschieden sind.

Unter den Bischöfen ist der erste (Primas) der Bischof von Rom, als Nachfolger des Apostels Petrus das sichtbare Oberhaupt der Kirche.	Unter den Bischöfen nehmen die Patriarchen den höchsten Rang ein, sind aber untereinander gleich.
Die Bischöfe, unter dem Papste	Die Bischöfe,

zu einem allgemeinen Konzil vereinigt, repräsentieren die Kirche und haben über Gegenstände des Glaubens und kirchlichen Lebens unter der Leitung des Heiligen Geistes irrtumslos zu entscheiden,

doch bedarf der unfehlbar ex cathedra redende Papst für seine Glaubensentscheidungen nicht der Bestätigung durch ein solches Konzil.

Jesu Christi

ist die unter Christus als unsichtbarem Oberhaupte vereinigte Gesellschaft der Heiligen, in welcher das Evangelium lauter verkündigt wird und die Sakramente recht verwaltet werden. (Die Unfrommen unter den Getauften gehören nur äußerlich zur Kirche.)

Außer dieser wahren (unsichtbaren) Kirche ist kein Heil.

Die wahre Kirche wird vom Heiligen Geiste in aller Wahrheit geleitet.

besonders angestellter Personen,

welche einen von den übrigen Christen nur amtlich verschiedenen Stand bilden und alle gleichen Beruf und Amtsbefugnis haben.

Es gibt unter ihnen keinen Ersten nach göttlichem Recht sowie auch kein sichtbares geistliches Oberhaupt der Kirche,

und wenn sie zu einer Synode vereinigt sind, haben sie nur nach dem geschriebenen Worte Gottes zu entscheiden.

Alle Geistlichen müssen ordentlich berufen

durch das Sakrament der Ordination, welches

ihnen einen unauslöschlichen Charakter verleiht und

nur von einem Bischof verrichtet werden kann,

und sie verpflichten sich zur Ehelosigkeit.	Die Bischöfe müssen unverehelicht sein, Priester und Diakone aber dürfen eine zweite Ehe nicht abschließen, sonst verlieren sie die Berechtigung zur geistlichen Funktion.

Allen Priestern gemeinsam ist die Verkündigung des Evangeliums und die Verwaltung

von 5 Sakramenten (Taufe, Buße, Abendmahl, Ehe und Letzte Ölung)	von 6 Sakramenten (Taufe, Firmung, Buße, Abendmahl, Ehe und Krankenölung)

und die Darbringung des Meßopfers.

Den Bischöfen allein gebührt die Verwaltung

der Sakramente der Firmung und Ordination.	des Sakramentes der Ordination.

Die Kirchenzeremonien sind ein Teil des Gottesdienstes; nicht wenige haben apostolischen Ursprung, und die bei den Sakramenten üblichen dürfen von den Geistlichen, ohne eine Todsünde zu begehen, nicht weggelassen werden.

Bilder und
sind ein wesentliches Hilfsmittel des Kultus und der Andacht.

werden. Zu ihrem Amte werden dieselben geweiht

durch den apostolischen Gebrauch des Handauflegens

der von jedem Geistlichen verrichtet werden kann.

Sie verpflichten sich aber nicht zur Ehelosigkeit.

Das Amt des Geistlichen besteht in der Verkündigung des Evangeliums und in der Verwaltung der Sakramente sowie in der Ausübung der Schlüsselgewalt.

Kirchenzeremonien können von jeder Partikularkirche nach dem Bedürfnis der Gemeinden im Einklang mit dem Worte Gottes eingerichtet werden.

Altäre

dürfen nur in geringem Maße (ein Altar als Abendmahlstisch) zum Schmuck der Kirche Verwendung finden.	sind in der Kirche am besten nicht zu dulden.

IV. Die Kirchen und Sekten

Vorbemerkung

Das Christentum stellt in seiner geistigen Haltung zum Wahrheitsproblem das gerade Gegenteil zum Hinduismus dar. Dieser umfaßt in sich alle Gestalten religiösen Glaubens vom primitiven Geisterdienst bis zum vergeistigten Theopantismus, er duldet die niedrigsten und höchsten Andachts- und Kultformen nebeneinander, weil er in ihnen gleicherweise Offenbarungen des menschlichen Strebens zum Göttlichen sieht, die nur graduell, nicht essentiell voneinander verschieden sind. Es ist daher »all tolerant, all compliant, all comprehensive, all absorbing« und das Sektenwesen spielt in ihm keine ausschlaggebende Rolle. Das Christentum hingegen ist exklusiv, es ist unduldsam gegen jeden »Irrtum, der Gott die Ehre und den Menschen das Heil entzieht« (F. J. Stahl) und betrachtet es ausdrücklich als eine falsche Ansicht, »daß die Menschen im Dienste jeder Religion den Weg des ewigen Heils finden und das ewige Heil erreichen können«. Cyprian sagte: »Wer die Kirche nicht zur Mutter hat, der kann auch Gott nicht zum Vater haben«, und das Konzil von Florenz stellte 1439 fest, daß »alle Heiden, Juden, Häretiker und Schismatiker ewig verdammt seien«. Die ganze Geschichte des Christentums ist erfüllt von Glaubenskämpfen, in denen Theologen und kirchliche Richtungen miteinander rangen, welche alle auf dem Boden derselben Grundanschauungen standen und sich nur in Punkten voneinander unterschieden, die an dem gemessen, worin Hindus verschiedener Schichten und Sekten voneinander abweichen, überhaupt nicht ins Gewicht fallen. Bei dieser außerordentlichen Bedeutung, welche Glaubensgemeinschaften innerhalb des Christentums haben, ist es notwendig, diese eingehender zu erörtern als die Sekten der anderen Religionen.

Die Zahl der christlichen Kirchen und Sekten ist unübersehbar groß. Selbst unter Beiseitelassung aller derer, welche heute nicht mehr existieren, und unter Beschränkung auf diejenigen, welche eine gewisse Bedeutung besitzen, würde eine kurze Darstellung ihrer Geschichte, Lehre und Organisation viele Bände füllen, werden doch schon allein in den Vereinigten Staaten von Amerika in Werken wie dem »Year book of the Churches« weit über 200 kirchliche Gemeinschaften aufgeführt. Für die Zwecke dieses Buches muß es daher genügen, wenn hier nur etwa neunzig Kirchen und Sekten besprochen und kurz charakterisiert werden. Der Übersichtlichkeit wegen empfiehlt es sich nicht, die einzelnen religiösen Gemeinschaften in ihrer historischen Reihenfolge zu behandeln. Ich habe deshalb den geographischen Gesichtspunkt zugrunde gelegt, indem ich mit den alten morgenländischen Kirchen beginne, dann zu den Kirchen und Sekten Osteuropas übergehe, hernach die katholischen Kirchen Südeuropas und ihre Absplitterungen bespreche, um darauf die Protestanten Nordeuropas und Nordamerikas darzustellen. Den Beschluß machen moderne Sektenbildungen unter den Völkern außerhalb des Abendlandes.

1. Die alten morgenländischen Kirchen

a) Die Monophysiten

Die Syrer. Syrien hatte schon zur Zeit Christi Anhänger seiner Lehre (Matth. 4,24 und Mark. 7,26) aufzuweisen; eine Legende läßt den König Abgar von Edessa mit Christus brieflich in Verbindung treten, und Damaskus und Antiochia nahmen früh in der Geschichte der christlichen Religion einen hervorragenden Platz ein. Eigenartig ist, daß gerade in Syrien seit alter Zeit dogmatische Spaltungen eine so große Rolle gespielt haben, daß sie bis heute die Syrer geradezu in zwei Nationen mit verschiedener Schrift zerreißen. Die Monophysiten (Jakobiten) und die Nestorianer hassen sich gegenseitig fast so wie ihre gemeinsamen Gegner, die Mohammedaner. Die Lehren von der einen göttlichen Natur Christi wurden unter den byzantischen Kaisern Zeno und Anastasios unter den Syrern verbreitet, unter Justin I. aber wurden fast alle syrischen Bischöfe abgesetzt, weil sie die Beschlüsse des Konzils von Chalcedon (451 n. Chr.) nicht anerkennen wollten. Um die monophysitische Sache wieder in Blüte zu bringen, wurden von dem in Konstantinopel festgehaltenen monophysitischen Patriarchen von Alexandrien, Theodosius, 541 n. Chr. Bischöfe geweiht, die trotz aller Verfolgungen für die Einnaturlehre eintreten sollten. Der unermüdlichste und erfolgreichste Vorkämpfer des Monophysitismus war Jakob, der wegen seiner ärmlichen Kleidung den Beinamen Barâdaï erhielt (gest. 578). Danach heißen seine Anhänger Jakobiten. Ihr Patriarch führt den Titel »Patriarch von Antiochien«, obwohl er schon lange nicht mehr in dieser Stadt, sondern in einem Kloster bei Diabekir am oberen Tigris oder im Markuskloster in Jerusalem residiert.

Im 17. Jahrhundert unterstellte sich ein Teil der sogenannten Thomas-Christen Südindiens, die ursprünglich Nestorianer gewesen und von den Portugiesen der römischen Kirche uniert worden waren, dem jakobitischen Patriarchen und nahm mit dem antiochenischen Ritus den monophysitischen Glauben an, wurde später aber zum Teil wieder selbständig.

Die Kopten. Die Kopten, d. h. die Bewohner Ägyptens [das Wort »Kopte« ist eine im 16. Jahrhundert zuerst belegte europäische Ableitung aus dem arabischen Qubt aus griechisch: (Ai)gypt(os)], sehen in dem heiligen Markus den Stifter ihrer Kirche, die dann durch die großen Theologen in Alexandrien hervorragenden Ruhm erlangte. Später büßte Ägypten aber viel von seinem Glanz ein und trat zu den großen katholischen Kirchen in Gegensatz, indem es der monophysitischen Lehre huldigte. Unter der mohammedanischen Herrschaft wechselten für die Kirche Zeiten der Bedrückung mit solchen der Ruhe; der Patriarch heißt zwar noch Patriarch von Alexandrien, hat aber seit dem 11. Jahrhundert seinen Sitz in Kairo.

Charakteristisch für die Kirche ist die Dreiheit der Sprachen, die im Gottesdienst Verwendung finden, einzelne Ausrufe sind noch griechisch, die Psalmen und Gebete koptisch, das übrige arabisch. Der Kultus ist sehr langwierig, früher sollen deshalb die Frommen Krücken mitgebracht haben, um sich auf diese zu stützen. Die Zahl der Fasttage ist überaus groß. Bedeutend ist die Zahl der Nonnen- und Mönchsklöster, den letzteren wird der höhere Klerus entnommen.

Die Abessinier. Die Staatskirche des abessinischen Kaiserreiches war lange von der koptischen abhängig; ihr höchster Geistlicher, der Abuna, wurde von dem koptischen Patriarchen von Kairo ernannt. Dieser Brauch wurde im 13. Jh. eingeführt, weil der damalige Abuna, der als Heiliger verehrte Takla Haimânôt, glaubte, nur auf diese Weise der Kirche ein frisches theologisches Leben sichern zu können. 1946 wurde dieses Abhängigkeitsverhältnis gelöst. Äthiopien besitzt seit 1949 ein eigenes Patriarchat. Die Abessinier sind Monophysiten, doch bestehen Streitigkeiten darüber, ob – im Sinne der Lehre, daß Christus nur eine (nämlich göttliche) Natur besitze – nur eine zweifache Geburt Christi (die ewige vorzeitliche Zeugung des Sohnes vom Vater und die zeitliche Menschwerdung) oder noch eine dritte Geburt (durch die Taufe im Jordan) anzunehmen sei. Die Lehre von der zweifachen Geburt ist die der offiziellen Kirche, die andere, die erst vor 200 Jahren aufkam, hat aber in manchen Gebieten Anhänger gefunden. Wann die abessinische Kirche gestiftet worden ist, ist unsicher, die Angaben schwanken zwischen dem 4. und 5. Jahrhundert. Die in der gegenwärtig nur noch in kirchlichem Gebrauch verwendeten, in äthiopischer Sprache abgefaßten 81 heiligen Schriften umfassen außer den 65 unserer Bibel noch eine Reihe apokrypher, der späteren Tradition zugehöriger Werke. Die Priester dürfen vor ihrer Ordination heiraten, nicht mehr aber nach dieser. Will ein Priester nach dem Tode seiner Frau sich wieder verehelichen, so muß er auf sein Amt verzichten. Neben den Weltgeistlichen stehen die zahlreichen Mönche und Nonnen. Der Gottesdienst trägt einen ausgeprägt zeremoniellen Charakter und nimmt sehr viel Zeit in Anspruch; als Sakramente werden nur Taufe und Abendmahl anerkannt. Den zahlreichen Heiligen sind viele Festtage gewidmet, dem Fasten wird sündentilgende Wirkung zugeschrieben. Da eine Reihe von jüdischen Bräuchen beachtet werden (Beschneidung, Speisegesetze, Sabbatfeiern), behauptet die einheimische Überlieferung, daß im Land vor seiner Christianisierung das Judentum geherrscht habe. Dieses soll durch die Königin von Saba, welche durch Salomo die Stammutter der Dynastie wurde, verbreitet worden sein. Viele Forscher meinen aber, daß das Reich vor seiner Bekehrung heidnisch gewesen ist und die jüdischen Bräuche, soweit diese nicht auch in Ägypten in Übung waren, erst durch spätere jüdische Einwanderer eingeführt worden sind.

Die Armenier. Armenien soll bereits von dem Apostel Thaddäus zum Christentum bekehrt worden, ja das erste Land gewesen sein, bei welchem es als Staatsreligion eingeführt wurde. Wenn an dieser Überlieferung etwas Richtiges ist, so hat die Lehre Christi jedenfalls nicht ohne Unterbrechung und allgemein geherrscht, denn die eigentliche Christianisierung wurde erst im 3. Jahrhundert durch einen vornehmen Parther, Gregor den Erleuchter, vorgenommen, nachdem er den Tempel der Göttin Anahit in der Reichshauptstadt Artaxata dem Erdboden gleichgemacht hatte. Gregor war der erste »Katholikos« (Oberpriester) Armeniens; er hatte seine Würde vom Metropoliten von Cäsarea empfangen und vererbte sie an seine Söhne weiter. Unter seinen Nachfolgern ragt der Katholikos Sahak (gest. 439) hervor; sein Freund Mesrob erfand die armenische Schrift und übersetzte die Bibel. Nach 500 wurden auf großen Kirchenversammlungen die Lehren des Konzils von Chalcedon (451) verdammt und das streng monophysitische Dogma als das allein rechtgläubige anerkannt. Bis zum Untergang der armenischen Selbständigkeit (1375) von der Landesregierung gefördert, später unter persischer, türkischer und russischer Herrschaft trotz politischer Kämpfe und Gegensätze sich erhaltend, ist die armenische Kirche bis heute das einigende Band zwischen den in der ganzen Welt zerstreuten Armeniern geblieben.

b) Die Nestorianer

Die Nestorianer. Nestorius, Patriarch von Konstantinopel (gest. ca. 450), hatte im Kampf gegen den Monophysitismus gelehrt, daß Maria nicht als Gottesgebärerin bezeichnet werden dürfe, weil Gott weder geboren worden sei noch gelitten habe. Es sei vielmehr nur Christus, von dem dies ausgesagt werden könne. Seine scharf zwischen göttlicher und menschlicher Natur Christi unterscheidende Lehre wurde von der Reichskirche verworfen, er selbst verbannt. Seine Anhänger aber bildeten in Ostsyrien eine besondere Kirche aus, die sich unter starrer Ablehnung des Monophysitismus sowie des griechischen und des römischen Katholizismus selbständig entwickelte und nach Persien und Indien ausbreitete, ja sogar in China Mission trieb, wie eine in Si-ngan-fu 781 n. Chr. in syrischer und chinesischer Sprache verfaßte Inschrift beweist. Unter dem mohammedanischen Kalifen wie auch unter den Mongolenherrschern konnte sich die Kirche meist ungehindert entwickeln, sie ist dann aber seit der Mitte unseres Jahrtausends stark zurückgegangen und jetzt fast nur noch in den kurdischen Gebirgen und am Urmia-See vertreten. Um sich den Bedrückungen von Türken und Kurden zu entziehen, wanderten viele nach Nordamerika aus, wo der Patriarch der »Assyrischen Kirche« heute in Chicago seinen Sitz hat.

Dazu kamen die sogenannten Thomas-Christen in Südindien, die ihren Namen von dem Apostel Thomas führen, der den Hindus das Evangelium gebracht haben soll. Zu welcher Zeit die Lehre des Nestorius nach Indien gekommen ist, ist unsicher; im 8. Jahrhundert haben jedenfalls schon enge Beziehungen zu den Syrern bestanden. Die Portugiesen suchten diese »syrischen« Christen des Gangeskontinentes dem Papst untertan zu machen und nötigten ihnen die 1599 bei der Synode von Diamper gefaßten Beschlüsse auf, doch haben die meisten 1653 diese erzwungene Union wieder rückgängig gemacht. 1665 schloß sich ein Teil dieser Nestorianer den monophysitischen Jakobiten an.

Die Nestorianer haben das Altsyrische als Kirchensprache, verwerfen den Bilderkult, feiern Sabbat und Sonntag, essen kein Schweinefleisch, haben zahlreiche Fastentage und gestatten die Priesterehe.

2. Die griechisch-orthodoxe Kirche und die Sekten ihres Bereiches

a) Die griechisch-orthodoxe Kirche

»Die orthodoxe katholische und apostolische Kirche des Ostens« (tês anatolês), wie die offizielle Bezeichnung lautet, zerfällt in eine große Zahl autokephaler Kirchen. Außer den Patriarchaten von Konstantinopel, Alexandria, Antiochia, Jerusalem, den Erzbistümern Cypern und Sinai umfaßt sie die Kirchen der Russen, Jugoslawen, Bulgaren, Rumänen, Albanier, Griechen und Georgier.

Zu diesen älteren Kirchen treten noch eine Reihe von neueren hinzu in den verschiedenen Republiken der Sowjetunion und den dieser benachbarten Staaten sowie in den Ländern der russischen Emigration. Die Sprachen, die im Kultus Verwendung finden, sind außerordentlich mannigfaltig: neben dem hellenistischen Griechisch und dem Kirchenslawischen stehen die verschiedensten Volksprachen; seit 1937 gibt es sogar eine »katholisch-orthodoxe Kirche des Westens« mit lateinischem Ritus.

Die Einheit der Kirche wird trotz der Verschiedenheit der Kultsprache durch das gemeinsame kanonische Recht, das gemeinsame Dogma und die gemeinsame Form des Kultus aufrechterhalten. Die Stellung der Priester entspricht bei weitem nicht der der römisch-katholischen. Der gewöhnliche Priester darf einmal heiraten; stirbt die Gattin, so muß er ehelos bleiben. Daher der russische Ausdruck: »er hegte seine Gemahlin wie eine Popenfrau« für einen Mann, der seine Frau verwöhnt. Die Eheschließung hat der Priesterweihe voranzugehen. Der Bischof muß hingegen unverheiratet sein, meistens wird er aus den Mönchen gewählt. Das Mönchtum spielt noch eine große Rolle, besonders die Klöster auf dem Berge Athos sind berühmt. Die Mönche beschäftigen sich vornehmlich mit Kulthandlungen und Meditation; während in einigen Klöstern das Privateigentum zugelassen ist, ist es in anderen verboten. Außer den Klosterleuten gibt es auch für sich lebende Einsiedler. Es bestehen auch Nonnenklöster, hingegen keine Mönchs- und Nonnenorden wie im Westen.

Die Ostkirche hat zwar mit der römischen viel gemein, sie lehnt es aber ab, daß der Heilige Geist nicht nur vom Vater, sondern auch vom Sohne ausgeht (filioque), und verwirft die Lehre vom Fegfeuer, von der unbefleckten Empfängnis der Maria, die Besprengungstaufe, die Verwendung ungesäuerten Brotes bei der Eucharistie und natürlich die Unfehlbarkeit und die Herrschaftsansprüche des Papstes.

Die sieben Sakramente entsprechen denen der römischen Kirche, doch bestehen im einzelnen Unterschiede, namentlich hat die Beichte nicht entfernt die Bedeutung wie bei dieser. Die alle Tage oder wenigstens Sonntage wiederkehrende Feier der Eucharistie, bei welcher das Brot in Brocken in den Wein getan und davon mit einem Löffel den Gläubigen dargeboten wird, ist das bedeutendste Mysterium, in welchem der Fromme sich seiner Einheit mit Christus bewußt wird. Der ganze Kultus ist sehr reich ausgestattet, auf die minuziöse Einhaltung der äußeren Formen desselben wird der größte Wert gelegt. Der Griechisch-Orthodoxe, zumal der Slawe, findet eine besondere Freude daran, den lang sich hinziehenden heiligen Handlungen zuzuschauen und sich durch das Anzünden von Lichtern, das Sichbekreuzigen, Niederknien und Verbeugen an ihnen zu beteiligen; auf Predigten wird weniger Wert gelegt. Diese Hochschätzung der Form ist ein Erbe des griechischen Mysterienkultus, wie ja überhaupt die griechische Kirche in ihrer Erscheinungsform als eine natürliche, nicht von einem Reformator gelehrte Weiterbildung griechischer Glaubensformen anzusprechen ist. »So dient der morgenländische Kult nicht in erster Linie der geistig-moralischen Erbauung, wie der protestantische, noch auch stellt er durch die vom Priester als Mittler vollzogene Verehrung Gottes ein sakrales Tun dar, bei welchem die Zuschauer fehlen könnten, sondern er ist eine versinnlichende Darstellung des Göttlichen, ein heiliges Drama« (H. Mulert, Konfessionskunde, S. 100). Bei der orthodoxen Kirche ist noch der Julianische Kalender in Gebrauch, weshalb die meisten Feste um 13 Tage später gefeiert werden als in den Kirchen des Westens, welche sich des Gregorianischen Kalenders bedienen. Für die Kirchengebäude charakteristisch ist die heilige Bilderwand (Ikonostas), welche den Altarraum und andere nur den Priestern zugängliche Räume von denen trennt, welche auch der Laie betreten darf. In der Kirche befindet sich nur ein Altar, der dem Herrn geweiht ist, die einzelnen Heiligen haben keine Altäre, aber ihre Bilder (Mosaiken oder Gemälde, aber keine Statuen). Die Zahl der Heiligen ist sehr groß, an ihrer Spitze steht Maria, die Gottesgebärerin, unter den männlichen Heiligen erfreut sich der heilige Nikolaus besonderer Beliebtheit. Neue Heilige werden zu dieser Würde nicht auf Grund eines förmlichen Prozesses, sondern lediglich auf Grund einer Prüfung der kirchlichen Behörden erhoben; dabei spielt die Unverweslichkeit ihres Körpers eine Rolle. Die Heiligenbilder und Reliquien gelten als wundertätig; sie sind das Ziel von Wallfahrern. Besondere Bedeutung wird dem Fasten beigemessen.

b) Die Sekten im Bereich der griechisch-orthodoxen Kirche

Bei der außerordentlichen Bedeutung, welche die Griechisch-Orthodoxen, namentlich in Rußland, der korrekten Durchführung des Kultus beimessen, ist es verständlich, daß Abweichungen von dieser Spaltungen der Gemeinden zur Folge hatten. So führten die beim Druck von Meßbüchern zutage tretenden Unstimmigkeiten zwischen den überkommenen Bräuchen der griechischen Väter und der in Rußland durch die Überlieferung geheiligten Praxis betreffs Fragen wie: ob man sich mit zwei oder drei Fingern bekreuzigen, ob man ein doppeltes oder dreifaches Halleluja singen sollte, bereits im 17. Jahrhundert in Rußland zu heftigen Differenzen, bei denen die gegen die von der Regierung unterstützten Reformen protestierenden Gläubigen zum Teil eingekerkert und hingerichtet wurden. Die Altgläubigen (Starowerzen), meist Raskolniken (Abtrünnige) genannt, vermochten sich trotz der Verfolgungen, denen sie von Staats wegen ausgesetzt waren, teilweise im geheimen bis heute zu erhalten. Sie zerfallen selbst wieder in zwei Gruppen mit zahlreichen Unterarten; von diesen haben die einen Geistliche, meist Überläufer von der Staatskirche, während die anderen, die sogenannten »Popenlosen«, auf geweihte Priester und die von diesen erteilten Sakramente verzichten und sich mit Ältesten behelfen, welche die Schrift erklären und die Taufe vollziehen.

Unter den popenlosen Altgläubigen entstanden im Laufe der Zeit eine Fülle von Sekten, welche die Loslösung von der kirchlichen und weltlichen Ordnung immer weiter trieben und nicht nur das Martyrium geflissentlich aufsuchten, sondern auch durch Selbstverbrennung herbeiführten.

Die Philipponen sind eine nach einem Mönche Philipp (gest. 1675) benannte schwarmgeistige Sekte, die von der russischen Regierung besonders deshalb verfolgt wurde, weil sie das Gebet für den Zaren verweigerte. Ein Teil von ihnen wanderte nach Ostpreußen (Kreis Sensburg) und nach der Bukowina aus.

Eine Gemeinde, die sich äußerlich nicht von der Staatskirche getrennt hatte, sondern innerhalb derselben im geheimen zu wirken suchte, waren die Chlysten (Geißler). Ihr Begründer, der Bauer Daniel Philipowitsch, galt als Inkarnation des 1645 im feurigen Wagen auf dem Berge Gorodin niedergekommenen Gottvaters. Dieser ernannte den Bauern Iwan Suslow zu seinem Sohn, dem Christus, und dieser wieder sammelte eine »Gottesgebärerin« und Apostel um sich. Seit jener Zeit sind in den verschiedenen Gemeinden immer wieder Christusse, Gottesgebärerinnen und Propheten hervorgetreten, welche aufs höchste verehrt werden. Unter den zwölf vom Stifter gegebenen Geboten spielen die Enthaltung von Alkoholgenuß und Geschlechtsverkehr und die Hingabe an die Einflüsterungen des Heiligen Geistes die Hauptrolle. Die Andachtsübungen tragen einen ekstatischen Charakter. Durch Tanzen und Singen versetzen sich die Chlysten in einen Zustand hochgradiger Aufregung, in welchem sie unverständliche Worte ausstoßen, die als Weissagungen gedeutet werden. Bei manchen Chlysten scheint die Askese in sexuelle Ausschweifungen umgeschlagen zu sein, wenn vorliegende Berichte den Tatsachen entsprechen.

Aus der Sekte der Chlysten ist die der Skopzen hervorgegangen, die ebenfalls im geheimen wirkt. Ihr Stifter Seliwanow, der von ihnen als Sohn Gottes verehrt wird, starb 1832 in einem Kloster, wo er zwangsmäßig interniert worden war. Unter Berufung auf Matth. 19,12 und 18,8 ff. fordern sie die Kastration der Männer, entweder die vollständige des »königlichen Siegels« oder die partielle der »zweiten Reinheit«; Frauen lassen sich die Brüste abschneiden. Durch diese Selbstverstümmelung sollen die sie übenden »weißen Tauben« oder »reinen Geister« allen sündhaften Begierden entrückt zur Seligkeit geführt werden. Um der Sekte Nachwuchs zu sichern, wird die Kastration vielfach erst nach der Zeugung von Nachkommen vollzogen.

Die »wahrhaft geistigen Christen«, gewöhnlich »Molokanen« genannt, angeblich weil sie in den Fastenwochen Milch trinken (moloko), wollen Gott nur im Geist und in der Wahrheit anbeten. Sie lehnen deshalb das Ritual und ein besonderes Priestertum ab. Ihre Verweigerung von Steuerzahlung und Militärdienst sowie ihre Versuche, ihr Gemeinschaftsleben auf kommunistischer Basis durchzuführen, brachte sie vielfach in Konflikt mit der zaristischen Regierung. Der Name »Molokane« wird zuerst 1765 erwähnt; bis in welche Zeit die Sekte selbst zurückgeht, ist unsicher.

Ähnlichen Gedanken huldigen auch die Duchoborzen (Pneumatomachen, d. h. Geisteskämpfer). Sie legen den Hauptwert auf das »innere Licht« und glauben, daß Gott durch den Geist in ihnen wohne. Hauptführer der Duchoborzen waren Sylvan Kolesnikow, der um 1870 auftrat, und sein Nachfolger Kapustin (starb 1820). Um 1840 wurden sie heftig von der Regierung verfolgt und zum Teil in den Kaukasus verbannt, 1896 wanderten viele nach Cypern und Nordamerika aus.

In Rußland ist zeitweise der Einfluß des Judentums sehr stark gewesen, waren doch in Südrußland die Herrscher der Chazaren zum Judentum übergetreten. Im 15. Jahrhundert kämpfte die griechische Orthodoxie gegen eine sogenannte »Judensekte«, d. h. Christen, welche die Verehrung der Gottesmutter, die Bilder, Sakramente und Festtage ablehnten. Im 19. Jahrhundert treten die Subotniki (Sabbatarier) auf, welche die Feier des Sonntags verwarfen, die jüdischen Speisegebote beachteten und sich beschneiden ließen. Gegen den veräußerlichten Gottesdienst der Staatskirche kämpften auch die

Stundisten; diese südrussische Bewegung nahm ihren Ausgang von den von Pastor Bonekaemper in der deutschen Kolonie Rohrbach geleiteten Erbauungsstunden (seit 1824).

3. Die römische Kirche und ihre Absplitterungen

a) Die römische Kirche

Die römische Kirche hat ihren Namen davon, daß sich ihr geistiger Mittelpunkt in Rom befindet und das Lateinische ihre amtliche und sakrale Sprache ist. Sie bezeichnet sich als »katholisch«, weil sie den Anspruch erhebt, die ganze Christenheit zu erfassen, von Rechts wegen auch alle, welche die Taufe empfangen haben, ohne ihr anzugehören. Sie betrachtet sich als apostolisch, insofern als 1. ihre Lehre und ihre Sakramente ihr von den Aposteln übergeben wurden, 2. ihre Verfassung auf die auf Christi Befehl von den Aposteln eingeführte Rangordnung zurückgeht und 3. ihre Bischöfe Nachfolger der Apostel sind, auf welche diese ihre von Christus erhaltenen Vollmachten übertragen haben. Als ihren maßgebenden Vorzug vor allen anderen christlichen Gemeinden und deshalb auch als das ausschlaggebende Kennzeichen ihrer göttlichen Bestimmung betrachtet sie vor allem aber den Umstand, daß in ihr die Einheit des Glaubens vollkommen verwirklicht ist. Diese Einheit kommt darin zum Ausdruck, daß der römische Bischof als Nachfolger des Apostelfürsten Petrus die Funktionen des Oberhirten ausübt.

Nach Matth. 16,18 ff. sagte Jesus zu Simon Petrus: »Du bist Petrus, und auf diesen Felsen (griechisch: Petros) will ich meine Gemeinde (ekklesia, Kirche) bauen, und die Pforten der Hölle sollen sie nicht überwältigen. Und ich will dir des Himmelreiches Schlüssel geben; alles, was du auf Erden binden wirst, soll auch im Himmel gebunden sein, und alles, was du auf Erden lösen wirst, soll auch im Himmel los sein.« Und nach Joh. 21,15 ff. fragte Jesus nach seiner Auferstehung dreimal den Petrus: »Hast du mich lieb?« und sprach dann zu ihm, nachdem er es bejaht hatte: »Weide meine Schafe.« In beiden Herrenworten ist zwar nur von Petrus selbst, nicht von künftigen Nachfolgern desselben die Rede, konnte es auch gar nicht sein, weil der Weltuntergang und die Wiederkunft Christi als unmittelbar bevorstehend angesehen wurden; der Ausspruch Matth. 16,18 ff. hat zudem Parallelen in Matth. 18,18 und Joh. 20,23, wo nicht dem Petrus allein, sondern allen Jüngern die Kraft zu binden und zu lösen verliehen wird, gleichwohl genügten beide Bibelstellen in Verbindung mit der historisch nicht erwiesenen Behauptung, Petrus sei der erste Bischof von Rom gewesen, um auf sie den Primat des Papstes zu gründen.

In der älteren Zeit wurde die Stellung des Papstes als Stellvertreter Christi

278

auf Erden dahin aufgefaßt, daß alle Apostel und durch diese ihre Nachfolger, die Bischöfe, die Schlüsselgewalt empfangen hätten und die in den Konzilen vereinigte Gesamtheit der Bischöfe die höchste Autorität der Kirche sei, welche alle Entscheidungen dogmatischer und legislativer Art zu fällen habe. Der Papst war demnach nur in Übereinstimmung mit der ganzen Kirche unfehlbar. Das Vatikanische Konzil verkündete am 18. Juli 1870 das Dogma, »daß der Papst, wenn er von seinem Lehrstuhl (ex cathedra) aus eine Lehre über Glauben und Sitte verkündet, mit jener Unfehlbarkeit ausgestattet ist, mit welcher der göttliche Erlöser seine Kirche ausgestattet wissen wollte, und daß derartige Ansprüche des Papstes aus sich selbst und unabhängig von der Zustimmung der Kirche unabänderlich sind«.

Als Zukunftsziel schwebt der römischen Kirche die Einigung der ganzen Menschheit unter ihrer Leitung vor. Die Durchführung dieses Ideals sucht sie außer durch die Bekehrung von Individuen durch den Anschluß von bisher selbständigen Kirchen zu erreichen. Bisher ist es ihr gelungen, von allen Kirchen des Ostens Teile abzuspalten und sich einzuverleiben. Diesen sogenannten mit Rom »unierten« Kirchen wurden mit größerem oder geringerem Entgegenkommen bestimmte Reservatrechte zugestanden. Während sie den Papst als Oberhaupt anerkannten, verzichtete der Römische Stuhl darauf, ihnen seine Kirchensprache und sein Ritual aufzuzwingen, sie durften vielmehr ihre alten Traditionen bewahren. Es lassen sich zwölf Gruppen unterscheiden: nämlich 1. Ruthenen, 2. Rumänen, 3. Bulgaren, 4. Griechen (besonders in Unteritalien), 5. Melchiten in Syrien, 6. Maroniten im Libanon (sie heißen nach ihrem ersten Patriarchen Maron im 7. Jahrhundert), 7. Jakobiten in Syrien, 8. Chaldäer, ursprünglich Nestorianer in der Gegend von Mossul, 9. Thomaschristen in Indien, 10. Armenier, 11. Kopten, 12. Abessinier.

b) Die katholischen Splitterkirchen

Von der römisch-katholischen Kirche haben sich (außer den Anglikanern und den Protestanten, welche später behandelt werden) seit dem 18. Jahrhundert wegen Differenzen in der Lehre oder im Kirchenregiment eine Reihe von Sonderkirchen abgesplittert, welche das Katholische in Dogma und Ritus zu bewahren suchen. Die älteste dieser Kirchen ist die »altbischöfliche Klerisei in den Niederlanden«, welche nur wenige tausend Seelen zählt. Sie entstand zu Beginn des 18. Jahrhunderts, als der vom Papst verworfenen Gnadenlehre der Jansenisten zugetane Domkapitel des Erzbistums Utrecht mit der Kurie in Streitigkeiten geriet und sich von ihr unabhängig erklärte.

»Altkatholiken« nannten sich die reichsdeutschen Angehörigen der römischen Kirche, welche das am 18. Juli 1870 von Papst Pius IX. auf dem Vatikanischen Konzil verkündete Dogma von der Unfehlbarkeit des Papstes nicht annehmen wollten und sich deshalb zu einer besonderen Religionsgemeinschaft zusammenschlossen, die bald staatliche Anerkennung fand. Der Kampf gegen das Papsttum führte dazu, daß auch eine Reihe weiterer Dogmen und Einrichtungen der römischen Kirche abgeschafft wurden, so das Dogma von der unbefleckten Empfängnis der Maria, die lateinische Sprache der Messe, der Zölibat der Priester usw.

Ähnliche Bestrebungen haben auch in anderen Ländern zur Schaffung derartiger kirchlicher Organisationen geführt, so in der Schweiz, in Italien, in der Tschechoslowakei, in Polen, in den Vereinigten Staaten und auf den Philippinen (begründet 1902 von dem Priester Gregorio Aglipay).

4. Die protestantischen Kirchen und Sekten

Die Anhänger der deutschen Reformation, welche gegen die Beschlüsse des Reichstages von Speyer 1529 protestierten und an den Kaiser und ein allgemeines Konzil appellierten, wurden wegen dieser ihrer Protestaktion vielfach als »Protestanten« bezeichnet. Diesen Namen behielten sie selbst bei. Sie nannten sich auch »Evangelische«, um anzudeuten, daß sie sich nur auf das Evangelium als Autorität stützen wollten. Die Bezeichnung »Protestantismus« wird in erweitertem Sinne auf die Gesamtheit aller derjenigen christlichen Kirchen und Sekten angewandt, welche gegen die Auffassung der römischen Kirche von ihrer unentbehrlichen Mittelstellung zwischen Gott und den Christen protestieren und eine unmittelbare Beziehung des einzelnen zu Gott und Christus als alleinigen Heilsgrund annehmen.

Die Zahl derartiger »protestantischer« Religionsgemeinschaften ist unübersehbar groß; es können deshalb im folgenden nur die wichtigsten von ihnen berücksichtigt werden. Vor den eigentlichen protestantischen Kirchen besprechen wir in einem einleitenden Abschnitt die noch heute bestehenden Überreste von Reformbewegungen, welche vor oder gleichzeitig mit den großen deutschen und schweizerischen Theologen neuen Formen christlicher Religiosität den Weg bereiteten.

a) Die Reste alter Reformbewegungen

Die Waldenser. Die auf den Lyoner Kaufmann Petrus Waldus zurückgehende Sekte der Waldenser war bei ihrer Begründung 1176 nur als ein asketischer Verein innerhalb der römischen Kirche gedacht, welcher apostolische Armut üben wollte. Bereits nach wenigen Jahren entwickelte sich diese Bruderschaft zu einer selbständigen Sekte, welche, indem sie das Abendmahl austeilte, die Bußgewalt in Anspruch nahm, Eid und Kriegsdienst verweigerte und sich straff organisierte und in Gegensatz zu der Kirche trat. Obwohl aufs grausamste von dieser verfolgt, haben sich Waldensergemeinden in Italien, in den Bergen Piemonts, bis zur Gegenwart erhalten, während sich die Waldenser in anderen Gebieten meist der Reformation anschlossen.

Die böhmisch-mährischen Brüder. Zu Beginn des 15. Jahrhunderts war der tschechische Professor Joh. Hus mit großer Energie gegen die Verweltlichung des Klerus und einzelne Lehren der Kirche aufgetreten und war deshalb 1415 beim Konstanzer Konzil als Ketzer verbrannt worden. Seine Anhänger, die »Hussiten«, spalteten sich in zwei Parteien. Die milderen von diesen, die »Calixtiner« (Kelchanhänger) oder »Utraquisten« (welche das Abendmahl in beiderlei Gestalt nehmen), beschränkten sich darauf, den Laienkelch und die Besserung des Lebens der Geistlichen nach apostolischem Vorbild zu fordern, die strengen »Taboriten«, die ihren Namen von einer nach biblischem Vorbild »Tabor« genannten Feste führen, verwarfen hingegen alle in der Bibel nicht vorgeschriebenen Lehren und Gebräuche und bekämpften sie mit großem Fanatismus. Durch äußere Kämpfe und innere Zwistigkeiten geschwächt und durch heftige Verfolgungen dezimiert, sammelten sich die Hussiten zu frommen Gemeinden, die, während des Dreißigjährigen Krieges in Böhmen völlig vernichtet, in Sachsen und anderen Ländern ein Asyl fanden. Die 1722 von dem Grafen Zinzendorf auf seinen Gütern aufgenommenen Brüder bildeten den Stamm der »Brüdergemeine«, welche ihren Hauptsitz in Herrnhut bei Zittau hat. Da dieser Gemeinde auch Lutheraner und Reformierte beitraten, wurden in ihr ursprünglich drei »Tropen« (böhmisch-mährisch, lutherisch, reformiert) unterschieden, heute haben sich diese jedoch so stark verwischt, daß die Brüdergemeine als eine evangelische angesehen werden kann.

Die Mennoniten. Im Zeitalter der Reformation hatte neben anderen Anschauungen auch diejenige Boden gewonnen, daß die Kindertaufe mit den Vorschriften der Bibel im Widerspruch stehe. Es wurde daher die Forderung erhoben, daß alle, die als Kinder durch Besprengung getauft worden waren, noch einmal als Erwachsene durch Untertauchen wiedergetauft werden müßten. Während manche dieser Wiedertäufer (griechisch: Anabaptisten) ihre Wünsche in maßvollen Grenzen zu verwirklichen bestrebt waren, verbanden andere ihre Tauftheorie mit Schwärmereien der verschiedensten Art, wie die Propheten von Münster, welche 1534 die Stadtregierung in ihre Hand brachten und dort Gütergemeinschaft und Vielweiberei einführten, aber bald grausam bestraft wurden. Diese Auswüchse hatten zur Folge, daß der Anabaptismus verfolgt wurde und sich seine Anhänger überallhin zerstreuten.

Ein Häuflein besonnener und sittlich ernst strebender »Taufgesinnter« vereinte der früher katholische Priester Menno Simons (1492–1559) in Friesland 1537 zu Gemeinden mit strenger Kirchenzucht, die in Holland und

Deutschland Duldung fanden und sich später auch nach Rußland und Nordamerika ausbreiteten. Die Mennoniten treten für eine sich in der Lebensführung bewährende Frömmigkeit ein und verwerfen die Kindertaufe und den
Eid, die strengen von ihnen auch den Kriegsdienst und die Annahme obrig-
keitlicher Ämter.

b) Die Lutheraner und Reformierten

Die Anhänger der deutschen und der schweizerischen Reformatoren stimm-
ten zwar untereinander in ihrer Ablehnung des katholischen Heiligen-, Bil-
der- und Reliquiendienstes, der nichtbiblischen Traditionen, der römischen
Lehre von den unbedingt wirkenden Sakramenten, von der Buße und vom
Wesen der Kirche miteinander überein, sie wichen aber untereinander in der
Lehre vom Abendmahl und von der Prädestination und in anderen Punkten
so stark voneinander ab, daß die immer wieder unternommenen Versuche,
sie zu einer Einheit zusammenzuschließen, zunächst fehlschlugen und die
beiden Kirchen nicht nur gesondert ihre Wege gingen, sondern sich auch in
maßloser Streitsucht bekämpften. Der Umstand, daß sie beide keine dem
Katholizismus ebenbürtige Organisation besaßen, sondern in eine große
Anzahl von Landeskirchen zerfielen, trug auch nicht zur Stärkung ihrer
Einigkeit bei. Erst bei der dritten Jahrhundertfeier der Reformation am 31.
Oktober 1817 kam es in Preußen zu einem Zusammenschluß der beiden
Konfessionen zu einer evangelisch-unierten Kirche. Andere deutsche Staa-
ten folgten dem von Friedrich Wilhelm III. gegebenen Beispiel, das auch in
Holland und Niederländisch-Indien Nachahmung fand. Die deutschen »Alt-
lutheraner« und »Altreformierten« bilden, da sie sich der Union nicht an-
schlossen, besondere Kirchen.

c) Die angelsächsischen Kirchen und Sekten

Die Anglikaner. Die anglikanische Kirche steht von allen protestantischen
Kirchen ihrer Geschichte und ihrem Ritus nach der römisch-katholischen am
nächsten. Sie wurde von König Heinrich VIII. von England nicht aus religiösen, sondern aus weltlichen Erwägungen heraus als eine Staatskirche (estab-
lished church) unter seiner Leitung von der römischen getrennt (1534), ohne
daß damit eine Absage von dem katholischen Glauben beabsichtigt war.
Unter Eduard VI. wurde dann durch die Einführung des Abendmahls unter
beiderlei Gestalt 1547, des »Book of Common Prayer« (Allgemeines Gebet-
buch) und des Glaubensbekenntnisses von 42 (jetzt 39) Artikeln sowie durch
Abschaffung des Zölibats die Reformation eingeführt. In der Lehre entspricht der Anglikanismus seitdem protestantischen Normen, ebenso im

Gottesdienst mit Predigt und Gemeindegesang. Hingegen ist das »Episkopalsystem« mit einigen Änderungen von der alten Kirche übernommen worden; die Bischöfe und die beiden Erzbischöfe von York und Canterbury, von denen der letztere als Primas von England gilt, werden von der Krone ernannt. Sie haben Sitz im Oberhause und besitzen großen Einfluß. Besonderes Gewicht wird darauf gelegt, daß die klerikalen Qualitäten durch bischöfliche Weihen übertragen werden und daß die Bischöfe ihr Amt in apostolischer Sukzession versehen; deshalb wird von den Anglikanern die Priesterweihe der griechischen und römischen Kirche als rechtmäßig anerkannt, hingegen nicht die Ordination der Geistlichen protestantischer Kirchen oder Sekten. Innerhalb der »Church of England« gibt es zwei Richtungen, die »hochkirchliche« (high church), welche den Zusammenhang mit der mittelalterlichen Kirche betont, und die »niederkirchliche« (low church), welche mehr Sympathien für das Bibelwort und den Puritanismus bezeugt; dazu tritt die »breitkirchliche« (broad church) von liberaler Tendenz. Infolge der kolonialen Ausdehnung der Briten hat sich die anglikanische Kirche über den größten Teil der Erde verbreitet. In den Vereinigten Staaten entspricht ihr die »Episkopalkirche«.

Die Sekten. Die in der Verfassung und Liturgie der anglikanischen Staatskirche verbliebenen katholischen Traditionen waren ihren durch die Lehren und Grundsätze des Calvinismus beeinflußten Mitgliedern ein Dorn im Auge. Sie forderten einen von allem Katholischen gereinigten Gottesdienst und einen Ersatz der hierarchischen Rangordnung durch eine demokratische Verfassung, welche alle Diener der Kirche einander gleichstellt und gewählte »Älteste« (Presbyter) als Vertreter der Gemeinde anerkennt. Der Staat suchte diese freiheitlichen Bestrebungen zu unterdrücken, indem er 1562 durch das Parlament die Uniformitätsakte erließ, welche eine einheitliche Liturgie verordnete und zugleich festsetzte, daß diejenigen, welche dieselbe nicht anerkannten, kein Staatsamt bekleiden durften. Die Opposition gegen die Staatskirche wuchs jedoch beständig. Ihre Träger wurden als »Nonconformisten« oder »Dissenters« bezeichnet. Aus den »Presbyterianern«, welche für die »Presbyterialverfassung« eintraten und 1572 in Wandworth bei London ihre erste Gemeinde bildeten, sonderten sich seit 1581 unter Robert Brown die »Independenten« oder »Congregationalisten« ab. Bei strengem Festhalten an den calvinistischen Lehren verwarfen diese nicht nur die bischöfliche, sondern auch die repräsentative Kirchenverfassung, welche in Presbytern und Synoden die Vertreter der Gemeinden sah. Für sie ist vielmehr jede Gemeinde eine selbständige Kirche für sich. Der Geistliche, die Lehre und der Kultus sind abhängig von der Stimmenmehrheit der Gemeindemitglieder.

Die »Presbyterianer« (wegen ihres Eintretens für die Reinheit der Lehre auch »Puritaner« genannt) und die »Congregationalisten« haben in Großbritannien, Australien und Nordamerika zahlreiche Anhänger.

Aus den Independenten gingen um die Mitte des 17. Jahrhunderts die »Baptisten« hervor. Diese lehren, daß die Taufe an einem in Christi Lehre Unterwiesenen, aber nicht an einem unmündigen Kinde und nicht durch Besprengung, sondern durch Untertauchen zu vollziehen sei. Sie zerfallen nach ihrer Ansicht über die Gnadenwahl in »Partikularbaptisten«, welche mit Calvin glauben, daß Gott nur einen Teil der Menschen zur Gnade ausersehen habe, und in »Generalbaptisten«, welche die Universalität des göttlichen Ratschlusses zur Beseligung der Menschen behaupten. Die Frage der Sabbatheiligung und andere Probleme haben zur Spaltung in zahlreiche weitere Gruppen geführt. Hauptverbreitungsgebiet der Baptisten sind die angelsächsischen Länder, doch sind sie auch in anderen Teilen der Erde, auch in Deutschland, vertreten.

Die »Jünger Christi« (Disciples of Christ) waren ursprünglich eine baptistische Gemeinde; ihr Begründer war der amerikanische Prediger Alexander Campbell, der, als seine Lehre von der der Taufgemeinden immer mehr Unterschiede entwickelte, 1827 eine eigene Gemeinde bildete. Sie verwerfen die Dreieinigkeit und zeigen pelagianische und rationalisierende Neigungen.

Während die Presbyterianer, Congregationalisten, Baptisten und »Jünger Christi« von Anfang an im Gegensatz zur Staatskirche standen, hat sich die neben ihnen bedeutendste Sekte der angelsächsischen Welt allmählich aus dem Anglikanertum abgesondert. Es ist die der sogenannten »Methodisten«.

Die Methodisten führen ihren Namen nicht von einer besonderen »Heilsmethode«, in deren Besitz sie zu sein glauben, sondern von einem Klub in Oxford, dem die Begründer John Wesley (1703 bis 1791) und sein Bruder Charles während ihrer Studentenzeit angehörten und der wegen des streng methodischen Wandels seiner Mitglieder den Spottnamen »Methodistenklub« erhalten hatte. Die Brüder waren sehr erfolgreiche Prediger, die große Massen »erweckten«. Sie waren ursprünglich Anglikaner; erst im Laufe der Zeit hat sich ihre Bewegung selbständig gemacht (1793) und ist schließlich zu einer besonderen Denomination geworden, die heute wieder in zahlreiche Untergruppen zerfällt. Von England aus hat sich der Methodismus vor allem nach Amerika verbreitet. Die Aufgabe eines jeden Gläubigen ist, in ständigem Sieg über die Sünde ein Leben völliger Liebe zu Gott und den Nächsten zu führen und auch andere zum Heil zu bringen. Der Methodismus hat deshalb von Anfang großen Wert auf die Mission gelegt und namentlich die Neger in Amerika und Afrika bekehrt.

Den »äußersten Ausläufer des Methodismus« bezeichnet die von dem früheren Methodistenprediger Wılllıam Booth (1829–1912) begründete »Heilsarmee« (Salvation Army), eine über die ganze Welt verbreitete, in militärischer Form aufgezogene Organisation, welche bestrebt ist, unter Verwendung der gröbsten und lautesten Propagandamethoden die Sünder zur Bußbank zu ziehen. Das aggressive Christentum der »Heilssoldaten« und »Hallelujamädchen« ist ein rein praktisches, es hält sich deshalb von eigentlichen theologischen Spekulationen fern, wie ja die Heilsarmee auch nicht eine neue Kirche oder Sekte sein will.

Unter den auf englischem Boden erwachsenen Gemeinden nimmt die der Quäker (von »to quake« = »zittern«, nämlich bei den enthusiastischen Gebetsversammlungen) oder, wie sie sich selbst nennt, die »Gesellschaft der Freunde« insofern eine Sonderstellung ein, weil sie ohne Bekenntnis, Liturgie und Sakrament, allein auf das »innere Licht« vertrauend ein stark verinnerlichtes religiöses Leben pflegt. Begründet von Georg Fox (1642–1691) und von William Penn (1644–1718) und in Pennsylvanien in Nordamerika heimisch gemacht, hat sich das Quäkertum durch zahlreiche Werke der Nächstenliebe, durch den Kampf für die allgemeinen Menschenrechte und gegen die Sklaverei, durch Eintreten für die Rechte der Frauen in der Kirche und durch erfolgreiche Kolonisationsarbeit in der Neuen Welt hervorragende Verdienste erworben, wegen seiner eigenartigen Tracht, seiner Verweigerung von Eid und Kriegsdienst und seiner Vermeidung von Höflichkeitsphrasen aber auch viel Anfeindungen erfahren, gegen welche es sich mit Erfolg zu halten vermochte.

Die Shakers (»Schüller, Zitterer«) bilden eine von den Quäkern abgezweigte enthusiastisch-kommunistische Sekte in Nordamerika. Sie wurde begründet von Ann Lee (1735–1783), einer Prophetin, die sich als »erste Mutter oder geistige Ahnfrau der Weibeslinie Christi« betrachtete und 1774 nach Amerika kam. Sie lehrte einen sexuellen Dualismus in Gott: Jesus ist die männliche, Mutter Anna die weibliche Erscheinung Christi. In ihrer Gemeinde wurde die geschlechtliche Enthaltsamkeit verlangt und in besonderen Siedlungen nach kommunistischem Prinzip gewirtschaftet.

Den Gegensatz zur Staatskirche betonen die von dem ehemaligen anglikanischen Geistlichen John Nelson Darby (1800–1882) organisierten »Gemeinschaften der Brüder« (vulgo »Darbisten« genannt). Sie haben keine Kirchenordnung, keine Geistlichen. Ihr Gottesdienst besteht in Zusammenkünften, bei denen gesungen wird und Brüder das Wort zu Gebet und Schriftauslegung nehmen oder sie sich gegenseitig schweigend Brot und Wein reichen.

d) Vorkämpfer einer Umgestaltung des Dogmas

Nach dem von Luther wegen seiner Lehre von den Sakramenten bekämpften, der Reformationszeit angehörigen Spiritualisten Schwenckfeld nennen sich die Schwenckfelder. Es sind dies kleine Gemeinden von Bibelgläubigen, die heute noch in Pennsylvanien bestehen und seit 1907 ein »Corpus Schwenckfeldianorum« herausgeben.

Die »Brüderschaft der Remonstranten« in den Niederlanden führt ihren Namen von der Beschwerde, welche eine Anzahl von reformierten Predigern 1610 bei der Regierung gegen die Fassung der Kirchenlehre (namentlich betreffs der Prädestination) erhoben. Der abschlägige Bescheid, den sie erhielten, führte zur Bildung der Gemeinde, die nach dem 1609 verstorbenen Professor Jakob Arminius auch als die der »Arminianer« bezeichnet wird. Sie haben in Holland einige hunderttausend Anhänger und unterhalten in Leiden ein theologisches Seminar.

Die Betonung der Einheit Gottes und den Kampf gegen die kirchliche Dreifaltigkeitslehre machten Lälius Socinus, gest. 1562, und sein Neffe Faustus, gest. 1604, aus dem berühmten Juristengeschlecht der Sozzini in Siena zu dem Mittelpunkt ihres Systems. Da diese »Sozinianer« oder »Unitarier« in Italien verfolgt wurden, zogen sie in die Schweiz, nach Siebenbürgen und Polen. Hier entstand 1605 der Katechismus von Rakau, der ihre Lehren zusammenfaßt. Heute haben sie Anhänger vor allem in England und Amerika.

e) Chiliastische und apostolische Gemeinden

Die Erwartung der Wiederkunft Christi steht im Mittelpunkt des Glaubens einer Reihe von Sekten, die auf Grund von Angaben in der Apokalypse, im Buche Daniel usw. das Datum des Erscheinens des Herrn zu errechnen suchen. Der amerikanische Farmer William Miller (1782–1849), ein Baptist, sagte das Weltende für das Jahr 1843–44 voraus. Die Nichtverwirklichung dieser Hoffnung machte Miller nicht an seinem Glauben, daß 1844 wenigstens »die Endzeit angebrochen sei«, irre, aus der Baptistenkirche ausgeschlossen, begann er mit der Gründung besonderer Gemeinden von »Adventisten«, d. h. von Gläubigen, welche die Ankunft (lateinisch: adventus) des Heilandes für nahe bevorstehend halten. Nach seinem Tode hat die Bewegung sich ausgedehnt und in einer großen Zahl von Sekten Ausdruck gefunden, die sich alle Adventisten nennen, aber in vielen dogmatischen Einzelheiten voneinander abweichen, indem die einen die natürliche Unsterblichkeit der Seele und die Ewigkeit der Höllenstrafen, andere den Seelenschlaf aller nach dem Tode, ihre Auferweckung beim Weltgericht und die Vernichtung der Bösen, wieder andere die Vernichtung der Gottlosen schon bei ihrem Tode lehren. Am meisten Anhänger haben die »Siebentags-Adventisten« (Seventhday-Adventists). Die von dem Ehepaar White in Amerika begründete Sekte, die auch in Europa eine große Propaganda entfaltete, hat ihren Namen davon erhalten, daß sie lehrt: Christus ist bisher nicht zum Vollstreckungsgericht erschienen, weil statt des heiligen Sabbats der heidnische Sonntag als Ruhetag gefeiert wird. Entsprechend sind sie strikte »Sabbatisten« (engl. Sabbatarians) und halten sich auch an andere jüdische Ritualgesetze (Verbot des Essens von Schweinefleisch usw.) gebunden.

Eine verwandte Sekte ist die »Internationale Vereinigung ernster Bibelforscher«, seit 1931 »Zeugen Jehovas« genannt, die von dem amerikanischen Redakteur Charles Taze Russel (1852–1916) gegründet und später von dem amerikanischen Richter J. F. Rutherford geleitet wurde. Mit Hilfe von umständlichen Deutungen biblischer Texte und unter Heranziehung der angeblich von Melchisedek erbauten Pyramide von Gizeh wird hier der göttliche Weltplan enthüllt und der Anbruch des Tausendjährigen Reiches Christi verkündet. Auf die sechs Schöpfungstage (6 mal 7000 = 42 000 Jahre) folgte der göttliche Sabbat, bei dem Gott die Weltregierung den Engeln überließ. Dies hatte zur Folge, daß alles in Unordnung geriet. Der 4128 v. Chr. geschaffene Adam kam bereits zwei Jahre danach zu Fall, und in den 6000 Jahren von 4126 v. Chr. bis 1874 n. Chr. spielte sich der Weltprozeß ab; nach einem »Ernteabschluß« von 40 Jahren hat 1914 das »Tausendjährige Reich« (Millenium) begonnen. Die beiden Weltkriege werden als dieses einleitende Ereignis gedeutet. Die Herrschaft Christi wird die Erde in eine Paradies verwandeln, was sie dann für alle Ewigkeit bleiben wird. Da die »Bibelforscher« erwarten, daß die Erde von Jerusalem aus durch eine aus Abraham, Isaak und Jakob bestehende Regierung verwaltet werden wird, und in stärkstem Gegensatz zum nationalsozialistischen Staat standen und ihm den Kriegsdienst verweigerten, waren sie in Deutschland heftigen Verfolgungen ausgesetzt.

Die von Edward Irving (1792–1834) begründete »Katholisch-apostolische Kirche« verbindet die Idee des bevorstehenden Weltgerichts mit dem Glauben, daß dieses durch das Wirken von Aposteln vorbereitet werde. Mit der Ernennung von Aposteln und der Erneuerung apostolischer Einrichtungen (Zungenreden usw.) ging die Einführung katholischer Kultformen Hand in Hand.

Aus der katholisch-apostolischen Kirche ist in Deutschland 1860 die »Neuapostolische Gemeinde« hervorgegangen. Diese hat jedoch die katholischen Züge ausgeschaltet und ihren Gottesdienst dem protestantischen angenähert. Eigentümlich ist ihr das durch Handauflegung erteilte Sakrament der Versiegelung, welches die Gaben des Heiligen Geistes überträgt, die Erteilung der Taufe auch an Verstorbene (1. Kor. 15,29) der Gemeinde, sowie die hohe Wertung der durch Gott gegebenen Apostel, vor allem der an ihrer Spitze stehenden Stammapostel, welche als Stellvertreter Christi angesehen werden.

Eschatologische Erwartungen spielen auch bei anderen Sekten eine bedeutsame Rolle, so bei den von Christoph Hoffmann 1854 begründeten »Templern«, die sich in Palästina ansiedelten, bei den deutschen Pietisten, die 1843 nach Georgien zogen, und vielen anderen.

f) Verkünder neuer Offenbarungen

Von den in den Cevennen kämpfenden Hugenotten, den sogenannten
»Kamisarden« (Blusenmännern), gingen die »Inspirationsgemeinden« aus,
welche an das »Innere Licht« glaubten. Sie fanden in der Schweiz, in Nord-
und Westdeutschland begeisterte Anhänger, namentlich in der Wetterau,
wo sie von Eberhard Ludwig Gruber (gest. 1728) und Joh. Fried. Rock (gest.
1749) geführt wurden. Nach dem Tode Rocks ging die Bewegung zunächst
zurück, nahm aber seit 1816 einen erneuten Aufschwung und griff auch nach
den Vereinigten Staaten über, wo sie seit 1841 in Ebenezer bei Buffalo ihren
Mittelpunkt hatte. Sie gründete 1855 die Gemeinde Amana (nach Hohelied
4,8) im Staate Iowa mit kommunistischer Wirtschaftsverfassung.

Zahlreiche Sekten sehen ihre vornehmste Aufgabe in der Verbreitung der
Schriften ihrer Stifter, die sie der Bibel gleich werten. So propagiert die »Kirche des neuen Jerusalem«, die vornehmlich in England und Amerika Anhänger hat, die Lehren des schwedischen Sehers Emanuel Swedenborg
(1688–1772). In diesen verbindet sich eine rationalistische Ablehnung des
Dogmas von der Trinität und der Paulinischen Rechtfertigungslehre mit allegorischen Bibelinterpretationen und visionären Schilderungen des Lebens,
das die Seele nach dem Tode erwartet.

Die »Neu-Salems-Gesellschaft« studiert die angeblich von einer göttlichen
Stimme diktierten theosophischen und kosmologischen Schriften Jakob
Lorbers (1800–1864).

Die »Gemeinschaft in Jesu Christo« glaubte in den auf Pergament geschriebenen, unter Einfluß eines reinen Geistes zustande gekommenen Verlaut-
barungen von Hermann Lorenz (geb. 1864) maßgebende religiöse Urkunden
zu besitzen.

Einige Sekten suchen das Christentum durch die Erkenntnisse theosophi-
scher Mystiker neu zu befruchten. Die von dem ehemaligen evangelischen
Pfarrer Friedrich Rittelmeyer (1872–1938) 1922 begründete und als »Erz-
oberlenker« geleitete »Christengemeinschaft« baut auf die Gedanken
Rudolf Steiners (1861–1925) und seiner »Anthroposophie« auf und bemüht
sich um die Schaffung eines neuen Kultus, der die kosmische Bedeutung des
Christus verdeutlichen soll.

Die alte, auch in den Evangelien stark hervortretende Verbindung zwischen
Religion und Heilkunst stellt die sogenannte »Christliche Wissenschaft«
(Christian Science) in den Vordergrund. Sie wurde von Mary Baker Eddy
(1821–1910), einer Farmerstochter aus Bow bei Concord im amerikanischen
Staate New Hampshire, 1866 entdeckt und in ihrem 1875 erschienenen
Werke »Wissenschaft und Gesundheit mit Schlüssel zur Heiligen Schrift«
dargelegt. 1879 gründete Mary Baker Eddy eine eigene Kirche, die in Boston
ihr erstes und bedeutendstes Gotteshaus besitzt. Nach der Lehre der »Scien-
tisten« hat nur Gott wahre Realität, die Materie und damit auch die Sünde,

die Krankheit und der Tod haben keine Wirklichkeit, sondern wurzeln nur in der menschlichen Einbildung; sie werden überwunden durch eine suggestive Behandlung, welche in erster Linie von dem Gebet, d. h. genauer dem meditativen Sichversenken, Gebrauch macht und im Wege praktischer Ausbildung von berufsmäßigen Heilern erlernt wird. Der Sonntagsgottesdienst der Sekte besteht in der Hauptsache in der Verlesung von Abschnitten aus der Bibel und dem auch als göttliche Offenbarung angesehenen Buche der Mrs. Eddy; am Mittwochabend finden »Zeugnisabgaben« statt, bei welchen Geheilte ihre Erlebnisse schildern.

In England und Amerika gibt es zahlreiche Sekten, welche der spiritistischen Gedankenwelt eine christliche Ausprägung geben. Bei ihnen bildet das Trancereden des Geistlichen oder eines Mediums einen wesentlichen Teil des Gottesdienstes.

g) Die Mormonen

Die Kirche Jesu Christi der »Heiligen der Letzten Tage« (Latter Day Saints) oder der »Mormonen« ist nicht nur die eigenartigste unter den Sekten Nordamerikas, sondern eine der merkwürdigsten Religionsgemeinden überhaupt. Ihr Begründer Joseph Smith (1805–1844) hatte am 21. September 1823 eine Vision, bei welcher ihm der Engel Moroni mitteilte, daß im Hügel Cumorah bei Manchester im Staate New York, wo der junge Smith damals lebte, goldene Platten mit wichtigen Aufzeichnungen verborgen seien, die er nach vier Jahren heben solle. Smith tat dies angeblich am 22. September 1827 und diktierte in den folgenden drei Jahren den Inhalt der in »reformiert-ägyptischer Schrift« geschriebenen Platten, deren ihm unbekannte Sprache und Schrift er mit Hilfe von zwei ebenfalls vom Engel erhaltenen Kristallen entziffert haben wollte, welche ursprünglich das Urim und Thummim des jüdischen Hohenpriesters gebildet haben sollen. Nach Fertigstellung der »Übersetzung« brachte er die Platten nach seiner Angabe wieder zum Cumorahhügel, der diktierte Text aber wurde auf Kosten eines Verehrers gedruckt. Er bildet das Buch »Mormons«, das im Stil des Alten Testamentes geschrieben die Geschichte der Indianer vom Turmbau zu Babel bis zum Jahre 424 n. Chr. erzählt. Es berichtet von den ältesten Bewohnern der Neuen Welt, von der Einwanderung Lehis aus dem Stamme Josephs, von dessen Söhnen Laman und Nephi und den von diesem abstammenden gottlosen Lamaniten und tugendhaften Nephiten. Die Lamaniten bekamen infolge ihres Unglaubens eine kupferbraune Hautfarbe, die Nephiten hingegen wurden von Christus eines Besuches gewürdigt. Er predigte ihnen nach seiner Himmelfahrt das Evangelium und fuhr dann wieder gen Himmel. Im 4. Jahrhundert n. Chr. wurden die Nephiten dem wahren Glauben abtrünnig und zur Strafe dafür von den Lamaniten ausgerottet. Einer der wenigen

Überlebenden, der Prophet Mormon, schrieb die Geschichte Amerikas nieder und übergab sie seinem Sohn Moroni, der sie bis zu seinen Lebzeiten fortführte und dann auf nach Art eines Buches zusammengebundene Platten geschrieben im Cumorahhügel niederlegte, von wo er später, zum Engel geworden, sie Smith holen ließ.

Kurz nach dem Erscheinen des Buches begründete Smith 1830 in Fayette (New York) die Sekte, die 1832 den Namen der »Latter Day Saints« erhielt. In Kirtland (Ohio), später in Missouri, schließlich in Nauvoo (Illinois) gewann Smith für seine Ideen zahlreiche opferwillige Anhänger, rief aber auch zahlreiche Gegner auf den Plan, die ihn der verschiedensten Verbrechen beschuldigten und ins Gefängnis brachten. Hier fiel er am 27. Juni 1844 der Lynchjustiz des Pöbels zum Opfer.

Die Nachfolge des durch seinen Tod mit dem Heiligenschein des Märtyrers ausgezeichneten Propheten trat sein Freund, der ehemalige Tischler und Glaser Brigham Young (1801–1877) an. Um seine Anhänger den Verfolgungen der »Heiden« zu entziehen, verließ er Nauvoo und zog mit ihnen in einem großen, gefahrvollen Treck gegen Westen. Als am 24. Juli 1847 der Große Salzsee gesichtet wurde, erklärte der neue Moses mit prophetischem Blick, dies sei das Land der Verheißung. Unter unendlichen Schwierigkeiten schufen sich die Mormonen hier eine Heimstätte und machten aus einer unwirtlichen Einöde in zäher, aufopferungsvoller Arbeit ein fruchtbares Paradies. Das der Wildnis entrissene Mormonenreich »Deseret« (Utah) bildete ein theokratisches Staatswesen, in welchem Young als Präsident unumschränkt herrschte. Die Hauptstadt Salt Lake City enthält die imposanten Kultbauten der Kirche: den großen Tempel, der, von 1853–1893 errichtet, nur Mormonen zugänglich ist, das Tabernakel, einen gewaltigen Holzbau, von dessen ausgezeichneter Akustik ich mich gelegentlich eines Orgelkonzertes überzeugen konnte, und die ausgedehnte Versammlungshalle.

Der mormonische Gottesdienst entspricht protestantischen Andachtsformen; die besonderen Zeremonien des »Endowment«, der Begabung des Initianden mit bestimmten Weihen, werden vor Ungläubigen streng geheimgehalten. Die Kirche ist hierarchisch gegliedert; die Geistlichkeit wird durch gewählte Honoratioren gebildet, die einen weltlichen Beruf haben und ihre sakralen Funktionen ehrenamtlich und ohne besondere Amtstracht ausüben. Sie zerfällt in die beiden Gruppen der »Melchisedek-Priesterschaft« und der »Aaron-Priesterschaft«, von denen eine jede zahlreiche Grade aufweist, die biblische Titel (Apostel, Älteste, Bischöfe, Diakone usw.) tragen.

Von den auch bei anderen christlichen Sekten anzutreffenden Vorstellungen entfernen sich die Mormonen zunächst einmal darin, daß nach ihnen die Wiederkunft Christi und die Errichtung des Tausendjährigen Reiches in Amerika stattfinden wird: das »neue Zion« wird in Jackson (Missouri) erbaut werden. Sodann aber haben sie in ihren der Bibel gleichgewerteten

Schriften, dem »Book of Mormon«, dem »Buch der Lehren und Bündnisse« (»Book of Doctrine and Covenants«), der »Kostbaren Perle« usw. und den Spekulationen ihrer führenden Theologen Orson Pratt und Parley P. Pratt Lehren entwickelt, die im Gegensatz zu allen christlichen Anschauungen stehen.

Bemerkenswert ist unter diesen, daß eine Vielzahl von Göttern angenommen wird, die durch Zugang von männlichen und weiblichen Geistern hervorgebracht wurden. Die heutigen Menschen sind Geister, welche nach einer Präexistenz im Himmel in einen »fleischlichen Leibestempel« eingingen und nach dem Tode zu Göttern werden können. Um möglichst vielen Geistern zu stofflichen Leibern zu verhelfen, wurde die Polygamie auf Grund einer von Smith am 12. Juli 1843 erhaltenen Offenbarung, die Brigham Young aber erst am 28. August 1852 veröffentlichte, für gesetzlich erklärt (Young hatte selbst 26 Frauen). Als das Territorium Utah der Nordamerikanischen Union immer fester eingegliedert wurde, wurde die Polygamie verboten und das Territorium konnte so 1896 zum Staat erhoben werden.

Neben der großen Kirche am Salzsee gibt es auch eine weniger bedeutende von Joseph Smith, dem Sohn des Stifters, in Opposition zu Brigham Young 1860 und seinen Lehren »Reorganisierte Kirche« in Lamoni (Iowa) und Independence (Missouri). Beide Kirchen treiben eifrig Mission in allen Erdteilen.

5. Sekten bei außereuropäischen Völkern

Eine unübersehbare Menge von Sekten gibt es unter den christlichen Negern in Amerika wie in Afrika. In Südafrika werden in amtlichen Statistiken nicht weniger als 500 Sondergruppen, die der Regierung bekanntgeworden sind, gezählt. Viele dieser Gemeinschaften haben nur ein kurzfristiges Dasein und nur wenige Anhänger. Andererseits gelingt es wieder manchen Propheten, in kurzer Zeit große Massen um sich zu scharen. Sembe, der sich als die Offenbarung Gottes an die Bantus bezeichnete, hatte eine Gefolgschaft von 20000 Zulus. Die Anziehungskraft seiner Lehre beruhte wohl teilweise darin, daß er die Vielweiberei und den Alkohol nicht verbot, doch verlangte er andererseits von den Bekennern seines Glaubens viel größere finanzielle Opfer als andere, weniger erfolgreiche Sekten.

In Brasilien sind namentlich unter der Mischlingsbevölkerung mehrfach Sektengründer aufgetreten, die vom Volke als »Bom Jesus«, der »Gute Jesus«, bezeichnet wurden, wie Antonius Maciel. Dieser sammelte zu Ende des vorigen Jahrhunderts im Staate Pernambuco zahlreiche fanatische Anhänger um sich und kämpfte mit Waffengewalt gegen die »Regierung des Antichrists«, bis schließlich sein Tod dem Irrwahn ein Ende machte[1].

[1] Dr. Alfred Funke, »Brasilien im 20. Jahrhundert«, Berlin 1927, S. 61.

Verbreitung des Christentums auf der Erde
Herrschaftsbereich der Katholiken, Protestanten, Orthodoxen, sowie
Gebiete der Ostkirchen

In der Negerrepublik Haiti ist der Katholizismus zwar die Staatsreligion, viele Haitianer huldigen daneben aber noch dem Schlangengott Damballa und seiner Gemahlin, dem Zeugungsgott Legba und anderen dämonischen Wesen des westafrikanischen »Wodu«-(Wudu)-Kultes in orgiastischen Riten, bei denen die männlichen und weiblichen Priester (»Papaloi«, »Mamaloi«) Hähne und Ziegenböcke opfern. Dabei fehlt in den Heiligtümern nie das Kruzifix; die Muttergottes ist als »Maitresse Ezilée« in das Pantheon aufgenommen worden, und in der Zeit zwischen Karfreitag und Ostersonntag werden alle Kultbilder zugedeckt [1].

In Nordamerika sind Indianergemeinden entstanden, welche die ererbten Vorstellungen und Bräuche ihrer Vorfahren mit christlichem Gedankengut verbinden. Bemerkenswert ist unter diesen namentlich die im Staate Oklahoma als staatlich anerkannte Kirche eingetragene »American Indian Church Brother Association« (Native American Church). Bei ihr bildet der Genuß von Peyote (Meskalin) ein besonderes Sakrament. Durch dieses Rauschgift werden Visionen und Auditionen hervorgerufen.

Unter den christlichen Sekten Chinas hat die von dem »jüngeren Bruder Jesu« Hung-Syu-tsüan gestiftete »Tai-ping«-(Friedens-)Bewegung historische Berühmtheit erlangt. Ihre Lehre vereinte urchristliche und konfuzianische Gedankengänge in synkretistischer Weise. Die Anhänger eroberten 1853 Nanking und begründeten dort ein »Gottesreich«, dem erst 1864 durch chinesische und europäische Truppen und durch den Selbstmord des Propheten ein blutiges Ende bereitet wurde. Eine interessante krypto-christliche Gemeinde Japans ist die von der Bauersfrau Kino (1756–1826) gestiftete Nyorai-Sekte, deren heilige Schrift die in 266 Heften enthaltenen Reden der Prophetin bilden. Das Wort »Nyorai« bedeutet an sich »Tathâgata« (Buddha), Kino verstand unter Nyorai aber einen allmächtigen Weltregierer, der die Menschen durch seine Gnade erlöst. Es wird angenommen, daß die Sekte einen Ableger des Christentums darstellt, das ja von 1614 bis 1868 in Japan verboten war. In Indien waren der marâthische Kongregationalist Nârâyan Vâman Tilak, der bengalische Katholik Bh. C. Banerji, bekannt als Brahmabândhav Upâdhyâya, und der Anglikaner Sundar Singh (geb. 1889, verschollen 1929) Vorkämpfer eines an die heimische Bhakti-Tradition anknüpfenden indischen Christentums, das auf die kontemplative Versenkung besonderen Wert legt. Sie lebten als Sâdhus (Asketen) und suchten unter größerer oder geringerer Lösung ihrer konfessionellen Bindungen im indisch-christlichen Mönchtum Gleichgesinnte um sich zu scharen.

Das Material über die christlichen Sekten in den außereuropäischen Gebieten ist bisher noch in zahlreichen Werken und Zeitschriften zerstreut; es wäre an der Zeit, es einmal zu einer Gesamtdarstellung zusammenzufassen.

---

[1] W. B. Seabrook, »Geheimnisvolles Haiti. Rätsel und Symbolik des Wodu-Kultes« (Berlin 1931). M. Ower. ERE 12, S. 640f.

Schlußbetrachtung

Überblickt man die große Zahl christlicher Kirchen und Sekten, von denen im vorhergehenden nur ein kleiner Teil der wichtigsten besprochen werden konnte, so zeigt sich, daß sich Religionsgemeinden gleicherweise als »christlich« bezeichnen, die ihren Lehren, ihren Riten und ihrer Verfassung nach untereinander die größten Gegensätze darstellen. Die Unitarier sind Monotheisten strengster Observanz, während die Mehrzahl aller Kirchen an einen dreieinigen Gott glaubt, die liberalen Protestanten sehen in Gott das einzige überweltliche Wesen, die meisten anderen Christen verehren außerdem eine große Anzahl von Engeln und Heiligen, die Gott untergeben sind, manche Mormonen vertreten einen Polytheismus eigenartiger Prägung. Während bei vielen modernen Protestanten der Glaube an ein Leben nach dem Tode ganz verblaßt ist, halten andere noch die alte Vorstellung von dem Seelenschlaf und der späteren Auferstehung aus den Leichen (ek nekron) aufrecht, die meisten lehren eine Unsterblichkeit der Seele mit einer unmittelbar nach dem Tode eintretenden Vergeltung in Himmel und Hölle, einige auch Präexistenz und Seelenwanderung. Der Kultus ist bei vielen Kirchen äußerst prunkvoll und geht unter Zuhilfenahme von Bildern, Weihrauch, farbigen Gewändern und großem Zeremoniell vor sich, bei anderen ist er völlig schmucklos und auf ein Minimum reduziert. Die einen haben eine priesterliche Hierarchie, andere nur berufsmäßige Seelsorger, während einige wieder überhaupt auf jede Art von Geistlichen verzichten. Auch die Stellung zur Welt durchläuft alle denkbaren Abschattungen; für die einen ist das irdische Leben nur eine kurzfristige Durchgangsstufe für das Jenseits oder eine Vorbereitung für das künftige Dasein in dem am Weltende auf die Erde herabsteigenden himmlischen Jerusalem, für andere macht es den tatsächlichen Hauptinhalt ihres Denkens aus: das Reich Gottes ist lediglich hier auf Erden zu verwirklichen. Bei dieser außerordentlichen Mannigfaltigkeit von Erscheinungsformen, in welchen das Christentum geschichtliche Gestalt gefunden hat, ist es schwer, sein Wesen zu bestimmen und das Grundprinzip auszumachen, das in allen seinen Einzelphänomenen waltet. Die Aufgabe wird noch schwieriger, wenn man nicht nur die hier behandelten, heute lebendigen Sondergestaltungen in Betracht zieht, sondern auch diejenigen gebührend berücksichtigt, welche in den fast zwei Jahrtausenden christlicher Vergangenheit aufgetreten sind. Zieht man auch die zahlreichen gnostischen Schulen des Altertums, die merkwürdigen Ketzersekten des Mittelalters und die abwegigen Religionsgemeinden der Neuzeit – etwa die erotischen Sekten, welche William Hepworth Dixon in seinen »Spiritual Wives« (Leipzig 1868, Tauchnitz) behandelt hat – in den Kreis der Beratung ein, so wird man kaum eine Erscheinung der allgemeinen Religionsgeschichte ausfindig machen können, die nicht im Christentum in dieser oder jener Weise ihre Entsprechung hat.

Sieht man von den ephemeren und am Rande stehenden Glaubensformen ab, welche innerhalb des Christentums erwachsen sind, und faßt nur das im allgemeinen Strom der Entwicklung durch die Jahrhunderte sich gleichbleibende, in der Dogmatik der großen Weltkirchen zusammengefaßte Gedankengut ins Auge, so läßt sich als das Gemeinsame aller christlichen Richtungen neben dem Kreuzsymbol, den Riten der Taufe und des Abendmahls und der Verwendung der Bibel als autoritativer Grundlage der Glaube an bestimmte Dogmen bezeichnen, von welchen einige auch in anderen Religionen anerkannt werden, während andere nur dem Christentum eigentümlich sind.

Gemeinsam ist dem Christentum mit Judentum, Pârsismus, Islâm und einigen hinduistischen und chinesischen Schulen der Glaube an einen persönlichen Gott als Weltschöpfer und Weltregierer und an ihm untergebene Wesenheiten, die in das Leben der Menschen eingreifen können (Engel, Heilige, Teufel), an unsterbliche Seelen und an eine Vergeltung in Himmel und Hölle. Mit dem Judentum, Pârsismus und Islâm teilt es die Vorstellungen von dem räumlich und zeitlich begrenzten Weltprozeß, von der Auferstehung des Fleisches, von dem Jüngsten Gericht und von der Welterneuerung.

Dem Christentum eigentümlich ist die zentrale Stellung, welche es seinem Begründer zuschreibt. In den anderen Weltreligionen steht die von dem Stifter verkündigte Lehre im Mittelpunkt, im Christentum die Person des Stifters. Während das Tripitaka und der Korân vorzugsweise die religiösen Unterweisungen Buddhas und Mohammeds reproduzieren, enthält das Neue Testament unter seinen 22 Büchern nicht weniger als 18, welche nicht Worte Christi wiedergeben, sondern Betrachtungen von Aposteln über ihn enthalten, und die vier Evangelien berichten im überwiegenden Teil ihres Inhaltes nicht über die Predigten Jesu, sondern über sein Leben und seine Taten. Das Christentum ist daher unter den großen Religionen der Welt diejenige, welche am tiefsten in bestimmten historischen Vorstellungen wurzelt. In seinem Mittelpunkt steht die geschichtliche Tatsache von Christi welterlösendem Kreuzestod und von seiner wunderbaren Auferstehung und Himmelfahrt. Von hier aus verfolgen seine heiligen Offenbarungen die Weltgeschichte rückwärts bis zu Abraham, Adam und der Weltschöpfung und vorwärts bis zum Jüngsten Gericht und zur Weltvollendung (Offenbarung 21 und 22). In keiner anderen Lehre bildet die Vergangenheit der Kollektivmenschheit bis zu der Entstehung ihres Stammvaters hin einen so wesentlichen Teil der Dogmatik, in keiner anderen ist der unabänderliche Gang der Weltgeschichte bis zu ihrem definitiven Ende in so weitgehendem Maße der Gegenstand frommer Erwartungen, phantasievoller Spekulationen und chronologischer Berechnungen gewesen.

Der Glaube an die providentielle Leitung des Weltgeschehens, dessen einzelne Akte von der göttlichen Vorsehung ein für allemal festgelegt worden sind und dessen Ausgang unabänderlich feststeht, ist der letzte Grund einer anderen Erscheinung, durch welche sich das Christentum von den östlichen Religionen aufs schärfste unterscheidet. Es erhebt den Anspruch, die einzige wahre, die absolute Religion zu sein, von deren Annahme das ewige Heil der ganzen Menschheit abhängig ist. Mit der Aufstellung dieses Prinzips trat etwas Neues in die geistige Welt des Abendlandes, etwas, das der Antike noch vollkommen fremd war. Denn diese hatte es als selbstverständlich angesehen, daß die verschiedenen Völker verschiedene Götter verehren, und hatte nie versucht, den Glauben aller Menschen zu uniformieren. Das Christentum aber setzte an die Stelle der religiösen liberalen Vielstimmigkeit die autoritäre Diktatur eines Glaubens, dem alle Menschen auf dem Erdenrund um ihres Seelenheiles willen verpflichtet sein sollten. Die Geschichte bewies freilich Schritt auf Schritt aufs neue, daß es eine allgemein anerkannte und allgemein verbindliche metaphysische Anschauung nicht geben kann. Über die Interpretation der einzelnen Sätze des Dogmas entstanden unausgesetzt Streitigkeiten, die beständig zu Spaltungen und teilweise auch zu blutigen Auseinandersetzungen und Verfolgungen führten. Weil die Christen ihren religiösen Vorstellungen einen objektiven und unumstößlichen Wert beilegten und sie nicht, wie die Inder oder Ostasiaten, als einen vorläufigen, nur relativ gültigen Ausdruck von etwas Unerkennbarem, Höherem auffaßten, erschien ihnen jedes Abweichen von der anerkannten Form als ein Verstoß gegen die höchste Wahrheit; es ergab sich für sie daraus das Recht, ja die Pflicht, mit allen Mitteln die Irrtümer von »Heiden« und »Ketzern« zu bekämpfen. Keine Religion auf Erden hat deshalb so viele dogmatische Kämpfe und Glaubenskriege aufzuweisen wie das Christentum.

Seit dem 17. Jahrhundert hat, allerdings nur allmählich und immer wieder gehemmt, die Idee der Toleranz zunächst innerhalb des Christentums Raum gewonnen, und heute haben viele auch die Vorstellung, daß das Christentum in einer idealen, geschichtlich stets nur bedingt verwirklichten Form die absolute Religion sei, aufgegeben. Denn nachdem das kopernikanische Weltbild die christliche Heilslehre ihres kosmischen Charakters entkleidet hat, die Forschungen über die Geschichte der Erde und die Entwicklung der Menschheit uns in Zeiträumen von Millionen von Jahren denken lassen und die Untersuchungen der Völkerkunde und vergleichenden Religionswissenschaft die Überzeugung nährten, daß die christlichen Lehrbegriffe und Riten in der Gedankenwelt anderer Religionen ihre Entsprechungen besitzen, läßt sich nicht mehr die Behauptung aufrechterhalten, daß das Christentum in irgendeiner Gestalt mehr sein könne als die den Menschen eines begrenzten Raumes und einer begrenzten Zeitperiode adäquate Ausdrucksform metaphysischer Anschauungen. Die dogmatischen Sätze, auf welche sich die Lehren der verschiedenen Kirchen und Sekten gründen, sind dann nicht im buchstäblichen, sondern in symbolischem Sinne zu verstehen und werden dementsprechend von Philosophen und Mystikern in einer ihrer Auffassung

von der höchsten Wirklichkeit entsprechenden Weise gedeutet. So singt
Angelus Silesius auf dem Höhepunkt seines Schaffens:

> Wird Christus tausendmal zu Bethlehem geboren
> Und nicht in dir: du bleibst noch ewiglich verloren.
>
> Soll dich des Herren Angst erlösen von Beschwerden,
> So muß dein Herz zuvor zu einem Ölberg werden.
>
> Das Kreuz von Golgatha kann dich nicht von dem Bösen,
> Wo es nicht auch in dir wird aufgericht't, erlösen.
>
> Ich sag, es hilft dir nicht, daß Christus auferstanden,
> Wo du noch liegenbleibst in Sünd und Todesbanden.
>
> Wenn du dich über dich erhebst und läßt Gott walten,
> So wird in deinem Geist die Himmelfahrt gehalten.
>
> Das Neu-Jerusalem bist du für Gott, mein Christ,
> Wenn du aus Gottes Geist ganz neugeboren bist.
>
> Der Himmel ist in dir und auch der Hölle Qual,
> Was du erkiest und willst, das hast du überall.

Der Islâm

I. Die Begründung des Islâm

1. Die Vorgeschichte

Islâm bedeutet »Hingabe an Gott, Ergebung in Gottes Willen«. Mit diesem Namen bezeichnete Mohammed die von ihm gegründete arabische Form des bildlosen Monotheismus, welche bestimmt war, die jüngste unter den großen Weltreligionen zu werden. Ein Bekenner dieser Religion heißt Muslim (Moslim, Moslem).

In Europa ist es üblich, von Mohammedanern und Mohammedanismus zu sprechen, weil die Losung dieses Glaubens lautet: »Es gibt keinen Gott außer Allâh, und Mohammed ist der Gesandte Allâhs.« Viele Moslems lieben diese Bezeichnung aber nicht, weil sie ihnen zu sektiererisch klingt, denn sie legen Wert darauf, daß Mohammed nicht eine neue Religion geschaffen, sondern der seit Adams Zeiten bestehenden Urreligion ihre höchste und endgültige Form verliehen hat. Denn nach dem Korân (6,84) waren Adam, Noah, Lot, Abraham, Ismael, Isaak, Jakob, Joseph, Moses, Aaron, David, Salomo, Elias, Elisa, Hiob, Jona, Zacharias, Johannes und Jesus alle Rechtschaffene, die den wahren Glauben hatten und die Lehre Mohammeds vorbereiteten. Eine besondere Bedeutung kommt unter diesen dem Abraham zu, denn dieser war ein Hanîf, ein Vertreter des reinen Monotheismus, »keiner von denen, die Gott einen Gefährten geben«, und sein Glaube war weder jüdisch noch christlich, sondern stand dem der späteren Moslems am nächsten (Q 3,60ff.). Er war durch die Hagar der Vater des Ismael, von dem die Araber abstammen, und durch Isaak der Stammvater der Juden (vgl. 1. Mose 16ff.). Für den Ismael stiftete er als Heiligtum die Ka'ba zu Mekka, für Isaak gründete er den Tempel in Jerusalem. Der Islâm wäre demnach als die arabische Gestalt des Urmonotheismus und als eine Parallelerscheinung zum Judentum zu charakterisieren; er hätte das letztere aber im Laufe der Entwicklung schließlich dadurch überholt, daß ihm durch Mohammed neue Offenbarungen von höherem Wert zuteil wurden. Geschichtlich gesehen ist der Islâm. freilich tatsächlich richtiger als eine arabische Form des nachexilischen Judentums zu betrachten, die durch eine Reihe von christlichen und heidnischen Elementen bereichert worden ist. Als eine »dem Arabertum gemäße Reduktion« des Christentums läßt er sich hingegen nicht bezeichnen (wie es manche getan haben), denn wenn auch Mohammed Christus als Propheten rechnet und ihm eine Rolle bei der Auferstehung zuerkennt, so fehlt doch dem Islâm gerade das, was seit Paulus das Wesen des Christentums ausmacht. Im Korân (5, 116) läßt Gott (beim Weltgericht) Jesus feierlich erklären, daß er nie gelehrt habe, daß er selbst und seine Mutter als zwei Götter neben Allâh anzunehmen seien, und anderwärts (4, 169) wird die »Dreigötterei« der christlichen Trinitätslehre ausdrücklich abgelehnt. Man könnte die Lehre des Islâm deshalb nur mit der Lehre Christi von Gott und dem künftigen Weltende vergleichen. Aber auch hier tritt ein unüberbrückbarer Unterschied in zwei Dingen von tiefgreifender Bedeutung zutage: Mohammed hat weder eine so hochstehende Ethik verkündet, wie sie Jesus in der Bergpredigt darlegte, und er hat nicht gesagt: »Mein Reich ist nicht von dieser Welt«, sondern ist der Gründer eines gewaltigen weltlichen Staates geworden.

Der eigentümlichen geschichtlichen Größe des Propheten wird man nur gerecht, wenn man sich vergegenwärtigt, was sein Heimatland vor seinem Auftreten war und was er aus ihm gemacht hat. Die arabische Halbinsel, die ungefähr viermal so groß wie Deutschland, aber infolge ihres Wassermangels nur relativ dünn und zumeist von Nomaden (Beduinen) bevölkert ist, wurde im 7. Jahrhundert n. Chr. von einer Reihe von Stämmen bewohnt, die, durch ihre Sprache und eine Reihe gemeinsamer Anschauungen verbunden, in beständigen Fehden miteinander lagen. Unter den wenigen Städten des riesigen Landes ragte Mekka als wirtschaftlicher Mittelpunkt hervor, berühmt durch die Märkte und Messen, die hier in den vier Monaten stattfanden, während welcher alle Waffengänge ruhten und ein allgemeiner Landfrieden bestand.

Das geistige Leben der Araber war bestimmt durch das Bewußtsein der Stammeszugehörigkeit, das in dem Hochhalten der Stammestradition und der Tugend der Vorfahren, in der Pflege gemeinsamer Interessen, in dem strengen Abschluß gegen Fremde und in der Verpflichtung zur Blutrache seinen Ausdruck fand. Die Religion scheint gegenüber diesen völkischen und sittlichen Größen nur eine sekundäre Rolle gespielt zu haben; sie bestand in der Verehrung zahlreicher männlicher und weiblicher Gottheiten, die durch Symbole aus Stein und Holz bildlich dargestellt wurden. Zahlreiche Geister und Dämonen, dazu magische Handlungen der verschiedensten Art beschäftigten weiterhin das religiöse Denken, hingegen scheinen die Vorstellungen von einem Leben nach dem Tode bei den damaligen Arabern weniger ausgebildet gewesen zu sein. Ein berühmtes Heiligtum war die Ka'ba in Mekka, ein würfelförmiger Tempel, in dem heilige Steine eingemauert waren, unter welchen ein schwarzer Stein besondere Verehrung genoß. Zu diesem Stein pilgerten alljährlich Tausende, um ihn feierlich zu umwandeln und mit Küssen zu bedecken.

Dieses von den Zentren der Weltkultur und des politischen Geschehens weit entfernte Land mit einer in zahlreiche Stämme zersplitterten, wenig kultivierten und in religiöser Hinsicht noch recht primitiven Bevölkerung wurde im 7. Jahrhundert n. Chr. zur Geburtsstätte eines heute die ganze Welt umspannenden Glaubens, zur Keimzelle eines Staates, der die Araber einte, und zum Ausgangspunkt einer Kultur, die neben der abendländischen, indischen und chinesischen als vierte große, selbständige Einheit dasteht. Der Mann, der die bisher im Arabertum unerkannt schlummernden Kräfte entband, war ein Mann, der bis zu seinem 40. Lebensjahr selbst noch nicht gewußt hatte, zu welcher weltgeschichtlichen Rolle ihn das Schicksal ausersehen hatte, der Mekkaner Mohammed.

2. Das Leben Mohammeds

Das Leben des Propheten Mohammed ist von zahllosen seiner Anhänger in alter wie in neuer Zeit in längeren und kürzeren Werken dargestellt worden. Die für uns wertvollste, weil unbefangenste Biographie ist die des Ibn Ishâk (gest. 768). Sie ist nur in der Bearbeitung des Ibn Hishâm (gest. 834) und in Auszügen in dem Chronikwerk des Tabarî (gest. 923) erhalten. Die anderen Lebensbeschreibungen sind in der Mehrzahl, je jünger sie sind, desto reicher an Wundergeschichten; seit einem Jahrtausend hat sich ein festes Idealbild des Propheten herausgebildet, das diesen als einen sündlosen Weisen, einen Wundertäter und einen Heiligen zu schildern bemüht ist. Im folgenden sei versucht, eine Vorstellung von den Anschauungen der heutigen frommen Mohammedaner über den Propheten zu geben und den geschichtlichen Kern, der in ihnen steckt, anzudeuten.

So wie die Geburt Christi und Buddhas und anderer Religionsstifter ihre Vorgeschichte hat, so auch die des islâmischen Propheten. C. H. Becker faßt diese in den folgenden Sätzen zusammen (Islamstudien I, S. 337):

»In seiner weitschauenden Heilsabsicht hatte Gott das Licht des Propheten Mohammed als das erste aller Dinge geschaffen, noch vor dem Schreibrohr und den Schicksalstafeln. Durch die Generationen wanderte dies Licht des Prophetentums, bis es in dem besten der Geschöpfe, dem vornehmsten Sproß des vornehmsten Geschlechtes des ersten Volkes der Erde, am Mittelpunkt der Welt, zu Mekka in Erscheinung trat. Schon seit Jahrhunderten hatten prophetische Vorläufer in heiligen Schriften auf dieses große Ereignis vorbereitet. Wunderbare Ereignisse verkündeten der ganzen Menschheit den bedeutungsvollen Augenblick der Geburt Mohammeds; Engel öffneten die Brust des Kindes, um ihm alles Böse zu nehmen. Wie alle Propheten hat auch er in seiner Jugend die Bitternisse des Lebens durchzumachen. Auch er hütet Schafe. Dann wird er Handelsmann. Gottes Segen ruht auf allem seinem Tun, er lernt die Welt auf großen Reisen kennen; überall huldigen ihm erleuchtete Gottesmänner, Juden und Christen als dem künftigen Propheten. Auf der Höhe des Mannesalters naht sich ihm Gott durch den Propheten Gabriel, und er beginnt seine Mission, die, erschwert durch die Sündhaftigkeit der Menschen, doch schließlich zu einem religiösen und mit Hilfe der himmlischen Heerscharen auch zu einem politischen Erfolge führt. Um Mohammed vor Gefahren zu schützen, geschehen die merkwürdigsten Wunder, er selbst vermag Kranke zu heilen, vollzieht Speisungswunder, ja erweckt sogar Tote, z. B. seine Eltern, die als Heiden gestorben waren und in den kurzen Momenten der Wiedererweckung schnell durch Annahme des Islâm sich das Paradies verdienen. Er macht eine wunderbare nächtliche Reise auf einem Wundertier erst nach Jerusalem und dann in den Himmel, wo er mit Gott über die religiösen Verpflichtungen der Gläubigen verhandelt, und beschließt endlich in Medina sein Leben, nachdem er die neue Religion und den mit ihr identischen Staat, ja das ganze Leben der Gläubigen durch Wort und Beispiele so geregelt hat, wie es heute den Gelehrten als Ideal gilt; der ganze Islâm ist also sein Werk. Auch die künftigen Geschicke seiner Gemeinde hat er mit Prophetenblick in den wesentlichen Zügen vorher verkündet. Er selbst wird am Jüngsten Tage seine Frommen im Paradies um sich sammeln, nachdem er im Gericht für oder wider sie gezeugt. Sein Grab und seine Reliquien sucht der Gläubige auf, um ihre Segnung zu erlangen. Sein Name wird nie ohne Segensformel gesprochen: ›Mohammed, der edle, gute, fehlerlose Bote Gottes, der himmlische Fürsprecher, der Wundertäter ohnegleichen!‹«

Der historische Mohammed war von der Idealgestalt, welche die fromme Legende zeichnet, wesentlich verschieden. Unbestritten war er ein genialer Religionsstifter, ein hervorragender Staatsmann und eine liebenswürdige Persönlichkeit, er war aber weder der edle, sittenstrenge Heilige noch der abgeklärte, weltüberlegene Weise, als der er in der Gedankenwelt der islâmischen Mystiker lebt, und daß er kein Wundertäter war, ergibt sich schon daraus, daß er selbst den allerlei Mirakel von ihm erwartenden Mekkanern gegenüber es abgelehnt hat, als Thaumaturg aufzutreten. Nach den gesicherten Ergebnissen der modernen abendländischen Forschung verlief das Leben des Propheten etwa in folgender Weise:

Mohammed (d. h. der Gepriesene) wurde um das Jahr 570 in Mekka geboren. Nach der Tradition soll, wie bei Buddha, sein Geburtstag mit seinem Todestag zusammenfallen, er wird heute am 8. Juni gefeiert. Er entstammte der Familie Hâshim, einer verarmten Seitenlinie des berühmten Geschlechts der Koraishiten. Da sein Vater ʿAbdallâh und seine Mutter Amina frühzeitig starben, wurde er von seinem Großvater und später von Abû Tâlib, dem Bruder seines Vaters, erzogen. Nach einer harten Jugend, während welcher er als Hirt zum Gewinn des Lebensunterhaltes seiner Familie beitragen mußte, trat er als Kameltreiber in den Dienst der begüterten Kaufmannswitwe Khadîja (spricht Chadidscha). Diese fand Gefallen an dem schönen und begabten Jüngling, er stieg daher zu einer Vertrauensstellung empor, und schließlich schlug sie ihm vor, sie zu heiraten. Der fünfundzwanzigjährige Mohammed ging auf dieses Anerbieten freudig ein und lebte in glücklicher Ehe mit der um fünfzehn Jahre älteren Frau, die ihm zwei (früh verstorbene) Söhne und vier Töchter schenkte. Durch die Verbindung mit Khadîja war er zu einem reichen Handelsmann geworden und soll mit Erfolg große Geschäftsreisen ausgeführt haben. Vielleicht unter dem Einfluß christlicher Predigten, welche das kommende Weltgericht verkündigten, vollzog sich an ihm eine tiefgreifende Wandlung. Er wurde ein stiller Grübler, der sich immer intensiver mit religiösen Problemen beschäftigte und seine materielle Unabhängigkeit dazu verwandte, um in Fasten- und Andachtsübungen in der Einsamkeit um Erkenntnis zu ringen. Als er vierzig Jahre alt geworden war, hatte er in einer Höhle bei Mekka, in die er sich zurückgezogen hatte, ein visionäres Erlebnis, das für sein ganzes folgendes Leben von ausschlaggebender Bedeutung wurde. Während er schlief, erschien ihm der Engel Gabriel mit einem beschriebenen Seidentuche und forderte ihn auf zu rezitieren. Da er diesem Befehl nicht nachkam, drückte ihn der Engel so sehr, daß er fast erstickt wäre. Nachdem sich dies dreimal wiederholt hatte, fragte er schließlich Gabriel, was er denn rezitieren solle. Da sprach der Engel die ersten fünf Verse der 96. Sûre des Korân:

> Rezitiere im Namen deines Herrn, der schuf,
> Der den Menschen schuf aus einem Blutstropfen,
> Rezitiere bei diesem Herrn, dem Hochgeehrten,
> Der mit dem Schreibrohr lehrte,
> Den Menschen lehrte, was er nicht wußte.

Mohammed wurde durch diese Worte also aufgefordert, die fünf Verse in der beim Gottesdienst üblichen Vortragsweise herzusagen, in welchem von zwei wunderbaren Offenbarungsweisen von Gottes Macht die Rede ist, von der Entstehung des Menschen bei der Zeugung und von der Mitteilung heiliger Schriften. (Manche Exegeten behaupten, der Engel habe dem Propheten, der nicht lesen und schreiben konnte [Q 7,156], geboten, diese Worte auf dem Seidentuch zu lesen. Mohammed habe sich zunächst damit entschuldigt, daß er hierzu außerstande sei; als aber Gabriel auf seinem Verlangen bestand, habe er infolge eines Wunders plötzlich die Schriftzeichen entziffern können.)
Als Mohammed erwacht ins Freie getreten war, hörte er eine himmlische Stimme sagen: »Mohammed, du bist der Gesandte Gottes, und ich bin Gabriel.« Er sah dann eine Gestalt, die ihm mit ihren Augen überall folgte. In großer Aufregung kehrte er nach Hause zurück und erzählte seiner Frau sein Erlebnis. Diese vermutete sogleich, daß ihm eine Offenbarung zuteil geworden sei. Und ein um Rat gefragter Vetter bestätigte dies.
In der Folgezeit soll der Prophet dann weitere Offenbarungen erhalten haben

(Q 74,1–7), welche ihn in seiner Mission bestätigten. Bis zu seinem Tode hat er dann immer wieder Eingebungen gehabt, die er auf Gott zurückführte. Bei diesen Inspirationen unterlag er bestimmten körperlichen Zuständen. Er sank wie von einer Zentnerlast zu Boden geworfen auf die Erde nieder, ein Zittern befiel seine Glieder, Schweiß bedeckte seine Stirn, Schaum trat vor seinen Mund, und er glaubte ein Brummen oder ein anderes Geräusch zu hören. Während diese eigenartigen psychischen Erscheinungen ursprünglich ohne sein Zutun auftraten, scheint er in späterer Zeit in der Lage gewesen zu sein, sie willkürlich, wenn auch unterbewußt, herbeiführen zu können. Denn es bliebe sonst unverständlich, daß er diese Anfälle dann hatte, wenn er moralisch höchst anfechtbare Anordnungen erließ oder sogar seinen sexuellen Wünschen dadurch eine größere Autorität verleihen wollte, indem er sie als eine göttliche Verkündigung ausgab. Die Eingebungen Mohammeds wird die rationale Psychologie zwar insgesamt als Zustände auffassen müssen, in denen er in Worten von sich gab, was sein Herz erfüllte und womit sich sein Denken beschäftigte. Während es jedoch bei vielen von ihnen ohne weiteres wahrscheinlich ist, daß er die Schöpfungen seines eigenen Geistes aus sich heraus projizierte und als Stimmen von außerhalb zu vernehmen meinte, erscheint es in anderen Fällen schwer, an seine bona fides zu glauben. Es liegt nahe, die Parallele mit einem Medium zu ziehen, das, wenn ihm die psychischen Kräfte oder die Geldmittel ausgegangen sind, die Phänomene künstlich hervorruft, die es sonst ohne bewußte Absicht produzierte.

Für seine Botschaft von dem einen Gott Allâh, der die Welt geschaffen hat, regiert und am Jüngsten Tage richten wird, fand Mohammed bei den mekkanischen Polytheisten wenig Gegenliebe, und gar sein Anspruch, der gottgesandte Prophet der Araber zu sein, stieß auf schroffe Ablehnung. So gewann er zunächst nur in seinem engsten Familienkreise Anhänger: seine Gattin, seine Töchter, sein Vetter und Pflegesohn 'Alî, sein Sklave Zaid waren die ersten Muslime, dazu kam sein Freund Abû Bekr (Bakr) und die gleich diesem später als Kalifen bekannt gewordenen Kaufleute 'Othmân und 'Omar sowie andere. Im ganzen gelang es dem Propheten in den ersten zwölf Jahren seiner öffentlichen Wirksamkeit nicht, sich durchzusetzen. Zwar konnte er im sicheren Schutze seiner Sippe seine unduldsamen Angriffe gegen die »heidnischen Götzen« fortsetzen und Proselyten unter den Unfreien und Beduinen machen, ein nachdrücklicher Erfolg unter dem Stadtpatriziat von Mekka blieb ihm hingegen versagt. Dadurch wurde ihm sein Aufenthalt in Mekka immer mehr verleidet. Als nun im Jahre 619 seine treue Gattin Khadîja starb und auch sein Oheim Abû Tâlib das Zeitliche segnete, der, ohne Moslem zu werden, ihn durch sein Ansehen stets geschützt hatte, da drängte sich ihm der Gedanke auf, den Schauplatz seiner Tätigkeit zu verlegen. Die Versuche, in Abessinien, wohin achtzig seiner Anhänger mit ihren Familien ausgewandert waren, oder in der Nachbarstadt Tâ'if, wohin er selbst gegangen war, ein fruchtbares Missionsfeld zu finden, schlugen fehl. Er entschloß sich daher, nach der etwa 300 km von Mekka entfernten Stadt Yathrib, die später Medina (genauer: Medînat-an-Nabî, »Stadt des Propheten«) genannt wurde, auszuwandern. Er konnte hier aus verschiedenen Gründen darauf hoffen, einen günstigen Boden für seine Bestrebungen zu finden. Denn nicht nur hatte er in der Stadt schon einige Anhänger, sondern er erhoffte auch von den zahlreichen Juden, die in Medina wohnten, eine Unterstützung seiner monotheistischen Bestrebungen. Dazu kam noch, daß sich ihm die Chance bot, als unparteiischer Friedensrichter in die Streitigkeiten der einander befehdenden Stämme und Parteien der Stadt eingreifen und dadurch eine beherrschende Stellung gewinnen zu können.

Die sogenannte Hijra (Hedschra) Mohammeds von Mekka nach Medina war also keine »Flucht« (wie das Wort oft übersetzt wird), sondern eine freiwillige Auswanderung. Bei der großen Bedeutung, welche dieses Ereignis für die Weiterentwicklung des Islâm hatte, ist es unter dem Kalifen 'Omar als Anfangspunkt der mohammedanischen Zeitrechnung und auf den 6. Juli 622 n. Chr. festgesetzt worden; möglicherweise hat es aber einige Monate früher stattgefunden.

Die Übersiedelung nach Medina bedeutete eine neue tiefgreifende Veränderung in Mohammeds Leben. Hatte er zuerst, wie er selbst sagt, »ein Menschenalter unter seinen Zeitgenossen gelebt« (Q 10,17), ohne als religiöser Denker hervorzutreten, und war er dann aus einem lebensfrohen Kaufmann zu einem grüblerischen Eiferer geworden, so entwickelte er sich jetzt zu einem weitblickenden, aber auch skrupellosen Staatsmann, der darauf bedacht war, seine Macht immer fester zu begründen und immer weiter auszudehnen. Mit Hilfe der Anhänger, die ihn begleitet hatten, und anderer, die sich, seinem aufgehenden Stern vertrauend, ihm anschlossen, gelang es ihm, sich allmählich zum unbestrittenen Herrn von Medina zu machen. Erfolgreiche Überfälle auf die mekkanischen Karawanen, die er zum Teil unter völliger Nichtachtung der heiligen Gesetze der Araber organisiert hatte, ließen ihm und den Seinen reiche Beute zufallen. Der Sieg von Badr, den er im Jahre 624 mit 300 Gefolgsleuten über 950 Koraishiten erfocht, umgab ihn mit dem Lorbeer eines siegreichen Heerführers, auch die später eingetretenen Rückschläge vermochten seinen Ruhm nicht mehr zu erschüttern. Im Jahre 627 kam dann ein Friedensvertrag mit den Mekkanern zustande, der dem Propheten bestimmte Rechte in der Stadt verlieh, und im Januar 630 setzte er sich ohne Schwertstreich in den Besitz der heiligen Stadt. Hier reinigte er das Heiligtum der Ka'ba von Götzenbildern und beseitigte einige Personen, die ihn beleidigt hatten, ging aber sonst mit großer Milde gegen seine einstigen Gegner vor und verstand es dadurch, sie seinen Interessen dienstbar zu machen. Indem er die gereinigte Ka'ba zur zentralen Wallfahrtsstätte seines neuen Glaubens machte, blieben die ideellen wie vor allem die materiellen Vorteile, die der Zustrom der Pilger aus allen Teilen Arabiens den Mekkanern in heidnischer Zeit gebracht hatte, den Bewohnern der Stadt erhalten.

Da die überkommene Lehre ihrer Vorfahren ihre Lebenskraft eingebüßt hatte und die Mekkaner dem neuen Glauben keine religiösen Gedanken von Bedeutung entgegenzusetzen vermochten, fanden sie sich bald mit der veränderten Situation ab und wurden nach kurzer Zeit selbst zu den eifrigsten Vorkämpfern des Islâm.

Ruhmgekrönt kehrte der Prophet nach Medina zurück. Sein Ansehen war jetzt so groß, daß von überallher Gesandtschaften arabischer Stämme zu ihm kamen, um ihm die Annahme des Islâm mitzuteilen. In wenigen Jahren war es so Mohammed gelungen, seine Religion zur nationalen Angelegenheit von Stämmen zu machen, denen trotz gemeinsamer Sprache und Sitte doch noch ein deutliches Einheitsbewußtsein gefehlt hatte. Der »Gesandte Gottes« war aber nicht bloß der Verkünder religiöser Ordnungen und der Vorbeter bei den fünfmal am Tage stattfindenden Gottesdiensten, er war auch der Leiter und Organisator eines theokratischen Staatswesens. Als oberster Gesetzgeber und Richter, Heerführer und Steuererheber entfaltete er die vielseitige Tätigkeit eines mit absoluter Machtvollkommenheit regierenden Königs, obwohl er bescheiden für sich nur das Amt eines Vollstreckers göttlicher Befehle in Anspruch nahm.

Ungeachtet der großen Schätze, die ihm aus der Beute der erfolgreichen Feldzüge wie durch Geschenke der Gläubigen und Ungläubigen zuflossen, blieb seine Lebensführung doch einfach, nur in dreifacher Hinsicht leistete er sich jeden Luxus: außer guten Speisen (besonders Hammelfleisch, Datteln, Honig, Gurken, Kürbis) waren vor allem Wohlgerüche (besonders Moschus) und Frauen nach seinen eigenen Worten die Dinge, die sein Herz am meisten erfreuten. Solange Khadîja lebte, hatte er sich mit ihr als einziger Gattin begnügt; als er sie aber durch den Tod verloren, da legte er seiner Leidenschaft keine Fesseln mehr auf. Die Legende erzählt, Gott habe ihm den Samen von dreißig Männern gegeben – jedenfalls war seine Sinnlichkeit so stark, daß er sich nicht gleich den übrigen Gläubigen mit vier legitimen Gattinnen und zahlreichen Sklavinnen begnügen wollte, sondern sich durch eine besondere Offenbarung (Q 33,49) das Privileg verlieh, eine unbeschränkte Zahl von Frauen zu ehelichen. Seine Lieblingsfrau war 'Â'isha, die Tochter Abû Bekrs, die er als zehnjähriges Mädchen geheiratet, nachdem sie ihm schon drei Jahre anverlobt gewesen war. Zu seinem großen Schmerze hatte ihm aber nur die koptische Sklavin Maria, die ihm ein oströmischer Statthalter geschenkt hatte, einen Leibeserben beschert, Ibrâhîm, der ihm aber gleich den beiden Söhnen der Khadîja als Knabe durch den Tod entrissen wurde.

Nachdem Mohammed im zehnten Jahre nach der Hijra noch einmal die Wallfahrt zur Ka'ba unternommen und dort alle Riten in ihren endgültigen Formen vollzogen hatte, erkrankte er kurz nach seiner Rückkehr und starb am 8. Juni 632 zu Medina, inmitten der Vorbereitungen zu einem Feldzuge gegen Byzanz.

3. Die Lehre Mohammeds

Die religiöse Grundidee des Islâm bildet der Glaube an den einen Gott Allâh und an ein Jüngstes Gericht, bei dem dieser den guten Menschen die Wonnen des Paradieses, den Bösen die Qualen des ewigen Höllenfeuers zuteil werden lassen wird. Wie bereits hervorgehoben wurde, hat Mohammed die Anregung zu diesen Kerngedanken wahrscheinlich durch eine christliche Predigt erhalten, die er in Mekka oder auf einer seiner Handelsreisen gehört hatte, denn dem zeitgenössischen arabischen Heidentum lag ein bildloser Monotheismus ebenso fern wie die Vorstellung von einem Gottesgericht. Zwar wurde ein Gott Allâh schon von den Mekkanern verehrt, er besaß aber weder den universellen Charakter, den ihm der Prophet beilegte, noch war er das einzige göttliche Wesen, dem man Anbetung zollte, denn zu den Hauptgöttern der Araber gehörten auch die Göttinnen Allât, al-'Uzzâ und Manât, die als Töchter Allâhs angesehen wurden, und zahlreiche andere Gottheiten, deren Sinnbilder in der Ka'ba und an anderen heiligen Orten aufgestellt waren. Es scheint zwar, daß es in Mekka schon Araber gegeben hat, die, ohne sich dem Christentum oder Judentum angeschlossen zu haben, unter dem Einfluß dieser Religionen nach einer Verinnerlichung und Erneuerung des heidnischen Glaubens strebten, es ist aber unsicher, wieweit diese sogenannten »Hanîfen« schon Mohammed vorgearbeitet haben. In späterer Zeit hat er sie jedenfalls als Wegbereiter des Islâm in Anspruch genommen, ja sogar die Behauptung aufgestellt, daß der Allâh-Monotheismus die uralte Religion seiner Landsleute gewesen, aber in Vergessenheit geraten und nur von den Hanîfen weiter gepflegt worden sei.

Mohammeds Monotheismus ist ebenso wie derjenige der Christen und Juden seiner Zeit ein solcher, der zwar kein Allâh gleichgeordnetes göttliches Wesen anerkennt, andererseits aber auch nicht (wie der moderne Protestantismus) die Existenz von höheren Wesen leugnet, welche den Menschen an Macht überlegen, Gott aber untertan und von ihm geschaffen sind. Der Prophet glaubte deshalb an das Dasein von Engeln und von Geistern und hegte an der Existenz des Teufels ebensowenig Zweifel wie Martin Luther. Er verwarf also den Polytheismus nur insoweit, als er die Naturgötter seiner Landsleute für falsche Götter und Lügengebilde erklärte und in Allâh als dem Schöpfer, Regierer und Richter der Welt das letzte einheitliche Prinzip für die Erklärung aller kosmischen und ethischen Erscheinungen sah. Offenbar hat sein Eingottglaube erst im Laufe der Zeit diese hier umrissene Form angenommen. Denn als seine Religion noch im Werden war, soll er die obenerwähnten Göttinnen Allât, al-'Uzzâ und Manât in einer Offenbarung als Mittlerinnen göttlicher Gnade anerkannt haben – eine Konzession an altarabische Anschauungen, die in Mekka freudig begrüßt wurde, die er später aber wieder zurückzog. Denn im Korân, Sûre 53, Vers 19 ff. wird die Auffassung, daß Gott Töchter haben könne, ausdrücklich abgelehnt.

Obwohl es feststeht, daß Mohammed, als er seinen Monotheismus auszubilden begann, vom Judentum und vom Christentum Anregungen empfangen hat, ist doch nicht anzunehmen, daß er von ihren Lehren damals schon eine zutreffende und einigermaßen ausreichende Kenntnis besaß. Denn sonst hätte er nicht ursprünglich meinen können, daß diese Religionen im Grunde dasselbe lehrten wie er. Erst als ihm allmählich nähere Einzelheiten aus dem Alten und dem Neuen Testament bekannt wurden, distanzierte er sich von diesen. Das Wissen Mohammeds von der heiligen Geschichte der Juden und Christen ist jedoch stets so lückenhaft geblieben, daß er ihre heiligen Bücher unmöglich gründlich studiert haben kann. In seiner Jugend, als er noch bildsam war, hatte er vielleicht nicht genügend Gelegenheit, sie durch Vermittlung anderer kennenzulernen, später, als er seinen Ansichten schon eine feste Form verliehen hatte, hatte er sich längst zu sehr in den Kreis seiner eigenen Anschauungen eingesponnen, als daß er seine einmal gefaßten Meinungen noch hätte berichtigen können und wollen.

Vergleicht man Mohammeds Erzählungen über die Erzväter, die alttestamentarischen Propheten oder Christus mit den Geschichten der Bibel, so springen sofort die zahlreichen Mißverständnisse ins Auge, die nur dann erklärlich sind, wenn man annimmt, daß Mohammed von einzelnen Legenden gehört, nicht aber die Bibel vor sich gehabt hat. Es ist verständlich, daß die Juden und Christen später in Diskussionen mit ihm immer wieder auf diese Dinge hinwiesen und ihn dadurch in eine unangenehme Lage versetzten. Denn einerseits hatte er behauptet, daß alle seine korânischen Verkündigungen auf göttlichen Eingebungen beruhten, andererseits aber hatte er die Bibel als eine autoritative heilige Schrift und ihre widerspruchslose Harmonie mit seiner eigenen Verkündigung anerkannt. Einen Ausweg aus diesem Dilemma bot nur die Behauptung, die »Schriftbesitzer« hielten den wahren Inhalt ihrer Offenbarung geheim oder sie hätten ihn verfälscht. Wenn dieser Vorwurf von Juden und Christen auch leicht zurückgewiesen werden konnte, so verfing ihre Verteidigung doch weder bei dem Propheten noch bei seinen Anhängern, denn diese konnten die Bibel nicht lesen und hatten auch gar kein Interesse daran, ihren wahren Inhalt festzustellen.

Das Judentum stand unter allen Religionen der damaligen Zeit dem Islâm insofern am nächsten, als es nicht nur die Vielgötterei und den Bilderkult ablehnte sowie das Kommen eines Messias und ein Jüngstes Gericht erwartete, sondern auch in manchen Bräuchen (Beschneidung) mit denen der Araber übereinstimmte. Es ist daher begreiflich, daß Mohammed erwartete, die Juden würden ihn voll freudiger Begeisterung als den verheißenen Messias begrüßen und sich seiner Bewegung in Scharen anschließen. Um sie für sich zu gewinnen und die volle Übereinstimmung jüdischer und islâmischer Einrichtungen herzustellen, führte er in Medina eine Reihe von Neuerungen ein, denen jüdische Institutionen als Vorbilder dienten: er baute ein Gotteshaus, in welchem nicht nur morgens und abends, sondern, mosaischem Brauch gemäß, auch mittags gemeinsam gebetet wurde, und ordnete dabei an, daß die frommen Übungen mit nach Jerusalem gewendetem Gesicht vorzunehmen seien. Entsprechend dem Versöhnungstag der Juden sollte der zehnte Tag des ersten Monats ein Fasttag sein usw. Als der Prophet dann aber erkennen mußte, daß die Juden bei ihrer alten Lehre blieben und nicht der seinigen folgten, änderte er diese Anordnungen wieder; nicht Jerusalem, sondern Mekka wurde zum Orientierungspunkt der Gebetsverrichtung, und an die Stelle des Fastens im ersten Monat trat das Fasten (zwischen Morgengrauen und Sonnenuntergang) während des ganzen neunten Monats, des Ramadân. Die Wortkämpfe mit den Juden und die Verspottungen, die er von ihnen erfahren hatte, hatten ihn so in seinem Stolz verletzt und mit Haß erfüllt, daß er die Juden fortan als seine schlimmsten Feinde betrachtete und jede Gelegenheit benutzte, um an ihnen Rache zu nehmen.

Das Christentum stand mit seinem Trinitätsdogma, seiner Lehre von dem für die Menschheit gestorbenen Gottessohn, seinem Bilderkult und seiner Askese an sich dem Glauben des Propheten viel ferner als der Mosaismus. Wenn Mohammed trotzdem noch in einer medinischen Sûre (5,85) die Christen als diejenigen bezeichnet, die den Gläubigen am freundlichsten gegenübertreten, und ihre Priester und Mönche als nicht hochmütig rühmt, so dürfe dies auf persönliche Erfahrungen zurückgehen. Bei näherer Bekanntschaft mit der Lehre der Christen wurde ihm aber immer mehr klar, welche Kluft die ihrige von der seinigen trennte. So bezeichnet er sie denn Sûre 9,30 ff. gleich den Juden als Ungläubige und erwartet, daß Gott sie ihrer Lügen wegen bestrafen werde. Den hauptsächlichsten Irrtum der Christen sieht er darin, daß sie der Einheit und Erhabenheit Allâhs mit der Behauptung zu nahe treten, Gott habe einen Sohn gezeugt.

Ungeachtet dieser Polemik gegen christliche Dogmen vindiziert Mohammed Jesus innerhalb der Reihe der Propheten eine Ausnahmestellung. Er läßt ihn ohne Zutun eines irdischen Vaters von Maria geboren werden (3,42 und 52). Sein ganzes Leben von Jugend an ist reich an Wundern, die er vollbracht hat (2,254). Er fand seinen Tod nicht durch Kreuzigung, die Juden haben vielmehr nicht ihn, sondern jemanden, der ihm ähnlich war, getötet; Gott hat ihn dann zu sich erhoben, und bei der allgemeinen Auferstehung der Toten wird er vor Gott als Zeuge für die Gläubigen auftreten (4,156 ff.). Trotz seines Gegensatzes gegen die christliche Dogmatik erkannte der Prophet also die Größe Jesu durchaus an und würdigte ihn als einen seiner Vorgänger.

Außer den Juden und Christen räumte Mohammed auch den »Sabiern« eine Vorzugsstellung gegenüber den »heidnischen Götzendienern« ein.

Die Sabier, d. h. Täufer, fälschlich auch Johannes-Christen, richtiger »Mandäer« (d. h. Gnostiker) genannt, sind die Anhänger einer gnostischen Sekte, die sich bis heute in Südbabylonien und im persischen Grenzgebiet erhalten hat, aber nur wenige tausend Köpfe stark ist. Ihre in mehreren in ostaramäischer Mundart abgefaßten heiligen Schriften, namentlich im »Ginza« (»der Schatz«, deutsch von M. Lidzbarski, 1925) dargelegten Lehren enthalten persische, babylonische, jüdische, christliche und gnostische Elemente. Der Grundgedanke ihres Systems geht gleich dem des Manichäismus auf den persischen Dualismus zurück: in der Welt befinden sich Licht und Finsternis in unheilvoller Vermischung, das Endziel des Weltprozesses besteht darin, daß sie getrennt werden. Obwohl vom Christentum beeinflußt, stehen die Mandäer doch im Gegensatz zu ihm, sie betrachten Jesus als einen falschen Propheten, stellen aber Johannes den Täufer hoch und üben noch heute die Taufe.

Das Verdienst Mohammeds um den religiösen Fortschritt der Araber kann nicht darin gesehen werden, daß er selbst große neue Gedanken geschaffen hat, sondern nur darin, daß er es verstand, an sich schon vorhandene Ideen der Denkweise seines Volkes anzupassen und in zündender Form zu verkünden. Weil er seinem Wesen nach ganz und gar Araber war und zu ihren Herzen sprach, war es ihm möglich, seine bisher für religiöse Dinge wenig interessierten Landsleute für eine neue und tiefere Auffassung von der Bestimmung des Menschen zu gewinnen. Die notwendige Voraussetzung für seinen Erfolg war es, daß er an die Gefühls- und Glaubenswelt der Araber anknüpfte und alles, was er bot, in einer ihr gemäßen Form auszugestalten vermochte. Er verfuhr bei seinem Neubau, sosehr er auch an dem Prinzip der bildlosen Gottesverehrung festhielt, doch in sehr konzilianter Weise: die von Idolen gereinigte Ka'ba wurde von ihm zum größten Heiligtum der Welt erklärt, weil er sich überzeugt hatte, daß die Araber auf die Verehrung des schwarzen Steines nie verzichten würden. So hat er hier ein Stück massivsten Heidentums seinem System einverleibt, das, vom Standpunkt der rigoristischen Reform aus gesehen, demselben genau ebenso fremd sein mußte wie der Dienst von Götterbildern oder sakramentalen Kultobjekten anderer Art. Indem aber Mohammed die Ka'ba, den Mittelpunkt der arabischen Welt, zum Mittelpunkt seiner Glaubenswelt machte, vermochte er es, die erwachenden Kräfte des arabischen Stammesbewußtseins in seine Bewegung einzuspannen und ihr dienstbar zu machen. Der außerordentliche welthistorische Erfolg, der der Schöpfung Mohammeds beschieden war, beruht ja auch in vielfacher anderer Hinsicht nicht zuletzt darauf, daß er politische Kräfte weckte, zusammenfaßte und entband, die bisher zersplittert und im Zustande der Latenz brachgelegen hatten.

So hoch wir die kulturelle und politische Bedeutung Mohammeds für das Arabertum auch einschätzen müssen, im Hinblick auf seine Metaphysik und Ethik kann seine Lehre den Vergleich mit den anderen vier großen Religionen nicht aushalten. Denn an ihnen gemessen stellt er an seine Bekenner nur geringe Ansprüche. Besonders zeigt dies ein Vergleich mit Buddhismus und Christentum. H. H. Schaeder sagt darüber: »Buddhismus und Christentum sind ihrem ursprünglichen und jeder Zeit wieder zu erweckenden Wesen nach Religionen der Höchstforderung. Ihr gewaltiger Erfolg zeigt, welch eine werbende Kraft in diesem Wesen steckt. Der Islâm, die Religion der Mindestforderung, beweist, daß es auch das Gegenteil gibt. Jene wirkten und wirken durch die Verneinung der natürlichen Welt und des natürlichen Menschen in ihr. Mohammed wirkte, indem er beides bejahte, freilich in schlechthinniger Unterordnung unter die Majestät und das Erbarmen Gottes. Für jene Religionen treten Geist und Macht, der religiöse und der politische Bereich so weit auseinander wie nur möglich; wie fruchtbar die Spannung sein kann, die dadurch entsteht, ist nicht zu verkennen. Für Mohammed fallen die beiden Pole zusammen, eine Spannung zwischen ihnen hat er kaum empfunden; durch diese scheinbare Vereinigung der Gegensätze sind dem Islâm wohl manche Erschütterungen und Krisen der christlichen Welt fremd geblieben, aber auch das unabhängige schöpferische Ringen um den Sinn von Geist und Macht und um das wahre Leben im Kampfe um diesen Sinn, das bei allen Leiden, die es im Gefolge hat, die Größe der abendländischen Geschichte ausmacht [1].

II. Die Geschichte des Islâm

1. Von 632 bis 1000

Der Tod Mohammeds im 11. Jahre nach der Hijra (632 n. Chr.) führte seine Gemeinde in eine schwere Krise hinein. Die Verwirrung, die das plötzliche Dahinscheiden des Propheten und Staatsführers hervorgerufen hatte, war so groß, daß man seine sterblichen Überreste erst nach Ablauf von mehreren Tagen bestattete. Da er selbst keinen Nachfolger ernannt hatte, wäre sein theokratisches Reich ein Spielball der gegeneinander ringenden Interessen der Prophetenfamilie und der alten Vorkämpfer, der Medinenser und der Mekkaner geworden und dem Untergang entgegengegangen, wenn nicht Mohammeds alter Freund Abû Bekr mit starker Hand die Zügel der Regierung ergriffen hätte. Auf einer stürmischen Versammlung wurde er zum »Kalifen« (Khalîfa, d. h. Stellvertreter des Propheten) gewählt. Ihm gelang es, die Aufstände der aufrührerischen arabischen Stämme niederzuwerfen und gleichzeitig die weitere Expansion des Reiches fortzuführen. Als er 634 starb, folgte ihm der edle 'Omar, ein hervorragender Mann, der ursprünglich zu den vornehmen mekkanischen Gegnern Mohammeds gehört hatte, dann aber einer seiner treuesten Anhänger geworden war. Während dieser

---

[1] H. H. Schaeder, »Mohammed« in dem Sammelwerk »Arabische Führergestalten« (Heidelberg 1944), S. 71.

als »Beherrscher der Gläubigen« selbst meistens in Medina den Staat organisierte, eroberten seine Feldherren 636 Persien, 638 Syrien und 642 Ägypten. Diese gewaltigen Erfolge wären nicht möglich gewesen, wenn nicht die Nachbarreiche schon altersschwach und morsch gewesen wären und die Jugendkraft der Araber nicht schon von selbst in einer großen Völkerwanderung zur Entladung gedrängt hätte, für welche die Religion des Propheten jetzt das geeignete vereinheitlichende Prinzip und den ideologischen Überbau bot. Als 'Omar 644 dem Anschlag eines Christen zum Opfer fiel, folgte ihm der greise 'Othmân, ein Schwiegersohn Mohammeds. Er war zwar fromm und hat sich um die Sammlung des Korâns Verdienste erworben, stand aber ganz unter dem Einfluß seiner vornehmen mekkanischen Familie, der er Ämter und Reichtümer zuwandte. Dies rief so große Mißstimmung hervor, daß er 656 ermordet wurde. Die medinensische Partei ernannte jetzt 'Alî zum Kalifen, den Schwiegersohn des Propheten, der schon nach dessen Tode diese Nachfolge erstrebt hatte. Gegen ihn empörte sich der Statthalter Mu'âwiya von Syrien, und als 'Alî 661 von einem Fanatiker umgebracht worden war, übernahm dieser mühelos die Kalifenwürde und begründete die Erbmonarchie der Dynastie der Omayyaden. Die Ausschaltung der Aliden war die Veranlassung zu der Entstehung der Shî'a, welche bis heute als eine den rechtgläubigen Vertretern der Tradition (Sunna) gegenüberstehende Partei (das ist der Sinn des Wortes »Shîa«) eigentümliche Glaubensformen angebildet hat. Unter den Omayyaden dehnte sich das Kalifenreich nach der Eroberung von Karthago (697) über ganz Nordafrika aus und brachte auch Spanien und Südfrankreich unter seine Botmäßigkeit, bis Karl Martell durch seinen Sieg bei Tours und Poitiers (732) dem weiteren Vordringen in Europa ein Ziel setzte. Die in Damaskus regierenden Omayyaden verloren das Kalifat 750 an die Dynastie der Abbasiden, welche 763 Bagdad zu ihrer Residenz erhoben und bis 1258 regierten.

In den hundert Jahren seit dem Tode Mohammeds hatte sich der islâmische Staat Gebiete von gewaltiger Ausdehnung erobert; direkt oder mittelbar unterstanden islâmischer Herrschaft jetzt die ganzen an das Mittelmeer grenzenden Ländermassen Afrikas und Asiens (mit Ausnahme der noch zu Byzanz gehörenden Gebiete), dazu im Westen Spanien und zeitweise Sizilien, im Osten Persien, Afghânistân und die indische Provinz Sind, bald drang sie auch nach Turkestân und an die Grenzen Chinas vor. Die Anerkennung mohammedanischer Fürsten in diesen Ländern war freilich noch keineswegs überall mit einer Bekehrung ihrer Bevölkerung identisch, vielmehr gehörte vielfach nur die Oberschicht dem Islâm an. Eine allgemeine Konversion, zumal von Christen und Juden, wurde nicht einmal versucht, da diese die Kopfsteuern zu zahlen hatten, von denen die Moslime befreit waren, und das islâmische Staatswesen deshalb an dem Vorhandensein einer großen Zahl von nichtislâmischen Untertanen ein Interesse hatte. Im Verlauf der Zeit mußten aber die wirtschaftlichen und sozialen Vorteile, welche der

Übertritt zur Religion der Herrenschicht gewährte, mit Notwendigkeit dazu führen, daß sich immer mehr Bewohner eines nach den Grundsätzen des Propheten regierten Landes dem Islâm anschlossen. Die eifrig betriebene mohammedanische Mission und die von einzelnen Fanatikern gelegentlich vorgenommenen Zwangsbekehrungen taten ein übriges dazu, daß in dem Länderkomplex von Marokko bis Zentralasien hin ununterbrochen der Muezzin die Frommen zum Gebet rief.

In den unterworfenen Gebieten fanden die islâmischen Herrscher hochentwickelte Religionen und Kulturen vor, mit denen sie sich auseinanderzusetzen hatten und deren Einfluß sie sich auf die Dauer um so weniger entziehen konnten, als ja viele der von ihnen übernommenen Beamten diesen noch angehörten oder wenigstens vor ihrer Bekehrung angehört hatten. Es war daher unausbleiblich, daß wesentliche Elemente der hellenistischen Zivilisation wie der christlichen, zoroastrischen und indischen Religion im Leben und Denken der Muslime Eingang fanden. Aus der schöpferischen Synthese des islâmischen und abendländischen Geistes entstand eine islâmische Philosophie und eine islâmische Mystik, die in kurzer Zeit einen so hohen Stand erreichten, daß sie, zumal in den Jahrhunderten des unproduktiven europäischen Mittelalters, die Leistungen des Westens bald hinter sich ließen. Die Lehre des Aristoteles und der Neuplatonismus lieferten al-Kindî (um 850) und al-Fârâbî (gest. 950) die Grundlagen für ihre Metaphysik, die zwar korânische Vorstellungen anerkannte, mit ihren Lehren von der anfangslosen, aus Gott ewig hervorgehenden Welt aber über sie weit hinausgeht. Der Einfluß der Völker, zu denen der Islâm kam, drückte diesem auch in den neugewonnenen Gebieten seinen Stempel auf, was namentlich in dem immer größeren Umfang annehmenden Heiligenkult und in der Übernahme vieler einheimischer Bräuche hervortrat.

2. Von 1000 bis 1500

Im zweiten nachchristlichen Jahrtausend setzte der Islâm seine Eroberungszüge nach Westen und nach Osten fort. Die Türken drangen im Kampf gegen die Byzantiner in Kleinasien vor, bis sie 1453 dem griechischen Kaiserreich durch Einnahme Konstantinopels ein Ende setzten. Gleichzeitig eroberte sich die Religion des Propheten große Teile Indiens. Nachdem schon 712 die Landschaft Sind mohammedanisch geworden war und moslimische Kaufleute in Malabar und anderen Provinzen des weiten Gangeskontinents aufgetaucht waren, begannen um die Jahrtausendwende die Beutezüge der Fürsten von Ghaznî und Ghor, und 1206 begründete der Feldherr Kutb-ud-dîn-Aibak das Sultanat von Delhi. In der Folgezeit entstanden dann islâmische Staaten in Bengalen, Bihâr, Gujarât und im Dekhan, die in ununterbrochenen Fehden mit den Hindus und miteinander lebten. Auch in den malaiischen Gebieten Hinterindiens und Indonesiens begann die Lehre des

313

Propheten jetzt Eingang zu finden, und gleichzeitig stieß sie in Afrika vor, in Abessinien, im Sudân, am Tschadsee und an der Ostküste. Während der Islâm so seine Reichweite beständig ausdehnte, setzte sich die geistige Bewegung fort, die in den letzten beiden Jahrhunderten der vorigen Periode schon so schöne Blüten hervorgebracht hatte. Die Dogmatik und Jurisprudenz, die Naturwissenschaft und die Mystik wurden von hervorragenden Gelehrten gepflegt. Als Übermittler des Lehrgutes des Aristoteles sind Ibn Sînâ (Avicenna, gest. 1037) und Ibn Rushd (Averroes, gest. 1198) auch für die Philosophie des Westens von Bedeutung gewesen, von den Mystikern und den Dichtern Jelâl-ed-dîn Rûmî (1207–1273), ʿOmar Khayyâm aus Nishapur und Hâfiz aus Shiras (gest. 1389). Eine Mittelstellung zwischen der theologischen Rechtgläubigkeit und der griechisch beeinflußten Philosophie nimmt al-Ghazzâlî ein (gest. 1111). Mit dem ganzen Rüstzeug scholastischer Dialektik bekämpfte er die Lehre der Philosophen von der Ewigkeit der Welt, der Allgemeingültigkeit der Kausalgesetze und der geistig zu verstehenden Auferstehung und trat demgegenüber dafür ein, daß Gott die Welt zu einem bestimmten Zeitpunkt aus dem Nichts geschaffen habe und daß Gott, weil er absolut frei ist, die Kette der Kausalität jederzeit nach seinem Willen unterbrechen könne. Er lehrte auch, daß die Auferstehung tatsächlich als eine leibliche zu denken sei. Denn die Theorien der Philosophie sind nicht beweisbar, und unser Denken vermag nicht das wahre Wesen der Dinge zu erkennen. Ein vollendeter Skeptizismus gegenüber den Leistungen menschlichen Denkens verbindet sich hier aber mit der Überzeugung von der absoluten Wahrheit der Lehren der heiligen Überlieferung.

Die Zahl der theologischen und philosophischen Werke, welche in dieser Periode teils von Arabern, teils von Mohammedanern anderer Herkunft in arabischer Sprache geschrieben worden sind, ist außerordentlich groß. Bemerkenswert ist, daß außer Metaphysik, Logik, Ethik und Naturphilosophie auch schon die Geschichte der Philosophie literarisch behandelt worden ist, wie ja überhaupt die Muslime hervorragende historische und biographische Werke hervorgebracht haben.

3. Von 1500 bis zur Gegenwart

Um die Mitte unseres Jahrtausends wurde der Islâm durch die Eroberung Granadas durch Isabella von Kastilien (1492) aus Spanien vertrieben, nachdem er dort beinahe 800 Jahre geblüht hatte. Statt dessen kam ein beträchtlicher Teil des östlichen Europa unter mohammedanische Herrschaft, seitdem die Türken 1453 Konstantinopel erobert hatten und die Balkanhalbinsel und die umliegenden Gebiete zeitweise in ihre Gewalt brachten. Da die türkischen Sultane einen großen Teil von Vorderasien und Nordafrika ihrem

Reiche einverleibt hatten, nahmen sie den Kalifentitel an und traten den christlichen Staaten gegenüber als die Wahrer muselmanischer Belange auf. 1526 entstand ein anderes islâmisches Kaiserreich: Bâber drang in Nordindien ein und begründete die Dynastie der Großmogule, die fast den ganzen Gangeskontinent unter ihr Zepter vereinte. Gleichzeitig dehnte sich der Islâm auch in Hinterindien und Indonesien aus, vor allem setzte er sich seit Ende des 15. Jahrhunderts in dem volkreichen Java fest. Auch auf den Philippinen und anderen Inseln gewann er Anhänger sowie unter den Tataren Rußlands und Stämmen Sibiriens. Unter den Bewohnern des schwarzen Erdteils machte seine Expansion Fortschritte bis nach Südafrika hin, wo von den Holländern als Sklaven dorthin verbrachte Malaien sowie (seit der Mitte des 19. Jahrhunderts) indische Kontraktarbeiter ihm angehörten. In Amerika, Australien und Ozeanien hat er hingegen erst in neuerer Zeit eine geringe Zahl von Bekennern unter den Einwanderern aus den verschiedenen Ländern Asiens.

Die Ausbreitung des Islâm war in ihren Anfängen aufs engste mit der Ausbreitung der politischen Macht mohammedanischer Staaten verknüpft, da ja nach der ursprünglichen Konzeption des Propheten Religion und Staat ein untrennbares Ganzes bilden sollten. Gleichwohl ist es nicht richtig, zu behaupten, die Bekehrung eines großen Teiles der Welt zum Islâm sei lediglich durch das Schwert erfolgt. Schon von Anfang an hat er durch die werbende Kraft seiner Ideen, durch die sozialen Vorteile, die er bot, durch das Gefühl der kulturellen Überlegenheit, das er den Negern und anderen Völkern, die zu ihm übertraten, zu geben vermochte, viele Proselyten gewonnen. Daß der Islâm als Religion eine von dem Bestehen einer islâmischen staatlichen Macht völlig unabhängige Größe darstellt, ist gerade seit dem 18. Jahrhundert dadurch offenbar geworden, daß das Mogulreich und viele islâmische Gebiete in Asien und Afrika unter die Herrschaft europäischer Kolonialmächte kamen, ohne daß dadurch die Bekennerzahl des Islâm eine Verminderung erfahren hätte.

Die Bekanntschaft mit der modernen europäischen Zivilisation und den Ergebnissen der abendländischen Naturwissenschaft, Geschichtsforschung und Philosophie haben die gebildeten Schichten unter den Mohammedanern der verschiedenen Länder vor die Notwendigkeit gestellt, sich mit diesen auseinanderzusetzen. Während manche die ererbte Weltanschauung unverändert mit den Erfordernissen der neuen Zeit glauben vereinigen zu können (wie dies der Katholizismus und die protestantische Orthodoxie im Westen auch tun), sehen andere, daß zwischen den modernen Auffassungen und den mittelalterlichen Traditionen ein Gegensatz besteht, der auf die Dauer untragbar wird, wenn es nicht gelingt, den alten Glauben in dieser oder jener Weise den modernen Erfordernissen anzupassen. Fortschrittlich gesinnte Mohammedaner sind deshalb für eine Erneuerung des Islâm durch Aufgabe obsolet gewordener Lehren und Bräuche eingetreten, damit seine metaphysischen und ethischen Werte dem Ansturm westlicher Ideen gegenüber bestehen können. Der Inder Saiyid Ahmed Khân (1817–1898), der aus Persien stammende Jemâl-ad-dîn Afghânî (1839–1897), der in Kairo tätige Sheikh Mohammed 'Abduh (1849–1905) sind die Wegbereiter eines islâmischen Modernismus, die unter Aufgabe des Heiligenkults, des Wunderglaubens und anderer Vorstellungen das theologische System in rationalistischer Weise umbauen wollen und dabei die Meinung vertreten, daß der von den im Laufe der Jahrhunderte angesetzten Schlacken gereinigte, auf seine ewig wahren Grundgedanken zurückgeführte Islâm sich gegen alle Angriffe siegreich verteidigen könne.

Die politischen Ereignisse nach dem ersten Weltkrieg haben inzwischen in manchen islâmischen Ländern zu tiefgreifenden Wandlungen geführt. In der Türkei zwang General Mustapha Kemal (später Atatürk genannt) den Sultan Abdul Mejid am 3. März 1924, auf die Krone und die Kalifenwürde zu verzichten, und führte in der türkischen Republik eine Reihe von Gesetzen ein, welche die Macht des alten Herkommens und der islâmischen Schriftgelehrten stark einschränkten und die Religionsübung der Frommen behinderten. In Persien verbot Riza Shâh Pehlevi zahlreiche shîitische Bräuche, beschnitt die Rechte der Mollahs, verweltlichte das Bildungswesen und machte die Wallfahrt nach Mekka und Medina sowie nach dem allen Shîiten heiligen Kerbela (im Irâk) durch Devisengesetze unmöglich. Auch in Sowjetrußland hat sich unter dem Einfluß der antireligiösen Propaganda das Interesse vieler Moslems von dem Religiösen abgewandt. Tritt hier und anderwärts ein Indifferentismus oder eine Abkehr von den bisherigen Bahnen des Glaubenslebens hervor, so läßt sich andererseits wieder eine Erstarkung der islâmischen Geisteshaltung feststellen. In Indien z. B. hat sich das all-islâmische Einheitsgefühl in den letzten Jahren so versteift, daß die Sezession von einem mit Hindus gemeinsamen Staatswesen und die Begründung eines besonderen Mohammedanerreiches Pâkistân erfolgte. Im Gangeslande wie in Afghânistân, in Ägypten und Marokko sind die Hauptstützpunkte einer von Arabien ausgehenden panislâmischen Bewegung, welche den geistigen Zusammenschluß aller Gläubigen durch Pflege islâmischer Lebensideale erstrebt und auch auf die Politik Einfluß zu gewinnen sucht. Wie bei den anderen Religionen stehen auch in der mohammedanischen zwei verschiedene Tendenzen einander gegenüber, eine fortschrittliche, die in ihrer extremen Form zur Auflösung des Islâm führen würde, und eine konservative, deren äußersten Flügel Reaktionäre, wie die Wahhâbiten, bilden, die alles Moderne verwerfen oder ignorieren und damit einen Gegensatz herausstellen, der notwendigerweise in ferner Zukunft den Untergang des Islâm zur Folge haben könnte. Zwischen dieser Scylla und Charybdis aber geht die große Mehrheit der Muslime sicher und unbekümmert ihren Weg in der instinktiv richtig erfaßten Überzeugung, daß Widersprüche die Lebenskraft einer Weltanschauung nicht zu gefährden brauchen.

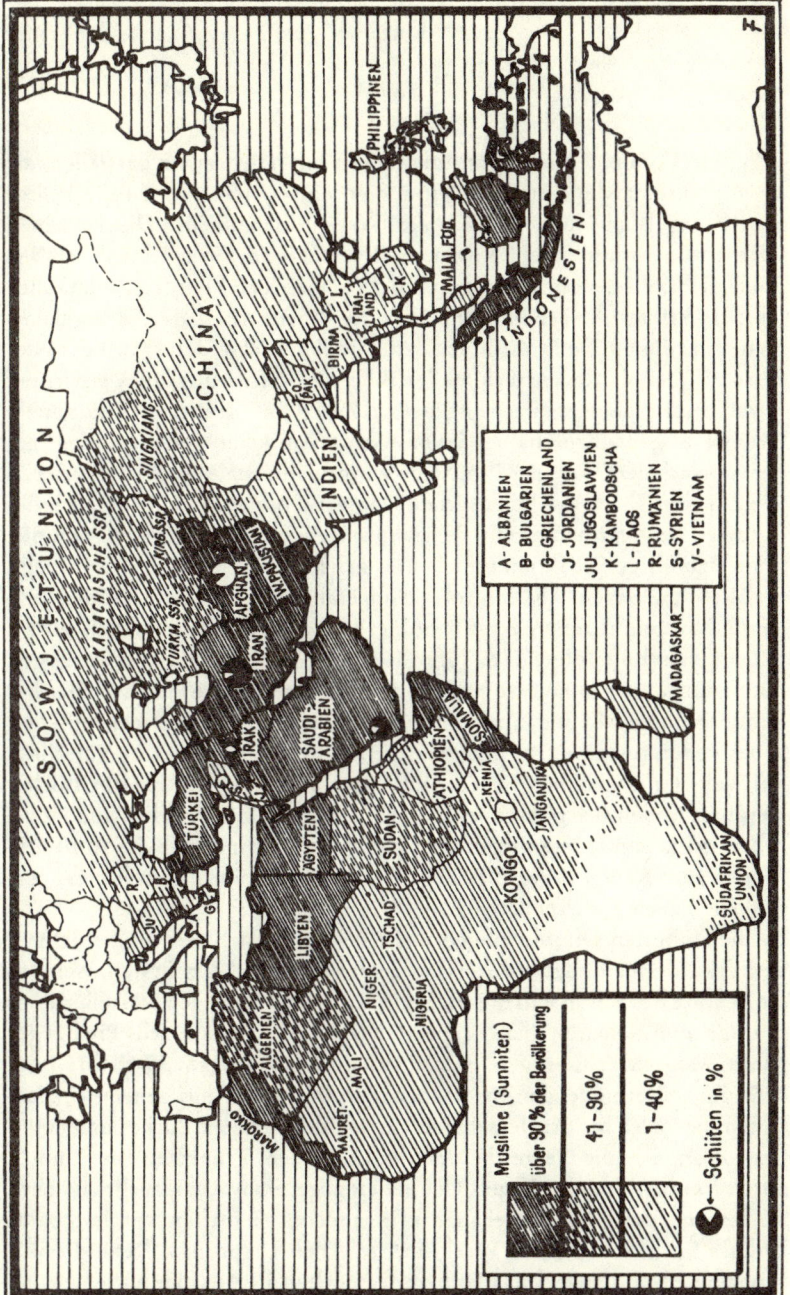

Ausbreitung des Islam im 20. Jahrhundert

Legende:

A - ALBANIEN
B - BULGARIEN
G - GRIECHENLAND
J - JORDANIEN
JU - JUGOSLAWIEN
K - KAMBODSCHA
L - LAOS
R - RUMÄNIEN
S - SYRIEN
V - VIETNAM

Muslime (Sunniten)
über 90 % der Bevölkerung
41 – 90 %
1 – 40 %
Schiiten in %

317

III. Die Lehre

1. Die Quellen der Lehre

Während Veda und Bibel Sammlungen von Literaturwerken darstellen, die in lang auseinanderliegenden Zeiträumen entstanden sind, ist die heilige Schrift des Islâm ausschließlich das Werk Mohammeds. Die einzelnen Offenbarungsstücke oder »Korâne«, die der Prophet von Gott durch den Engel Gabriel erhalten hatte, wurden zu seinen Lebzeiten erst allmählich schriftlich fixiert, so daß einzelne Teile der Offenbarung abhanden gekommen sein können. Da Mohammed den Zaid ibn Thâbit, den er mit der Niederschrift des als Gegenstück zu der Bibel der »Schriftbesitzer« gedachten Korân betraut hatte, vielfach angewiesen haben soll, in ältere Stücke neuere Offenbarungen einzuschalten, ist das Ganze von jeher wenig geordnet gewesen. Nach dem Tode des Propheten wurde dann auf Abû Bekrs Betreiben von Zaid ibn Thâbit aus schriftlichen Fragmenten und mündlichen Überlieferungen ein Text hergestellt, der dann später unter dem Kalifen 'Othmân seine endgültige Redaktion erhielt. Das ganze Werk, wie es heute vorliegt, zerfällt in 114 Sûren (Abschnitte), die ungefähr nach der abnehmenden Zahl der in ihnen enthaltenen Verse geordnet sind derart, daß die auf den kurzen Eingangsabschnitt folgende 2. Sûre 286, die am Schluß stehenden kürzesten Sûren nur 3 und mehr Verse enthalten. Das ganze Werk ist in rhythmischer Reimprosa abgefaßt und inhaltlich sehr vielgestaltig. Neben hochpoetischer, gefühlvoller, religiöser Poesie stehen nüchterne gesetzgeberische Vorschriften, neben altarabischen Sagen und Legenden jüdischer und christlicher Herkunft finden sich phantasievolle Schilderungen von Paradies und Hölle, neben trockenen Erörterungen über Gottes Allmacht fanatische Aufforderungen zum Kampf gegen die Ungläubigen und Anweisungen für das persönliche Leben des Propheten.

Da die frühesten Offenbarungen meist kurz sind, nehmen sie den letzten Teil des Korân ein, der europäische Leser tut deshalb am besten, wenn er die Lektüre des Korân von hinten beginnt; das hat auch den Vorteil, daß er so einen unmittelbaren und knappen Eindruck von Mohammeds Predigt gewinnt, während er sonst genötigt ist, sich durch die langen, durch ihre Wiederholungen ermüdenden medinensischen Sûren der Spätzeit durchzuarbeiten, bevor er bei den fesselnden Partien des heiligen Buches anlangt.

Der Korân, d. h. die Gesamtheit der von Gott dem Propheten Mohammed durch Vermittlung des Engels Gabriel eingegebenen Aussprüche, ist nach Auffassung der Mohammedaner kein anderen Schriften vergleichbares heiliges Buch, sondern ein Werk überirdischen Ursprungs. Denn die von Mohammed empfangenen Offenbarungen gelten als Auszüge aus einem bei Allâh befindlichen, auf einer wohlverwahrten Tafel geschriebenen (Q 85, 21)

Buche, das selbst der Prophet nicht vollständig kannte. Eine Meinungsverschiedenheit über sein Wesen besteht nur insofern, als die liberalen Theologen annehmen, daß er von Gott in der Zeit geschaffen sei, während die Orthodoxen ihn seit Ewigkeit bei Gott existieren lassen. Der Kampf zwischen beiden Richtungen wogte im 9. Jahrhundert hin und her. Unter dem freisinnigen Kalifen Ma'mûn siegte 827 die »Mu'tazila«, welche den Korân erschaffen sein läßt. Um sich der Orthodoxie gegenüber durchzusetzen, richtete der Kalif eine Art Inquisition (mihna) ein, welche über die allgemeine Anerkennung dieser rationalistischen Theorie wachen sollte. Unter dem Kalifen Mutawakkil siegten dann 851 aber doch die Rechtgläubigen. Die spätere Zeit suchte die Frage durch einen Kompromiß zu lösen: seit al-Ash'arî (873–935) wird zwischen einem ewigen Wort in Gott und dem erschaffenen Korân unterschieden.

Da der Korân den verfeinerten Bedürfnissen an der griechischen Philosophie geschulter Denker inhaltlich nicht mehr genügte, wurde später in ihn viel hineingeheimnißt. Das Offenbare, Sichtbare in ihm sollte nur das Sinnbild eines Verborgenen sein und manche gingen so weit, zu behaupten, daß in jedem Korânwort ein siebenfacher Sinn wohne, derart, daß die eine Bedeutung gleichsam in einer anderen eingeschachtelt liege und den tiefsten Sinn von allem nur Gott allein verstehe.

Der dunkle und widerspruchsvolle Charakter des Korân machte frühzeitig eine Auslegung desselben erforderlich. So entstand eine theologische Korân-Exegese (tafsîr). Diese erlangte um so größere Bedeutung, als die veränderten Verhältnisse es notwendig erscheinen ließen, in dem heiligen Buche auch die Antwort auf Fragen zu suchen, die den Propheten noch nicht beschäftigt hatten. In den Fällen, wo sich beim besten Willen aus den Worten der Schrift keine Bestimmungen ableiten ließen, bezog man sich auf mündlich überlieferte Aussprüche des Propheten oder betrachtete die von ihm befolgte Praxis als vorbildlich. Diese Überlieferungen wurden in großen Sammlungen, den sogenannten Hadîthen, schriftlich aufgezeichnet. Sie bilden als »heilige Gewohnheit« (Sunna) des Propheten neben dem Korân die große Glaubensquelle des Islâm. Diese »Sunna« wurde allerdings nicht von allen anerkannt. Richtungen, die die allgemeine Sunna nicht als maßgebend ansehen, gelten als Partei oder Sekte (shî'a). Das Hadîth ist die Grundlage für die Erörterungen der Theologen, deren Übereinstimmung (ijmâ, sprich: idschmâ) als Beweis für die Richtigkeit einer Ansicht angesehen wird. Da Mohammed gelehrt haben soll, daß seine Anhänger niemals in einer falschen Lehre übereinstimmen würden, andererseits aber auch kleinere Differenzen als von Gott gestattet betrachtet wurden, da Allâh in seiner Barmherzigkeit den Bedürfnissen der Menschen entgegenkomme, war mit dem Ijmâ eine Glaubensautorität gegeben, die der Anpassung an die verschiedenen Anschauungen und der Weiterentwicklung der Lehre den erforderlichen Spielraum bot. In ähnlicher Weise wie der »consensus patrum« im Katholi-

zismus konnte auf diese Weise auch die Übereinstimmung der Schriftgelehrten als Ausdruck des Willens Gottes aufgefaßt werden.
Die Dogmatik des Islâm ist von Theologen und Philosophen zu einem umfassenden System verarbeitet und in zahlreichen Katechismen dargestellt worden, von denen auch einige in europäischen Übersetzungen vorliegen. Im folgenden gebe ich eine kurze Übersicht.

2. Die Dogmatik

Die gesamte Theorie und Praxis der Muslime beruht auf fünf Säulen, nämlich auf der Anerkennung der Wahrheit der Lehre sowie auf der Erfüllung von vier religiösen Pflichten: Gebet, Fasten, Zahlung einer Armensteuer und Wallfahren nach Mekka.
Die Voraussetzung für die Zugehörigkeit zum Islâm ist das Bekenntnis: »Es gibt keinen Gott außer Allâh und Mohammed ist der Gesandte Allâhs.« Näher bestimmt wird der richtige Glaube als der Glaube an Gott, seine Engel, seine Gesandten, seine geoffenbarten Bücher und den Jüngsten Tag.

a) Gott

Gott ist ein ewiges, unvergleichbares Wesen, das weder erzeugt wurde noch erzeugt hat, der Schöpfer aller Dinge und der allmächtige Lenker des Universums. Er ist unsichtbar, gestaltlos und an keinen Ort gebunden. Zu seinem Sein gehören sieben Attribute: Leben, Wissen, Sehen, Hören, Wille, Allmacht und Rede. Da Gott von allen irdischen Personen essentiell verschieden ist, sind die Aussagen des Korân, welche ihm menschliche Körperteile und Eigenschaften zuschreiben, bildlich zu verstehen. Gott allein wird absolute und autonome Täterschaft zugesprochen, alles Belebte und Unbelebte ist von ihm abhängig und seinem Willen unterworfen. Er bringt daher alles hervor. Er ist es, der verbrennt, nicht das Feuer, das keine selbständige Kraft hat, er sättigt, nicht die Speise usw. Er ist auch der Urheber alles guten und bösen Handelns, er ist an keinerlei Normen gebunden, »er verzeiht, wem er will, und bestraft, wen er will« (Q 3,124). Da Gottes Wesen unerforschlich und allem Irdischen inkommensurabel ist, sind auch die Bezeichnungen Gottes als »Allerbarmer« usw. nicht dahin zu verstehen, daß er diese Eigenschaft nach Art der Menschen betätigt, vielmehr sind seine Wege unbegreiflich, sonst müßte ja stets dem Guten der Lohn, dem Schlechten die Strafe auf dem Fuße folgen.
In dem häufig zitierten »Thronvers« des Korân (2,256) werden die Eigenschaften Gottes in poetischer Weise folgendermaßen aufgezählt: »Allâh! Es gibt keinen Gott außer ihm, dem Lebendigen, dem Ewigen! Nicht ergreift

ihn der Schlummer und nicht Schlaf. Sein ist, was in den Himmeln und was auf Erden. Wer ist's, der da Fürsprache einlegt bei ihm ohne seine Erlaubnis? Er weiß, was zwischen ihren Händen ist und was hinter ihnen (kennt also Gegenwart und Zukunft), und nicht begreifen sie etwas von seinem Wissen, außer was er will. Weit reicht sein Thron über die Himmel und die Erde, und nicht beschwert ihn beider Hut. Denn er ist der Hohe, der Erhabene.«

b) Die Welt und die Lebewesen [1]

Die Welt ist von Gott aus dem Nichts durch sein schaffendes Wort »es sei« (arabisch: kun) ins Dasein gerufen worden. Und zwar schuf Gott nach dem Korân (65,12) sieben Himmel und sieben Erden. Die Himmel liegen stockwerkartig übereinander; nach einer verbreiteten Ansicht sind über diesen noch sieben Lichtmeere und zahlreiche ätherische Regionen und schließlich das aus sieben Abteilungen bestehende Paradies. Unter unserer Erde liegen noch sechs Höllen.

Die Welt wurde in sechs Tagen vollendet, an den beiden ersten schuf Gott die Erde, an den beiden folgenden alles, was auf ihr ist, und an den beiden letzten die Himmel.

Die einfache Schöpfungslehre des Korân ist in späterer Zeit durch eine Fülle von Spekulationen bereichert worden. Man legte sich die Frage vor, weshalb wohl Allâh die Welt geschaffen habe, und läßt ihn diese in neuplatonischem Sinne mit den Worten beantworten: »Ich war ein verborgener Schatz, wollte aber erkannt werden, und darum habe ich die Welt erschaffen.« Dementsprechend wurde angenommen, daß das Wissen ('ilm) oder die Vernunft ('aql) zuerst von Gott geschaffen seien. Dieses Urlicht wird mit Mohammed gleichgesetzt, aus ihm läßt Allâh dann alles hervorgehen: die in himmlischen Sphären sich befindenden Attribute seiner Herrlichkeit: Thron, Thronsessel, Schicksalstafel, Schreibrohr und die Schleier, welche ihn den Menschen verhüllen, ferner Sonne, Mond und Sterne, Paradies und Hölle, die Engel, Propheten, Heiligen und alle Geister, die Gläubigen und Ungläubigen, die Ka'ba im Himmel und auf Erden, den Tempel in Jerusalem und andere Heiligtümer.

Den Urmenschen Adam schuf Allâh aus Lehm und Wasser und hauchte ihm den Lebensatem ein. Er ließ dann schon die ganze künftige Menschheit aus Adams Rücken hervorgehen und das Glaubensbekenntnis ablegen (so daß also alle Menschen aus ihrer Präexistenz schon Moslems sind), dann führte er sie wieder in das Rückgrat Adams zurück und versammelte ihre Geister in einem Schrein seines Thrones. Dort warten sie, bis die Zeit ihrer Geburt

---

[1] M. Horten, »Religiöse Gedankenwelt des Volkes im heutigen Islam«, S. 7.

gekommen ist und sie sich mit dem ihnen beschiedenen Leibe verbinden können. Im Tode trennen sich Geist und Körper, um bei der Auferweckung am Jüngsten Tage wieder gereinigt zu werden. Jeder Mensch hat damit ein dreifaches Leben: ein präexistentielles, ein irdisches und ein postexistentielles.

Die spätere Dogmatik geht in ihrer Lehre von der Schöpfung also weit über die biblischen Anschauungen hinaus, das gilt auch hinsichtlich der Vorstellungen von den Zeiträumen, innerhalb welcher sich das Drama abspielt, die einzelnen Akte sollen viele Jahrtausende erfordert haben.

Die Lebewesen zerfallen in verschiedene Kategorien. Die vollkommensten von ihnen sind die Engel, von Gott aus dem Licht geschaffene, geschlechtslose Geisterwesen, die nicht essen und trinken. Sie zerfallen in mehrere Klassen und haben mannigfache Funktionen zu erfüllen. Die bedeutendsten von ihnen sind: Gabriel, der dem Propheten in 23 Jahren den Korân mitteilte, Mîka'îl (Michael), der Spender von Regen und Nahrung, Isrâfîl (Raphael), der die Posaune des Jüngsten Gerichts blasen wird, 'Azrâ'îl, der Engel des Todes. Der Höllenwächter heißt Mâlik, der Pförtner des Paradieses Ridwân. Munkar und Nakîr prüfen die Verstorbenen auf ihren Glauben und ihre Werke. Zwei Engel, Hârût und Mârût, hatten sich in irdische Mädchen verliebt und wurden zur Strafe an den Füßen in einer Grube bei Babylon aufgehängt. Dort lehrten sie die Menschen Zauberkünste (Q 2,96). Auch der Satan (Shaitân) oder Diabolos (Iblîs) war ursprünglich ein Engel. Er wurde aus dem Paradiese verstoßen, weil er sich aus Hoffart vor dem aus Lehm geschaffenen Adam nicht niederwerfen wollte. Mit seinen Unterteufeln sucht er die Menschen zum Bösen zu verlocken, bis er bei dem Weltgericht vernichtet werden wird.

Außer den Engeln gibt es unzählig viele Jinnen (Dschinnen, Geister), die von Gott aus dem Feuer des Samûm (Glauthauch der Wüste) erschaffen wurden (Q 15,27). Diese sind sterblich und haben dieselben körperlichen Bedürfnisse wie die Menschen, verfügen aber über wunderbare Kräfte. Es gibt gute und böse Jinnen, gläubige und ungläubige. Gleich den Menschen können die Jinnen nach ihrem Tode des Paradieses oder der Hölle teilhaftig werden. Genien dieser Art sollen vor der Erschaffung Adams bereits die Welt bevölkert haben. Über sie herrschten nacheinander sieben weise Salomone, die den allwissenden Vogel Sîmurgh (Phönix) als Großvezir hatten. Als sie übermütig wurden, sandte Gott den Engel Iblîs aus, um sie zu bestrafen. Iblîs gelang es auch, die Jinnen zu überwinden und in das äußerste Grenzgebirge der Erde zu verbannen. Iblîs wurde nun aber selbst schlecht und übermütig. Gott schuf darauf Adam in der Erwartung, daß die Menschen besser sein würden als die Jinnen und die zu Devs (bösen Geistern) gewordenen Engel des Iblîs. Während Sukkraj, der Fürst der Jinnen, auf Gottes Befehl vor Adam niederfiel, weigerte sich Iblîs, ihm zu huldigen, was seine schon erwähnte Verstoßung zur Folge hatte.

Der Mensch ist das eigentliche Ziel der göttlichen Schöpfung, für ihn hat Gott die Erde als Teppich, den Himmel als Zelt ausgebreitet; um ihm Nahrung zu geben, hat er Früchte hervorgebracht und sendet den befruchtenden Regen herab (Q 2, 20). Auch die Tiere hat Allâh allein des Menschen wegen gemacht, um ihm Nahrung und Kleidung zu liefern, seine Lasten zu tragen und andere Dienste zu leisten.

Das erste Menschenpaar waren Adam und Eva, über welche ähnliche Legenden erzählt werden wie in der Bibel. Durch den Sündenfall (Q 2, 33) ist die Menschheit allerdings nicht, wie nach christlicher Lehre, mit einer Erbsünde behaftet worden, da Adam später seine Schuld bereute und Verzeihung fand. Nach einer weit verbreiteten Legende setzte Adam, als er aus dem überirdischen Paradiese verstoßen wurde, seinen Fuß zuerst auf den Adamspik in Ceylon nieder, wo die Spur desselben heute noch zu sehen ist (dasselbe Naturspiel wird von den Buddhisten als Fußtapfe Buddhas und von den Hindus als solche Vishnus gedeutet). Eva fiel hingegen in der Gegend von Mekka auf die Erde nieder. Erst nach 200 Jahren trafen sie sich am Berge 'Arafât wieder. Die Freudentränen, die Adam bei dieser Gelegenheit vergoß, sollen den Stein der Ka'ba schwarz gefärbt haben. Eva soll später in Jidda, dem Hafenplatz von Mekka, gestorben sein, wo ihr Grab heute noch gezeigt wird.

Adam war der erste Prophet, der die Menschheit auf Grund von göttlichen Offenbarungen belehrte. Auf ihn folgen viele andere. Von den insgesamt 124 000 Propheten (nabî) waren 313 »Gesandte« (rasûl), die von Gott mit besonderen Botschaften beauftragt waren, darunter Nûh (Noah), der gleichsam als ein zweiter Adam angesehen wird. Von den späteren Propheten sind namentlich diejenigen von Bedeutung, deren Offenbarungen in Buchform auf uns gekommen sind, wie Moses, David und Jesus, gelten doch die Thora, der Psalter und das Evangelium als durch den Engel Gabriel übermittelte heilige Schriften. Der größte und letzte Prophet ist Mohammed, weil er nicht einem bestimmten Volke, sondern allen Menschen gleicherweise gesandt wurde. Deshalb sind alle anderen heiligen Bücher, soweit sie mit dem Korân nicht übereinstimmen, durch diesen überholt und ungültig gemacht worden. Die mystische Spekulation hat sich nicht damit begnügt, den historischen Mohammed als den größten Menschen zu betrachten, sie rückte ihn vielmehr ganz in göttliche Sphäre. Sie sieht in ihm den 'aql, die reine Vernunft, die vor der Erschaffung der Welt bei Gott war, Autorität hierfür ist ein angeblicher Ausspruch Mohammeds: »Ich war schon Prophet, als Adam noch zwischen dem Wasser und dem Lehm war«, d. h., bevor er von Gott aus mit Wasser vermischtem Lehm geschaffen wurde.

Einen niederen Rang als die Propheten nehmen die Heiligen ein. Zu diesen gehören Personen mit »Karâmât« (Charismata wie 1. Kor. 12), berühmte Märtyrer und Glaubenszeugen, fromme Einsiedler und Wundertäter. Diese werden wegen ihren Gnadengaben als Nothelfer und Fürsprecher bei Gott angerufen, sollen aber nicht angebetet werden. Der Heiligenkult lag dem ursprünglichen Islâm fern und ist dem Korân noch fremd, wenn man in diesem auch Stellen, welche von dem »Vertrauten« Gottes handeln, später auf die Heiligen gedeutet hat. Wie im Christentum stellt auch im Islâm die Verehrung von Heiligen vielfach eine Konzession an die polytheistischen Neigungen der Bekehrten dar, sind doch vielfach sogar heidnische Gottheiten in ihre Zahl aufgenommen worden. Zugleich mit dem Heiligenkult hat sich auch ein reicher Reliquiendienst entwickelt (Haare Mohammeds werden in Jerusalem und Delhi gezeigt).

c) Die letzten Dinge

Wenn ein Mensch gestorben ist, wird er von den Engeln Munkar und Nakîr verhört und gegebenenfalls durch Schläge bestraft. Die gewöhnlichen Sterblichen bleiben dann nach der herrschenden Ansicht im Grabe, von wo die Guten nach dem Paradiese blicken können, während die Bösen Qualen zu erdulden haben. Propheten, Märtyrer und Glaubenskämpfer und andere bevorrechtigte Personen können jedoch nach einer verbreiteten Anschauung sofort nach dem Tode in die himmlischen Gärten eingehen. Märtyrer sollen in den Kröpfen von grünen Vögeln, die die Freuden und Wasser des Paradieses genießen, die Auferstehung erwarten. Diese Anschauungen sind aber nicht allgemein verbreitet. So glauben manche, daß die Seelen der Gläubigen im Brunnen Zemzem in Mekka, die Ungläubigen im Brunnen Barahût in Hadramaut bis zum Weltuntergang leben, und andere nehmen an, daß sie zur Rechten und Linken Adams im untersten Himmel ihren vorläufigen Aufenthalt nehmen. Die eigentliche Aburteilung der Toten findet erst am Ende der Tage statt.

Das herannahende Weltende kündigt sich dadurch an, daß die allgemeinen Zeitverhältnisse immer schlechter werden und das islâmische Gesetz nicht beachtet wird. Durch das Auftreten eines »Mahdî« (d. h. von Gott »Geleiteten«) wird dann zwar vorübergehend die Rechtsordnung des Goldenen Zeitalters der Kalifen wiederhergestellt und die Macht des Unglaubens zurückgedrängt, auf die Dauer läßt sich der Verfall aber nicht aufhalten. Denn es tritt ein Antichrist al Dajjâl auf, der viele in die Irre führt, ein apokalyptisches Tier erscheint, und die kriegerischen Völker Gog und Magog richten große Verheerungen an. Rettung bringt die Wiederkunft Christi: ʿÎsâ (Jesus), der nach seiner Himmelfahrt im Himmel geweilt hatte, steigt herab und tötet den Antichrist mit seiner Lanze, vernichtet Gog und Magog und richtet für eine Reihe von Jahren sein Reich des Friedens und der Gerechtigkeit auf. »Die Wiederkunft Christi am Ende der Zeiten bedeutet keine Abrogation des islâmischen Gesetzes, denn Christus wird den Islâm annehmen, heiraten, Kinder erzeugen, das islâmische Gebet verrichten, alle Schweine schlachten und dann die Kopfsteuer der Nichtmuslime aufheben. Darauf werden diese (die Juden und Christen) vor die Alternative gestellt: Islâm oder Schwert. Alle lebenden Menschen werden dann also den Islâm annehmen oder angenommen haben [1].«

Vierzig Jahre wird Jesus auf Erden bleiben, dann wird er sterben und in Medina neben Mohammed beigesetzt werden.

Das Herannahen des Jüngsten Gerichts wird durch den Engel Isrâfîl mit einem Posaunenstoß angekündigt. Es sterben dann alle Lebewesen, und die ganze Welt wird zerstört. Gott stellt darauf die Ordnung wieder her, erweckt die Erzengel zu neuem Leben, und Isrâfîl stößt zum zweitenmal in seine Posaune. Dadurch werden alle Lebewesen wieder ins Dasein zurückgerufen, und ihre Seelen verbinden sich mit ihren früheren Leibern. Alle versammeln sich dann am Orte des Gerichts, »auf der verwandelten Erde Jerusalem«. Der damit angebrochene Jüngste Tag dauert so lange, bis alle Seligen in den Himmel und alle Verdammten in die Hölle eingegangen sind. Dann steigt Gott aus dem Himmel zur Erde hernieder und wird von allen so deutlich gesehen wie der Vollmond in der Nacht. Jeder Mensch empfängt dann sein Buch (Q 17,14), in welchem Engel seine guten und bösen Taten aufgezeichnet haben. Gott zieht hierauf jeden einzelnen zur Rechenschaft. Die Taten eines jeden werden auf einer großen Waage gewogen (Q 7,7), wobei der Glaube alle Sünden aufwiegt. Nachdem Gott sein Urteil gesprochen hat, schreiten die Gerichteten über die große Brücke, welche über der Hölle ausgespannt ist. Die Verdammten versinken in die Hölle, während die Guten in den Himmel gelangen, wo sie sich zunächst durch einen Trunk aus dem »Teich des Propheten« erquicken. Während die Ungläubigen und Heuchler ewig in der Hölle bleiben (Q 2,75 und 157), können manche Sünder aus ihr nach einiger Zeit der Läuterung wieder befreit werden. Die Höllenbewohner werden durch Feuer, Kälte, Schlangen, Skorpione, Schläge, Gestank gepeinigt. Die Guten gelangen für immer in das Paradies, wo kühle Ströme fließen und herrliche Fruchtbäume wachsen. Sie trinken dort nichtberauschenden Wein und erfreuen sich an Jungfrauen mit schwellenden Brüsten (Q 78,33), den sogenannten Hûris, die niemand zuvor berührte (Q 55,72).

Zwischen Hölle und Paradies liegt der Limbus (»A'râf«, die Scheidewand), der Aufenthaltsort der Kinder und Geistesumnachteten, welche weder Gutes noch Böses taten. Nach manchen ist dieses Zwischenreich eine Art Purgatorium, in welchem die Menschen der prophetenlosen Zeit und solche, die läßliche Sünden begingen, geläutert werden, um schließlich in das Paradies einzugehen.

Die grobsinnlichen Vorstellungen von der Seligkeit der Frommen haben nicht wenig dazu beigetragen, den Mut der islâmischen Krieger zu entfachen; sie werden jedoch nicht von allen Mohammedanern buchstäblich ver-

---

[1] M. Horten, »Die religiöse Gedankenwelt des Volkes im heutigen Islam«, S. 308.

standen; die Mystiker deuten sie vielmehr als bildliche Schilderungen der Wonne, welche das Anschauen Gottes gewährt.

Der Glaube, daß Gott als absoluter Herrscher alles wirkt, hatte als notwendige Konsequenz, daß angenommen werden mußte, daß Gott alle menschlichen Handlungen vorherbestimme und daß er die einzelnen Menschen von Anfang an zur Seligkeit oder Verdammnis prädestiniere. Dies führte zu dem weitgehenden Fatalismus, der heute noch einen wesentlichen Charakterzug vieler Mohammedaner bildet. Gegenüber den Orthodoxen, welche sich auf Korânverse berufen, welche die Allgewalt der göttlichen Schicksalsbestimmung betonen, bestritten die sogenannten »Kadariten« die Vorbestimmung und lehrten die menschliche Willensfreiheit. Zwischen beiden suchten Vermittlungstheologen einen Ausgleich zu finden: So trat al-Ash'arî zwar für die Vorherbestimmung ein, behauptete andererseits aber auch die Verantwortlichkeit des Menschen, denn dieser »habe die Freiheit, dem von Gott in ihm Gewirkten seine Zustimmung zu erteilen oder zu versagen«. Mit dieser Frage eng verknüpft war die nach dem Schicksal des schweren Sünders, z. B. des Häretikers: ob und inwieweit ihm noch Rettung zuteil werden kann. »Die nichtorthodoxen Vertreter eines hoffnungsvollen Optimismus nannte man Murji'iten, was wir etwa mit ›Elpisten‹ übersetzen könnten. Aus den Kreisen der Murji'iten und Kadariten erwuchs dann die Mu'tazila (vgl. S. 319), welche die Freiheit des menschlichen Handelns und die verzeihende Gnade Gottes behauptete« (C. H. Becker, Islamstudien I, S. 300).

3. Die Pflichtenlehre

Nach islâmischer Anschauung zerfallen die möglichen Handlungen der Menschen in fünf Gruppen. Diese sind:
1. das Gebotene, dessen Unterlassung bestraft wird;
2. das Verdienstliche, dessen Ausführung belohnt, dessen Unterlassung nicht bestraft wird;
3. das Verbotene, dessen Tun bestraft wird;
4. das Mißbilligte, dessen Unterlassung belohnt, dessen Übung aber nicht bestraft wird;
5. das Gleichgültige, das weder belohnt noch bestraft wird.
Über die Klassifikation der Handlungen unter diese Rubriken bestehen in Einzelheiten Differenzen unter den Gelehrten der Rechtsschulen. Von diesen sind heutzutage die folgenden vier, vor allem in den nachbezeichneten Gebieten, von Bedeutung:
1. die Hanafiten, gestiftet von Abû Hanîfa (gest. 767), in Zentralasien und in der Türkei;
2. die Mâlikiten, gestiftet von Mâlik ibn Anas (gest. 795), in Nord- und Westafrika;

3. die Shâfi'îten, gegründet von Mohammed ibn Idrîs ash-Shâfi'î (gest. 819), in Südarabien, am Persischen Golf, in Ostafrika und Hinter- und Inselindien;

4. die Hanbaliten, gegründet von Ahmed ibn Hanbal (gest. 855), in Arabien.

Die Unterschiede, die heute vielfach ausgeglichen sind, beruhen auf der verschiedenen Wertung, welche die Tradition, der Analogieschluß und andere Grundsätze erfahren.

Wie andere Religionen auch, kennt der Islâm keine Scheidung von religiösen und profanen Pflichten, in den einschlägigen Werken werden deshalb beide gleicherweise behandelt, zumeist in der Weise, daß mit den kultischen Pflichten begonnen wird und dann in traditioneller Reihenfolge die Gesetze erörtert werden, welche das Sachen- und Obligationenrecht, das Erbrecht, das Eherecht, das Strafrecht, den Heiligen Krieg, die rituelle Speise, das Gerichtsverfahren und die Freilassung von Sklaven betreffen. Da im Zusammenhang dieses Buches der Islâm allein in seinen religiösen Aspekten darzulegen ist, genügt es, nur einiges hierher Gehöriges hervorzuheben.

Von allen religiösen Pflichten sind die wichtigsten die vier, welche zusammen mit dem Glauben an Gott und seine Propheten als die fünf Säulen des Islâm bezeichnet werden.

1. Das Ritualgebet (salât) besteht aus bestimmten Formeln und Korânzitaten und wird von besonderen Körperbewegungen begleitet. Es ist stets in der Richtung nach Mekka gewendet vorzunehmen. Ihm geht eine rituelle Waschung voraus, bei welcher (z.B. in der Wüste) statt des Wassers auch Sand verwendet werden darf. Es findet fünfmal am Tage statt: beim ersten Lichtschimmer, zu Mittag, am Nachmittag (einundeinhalb Stunden vor Sonnenuntergang), kurz nach Sonnenuntergang und zwei Stunden nach diesem. Am Freitag tritt an die Stelle des Mittagsgebetes ein Gottesdienst in der Moschee mit Predigt.

2. Das Fasten ist während des ganzen Monats Ramadân zu üben. Von Sonnenaufgang bis Sonnenuntergang darf dann weder gegessen noch getrunken noch geraucht werden. Der Monat gilt deshalb als heilig, weil in ihm der Korân vom Himmel herabgekommen sein soll.

3. Die Armensteuer (zakât) ist eine Abgabe, die nach bestimmten Vorschriften vom Besitz in bar oder in Naturalien für religiös-charitative Zwecke erhoben wird.

4. Die Pilgerfahrt nach Mekka soll von jedem Gläubigen wenigstens einmal im Leben ausgeführt werden, wenn er dazu imstande ist.

Von anderen Pflichten des frommen Moslem seien genannt: Er darf kein Schweinefleisch essen (Q 2,168), weil das Schwein unrein ist. Er darf keinen Wein trinken. Dieses Verbot wird heute vielfach so wörtlich verstanden, daß es sich nur auf Wein, aber nicht auf Sekt, Bier oder Alkohol in anderer Form bezieht. In demselben Korânvers (Q 5,92), der den Wein verbietet, werden auch »das Glücksspiel, Götzensteine und das Losen mit Pfeilen als Werke Satans« bezeichnet. Die Beschneidung wird im Korân nicht geboten, ist aber allgemein üblich. Der Moslem darf bis zu vier Frauen heiraten und außerdem noch mit den ihm gehörigen (aber nicht mit fremden) Sklavinnen Geschlechtsverkehr haben. In vielen islâmischen Ländern, aber nicht in Java und anderen Gebieten, ist es üblich, daß die Frauen in der Öffentlichkeit stets verschleiert gehen (Q 24,31).

Die außerordentliche Bedeutung, die dem Besitz des rechten Glaubens zugeschrieben wird, tritt aufs deutlichste darin zutage, daß das Gebiet des Islâm allein als Rechtsgebiet gilt, alle anderen Länder bilden das Gebiet »des Krieges« (dâr-al-harb). Die Bewohner des letzteren gelten als Rechtspersonen im Falle von Verträgen, sonst sind sie so lange zu bekriegen, bis sie sich unterwerfen. Mit den Heiden soll so lange gekämpft werden, bis sie den Islâm angenommen haben, die »Schriftbesitzer«, d. h. Juden und Christen, dürfen jedoch, wenn sie sich unterworfen haben, ihre Religion weiter ausüben, wenn sie eine Kopfsteuer bezahlen.

Der kämpferische Charakter des Islâm zeigt sich vor allem im Gebot des Heiligen Krieges, der der Ausbreitung der Religion des Propheten dienen soll. Hierin wie in vielem anderen offenbart sich die Tatsache, daß der Islâm nicht nur als eine religiöse, sondern auch als eine politische Erscheinung zu werten ist. Mohammed hat nicht nur eine Glaubensbewegung und eine religiöse Gemeinde, sondern auch ein Staatswesen geschaffen, und wenn nach dem Tode des »Gesandten Gottes« auch das von ihm aufgestellte Ideal einer unlöslichen Verbindung der Religion mit dem arabischen Staat in der Praxis vielfach nicht aufrechterhalten werden konnte, so ist es als Postulat doch bis heute lebendig geblieben.

4. Die Mystik

Die einfache Gottes- und Unsterblichkeitslehre Mohammeds und die strengen, aber leicht erfüllbaren Vorschriften, durch welche sie das Leben ihrer Bekenner regelt, entsprachen den geistigen Bedürfnissen der arabischen Stämme, unter denen sie entstanden waren, und den Wünschen der breiten Masse der Neubekehrten. Sie konnten aber auf die Dauer nicht den Ansprüchen derer genügen, welche die höher entwickelte Religion und Wissenschaft der benachbarten und der unterworfenen Völker kennengelernt hatten. In Abhängigkeit von und im Gegensatz zu der Theologie, Philosophie und Jurisprudenz jener bildete der Islâm eine Dogmatik und Pflichtenlehre aus, die an Scharfsinn bald ihren Vorbildern gleichkam. Allein weder die haarspaltende Dialektik noch die Werkgerechtigkeit der Gottesgelehrten konnte die religiös tiefer veranlagten Bekenner gefühlsmäßig befriedigen. Der ewige Wunsch vieler Frommen nach einer innigen Vereinigung mit

Gott führte zum Entstehen von Richtungen, die den Abstand zwischen dem weltüberlegenen Himmelsherrn und der durch Raum und Zeit an enge Schranken gebundenen Menschenseele auf den Höhepunkt meditativer Versenkung und im Rausch der Ekstase zu überfliegen suchten. So entstand innerhalb des nüchternen, rationalistischen und weltzugewandten Islâm eine Mystik, welche griechisch-neuplatonische und indische Gedanken aufnahm und zu eigenen Systemen verarbeitete.

Die Voraussetzung für die Herstellung einer nahen Beziehung zu Gott ist das Sicherheben über das Irdische. Schon Mohammed hatte die Vergänglichkeit der Welt und ihrer Freuden in wirksamen Gegensatz zu der Ewigkeit Gottes gestellt und mit seiner Predigt von dem bevorstehenden Jüngsten Gericht und von der Ewigkeit der Höllenstrafen und Paradiesesfreuden die Gläubigen daran erinnert, daß das Leben auf Erden nur eine kurzfristige Vorbereitung für das Dasein nach dem Tode ist. In den Sûren des Staatsmannes von Medina waren diese Tendenzen zwar zurückgetreten, und der fieberhafte Eroberungszug der »Krieger Gottes« hatte viele einem derartigen Streben entfremdet. In den Kreisen, denen an ihrem Seelenheil mehr lag als am äußeren Glanz, konnte die Sehnsucht, Gott durch Loslösung von der Welt näherzukommen, aber nicht erlöschen. Es bildete sich nach dem Muster des christlichen und buddhistischen ein mohammedanisches Asketentum heraus, das durch Kasteiung und Verzicht auf weltlichen Besitz, durch geistige Übungen und enthusiastische Verzückungszustände die Vereinigung mit Gott zu gewinnen suchte. Die Träger dieser weltabgewandten Stimmung waren einzelne Weise und Gemeinschaften Gleichstrebender, die sich um diese scharten: Sûfîs (arabisch: mit Wolle Bekleidete), Derwische (persisch: Bettler) oder Fakîre (arabisch: Arme) genannt. Die Vorstellungen, welche die einzelnen Theosophen und frommen Bruderschaften mit Gott verbinden, sind sehr verschiedenartig. Sie durchlaufen alle Phasen vom ausgesprochenen Theismus, der in der liebenden Verehrung des erhabenen Allerbarmers das Heil finden will, bis zum offenen Theopantismus, der das völlige Versinken im göttlichen Sein erstrebt. Oftmals haben sie auch (wie wir das in Indien feststellten) beide Anschauungen in dieser oder jener Form miteinander zu verbinden gesucht. Es ist eine vielumstrittene Frage, ob die Lehren der Sûfîs aus neuplatonischen oder indischen Ideen herzuleiten seien, wahrscheinlich ist beides der Fall gewesen. Daß sie den auf einer klaren Scheidung von Schöpfer und Geschöpf beruhenden Glauben des Ur-Islâm an einen persönlichen Gott völlig umwandeln, tritt schon in der Ausdrucksweise entgegen. Gott wird mit Vorliebe als »al haqq«, d. h. die Wahrheit, die Realität, bezeichnet, und das Hochziel, dem der Weise zustrebt, ist das völlige Entwerden, das Aufgehen in ihm (fanâ), vergleichbar dem Brahma-nirvâna der Vedântins. Die islâmische Mystik hat seit dem 9. Jahrhundert in zahlreichen gelehrten und poetischen Werken ihren Niederschlag gefunden. Sie galt den streng Gläubigen von jeher als eine schlimme Ketzerei, und viele ihrer namhaftesten Vertreter, wie der große Hallâj (gest. 921), haben ihre Überzeugung mit dem Leben bezahlen müssen. Trotz aller Verfolgungen hat sich diese Geistesrichtung aber bis auf den heutigen Tag als überaus lebenskräftig und einflußreich erwiesen.

In der Gegenwart wird sie vor allem gepflegt von den Derwischorden, die in den verschiedenen islâmischen Ländern blühen. Es sind dies religiöse Vereine, deren Mitglieder nur zum Teil Klosterbrüder sind, zumeist den verschiedensten weltlichen Berufen angehören und in ihrer freien Zeit bei einem Meister eine systematische, in stufenweisem Fortschritt zu immer höheren Zielen aufsteigende Schulung in der Verwirklichung des Überirdischen erstreben. Die Übungen (Dhikr), denen sie sich unterziehen, sind sehr mannigfach, sie variieren von der stillen Meditation, der maßvollen Atem- und Körperbewegung und dem Hersagen bestimmter Formeln und Gebete bis zu wilden Schreien, Tänzen und Konvulsionen, die zu einer völligen Aufhebung des gewöhnlichen Bewußtseins führen sollen. Im Kloster der heulenden Derwische in Konstantinopel sah ich in der Sultanszeit, wie sich Derwische in Ekstase mit Messern schwere Verletzungen zufügen ließen, ohne anscheinend Schmerzen zu empfinden.

Es soll etwa ein halbes Hundert Derwischorden geben, die nach dem Namen ihres Stifters bezeichnet werden. In der ganzen islâmischen Welt verbreitet sind die Kâdiriten (gestiftet 1166 in Bagdad); nur im Vorderen Orient die aus jenen hervorgegangenen Rifâiten (gestiftet 1181), welche gewöhnlich als »heulende Derwische« bezeichnet werden. Im Gegensatz zu diesen pflegen die im 12. Jahrhundert entstandenen, heute in Vorderasien und Nordafrika beheimateten Shâdhiliten nur Versenkung und Gebete, ebenso wie die im 14. Jahrhundert gegründeten Khalvatiten Vorderasiens, Persiens und Indiens.

Eigenartig sind die Mewlewi-Derwische (Mawlawîya), deren Namen von »unserem Meister« (mawlânâ) Jelâl ad-dîn Rûmî (1207–1273) abgeleitet ist, der ihren Orden gründete. Während im Islâm sonst die Musik aus dem Kultus verbannt ist, spielt sie bei den Mewlewis eine bedeutsame Rolle. Bei der Dhikr-Zeremonie, die in Konia, dem Hauptsitz des Ordens, zweimal im Monat nach dem Freitagsgebet stattfand, drehen sich die Derwische auf dem rechten Fuß bei dem Klang von sechs verschiedenen Instrumenten (Rohrflöte, Zither, Stockfiedel, Trommel, Tamburin, Kesselpauke). Nach einigen soll das Tanzen vor Jalâl ad-dîn bereits eine alte Sûfiübung gewesen sein und eine Nachbildung der Bewegung der Gestirne darstellen, nach anderen soll sie die Hervorrufung eines Schwindelanfalles zwecks Erreichung eines hypnotischen Zustandes zum Ziel haben. Das letztere ist vielleicht früher der Fall gewesen, als das Tanzen tage- und nächtelang geübt wurde; als ich den Ritus in Konstantinopel 1912 sah, dauerte er mit Unterbrechungen eine knappe Stunde. Am 4. September 1925 wurden die Klöster (Tekye) der »Tanzenden Derwische« in der Türkei geschlossen.

Die Rivalen der aristokratischen Mewlewis in der alten Türkei waren die Bektâshiten, deren Ursprung auf Hâjjî Bektâsh Walî zurückgeführt wird, der schon in alter Zeit gelebt haben soll; der Orden hat wohl im 13. Jahrhundert schon bestanden und im 15. seine endgültige Form erhalten. Charakteristisch für die Bektâshiten ist einerseits ihre shiitische Geheimlehre, welche Allâh mit Mohammed und 'Alî zu einer Art Trinität zusammenfaßt, und andererseits ihre Geringschätzung der islâmischen Kultpflichten. Sie lassen auch Frauen unverschleiert an ihren Gottesdiensten teilnehmen. Ein enger Kreis dieser Derwische ist im Gegensatz zu den meisten anderen zur Ehelosigkeit verpflichtet. Zahlreiche von ihnen beobachtete Bräuche (Sündenbekenntnis vor dem Klostervorsteher und Absolution durch denselben, eine Art Abendmahlsfeier u. a.) scheinen auf eine Beeinflussung durch das Christentum und andere Religionen hinzudeuten. Da die Janitscharen vielfach in enger Beziehung zum Bektâshîya-Orden standen, hat dieser in der türkischen Geschichte zeitweilig eine Rolle gespielt. Nach der Aufhebung der Derwischkorporationen in der modernen Türkei besteht die Gemeinschaft heute nur noch auf dem Balkan und in Ägypten.

Von anderen Orden seien nur noch genannt die dem 14. Jahrhundert entstammenden, von Mohammed Naqshband aus Bukhârâ gegründeten Naqshbandîs und der aus der Khadirîya hervorgegangene, 1837 gegründete militärische Orden der Senussen (Sanusîya), der in der Politik Tripolitaniens eine Rolle spielte.

Das Derwischtum stellt eine der eigenartigsten Erscheinungen innerhalb des Islâm dar. Echte Gottesliebe und das Bedürfnis, durch besondere kontemplative Übungen zu höheren Bewußtseinszuständen emporzusteigen, führt manche zu ihm, während andere in ihm einen bequemen Vorwand für ein ungebundenes Bettlerleben finden. Zu den berufsmäßigen Derwischen tritt die große Zahl derer, die als Laienmitglieder eines Ordens, ähnlich wie die Tertiarier der Franziskaner, ein weltliches Leben führen, aber täglich bestimmte Gebete sprechen und von Zeit zu Zeit einem Dhikr in einem Kloster beiwohnen.

IV. Die Sekten

Wie bei jeder großen Menschheitsgruppe ist es auch bei den Mohammedanern aller betonten Einheitlichkeit zum Trotz seit alters immer wieder zu Spaltungen verschiedenster Art gekommen. Die Divergenzen über einzelne Rechtssätze und die Methoden ihrer Ableitung führten zur Entstehung der S. 326 genannten Rechtsschulen, Abweichungen über den richtigen Weg zur Vereinigung mit Gott ließen die eben besprochenen religiösen Orden (arabisch: Tarîqa, »Weg«) entstehen. In der Philosophie traten den Vorkämpfern der Orthodoxie, den sogenannten »Mutakallimûn«, Vertretern des Kalâm, der theologischen Dialektik, die Rationalisten oder »Mu'taziliten« (d. h. die sich Absondernden) gegenüber, während die Anhänger als Ash'arî's, die sogenannten Ash'ariten, eine vermittelnde Stellung einzunehmen suchten. Eigentliche Religionssekten gibt es hingegen im Islâm nur verhältnismäßig wenige; die überwiegende Mehrzahl der Gläubigen gehört keiner Sondergruppe an. Im folgenden seien die religionsgeschichtlich wichtigsten kurz aufgeführt.

Die ältesten islâmischen Sekten verdanken ihre Existenz nicht Meinungsverschiedenheiten religiöser, sondern staatsrechtlicher Natur. Die Frage, wer der rechtmäßige Kalif sei, beschäftigte seit der Ermordung 'Othmâns andauernd die Gemüter. Während sich die einen für den Omayyaden Mu'âwiya entschieden, andere dem Schwiegersohn des Propheten 'Alî und seinem Hause treu blieben, konnte extremen Puritanern keine dieser beiden und ebensowenig der verstorbene korrupte 'Othmân als Kalif Genüge tun. Diese »Hinausgehenden« oder Khârijiten spalteten sich später in mehrere Untersekten, von denen heute nur noch die 'Ibâditen in Nord- und Ostafrika durch ihren Puritanismus bedeutsam sind.

Die Anhänger 'Alîs und seiner Söhne Hasan und Husein bildeten ursprünglich eine Partei (Shî'a), welche die Kalifatansprüche der Prophetenfamilie durchsetzen wollte, ihre schwärmerische Verehrung für 'Alî führte jedoch manche von ihnen dazu, in 'Alî geradezu eine Fleischwerdung Gottes zu sehen und den 680 in der Schlacht bei Kerbela gefallenen Husein alljährlich durch das Moharramfest in erregter Trauer als einen Märtyrer zu feiern, der für die Seinen stellvertretend gelitten hat. Für die strengen 'Alîanhänger hätte auf Mohammed selbst schon sein Schwiegersohn 'Alî folgen müssen, die drei anderen Kalifen Abû Bekr, 'Omar und 'Othmân, die nur durch Wahl zu ihrer Stellung kamen, hätten keinen durch Verwandtschaft begründeten Anspruch auf das Kalifat, diesen zudem noch durch ihr Verhalten gegenüber 'Alî verwirkt. Auf 'Alî sei sein Sohn Hasan als Kalif oder, wie die Shîiten sagen, als »Imâm«, als geistliches Oberhaupt der Gemeinde gefolgt, auf diesen Husein und auf diesen dessen Sohn. Über die Fortsetzung dieser Kette von »Imâmen« bestanden nun aber verschiedene Meinungen, die zur Bildung einer Reihe von Sekten führten. Der Gegensatz, der durch die Differenzen über die Nachfolge des Propheten zwischen den Orthodoxen und den Shîiten entstanden war, vertiefte sich im Laufe der Zeit immer mehr, teils weil diese die von den Rechtgläubigen als maßgeblich betrachteten Traditionen anders werteten, teils weil die Shî'a in Persien zur Herrschaft gelangt war und sich der Widerstand der Perser gegen die Araber und Türken auch in dieser Form auswirkte. Dazu kam noch, daß von den einzelnen Sekten der Shîiten ursprünglich unmohammedanische Vorstellungen aus der Heidenzeit in dieser oder jener Weise ihrem Glaubenssystem einverleibt worden waren, die die »Sunniten« als unberechtigte Verfälschungen bekämpften.

Unter den heutigen Shîiten stehen die sogenannten »Fünfer« den Orthodoxen am nächsten, weil sie Abû Bekr, 'Omar, 'Othmân nicht völlig ablehnen,
obwohl sie sie nicht als Imâme rechnen. Der fünfte Imâm ist für sie Zaid,
ein Urenkel des Husein, weshalb sie auch Zaiditen genannt werden, nach
Zaid sind dann aber noch andere Imâme aufgetreten. Eine kleine Gemeinschaft von Zaiditen hat sich bis heute im Yemen erhalten.
Die am meisten verbreitete shîitische Gruppe ist die sogenannte »Zwölfer«-
Sekte oder »Imâmîya«. Sie zählt zwölf Imâme, von denen der letzte im Jahre
878 in jungen Jahren verschwunden sein und heute noch in der Verborgen-
heit leben soll, um am Ende der Zeiten als Mahdî wieder zu erscheinen und
ein Reich der Gerechtigkeit aufzurichten. Die Lehre der Zwölfersekte ist seit
1572 die Staatsreligion Persiens. Wie tief der Glaube an den trotz »seiner
leiblichen Abwesenheit« an den Ereignissen der Welt Anteil nehmenden
»Vorsteher der Zeit« das Denken der Perser beeinflußt, ersieht man daraus,
daß dieser nicht nur von Dichtern in religiösen Hymnen viel verherrlicht
wird, sondern sogar politische Parteien sich darauf berufen, daß sie im Ein-
verständnis mit dem Imâm der Zeit handelten, »dessen Erscheinen Gott be-
schleunigen möge«.
Haben in diesen shîitischen Lehren die Vorstellungen von der Bedeutung
'Alîs und von der Rückkehr des verborgenen Imâm in die sichtbare Welt
schon eine so hohe Bedeutung gewonnen, daß durch sie die allgemeingültigen Lehren des Islâm wesentlich modifiziert werden, so sind innerhalb des
Shîitentums auch einige Richtungen entstanden, deren Anschauungen von
den gemein-islâmischen so stark differieren, daß sie fast als neue, selbständige Glaubensbewegungen anzusehen sind. Von Bedeutung sind heute namentlich die in verschiedenen Zweigen blühenden »Ismâ'îliten«.
Die Ismâ'îliten verdanken ihren Namen dem Umstand, daß sie als siebenten
Imâm den Ismâ'îl verehrten, der um 762 n. Chr. starb; sie heißen deshalb
auch »Siebener«.
Sie zerfallen in eine Anzahl von Sekten, von denen einige, wie die Karmaten
(Ende des 9. Jahrhunderts), die Assassinen (gegründet 1081) und andere, in
der politischen Geschichte zeitweise eine große Rolle gespielt haben, heute
aber bis auf Reste nicht mehr bestehen. Von Bedeutung sind aber die beiden
Zweige, die in der Gegenwart in Indien ihren Sitz haben, die Bohoras, eine
reiche Kaufmannskaste in Gujarat, die in dem »Mullâhjî« ihr geistiges
Oberhaupt verehren, und die Khojâs, die als ihren göttlichen Imâm den Agha
Khân betrachten. Die letzteren haben auch in Ostafrika viele Anhänger. Die
Ismâ'îliten ergänzen die allgemein-islâmischen Dogmen durch eine
Geheimlehre, welche neuplatonische Gedanken mit shîitischen Theorien
verbindet und ein kompliziertes Emanationssystem lehrt.
Stehen die zuletzt betrachteten shîitischen und anderen Sekten nur in einer
mehr oder weniger losen Beziehung zum Ur-Islâm Mohammeds, so suchen
ihnen gegenüber die Wahhâbiten die Religion des Propheten in ihrer alten

Reinheit wiederherzustellen. Der Begründer der Bewegung war der Araber Mohammed ibn 'Abd-al Wahhâb (1696–1787), der auf Grund seiner Studien zu der Anschauung gekommen war, daß nur eine puritanische Reform den Glauben der Altvorderen von zahllosen Verunstaltungen befreien und in seinem alten Glanze wiederherstellen könne. Mit großem Fanatismus bekämpfte er den Heiligenkult einschließlich der übertriebenen Verehrung Mohammeds, den Gebrauch des Rosenkranzes, den Genuß von Tabak, die Freude an Musik, Spiel, Tanz, Seide, Gold und Silber. Sein Ziel war die Rückkehr zur patriarchalischen Einfachheit der Vorfahren, wie sie zur Zeit des Propheten in Medina bestanden hatte. Das Eintreten seines Schwiegersohnes, des Emirs Mohammed ibn Sa'ûd von Nedschd, für seine Ideen ermöglichte Ibn 'Abd-al Wahhâb deren praktische Durchführung in einem Teil Arabiens. So dehnte sich die Macht der Wahhâbiten immer mehr aus und suchte in Mekka und Medina ihre Grundsätze durchzuführen. Den Türken gelang es zunächst jedoch wieder, die Wahhâbiten in das Innere zurückzudrängen. Seit Beginn unseres Jahrhunderts erhob sich das Haus Ibn Sa'ûds aber zu neuem Glanz, und nach dem Weltkrieg eroberte es wieder die heiligen Stätten. Sein Herrscher, ebenfalls Ibn Sa'ûd geheißen, hielt sich jedoch klug davon fern, durch übereilte Änderungen die Wallfahrer vor den Kopf zu stoßen, wodurch sein Ansehen in der islâmischen Welt sehr gehoben wurde. Er nahm jetzt den Titel eines Königs von »Sa'ûdî-Arabien« an, und die von ihm geförderte Bewegung gewinnt nicht nur in Arabien an Boden, sondern besitzt auch in anderen islâmischen Staaten bis nach Afghânistân hin eifrige Anhänger.

Im Gegensatz zu den reaktionären Wahhâbiten, welche eine Wiederherstellung der Verhältnisse zur Zeit Mohammeds erstreben, suchen andere neuere Sekten durch Anpassung an die Ideen anderer Religionen neue allumfassende Glaubensformen zu begründen. Der 1839 in Kâdiân im Panjâb geborene Schriftsteller Mîrzâ Ghulâm Ahmed trat 1889 mit dem Anspruch hervor, der Mahdî und wiederkehrende Jesus zu sein und die Aufgabe zu haben, die Menschheit religiös zu einigen, weshalb er später auch als die letzte erwartete Inkarnation Vishnus usw. bezeichnet wurde. Er gewann zahlreiche Anhänger in Indien und in den verschiedensten islâmischen Ländern, aber auch in England. Als er 1908 gestorben war, spaltete sich die Sekte bald in eine konservative und liberale Richtung. Die Ahmadîyas treiben in auch in englischer Sprache abgefaßten Büchern und Zeitschriften eine rege Propaganda, sogar ein Mitglied des englischen Oberhauses, Lord Headley, hat sich ihnen angeschlossen, ein sympathischer, in Dresden erzogener Herr, mit dem ich 1928 in Peschâwar zusammentraf.

Aus dem Islâm sind durch Vermischung mit aus anderen Vorstellungskreisen stammenden Ideen und Riten eine Anzahl von Glaubenssystemen hervorgegangen, die, da sie von den Muslims als ihnen nicht zugehörig angesehen werden, hier nicht behandelt zu werden brauchen. Es sind dies einerseits die in alte Zeit zurückgehenden Religionen der Drusen, Nosairier und Yezidis, andererseits der im vorigen Jahrhundert entstandene Bahâismus, der sich als die neue, für alle Völker bestimmte Weltreligion betrachtet und außer in seiner Heimat Persien auch in Europa und Amerika Anhänger gewonnen hat. Kurze Darstellungen aller dieser Glaubensformen habe ich in meinen »Nichtchristlichen Religionen« gegeben.

Schlußbetrachtung

Seiner Grundidee nach stellt der Islâm den westlichen Typus einer »Religion der geschichtlichen Gottesoffenbarung« dar. Zunächst wegen seiner theozentrischen Dogmatik. Denn er bekennt kompromißlos, »daß Allâh ein einziger ewiger Gott ist, neben dem es keinen Gott gibt, daß Allâh sich weder eine Gefährtin noch Kinder genommen hat«, daß alles, was existiert, von ihm geschaffen ist und daß er das ganze Universum an Größe unendlich überragt, denn »die ganze Erde wird ihm nur eine Handvoll sein am Tage der Auferstehung, und die Himmel werden zusammengerollt sein in seiner Rechten« (Q 39,67).

Die absolute Vorrangstellung Gottes scheint dem Moslem nur dann gewahrt, wenn es keine Naturgesetze gibt. Er hebt deshalb immer wieder hervor, daß, was uns als Gesetzmäßigkeit erscheint, lediglich darauf beruht, daß Gott in der Regel einen bestimmten Gang der Natur bewirkt. Gott kann aber, wenn es ihm beliebt, diese »Naturgewohnheit« jederzeit aufheben; die Unterbrechung der Naturgewohnheit nennen wir Wunder. Jedes Ereignis in der Welt ist mithin ein schöpferischer Akt Gottes. Das Bewußtsein des Menschen, nach freier Entscheidung zu handeln und für seine Taten verantwortlich zu sein spricht nicht dagegen, denn auch dies ist ein Moment im Weltplan Gottes: Gott hat eben alles in seiner providentiellen Weltleitung schon eingerechnet.

Indem der Islâm die Allmacht Gottes betont und lehrt, daß Gott in jedem Augenblick alles neu schafft, wird der Mensch natürlich zu einer Puppe in der Hand des Weltenherrn und besitzt keine eigene Freiheit. »Wer das Können (d.h. die Entscheidungsfreiheit) sich selber zuschreibt, der ist ein Ungläubiger«, sagt ein Hadîth. Als Folge stellt sich jener »Kismet«-Glaube ein, der je nach der Veranlagung derer, die sich zu ihm bekennen, zum Ansporn für gewaltige Kraftleistungen oder zur Entschuldigung für eine völlige Indolenz wird.

Die Mohammedaner haben ihren Glauben mit großem Fanatismus in der Welt zu verbreiten gesucht und sind gegen die »Götzenanbeter« mit dem Schwerte vorgegangen. Gegen die Schriftbesitzer, die Juden und Christen, haben sie hingegen, wie wir sahen, meist eine duldsamere Haltung eingenommen. Die verschiedenen Richtungen innerhalb des Islâm haben sich auch häufig in blutiger Weise bekämpft. Im allgemeinen aber ist der Mohammedaner toleranter als der Christ. Dafür gibt der große Islâmforscher C. Snouck-Hurgronje Belege und schreibt:»Einer Überlieferung zufolge sagte Muhammad, seine Gemeinde werde sich in 73 Sekten spalten, während die Juden deren 71, die Christen 72 haben. Er soll hinzugefügt haben, nur eine davon werde der ewigen Verdammnis entgehen; nach einer anderen Lesart werde nur eine der Hölle anheimfallen, die anderen aber selig werden. Man könnte fast glauben, die Praxis der muslimischen Gemeinde habe letztere Lesart zum Ausgangspunkt genommen, denn tatsächlich ist der Islâm im Laufe der Zeit der Ausschließung von Personen oder Gruppen wegen Lehrunterschieden immer mehr abgeneigt geworden.«

Wie in anderen Religionen fehlt es auch im Islâm nicht an Denkern, welche in den anderen Religionen gleichberechtigte Gestaltungen menschlichen Glaubens erblicken. Eine derartige allumfassende Frömmigkeit tritt uns in den folgenden Worten des Mystikers Ibn al-'Arabî (gest. 1240 n. Chr.) entgegen, der in seinem »Tarjumân al-Ashwâq« (übers. von J. Schacht) schreibt:

»Mein Herz ist in jeder Form fähig geworden,
Ein Weideplatz für Gazellen, ein Kloster für Mönche,
Ein Tempel für Götzenbilder, die Ka'ba dessen,
Der den Tawâf (den rituellen Umgang um die Ka'ba) verrichtet,
Die Tafeln der Thora und das Buch des Korâns.
Ich folge der Religion der Liebe; wohin auch immer sich
Ihre Kamele wenden mögen, das ist meine Religion und mein Glaube.«

Die fünf Religionen
in Gegensatz und Ausgleich

.

Das Verhältnis der
fünf Weltreligionen zueinander

I. Die fünf Weltreligionen in Raum und Zeit

Jede Religionsstatistik kann auch im besten Falle nur eine höchst unvollkommene Vorstellung von der tatsächlichen Verbreitung bestimmter Glaubensformen vermitteln. Sogar in Ländern, in welchen die Bekenner der verschiedenen Konfessionen sich selbst in die Zähllisten eintragen und die Listen in zuverlässiger und gewissenhafter Weise geführt werden, geben die Ergebnisse natürlich nur ein Bild von der Zahl der Mitglieder der verschiedenen Gemeinschaften, denen sich die einzelnen formell zurechnen, nicht von ihren tatsächlichen religiösen Ansichten, da letztere sich selbstverständlich in den meisten Fällen einer statistischen Erfassung entziehen. In vielen Staaten berücksichtigen die amtlichen Zählungen aber das Religionsbekenntnis überhaupt nicht, so daß man für die Ermittlung der Angehörigen der verschiedenen Religionsgemeinden auf weit weniger zuverlässige private Zählungen angewiesen ist. In manchen außereuropäischen Ländern existieren auch überhaupt keine genauen Volkszählungen; die statistischen Angaben über die Zahl der Bewohner dieser Gebiete beruhen daher nur auf Schätzungen, und dasselbe gilt dann in gleichem oder vielfach noch in erhöhtem Maße für die Zahl der Anhänger einer Religion; wer kann genau ermitteln, wieviel Tibetaner Buddhisten sind oder noch primitiveren Kulten zugerechnet werden müssen, wie viele von den Indianern einer lateinamerikanischen Republik als echte Christen zu gelten haben usw. Eine besondere Schwierigkeit besteht aber noch in Ostasien, denn hier kann dieselbe Person gleichzeitig verschiedenen Religionen angehören, also etwa Konfuzianer, Taoist und Buddhist oder Shintoist und Buddhist zugleich sein. Welcher Gruppe soll dieses Individuum dann zugerechnet werden, soll es bei jeder gezählt werden, so erscheint es in der Statistik mehrere Male, wird es nur bei einer Gruppe aufgeführt, so entsteht dadurch wieder ein falsches Bild der Verbreitung der einzelnen Lehren. Bei all diesen mannigfachen Schwierigkeiten, die auch bei der größten Vorsicht nicht zu beheben sind, ist jeder Versuch, die Anzahl der Bekenner einer Religion zu bestimmen, von vornherein als unzulänglich anzusehen. Um jedoch dem begreiflichen Wunsche des Lesers, ihm wenigstens eine ungefähre Vorstellung von den Größenverhältnissen zu geben, zu entsprechen, seien hier Zahlen mitgeteilt, die auf Grund der Schätzungen von 1961 errechnet worden sind. Diese sind natürlich, wenn das Buch in die Hand des Lesers kommt, schon überholt, weil bei dem sprunghaften Anwachsen der Weltbevölkerung, vor allem in den asiatischen Gebieten, die Zahlen wieder angestiegen sind. Von den rund 3000 Millionen Menschen, die die Erde trägt, sind ca. 420 Millionen entweder irreligiös oder ihr Bekenntnis ist nicht zu ermitteln. Für die anderen ergeben sich etwa folgende geschätzte Zahlen (in Millionen):

A. Naturreligionen
1. Primitive — 120
2. Shintôisten (Sekten) — 50

B. Religionen des ewigen Weltgesetzes
1. Hindus — 390
2. Sikhs — 7
3. Jainas — 1,5
4. Buddhisten (ohne die Chinesen) — 200
5. Chinesische Universisten und Buddhisten — 500

C. Religionen der geschichtlichen Gottesoffenbarung
1. Zarathustrier (Parsen) — 0,15
2. Juden — 12
3. Christen: Röm. Katholiken — 538
   Christen: Orthodoxe — 120
   Christen: Protesanten — 215
   Christen: sonstige — 17
   Christen: insgesamt — 890
4. Mohammedaner — 430

Die räumliche Verbreitung der Religionen über die Erde ergibt folgendes Bild: Die Naturreligionen nehmen noch immer einen sehr großen Teil der Erdoberfläche ein, weil die dünnbevölkerten Gebiete Nordasiens, Zentralafrikas, Kanadas, das Innere Südamerikas und Australiens sowie viele Inseln Ozeaniens heute noch von primitiven Stämmen bewohnt werden. Shintôisten gibt es vornehmlich in Japan, Hindus und Jainas in Vorderindien, Universisten in China, der Mandschurei, Korea und Annam. Die Buddhisten des »Kleinen Fahrzeugs« leben in Ceylon und Hinterindien, die des »Großen Fahrzeugs« in den indischen Himâlayaländern, Tibet, der Mongolei sowie in China und Japan. Das Christentum ist in Europa, Südafrika, Amerika und Australien die herrschende Religion, hat aber nur wenige Bekenner in Asien. Die wenigen Pârsen leben größtenteils in Vorderindien, nur geringe Reste von ihnen in ihrem persischen Heimatlande. Die Juden sind über die ganze Erde verbreitet. Der Islâm beherrscht Westasien und Nordafrika.

Der heutige Zustand, daß fünf große Religionen sich in die Herrschaft über die Mehrheit der Menschen teilen, ist das Ergebnis eines langwierigen Prozesses.

Zu Beginn unserer Zeitrechnung waren die heutigen Kulturreligionen nur über einen kleinen Teil der Erde verbreitet: der Universismus in einem Teil Chinas; der Brahmanismus, Jainismus und Buddhismus hatten ihre Anhängerschaft in Teilen Vorderindiens, der Buddhismus auch in Ceylon, der Mazdaismus herrschte in Persien, das Judentum hatte im ganzen Römischen Reiche seine Anhänger, nach einer Berechnung soll es 7% seiner Bevölkerung ausgemacht haben. In den meisten Ländern der Erde gab es noch keine einheitlich organisierten ethischen Hochreligionen, sondern nur eine Fülle von selbständigen nationalen Kulten, wenn auch einige von diesen ihre Reichweite über beträchtliche Gebiete des Römischen Reiches ausgedehnt hatten (wie der Isis- und der Mithraskult).

Um 500 n. Chr. war ein beträchtlicher Teil des Abendlandes, Vorderasiens und Nordafrikas dem neu entstandenen Christentum gewonnen worden; in Europa, Asien und Nordafrika rang mit ihm die synkretistische Religion des Persers Mâni. Brahmanismus, Jainismus und Buddhismus blühten auf dem Gangeskontinent nebeneinander, Brahmanismus und Buddhismus waren auch in Hinter- und Inselindien, der Buddhismus außerdem in China und Zentralasien heimisch geworden.

Um die Jahrtausendwende hatte die neue Weltreligion Mohammeds von Arabien aus im Vorderen Orient und in Nordafrika eine vollständige Veränderung der religiösen Lage herbeigeführt, indem sie dem Christentum Vorderasien und Nordafrika, außerdem in Europa Spanien, dem Buddhismus Zentralasien und Afghânistân entriß und den Glauben Zarathustras fast vernichtete. Das Christentum hatte sich inzwischen weiter in Europa, der Buddhismus im südlichen und östlichen Asien ausgedehnt, vor allem in Korea, Japan und Tibet Fuß gefaßt, der chinesische Universismus auch in Korea und Japan Wurzel geschlagen.

Um 1500 n. Chr. hatte der Hinduismus einen Teil des Gangeskontinents an den Islâm verloren, der Buddhismus war in Vorderindien so gut wie erloschen und mußte auch in Indonesien vor der Religion des Propheten weichen. Das Christentum hatte die slawischen Länder erobert und soeben ganz Spanien wiedergewonnen, erlitt aber auf der Balkanhalbinsel durch die Mohammedaner schwere Einbuße. Hingegen vermochte es die Reste des Manichäismus zu beseitigen, welche im europäischen Sektenwesen sich erhalten hatten.

In den seither verflossenen viereinhalb Jahrhunderten ist das Christentum durch die Entdeckung Amerikas und Australiens und die Erschließung Schwarz-Afrikas teils durch Auswanderung, teils durch Bekehrung der Eingeborenen zu der am weitesten über die Erde verbreiteten Religion geworden. Der Islâm konnte in Asien sowie in Afrika beträchtliche Fortschritte machen, der Buddhismus durch die endgültige Bekehrung der Mongolen (1577), der Burjäten und anderer primitiver Stämme sowie durch die japanische Mission in der Südsee neue Anhänger gewinnen, hatte aber in China und Korea einen Rückgang zu verzeichnen. Der Hinduismus erweiterte seine durch den Islâm vielfach bedrohte Machtstellung in Indien durch Bekehrung primitiver Stämme; durch die Auswanderung indischer Kontraktarbeiter und Kaufleute kam er auch nach Süd- und Ostafrika, auf die Antillen und nach Guayana und auf die Fiji-Inseln. Im Gegensatz zu Christentum und Islâm haben die drei östlichen Religionen in dieser Periode die Zahl ihrer Anhänger nur in geringem Maße durch Bekehrungen, hingegen in großem Umfange im Wege des natürlichen Wachstums vermehrt.

Eine objektive Betrachtung der Geschichte der fünf großen Religionen lehrt fünf Tatsachen:

1. Aus der bisherigen historischen Entwicklung läßt sich weder ableiten, daß einer Religion die Herrschaft über die Menschheit zufallen werde noch, daß es der »Sinn« der Geschichte sei, einer bestimmten Glaubensform, weil sie ethisch höher stehe als die anderen, den Sieg über andere zu geben. Die besonders von einer jeden der drei Weltreligionen als Beweis für ihre Wahrheit vorgebrachte Behauptung, daß sie sich in dauerndem Aufstieg befinde und alle anderen Kulte überwunden habe, entspricht nicht der Wirklichkeit, denn der Buddhismus ist in Indien, Afghânistân, Zentralasien und Indonesien vom Islâm, das Christentum in Vorderasien, Nordafrika und im Balkan vom Islâm und der Islâm selbst in Spanien, Sizilien und Osteuropa vom Christentum verdrängt worden.

2. Asien ist die Ursprungsstätte aller großen Religionen; die Bewohner der anderen Erdteile vermochten solche bisher nicht zu schaffen, sondern nur anzunehmen und auszubilden.

3. Die in tiefstem Sinne religiös schöpferischen Völker waren Inder, Chinesen und Juden. Die Inder haben drei Religionen (Brahmanismus, Buddhismus, Jainismus), die Chinesen zwei (Konfuzianismus, Taoismus) hervorgebracht, die Juden haben außer ihrer eigenen Lehre auch die Grundlagen des Christentums und des Islâm gelegt. Die Irânier haben dreimal versucht, für die ganze Menschheit gültige Glaubensformen zu schaffen: im Mazdaismus (Parsismus), im Mithraskult und im Mânichäismus. Wenngleich diese drei Religionen auch zeitweise einen bedeutenden Einfluß ausgeübt haben, so haben sie sich doch nicht über einen großen Teil der Erde auszudehnen und auf die Dauer zu erhalten vermocht.

4. Seit 600 n. Chr. ist keine große Religion mehr geschaffen worden, vielmehr ist es nur zu Umbildungen von schon bestehenden gekommen.

5. Die Religion eines Volkes ist nicht an bestimmte rassische Voraussetzungen gebunden. Wohl wird jede Religion aus dem besonderen Geiste eines

Volkes geboren, im Verlauf der Entwicklung kann sie aber auch von ganz anderen Menschengruppen angenommen werden. Der Buddhismus hat Indoarier als Urheber, hat heute aber fast ausschließlich Anhänger, die der gelben Rasse angehören; Jesus und die Apostel waren Juden die meisten Christen sind keine Rasseverwandten von diesen, auch im Islâm mit seinen Millionen von Bekennern in Persien, Indien, Indonesien, Afrika stehen nur relativ wenige blutsmäßig Mohammed nahe. So ist die Religion ein Sonderbereich menschlichen Denkens und Erlebens, das nicht mit einem anderen Faktor dauernd verbunden erscheint. Es läßt sich vielmehr feststellen, daß eine Religion, sobald sie einmal eine bestimmte feste Form erlangt hat, eine geistige Wesenheit für sich darstellt, die unabhängig von ihren einstigen Voraussetzungen existiert und von Personen anderer Blutsmischung übernommen werden kann. Der große Erfolg, der den drei Weltreligionen beschieden war, erklärt sich gerade daraus, daß Völker anderen Blutes in ihnen die Verwirklichung von Gedanken und Sehnsüchten fanden, die sie in den von ihnen selbst geschaffenen Glaubensformen vermißten.

II. Die fünf Weltreligionen im Lichte der wechselseitigen Kritik

Jede Religionsgemeinde hält ihren eigenen Glauben für den einzig wahren oder zum wenigsten für die höchste und adäquate Ausdrucksform der absoluten Wahrheit, alle anderen Lehren betrachtet sie deshalb für geringwertiger, wenn nicht gar für völlig falsch. Es ist deshalb von wesentlicher Bedeutung für die Prüfung der Ansprüche einer Lehre, zu wissen, womit sie ihre Vorrangstellung zu begründen sucht und weshalb sie allen anderen Systemen einen geringeren Wert beimißt. Andererseits ist es aber auch von Nutzen, in Erfahrung zu bringen, was an einer Religion vom Standpunkt anderer aus gesehen als ein Mangel erscheint – das vollständige Charakterbild eines Menschen erhalten wir ja auch nur dann, wenn wir wissen, was er von sich selbst glaubt und wie er im Urteil seiner Freunde und Gegner erscheint. Das Material für die Beurteilung der anderen Religionen durch die Christen liegt in zahlreichen gelehrten Werken, Reisebeschreibungen, Missionsberichten und Propagandabroschüren und dergleichen leicht zugänglich vor, schwerer beschaffbar sind hingegen zur Zeit die Urteile von Hindus, Buddhisten, Konfuzianern, Taoisten und Mohammedanern über andere Religionen. Da das, was ich über diesen Gegenstand in jahrelanger Arbeit gesammelt habe, einem Luftangriff zum Opfer gefallen ist, bin ich genötigt, im wesentlichen aus der Erinnerung wiederzugeben, was ich früher gelesen oder in zahlreichen Gesprächen mit Indern, Chinesen, Japanern und

Mohammedanern der verschiedensten von mir bereisten Länder erfahren habe.

Da jede Religion eine große Zahl von in ihren Anschauungen teilweise stark voneinander abweichenden Richtungen und Sekten hervorgebracht hat, können dabei natürlich nicht solche Urteile zur Sprache kommen, welche nur von einer bestimmten Konfession oder Schule vorgebracht werden. Die Kritik, welche Protestanten am buddhistischen Mönchtum üben, kann z. B. beiseite bleiben, weil das Christentum selbst ein Mönchtum geschaffen hat und Katholiken und Griechisch-Orthodoxe, also die große Mehrzahl der Christen, diesem Urteile nicht beipflichten, dieses also nicht als für die Christen in ihrer Gesamtheit als typisch gelten kann. Ebensowenig bin ich auf die Angriffe der indischen Reformgemeinden auf den katholischen Bilderkult eingegangen, weil das Hindutum als Ganzes die Verwendung von sakralen Symbolen billigt.

Nicht berücksichtigt sind meistens Urteile, welche auf einer irrtümlichen Vorstellung von den kritisierten Religionen beruhen. So las ich einmal in einer Schrift eines Mohammedaners, die Hindus glaubten, die Frauen hätten keine Seele; die hieran geknüpften Folgerungen bedürfen keiner Erörterung, weil die Voraussetzung, von welcher der Autor ausging, falsch ist. Ebenso wäre es zwecklos, hier die Ausführungen von christlichen Missionaren wiederzugeben, welche dem Polytheismus der Hindus den christlichen »Monotheismus« entgegenstellen in der irrigen Annahme, die zahlreichen dem Sansâra unterworfenen, karmisch gewordenen vergänglichen Gottheiten der vishnuitischen oder shivaitischen Systeme könnten dem einen ewigen und allmächtigen Gott der Christen gegenübergestellt werden, während sie doch nur die Stellung von Engeln haben und die Vishnuiten bzw. Shivaiten tatsächlich nur einen ewigen Weltenherrn verehren.

Zwecklos wäre es ferner, die vielen Fehlurteile zu erwähnen, welche in einer voreingenommenen, wenn nicht gar gehässigen Geisteshaltung ihren Ursprung haben. So, wenn der Jesuit Dahlmann behauptet, der Buddhismus stelle eine tiefe religiöse und soziale Unsittlichkeit dar, oder wenn Voltaire in Mohammed nur einen abgefeimten Betrüger sah.

Im folgenden werden die fünf großen Religionen in der Weise abgehandelt, daß zuerst das Urteil ihrer Anhänger, dann Kritiken von Bekennern anderer Glaubensformen angeführt werden. Da mit Rücksicht auf den schon reichlich großen Umfang des Buches äußerste Kürze geboten schien, habe ich manches nicht näher ausgeführt, sondern nur kurz angedeutet. Ich habe auch alles, was sich wiederholen würde, fortgelassen, so daß also vielfach die von einer Religion an einer anderen geübte Kritik auch für eine andere Geltung hat.

1. Der Hinduismus

Der Hinduismus ist seinen Bekennern die ewige überzeitliche Urreligion der Menschheit (ja auch der Götter und Dämonen). Sie begründen dies in folgender Weise:

1. Der Hinduismus hat keinen Stifter, sondern besteht seit Anfang der Welt, genauer seit Ewigkeit, weil unserer Welt andere Welten vorangegangen sind.

2. Er beruht auf heiligen Schriften (den Veden), welche im Gegensatz zu denen aller anderen Religionen ewig und übermenschlichen Ursprungs sind.

3. Er vertritt eine Welt- und Gesellschaftsordnung, die auf dem Prinzip der stufenweisen Reinheit basiert und als göttliche Institution unverbrüchliche Geltung beanspruchen darf.

4. Er besitzt in der Kaste der Brahmanen einen Priesteradel von höchsten blutmäßigen, sittlichen und rituellen Qualitäten.

Gegen diese Behauptungen haben schon die alten Buddhisten Einspruch erhoben. Sie suchten darzutun, daß die Veden Widersprüche und moralisch anfechtbare Stellen enthalten und von Menschen herrührten und daß die Kastenordnung sowie das ganze religiös-soziale System erst im Verlauf der kulturellen Entwicklung entstanden sei. Nach dem Suttanipâta, Vers 600 ff., lehrte Buddha: »Die einzelnen Tierarten sind durch ihre Körperbildung unterschieden, die Menschen haben alle gleichartige Leiber und Organe. Die Zugehörigkeit zu einer Kaste beruht daher auf menschlicher Übereinkunft. Die Brahmanen sind auch nichts anderes als andere Menschen, sie werden aus dem Mutterleib geboren und haben dieselben guten und schlechten Eigenschaften wie diese. Die Brahmanen können auch nicht den Anspruch erheben, von Brahmâ herzustammen und ihm ähnlich zu sein, denn ›Brahmâ‹ ist gütig, reinen Herzens und hängt nicht an weltlichem Besitz, die Brahmanen aber sind das gerade Gegenteil davon.« Und schließlich: »Woher wissen denn überhaupt die Herren Brahmanen, die auf ihre Abstammung so stolz sind, daß ihrer Mutter, ihren Großmüttern und weiblichen Vorfahren bis ins siebente Glied hinauf nur Brahmanen beigewohnt haben und nicht Nicht-Brahmanen?« (Majjh 93).

Konfuzianer, Christen und Mohammedaner beurteilen die Ansprüche des Hindutums in ähnlicher Weise. In religiöser Hinsicht betrachten es die Hindus als den besonderen Vorzug ihrer Religion, daß sie Glaubensvorstellungen und Andachtsformen der mannigfaltigsten Art zuläßt und somit den Bedürfnissen von Menschen der verschiedensten geistigen Einstellung und intellektuellen Fassungskraft entgegenkommt. Dies ermögliche es ihr auch, die religiösen Werte anderer Religionen zu würdigen und deren heilige Männer gleich ihren eigenen hochzuhalten und als göttliche Inkarnationen zu verehren. So schreibt der indische Religionsphilosoph Radhakrishnan in seiner Schrift »The Heart of Hindustan« (1932, S. 6 ff.):

»Wenn der niederziehende Materialismus das Leben beherrscht, dann tritt ein Râma oder ein Krishna, ein Buddha oder ein Jesus auf, um die zerstörte Harmonie der Gerechtigkeit wiederherzustellen. In diesen Männern, die die Macht der Sinnlichkeit (Sinnenwelt) brechen, das Herz der Liebe entsiegeln und uns mit Liebe zur Wahrheit und Gerechtigkeit erfüllen, haben wir eindrückliche Konzentrationen Gottes. Sie offenbaren uns den Weg, die Wahrheit und das Leben . . . Wenn die christlichen Denker zugeben, daß die Menschen Zugang zu Gott haben und gerettet werden können auch auf andere Weise als durch die Mittlerschaft Jesu, dann wird der Hindu gern die wesentlichen Züge der Religion Jesu annehmen.«

Bei der Protestantischen Weltmissionskonferenz zu Tambaram (Südindien) 1938 sagte ein indischer Oberrichter, sein Ideal sei es, innerhalb des Hinduismus ein Anhänger Jesu sein zu dürfen, als Hindu zu Christus beten zu können. Als einmal ein Missionar zu Gândhî bemerkte, er halte ihn für einen Jünger Jesu, entgegnete Gândhî: »Das bin ich auch, wenn auch in anderem Sinne, als Sie es vielleicht meinen. Ich bin nämlich auch ein Jünger Buddhas, Krishnas und Mohammeds. Sie alle wollen ja dasselbe: Wahrheit, Liebe und Gerechtigkeit.« »Aber Christus«, erwiderte darauf der Missionar, »hat nach meiner Überzeugung die höchste Wahrheit gebracht, und zwar als Offenbarung Gottes.« »Wenn ich diese Überzeugung auch hätte«, – antwortete Gândhî ungemein freundlich lächelnd –, »dann müßte ich mich auch taufen lassen.«

Praktischen Beispielen dafür, daß Hindus christliche oder mohammedanische Heilige verehren, ohne daran zu denken, zum Christentum oder Islâm überzutreten, begegnet man in Indien sehr häufig. Die hierin zutage tretende überkonfessionelle Glaubensbereitschaft ist den meisten Europäern freilich unverständlich und wird von der christlichen Mission strikt abgelehnt, weil dadurch Christus seine Einzigart einbüßen und mit »mythologischen Gestalten« der Hindus auf die gleiche Ebene gestellt würde. Die Christen erblicken geradezu in diesen synkretistischen Tendenzen des Hinduismus eine Hauptgefahr für die Ausbreitung ihrer Kirchen.

Das Zentraldogma hinduistischer Systeme ist die Lehre vom Karma und der Seelenwanderung. Christen und Mohammedaner sowie chinesische Philosophen wenden gegen diese ein: Eine automatische Vergeltung guter oder böser Taten gibt es nicht, eine solche kann vielmehr nur durch ein göttliches Gericht erfolgen. Es ist ungerecht, wenn ein Wesen in einem Zustand bestraft wird für etwas, was es in einem anderen, dessen es sich nicht bewußt ist, begangen hat. Der pädagogische Wert der Wiederverkörperungstheorie wird dadurch illusorisch, daß man keine Erinnerung an ein früheres Dasein besitzt, also nichts aus den Erfahrungen desselben lernen kann.

Der Buddhismus vertritt zwar auch die Lehre von der Wiedergeburt, bekämpft aber den Glauben an ewige, unsterbliche Seelen, welche von einem Leib zum anderen wandern. Für ihn gibt es keine unvergänglichen und unveränderlichen Geistmonaden, sondern nur kontinuierlich sich über den Tod hinaus fortsetzende Kombinationen von Daseinsfaktoren. Die Geistmonade ist für ihn eine Fiktion, der keine reale Existenz zugesprochen werden darf.

Den Pan-en-theismus der meisten hinduistischen Systeme betrachten viele Christen und Moslems als eine Herabwürdigung Gottes, da Gott so hoch über der von ihm geschaffenen Welt steht, daß man die letztere nicht als eine Umwandlung seiner Substanz oder als eine Emanation aus ihm auffassen dürfe.

Die Buddhisten leugnen überhaupt das Dasein eines allen Erscheinungen zugrunde liegenden, sie durchwaltenden und beherrschenden Allgottes. Ein in seinem Dasein und Sosein, seinem Wollen und Handeln selbständiges absolutes Wesen kann es gar nicht geben, weil in der Welt keine unveränderliche Substanz, sondern nur ein Strom von wechselnden Dharmas feststellbar ist. Würde es einen Gott geben, der die Welt durch seinen Willen geschaffen hat, so müßte man ihn dafür verantwortlich machen, daß es Mörder, Lügner usw. gibt (Anguttara 3,61,3).

Die Mohammedaner betrachten die Hindus gewöhnlich als ungläubige Götzenanbeter. Ihr Bilderkult, ihre Kuhverehrung, ihre rituellen und sozialen Reinheitsvorstellungen und Bräuche sind ihnen gleicherweise fremd und zuwider. Ursprünglich rechneten sie sie als Heiden, die nicht wie die Juden, Christen und Sabier an den Vorrechten der »Buchbesitzer« teilhaben. Dies hat sich teilweise jedoch im Laufe der Zeit geändert. Der Sûfî Mirzâ Janjanan Mazhar (1701–1781) erklärte die Hindus für Monotheisten, denen Gott durch seinen Engel Brahmâ bei der Schöpfung ein heiliges Buch (den Veda) gesandt hätte, Râma und Krishna seien ihre Warner und Propheten gewesen, ihre Bilder von Engeln (Devas) und Heiligen dienten nur als Objekt der Versenkung, nicht gleich den von Mohammed in Arabien bekämpften Idolen dem Götzendienst usw.

Der unhistorische Sinn der Hindus und die üppige Phantastik ihrer Kosmogonie, Welthistorie und Mythologie ist häufig Gegenstand der Kritik Andersgläubiger gewesen. Schon der arabische Geograph al-Bîrûni (um 1030) schrieb: »Sie beachten die geschichtliche Folge der Ereignisse wenig und sind sehr nachlässig in der Aufzählung der Reihenfolge ihrer Könige. Wenn man sie zu einer Aufklärung drängt, so sind sie gleich bereit, Märchen zu erzählen«, und Lord Macaulay goß in seiner berühmten Denkschrift (1835) die volle Schale seines Spottes über die seltsamen geographischen und geschichtlichen Vorstellungen der Hindus aus, denen er die Ergebnisse der modernen abendländischen Wissenschaft gegenüberstellte, ohne freilich zu bedenken, daß auch die Erdkunde und Geschichtsschreibung des europäischen Mittelalters merkwürdige Blüten gezeitigt hat.

Ein Gegenstand des Abscheus sind Christen und Mohammedanern, aber auch hinduistischen Reformern und Buddhisten die sexuellen Mythen und Riten des Hindutums. Das ist begreiflich und in manchen Fällen berechtigt, mitunter erscheint aber auch den Anhängern abstrakt-vergeistigter Lehren von ihrem Standpunkt etwas als unsittlich und obszön, in dem der Hindu lediglich ein Sinnbild der göttlichen Schöpfungskraft in der Natur sieht und das in ihm keinerlei obszöne Assoziationen weckt.

2. Der Buddhismus

Den Buddhismus preist Yashomitra als die beste Heilslehre, indem er sagt: »Solange der Ich-Wahn im Denken wurzelt, kommt der Kreislauf der Wiedergeburten nicht zur Ruhe. Der Ich-Wahn weicht nicht aus dem Herzen, solange die Vorstellung besteht, daß es ein Selbst (d. h. eine ewige, absolute, selbständige Wesenheit) gibt; weil kein anderer Meister in der Welt die Nichtexistenz eines Selbst verkündet hat, deshalb gibt es keinen anderen Weg zur Erlösung als seine Lehre.« Hier wird das besondere Verdienst des Buddha darin gesehen, daß er durch Beseitigung der Vorstellung von Seelensubstanzen die Möglichkeit zu einer theoretischen und praktischen Ausrottung aller Selbstsucht geschaffen hat.

Andere Buddhisten betrachten ihre Lehre als die vollkommenste, weil sie auf eine Fülle von Glaubenshypothesen verzichtet, welche in anderen Religionen eine große Bedeutung haben, obwohl sie unbeweisbar sind und nur im metaphysischen Denken des Menschen ihren Ursprung haben. Henry Alabaster (The Wheel of the Law, S. 72) gibt die Anschauungen des siamesischen Ministers Chao Phya Thipakon folgendermaßen wieder:

»Die Religion des Buddha befaßte sich nicht mit einem ersten Anfang, den sie nicht ergründen konnte, umging die Tätigkeit einer Gottheit, die sie nicht wahrnehmen konnte, und ließ das Problem, welches sie nicht lösen konnte, die letzte Belohnung des Vollkommenen, der endlosen Diskussion offen. Sie nahm das Leben, wie sie es fand; sie erklärte alles für gut, was zu ihrem alleinigen Ziel hinführte: der Verminderung des Elends aller empfindenden Wesen; sie stellte Regeln des Verhaltens auf, die nie übertroffen worden sind, und bot vernünftige Hoffnungen dar für eine Zukunft der vollkommenen Glückseligkeit. Ihre Beweise beruhen auf der Annahme, daß die Vernunft des Menschen sein sicherster Führer und daß das Gesetz der Natur vollkommene Gerechtigkeit sei.«

Ebendort heißt es:

»Wie können wir der Lehre derjenigen beipflichten, welche nur an eine Auferstehung glauben, welche meinen, daß der Mensch in dem Himmel Aufnahme finde, während seine Natur noch voll Unreinheit ist. Wird ein solcher Mensch durch das Verdienst des Herrn Allâh oder des großen Brahmâ gereinigt werden? Wir wissen nicht, wo die sind. Wir haben sie nie gesehen. Aber wir wissen und können dartun, daß die Menschen ihre eigene Natur zu reinigen vermögen, und wir kennen die Gesetze, nach welchen sich diese Reinigung bewirken läßt. Ist es nicht besser, an das zu glauben, was wir sehen

347

können und wissen, als an etwas, was für unser Wahrnehmungsvermögen keine Realität hat?«

Die Hindus verwerfen am Buddhismus, daß er den Veda, das Kastensystem und den Vorrang der Brahmanen nicht anerkennt und sich statt auf die Offenbarungen Gottes auf die Aussprüche eines für allwissend gehaltenen Menschen beruft. Sein Atheismus, seine Leugnung der Seele, seine Kausalitätstheorie und schließlich der vom Mahâyâna entwickelte Relativismus sind das Ziel ihrer Angriffe.

Die Konfuzianer bekämpfen den Buddhismus als eine fremde Lehre von dem konservativen Standpunkt aus, daß nur die pietätvolle Pflege des geistigen Erbes der Väter das richtige sei. In seinem Mönchtum sahen sie eine Gefahr für das Familienprinzip, das die Grundlage von Staat und Gesellschaft bildet. Konfuzianische Gelehrte wie Fu Yi (624), Yao Ch'ung (714) und Han Yü (819) haben deshalb dem Kaiser Denkschriften überreicht, in welchen sie Buddha als einen »westlichen Barbaren« und seine Lehre als unvereinbar mit den Anschauungen der Klassiker bezeichneten und vor ihr warnten, weil sie die Autorität des Kaisers untergrabe. Die orthodoxen Literaten machen den Buddhisten ferner zum Vorwurf, daß sie die Tugend entwerteten, indem sie Belohnungen und Strafen in Aussicht stellten. Die Pflicht und nicht die Furcht oder die Hoffnung sei das wahre Motiv echter Tugend. Das Nirvâna sei auch kein angemessenes höchstes Ziel, denn es sei eine Idealisierung des Nichtstuns.

Der Christ verurteilt am Buddhismus vor allem, daß dieser das Dasein eines schaffenden, regierenden, richtenden und begnadenden Weltenherrn leugnet, eine Selbsterlösung des Menschen für möglich hält und das Ziel alles Strebens in dem Eingehen in ein Nirvâna sieht und nicht in der Gewinnung des ewigen Lebens. Er vermißt an ihm namentlich, daß sich der Fromme im Gebet nicht an einen liebenden und helfenden Gott wenden kann. Manche Kritiker sprechen deshalb von der »Todeslangeweile der buddhistischen Weltanschauung« (A. Wuttke), von dem »Eishauch seiner kühlen, verstandesmäßigen Nüchternheit« (Max Schreiber), von seiner »Muskellosigkeit« (K. F. Köppen) und »metaphysischen Armut« (A. Anwander).

Vielen Christen, namentlich aber der Mehrzahl der modernen Abendländer, erscheint die buddhistische Weltentsagung als ein Irrweg. Erwin Reisner bezeichnet die Buddhisten wegen ihrer »Todesseligkeit« als die »Aristokraten unter den Satanikern« und Karl Friedrich Boree schreibt (Diesseits von Gott, 1941, S. 93):»Die Lebensfeindlichkeit, die in dieser Lehre steckt, – welche in Wahrheit eine Lebensfeigheit ist – verleugnet, scheint mir, die Grundtatsache unseres Lebens: daß das Leben, da wir es einmal haben, da ist, um gelebt zu werden, und sie sollte es uns Europäern wenigstens verbieten, im Buddhismus eine Lebenslehre zu finden.«

Auch die konziliante Art, wie der Buddhismus sich mit der Religion derer, die er bekehren will, auseinandersetzt, ist dem Europäer unbegreiflich. Mit

Recht betont A. Anwander: »Zwischen dem heiligen Bonifatius, der die Kirche im deutschen Volksleben verankerte, und den ungefähr gleichzeitig wirkenden buddhistischen Missionaren in Korea und Japan ist ein himmelweiter Unterschied.« In der Tat kann man sich kaum eine größere Verschiedenheit ihrer Missionsmethoden denken.

Der Angelsachse Bonifatius (719–754) fällte die heilige Donareiche von Hohengeismar, der Japaner Kôbô Daishi, der 806 die Shingon-Schule begründete, rottete die einheimische Shintô-Religion nicht aus, sondern deutete sie um und durchdrang sie mit buddhistischem Geiste.

Der Christ erhebt weiterhin gegen Buddha den Vorwurf, durch seine Lehre von der Wiederverkörperung den wesenhaften Unterschied zwischen Tier und Mensch verwischt zu haben. Ein katholischer Theologe schreibt sogar: »Die allgemeine Wesenliebe (maitrî), wodurch (nach der Meinung mancher Beurteiler) der Buddhismus eine dem Christentum gleiche und noch höhere sittliche Bedeutung gewinnen soll, verliert ihren ganzen Wert, da sie sich auch auf die Tiere erstreckt und gerade dadurch so recht als eine Verzerrung der christlichen Charitas und als eine Entwürdigung des Menschen erscheint. Als Wesen gleicher Art mit dem Tiere betrachtet, muß dieser notwendig auch das Bewußtsein seines höheren Zweckes, seiner Persönlichkeit und sittlichen Natur verlieren und in die Strömung des Naturlebens gestellt in dieser untergehen [1].«

3. Der Universismus

Die Chinesen betrachten den Konfuzianismus als eine Morallehre, die allen Glaubensreligionen überlegen ist, weil sie den »erhabenen Grundsatz von Ehre und Pflicht« aufstellt, ohne an transzendente Mächte zu appellieren. Ku-hung-ming sagt darüber:
»Der Wert der Religion ist, daß sie die Menschen, sogar die große Masse, die weder Verstandeskraft noch Charakterstärke hat, zu moralischer Lebensführung befähigt und veranlaßt. Mit welchen Mitteln tut sie das? Die Leute glauben irrtümlich, dieses Mittel sei der Glaube an Gott. Aber die einzige, alleinige Autorität, die die Menschen wirklich zur Befolgung der Sittengesetze veranlaßt, ist das Moralgefühl, das Gesetz für den Ehrenmann in ihnen. Konfuzius sagt: ›Ein Moralgesetz außerhalb des Menschen ist kein Moralgesetz‹ [2].«
»Goethe (sagt): ›Es gibt zwei friedliche Gewalten in der Welt, das Recht und die Schicklichkeit.‹ Nun sind das Recht und die Schicklichkeit das Wesen der Religion des guten Bürgers, die Konfuzius uns Chinesen gab, dieser Takt, diese Schicklichkeit ist das Wesen der chinesischen Zivilisation. Die europä-

[1] Franz Hettinger, »Apologie des Christentums«, Freiburg 1885, I, 2, S. 498. [2] Ku-hung-ming, »Der Geist des chinesischen Volkes«, Jena 1917, S. 84 ff.

ische Religion sagt: ›Sei ein guter Mensch.‹ Aber die chinesische Religion sagt: ›Sei ein guter Mensch mit gutem Geschmack.‹ Diese Religion der Gerechtigkeit mit gutem Geschmack, die ich die Religion des guten Bürgers genannt habe, ist die neue Religion, die die Völker Europas brauchen, nicht nur, um den Krieg zu beenden, sondern auch, um die Zivilisation Europas zu retten[1].«

»Eine Religion im europäischen Sinne des Wortes macht sich zur Aufgabe, den Menschen zu einem Heiligen, einem Buddha, einem Engel zu verwandeln, während sich der Konfuzianismus darauf beschränkt, ihn zu einem guten Bürger zu machen[2].« »Der wahre Unterschied zwischen den beiden Religionsarten ist, daß die eine eine persönliche, eine Kirchenreligion und die andere eine soziale, eine Staatsreligion ist[3].«

Diese enge Verflechtung mit staatlichen und sozialen Ideen ist es gerade, worin die anderen Religionen einen Mangel des chinesischen Universismus erblicken, denn nach ihrer Meinung soll die Religion über die notwendig zeitbegrenzten irdischen Ordnungen hinausführen. Vorstellungen wie die, daß der chinesische Kaiser der Mandatar des Himmels ist, seien inzwischen von der Geschichte selbst als zeitgebunden dargetan worden. Ebensowenig erscheint den Bekennern anderer Glaubenslehren der Kult als vorbildlich, den die Chinesen mit ihrer Vergangenheit treiben; für einen moralischen Fortschritt könnten nicht die Normen des Altertums maßgebend sein, sondern nur das Ringen um eine bessere Zukunft. Auch die große Hochschätzung der äußeren Umgangsformen ist oft zum Gegenstand der Kritik gemacht worden. So sagt Kant von den Chinesen: »Statt eines Religionskatechismus haben sie einen Komplimentenkatechismus[4].« Vielfach ist den Chinesen vorgeworfen worden, daß das moralische Handeln hinter das richtige zeremoniöse Verhalten zurückgedrängt werde.

Die Buddhisten sehen einen Hauptfehler des Konfuzianismus darin, daß er nur das diesseitige Glück und das Wohl der Nachkommen berücksichtige, nicht aber das Leben nach dem Tode.

Die Anhänger vieler religiöser oder philosophischer Systeme haben der Lehre des Konfuzius zum Vorwurf gemacht, daß sie unvollkommen sei, weil ihr die Basis in etwas Transzendentem fehle. So tadelt Schopenhauer sie auch als eine »breite, gemeinplätzige und überwiegend politische Moralphilosophie, die, ohne eine Metaphysik, sie zu stützen, etwas ganz spezifisch Fades und Langweiliges an sich hat[5].«

Die Morallehren des Konfuzius sind im Westen sehr verschieden beurteilt worden. Leibniz nannte ihn den »König der chinesischen Philosophie« und schreibt von ihm in seinen »Novissima Sinica« (1697).

»Wieviel kann das in theoretischer Wissenschaft so hochentwickelte Europa

[1] Ebenda, S. 24. [2] Ebenda, S. 67. [3] Ebenda, S. 68.
[4] v. Glasenapp, »Kant und die Religionen des Ostens«, S. 101. [5] Schopenhauer, Nachlaß, S. 118 (ed. Grisebach, Reclam).

gerade von diesen praktischen Dingen des alltäglichen Lebens von China lernen? Derart scheint mir die Lage unserer Verhältnisse zu sein, daß ich, da die Sittenverderbnis ins Ungemessene anschwillt, es fast für notwendig halte, daß chinesische Missionare zu uns gesendet werden, welche uns den Zweck und die Übung der natürlichen Theologie lehren, wie wir Missionare zu ihnen schicken, um sie in der geoffenbarten Theologie zu unterrichten. Daher glaube ich, wenn ein weiser Mann zum Richter bestellt würde, nicht über die Gestalt von schönen Göttinnen, sondern über die Vorzüglichkeit der Völker, daß er den goldenen Apfel den Chinesen reichen würde, wenn wir dieselben nicht vornehmlich durch ein allerdings übermenschliches Gut überragten, nämlich durch das göttliche Geschenk der christlichen Religion[1].«

Auf der anderen Seite sagt Otto Franke von Konfuzius: »Was wir aus seinem Handeln, aus seinen Auffassungen, aus seiner politischen Voraussicht erschließen können, spricht wenig für die Größe des Mannes. Er sah nicht, daß Geschichte eine niemals rastende Bewegung, ein ewiges ›Stirb und Werde‹ ist, sondern er hielt das Leben der Völker für einen wohl ausbalancierten Dauerzustand, bedingt durch die unabänderliche Gleichmäßigkeit des Tao in der Natur, deren große Entwicklungsvorgänge ihm wie seiner ganzen Zeit verborgen waren. Der Gedanke aber, einem Volke sein Ideal in eine große Vergangenheit zu verlegen, ist an sich schon bedenklich, da er eben den natürlichen und gesunden Drang des Menschen, nach vorwärts zu schauen und von der Weiterentwicklung das Bessere zu erhoffen, in verhängnisvoller Weise verkennt. Das Verfahren wird verschlimmert, wenn der geschichtlichen Wahrheit dabei Gewalt angetan und ein Goldenes Zeitalter erdacht wird, dessen innere Unmöglichkeit sofort in die Augen fallen muß. Dieses Zurückstarren in eine stilisierte Vergangenheit hat dem chinesischen Volke oft genug den Blick für die Erfordernisse der Gegenwart getrübt, und nur die Unzerstörbarkeit seiner gesunden geistigen Natur hat ihm immer wieder geholfen, die Hindernisse zu überwinden, die ihm durch den Widerspruch zwischen Theorie und Wirklichkeit bereitet wurden[2].«

Christliche Missionare machen Konfuzius wie anderen Chinesen einen »rationalistischen Illusionismus« in bezug auf die Beurteilung des Menschen zum Vorwurf. Denn die chinesischen Denker lehren: »Da die Menschen ihrer Veranlagung nach gut sind, können sie aus eigener Kraft wieder gut werden. Den Chinesen fehlt vom christlichen Standpunkt die Einsicht in das wahre Wesen der Leidenschaft und Sünde.«

»Die Macht des Bösen, das bis in die Wurzeln das Menschenwesen beherrscht, kann in Wirklichkeit nur überwunden werden, wenn der Mensch eine Kraft bekommt, die ihn von Grund auf und von innen heraus mit einem noch stärkeren Willen zum Guten erfüllt, als es der Wille zum Bösen in ihm

[1] Th. Devaranne, »Konfuzius in aller Welt«, Leipzig 1929, S. 11.
[2] R. O. Franke in »Chantepie de la Saussaye, Lehrbuch der Religionsgeschichte«, 4. Aufl. Tübingen 1925, S. 207.

ist. Es handelt sich also um die Möglichkeit der Erlösung aus der Macht des Bösen durch die stärkere Kraft des Guten. Hier setzt das Christentum ein mit seiner Lehre, daß durch das Heil in Christus nach der Versöhnung des gottfernen Menschen mit Gott und der Verzeihung seiner Schuld – ein Begriff, der im Chinesentum, das nur böse Folgen (Strafen) des Bösen kennt, fehlt – der Mensch in die innigste Liebesgemeinschaft mit Gott versetzt wird, so daß Gottes Geist unser Geist, sein Wille unser Wille, seine Kraft unsere Kraft, seine Liebe unsere Liebe wird. Hier wird also eine völlige Umwandlung des Menschen gefordert und ermöglicht. So wird eine stärkere Macht als die des Bösen, nämlich die allmächtige Kraft des Gottes der Liebe, von innen heraus zur Triebkraft für alles Handeln der Menschen [1].«

Die Taoisten betrachten sich als den Konfuzianern an metaphysischer Tiefe weit überlegen. Sie fühlen sich als die Erben der wahren Urweisheit des Chinesentums, von welcher Konfuzius sich nur einen Teil zu eigen gemacht habe. Die Konfuzianer wieder bekämpfen an den Anhängern des Lao-tse ihre für Staat und Gesellschaft schädliche Weltentsagung, ihre zügellose Phantastik und ihren Aberglauben. Vor allem werfen sie dem Taoismus vor, daß er vom Buddhismus so vieles übernahm. Nach der Meinung des Konfuzianers Chu Hsi sollen die Buddhisten das, was an der ursprünglichen Lehre Lao-tses gut war, von diesem sich angeeignet haben, die Taoisten späterhin dann aber alles Schlechte aus der Lehre Shâkyamunis ihrem System einverleibt haben. Chu Hsi sagt deshalb: »Es ist, wie wenn die Taoisten eine Schatzkammer gehabt hätten, die ihnen von den Buddhisten gestohlen sei, die Taoisten sich aber von den Buddhisten dafür nur den Schutt wiedergeholt hätten [2].«

Die Bekenner der westlichen Religionen betrachten die ganze Lehre von den kosmischen Entsprechungen, welche die gemeinsame Basis des konfuzianischen wie taoistischen Universismus bildet, als ein Spiel der Phantasie.

Die Toleranz der Chinesen gegenüber den verschiedenen Religionen des weiten Reiches ist von christlicher Seite bereits im 14. Jahrhundert verurteilt worden. Im Januar 1392 schrieb nämlich der Bischof von Zeitun in China, Andreas von Perugia, an sein Franziskaner-Mutterkloster in Perugia: »Sie (die Chinesen) hegen die Meinung oder richtiger die irrige Ansicht, daß ein jeder in seiner eigenen Religion selig werden kann.«

4. Das Christentum

Das Christentum erhebt den Anspruch, die absolute Religion zu sein. Es gilt seinen Bekennern als die einzige »übernatürliche Religion«, die sich von allen anderen Natur- und Kulturreligionen dadurch unterscheidet, daß sie

---

[1] J. Witte, »Mê Ti«, S. 14 f.
[2] Yü lei, Kap. 126 fol. 2 v. (O. Franke in »Chantepie de la Saussaye, Lehrbuch der Religionsgeschichte«, Tübingen 1925, S. 229.)

nicht Menschenwerk ist, sondern auf einem unmittelbaren Eingriff Gottes in die geschichtliche Wirklichkeit beruht. Deshalb sei es nicht bei einer Vergötterung der Natur und des Menschen stehengeblieben, sondern habe die Menschheit zu einer nie übertroffenen und nie zu übertreffenden Höhe der Sittlichkeit emporgeführt: in Christus sei der Geist Gottes vollkommen erschienen, wie er überhaupt auf Erden in Raum und Zeit nur erscheinen kann. Das dogmatische Christentum begründet seine Absolutheit vor allem damit, daß in Christus Gott Mensch geworden ist und daß dieser einmalige geschichtliche Vorgang göttlichen Erbarmens nicht einen, sondern den Wendepunkt in der Entwicklung der Menschheit darstellt.

Die Religionen des ewigen Weltgesetzes lehnen die christliche Geschichtsauffassung ab. Denn wie kann in dem anfang- und endlosen Strom der Zeit ein bestimmter Moment als ausschlaggebend für alle Zukunft angesehen werden, warum sollen die Begebenheiten in Palästina und die dort inspirierten heiligen Schriften allein von einzigartiger Bedeutung für das Heil der Menschheit sein, während dem Erscheinen der anderen großen religiösen Heroen und den heiligen Büchern anderer Glaubensformen nur ein vorübergehender Wert zugesprochen wird. Wäre es da nicht vernünftiger, anzunehmen, daß Gott sich in allen großen Meistern, in allen Ländern und zu allen Zeiten immer erneut geoffenbart hat? Die Hindus erkennen deshalb Christus als Inkarnation Gottes und die Bibel als eine Offenbarungsschrift an, finden es aber beschränkt und engherzig von den Christen, daß sie die brahmanischen Heiligen und religiösen Schriften nicht als göttlicher Herkunft ansehen wollen.

Bei der Engräumigkeit und Kurzfristigkeit der christlichen Vorstellung vom Weltprozeß können die Hindus in diesem nur einen kleinen Ausschnitt aus dem Geschehen sehen, das sich auf unendlich vielen Welten, in vielen Ländern der Erde und während Millionen von Jahren abspielte, und fragen die Christen, was ihrer Meinung nach Gott vor der Weltschöpfung gemacht habe und wie lange die neue, verklärte Erde bestehen werde, die angeblich den definitiven Endpunkt alles Werdens darstellen soll.

Schelling hat in seinen Vorlesungen über die Methode des akademischen Studiums (S. 197 ff.) geschrieben: »Man kann sich nicht des Gedankens erwehren, welch ein Hindernis der Vollendung die sogenannten biblischen Bücher für dasselbe (das Christentum) gewesen sind, die an echt religiösem Gehalt keine Vergleichung mit so vielen anderen der früheren und der späteren Zeit, vornehmlich den indischen, auch nur von ferne aushalten.« Dasselbe gilt für die Verbreitung des Christentums, denn von seinen als inspiriert geltenden heiligen Schriften bietet der größte Teil dem an Upanishaden und Gîtâ, an den Lehrreden Buddhas, an den Gesprächen des Konfuzius und Chuang-tse gebildeten Asiaten wenig Anziehendes. Das Alte Testament mit seiner anthropomorphen Vorstellung von dem eifernden und zornigen Gott (3. Mose 26, 27 ff.; 4. Mose 25, 1 ff.; 5. Mose 1, 34; 1. Kön. 18, 38), mit seiner Billigung von Betrug (1. Mose 25,31 und 27,34; 2. Mose 11,2; Richter 3,20; 2. Kön. 10), Raub und Mord (2. Mose 11,4; 32,27; 34,24; 3. Mose 24,14; 4. Mose 21,2; 31,1 ff.; 5. Mose 2,34 f.,3,3 f.; 7,2,16; 12,29 ff.; 13,9; Jos. 6,21; 8,24; 10,39; 11,11; Richter 21,11; 1. Sam. 15,3; 2. Kön. 9,7; 10,7) und Rassenvorurteilen (5. Mose 7,3; Jos. 23,12; Esra 4,1; 9,1; 10,2; Neh. 10,29), Intoleranz (1. Kön. 18,40), mit den Lehren von der Auserwähltheit des Volkes Israel und seiner künftigen messianischen Herrlichkeit ist ihnen eine fremde Welt, aber auch die Episteln des Neuen Testaments erscheinen ihnen, von einigen erquickenden Oasen abgesehen, als eine dürre Wüste. Einzig die Evangelien halten sie ihren eigenen heiligen Büchern für gleichwertig. Von der Bergpredigt sagt Gândhî:»Ganz gewiß gibt es keine Unterschiede zwischen dem Hinduismus, wie er in der Bhagavadgîtâ zum Ausdruck kommt, und der Offenbarung Christi. Beide Bekenntnisse müssen aus der gleichen Quelle stammen.« Die zahlreichen Teufelsgeschichten und die gegen Ungläubige ausgestoßenen Verwünschungen beeinträchtigen freilich für viele Asiaten diesen Eindruck.

Vom Standpunkt der orthodoxen Hindus steht die christliche Religion der ihrigen nach, weil sie ihren Bekennern das Essen von Rindfleisch und das Trinken berauschender Getränke und Eheverbindungen zwischen Personen verschiedener Abkunft gestattet. Die scharfe Trennung von Gott und Welt scheint ihnen dem wahren Sachverhalt nicht zu entsprechen, denn wie könnte der Mensch sich zum Göttlichen erheben, wenn nicht ein göttlicher Kern in ihm steckt? Die Lehre von der Schöpfung aus dem Nichts lehnen sie im Hinblick auf Chândogya-Upanishad 6,2,1 ab, wo es heißt:»Wie könnte aus Nichtseiendem Seiendes entstehen?« Sie halten es auch für unlogisch, daß die Seele einen Anfang, aber kein Ende haben soll und daß kurzfristige irdische gute oder böse Taten einen ewigen Lohn haben sollen; durch Ablehnung der Lehre vom Karma und der Wiederverkörperung begeben sich die Christen auch nach Ansicht der Hindus jeder Möglichkeit, die Verschiedenheit des Charakters und des Schicksals der mannigfachen Lebewesen zu erklären. Wenn die Lebensstellung und das Glück und Unglück eines Wesens nicht von seinem Karma in früheren Existenzen abhängig ist, bleibt nur der Ausweg, den Zufall oder Gott für die ungerechte Verteilung der Anlagen und Schicksale verantwortlich zu machen.

Anstoß erregt es bei den Hindus, daß die christlichen Philosophen den Tieren und Pflanzen keine Seele zuschreiben. Die Bibelstellen, in denen Tiere und Pflanzen eine schlechte Behandlung erfahren, rufen deshalb ihre Entrüstung hervor, so die Austreibung der bösen Geister in die unschuldigen Schweine (Matth. 8,30) und die Verfluchung des Feigenbaumes (Matth. 21,19). Vor allem aber sehen sie menschliche Überheblichkeit darin, daß die Tiere ihren einzigen Daseinszweck darin haben sollen, von Menschen gefangen und geschlachtet zu werden (2. Petr. 12), entsprechend der Verheißung Gottes an Noah und seine Söhne (1. Mose 9,2 ff.): »Furcht und Schrecken vor euch soll kommen über alle Tiere auf Erden und über alle Vögel unter dem Himmel, über alles, was sich auf Erden regt, und über alle Fische des Meeres: in eure Gewalt sind sie gegeben.« Die Kritik der Buddhisten richtet sich in erster Linie gegen die christliche Gottesidee. Da es nach Buddhas Lehre keine ewige Persönlichkeit geben kann, könnte Gott (d. h. Brahmâ, vgl. S. 32) nur ein karmisch gewordenes Wesen sein, das ein Millionen von Jahren währendes Leben hat, aber dem Sansâra angehört. Da Brahmâ, wenn eine neue Welt entstanden ist, in dieser als erstes Wesen auf Grund seiner guten Taten in früheren Existenzen ins Dasein tritt und nach ihm erst die anderen Lebewesen, glaubt er, daß er sie durch seinen Wunsch hervorgerufen habe, und sie nehmen an, daß er seit Ewigkeit existiere und sie von ihm erschaffen worden seien (Digh I, 1). Vor allem aber erscheint die Verbindung der Funktionen des Weltschöpfers und Weltrichters mit denen eines allwissenden, allerbarmenden Gnadenspenders von höchster moralischer Vollkommenheit unmöglich. Denn wenn Gott allwissend und allgütig und allmächtig ist, hätte er weder eine so leidvolle Welt geschaffen, noch würde er dulden, daß das Leid in ihr fortbesteht. Auch die Vorstellung, daß Gott die Übeltäter hasse und auf seine Selbstverherrlichung bedacht sei (S. 254), sei eines höchsten Wesens unwürdig. Ein japanischer Staatsmann sagte mir, er als Buddhist könne sich ein Wesen von sittlicher Vollkommenheit nur als ein solches denken, das frei von Leidenschaft sei und allen, auch den schlimmsten Sündern zu helfen versuche. Die christliche Lehre von der endgültigen Verklärung der Welt widerspricht selbstverständlich auch der buddhistischen Lehre, daß alles vergänglich ist, und die Idee der Auferstehung des Fleisches erscheint von diesem Standpunkt aus als ein Ausdruck des Daseinsdurstes, der als Grundübel aller Existenz zu überwinden ist.

An der Ethik der Bergpredigt bewundern die Buddhisten die Übereinstimmung mit den Lehren Buddhas. Sie sehen Jesus jedoch nicht als einen Buddha, sondern als einen auf dem Wege der Vollendung fortschreitenden Bodhisattva an, weil er noch nicht von aller Leidenschaft frei war.

Die Blut-und-Wunden-Theologie, welche die Erlösung der Welt durch das stellvertretende Leiden Christi gewirkt sein läßt, ist den Buddhisten unverständlich. Daß in diesem Punkt eine der Hauptschwierigkeiten besteht, welche einer Bekehrung der Singhalesen zum Protestantismus entgegenstehen, ergibt sich aus den Bemerkungen des um die Erforschung des Buddhismus in Ceylon hochverdienten wesleyanischen Missionars Spence Hardy, der in seinem Buch »Legends and Theories of the Buddhists« die Singhalesen in folgender Weise apostrophiert [1]:

»Viele Generationen hindurch ist euren Vorfahren gelehrt worden, blutige Opfer mit Abscheu zu betrachten als etwas an sich Unreines und die Wurzeln

---

[1] Spence Hardy, »Legends and Theories of the Buddhists«, S. 223 f.; nach Th. Schultze, »Das Dhammapada«, Berlin 1906, S. 74.

alles Übels; und solange diese Gedanken gehegt werden oder eine Erinnerung daran zurückbleibt, kann es keinen aufrichtigen Glauben an die Versöhnung geben, welche für die Menschen am Kreuz erworben ist, obgleich wir durch diese allein von dem Zorn Gottes und dem ewigen Verderben errettet werden können. Wenn Blumen und Früchte für ein angemessenes Opfer gelten, als Ausdruck religiöser Gedanken und Gefühle, dann gibt es keine rechte Wertschätzung der Nichtswürdigkeit der Sünde oder des Bedürfnisses einer alles aufwiegenden Vertretung für die Menschen. Das können wir nur von dem traurigsten aller Anblicke, dem Vergießen des Lebensblutes lernen; aber das, was an sich selbst der traurigste aller Anblicke ist, ist der erfreulichste von allen in seinem Charakter als Symbol, da es von dem Lösegeld spricht, welches nicht ohne Blut für uns Menschen und unsere Rettung bezahlt war, als Jesus Christus, der ewige Sohn des Vaters, in der Unendlichkeit seiner Gnade und aus eigenem freien Willen zum Sühnopfer für unsere Sünden ward, und nicht nur für unsere, sondern auch für die Sünden der ganzen Welt.«

Ein wesentlicher Unterschied zwischen Buddhismus und Christentum besteht in der Wertung des Leidens. Worte wie »Leiden ist ein verborgenes Gut, das niemand vergelten kann«, und »die Leidenden heißen vor der Welt die Armen, sie heißen aber vor mir die Auserwählten«[1], sind dem Buddhisten fremd, für ihn ist das Leiden das Übel, das mit aller Existenz verknüpft ist, nicht der »süße Maientau«, mit welchem Gott den Menschen »väterlich übet«.

Wenn auch der Buddhist sich dauernd der Vergänglichkeit aller Dinge, der Hinfälligkeit und Unreinheit des Körpers usw. bewußt sein soll, so richtet er seine Gedanken doch in erster Linie auf das, was ihn emporführt, und auf das Ideal, das ihm vorschwebt. Deshalb umgibt er sich mit Bildern des ruhige Heiterkeit ausstrahlenden Buddha. Das Kruzifix immer vor sich zu haben würde ihn bedrücken. Im Mahâyâna tritt der Gegensatz zur protestantischen Auffassung deutlich in folgendem hervor: Der Christ fühlt sich als durch die Erbsünde von Natur aus total verderbt und bedarf göttlicher Gnade, um die völlige Erneuerung zu erfahren. Im Mahâyâna ist auch in dem Bösen ein Keim möglicher künftiger Buddhaschaft enthalten, der durch das Wissen allmählich von den ihn umgebenden Verhüllungen befreit wird, worauf die wahre Buddhanatur alles Lebenden hervorleuchtet.

Die Punkte, derentwegen der Chinese und vor allem der Konfuzianer das Christentum ablehnt, faßt Julius Richter in einem Aufsatz »Das Christentum und die nichtchristlichen Religionen« folgendermaßen zusammen: »(Der Konfuzianer) hat kein Verständnis für die mystische Seite (des christlichen Glaubens), das Leben des Christen verborgen mit Christo in Gott; ihm scheint, daß im Christentum die überweltlichen irrationalen Ideen auf

---

[1] Heinrich Suso, »Von der Göttlichen Weisheit«, 1. Teil, 13. Kap.

Kosten der realen Verhältnisse und Aufgaben überbetont werden; Dogmen wie die Erbsünde, die Auferstehung, die Dreieinigkeit, die Jungfrauengeburt erscheinen ihm als Fündlein spintisierender Theologen, die mit dem gesunden Menschenverstand im Widerspruch stehen; Jesus erscheint ihm als ein jüdischer Lokalprophet mit bäuerlicher Redeweise und ohne Einsicht in die verwickelten Probleme eines hochentwickelten Staates; sie weisen auf die bedauerliche Tatsache hin, daß das Christentum noch keinen Staat hervorgebracht hat, der folgerichtig im christlichen Geist handelt . . . Er glaubt darauf hinweisen zu dürfen, daß der Konfuzianismus die Grundbeziehungen des Menschen besser herausgearbeitet habe als das Christentum und daß der Konfuzianismus die Pflichten des Alltags deutlicher lehre; solche Ideen wie Jen, der Edelmensch, und Ta t'ung, das kosmopolitische Weltbewußtsein ›Innerhalb der vier Meere sind alle Menschen Brüder‹, seien eine wertvolle konfuzianische Errungenschaft; auch das Ideal der Harmonie mit dem Universum dürfe nicht preisgegeben werden.«

In seinem bekannten Buche: »The Importance of Living« (S. 415) führt der Chinese Lin Yu-tang eine Anzahl von Gründen an, die ihn, den Sohn eines christlichen Pastors, dazu bewogen, den geistlichen Beruf, für den er bestimmt war, aufzugeben und zum chinesischen »Heidentum« (paganism) zurückzukehren. Vor allem erscheint ihm die Annahme, daß alle Menschen Sünder sind, unberechtigt. Er betrachtet es auch als ungereimt, daß Gott, als Adam und Eva von einem Apfel gegessen hatten, so zornig wurde, daß er sie und alle ihre Nachkommen zum Leiden verurteilte, dann aber, als eben diese Nachkommenschaft seinen eigenen Sohn tötete, darüber »so erfreut war, daß er allen vergab«. Ein konkretes Geschehnis – daß nämlich Missionare Gott darum baten, es bei einem bevorstehenden Leichenbegräbnis nicht regnen zu lassen, veranlaßt ihn dazu, dem Christentum vorzuwerfen, daß bei ihm die Interessen der Einzelpersonen gegenüber denen der Gemeinschaft ungebührend in den Vordergrund träten.

Der chinesische Schriftsteller Ch'ên Tu-hsiu schreibt: »Die westliche Volksgemeinschaft ist auf Kampf und Streit aufgebaut, die östliche auf Frieden und Ruhe . . . Die Menschen des Westens lieben alle den Kampf und harten Streit, und in der Geschichte aller Kulturen Europas ist jedes Wort mit frischem Blut geschrieben« (A. Forke, ZDMG 96 [1942], 219).

André Gide erzählt:

»Ich fragte einmal einen Chinesen, was ihn auf seinen Reisen am meisten gefesselt hätte. Er erwiderte mir darauf, daß er in Europa hauptsächlich den Ausdruck von Müdigkeit, Trauer und Sorge auf allen Gesichtern empfunden habe, wir kennten alle Künste, mit Ausnahme der so einfachen, glücklich zu sein.

Überall, sagte er, sind Sitten und Einrichtungen nach dem Glauben zugeschnitten – nur bei den christlichen Völkern nicht. Daß die Religion, die den Menschen sagt: ›Worüber beunruhigt ihr euch denn?‹, die sie lehrt, nichts auf Erden zu besitzen, sich gegenseitig zu helfen, einander zu lieben und dem die rechte Wange zu bieten, der einen auf die linke schlägt – gerade die unruhigsten, reichsten, listigsten, bewegtesten Völker gebildet hat, die unablässig wünschen, sich zu erweitern und größer zu werden, die Völker schließlich, deren Ehre am kitzligsten ist und sich am meisten der Verzeihung und dem Ausgleich widersetzt: das konnte er nicht begreifen.«

Der Islâm betrachtet Christus als einen Propheten, der auch den Glauben an den wahren Gott gelehrt hat, dessen Anhänger aber seine reine Lehre entstellt haben. Im Korân (2, 59) wird von den Juden, Christen und Sabiern gesagt, »wenn sie glauben an Gott und an den Jüngsten Tag und das Rechte tun, dann wird ihnen Lohn von ihrem Herrn und weder Furcht noch Traurigkeit wird über sie kommen«. In der 5. Sûre wird aber festgestellt, daß sie vieles von dem, was ihnen gesagt war, vergessen haben und daß Gott deshalb Feindschaft und Haß unter ihnen erregt hat bis zum Auferstehungstage. Hier wird also der Kampf der vielen christlichen Schulen, Sekten und Kirchen als eine Folge davon angesehen, daß sie die Wahrheit außer acht ließen.

Deutlich läßt sich Mohammed über das, was ihn vom Christentum trennt, in derselben Sûre aus, wo es heißt: »Wahrlich, das sind Ungläubige, so da sagen: Gott sei Christus, der Sohn der Maria. Sagt ja Christus selbst: O ihr Kinder Israel, verehret Gott, meinen und euern Herrn; wer Gott irgendein Wesen zugesellt, den schließt Gott vom Paradiese aus und seine Wohnung wird das Höllenfeuer sein, und die Gottlosen werden keinen Helfer haben. Auch das sind Ungläubige, welche sagen: Gott ist der Dritte unter Dreien; denn es gibt nur einen einzigen Gott; wenn sie sich nicht enthalten, so zu sprechen, so wird diese Ungläubigen schwere Strafe treffen. Sollten sie daher nicht zu Gott zurückkehren und ihn um Verzeihung bitten? Denn Gott ist versöhnend und barmherzig. Christus, der Sohn Marias, ist nur ein Gesandter, so wie ihm Gesandte auch vorangegangen sind, und seine Mutter war eine wirkliche Frauensperson, und beide aßen gewöhnliche Speise.«

Gegen das Christentum machen die Mohammedaner geltend, daß es eine »überholte Religion« sei, insofern als seine wahren Elemente vom Islâm übernommen, seine Irrtümer aber von ihm ausgeschieden seien. Da Mohammed das Siegel der Propheten sei, seien durch ihn Bestimmungen aufgelöst worden, die auf einer niedereren Stufe der Offenbarung berechtigt sein mochten.

In Afrika, wo die islâmische Mission mit der christlichen um die Seele des Negers kämpft, betonen die Sendboten Mohammeds vor allem, daß die von ihnen gewonnenen Anhänger wirklich zu vollberechtigten Gliedern einer weltumspannenden Gemeinschaft würden, während die neubekehrten »Brüder in Christo« von ihren weißen Herren auch weiterhin als niedrigstehende »Eingeborene« betrachtet und behandelt würden.

5. Der Islâm

Der Islâm ist für die Mohammedaner die beste Religion, weil sie die einfachste ist. »An ihm offenbart sich der Satz ›Simplicitas sigillum veri‹«, sagte mir einmal ein Moslem gewordener Europäer. In der Tat zeichnet sich die Lehre Mohammeds durch ihre leichte Faßlichkeit aus, denn sie hat eigentlich nur einen Glaubensartikel. Dieser bildet die drittletzte (112.) Sûre des Korân und lautet: »Gott ist der einzige und ewige Gott. Er zeugt nicht und ist nicht gezeugt, und kein Wesen ist ihm gleich.« Ihn, den »Allerbarmer« (Rahmân), zu verehren und von ihm sich leiten zu lassen ist die einzige religiöse Pflicht des Menschen. Die erste Sûre, die dies einschärft, sei hier in Grimmes Übersetzung wiedergegeben, die Reim und Rhythmus des arabischen Urtextes gut nachbildet.

»Preis sei Allâh, dem die Welt untertan!
Dem König des Gerichts, dem barmherzigen Rahmân,
Dich beten wir an, dich rufen wir an:
Leite du uns auf die gerade Bahn,
Zu wandeln als solche, denen du wohlgetan,
Die dein Zorn verschont und die frei sind von Wahn.«

Ebenso einfach wie die Lehre ist auch die Ethik des Islâm, denn von ihr gilt der Grundsatz: »Gott will es euch leicht machen, denn der Mensch ist ein schwaches Geschöpf« (Q 4,32).
Dadurch, daß die Gebote des Islâm leicht zu befolgen sind, ist er allen anderen Religionen gegenüber im Vorteil; daraus erklärt sich die gewaltige Werbekraft, die er heute noch in Afrika entfaltet, das Selbstbewußtsein und das Gefühl der Überlegenheit, welche die Mohammedaner so vielfach zur Schau tragen, und die Tatsache, daß keine andere Religion in gleich hohem Maße imstande gewesen ist, ihren Bekennern einen gemeinsamen Charakter aufzuprägen, der alle Unterschiede von Herkunft und Volkstum in den Hintergrund drängt.
Die Anhänger der vier anderen Religionen wenden gegen den Islâm ein, daß er zu leicht sei und von seinen Bekennern zu wenig fordere. Die Hindus verurteilen an ihm vor allem seine Nichtbeachtung der ihnen heiligen rituellen und sozialen Bräuche (Tötung von Kühen, Wiederverheiratung der Witwen), während die Buddhisten und Chinesen seinen fanatischen Monotheismus ablehnen.
Die christliche Auffassung räumt dem Islâm insofern eine bevorzugte Stellung unter den nichtchristlichen Religionen ein, als sie seine Bekenner meist nicht zu den »Heiden« rechnet, sondern anerkennt, daß sie ebenso wie die Juden den »wahren Gott« verehren. Trotzdem hat der scharfe geschichtliche Gegensatz gegen den Islâm, in welchem die Christenheit seit dem Beginn

der arabischen Eroberungszüge stand, sich bis zur Gegenwart in Urteilen von großer Schärfe ausgewirkt. Johannes Damascenus (8. Jahrhundert) sah in Mohammed geradezu den Antichrist, Luther im »Türken« ein Werkzeug des Teufels, und noch kürzlich hat ein protestantischer Theologe geschrieben: »Das eine ist sicher, daß wir es im Islâm mit einer besonders gefährlichen Ausgeburt der Satansmacht zu tun haben [1].« Aber auch die objektive christliche Kritik läßt am Islâm wenig Gutes. Sie erkennt zwar an, daß die Lehre Mohammeds gegenüber dem altarabischen Heidentum einen Fortschritt bedeutete und daß sie durch ihren Monotheismus ein wahres Fundament habe, aber sie findet, daß seine Gottesverehrung höchst unvollkommen sei, weil Gott als die personifizierte Willkür auftrete und durch keinen Mittler mit der Menschheit verbunden sei. Das Entgegenkommen des Propheten gegen die arabische Raubgier und die Sinnlichkeit, die enge Verbindung zwischen irdischen und religiösen Gesichtspunkten, die im Korân wie in der ganzen Entwicklung des Islâm immer wieder zutage tritt, die Geringachtung der Frau und viele andere Dinge erscheinen dem geläuterten sittlichen Empfinden als Unzulänglichkeiten, von denen sich der Islâm leider nicht zu befreien vermocht hat.

Pascal sagt (Pensées II Art. 13): »Mohammed hat eine Herrschaft begründet, indem er mordete, Christus, indem er sich morden ließ. Mohammed hat Mittel und Wege gewählt, um nach menschlicher Auffassung zu siegen, Christus, um nach menschlicher Auffassung zu unterliegen. Wenn denn doch der Mohammedanismus (für einige Zeit) gesiegt hat, so beweist dies nur, daß das Christentum ohne höhere Kräfte hätte unterliegen müssen.« Die Moral der Mohammedaner ist seit jeher von den Christen als niedrigstehend bezeichnet worden, weil sie die Vielweiberei zuläßt. Einer der ältesten Verteidiger des Christentums gegen den Islâm, Abû Kurra (9. Jahrhundert), polemisiert gegen die islâmische Polygamie, indem er vier Vernunftbeweise für die Einehe anführt: »1. Gott hat Adam nur ein Weib gegeben. 2. Die Monogamie führt zu reicherem Kindersegen. 3. Gott bestraft nach dem Korân (24,2) Hurer und Hure gleicherweise mit hundert Schlägen, obwohl das Weib schwächer ist als der Mann und weniger der Lust zu widerstehen vermag und obwohl das Weib nur einen Mann, der Mann aber vier Frauen haben darf. Der Muslim unterschiebt also seinem Gott Ungerechtigkeit. 4. liebt Gott Frieden und nicht Zank, und deshalb muß ihm die Monogamie angenehm sein.«

---

[1] Prof. D. Fritz Blank (Zürich), »Der Islam als missionarisches Problem«. Evang. Missionsmagazin 80 (1936), S. 375.

III. Das Gleichnis von den Blinden und dem Elefanten

Einstmals lebte in Shrâvastî (in Nordindien) ein gewisser König. Der gebot seinem Diener:»Lasse alle Blindgeborenen der Stadt an einem Orte zusammenkommen.« Als dies geschehen war, ließ er den Blindgeborenen einen Elefanten vorführen. Die einen ließ er den Kopf betasten mit den Worten:»So ist ein Elefant«, andere das Ohr oder den Stoßzahn, den Rüssel, den Rumpf, den Fuß, das Hinterteil, den Schwanz, die Schwanzhaare. Dann fragte er:»Wie ist ein Elefant beschaffen?« Da sagten die, welche den Kopf betastet hatten,»Er ist wie ein Topf«, die das Ohr betastet hatten,»wie ein geflochtener Korb zum Schwingen des Getreides«, die den Stoßzahn betastet hatten,»wie eine Pflugstange«, die den Rumpf betastet hatten,»wie ein Speicher«, die den Fuß betastet hatten,»wie ein Pfeiler«, die das Hinterteil betastet hatten,»wie ein Mörser«, die den Schwanz betastet hatten,»wie eine Mörserkeule«, die die Schwanzhaare betastet hatten,»wie ein Besen«. Und mit dem Rufe:»Der Elefant ist so und nicht so«, schlugen sie sich gegenseitig mit den Fäusten zum Ergötzen des Königs.

Die Parabel von den Blinden und dem Elefanten findet sich zuerst im buddhistischen Kanon (Udâna 6,4). Buddha soll sie erzählt haben, um darzulegen, daß die Irrlehren seiner Zeit miteinander im Streit seien, weil sie nicht die volle Wahrheit erkennen, sondern nur einen Teil derselben. Die Geschichte ist in der Folgezeit in Indien häufig wiedererzählt worden, so von den Shivaiten, von den Jainas, von Râmakrishna, sie steht heute in indischen Schulbüchern und ist auch von persischen Sûfîs ihren Zwecken angepaßt worden. Man findet in ihr fünf Wahrheiten in bildlicher Form ausgesprochen:

1. Der Mensch ist wegen seiner natürlichen»Blindheit«, d. h. wegen der unzulänglichen Beschaffenheit seines Erkenntnisvermögens, a priori außerstande, den tatsächlichen Sachverhalt zu erfassen.

2. Der Mensch vermag wegen der Begrenztheit seiner Fähigkeiten nur immer einen Teil der ganzen Wahrheit zu erkennen.

3. Der Mensch kann das Transzendente immer nur nach Analogie seiner eigenen Erfahrungswelt verdeutlichen und beschreiben.

4. Der Mensch neigt dazu, das einzelne fälschlich zu verallgemeinern, wodurch an und für sich Richtiges in eine falsche Perspektive gerückt wird und ein verzerrtes Bild des Ganzen entsteht.

5. Der Mensch hält das, was er erkannt zu haben glaubt, für allgemeingültig. Er sieht deshalb alle anderen Meinungen als verkehrt an und strebt danach, seine eigenen Ansichten anderen aufzuzwingen, was erbitterte Kämpfe zur Folge hat.

In diesen fünf Punkten liegt in der Tat die Lösung des ganzen Problems beschlossen. Betrachten wir die einzelnen Sätze genauer:

1. Es unterliegt keinem Zweifel, daß der Mensch bei jeder seiner Erkenntnisse von seinem Erkenntnisapparat abhängig ist. Mag man nun mit Kant Raum und Zeit für die unabhängig von unserer Erfahrung bestehenden und von dieser vorausgesetzten Anschauungsformen halten, in welche sich unsere Empfindungen ordnen, oder nicht, sicher ist jedenfalls so viel, daß unser Intellekt bestimmte Grenzen hat, die er nicht überschreiten kann, und daß er an bestimmte ihm gesetzte Normen gebunden ist. Wir können bestimmte Farben nicht sehen, bestimmte Töne nicht hören, deren Existenz feststellbar ist, ja wenn wir überhaupt Farben und Töne wahrnehmen, dann nehmen wir damit nicht etwas wahr, was außerhalb von uns in dieser Form vorhanden ist, sondern wir reagieren auf Reize, die erst in uns zu Farben und Tönen werden. Bei dieser Lage der Dinge kann der Mensch nicht annehmen, daß die Inhalte seines wahrnehmenden und erkennenden Bewußtseins außerhalb desselben genau so vorhanden sind, wie sie ihm entgegentreten. Selbst wenn ein göttliches Wesen ihm Offenbarungen über das Wesen der Dinge erteilte, würde er die Wahrheit immer nur nach Maßgabe seines geistigen Vermögens auffassen und verstehen können. In der Zwangsjacke seines Intellekts kann der Sterbliche nicht aus sich heraus, sondern ist von Natur an bestimmte Grenzen gebunden; es gibt daher immer nur eine »Wahrheit für ihn«, aber keine »Wahrheit an sich«; er sieht alles durch eine Brille, die ihm angeboren ist, die vollständige Wirklichkeit ist ihm durch Schleier verborgen, die er nicht beheben kann, weil sie einen Teil seines Wesens ausmachen.

2. Die Begrenztheit seiner Einsicht und Denkkraft tritt beim Menschen weiterhin noch darin zutage, daß er immer nur einen Teil der Wirklichkeit erfahren kann, nicht die Totalität derselben. So wie er immer nur einen größeren oder kleineren Ausschnitt der ihn umgebenden Welt in sich aufzunehmen oder wie er einen Weg zu gehen vermag, aber nicht gleichzeitig viele, so kann er immer nur eine bestimmte Richtung des Erkennens und Denkens verfolgen, muß darüber aber andere außer Betracht lassen. Dies hat notwendigerweise eine Einseitigkeit zur Folge, so daß ein Teil der Wirklichkeit nicht in sein Blickfeld tritt. Die notwendige Konsequenz davon ist, daß er sich in eine bestimmte Anschauung »verrennt«, so daß er diese für die einzig mögliche oder berechtigte hält und alle anderen ignoriert. Die Fülle der Wirklichkeit ist aber so mannigfaltig, daß sie sich nicht in so begrenzter Weise erschließen läßt. Daher kommt es, daß so viele einander entgegengesetzte Ansichten nebeneinander bestehen, die alle das gleiche Recht für sich haben, aber nicht zu einer widerspruchslosen Einheit verbunden werden können, weil das Denken nicht dazu ausreicht, um von einer höheren Warte aus den Zusammenfall der Gegensätze (z. B. Kausalität und Freiheit) in einer höheren Einheit zu realisieren.

3. Da der Mensch nicht »aus seiner Haut heraus« gehen kann, muß er sich alles nach der Analogie seiner Erfahrung zurechtlegen. Er kann sich daher

die von ihm erfaßte Wirklichkeit nur in einer Form vorstellen und sie beschreiben, die im Rahmen seiner empirischen Erkenntnis liegt. Deshalb kann er mystische Intuitionen überhaupt nur in symbolischer Weise darlegen, er kann sie nicht getreu nachbilden und wiedergeben, sondern er muß sie in die Sprache übersetzen, welche ihm als Vehikel für die Verständigung über die Außenwelt dient. Er kleidet deshalb alles in gangbar gewordene Ausdrücke, die dann aber von ihm und von anderen nicht mehr als Sinnbilder für etwas, was jenseits aller Mitteilungsmöglichkeit liegt, sondern für die Sache selbst genommen werden. Auf diese Weise verdichten sich dunkle Erkenntnisse zu Allegorien, halb bewußte Wünsche und Sehnsüchte werden in die Außenwelt projiziert und werden zu mythischen Gestalten. Dies ist deutlich auf den vielen Stufen, wo klare Anthropomorphismen vorliegen, die bei fortgeschrittenem Denken überwunden worden sind; die Sonne wird jetzt nicht mehr als ein in einem Wagen fahrender Gott vorgestellt usw. Es steht aber außer Zweifel, daß heute auch die von groben Anthropomorphismen geläuterten Hochreligionen noch zahlreiche derartige Dinge aufweisen, die dem Gläubigen nur deshalb nicht als solche zum Bewußtsein kommen, weil er an sie gewöhnt ist. Es ist deshalb anzunehmen, daß auch in Zukunft weitere Vermenschlichungen aus der religiösen Vorstellungswelt ausgeschieden werden, doch ist es natürlich nicht ausgeschlossen, daß wieder neue eindringen, da der Entwicklungsgang der Menschheit kein geradliniger ist und auschließlich in einer Richtung vor sich geht. Es handelt sich dabei aber auch nicht bloß darum, daß menschliche Art und Weise auf die Natur oder auf das Göttliche übertragen wird, sondern überhaupt um die Bildung von Vorstellungen von Realitäten, analog der menschlichen Erfahrung. So ist z. B. die Materie kein Ding an sich, sondern ein Begriff unseres Verstandes, eine Fiktion, eine Denkformel, die heute von manchen als unumstößliche Wirklichkeit angesehen wird, während die ältesten Philosophen von einer einheitlichen Materie noch nichts wußten.

4. Das unabweisbare Bedürfnis, die gewonnenen Erkenntnisse zu einem einheitlichen und ausgeglichenen Ganzen zusammenzufassen und so eine befriedigende Deutung der Welt zu gewinnen, führt unweigerlich dazu, daß der kleine Ausschnitt aus der Wirklichkeit, den ein Mensch gewonnen zu haben glaubt, zur Basis für eine Metaphysik gemacht wird, welche die Fülle des Alls erklären und auf einen Nenner bringen soll. Da die Wirklichkeit aber sich nicht nach Belieben in wenige bequeme Begriffe fassen läßt, ist jedes auf diese Weise entstandene System einseitig. Es enthält zwar eine richtige, wenn auch sinnbildliche Wiedergabe des Realen, da es aber vieles außer Betracht läßt, muß es notwendigerweise unvollständig und unvollkommen sein. Der Urheber oder Anhänger eines Systems glaubt aber, daß sich in diesem die Wirklichkeit mehr oder weniger vollkommen und lückenlos widerspiegelt. Er hält den Standort, von dem aus er die Dinge sieht, für den einzig möglichen und die Art und Weise, wie er sich von diesem aus die Welt und

Überwelt konstruiert, für naturgegeben und absolut richtig. Auf der Grundlage dieser Voraussetzungen wird deshalb ein großartiges Lehrgebäude aufgeführt, in dem möglichst alles Existierende eine ihm angemessene Stelle erhalten soll. Als denkerische Leistung und als eine der möglichen Weisen, einen mehr oder weniger großen Ausschnitt aus der Wirklichkeit zu deuten, können alle diese großen Systeme mit Recht einen Platz in der Geschichte des menschlichen Geistes beanspruchen; allein die Tatsache, daß eine Vielheit von derartigen Systemen nebeneinander steht und daß eine große Zahl von ihnen im Verlauf der Jahrhunderte entstanden und wieder vergangen sind, zeigt, daß sie alle gleicherweise nur behelfsmäßigen Wert haben können. Es ist damit so, als ob jemand die unerschöpfliche Lebensquelle davontragen wollte, um sie anderen, die nicht unmittelbar zu ihr gelangen können, zugänglich zu machen. Er kann zu diesem Zweck Wasser aus ihr in ein Gefäß füllen, forttragen und verteilen. So gut dies auch sein mag, es ist stets nur ein Notbehelf, denn es ist ja weder die ganze Quelle, die zu dem in der Ferne Weilenden gebracht werden kann, noch hat das Wasser die unmittelbare Lebendigkeit und Frische, welche nur dem Sprudel selbst eigen ist. Die Menschen neigen aber dazu, das Gefäß für das Wesentliche zu halten und dieses selbst mit seinem Inhalt zu identifizieren, wodurch sie dazu geführt werden, dasselbe Wasser in andersgeformten Flaschen für geringwertig oder untrinkbar, ja als schädlich zu erklären.

5. Die Unduldsamkeit gegen andere Auffassungen ist eines der traurigsten Kapitel in der Geschichte der Religionen. Sie entspringt nicht allein der tiefeingewurzelten Neigung des Menschen zur Rechthaberei und Streitsucht, sie ist vielmehr darum gerade so schwer auszumerzen, weil sie oft auch durchaus aus edleren Motiven erwächst. Wer selbst in einer bestimmten Anschauung das Heil gefunden zu haben glaubt, der möchte das Gute, das er zu besitzen meint, auch anderen zuteil werden lassen; er will sie vor Irrwegen bewahren, die sie seiner Meinung nach ins Unglück stürzen müssen. Daher finden sich gerade auch bei tiefreligiösen und ethisch hochstehenden Personen Ausbrüche von Fanatismus, welche diese Menschen selbst als verabscheuungswert verdammen würden, wenn sich jemand ihrer auf einem anderen als gerade auf dem religiösen Gebiet schuldig machen würde.

In jeder Religion gibt es tolerante und intolerante Bekenner, Gruppen und Strömungen. Wenn man aber die Geschichte reden läßt, dann zeigt sich, daß die Duldsamkeit in manchen Glaubensformen mehr zu Hause ist als in andern. Daß die Religionen der geschichtlichen Gottesoffenbarung intoleranter sind als die des ewigen Weltgesetzes, ist kein Zufall. Denn wenn jemand annimmt, daß dieses einmalige irdische Dasein für das ewige Schicksal des Menschen entscheidend sei und daß in absehbarer Zeit das Weltgericht hereinbrechen werde, dann wird er eifriger darum bemüht sein, das, was er für richtig und heilbringend hält, zu verbreiten, als wenn er an eine stufenweise Läuterung innerhalb des ewigen Weltprozesses glaubt, während dessen die

Unbekehrten sich noch bekehren können. Es ist daher verständlich, daß das Christentum von seinen Anfängen an mit allen Mitteln versucht hat, sich durchzusetzen, und in denen, die seinen Lehren nicht folgen wollten, nicht nur irregeleitete, sondern auch böse Menschen sah und Heiden und Sünder auf eine Stufe stellte (Matth. 18,17; Gal. 2,15; 5,20). Ebenso lehrte Mohammed (Q 9,29): »Bekämpfet die, die nicht glauben an Gott und den Jüngsten Tag und die nicht heiligen, was Gott geheiligt hat und sein Gesandter, und dienen nicht dem Gottesdienst der Wahrheit.« Die Geschichte des Christentums und des Islâm kennt deshalb zahlreiche Glaubenskämpfe, Verfolgungen Andersgläubiger und Inquisitionsprozesse. Obwohl die »heiligen Kriege« der Mohammedaner unzähligen Christen, Juden und Heiden das Leben gekostet haben, sind im großen und ganzen die Moslems doch von größerer Duldsamkeit gewesen als die Christen, da sie nicht alle Unterworfenen nötigten, ihren Glauben anzunehmen, sondern den »Schriftbesitzern« die Ausübung ihrer Religion gestatteten. Bis zum 18. Jahrhundert sind hingegen in Europa nicht nur Heidentum und Islâm, sondern auch die von der herrschenden Richtung abweichenden Sekten nach Möglichkeit ausgerottet worden.

Die Chinesen sind, verglichen mit Christen und Moslems, im allgemeinen tolerant, wie schon das Nebeneinanderstehen von Konfuzianismus, Taoismus und Buddhismus in ihrem Reiche beweist. Doch sahen viele orthodoxe Konfuzianer in Taoisten, Buddhisten und Christen Irrgläubige, welche die Fundamente des Reiches und der Gesellschaft erschüttern wollten, und gingen deshalb gegen sie nicht nur mit geistigen Waffen, sondern auch mit staatlichen Machtmitteln vor. Die von ihnen inspirierten »heiligen Edikte« chinesischer Kaiser sowie die Verfolgungen, unter denen im langen Verlauf der chinesischen Geschichte namentlich die Buddhisten zu leiden hatten, beweisen, daß auch ihnen fanatische Regungen nicht fremd sind.

Die Hindus sind in religiöser Hinsicht, wie schon dargetan, meist außerordentlich tolerant, so große Unduldsamkeit sie andererseits in sozialer Beziehung an den Tag legen. Doch ist es auch bei ihnen gelegentlich zu Ausbrüchen des Glaubenshasses gekommen. Die von den Hindu-Schriftstellern selbst berichtete gewaltsame Ausrottung des Buddhismus »von den Schneebergen bis zur Râma-Brücke« ist zwar nicht erweisbar, doch ist anzunehmen, daß der Untergang der Lehre Gautamas in Indien nicht ganz friedlich vor sich gegangen ist. Vereinzelt mögen auch die Kämpfe zwischen verschiedenen Sekten zu Tätlichkeiten geführt haben. Heute sind die Anhänger des Ârya-Samâj die Träger eines militanten Geistes, der seinen Ideen in fanatischer Weise zum Siege zu verhelfen trachtet.

Die Buddhisten haben unter den Bekennern der fünf großen Religionen zweifellos das Prinzip der Duldung am meisten verwirklicht. Schon allein der Umstand, daß für den Eintritt in ihre Gemeinde nicht das Aufgeben einer anderen Religion erforderlich ist, mußte dieses weitgehend zur Geltung bringen. Es sind deshalb bisher auch nur wenige Fälle bekanntgeworden, in welchen Buddhisten von der Lehre ihres Meisters abwichen und Andersgläubige gewaltsam zu bekehren versuchten (solches wird von orthodoxen Theravâdins in Barma und von Anhängern verschiedener Mahâyâna-Schulen in Japan berichtet). Daß es innerhalb des Buddhismus ganz an Auswirkungen einer engherzigen Dogmatik gefehlt hätte, wird schon deshalb niemand für wahrscheinlich halten können, als seine Anhängerschaft ja nicht nur aus Weisen, sondern zum großen Teil auch aus primitiven und ungebildeten Menschen besteht, welche die hohen sittlichen Lehren des Erhabenen nur in begrenztem Maße in ihrem vollen Umfange zu verstehen und in die Praxis umzusetzen in der Lage sind.

Intoleranz findet sich also bei den Anhängern aller Religionen, wenn auch in verschiedenem Ausmaß. Es besteht aber ein Unterschied, ob die Unduldsamkeit von einzelnen übereifrigen Bekennern im Gegensatz zu den Prinzipien ihrer Religion ausgeübt wird oder ob sie zu den Grundsätzen einer bestimmten Glaubenslehre gehört. Das letztere findet sich bei Hindus und Buddhisten nur in vereinzelten Fällen. So lehrt der theistische Vishnuit Madhva, »einem Ketzer, der von ›Gutgesinnten‹ (d. h. Vishnuiten) in einer Disputation besiegt wurde und nicht bereut, soll der König die Zunge spalten, ihn mit einem Krähenmal brandmarken und aus dem Reiche heraustreiben, ja, wenn er ein Shûdra, Vaishya oder Kshatriya ist, ohne Bedenken töten lassen«. Im Christentum aber sind die Autodafés (spanisch: »Glaubensakte«), die feierlichen Verbrennungen der von der Inquisition verurteilten Ketzer, in Spanien und Portugal bis gegen Ende des 18. Jahrhunderts eine kirchliche und staatliche Institution gewesen. Sie fanden gewöhnlich an Festtagen vor einer schaulustigen Menschenmenge statt, um diese durch den Anblick der Qualen des Verurteilten zu erbauen und durch Einschüchterung im wahren Glauben zu erhalten.

Der Protestantismus kennt zwar keine derartigen organisierten Massenhinrichtungen als religiöse Einrichtung, doch ist auch seine Geschichte durch zahlreiche Ausbrüche des Fanatismus entstellt: 1553 wurde der spanische Arzt Michael Servet auf Betreiben Calvins in Genf als Gotteslästerer verbrannt, weil er die Dreieinigkeitslehre bekämpfte, und 1601 wurde der kursächsische Kanzler Nikolaus Crell in Dresden als »Kryptokalvinist« öffentlich enthauptet. Die Kongregationalisten von Massachusetts gingen bis zum Ende des 18. Jahrhunderts gegen die Anhänger anderer christlicher Bekenntnisse mit maßlosem Fanatismus vor, so wurden von ihnen zahlreiche Quäker »mit öffentlicher Auspeitschung, Abschneidung der Ohren, Durchbohren der Zunge und zuletzt sogar mit dem Henkertode bestraft« (RE 14, S. 170).

Die Wurzel aller dieser Grausamkeiten ist die verblendete Meinung, daß nur der eigene Glaube alle Wahrheit in sich trage, die Lehren anderer aber darum notwendigerweise falsch sein müssen. Dieselben Männer, die von den Autoritäten des Staates und der Kirche die Gewissensfreiheit fordern und sich darüber beklagen, daß ihnen das Recht freier Meinungsäußerung verwehrt werde, verwandeln sich ja oft, wenn sie selbst zur Macht gelangt sind, in ebenso intolerante Vertreter einer geistigen Bevormundung wie die Tyrannen, die sie stürzten. Das ist freilich ein Mißstand, der sich auf allen Gebieten des Menschenlebens beobachten läßt und nicht eine Sondererscheinung im religiösen Bereich darstellt.

Es ist eine der unerfreulichsten Erscheinungen des theologischen Schrifttums, daß die Polemik in diesem eine hervorragende Rolle spielt und daß manche seiner Vertreter der Anschauung zu sein scheinen, ihrer eigenen Lehre dadurch zu nützen, daß sie ihre Gegner auch persönlich verunglimpfen. In Indien hat der Streit zwischen den Theopantisten und Theisten dazu geführt, daß die ersteren den schon erwähnten vishnuitischen Theisten Madhva für eine Inkarnation des Dämons Madhu erklärten und ihm die Verfälschung des Veda vorwarfen, während sie seine Schüler beschuldigten, Reichtümer aufzuhäufen und in verbotenen Genüssen zu schwelgen. Ein Autor geht sogar so weit, von ihnen zu sagen: »Nur dem Aussehen nach sind sie Menschen und zur Hölle reif. Schon wenn man mit ihnen spricht, geht man des Glanzes der Brahmanen verlustig; schon bei ihrem bloßen Anblick soll man bekleidet baden (weil man sich sonst rituell verunreinigt).« Die Mâdhvas hinwiederum bezeichneten Shankara als einen »Sankara«, einen aus einer illegalen Verbindung hervorgegangenen Bastard, als eine irdische Erscheinungsform des Dämons Manimat und seine Lehre als eine verkappte buddhistische Ketzerei.

Die europäischen Theologen standen den indischen in dieser Hinsicht nicht nach. So schrieb Luther öffentlich 1528: »Ich bekenne für mich, daß ich den Zwingel für einen Unchristen halte mit aller seiner Lehre . . . siebenmal ärger, denn da er ein Papist ist.« Zwingli aber sagte von Luther in einem Privatbrief (30. 8. 1528): »Ich will verloren sein, wenn er nicht Faber an Torheit, Eck an Unreinheit, Cochläus an Frechheit und, um es kurz zu sagen, alle Lasterhaften an Laster überbietet.«

Die Gewähr für die Richtigkeit ihrer eigenen Ansichten finden die streitbaren Vertreter einer bestimmten Lehrmeinung darin, daß sie für sich das rechte Vermögen, zwischen dem Richtigen und dem Falschen zu unterscheiden, in Anspruch nehmen und dieses ihrem Gegner absprechen. Charakteristisch hierfür ist eine Bemerkung Calvins, in welcher er seine Auslegung der Bibel als der alleinigen Autorität gegen die katholische Auffassung, welche auch die kirchliche Tradition für maßgebend hält, mit folgenden Worten rechtfertigt: »Wenn die (Papisten) uns fragen, woher wir denn Gewißheit haben, daß die Schrift Gottes Wort sei, nachdem wir das Urteil der Kirche verworfen haben, so ist dies gerade so, als wenn einer fragte: ›Wie können wir das Licht von der Finsternis unterscheiden, das Schwarze vom Weißen, das Süße vom Bitteren?‹, denn wir haben das Gefühl von der Wahrheit der

Heiligen Schrift nicht weniger deutlich als von der weißen und schwarzen Farbe, dem süßen oder bitteren Geschmack[1].«

Es bedarf keiner Ausführungen, daß das von Calvin gebrauchte Gleichnis dem wahren Sachverhalt nicht gerecht wird. Aber selbst wenn man es gelten läßt, leistet es nicht, was der Reformator beabsichtigte. Denn ohne es zu wollen, hat er Dinge zum Gegenstand des Vergleichs gewählt, welche seiner Behauptung den Boden entziehen. Farben und Geschmäcke sind immer von einem Subjekt abhängig. So sind auch die religiösen Dogmen keine allem subjektiven Meinen entrückten Wirklichkeiten, sondern nur subjektive Ausdeutungen eines Transzendenten, dessen direkte Erkenntnis dem Menschen verwehrt ist.

IV. Die Wahrheit »für uns« und die Wahrheit »an sich«

Alle religiöse Unduldsamkeit beruht auf der unausgesprochenen Vorstellung, daß die Lehren der eigenen Religion genauso wahr seien wie die Feststellung 2 mal 2 = 4, Wasser ist eine chemische Verbindung aus 2 Atomen Wasserstoff und 1 Atom Sauerstoff, am 12. Oktober 1492 betrat Kolumbus den Boden Amerikas usw. Zwischen diesen weltlichen Wahrheiten und den Heilswahrheiten einer Religion besteht aber ein großer Unterschied. Die aufgeführten Aussagen sind wahr, weil der behauptete und wirkliche Sachverhalt, der von einem bewußtseinstranszendenten Objekt ausgesagt wird, beweisbar ist und daher mein Urteil mit dem aller anderen Subjekte in Übereinstimmung gebracht werden kann. Die Lehren der Religion gehen zwar auch auf Tatbestände zurück, diese gehören jedoch zum wesentlichen Teil nicht der Außenwelt, sondern der Innenwelt an und sind dadurch nicht dem subjektiven Belieben entzogen, und wo sie mit objektiven Verhältnissen zu tun haben, wie die Existenz und Ordnung des Weltalls usw., sind sie nicht eine bloße Wiedergabe von etwas Wirklichem, sondern Deutungen von einem solchen. Der Sternhimmel als solcher ist eine Realität, die von jedem festgestellt werden kann, die einzelnen Sternbilder, zu welchen sich die Fixsterne ordnen, sind hingegen bei den Indern und Chinesen andere als bei den Völkern des Westens; denn die Ausdeutung derselben beruht auf abweichenden mythologischen Vorstellungen und auf einer verschiedenen Tradition und Übereinkunft.

Jede Religion trägt als eine Gesamtheit von Glaubensüberzeugungen, Gefühlen, Neigungen, in der Phantasie befriedigten Glückseligkeitstrieben, ethischen Normen und kultischen Vorstellungen bei verschiedenen Men-

[1] Calvin Institut I, 7,2.

schen und Menschengruppen ein so mannigfaches Gepräge, daß sich in betreff konkreter Einzelheiten kein Consensus gentium feststellen läßt. Das Faktum, daß die eine Hälfte der Menschheit an einen persönlichen Weltenherrn glaubt, der alles Geschehen lenkt, die andere den Weltprozeß nach immanenten Gesetzen vor sich gehen läßt, daß über das Vorhandensein oder Nichtvorhandensein von unsterblichen Seelen und eine Vergeltung nach dem Tode sowie über das Wie einer Schuld und Sühne alles Bösen die verschiedensten Meinungen bestehen, daß die Ansichten über die Methoden und Wege zum Heil aufs stärkste voneinander abweichen und die Vorstellungen über die der Verehrung würdigen Personen und Sachen völlig divergieren, lehrt tausendfältig, daß keine konkrete religiöse Einzelanschauung den Anspruch auf allgemeine Geltung erheben kann. Jeder kann von seinem Glauben wohl sagen, daß er ihn für den besten und allein wahren hält, es gehört aber ein hoher Grad ungerechtfertigter Überheblichkeit dazu, ihn für das Maß aller Dinge zu erklären und alle, die anderer Meinung sind, für verblendete Toren zu halten.

Die ungeheure Mannigfaltigkeit der Formen, in welchen sich das religiöse Denken, Fühlen und Wollen äußert, wird deutlich, wenn man sich vergegenwärtigt, daß nicht nur gegenwärtig unübersehbar viele religiöse Anschauungen nebeneinander bestehen, sondern daß im Verlauf der viele Jahrtausende umfassenden Menschheitsentwicklung, zumal während der 6000 Jahre des eigentlichen Kulturlebens, noch unendlich viele andere bestanden haben, die jetzt nicht mehr existieren. Sollen diese zahllosen Glaubensvorstellungen alle insgesamt mehr oder weniger auf Irrtum beruhen, während eine einzige, die in einem bestimmten Raum und zu einer bestimmten Zeit entstand, nur die volle Wahrheit enthält? Die historische Betrachtung des Werdens und Vergehens der Religionen lehrt allein schon, daß keine von ihnen etwas Endgültiges darstellt, sondern daß eine jede nur als eine partielle Ausdrucksform der Wahrheit angesehen werden darf.

Die Parabel von den Ringen, welche Lessing in seinem Drama »Nathan der Weise« erzählt (sie findet sich schon in einem französischen Gedicht des 13. Jahrhunderts und in dem jüdischen Buche Shebet Jehuda), wäre also in folgender Weise zu modifizieren: Alle Glaubensformen gleichen Ringen, die Gold vermischt mit geringwertigem Metall enthalten. Der Vater hat jedem seiner zahlreichen Kinder einen Ring von verschiedener Form und Legierung geschenkt; da in jedem Ring Gold und andere Komponenten zusammengeschmolzen sind, kann es keinen »echten« und keine »unechten« Ringe geben, der Wert eines Ringes läßt sich nur nach der Höhe des Goldgehaltes, der Art seiner Prägung und danach bestimmen, wieweit er seinem Träger paßt und gefällt und zum Siegeln brauchbar ist. Das Gold an einer Religion ist das Metaphysische an ihr, das Unaussprechliche, das sich im sittlichen Bewußtsein und in der Seligkeit der Erhebung über das Vergängliche offenbart. Da dieses in Worte nicht faßbar ist, muß es zur praktischen Verwendung mit härteren und spröderen Stoffen geringeren Wertes verbunden werden. Die zahlreichen Religionen sind also gleichsam die verschiedenen »Fassungen« des Goldes.

Jede Glaubenslehre hat mithin nur den Wert eines Vehikels, sie ist eine mythische Ausdeutung und Darstellung von inneren Erfahrungen, sie macht das Unsagbare begreiflich und mitteilbar, indem sie es in einer dem einfachen Bewußtsein angemessenen bildhaft-anschaulichen und historisch-erzählenden Form wiederzugeben sucht.

Daß eine Religion keine allgemein gültigen, überzeitlichen Erkenntnisse über objektive Tatbestände in klarer, nicht sinnbildlicher Form zu vermitteln in der Lage ist, wie sie es sein müßte, wenn sie auf göttlichen Offenbarungen oder auf Mitteilungen allwissender Menschen beruhte, ergibt sich allein schon daraus, daß die heiligen Schriften aller Religionen eine Fülle von natur- und weltgeschichtlichen Einzelheiten enthalten, welche als unzutreffend erwiesen worden sind, und des weiteren daraus, daß nicht nur die Lehren der verschiedenen Religionen, sondern teilweise auch diejenigen einer Religion einander widersprechen. Gäbe es wirklich nur eine einzige wahre Religion, so würden auf der Erde nicht so viele Glaubensarten nebeneinander bestehen und nicht viele verschiedenartige Auslegungen derselben Dogmen möglich sein. Vielmehr müßte die eine Wahrheit sich mit zwingender Gewalt jedem einzelnen offenbaren. Vor allem läßt sich schwer vorstellen, daß ein allmächtiger Gott nicht imstande gewesen wäre, die ganze Menschheit oder auch nur die Mehrzahl derselben zur Anerkennung bestimmter selbstevidenter Lehrsätze zu veranlassen.

Eine einheitliche Religion, die allen Menschen gemeinsam ist, hat es nie gegeben und wird es auch niemals geben. Selbst wenn alle Bewohner der Erde sich über die Anerkennung gewisser Glaubenssätze und Kultformen einigen würden, so würde damit eine tatsächliche religiöse Einheit nicht verwirklicht sein, weil die einzelnen Personen die gleichen Dogmen und Riten in verschiedener Weise verstehen und ausdeuten würden.

Strenggenommen haben die meisten Menschen während ihrer ganzen Lebenszeit auch nicht eine feste, sich gleichbleibende religiöse Anschauung. Denn der Mensch betätigt nur in bestimmten Momenten und Phasen seines Lebens eine bestimmte Glaubenshaltung; während des größten Teils seines Lebens ist sein Denken entweder überhaupt nicht mit bestimmten metaphysischen Gedanken beschäftigt oder wird von ganz anders gearteten Überzeugungen beherrscht. Auch der religiöse Mensch, der in den Stunden der Andacht oder in der Kirche, bei Vorträgen, bei literarischen Arbeiten bestimmte metaphysische Anschauungen teilt oder verkündet, steht im täglichen Leben auf einem ganz anderen geistigen Boden. Im Beruf, in der Forschung, im Kriege ist er Materialist oder Skeptiker; wenn er zum Astrologen oder zur Kartenlegerin geht, huldigt er einem unchristlichen Schicksalsglauben, bedient er sich eines Amuletts oder Talismans, so werden primitive

Vorstellungen in ihm lebendig. Wenn man also nicht die formelle Zugehörigkeit zu einem bestimmten Bekenntnis, sondern allein die geistige Haltung als das Ausschlaggebende betrachtet, dann hat kaum eine Persönlichkeit eine einzige Glaubensüberzeugung, sondern deren viele.

Diese Tatsache wird zumeist übersehen, weil nur das Denken und Handeln in gewissen Feiertagsstimmungen in den Kreis der Betrachtung gerückt wird und die theologischen Vorstellungen vom Glauben nur diese Momente berücksichtigen. Großen Geistern ist es dagegen deutlich zum Bewußtsein gekommen, daß sie in Wahrheit viele logisch einander sogar gegensätzlich gegenüberstehende Glaubensformen nebeneinander verwirklichen. So schrieb Goethe am 6. Januar 1813 an Jacobi: »Ich für mich kann bei den mannigfachen Richtungen meines Denkens nicht an einer Denkweise genug haben: als Dichter und Künstler bin ich Polytheist, Pantheist hingegen als Naturforscher, und eines so entschieden wie das andere. Bedarf es eines Gottes für meine Persönlichkeit als sittlicher Mensch, so ist dafür auch schon gesorgt. Die himmlischen und irdischen Dinge sind ein so weites Reich, daß die Organe aller Wesen zusammen es nur zu erfassen vermögen.« Von hier aus gesehen erschließt sich uns das Verständnis für die so vielen Menschen vorgeworfene sogenannte »doppelte geistige Buchführung«. Wenn sie als Naturwissenschaftler eine andere Einstellung zu den Problemen der Welt haben wie als Christen, so geht dies letzthin auf die, freilich vielfach nicht zu vollem Bewußtsein gelangte, Erkenntnis zurück, daß verschiedene Anschauungen, die für die Logik unvereinbar sind, auf einer höheren Ebene doch gleicherweise ihre Berechtigung haben, so wie ein Elektron als ein Korpuskel betrachtet werden kann, das zu einer bestimmten Zeit einen bestimmten Ort im Raum einnimmt, oder auch als eine Welle, die den ganzen unendlichen Raum ausfüllt. Der menschliche Geist reicht eben nicht dazu aus, um alles bis ins letzte in ein in allen seinen Gliedern übereinstimmendes System zu zwängen.

Das Wissen um die Bedingtheit und Beschränktheit aller Versuche, die vielen Sphären des Seins und Erlebens einheitlich zu ordnen und zusammenzufassen, ist die Basis der S. 338 erwähnten merkwürdigen Erscheinung, daß Inder und Chinesen gleichzeitig verschiedene Lehren für wahr halten können, obwohl sich diese, für sich genommen, gegenseitig ausschließen. Wenn orthodoxe Brahmanen gleichzeitig Theopantisten wie Theisten sein können oder sowohl Shiva wie Vishnu als einzigen ewigen Weltenherrn verehren, wenn sich Chinesen gleichzeitig zum Konfuzianismus, Taoismus und Buddhismus bekennen, dann spricht sich darin die Überzeugung aus, daß alle diese Lehren Teilaspekte der Wahrheit enthalten, die sehr wohl nebeneinander ihr Recht haben. Der Wahrheitsgehalt der Religionen liegt auf einer höheren Ebene, weil ihre Dogmen nicht feststehende Tatsachen sind, sondern nur Verdeutlichungen von etwas für uns Unerkennbarem.

Der fromme Vishnuit bildet Gott als einen dunkelblauen Jüngling ab, der mittelalterliche Christ als einen würdigen Greis. Kein Einsichtiger kann meinen, daß die künstlerischen Darstellungen das Wesen Gottes, wie es wirklich ist, wiedergeben, sondern in ihnen nur symbolische Verbildlichungen sehen. So ist es aber in weiterem Sinne mit allem Religiösen. Es kann nie mehr als eine verengende Darstellung unter vergänglichen Formen sein. Da dem aber so ist, ist es ungereimt, darüber zu streiten, ob die eine oder die andere Gestalt, unter welcher verschiedene Personen oder Menschengruppen sich die Welt und Überwelt vorstellen, die richtige oder die einzig heilbringende ist. Da alle nur den Wert von Sinnbildern haben, weil alles »Vergängliche nur ein Gleichnis ist«, ist es fruchtbringender, sich der Mannigfaltigkeit der Formen des religiösen Lebens zu erfreuen und aus jeder Nutzen zu ziehen, als in kritischer Rechthaberei und engstirnigem Sich-Klammern an bestimmte dogmatische Formeln den Kampf um Scheinprobleme fortzusetzen, der seit Jahrhunderten in den Hörsälen der Schulen, in den Versammlungen der Gläubigen und auf den Schlachtfeldern der Glaubenskriege geführt worden ist. Denn »eine Lösung der sogenannten Welträtsel wird es nie geben, weil das meiste, was uns rätselhaft erscheint, von uns selbst geschaffene Widersprüche sind, die aus der spielenden Beschäftigung mit den bloßen Formen und Schalen der Erkenntnis entstehen« (H. Vaihinger).

Das Wesentliche einer Religion liegt deshalb nicht in ihren theoretischen Lehrsätzen, sondern allein im Praktischen: in der Erhebung des Ich über sich selbst in die Sphäre metaphysischer und sittlicher Ideale. Die Dogmen jeder historischen Religion sind demgegenüber nur Hilfsmittel, um bestimmte Erlebnisse in ein Bild der Außenwelt einfügen zu können, sie sind Spiegelungen von Erkenntnissen, welche in unseren Begriffen überhaupt nicht darlegbar sind, aber als konkrete Realitäten in die Außenwelt projiziert werden, um in Worte gefaßt werden zu können. Deshalb sind sie alle nur vergängliche Ausdrucksformen, die von der metaphysischen Wirklichkeit nur ein provisorisches Bild zu geben vermögen, und dies stets nur für den, dessen Veranlagung und Wesensart sie gemäß sind. Sie haben einen vorläufigen Wert, solange sie den allgemeinen Ideen einer Zeit entsprechen, können aber nicht als ewig gültige Wiedergabe von naturwissenschaftlichen oder historischen Tatbeständen aufgefaßt werden und haben deshalb eine Umgestaltung zu erfahren, wenn die Anschauungen einer Zeit sich wandeln. Denn wofern sie ihren Zweck erfüllen sollen, sind sie Hilfskonstruktionen, um bestimmte Glaubensvorstellungen rationell zu nützen; ausgesprochene Hemmnisse für die Religion werden sie hingegen, wenn sie als Relikte eines überlebten Weltbildes weiter mitgeschleppt werden.

Höhe und Wert aller Erkenntnis bestimmt sich nach dem Grade der Breite, mit der sie die Mannigfaltigkeit der Phänomene umfaßt, und der Tiefe, mit der sie bis zu den Hintergründen vorzudringen vermag. Das gilt nicht zuletzt von der Beschäftigung mit den Religionen der Menschheit. Je mehr sich jemand in das Wesen einer jeden von ihnen hineinversetzt, desto mehr wird er sich von unfruchtbarem Streit fernhalten und dem Wort von Dschingis Khans Enkel Mangu (Mönke) beipflichten, der zu dem christlichen Mönche Rubruk sagte, als dieser ihn bekehren wollte: »Wie Gott der Hand verschiedene Finger gegeben hat, so gab er dem Menschen verschiedene Wege.« Die fünf großen Religionen sind in der Tat den fünf Fingern einer Hand vergleichbar, die voneinander verschieden und selbständig je ihre eigene Wesensart und ihre besonderen Aufgaben haben, gleichwohl aber Teile eines Ganzen ausmachen und als verschiedene Ausdrucksformen der Idee einer sittlichen Weltordnung und einer metaphysischen Wirklichkeit zusammengehören.

Der versöhnliche Geist, der jeden wahrhaftigen Wahrheitssucher beseelen soll, findet eine angemessene Erläuterung in den Worten eines Vedânta-Textes [1], der die Quintessenz aller Erkenntnisse zusammenfaßt, indem er die beiden großen Grundanschauungen der Religionen als gleichberechtigte Verkörperungen der metaphysischen Wirklichkeit nebeneinanderstellt: die Lehre der indischen und chinesischen Theisten, des Christentums und des Islâm, welche einen von der Welt und den Einzelwesen verschiedenen Gott annehmen, und die Lehre der Vedântins, Mahâyâna-Buddhisten, Taoisten und westlichen Mystiker, für welche allen den vielfältigen Erscheinungen eine letzte Einheit zugrunde liegt. Die Strophe lautet in freier Nachbildung:

»Verschiedenheit und Einheit – beide Wege lehren
Die heil'gen Schriften, die seit alters stehn in Ehren.
Ein jeder muß für sich das Wahre selber finden.
Dann mag er's, frei von Streit, auch anderen verkünden.«

---

[1] Gaua-pûrnânanda Cakravartin »Tartva-muktâvalî« 67.

Vergleichende Übersicht über Lehre und Brauchtum der fünf Religionen

Die folgende Tafel berücksichtigt nur, was heute von der Mehrheit der Angehörigen der einzelnen Religionen als maßgebend anerkannt wird. Im einzelnen bestehen aber viele Abweichungen: manche Konfuzianer glauben an einen persönlichen Weltregierer, während manche Hindus seine Existenz leugnen; die Wiederverkörperungslehre findet sich auch bei einigen Taoisten, Christen und Mohammedanern; im Islâm ist eine Art von Mönchtum entstanden; einige Hindusekten verwerfen den Bilderkult, manche christliche Kirchen haben bestimmte Speisevorschriften usw.

	Hinduismus	Buddhismus	Konfuzianismus	Taoismus	Katholizismus	Protestantismus	Islâm
1. Ein ewiger persönlicher Gott	+	−	−	−	+	+	+
2. Viele überirdische Nothelfer	+	+	+	+	+	−	+
3. Bilderkult	+	+	+	+	+	−	−
4. Einmaligkeit von Schöpfung und Gericht	−	−	−	−	+	+	+
5. Himmel und Hölle	+	+	−	+	+	+	+
6. Wiederverkörperung	+	+	−	(±)	−	−	−
7. Religionsbedingte Rechtsordnung	+	−	+	+	−	−	+
8. Kastenwesen	+	−	−	−	−	−	−
9. Priesterstand	+	+	−	+	+	−	−
10. Mönchtum	+	+	−	+	+	−	−
11. Polygamie	+	+	(+)	(+)	−	−	+
12. Speisegesetze	+	+	−	−	−	−	+
13. Alkoholverbot	+	+	−	−	−	−	+
14. Anspruch auf ausschließliche Gültigkeit	−	−	−	−	+	+	+

Vergleichende Zeittafel

HINDUISMUS	BUDDHISMUS	UNIVERSISMUS
		2950 Kaiser Fu-shi
2500 Indus-Kultur		
		2205–1756 Hsia-Dynastie
1500 Rigveda		
1000 Brâhmana-Texte		1000 Kaiser Wen (I-ching)
800 Upanishaden		
		600 Lao-tse
	560–480 Buddha	551–479 Konfuzius
300 Bhagavadgîtâ		
	272–231 Kaiser Ashoka	
		221–210 Shi-huang-ti
Abfassung der Purânas und Ausbildung der philosophischen Systeme	Einführung des Buddhismus in China 67 n. Chr. 150 Nâgârjuna	
	350 Asanga, Vasubandhu	
500 Aufkommen des Tantrismus und Shaktismus 552 in Japan		
		618–907 T'ang-Dynastie

	2500 Kretisch-mykenische Kultur
1250 Moses	
1000 König David	
ab 760 Propheten	
	700 Hesiod
	ab 600 Naturphilosophen
485 Priesterkodex	
	427–347 Plato
	382–322 Aristoteles
300 Esra und Nehemia	
Christi Geburt	
32–65 Apostel Paulus	
	203–269 Plotin
325 Konzil von Nicaea	
341 Wulfilas Gotenbekehrung	
496 Chlodwigs Taufe	
	529 Philosophenschulen schließen

377

INDUISMUS	BUDDHISMUS	UNIVERSISMUS
800 Shankara	642 in Tibet	
	850 Angkor, Borobudur	
1050 Râmânuja	1024 Anawrahta i Barma	
		1130–1200 Chu-Hsi
	1356–1418 Tsong-kha-pa	
1486–1534 Caitanya		1472–1529 Wang Yang-ming
1500 Kabîr und Nânak		
		1644–1911 Mandschu-Dynastie
1757 Beginn d. brit. Hersch.	1785 erstes Burjätenkloster	
1947 Unabhängigkeit	1897 Mission in Hawaii L.1911 Republik	

CHRISTENTUM	ISLAM

| | 622 Hijra |
| | 636 ab: Eroberung Persiens, Syriens, Ägyptens usw. |

863 Beginn der Slawenbekehrung

1058–1111 Al-Ghazzâlî
1096–1270 Kreuzzüge
1196 Eroberung Bihârs

1225–72 Thomas von Aquin

1453 Einnahme Konstantinopels
1470 Java

1492 Entdeckung Amerikas
1498 Seeweg nach Ostindien

1517 Beginn der Reformation

1526 Bâber gründet Mogulreich

1618–1648 Dreißigjähriger Krieg

1696–1787 'Abd-al-Wahlâb

1788 Besiedlung Australiens

1850 Hinrichtung des Bâb

1870 Vatikantisches Konzil

Zur Aussprache der Wörter der asiatischen Sprachen

Für die Umschrift der zahlreichen Alphabete der asiatischen Sprachen gibt es noch heute kein einheitliches System. Für die Zwecke dieses Buches konnte auf eine genaue Wiedergabe aller Laute durch diakritische Zeichen verzichtet werden, es wurde deshalb eine vereinfachte Transkription gewählt, die ungefähr derjenigen entspricht, welche Araber, Perser, Inder, Chinesen und Japaner verwenden, wenn sie sich der lateinischen Schrift bedienen. Diese Umschrift ist auf der Basis der im Vorderen Orient, in Indien und in Ostasien am meisten verbreiteten europäischen Sprache, nämlich des Englischen, erwachsen. Die folgenden Buchstaben haben dementsprechend die nachstehenden, dem Englischen entsprechenden, von der deutschen Orthographie abweichenden Lautwerte:

c und ch	sprich wie deutsch tsch
j	sprich wie deutsch dsch
s	sprich wie deutsch scharfes s
sh	sprich wie deutsch sch
v	sprich wie deutsch w
y	sprich wie deutsch j
z	sprich wie deutsch weiches s

Als Besonderheiten sind zu merken:
In den Sprachen *Vorderindiens* ist das h in bh, ch, dh, gh, kh, ph, th als ein deutlich hörbarer Hauchlaut zu sprechen (Buddha wie »Budd-ha«).
Der Ton geht in Sanskritworten so weit wie möglich zurück, sofern nicht eine lange Silbe den Ton auf sich zieht. Als lang gelten außer â, î, û auch ai, au, e und o sowie ein kurzer Vokal mit folgender Doppelkonsonanz. (Beispiele: Gautama, Shankara, Tathâgata, Kâlidâsa.)
In den Sprachen der *islâmischen* Völker ist hingegen:
gh ein arabischer Kehlkopflaut, der wie das norddeutsche Zäpfchen-R klingt (Ghazzâli sprich wie Rasâli),
kh klingt wie ein rauhes norddeutsches »ch« in »Nacht« (Khadija sprich wie Chaddidscha),
q ist wie ein weit hinten im Kehlkopf hervorgebrachter Ke-Laut (Qorân). Der Spiritus asper (') bezeichnet einen tief in der Kehle von den mit Stimmton schwingenden Stimmbändern herausgepreßten Laut (z. B. 'Alî). Der Spiritus lenis bezeichnet den festen Stimmeinsatz wie im Deutschen bei Vokalen im Anlaut oder wie in dem Wort »Ab-art«.
Die Regeln für die Betonung entsprechen den für das Sanskrit angegebenen.

Bei *chinesischen* Wörtern diente die Transkription von Wade als Grundlage. Nach dieser ist zu sprechen:

ch wie dj, jedoch bei Silbenschluß mit h wie dsch
ch' wie tj, jedoch bei Silbenschluß mit h wie tsch
h wie der rauhe Hauchlaut im deutschen »Nacht«
hs wie der weiche Hauchlaut im deutschen »Licht«
k wie g
k' wie k
p wie b
p' wie p
t wie d (Tao wie Dau)
t' wie t (T'ien wie tien)

Verzeichnis der Abkürzungen

Literatur

Die folgende Bibliographie beschränkt sich darauf, einige wesentliche Werke zu nennen, die dem Autor bei der Abfassung dieses Buches von Nutzen waren; und eine Anzahl anderer Werke, vorwiegend jüngeren Datums, die für eine weitere Beschäftigung mit den fünf großen Religionen geeignet erscheinen.

Religionsgeschichte, Religionswissenschaft allgemein

Gesamtdarstellungen

Die Religionen der Menschheit. Hrsg. Christel Matthias Schröder. Stuttgart 1960 ff. (Kohlhammer)
— Angelegt auf 36 Bde., von denen bis 1980 30 Bde. erschienen sind. Einführungsband »Erscheinungsformen und Wesen der Religion« von Friedrich Heiler 1961. 2., verb. Aufl. 1979

Friedrich Heiler, Die Religionen der Menschheit. Stuttgart 1959 (Reclam). 3. Aufl. 1980. Hrsg. Kurt Goldammer

Die Religionen der Erde. Hrsg. Carl Clemen. 4 Bde. 2. Aufl. München 1966 (Goldmann)

Die fünf großen Weltreligionen. Hrsg. Emma Brunner-Traut. Freiburg 1974 (Herderbücherei Bd. 488)

Mircea Eliade, Geschichte der religiösen Ideen. 3 Bde. und 1 Band Quellentexte. Hrsg. Günter Lanczkowski. Freiburg 1978—1980 (Herder)

Handbuch der Religionswissenschaft. Hrsg. Gustav Mensching. Berlin 1948

Gustav Mensching, Allgemeine Religionsgeschichte. 2. Aufl. Heidelberg 1949

Gustav Mensching, Soziologie der großen Religionen. Bonn 1966 (Röhrscheid)

Max Weber, Gesammelte Aufsätze zur Religionssoziologie. 3 Bde. Tübingen 1920—1921. 6. u. 7. Aufl. 1976—1978 (J. C. B. Mohr)

Friedrich Heiler, Das Gebet. Eine religionsgeschichtliche und religionspsychologische Untersuchung. Nachdr. der 5. Aufl. Basel 1969 (Reinhardt)

Nachschlagewerke

Die Religionen in Geschichte und Gegenwart (RGG). Handwörterbuch für Theologie und Religionswissenschaft. 6 Textbde. und 1 Reg.bd. Hrsg. Kurt Galling u. a. 3., neubearb. Aufl. Tübingen 1957—1965 (J. C. B. Mohr)

Alfred Bertholet, Wörterbuch der Religionen. In Verb. mit Hans Frhr. von Campenhausen. Hrsg. Kurt Goldammer. 3. Aufl. Stuttgart 1973 (Kröner)

Religionswissenschaftliches Wörterbuch. Hrsg. Franz König. Freiburg 1956 (Herder)

Das Fischer Lexikon Bd. 1: Günter Lanczkowski, Geschichte der Religionen. Frankfurt a. M. 1972 (Fischer TB)

Quellen

Religionsgeschichtliches Lesebuch. Hrsg. A. Bertholet. 17 Hefte. Tübingen 1908 ff. 2. Aufl. 1926—1931
Quellen der Religionsgeschichte. Hrsg. im Auftrag der religionsgeschichtl. Kommission bei der Ges. d. Wissenschaften zu Göttingen. Göttingen und Leipzig 1909 ff.
Religiöse Stimmen der Völker. Hrsg. Walter Otto. 12 Bde. Jena 1912 bis 1925 (Diederichs)
Sacred Books of the East. Hrsg. F. M. Mueller. 50 Bde. Oxford 1879 bis 1910
Ekstatische Konfessionen. Gesammelt von Martin Buber. Jena 1909 (Diederichs)
Gebete der Menschheit. Religiöse Zeugnisse aller Zeiten und Völker. Hrsg. Alfonso M. di Nola. Dt. Bearb. E. W. Eschmann. Düsseldorf/Köln 1963 (Diederichs)
Bilderatlas zur Religionsgeschichte. Hrsg. H. Haas. Leipzig 1914 ff.

Brahmanismus und Hinduismus

Nachschlagewerke, Gesamtdarstellungen
John A. Dowson, A classical Dictionary of Hindu Mythology and Religion. London 1928
Margaret and James Stuttley, A Dictionary of Hinduism. Its Mythology, Folklore and Development 1500 b. C. — a. D. 1500. London 1977 (Routledge & Keagan Paul)
M. Monier-Williams, Brahmanism and Hinduism. London 1891
M. Monier-Williams, Hinduism. London 1920
Hermann Oldenberg, Die Lehre der Upanishaden und die Anfänge des Buddhismus. Göttingen 1923 (Vandenhoeck & Ruprecht)
Hermann Oldenberg, Die Religionen des Veda. Berlin 1894. Nachdruck Darmstadt 1970 (Wissenschaftl. Buchgesellschaft)
Helmuth von Glasenapp, Religiöse Reformbewegungen im heutigen Indien. Leipzig 1928
Helmuth von Glasenapp, Der Hinduismus. Religion und Gesellschaft im heutigen Indien. München 1922 (Kurt Wolff)
Friedrich Otto Schrader, Der Hinduismus. Tübingen 1930 (J. C. B. Mohr)
Heinrich Zimmer, Maya. Der indische Mythos. Stuttgart 1936 (DVA)
Swami Nikhilananda, Hinduism. Its meaning for the liberation of the spirit. London 1959 — Dt.: Der Hinduismus. Seine Bedeutung für die Befreiung des Geistes. Übers. Leopold Voelker. Berlin 1960

Jan Gonda, Die Religionen Indiens Bd. I: Veda und älterer Hinduismus. Stuttgart 1960, 2., überarb. Aufl. 1978 (Kohlhammer, Religionen der Menschheit Bd. 11)

Jan Gonda, Die Religionen Indiens Bd. II: Der jüngere Hinduismus. Stuttgart 1963 (Kohlhammer, Religionen der Menschheit Bd. 12)

Robert Charles Zaehner, Hinduism. London 1962 — Dt.: Der Hinduismus. Übers. Gerald Frodl. München 1964 (Goldmann)

Willibald Kirfel, Symbolik des Hinduismus und Jinismus. Stuttgart 1959 (Hiersemann)

Klaus Klostermaier, Hinduismus. Köln 1965

Hinduism. New essays in the history of religions. Hrsg. Bardwell Leith Smith. Leiden 1976 (Brill)

Quellen

Aus Brahmanas und Upanishaden. Übers. Alfred Hillebrandt. Jena 1921 (Diederichs)

Bhagavadgita. Des Erhabenen Sang. Übers. Leopold von Schroeder. Jena 1912 (Diederichs)

Die Bhagavadgita. Hrsg. Swami Radhakrishnan. Übers. S. Lienhard. Baden-Baden 1958 (Holle)

Buddhismus

Nachschlagewerke, Darstellungen

Encyclopaedis of Buddhism. Hrsg. George Peiris Malalasekera. Ceylon 1961 ff.

Nyantiloka, Buddhistisches Wörterbuch. Konstanz 1952 (Christiani)

Friedrich Heiler, Die buddhistische Versenkung. München 1918

Charles Eliot, Hinduism and Buddhism. 3 Bde. London 1921

James Bissett Pratt, The pilgrimage of Buddhism and a Buddhist pilgrimage. New York 1928

Helmuth von Glasenapp, Der Buddhismus in Indien und im fernen Osten. Berlin/Zürich 1936

Edward Conze, Buddhism. Its essence and development. Oxford 1951 — Dt.: Der Buddhismus. Wesen und Entwicklung. Stuttgart 1953 (Kohlhammer)

Gustav Mensching, Buddhistische Geisteswelt. 1955

A. Bareau, Les sectes bouddhiques du Petit Véhicule. Saigon 1955

A. Bareau, W. Schubring und Chr. v. Fürer-Haimendorf, Die Religionen Indiens Bd. III: Buddhismus — Jinismus — Primitivvölker. Stuttgart 1964 (Kohlhammer, Religionen der Menschheit Bd. 13)

Willibald Kirfel, Symbolik des Buddhismus. Stuttgart 1959 (Hiersemann)

Hans Wolfgang Schumann, Buddhismus. Stifter, Schulen und Systeme. Freiburg 1976 (Walter)
Hans Wolfgang Schumann, Der historische Buddha. Köln 1982 (Diederichs)

Quellen

Der Pfad zur Erleuchtung. Grundtexte der buddhistischen Heilslehre. Hrsg. Helmuth von Glasenapp. Düsseldorf/Köln 1956 (Diederichs)
Die Reden Gotamo Buddhos aus der mittleren Sammlung Majjhimanikayo des Pali-Kanon. Übers. Karl Eugen Neumann. 3 Bde. München 1922 (Piper)
Die Reden Gotamo Buddhos aus der längeren Sammlung Dighanikayo des Pali-Kanon. Übers. Karl Eugen Neumann. München 1907
Karl Seidenstücker, Pali-Buddhismus in Übersetzungen. Breslau 1911
Hermann Oldenburg, Reden des Buddha. München 1922 (Kurt Wolff)
Sacred Books of the Buddhists. 1895 ff.
Pali text society translation series. 1882 ff.

Chinesische Religionen

Darstellungen

Jan Jakob Maria de Groot, Universismus. Die Grundlage der Religion und Ethik, des Staatswesens und der Wissenschaften Chinas. Berlin 1918
F. E. A. Krause, Ju-Tao-Fu. Die religiösen und philosophischen Systeme Ostasiens. München 1924
Richard Wilhelm, Die Seele Chinas. Berlin 1926 (Hobbing). Neuausgabe Frankfurt/M 1980 (Suhrkamp)
Alfred Forke, Die Gedankenwelt des chinesischen Kulturkreises. München/Berlin 1927
Alfred Forke, Geschichte der chinesischen Philosophie. 3 Bde. Hamburg 1927, 1934, 1938
Marcel Granet, La religion des Chinois. Paris 1922 — Dt.: Das chinesische Denken. Inhalt, Form, Charakter. Übers. u. hrsg. Manfred Porkert. München 1963 (Piper)
Arthur David Waley, Three ways of thought in ancient China. London 1939 — Dt.: Lebensweisheit im alten China. Hamburg 1947
Joseph Needham, Wissenschaftlicher Universalismus. Hrsg. Tilman Spengler. Frankfurt 1979 (Suhrkamp)
Henri Maspero, Les Religions chinoises. Le Taoisme. Mélanges posthumes I. u. II. Paris 1950
Carl Hentze, Tod, Auferstehung, Weltordnung. Das mythische Bild im ältesten China. 2 Bde. Zürich 1955

Ernest Richard Hughes, Religion in China. London 1950
Hermann Koester, Symbolik des chinesischen Universismus. Stuttgart 1958
Werner Eichhorn, Die Religionen Chinas. Stuttgart 1973 (Kohlhammer, Religionen der Menschheit 21)

Quellen

Religion und Philosophie Chinas. Aus den Originalurkunden übers. u. hrsg. von Richard Wilhelm. In 9 Bdn.: Kungfutse, Gespräche; Laotse, Taoteking; Liä Dsi, Das wahre Buch vom quellenden Urgrund; Dschuang Dsi, Das wahre Buch vom südlichen Blütenland; Mong Dsi; I Ging, Das Buch der Wandlungen; Li Gi, Das Buch der Sitte; Frühling und Herbst des Lü Bu We. Jena 1910—1930 (Diederichs)
James Legge, The Chinese Classics. 5 Bde. London 1861—72
James Legge, The Sacred Books of China. The texts of Confucianism. Übers. Bd. 1—4. Oxford 1876—85 — The texts of Taoism. Oxford 1884

Christentum

Nachschlagewerke
Heinz Brunotte/Otto Weber (Hrsg.), Evangelisches Kirchenlexikon. 3 Bde. Göttingen 1956—59 (Vandenhoeck & Ruprecht)
Michael Buchberger (Hrsg.), Lexikon für Theologie und Kirche. 10 Bde. Freiburg 1957—65 (Herder)
Heinrich Fries (Hrsg.), Handbuch theologischer Grundbegriffe. 2 Bde. München 1962/63
Hiltgard L. Keller (Hrsg.), Reclams Lexikon der Heiligen und der biblischen Gestalten. Stuttgart 1968 (Reclam)
Franklin H. Littell/Hans Hermann Walz (Hrsg.), Weltkirchenlexikon. Handbuch der Ökumene. Stuttgart 1959
Manfred Lurker, Wörterbuch biblischer Bilder und Symbole. München 1973 (Kösel)
Karl Rahner/Karl Darlapp (Hrsg.), Sacramentum Mundi. Theologisches Lexikon für die Praxis. 4 Bde. Freiburg 1967—69 (Herder)
Franklin H. Littell/Erich Geldbach, Atlas zur Geschichte des Christentums. Wuppertal 1980 (Brockhaus)

Darstellungen
Karl Barth, Der Römerbrief. München 1919 (Kaiser)
Alfred von Harnack, Das Wesen des Christentums. Leipzig 1905. Gütersloh 1977 (Siebenstern-TB Bd. 227)
Rudolf Bultmann, Theologie des Neuen Testaments. Tübingen 1953. 7. Aufl. 1977 (UTB Bd. 630)

Rudolf Bultmann, Das Urchristentum im Rahmen der antiken Religionen. Zürich 1949 (Artemis)
Ernst Bloch, Atheismus im Christentum. Frankfurt 1968 (Suhrkamp)
Hans Küng, Christ sein. München 1974 (Piper)
Hans Küng, Unfehlbar? Eine Anfrage. Einsiedeln 1974 (Benziger)
Hans Küng, Die christliche Herausforderung. München 1980 (Piper)
Karl Rahner, Schriften zur Theologie. 13 Bde. Einsiedeln 1954. 8. Aufl. 1967 ff. (Benziger)
Paul Tillich, Vorlesungen über die Geschichte des christlichen Denkens. 2 Bde. Stuttgart 1971/72 (Evg. Verlagswerk)
Jürgen Moltmann, Theologie der Hoffnung. 10. Aufl. München 1977 (Kaiser)
Arnold J. Toynbee, Das Christentum und die Religionen der Welt. Übers. Franziska Meister-Weidner. Gütersloh 1959 (Mohn)
Heinz-Jürgen Loth u.a. (Hrsg.), Christentum im Spiegel der Weltreligionen. Stuttgart 1978 (Quell)
Gerhard Wehr, Esoterisches Christentum. Stuttgart 1975 (Klett)
Heinrich Dumoulin, Östliche Meditation und christliche Mystik. Freiburg 1966 (Alber)
Christentum und Gesellschaft. 12 Bde. Stuttgart 1980 ff. (Kohlhammer)

Islam

Nachschlagewerke
Enzyklopädie des Islam. Hrsg. Th. Houtsma. 4 Bde. u. Erg.bd. Leiden 1913 – 38 (Brill). Neubearb. (engl. u. franz. Ausg.) Leiden 1960 ff.
Handwörterbuch des Islam. Hrsg. Arent Jan Wensinck/Johannes Hendrik Kramers. Leiden 1941 (Brill)
Gustav Pfannmüller, Handbuch der Islamliteratur. Berlin 1923. Reprint Berlin 1974
Lexikon der islamischen Welt. Hrsg. Klaus Kreiser/Werner Diem/Hans Georg Majer. 3 Bde. Stuttgart 1974 (Urban-TB Bd. 200)

Darstellungen
Richard Hartmann, Die Religion des Islam. Göttingen 1944 (Musterschmidt)
Hermann Stieglecker, Die Glaubenslehren des Islam. Paderborn 1962 (Schöningh)
Max Horten, Die religiöse Gedankenwelt des Volkes im heutigen Islam. 2 Bde. Halle 1917 ff. (Niemeyer)
Max Horten, Die Philosophie des Islam. München 1924
W. Montgomery Watt und Alfred T. Welch, Der Islam I (von 3 Bdn.). Stuttgart 1980 (Kohlhammer, Religionen der Menschheit 25/1)

Marijan Molé, Les mystiques musulmans. Paris 1965 (Les Presses Universitaires)

Fritz Meier, Vom Wesen der islamischen Mystik. Basel 1943 (Benno Schwabe)

Hellmut Ritter, Das Meer der Seele. Gott, Welt und Mensch in den Geschichten Fariduddin 'Attars. Leiden 1955 (Brill). 2. Aufl. 1979

Annemarie Schimmel, Mystische Dimensionen des Islam. Aalen 1979 (Qualandar)

Annemarie Schimmel, Rumi. Ich bin Wind und du bist Feuer. Leben und Werk des großen Mystikers. Düsseldorf/Köln 1978 (Diederichs Gelbe Reihe Bd. 20)

Annemarie Schimmel, Und Muhammad ist Sein Prophet. Die Verehrung des Propheten in der islamischen Frömmigkeit. Düsseldorf/Köln 1981 (Diederichs Gelbe Reihe Bd. 32)

Tor Andrae, Mohammed, sein Leben und sein Glaube. Göttingen 1932 (Vandenhoeck & Ruprecht)

Tor Andrae, Islamische Mystiker. Übers. Helmhart Kanus-Credé. Stuttgart 1960 (Urban-TB Bd. 46)

Rudi Paret, Mohammed und der Koran. Geschichte und Verkündigung des arabischen Propheten. Stuttgart 1972 (Urban-TB Bd. 32)

Gustav Edmund von Grunebaum, Der Islam in seiner klassischen Epoche. Zürich 1966 (Artemis)

Das Vermächtnis des Islams. 2 Bde. Zürich 1980 (Artemis)

Idries Shah, Die Sufis. Botschaft der Derwische, Weisheit der Magier. Düsseldorf/Köln 1980 (Diederichs Gelbe Reihe Bd. 27)

Franz Taeschner, Zünfte und Bruderschaften im Islam. Texte zur Geschichte der Futuwwa. Zürich 1979 (Artemis)

Herbert Gottschalk, Weltbewegende Macht Islam. Wesen und Wirken einer revolutionären Glaubensmacht. Bern 1980 (Scherz)

Quellen

Der Koran. Übers. Max Henning (1901). Einl. Annemarie Schimmel. Stuttgart 1960 (Reclam)

Der Koran. Übers., Kommentar und Konkordanz Rudi Paret (1966/1970). TB-Ausgabe in 2 Bdn. Stuttgart 1980 (Kohlhammer)

Ibn Ishaq, Das Leben des Propheten. Übers. Gernot Rotter. Tübingen 1976 (Erdmann)

Al Ghasali, Das Elixier der Glückseligkeit. Übers. Hellmut Ritter. Jena 1923. Neuausgabe Düsseldorf/Köln 1979 (Diederichs Gelbe Reihe 23)

Dschelaladdin Rumi, Aus dem Diwan. Übers. Annemarie Schimmel. Stuttgart 1964 (Reclam)

Namen- und Sachregister

Um die richtige Aussprache schwieriger Namen und Wörter zu erleichtern, ist vielfach in der Silbe, welche den Ton trägt, der Selbstlaut in Schrägschrift gesetzt worden. In einigen Fällen wurde den in wissenschaftlicher Transkription (siehe oben S. 380 f.) wiedergegebenen Wörtern in spitzen Klammern < > eine Aussprachebezeichnung beigefügt, welche die Buchstaben mit den im Deutschen üblichen Lautwerten verwendet. Das »ch« im Arabischen und Chinesischen ist hierbei als ein hartes »ch« wie in »Nacht« zu sprechen, das kursive »*ch*« (für chinesisch: hs) als ein weiches »ch« wie in »Licht«. Das chinesische kurze »ĕ« ist ein Laut zwischen unserem e und i.

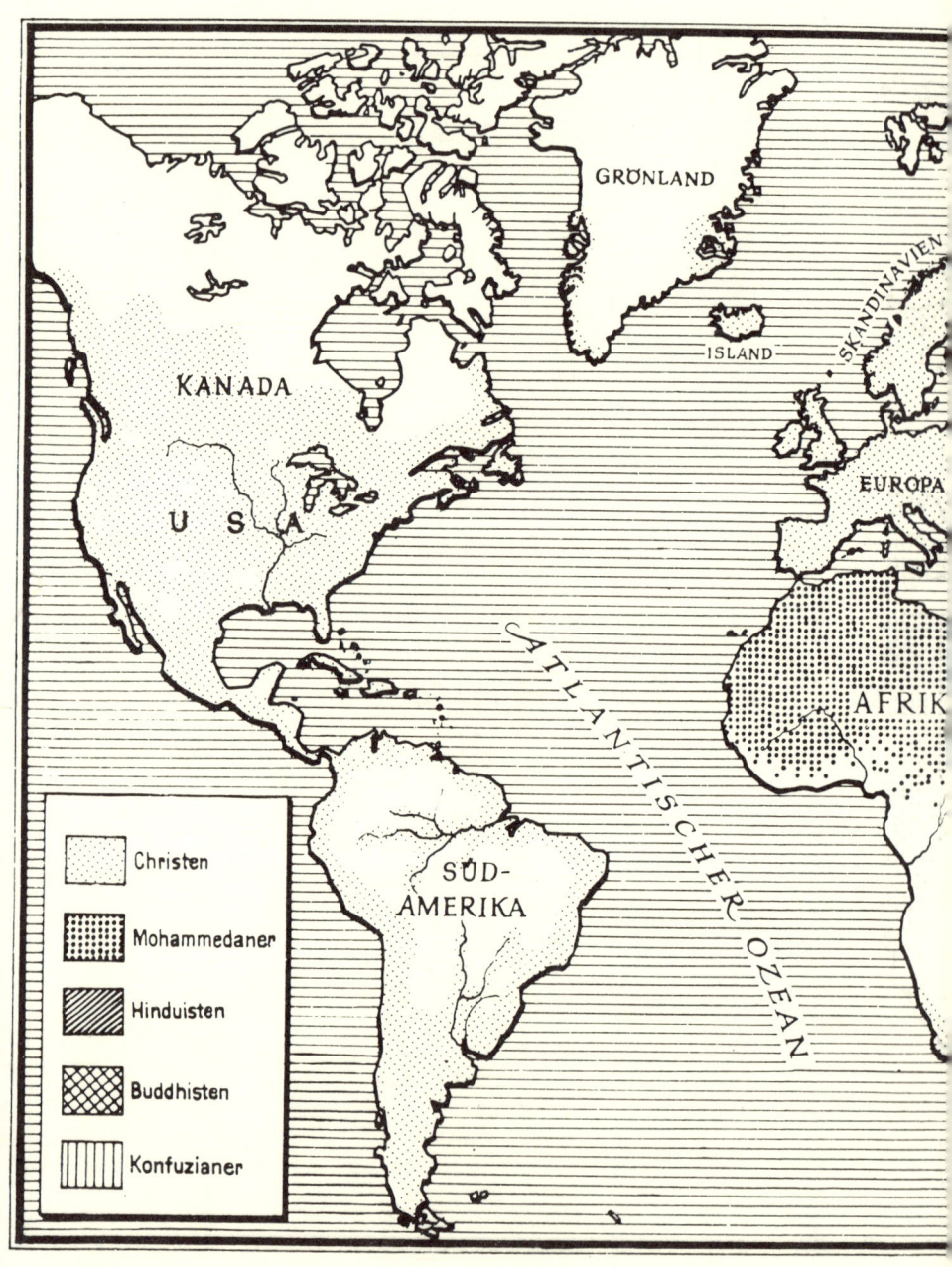

KANADA

GRÜNLAND

ISLAND

SKANDINAVIEN

EUROPA

USA

AFRIK

ATLANTISCHER OZEAN

SÜD-
AMERIKA

Christen

Mohammedaner

Hinduisten

Buddhisten

Konfuzianer

Verbreitung der fünf Weltreligionen auf der Erde